中国经济规律研究会第二十三届年会·福建师范大学

中国经济规律研究报告（2013年）

程恩富　李建平／主编

经 济 科 学 出 版 社

图书在版编目（CIP）数据

中国经济规律研究报告·2013年/程恩富，李建平主编.
—北京：经济科学出版社，2014.4
ISBN 978-7-5141-4526-7

Ⅰ.①中…　Ⅱ.①程…②李…　Ⅲ.①中国经济-经济规律
-研究报告　Ⅳ.①F12

中国版本图书馆CIP数据核字（2014）第068263号

责任编辑：范　莹　侯加恒
责任校对：隗立娜
责任印制：李　鹏

中国经济规律研究报告（2013年）
程恩富　李建平　主编
经济科学出版社出版、发行　新华书店经销
社址：北京市海淀区阜成路甲28号　邮编：100142
总编部电话：010-88191217　发行部电话：010-88191522
网址：www.esp.com.cn
电子邮箱：esp@esp.com.cn
天猫网店：经济科学出版社旗舰店
网址：http://jjkxcbs.tmall.com
北京市京津彩印有限公司印装
787×1092　16开　41.75印张　810000字
2014年4月第1版　2014年4月第1次印刷
ISBN 978-7-5141-4526-7　定价：80.00元
（图书出现印装问题，本社负责调换。电话：010-88191502）

编 委 会

"十八大"后再谈我国经济体制改革的方向

(代序)

刘国光*

党的十八大报告为中国经济改革已经指明了方向，就是要"加快完善社会主义市场经济体制"①，而不是资本主义市场经济体制；要"完善以公有制为主体多种所有制经济共同发展的基本经济制度"②，而不是以私有制为主体的基本经济制度；要"完善按劳分配为主体多种分配方式并存的分配制度"③，而不是以按资分配为主体的分配制度；要"完善（包括计划、财政和货币手段在内的）宏观调控体系，发挥市场在资源配置中的基础性作用"④，而不是自由放任的市场经济体系。最近，十八届三中全会即将来临，按历史惯例将有可能研究讨论进一步经济改革问题。有一种错误的观点，对我们的改革目标进行歪曲。如果对此种错误观点不进行警惕和批判，就可能对我国下一步的改革走向产生不利的影响，对社会主义市场经济体制的完善会产生极大的危害。

这种观点的核心思想和主要主张的出发点是：中国现时仍然是一种"半统制、半市场"的体制，政府和国有经济仍然牢牢掌握国民经济的一切"制高点"，市场在资源配置中发挥基础

* 刘国光，中国社会科学院学部委员，研究员，研究方向是马克思主义经济学。

①②③④ 引自党的十八大报告。

作用的目标远没有实现。改革开放所取得的成就完全归功于市场化的进展，改革开放中所出现的问题主要是由于政府干预过度、市场化不够。收入两极分化等社会矛盾的根源最主要的是由于政府权力过大、贪污腐败过于严重。下一步改革要从以下方面着手进行：一是破除国有经济对一些重要产业的垄断；二是削弱政府对经济的管理和干预。"市场化"是唯一解决中国经济问题、社会矛盾的灵丹妙药，是唯一实现中华民族伟大复兴的"法宝"。

实际上，这种观点并不是什么新东西，它就是前段时间大家批判的新自由主义、市场原教旨主义。持这种观点的人，把中国现在实行的有国家宏观调控和计划导向的社会主义市场经济看成是"半统制、半市场"的混合经济。可是，事实是，尽管市场发展还有不完善之处，现在包括一些发达国家在内的约有97个国家已经承认中国市场经济国家的地位，即使那些没有承认的国家也主要是基于政治考虑。据国内外许多专家学者测算，中国的市场化程度已经相当高。北京师范大学经济与资源管理研究院的"中国市场化进程"课题组撰写的《2010中国市场经济发展报告》显示，2008年我国市场化程度已达76.4%[①]，生产要素市场化程度已达到87.5%[②]，产品市场化程度已达到95.7%[③]。这样看来，总体上讲，中国现今市场化达到的程度已远非是"半市场"，而是在国民经济中早已过了"大半"，体现出市场在资源配置中起着相当程度的基础性作用。至于他们所说的政府统制，实指国家的计划导向与宏观调控，也绝不是什么"半统制"，而是涵盖了经济运行必要的范围。所有这些也正是社会主义市场经济题中之义。

持上述观点的人还认为，国有经济仍然牢牢掌握国民经济的"一切"制高点，近些年存在大规模"国进民退"。事实是，国有经济在工业经济中的比重，1998年为28.2%，2000年为23.5%，2002年为15.6%，2006年为9.7%，2008年为9.2%，2011年为7.9%。从上述数据可以看出，我国国有经济在国民经济中的比重不断下降，宏观上并不存在所谓的"国进民退"；微观上国有经济"有进有退"，但更多的是"国退民进"。一些案例中的所谓"国进民退"，多半属于资源优化重组并非没有道理，事实上更多的是"国退民进"。

持这种观点的人还认为，改革开放以来所产生的经济问题、社会矛盾的根源就在于政府干预过多，收入两极分化主要是由于政府权力过大、贪污腐败严重造成的。他们宣称，"2005年中国的灰色收入规模达到4.8万亿元，2008年则达到5.4万亿元。中国租金总额占GDP的比率高达20%~30%。巨额的租金总

---

① 李晓西、曾学文：《2010中国市场经济发展报告》北京师范大学出版社2010年版，第337页。

② 同上，第321页。

③ 同上，第340页。

量，自然会对中国社会中贫富分化加剧和基尼系数的居高不下产生决定性的影响"[①]。按照他们给出的数据，我国2005年的灰色收入规模，是当年财政收入3.16万亿元的1.5倍，是当年行政管理费0.48万亿元的10倍，按当年全体行政机关人员1208万总人数计算，每个公务员人均贪污39.7万元。这明显夸大了贪污的程度，给党和政府机关抹了黑。严重的贪污腐化确实是我国政治经济社会机体里的一大癌症，必须如"十八大"宣布的不论"老虎""苍蝇"都要从严惩治。而他们如此渲染行政官员贪污腐化的根本目的，则是以此掩盖过度市场化和过度私有化才是导致我国收入两极分化等社会问题的真正根源。他们栽赃政府的逻辑是，权力必然产生腐败，政府干预过多必然导致官员收入过高、百姓收入过低，因此要解决两极分化就是让政府放权、一切由市场来解决。这样的逻辑明显是错误的。政府权力大小与贪污腐化有关，但不是直接因果关系。改革开放前，我国实行高度集中的计划经济，政府的权力比现在大得多，但腐败并不严重；所有制结构偏颇于"一大二公"，导致收入分配平均主义倾向的弊病，却没有出现收入两极分化趋势。现在，尽管政府对微观经济还有不少过度干预，应该削减，但政府对经济必要的管制与干预大大少于过去计划经济时期，腐败反而变本加厉，可见腐败的产生另有根源，明显与过度市场化所带来的社会道德风尚恶化有关。当然也不应忽视体制改革中不完善不成熟之处，造成权力市场化和权力寻租的机会，也为腐败的涌流提供了缝隙。

至于贫富差距的扩大和两极分化趋势的形成，实际上主要源于初次分配。初次分配中影响最大的核心问题是劳动与资本的关系。按照马克思主义观点，所有制决定了分配制，财产关系决定分配关系。财产占有上的差别，才是收入差别最大的影响因素。"收入差别最主要是拥有财富多寡造成的"，"财产所有权是收入差别的第一位原因，往下依次是个人能力、教育、训练、机会和健康"[②]。30多年来我国收入差距的扩大的最根本原因，是所有制结构上和财产关系中的"公"降"私"升和化公为私，财富积累集中于少数私人。持前述错误观点的个别学者认为，资本所有者收入越来越富，劳动者收入占比降低，原因在于劳动者（如农民工）知识少技术低。要让农民工成为拥有更多知识，更多技术的劳动者，才能根本上缩小贫富差距[③]。这一论点，明显回避和掩盖所有制关系对贫富差距的决定性影响。

持前述错误观点的人主张，今后进一步改革，主要应从以下两方面着手进

① 吴敬琏、马国川著：《重启改革议程——中国经济改革二十讲》，生活读书新知三联书店2013年3月版，第10页。

② ［美国］萨缪尔逊《经济学》（下卷），商务印书馆1979年版，第231页。

③ 吴敬琏2013年3月16日在上海中欧国际工商学院论坛讲演，2013年4月25日上海商报报导"经邦论道"改革系列讲座讲演。

行：一是破除国有经济对一些重要产业的垄断；二是减少政府对经济的干预。目标就是通过“市场化、法治化、民主化”的改革，建立包容性的经济体制和宪政体制，实现“从威权发展模式到民主发展模式的转型”。说到底，他们心目中改革的理想目标模式和顶层设计，似乎就是欧美的自由市场经济模式或社会市场经济模式；他们推崇的服务于垄断资本的所谓“有限政府”“中性政府”，似乎就是资本主义国家的政府；他们主张取消公有制的主体地位和打破国有经济的主导和垄断地位，似乎就是要让私有经济主导中国经济；他们宣扬抽象的“好的”市场经济，似乎就是资本主义市场经济。他们的主张一点也不令人奇怪，因为在他们思想深处并以刊发文章，认为法国大革命、巴黎公社、十月革命所宣传的思想给世界带来的只能是大灾难和大倒退。我们的党和政府一定要认清这种错误观点的实质，一定要警惕这种错误观点的危害，防止“资本主义市场化”的思潮干扰我们的经济改革大业。

下一步我们的经济改革的方向是什么？要回答这一问题，必须对当今的中国有一个清醒的认识和判断。今天的中国和30多年前改革初期的中国有着明显的不同，国家的经济形势、社会矛盾、面临的国际环境都已发生巨大变化。到20世纪末，21世纪初，中国已初步建立起社会主义市场经济体制，并已完善了十多年，下一步改革的任务就是按照“十八大”要求继续完善它。也就是说我们既不能回到传统计划经济体制的老路，也不能走上资本主义市场经济体制的邪路。经过30多年的改革开放，我国市场化程度已不比有些西方国家低，不足之处需要完善，过头之处需要削减，不宜简单地宣扬“进一步市场化”，“更大程度和更大范围的市场化”，否则会带来由于过度市场化而引发种种灾难的后果。我国的所有制结构已发生深刻变化，国有经济的战线已大收缩，如果按照佐利克世行报告“2030年的中国”所建议，继续对所剩不多的大中型国有企业进行私有股份化改革或改制，我国社会主义初级阶段以公有制主体的基本经济制度将更难以维持。我国除广播出版等极少数行业没有对外资大规模开放外，绝大多数行业已全部开放，如果继续盲目扩大开放领域或没有限制地开放，则可能给我国带来经济安全和文化安全的问题。我国的财富和收入分配不均的状况已相当严重，基尼系数大大超出国际警戒线，如果再不采取有效措施遏制收入两极分化不断扩大的趋势，则极有可能引发社会动荡，最终实现不了共同富裕的理想。

今后，我们还要搞社会主义市场取向的改革和完善，但不搞过度市场化；我们还要搞国有企业管理的改革创新，但不能搞私有股份化；我们欢迎外资、利用外资，但要对外资有所限制、不能被外资控制；我们支持竞争、反对行政垄断，但不能以反垄断为名、限制国有经济的发展；我们拥护政府让利于民，发挥私营经济的活力，但并不是支持政府让利于少数富人、少数大资本所有者，继续扩大贫富差距；我们赞成市场在资源配置中起基础性作用，但并不是说要削弱国家的经济调控和计划导向的能力。

值此再度研讨进一步如何改革之际，我认为为了保证经济改革的正确方向，今后应该从以下三个方面着手进行工作：一是做优、做强、做大国有经济和集体经济，发挥国有经济的主导作用和公有经济的主体作用；二是转变政府职能，在减消对微观经济不必要的干预的同时，加强国家宏观经济调控和计划导向能力；三是着力改善民生问题，逐步解决财富和收入两极分化问题。

党的“十八大”报告再次强调，我们要毫不动摇巩固和发展公有制经济，推行公有制多种实现形式，推动国有资本更多投向关系国家安全和国民经济命脉的重要行业和关键领域，不断增强国有经济活力、控制力、影响力。在这里我想指出的是，在社会主义经济中，国有经济不是仅像在资本主义制度下那样，主要从事私有企业不愿意经营的部门，补充私人企业和市场机制的不足，而是为了实现国民经济的持续稳定协调发展，为了巩固和完善社会主义经济政治文化制度。因此，国有经济理应在能源、交通、通讯、金融等关系国民经济命脉的重要行业和关键领域有“绝对的控制力”或“较强的控制力”。十八届三中全会要明确指出，我国作为一个社会主义大国，国有经济的数量底线，不能以资本主义国家私有化的“国际经验”为依据。确定国有经济的比重，理应包括保障、实现和发展社会公平和社会稳定的内容，所以国家对国有经济控制力的范围要比资本主义国家大得多。还要扭转长期以来忽视集体经济的发展，研究适时启动邓小平同志“农村的改革与发展第二个飞跃”的步骤。对于非公有制经济，要继续坚持毫不动摇鼓励支持，引导其发展的政策，为了使其不越出健康发展的轨道，宜在“引导”一词的内涵中，纳入民主革命的先行者孙中山先生“节制私人资本”的要求。这对于社会主义社会中容许发展的私人资本，是一个合理的规定。

我国建立的是社会主义市场经济体制，我国的宏观经济调控能力应比一般市场经济国家强，手段也要更多一些。我们社会主义国家宏观调控下的市场经济怎样区别于资本主义国家呢？除了基本经济制度的区别外，就在于我们还有计划性这个特点，还有国家计划的指导。少数市场经济国家，如日本、韩国、法国，都曾设有企划厅之类的机构，编有零星或部门的预测性计划。英美等多数市场经济国家只有财政政策、货币政策等手段，没有采取较有效的计划手段来调控经济。但我们是以公有制经济为主体的社会主义发展中大国，要实行跨越式发展，更有效及时地调整经济结构，实现社会公平和公正，有必要也有可能在宏观调控中运用计划手段，指导国民经济有计划按比例发展。这符合马克思主义社会化生产要有计划按比例发展的真理，也是社会主义市场经济的优越性所在。经济体制改革的核心问题，不单纯是处理好“政府和市场”的关系，尊重市场价值规律；还要注意的是处理好“计划与市场”的关系，尊重有计划按比例发展规律。“有计划按比例”并不等同于传统的计划经济。“计划和市场两种手段都可以用”，“国家计划是宏观调控的重要手段之一”，“社会主义经济从一开始就是有计划的，不会因为提法中不出现‘有计划’三个字，就发生了是不是取消了计划性的问题”。以上这些都是邓小平、江泽民讲过的话①。“十七大”胡锦涛也强调了“发挥国家发展规划、计划、产业政策在宏观调控中的作用”②。我希望，十八届三中全会时候，我们千万不要再漏掉这些有关计划与市场关系的重要指示精神，并研究采取必要的措施以加强国家计划在宏观调控导向市场的作用。

我们党提出到2020年要全面建成小康社会。要在剩下的7年时间里达到这一目标，我们必须加紧改善民生问题，抓紧解决财富和收入两极分化问题。要解决贫富两极分化问题，不能仅仅从分配领域本身着手。仅仅通过完善社会保障公共福利制度，调整财政税收、转移支付等政策，是难以从根本上解决这一问题的。我们需要从所有制结构，从财产制度上直面这一问题，需要从基本生产关系，从基本经济制度来接触这个问题；需要从强化公有制为主体地位来解决这个问题。这是过去历次收入分配改革政策决策中回避接触的问题，因而不能触及分配问题的根本；十八届三中全会应开始注意研究解决这方面的问题。同时，我们也要通过财政税收转移支付政策的改革和社会保障公共福利制度的建设来改善收入分配关系，努力实现居民收入增长和经济发展同步、劳动报酬增长和劳动生产率提高同步，提高居民收入在国民收入分配中的比重，提高劳动报酬在初次分配中的比重。这样，我们才能扭转贫富差距扩大的趋势，最终实现共同富裕。

今后相当长时间内，中国经济改革的方向仍然是建立完善的社会主义市场经济体制。我们搞市场经济自然需要市场体系，需要培育多元化的市场竞争主体，需要建立一个公平竞争和法治的市场环境，但我们反对过度市场化，反对以市场化为名进行私有化，反对通过弱化分化肢解国有经济来实现竞争主体的私有化和多元化，反对建立一个不讲计划、没有国家强有力宏观调控的资本主义式的自由竞争的市场经济。

2013年10月28日

① 见《改革开放三十年重要文献选编》（上），第635、647、660页。

② 见《改革开放三十年重要文献选编》（下），第1726页。

目录

Contents

第一篇　全面深化经济体制改革

第二篇 实施创新驱动战略

第三篇 加快产业结构转型升级

第四篇 其他经济理论与现实问题

附　文

第一篇

全面深化经济体制改革

进一步完善社会主义市场经济体制的“四个关键词”

程恩富*

当前，我国经济体制改革的顶层设计或再出发主要有两大思路：一种认为中国现在是“半统制、半市场”的双重体制，近几年改革还处于停滞或倒退状态，实行“国家资本主义或权贵资本主义”，因而必须重启改革，而改革的方向和目标就是“国有企业私有化、土地私有化和金融自由化”，以便建立“社会公正 + 市场经济 = 社会主义”市场经济体制。为此，必须重设“国家体改委”来推行之。此思路以吴敬琏、张维迎为代表。另一种认为中国在2000年已初步建立了社会主义市场经济体制，接着又用十几年大体完善了这一体制，今后是按照党的十八大提出的四个层面进一步加以完善，即在坚持社会主义取向与现代市场经济取向相结合的基础上，从产权、分配、调节和开放层面加快完善社会主义市场经济体制。为此，必须加强党中央对改革的统筹领导。此思路以刘国光和笔者为代表。

党的十八大报告明确指出：“要加快完善社会主义市场经济体制，完善公有制为主体、多种所有制经济共同发展的基本经济制度，完善按劳分配为主体、多种分配方式并存的分配制度，更大程度更广范围发挥市场在资源配置中的基础性作用，完善宏观调控体系，完善开放型经济体系”①。这就从产权、分配、调节和开放四个层面科学地界定了加快完善社会主义市场经济体制的方向和内涵。我们应结合“十八大”精神，依据不断变动中的国情和世情，对这四个层面或关键词作理论和现实的深刻阐述和创新。

第一个关键词是产权。广义的产权与广义的所有权或所有制在概念上大同小异。公有制为主体、多种所有制共同发展的制度，属于社会主义初级阶段必

---

* 程恩富，中国社会科学院学部委员、马克思主义学部主任，世界政治经济学学会会长，博士生导师，研究方向是马克思主义经济学。

① 引自党的十八大报告。

须长期坚持和完善的基本经济制度。因为它从经济学原理、经济属性和经济类型上规定了什么是社会主义性质的市场经济体制。美国《帕尔格雷夫经济学大辞典》在界定“市场社会主义”词条时认为，资源配置或经济运行主要是市场机制，而公有制经济又是主要形式。这种诠释言之有理。反之，若是私有制占主体，多种所有制共同发展，便是当今资本主义市场经济体制或基本经济制度，即市场资本主义。这也是现代政治经济学和西方比较经济体制学的主流共识。

问题在于，如何完善这一初级社会主义的基本经济制度？报告强调“要毫不动摇巩固和发展公有制经济，推行公有制多种实现形式，深化国有企业改革，完善各类国有资产管理体制，推动国有资本更多投向关系国家安全和国民经济命脉的重要行业和关键领域，不断增强国有经济活力、控制力、影响力。毫不动摇鼓励、支持、引导非公有制经济发展，保证各种所有制经济依法平等使用生产要素、公平参与市场竞争、同等受到法律保护。”① 传统社会主义计划经济体制和当代资本主义市场经济体制已表明，单纯的公有制或私有制占主体均难以实现科技发展所提供的潜在效率和实然公平。而西方国家每隔若干年发生一次周期性或重或轻的经济衰退和各种危机，也表明私有制市场经济始终内生不可持续发展的功能性痼疾。因此，完善公有制主体与私有制辅体的全社会所有制结构，要在市场竞争和国家导向下增强两种所有制的共生性和互补性，做到“两个毫不动摇”，而非人为地“公退私进”或“公进私退”。不过，面对西方跨国垄断资本逐渐控制我国经济许多领域的严峻局面，当务之急是私营经济与公有经济加强合作而非内耗，共同参与和应对外国垄断资本在国内外的激烈竞争。

第二个关键词是分配。由于产权关系和制度决定分配关系和制度，收益权属于广义产权的约束权利之一，因而公有制主体便决定或派生出按劳分配主体。社会主义初级阶段要实行按劳分配为主体、多种分配方式并存的分配制度。撇开自然经济和个体经济不谈，现代企业制度下分配的基本形式就是市场型按劳分配或按资分配，所谓多种分配方式或按生产要素产权分配，实质上是可以分解为按劳分配或按资分配的。按经营才能分配属于按劳分配，而按土地要素分配则属于按资分配。企业人员获得发明技术的收益属于按劳分配，再折合成股份而获得的收益则属于按资分配。可见，改革中要完善的其实是按劳分配为主体、按资分配为辅体的分配制度。

问题在于，如何完善这一初级社会主义的分配制度？报告强调必须“维护社会公平正义”，“走共同富裕道路”，“共同富裕是中国特色社会主义的根本原则”。②目前，居民财富和收入分配差距较大的根源和首因，在于非公经济及由此决定的按资分配比重较大，因而报告提出“要坚持社会主义基本经济

①② 引自党的十八大报告。

制度和分配制度，调整国民收入分配格局，加大再分配调节力度，着力解决收入分配差距较大问题，使发展成果更多更公平惠及全体人民，朝着共同富裕方向稳步前进。”① 为此，“实现发展成果由人民共享，必须深化收入分配制度改革，努力实现居民收入增长和经济发展同步、劳动报酬增长和劳动生产率提高同步，提高居民收入在国民收入分配中的比重，提高劳动报酬在初次分配中的比重”。这里要求“实现两个同步”、“提高两个比重”以及“实现两个倍增”（实现国内生产总值和城乡居民人均收入比2010年翻一番），是必须贯彻“初次分配和再分配都要兼顾效率和公平，再分配更加注重公平”②这一分配领域改革发展总方针的。其经济学缘由在于，平等或公平在概念上不等于平均或均等，经济公平与效率的真实关系不是孰先孰后的反向变动的替代关系，而是同向变动的互促关系，即在权利、规则和机会等方面越公平，便越有效率，反之则相反。当前，出于切实有效地解决企业人员的财富和收入分配差距较大问题，应采取笔者多年强调的“四挂钩”立法措施和改革政策，即普通职工的收入须与企业的劳动生产率、利润率、高管收入和当地物价的变动挂钩，以促进分配和谐。

第三个关键词是调节。发挥市场在资源配置中的基础性作用，可以缩称为以市场调节为基础，其对立统一面是国家调节。国家调节主要包括负责立法的人大调节和政府调节，既有宏观调节或调控，又有微观调节或规制。正如萨缪尔森所说的，市场是没有大脑和心脏的，需要国家发挥作用。斯蒂格利茨的《政府经济学》和克鲁格曼关于回归凯恩斯主义等西方不少论著，已充分阐述了功能性双重调节体制机制的应然性和可行性。由于我国是要实行跨越性大发展的后发国家，又要在改革中避免要出现政策和机制的缺位或真空，还要“不断增强国有经济活力、控制力、影响力”③，以及合理借鉴亚洲“四小龙”等政府主导的有益经验，因而必须发挥国家在又好又快地发展国民经济中的主导作用。社会主义初级阶段应在廉价、廉洁、民主和高效的基础上构建小而强的国家调节体系，形成“以市场调节为基础、国家调节为主导”④功能互补性的双重调节体制机制，以此消除西方国家过分实施市场调节或市场化改革所形成的周期性多种经济危机和困境。

问题在于，如何完善这一初级社会主义的调节制度？报告强调“经济体制改革的核心问题是处理好政府和市场的关系，必须更加尊重市场规律，更好发挥政府作用。……健全现代市场体系，加强宏观调控目标和政策手段机制化建设。”⑤（习近平总书记在2013年两会讲话再次同时强调“更加”“更好”这两个双重调节机制）完善商品、技术、资本、土地、住宅、人力等各类市场的客体结构、主体结构、空间结构和时间结构，释放其耦合性良好功能，是全面深

---

①②③④⑤ 引自党的十八大报告。

化改革的重要内容。同时，要重点深化财税体制改革，建立公共资源出让收益合理共享机制；深化金融体制改革，健全促进宏观经济稳定、支持实体经济发展的现代金融体系；深化投资和经济结构调整体制，推进经济结构战略性调整，加快转变经济发展方式；深化科技教育文化卫生体制改革，提升科技创新、国家软实力和国民健康水平；深化城乡一体化体制改革，促进解决好“三农”问题。

第四个关键词是开放。市场经济和经济全球化内在地要求国民经济实行内外开放，以优化资源配置、促进优势互补和推动经济发展。开放与保护是一对矛盾，均有正效应与负效应、适度型与过度型之分。发达国家和开放收益显著的国家，在经济开放的之前和同时都十分注重自主创新、自力发展和经济安全，突出开放的整体长远效益和国民福利，因而报告指出要“全面提高开放型经济水平。适应经济全球化新形势，必须实行更加积极主动的开放战略，完善互利共赢、多元平衡、安全高效的开放型经济体系。”① 可见，自力主导型的全方位开放制度，要求处理好引资、引技、引智同主要高效利用本国资本和智力、发展自主知识产权的关系，实行内需为主并与外需相结合的国内外经济交往关系，促进追求引进数量的粗放型开放模式向追求引进效益的精益型开放模式转变，从而尽快完成从贸易大国向贸易强国和经济大国向经济强国的转化。

问题在于，如何完善这一初级社会主义的开放制度？报告强调“要加快转变对外经济发展方式，推动开放朝着优化结构、拓展深度、提高效益方向转变。创新开放模式”。②确实，随着世界经济格局的深刻变化，冷静面对当前对外经济发展面临的问题，迫切要求我国从战略上谋划对外经济关系的长远发展，在加快转变对外经济发展方式上树立新思维，采取新战略和新举措。为此，一是面对中资大量过剩，应适当控制外资依存度，积极提升中外资本协调使用的效益；二是面对构建创新型国家，应适当降低外技依存度，积极提升自主创新的能力；三是面对全球生态环境保护和资源能源相对不足，应适当降低外源（外国资源能源）依存度，积极提升配置资源能源的效率；四是面对出口导向型经济的弊端，应适当控制外贸依存度，积极提升消费拉动增长的作用；五是面对美国滥印美元的数轮量化宽松政策，应适当控制外汇储备度，积极提升使用外汇的收益。这五个适当控制与积极提升，是要在科学发展观的指导下，在巩固和完善自力主导型全方位开放体系的基础上，建立起“低损耗、高效益、双向互动、自主创新”③的精益型对外开放模式，统筹国内经济发展与对外开放的关系，更加注重经济开放中的自主发展、高端竞争、经济安全、国家权益和民生实惠，以促进国民经济又好又快地持续健康发展。

①②③ 引自党的十八大报告。

加快完善社会主义市场经济体制

——处理好政府与市场的关系，把颠倒了的关系颠倒过来

胡钧*

把建立社会主义市场经济体制作为经济体制改革目标模式，是中国特色社会主义理论体系中的极重要组成部分。党的十八大报告特别强调要坚定道路自信、理论自信，当然也包括对社会主义市场经济体制的信念。

党的十八大报告再次把“加快完善社会主义市场经济体制”作为一个独立部分提出来，并且更加明确地指出了进一步改革的方向：“经济体制改革的核心问题是处理好政府与市场的关系，必须更加尊重市场规律，更好发挥政府作用。”这使我们注意到，在这里没有如以前所讲的尊重市场对资源配置的基础性作用。这种提法也许是实践经验的新概括。这给予了我们经济理论工作者从理论上更加明确地加以阐述的要求，也赋予了我们发挥作用的广阔平台。我们的任务是在理论上阐释，怎样更加尊重市场规律，在当今的经济发展的现实中，怎样更好发挥政府的作用。

邓小平同志说，计划或政府与市场的关系问题，在今天的资本主义制度和社会主义制度下都存在，资本主义国家也有计划，社会主义制度下也有市场，计划多一点，还是市场多一点，不是社会主义与资本主义的本质区别。那么，资本主义市场经济与社会主义市场经济有没有本质区别？本质区别在哪里？这是应当弄明白的问题，不然，在贯彻社会主义市场经济体制的实际工作中就会陷入盲目性。

---

* 胡钧，中国人民大学经济学院荣誉一级教授，博士生导师，研究方向是马克思主义经济学。

一、计划（政府）与市场关系问题的产生和二者关系

计划与市场的关系就其本质来说，是所有制关系派生出来的问题。在一个或大或小的集体中，如果生产资源是该集体成员共同所有，他们的共同需要是很清楚的，他们会按照共同需要有计划地配置资源，以满足该团体的各种需要。不管这个集体是一个氏族、一个奴隶主庄园、一个封建主庄园，或一个企业、一个家庭，都必然是如此。人类社会历史发展的实际表明了这一点。

1. 市场——看不见的手

如果生产资料属于分散的私人所有，他们又都处于互相依存的社会分工之中，那么它们之间的经济联系都只能通过他们产品的交换，即变为商品，来互相满足自己和他人的需要，以维系个人和社会的存在和发展。这就产生了市场这个事物。市场就是商品生产者交换关系的总和，是私人企业主为私利相互竞争的关系的总和。在这种关系中，人们的各种需要和需要多少，就不可能直接知道，只能通过商品市场价格的波动间接地了解。如果某种商品的市场价格低于其价值，即劳动花费，就表明该商品生产过多，必须对生产要素配置加以调整，分配到那些市场价格高于其价值的商品的生产方面。这样，市场成为社会资源配置的基础手段和方法。亚当·斯密把这种市场关系比喻作是“看不见的手”。实际上，并没有这样一只独立存在的“手”，它只是私有商品生产者在市场上自发地盲目生产和相互竞争活动，实际存在的只是千百万只私有生产者的“手”，他们获取社会需要信息的唯一来源就是天天波动的市场价格。把这种私有者盲目竞争的活动比喻成一只“看不见的手”，是这种关系被物化。马克思把它称作商品的拜物教性质，就像宗教一样，把自己的活动的结果看作是由神决定的，拜倒在它面前。所以，亚当·斯密也把“看不见的手”称作“全能的神”。当有些人把市场说成是资源配置最优方法时，这同说由“神”“上帝”来决定同义，实际是在说由分散的私有生产者根据市场价格自发生产是最好的资源配置方式，实际内容是在说由私人生产者为自己私利分散地从事生产是最好的生产方式。因此，对市场作用的评价就是对建立在生产资料私有制基础上的生产方式的评价。说市场最能高效率地配置资源，就是说私人企业主分散决策是最有效配置资源方式。

美国原总统小布什的一句话讲得非常明确，他攻击奥巴马的国家干预经济的主张时说：我深知私营企业才能带领美国走出目前我们所处的经济局面。“你们比政府更能花好自己的钱。”这就是为什么资产阶级崇尚市场的根源，不过这只不过是重复亚当·斯密的信条。这最明白不过地说明了，崇尚市场实质就是崇尚私有制。不过布什忘记了时代已经变化了，斯密当时崇尚自由主义市场是符合实际的，是正确的。可是，当前已经进入了金融垄断资本主义阶段，正是

垄断资本企业主按自己的意志花钱，导致了当前空前严重的经济危机。

自发的市场盲目竞争对资本主义经济的发展起过巨大作用是确实的。追逐私利激励着企业主的活力，通过市场价格的波动调节着整个社会资源的配置。这种资源配置方式，尽管经历着不断的震荡，但毕竟实现着全社会的共同利益。这是当时唯一可能的，也是最好的资源配置方式。这正是为什么市场被赋予了“神”一般的作用的原因。

2. 市场与政府，“看得见的手”与“看不见的手”

从资本主义国家挽救市场盲目性的措施可以看出所说的“看不见的手”与“看得见的手”之间的关系。这两只“手”有一个很大的区别，“看不见的手”并不是实在的有形存在，它没有没有任何自然的物质存在，它的存在纯粹是社会的，是一种社会关系，是私人生产者为私利的市场竞争关系的总体。如果说有具体存在的话，那就是分散的私人企业主的手，除此它没有别的现实存在形态。斯密用“看不见的手”来表达这种自发竞争的关系，会给人一种幻觉，似乎有一个实在的手，像宗教中泥塑神像那样显示它确实存在，人们拜倒在它面前。

一些人提出要一个“好的市场”，主张“呵护好的市场”，这就如同要人们尊重好的神一样。企望“好的市场”实际上就是希望有一个好的追求私利的企业主。这显然是一种不了解市场本来意义的幻想。追求私利的企业主的活动，没有什么好的和坏的的区分。在我国现阶段，私有企业主追求私利的生产活动是积极的、好的，但它的盲目性也必然与这种积极性同时并存，去掉“坏”的方面，也就没有了“好”的方面。只要“好”的，不要“坏”的，那也就没有现实的市场。

与“看不见的手”不同，“看得见的手”，是指代表全社会的共同利益的国家机构——政府，这是一种实际的物质存在，看得见、摸得着的。

二者的关系是怎样的呢？在资本主义私有制条件下，在资本主义私有制资源配置上，“看不见的手”是基础性的，资产阶级国家这只“看得见的手”则是“看不见的手”的卫护者。正是由于政府的保护，市场这只手才得以发挥资源配置的正面作用。政府通过制定各种法规，像财产法、契约合同法、物权法、劳动法、工厂法、竞争法，等等游戏规则，以及完成那些私人企业主不愿做和做不了的生产职能，例如初期修铁路等活动。正是由于存在政府的卫护，才使这种分散生产和竞争的生产过程得以维持，使这只“看不见的手”的负面作用不至于在私人生产者的相互厮杀中导致整个资本主义制度的崩溃。所以，“看不见的手”一开始就是在“看得见的手”的呵护下才得以发挥其配置资源的正面作用的。诺贝尔奖获得者经济学家约瑟夫·斯蒂格利茨说：市场“如果没有政府的干预，就不能实现有效的资源配置。”

二、社会主义市场经济是一个矛盾统一体

首先要说明，这里的社会主义是指完全的社会主义制度。这里的市场经济是指商品生产一般，即抽去了资本主义性质的市场经济。

（一）社会主义公有制与市场经济的矛盾

第一，社会主义制度是建立在生产资料公有制的基础上，即全社会的生产资料属于全社会成员共同所有和共同支配，目的是为了全社会所有成员的物质和文化生活需要和全面发展。商品生产、市场经济则是建立在生产资料私有制基础上的，私人生产者只是为了其私人利益，小商品生产者是为了个人及其家庭的生活需要从事生产活动。

第二，社会主义生产资料公有制决定了全社会生产摆脱了分散的私人生产者的盲目性的支配，而是按照预定的目标有计划地配置全社会资源为实现共同目的服务。私有制则决定了生产的动机和目的只能是由各个私人自发地进行，全社会生产资料在不同生产领域的合理配置只能借助于市场价格波动间接告诉私人生产什么，生产多少。这个过程不是平稳地进行的，而是充满了激烈的竞争、经济震荡和破坏，生产者的失败与成功、兴起与破产、产品不足与过剩。总之，如马克思所指出的全社会生产过程的均衡只能是通过不实现而实现，经历着不断的混乱得到实现。

第三，分配关系方面，社会主义公有制决定了人们只是以个人的劳动参与生产过程，所以个人消费品分配只能是按每个人投入的劳动量，在社会总产品中对满足共同需要的部分扣除后，其余部分实行按劳分配。这是社会主义制度下，人们之间的最核心的利益关系。

在商品经济中，人们的分配关系是按照该私人生产者在生产该商品所花费的劳动量，即创造的价值来交换，从而他们通过交换都获得本人劳动所创造的价值量，这里也是依据生产者投入的劳动量来分配。但与社会主义下的按劳分配关系有本质区别。关键是两种不同制度下，作为分配根据的劳动，有本质区别。社会主义按劳分配中的“劳动”是劳动者的实际劳动时间，完全由劳动者主体本身的劳动状况决定，而价值虽然是劳动的凝结，但它是指物化在商品中的劳动，因而只能在产品这种物上来看待它包含的劳动量。同样，同量商品，就代表同量的价值，而不管该商品的生产者生产该商品的琐事及花费的劳动时间。所以，形成商品价值的劳动，不是劳动者本身实际上花费的劳动时间，而只能是社会必要劳动时间或社会平均的劳动时间。

所以，从分配关系上看，社会主义按劳分配与商品生产中的按形成的价值分配，有着本质的区别，体现着本质不同的两种经济利益关系。按劳分配只能

是公有制范围内才会产生的分配关系，按形成的价值分配（等价交换）则体现着私有制关系，承认生产资料私有者获得由握有更优良的生产条件获取相应利益的权利。

（二）社会主义公有制与市场经济怎样结合

以上分析表明，社会主义与市场经济的结合不是机械式地拼装，而是一种有机结合。

依据马克思主义理论，商品经济、市场经济是处在社会分工中私有制的产物，它与社会主义公有制是对立的。但是，市场经济不等于资本主义经济，虽然它们都是以生产资料私有制为基础，但二者的根本区别在于一般商品经济是以生产者个人的劳动为基础的，资本主义经济则是把生产资料转化为资本以无偿占有他人的剩余劳动为基础。

在资本主义制度下，商品由按价值交换转化为按生产价格交换，解决了资本主义经济与一般商品经济之间的矛盾和对立，实现了资本主义与一般商品经济的有机统一，构成资本主义市场经济。资本主义利用市场这种手段、方法为资本增殖服务。

社会主义公有制与一般市场经济之间的对立和矛盾，必须得到解决，二者才能构成有机整体，建立起社会主义市场经济体制。

矛盾解决的途径是：从所有制方面来看，那就是公有制企业（国有企业）转变为相对独立的商品生产者，独立经营、自负盈亏，这实际上就是模拟私有制企业的经营方式，使企业成为独立的市场主体，在竞争的自发市场上从事经营。

从生产经营方面来看，企业必须根据市场需求状况，自己决定生产什么，生产多少，并获得盈利。与私有制企业不同的在于，国有企业必须遵循依据科学发展观，制定政府发展规划，把实现规划作为根本目标，凡有悖于目标的生产经营活动都不能做。如果发现某种活动背离了规划目标，就应自觉地接受政府的宏观调控，校正自己的经营方向。这样，就保证了整个国民经济符合科学发展观要求的以人为本和全面协调可持续发展的目标。

从分配方面来看，为了使社会主义公有制与一般市场经济有机结合，必须解决按劳分配关系与等价交换关系之间的矛盾，要通过一定的方式把按价值交换（实际上是按生产价格交换）的结果转化为按劳分配关系，剔出由于生产资料优良带来的同样劳动不能得到同样收入的因素。这是通过国家，通过国有企业的利润上缴、税收等方法加以平衡。

解决了以上矛盾，社会主义公有制经济与一般市场经济的矛盾就会得到解决，才能构成社会主义市场经济。我们所要求的建立和完善社会主义市场经济体制，其内容就是正确解决好上述矛盾。

（三）社会主义市场经济矛盾统一体中谁是矛盾主要方面

首先谈谈社会主义与政府规划、计划的关系。

从本质上说，社会主义公有制所以必然要取代资本主义私有制，是因为市场的盲目竞争和生产无政府状态带来的生产力的巨大破坏。马克思认为自觉地有计划组织社会生产是社会主义的本质特点，他说："构成资产阶级政治经济学实质的供求规律的盲目统治和构成工人阶级政治经济学实质的由社会预见指导社会生产之间的争论。"① 由社会预见指导，当然就是指代表全社会利益的政府制定的规划的指导和引导。恩格斯指出社会主义国家作为整个社会的代表，将实行"对生产过程的领导"。由国家代表全社会有计划地分配资金原是社会资源配置的更高级的形式。

在第一个社会主义国家苏联的建设实践中，其领导人斯大林依据马克思主义的基本理论，提出了国民经济有计划发展规律是社会主义特有的经济规律。不过，在实践中，由于缺乏经验，没有考虑从现实生产力状况出发，教条主义地对待马克思主义，奢望在条件不具备时，建立全面的计划经济体制，完全摒弃市场在资源配置中的作用。尽管其有计划经济发展和全国一盘棋的指导思想的优越性得到了发挥，造成了经济的高速发展，但由于超越了现实的客观条件，完全否定了在一定发展阶段上市场在资源配置方面的积极作用。高度集中的计划经济体制，大大挫伤了基本生产单位的积极性和创造性，虽然一度推动了生产力获得快速发展，但缺点也日益积累，造成经济效益日趋低下，社会生产力的发展速度日趋下降，人民生活水平的提高也受到极大的影响。

我国的社会主义革命取得胜利，在经济建设方面基本是继承苏联时期的计划体制，不过开始思考苏联计划体制过于集中的缺点问题，毛泽东在1956年他的论十大关系的论文中指出了苏联体制的缺陷。在这一基础上，邓小平对此进行全面思考，在1979年的一次谈话中，明确指出了必须利用市场经济的问题，开始了创立中国特色社会主义理论体系的艰巨历程。

邓小平在1979年11月的谈话中，全面地揭示了关于社会主义市场经济的基本理论问题。这包括：不能说市场经济是资本主义的，社会主义可以搞市场经济，这是社会主义利用这种方法来发展社会生产力。我们应注意到，邓小平在谈到发展社会主义市场经济时，在科学上是非常严谨的，这表现在他从来没有否定计划经济的优越性，也从未说过把计划经济转型为市场经济，他明确地指明了市场经济在社会主义经济体系的准确定位，这就是它只是社会主义利用的一种方法、手段。

在实践过程中，我们改革开放初期，为了冲破多年来受过去的高度集中计

---

① 《马克思恩格斯选集》第二卷，人民出版社1995年版，第605页。

划体制的思想束缚，着重揭示过去计划的缺点，阐明市场经济对激发经济活力的重要积极作用，打消人们对市场经济的惧怕心理，是极其需要的。一种情况反映出这种束缚的严重存在：虽然邓小平同志一再提出发展市场经济，可当时的报刊上，却回避用“市场经济”的概念，往往用“市场调节”来取代。为了说服大家接受发展市场经济的必要，不要害怕搞成资本主义，进入20世纪90年代后邓小平几乎年年讲。这种有力的推动，导致在党的十四大上，确定了我们的改革目标，是建立社会主义市场经济体制。这表明，这时全党已完全统一了认识，市场经济也由此得到了更快速的发展。

三、科学发展观急迫要求处理好政府与市场的关系

由于市场经济有着它固有的缺陷，特别是现时代新自由主义经济发展模式已经完全不适应现有的社会生产力状况，其破坏性也越来越严重。

更为关键的因素是，由于全世界的资源状况日益紧张，生态状况日趋恶化，社会矛盾日趋尖锐，这时在20世纪还是不太明显的矛盾，现在解决它已成为全世界迫在眉睫的紧急任务。实现可持续发展已成为火烧眉毛的事情，反映这种客观现实的体现就是，我国及时提出了科学发展观问题。

“科学发展观是马克思主义同当代中国实际和时代特征相结合的产物，是马克思主义关于发展的世界观和方法论的集中体现。”[①] 这里准确表述了科学发展观形成、实践和理论根据。说它是马克思主义关于发展的世界观和方法论的体现，就说明马克思如下观点：“构成工人阶级政治经济学实质的由社会预见指导社会生产。”所说的中国实际和时代特征，就是指自觉贯彻社会主义以人为本的核心思想和迫切要求，国民经济的全面协调可持续发展；时代特征是指与20世纪前一时期不同的，当前资源紧张、环境破坏的状况已成为严重威胁人类生存的现实，要求必须建立资源节约型和环境友好型的格局。如任社会生产继续盲目扩大，将直接造成毁灭性后果。

为了切实贯彻科学发展观，尖锐地提出了进一步正确处理政府（计划）与市场的关系问题。党的十八大报告明确地指出全面深化经济体制改革，“经济体制改革的核心问题是处理好政府与市场的关系，必须更加尊重市场规律，更好发挥政府作用。”

应注意到，这里用“更加尊重市场规律”取代了以前的“充分发挥市场在资源配置中的基础性作用”。我认为党的十八大这种说法更符合实际，因为一些人把所说的基础性作用，解释为市场是资源配置的起基本作用。例如，有人说：“现在资源配置的基础性手段是市场，计划是弥补市场缺陷的必要手段。”这种

① 引自党的十八大报告。

理解的可疑之处在于，它不适应贯彻科学发展观的要求，因为为了保证经济社会的科学发展，最根本的不是市场的自发性，而必须是对整个经济的有科学预见的有计划的引导和强有力的实施。这只能是由代表全社会的政府的作用。当然，在资源配置大的目标和方向确定后，具体贯彻实施时，在现阶段，还必须尊重市场规律，充分发挥市场机制的激励和一定范围的调节作用，以有利于整体目标的实现。

这应当是社会主义市场经济体制的经济发展模式，这是与资本主义市场经济模式的根本区别所在。必须划清二者的根本界限。

国际上的媒体在评论中国模式与美国模式的根区别时说："中国非常擅长达成共识、统一目标和执行长期政策"，美国"已经从工业社会过渡到消费主义社会，短期效应凌驾于一切之上，催生追逐短期利益的行为。""我们需要进一步达成共识和长远眼光。"①

我们不应该照搬资本主义市场经济模式，把政府管理经济的职能只归结为弥补市场的缺陷，这是典型的资本主义市场经济；应当颠倒过来，政府制定的发展规划和计划，以及产业政策，作为资源配置的根本依据，贯彻科学发展观，市场只是必须加以利用的方法和手段，为国家规划决定的长期和短期战略目标的实现服务。这是我们中国特色社会主义的市场经济的恰当模式。

所以，社会主义市场经济体制中，社会主义与市场经济这一矛盾中，社会主义始终应是矛盾的主要方面。毛泽东指出：任何一个矛盾体中，"矛盾着的两个方面中，必有一方面是主要的，另一方面是次要的。其主要的方面，即所谓矛盾起主导作用的方面。事物的性质，主要是由取得支配地位的矛盾的主要方面所规定的。"②

四、社会主义公有制是主要的矛盾方面，把颠倒了的关系颠倒过来

从邓小平提出社会主义也可以搞市场经济时候起，关系就是很清楚的，那就是社会主义公有制以及由它决定的用科学预见指导经济发展和资源的配置的基本方面，是主要矛盾方面，市场经济是社会主义公有制利用来发展社会生产力的手段和方法。所以，在政府与市场的基本关系方面，政府依据科学发展观制定的经济规划和计划，在资源配置方面，应是起主导作用，决定着市场经济的社会主义性质。

但是，从理论界的现状看，科学地把握社会主义市场经济体制，这一本质规定的似乎还是少数，不少人把二者的基本关系颠倒了，有意无意地把市场经

① 阿根廷"Imfolae"网，2013年3月2日文章：《美国和中国：影响世界的模式》，载于《参考消息》2013年3月27日。

② 《毛泽东选集》第一卷，人民出版社1991年版，第322页。

济看作是主要矛盾方面，以它的充分自由发展为标准，来看待我们的经济体制改革，这实际上就是把资本主义市场经济看作是改革的目标模式。还有一些人采取折衷主义态度，把二者平等对待，不分主要矛盾和次要矛盾，失去了改革的主要方向，从而也不能提出真正有利于科学发展的有力方针和措施。他们根本没有真正理解邓小平建立社会主义市场经济体制的基本思想，而是在用资本主义市场经济模式作为标尺，来解读邓小平的科学理论，这完全曲解了邓小平理论。

让我们来看看理论界的现实情况。

第一种，只抽象地讲社会主义与市场经济相结合，但不明确对二者的地位做准确的定位。例如，比较典型的说法是："把社会主义基本制度同发展市场经济结合起来；发挥社会主义制度的优越性和市场配置资源的有效性，使全社会充满改革发展的创造活力。"

这种表述法，看起来讲到要把社会主义基本制度与发展市场经济结合起来，但并未说明二者地位的差别，而且对计划经济作了根本否定。一个矛盾体的矛盾的两个方面，不明确哪个方面是主要矛盾方面，就是没有理解这个矛盾体。这种表述上的不当之处，还表现在：他认为社会主义制度的优越性只在于实现公平，资源配置的有效性却只能归结于市场经济。这与另一种说法是一致的："社会主义解决公平问题，市场解决效率问题。"这种说法无论从理论上还是从实践上看都是错误的。这里似乎是在肯定社会主义制度，但是实际上否定了它的根本优越性，即它能按科学预见配置资源的巨大优越性。

所以，这种表述貌似平衡，实际上把市场机制配置资源与社会主义按科学发展观自觉地配置资源二者看成是对立的，搅浑了二者的实际关系。突出的一点是，持这种看法的人都从来不提邓小平关于发展市场经济论述中一个重大理论观点：市场经济是社会主义利用来发展社会生产力的手段、方法。他们可能不接受这个马克思主义的理论观点。但不把握这一根本观点，就不能正确理解社会主义与市场经济的基本关系。

把市场经济或市场机制，看作是社会主义利用来发展社会生产力的手段，这是一个有决定意义的理论，是马克思主义关于市场经济的一个基本理论。一些人正是因为忽视了这个重大理论观点，甚至是有意无意地排斥这个观点，导致在社会主义与市场经济之间关系的认识上陷入混乱。在这个问题上出现了多元化的理解，根源往往在于没有科学地把握这一观点的深刻含义。

把市场当作社会主义利用的手段、方法，就很明确地摆明了二者在矛盾统一体中的地位，社会主义当然地是处于主要矛盾方面，市场经济处于次要矛盾方面。

因为没有把握这一理论观点，一些经济学家无意中陷入折衷主义的思想旋涡。例如，有人说："社会主义与市场经济相结合，是社会主义和市场经济两个方面相互适应的过程。公有制要适应市场经济，市场经济则要适应社会主义共同富裕目标。这样，就能实现社会主义与市场经济的有机结合。”① 这种不分主次、不明确谁是起主导作用的表述，只是抽象的“相结合”，而不明确指出这种相结合的内容是社会主义把市场经济当作手段、方法来利用。这种抽象表述极容易导致认识上的混乱。这显然背离了邓小平关于是社会主义利用市场经济发展自己的观点。二者不是“相互适应的过程”，而是社会主义把市场经济作为手段为自己发展生产力服务。市场机制必须服从社会主义制度的发展目标，而不利于这一目标实现的，则必须坚决在宏观调控中矫正。另一些不正确看法是颠倒主次矛盾，是把国家计划看作弥补市场失灵，这种观点在理论界极为流行。把市场看作是资源配置的基本手段，政府干预只是弥补市场的缺陷，或弥补市场失灵，这已成为我国理论界和许多干部中占主流地位的观点。这种模式是典型的资本主义市场经济模式，也是美国经济的发展模式。但是，由于在理论上没有搞清楚社会主义与市场经济的基本关系，所以无意识地在照搬资本主义社会的模式，并把它当作我们改革是否到位的尺度。这表明，在这些人的思想里，没有自己中国特色的社会主义的市场经济模式，缺乏理论自信、道路自信，被西方模式所迷惑。“十八大”报告强调指出：“我们坚定不移高举中国特色社会主义伟大旗帜，既不走封闭僵化的老路，也不走改旗易帜的邪路。”这是在敲警钟，如果我们的改革沿着资本主义市场经济模式走的话，将有发生改旗易帜的现实危险。

第二种，就是不恰当地过度美化市场的倾向。一位记者在报导广东的行政审批体制改革时，要求“缔造小政府、大社会、好市场。”而且特别强调“社会主义市场经济，归根结底依赖于一个‘好市场’。”②

关键问题是这里提出来一个“好市场”概念。理论界也有一些人提出我们要建立一个“好的市场”，不要“坏的市场”。什么是“好的市场”？这是一个虚伪的假定，不懂得现实的市场是什么，是在幻想一个他理想中的市场。真实的市场就是无数为私人利益的生产者互相竞争抢夺利润制高点的关系总体。这其中哪些因素是好的，哪些因素是坏的？没有坏的因素，就没有好的效果，这就是真实的市场。希冀一个理想的好市场，只有正面作用没有负面作用的市场，这只能是一种低劣的幻想，在实践中必然要不断碰壁，用来指导实践必然会贻误经济的健康发展。

正确的思想应当是，“把市场利用好”。怎样才能利用好呢？那就要通过加强政府运用规划和其他必要措施，扼制市场中的消极因素，支持它的积极因素。不能幻想一个会自动出现的“好市场”，而又把它与政府的重要管理职能对立起来，只能导致对经济发展的破坏。

① 张卓元：《把社会主义基本制度同发展市场经济结合起来》，载于《人民日报》2008年10月6日。
② 载于《人民日报》2013年3月9日。

由于没有认识到邓小平关于在社会主义条件下“市场是手段、方法”这一理论观点的深意，因而不能正确认识政府与市场的关系本质。有人说：“越来越一致的认识是，市场不是万能的，政府对经济的调控也存在局限性”，这也是一种折衷主义思想的表现，各打五十大板，似乎很公平，而实际上矛头是对着政府的职能说的，是在强调不要过于重视政府的宏观调控职能。一位官员说：“部分政府部门过分相信自身干预经济和社会发展能力，对微观经济活动的不平衡反应极为迅速，不太相信市场自身的修护能力。”① 这里表现出他对市场是信心十足，而对政府的调控却加贬斥，让我们“相信自身的修复能力”。这不奇怪，这是新自由主义大师哈耶克的观点，他认为政府干预只会破坏经济运行规律，人为扼制经济自我修复机能，从长期看害大于利。另一位新自由主义大师弗里德曼也持如此看法：他迷信自由市场的修复能力的僵化思维，使他失去起码的实事求是的判断能力，甚至否定凯恩斯的必要的国家干预主张和罗斯福新政，认为危机是国家干预造成的。这真可以称作是新自由主义狂人。

不能正确理解社会主义市场经济体制的真正本质的观点中，一个普遍的流行看法是把政府的职能和市场作用绝对对立起来，认为可以不借助政府的管理监督，就能更好地发挥市场的正面作用，这是继承了亚当·斯密的绝对经济自由主义的信条，否定政府对市场管理的必要性，特别是对美国的市场经济模式的迷恋和受到现代西方经济学话语的影响，有些对政府的干预妖魔化的倾向，完全否定政府管理经济的必然性，他们忘记了马克思主义的基本理论。

前面我们已经阐明，马克思认为建立公有制就是为了从根本上消除生产无政府状态的盲目统治，进步到由社会预见指导社会生产，按照现代科学要求，自觉地有计划地发展经济。这里所说的社会预见指导，是指社会在取得社会革命胜利后的一定阶段上，当国家还必须存在的条件下，国家就是全社会利益和发展的有形代表。所以，恩格斯就明确指出，这时，国家真正作为整个社会的代表所采取的第一个行动，即“以社会的名义占有生产资料，……对物的管理和生产过程的领导。”所以，社会主义公有制建立后，政府的最重要的职能就是管理经济。

恩格斯还指出，这不是他们的发明，而是从资产阶级那里学来的，因为由于生产资料社会化要求占有也必须社会化，而这种社会化的途径之一就是国有化，恩格斯说：资本主义“在死亡的威胁下不得不去完成这个变革的力量。这种生产方式迫使人们日益把巨大的社会化的生产资料变为国家财产，同时它本身就指明完成这个变革的道路。无产阶级将取得国家政权，并且首先把生产资料变为国家财产。”②

也许有人认为马恩的观点是意识形态，而不是科学。也有人会认为，今天

① 载于《人民日报》2013年3月9日。

② 《马克思恩格斯文选》第三卷，人民出版社2009年版，第561页。

还坚持他们上述观点是教条主义，早已过时了。实际上不是，马克思恩格斯上述关于国家管理经济是其主要任务的观点是科学的，绝不是认为这只适用于工人阶级政权。恩格斯特别论述了当时俾斯麦搞假社会主义的国有化，但恩格斯论述这个问题完全是从科学的角度提出问题的，他认为生产资料的社会化决定了占有社会化，已成为不可避免的情况，是生产关系必须适应生产力的性质的客观要求。所以，恩格斯说，即使当时是资产阶级及贵族的国家，如果是出于经济发展的需要而采取的措施，那么国有化即使是由这样的国家实行的，也是经济上的进步。

可是在今天，我国不仅生产社会化的程度已经大大超过当时的水平，而且政权已经是劳动人民掌握着国家的领导权，一些人却如此地敌视国家，仍像美国资产阶级国家开国元勋杰斐逊那样，把国家形容为“狼”，主张绝对不允许进入私人企业主这个“羊群”。在我国一些人身上缺少起码的马克思主义的理论知识，还闭目塞听，拒绝实事求是对待现实资本主义市场经济发展遭遇的尴尬现状，并拒绝客观研究。

我们看看理论界的现状，他们是怎样看待国家、政府的职能和它与市场经济的关系的。

党的十八大报告指出，要更加重视市场规律，更好发挥政府的作用。发挥政府什么作用呢？他们是这样看的：“政府职能应该主要定位在经济调节、市场监管、社会管理和公共服务等方面”。“当前更好地发挥政府作用，一方面需要弱化政府在微观方面的一些管理职能，从不该管的领域退出来，让市场真正发挥配置资源的基础性作用，……另一方面需要强化政府在社会管理和服务方面的职能，……弥补市场本身具有的不足和缺陷，为市场经济健康发展创造良好环境。……需要由政府这只看得见的手通过制定政策加以弥补”。[①]

这篇正面阐释“十八大”报告精神的文章给我们的印象，是把政府管理组织经济的职能完全取缔，它的职能只是在市场配置资源的基础上，弥补市场之不足。这哪里还有社会主义基本制度的色彩，科学发展观指导整个国民经济的健康发展，国家制定的五年规划的主导作用，都从他们的视野中消失了。这是社会主义制度吗？这是在考察我们国家经济发展的现实吗？人们当然会这样提出疑问。不认真读马克思主义理论，严重脱离我国发展经济的现实，也不研究现实资本主义处于严重经济危机中的状况，受到资本主义市场经济模式的束缚，这是持这种观点的人的共同缺点。

第三种，还要提出一种更偏激的观点，即神化市场。

有的人今天还在说：“在资源优化配置方面到目前为止人类还没有发现比市场经济更好的体制。”[②] 这种看法表明，缺乏起码的马克思主义理论知识，无视

① 《正确处理政府和市场的关系》，载于《经济日报》2012 年 12 月 7 日。
② 《新时期改革的战略思维》，载于《人民日报》2012 年 11 月 27 日。

近百年的社会主义国家发展的实践历史知识。以及没有吸取苏联一步到位的市场化改革的失败和拉丁美洲一些国家实行“华盛顿共识”的惨痛教训。当前发达资本主义国家再次陷入长期的经济危机的现实，都没有使他们摆脱迷信市场的观点的束缚，希望引起他们的进一步思考。

在“十八大”开会前后，一些人更为积极推崇市场经济的功能，有人论证市场经济能力的根据说：“市场经济的魅力就在于符合人类本性，有着超越政府的收集和处理信息的能力。”意思是说，市场经济是符合人类自私自利本性的。但是，既然它是建立在追求私利的基础上，由于人们都是相互联系的，那就必然包含着侵占他人利益的追求。在市场上，每一个私有生产者都在追求占有更大的市场，从而必然存在着你死我活的残酷竞争，真实的市场绝不像那些把它抽象理想化的人的想象。

另外，更奇怪的是，市场有超越政府获得和处理信息的能力，市场不过是分散的私有生产者的交换场所，单个的私有生产者对整个经济的发展状况，难道会有比政府对全社会更为全面的信息吗？那为什么资本主义发达国家也在越来越大的程度上进行国家干预呢？至于处理信息的能力，则更有其弱点。即使政府得知某种商品从全局已经过剩，应当改变资源配置方向，可是对追求私利的私有企业主来说，告诉他提醒他都不会起作用，对他们的唯一权威就是市场价格和利润。只要这种商品今天还能盈利，即使过剩的提醒都不会影响他，对他来说处事的原则是：“等我过去后，让暴风雨再来吧！”

有的人说，“我们选择了市场经济，就应当按市场经济的要求设置政府职能部门，改变思维方式和行为方式，……少干预就是真正尊重市场规律。”① 这意思就是，应按照市场经济的要求，取消制定国家长远和近期发展规划职能，并组织贯彻和实施的部门。宏观调控也“必须是与市场经济相适应的宏观调控”，“宏观调控是调不出大好形势的。”② “坚信市场机制力量”，要“相信市场自身修复能力。”③ “宏观调控体系有待完善。计划作为经济手段的补充，非特殊情况尽量不采用。”④ 很明显，这些看法是根本不符合我们国家自己的实践经验，而是对西方模式的复写。看一下“十七大”报告的表述：“完善国家规划体系。发挥国家发展规划、计划、产业政策在宏观调控中导向作用，综合运用财政、货币政策，提高宏观调控水平。”这里明确指明了我们国家宏观调控的特点，即它必须以发展规划、计划、产业政策为导向，而不是以自发的市场为导向。持上述观点的人不顾自己的看法与党的大政方针相背离。

有些人完全相信新自由主义理论观点，吹捧米塞斯、哈耶克的观点，“米塞

① 载于《中国青年报》2013 年 1 月 28 日。

② 载于《深圳特区报》2012 年 3 月 25 日。

③ 载于《经济日报》2013 年 3 月 25 日。

④ 载于《学习时报》2012 年 12 月 3 日。

斯、哈耶克等学者批评计划经济，说是'信息不全、不真、滞后，错误地配置资源导致'浪费、低效'。"① 这种认识思路是很危险的。如果按照这样的想法去做，我们收获的不会是改革的红利，而是改旗易帜的苦果。

五、处理好政府与市场的关系，不走改旗易帜的邪路

政府与市场的关系，也可以称作计划与市场的关系，不过计划只是政府管理经济的职能之一，它还含有许多其他的职能。总的思想应当是依据马克思主义的基本理论，社会主义的国家机构其主要职能应当是管理经济，而不是放弃对经济的管理，其他方面的管理职能都是为管理好经济服务的。这是我们的特点和优势。

社会主义国家管理经济是科学社会主义基本原理。习近平同志 2013 年 1 月 5 日，在中央党校的讲话中强调："中国特色社会主义是社会主义而不是其他什么主义，科学社会主义基本原理不能丢，丢了就不是社会主义。"要如"十八大"报告所强调的，我们要有道路自信、理论自信、制度自信，彻底摆脱资本主义市场经济模式的影响，从现代西方经济学的话语权束缚中解放出来。

邓小平关于市场经济的论述是我们利用来发展经济的手段、方法的观点，是指导我们沿着正确方向进行完善社会主义市场经济体制的根本理论依据。利用的主体只能是社会主义的国家、政府，削弱政府管理经济职能的道路不是社会主义道路。当然，不当的对市场过多的干预也必须坚决制止，这也是当前经济体制改革的重要任务。但绝不能用这些实践过程中出现的缺点，从根本上反对政府管理经济和要求削弱、取消政府管理经济的职能。

从总体上说，在当前的状况下，正确处理政府与市场关系，首先应当明确加强政府对经济发展过程管理的重要性。这些最关键的对经济发展具有决定意义的功能是市场根本不具备的。

一般地说，凡市场能发挥正面作用的活动，都应交给市场，这可以激发企业和个人创业的积极性。政府在这些方面是不如他们做得好的，应当把上项目、做投资这些活动更多地交由企业自由决策。只有这样才有市场经济体制，才能发挥市场的作用，推动生产力的发展。所以，"十八大"强调要更加尊重市场规律。但掌握利用市场的范围和程度的是政府，那是对政府这个经济主体的要求。邓小平讲社会主义可以利用市场经济发展生产力，只能意味着要求社会主义国家、政府这个主体必须重视市场机制的作用，绝没有要用市场取代政府作为资源配置的基本手段的作用。把政府完全排斥于管理和组织经济发展之外，既背离了马克思主义的科学社会主义原则，也背离了邓小平理论和中国特色社会主

① 载于《新华文摘》2009 年第 2 期。

义理论体系，还背离了“十八大”的本意。邓小平关于社会主义与市场经济之间基本关系的分析，是科学的、正确的，是对马克思主义商品经济理论的继承和发展。

为什么说，当前的重要任务之一，是更好地发挥政府的作用呢？在哪些方面发挥它市场所无可替代的职能和作用呢？

第一，科学发展观的核心是以人为本，社会主义经济发展的根本目的，是为了人及其需要，是最大限度地满足全社会成员的物质文化生活和他们发展的需要。这一目的只能依靠代表全社会利益的政府的统一组织和管理，引导分散的单个企业的经营活动来实现。这个根本目的不可能由市场来实现，因为在市场经济条件下，即使撇开私营企业，它们的唯一目的是利润；就以国有企业来说，也不可能把最大限度满足全社会需要作为经营的直接目的，在实行市场经济体制的条件下，国有企业是相对独立的商品生产者，它的直接目的也是获得盈利，这是国家赋予它的任务。由谁来贯彻以人为本的核心内容呢？只能是政府。政府通过对全国生产力数量的较全面的掌握，依据生产力的发展规律，制定长期、短期的经济发展规划和计划，确定积累与消费的正确比例，正确处理人民的长远利益和当前利益的关系，确定一定时期人民的物质文化生活水平，从而据此对全国资源的现状，确定基本的发展战略、策略。

第二，政府管理经济的最重要的任务，就是根据经济发展规律和实际情况，制定经济社会发展规划和计划，研判经济发展趋势，以制度机制设计、全局性事项统筹管理。包括依据对全国市场状况的分析来制定对策，促进市场的经济运行，保证国家规划得以实现。这表明，在资源配置方面，政府规划是起着基本的决定性作用的，这可能是社会主义市场经济不同于资本主义市场经济的最根本的特点。

关于这一点，西方一些政治家、经济学家看得清楚。一位美国外交学会研究员乔舒亚·柯兰奇克讲了中国模式与美国模式的比较，他说，2008 年发生的经济危机，使得“美国模式……陷于困境”“西方国家领导人、决策者和记者质疑自己的制度是否已经失败”“在中国模式中，北京政府保持着对经济的高度控制，但它又没有重新回到社会主义。（指原苏联模式的社会主义）……在一定程度上开放了本国经济，但也确保政府控制战略行业，精选商界获胜者，通过动用国有资金决定投资，并推动银行支持国家龙头企业”。①

美国《新观察系列》的主编加德尔斯说：“中国非常擅长达到共识、统一目标和执行长期政策，……美国已经从工业社会过渡到消费主义社会，短期效应凌驾于一切之上，催生追逐短期利益的行为，市场、政治和媒体无一例外。……我们需要进一步达成共识和长远的眼光。”② 这里讲的美国模式的缺陷正是

---

① 载于《参考消息》2013 年 3 月 28 日。

② 载于《参考消息》2013 年 3 月 27 日。

资本主义市场经济模式的特点。

第三，政府制定规划自觉地建立合理的经济结构，并经常根据全局的发展状况，经常推进经济结构的战略调整。这就是政府在资源配置方面所起的根本的重要性的功能。当前，必须强化这方面的职能，着力解决制约经济持续健康发展的重大结构性问题。牢牢把握扩大内需这一战略目标，加快建立扩大消费需求长效机制，保持投资合理增长，扩大国内市场规模，推动战略性新兴产业健康发展，合理布局建设基础设施和基础产业。

依据政府的经济规划，不断增强基础保障能力，过去5年（2008～2012年），在持续应对国际金融危机冲击下，两年新增投资4万亿元，进行了一系列重大基础建设，新增铁路里程1.97万公里，其中高速铁路8951公里；新增公路60.9万公里，其中高速公路4.2万公里。如果依靠市场配置资源，这些基本建设都是不可能在可见的将来能够实现的。

另外，政府有力地组织和积极推进节能减排和环境保护，把生态文明理念和节能减排行动贯彻到经济结构调整的全过程和各方面，加快建设资源节约型、环境友好型社会。

人民的政府还要在组织经济发展中，坚决维护社会公平正义，保证人民平等参与、平等发展的权利，坚持共同富裕道路，使发展成果更多更公平惠及全体人民。不发挥政府的作用，这些方面也是难以实现的。

第四，第十二次人代会上的《政府工作报告》强调："重要的是优化资源配置和产业布局，解决产能过剩、核心技术缺乏、产品附加值低的问题，解决低水平重复建设和地区产业结构趋同的问题"。"要切实按照科学发展观的要求，引导各方面把工作重心放到加快转变经济发展方式和调整经济结构上，放到提高经济增长的质量和效益上，推动经济持续健康发展。"

这里所讲的"引导"工作就是政府的重要的经济职能。我国经济的快速发展，已成为世界的制造业大国，但是产业结构方面的问题还很不合理，也就是资源配置方面没达到最优。2012年的中央经济工作会议强调，把化解产能过剩矛盾作为调整产业结构的工作重点。当前，这一矛盾更加加剧，因为经济增长下行压力和产能相对过剩同时并存。

产能过剩在多行业凸显的深层次原因在于产业结构不合理，发展方式落后。但是应当看到，这一矛盾就其发生原因来说，更多的恰恰在于是市场盲目作用的表现。特别是地方分散的经济决策，由于其有更大的财力，因而大大强化了市场的盲目性。

产能过剩中央政府早已看到，而且在不断调控。近10年来，国家对产能过剩进行过几次比较集中的治理。但问题未能解决，新一轮的产能过剩波及领域更广、形势更严峻。今年，国家发展改革委正拟会同有关部门完善化解产能过剩的工作方案，研究提出化解产能过剩矛盾的综合措施，加快产业结构调整。

这表明，对这种全局性的优化整体资源配置的重要工作，正是政府的职能，这里不是削弱，而是要加强政府的调控职能，要采取更加有力的措施，综合运用法律、经济、技术及必要的行政手段，进一步建立健全淘汰落后产能的畅销机制，确保按期实现淘汰落后产能的各项目标。

有的人提出这个矛盾应主要靠市场来解决，这是南辕北辙，反其道而行。因为落后的产能所以还能顽强地存在，抵制政府的调控并在加深和发展这一矛盾，正是市场盲目统治作用的结果。其所以淘汰不了，就是因为在当前的市场支配的条件下，该产品当前的市场价格使该类企业还能获利。市场这只“看不见的手”在推动矛盾尖锐化，这主要表现在，一些地方政府屈从市场盲目力量的支配，以土地优惠、税收优惠等公共资源，引导投资者进入本已过热的投资领域，导致产能过度无序扩张，强化了市场盲目性。由于追逐局部和私利的动机强过政府规划和政策的引导力量。在这种条件下，认为依靠市场调节来解决产能过剩问题，显然是一种幻想。因为说依靠市场解决就是要人们依靠分散活动的单个生产者去解决，这是可能的吗?

当然，不是说在控制落后产能方面的措施上市场毫无作用，但指导思想必须改变，必须把市场作为可利用的手段、方法，使其服从政府规划的要求。政府可以利用一些市场方法，例如，价格杠杆，迫使那些企业或改进技术、提高产品档次，或退出该领域，进入更符合资源配置优化的领域。一些人主张政府绝对不能干预微观经济，这是缺乏起码事实求是精神，是被对市场作用的盲目迷信蒙住了眼睛。

这种情况充分表明，不是在社会主义制度下，发挥政府的重要作用，对市场经济的正确利用，没有政府的强有力的引导和控制，我们不可能实现把经济转到以人为本、全面协调可持续发展的科学发展的轨道上，会发生极大的混乱，浪费大量的可贵资源，延缓发展速度。

我们不应把视野只停留在东南沿海省区私人企业的发展繁荣上，这是这里的市场机制充分发展的积极成果，它创造着国家很大部分财富，这是必须充分肯定的。没有它的努力和积极作用，我们就没有今天令人瞩目的发展成果。但我们不能满足于私人企业的生机活力和市场机制配置资源的有效力量，我们还应从大局和全局出发，充分发挥社会主义市场经济体制的优势，其优势在于政府通过科学规划的制定和实施，把市场自发的为私利生产的积极性，引导到服从全局的经济科学发展的道路上。绝不能只看到，在日用生活消费品生产上市场资源配置的优势方面，而模糊了整个社会科学发展的根本任务。如果没有全局的科学发展的支撑，也不可能有市场自发作用的正面效果。

经济理论的科学工作者肩负重任，要求其具有宽阔的眼光，能摆脱局限于单个厂商追求私利的积极作用的狭隘性，能科学地阐明怎样正确处理政府与市场、宏观与微观、全局与个体的关系，使国家的经济坚定地沿着科学发展的轨道前行。

凡市场能做好的，必须交由市场。但也应当说明，所谓市场这只“手”，不是虚幻的，它的实在内容就是私有企业主的“手”，应充分肯定私有企业追求私利的生机和活力，及其判断市场需求的快捷反应的优势，不过这只是在微观领域，而且主要是在与人们日常生活相联系的轻纺食品工业等方面。社会主义制度的最大优越性——全国“一盘棋”和科学发展观，则只能由政府来执行。这只“手”无论如何不能削弱，不应像有些人用错误的态度对待它。这只宏观管理的“手”不可能装到市场上，因为交给市场就是交给单个私人企业主。没有政府的宏观经济管理和组织的“手”，建立在追求私利基础上的市场的“手”的积极作用也发挥不出来。在当前的生产力已发展到极大规模的条件下，没有宏观管理的市场的作用，恐怕负面作用会成为主要的，如当前的发达资本主义国家的情况。

新自由主义市场拜物教批判

——马克思《资本论》的当代启示

李建平*

一、新自由主义者竭力宣扬市场拜物教

发端于2008年美国次贷危机的国际金融风暴横扫西方世界，美欧各国哀鸿遍野，有的国家甚至到了破产的边缘。曾经备受推崇的新自由主义在西方受到了严重的质疑和严厉的批判，正如当代著名经济学家、诺贝尔经济学奖获得者约瑟夫·E·斯蒂格利茨在《自由市场的坠落》一书的“结论性评语”中所说的：“游戏规则已经在全球范围内发生了改变，华盛顿共识政策及其背后的市场原教旨主义的基本意识形态已经没有生命力了”。① 但奇怪的是，在地球的另一端，在社会主义的中国，新自由主义却仍然受到很多人的追捧，并且想方设法要把新自由主义的政策主张推行到下一步的经济和政治改革中去。

新自由主义的核心观点，就是片面夸大资本主义私有制的市场对经济发展的作用，反对任何形式的国家干预。新自由主义者坚信，市场是最有效率的，因为市场有一只“看不见的手”，促使每一个人在追求自己利益的同时，也为别人创造价值，而且比其主观上想为社会作贡献时创造的价值更大；市场是最完美的，因为市场还有一只“隐形的眼睛”，它时时刻刻在监视着我们，使每一个人必须好好表现，对自己的行为负责，从而使市场上的陌生人之间能够相互合作，彼此信任。当然，市场的这种神奇作用并不是无条件的，它有两个非常重

---

* 李建平，福建师范大学原校长，福建师范大学马克思主义研究院院长，全国经济综合竞争力研究中心福建师范大学分中心主任，教授，博士生导师，主要研究方向为《资本论》和社会主义市场经济、经济学方法论等。

① ［美］约瑟夫·E·斯蒂格利茨：《自由市场的坠落》，机械工业出版社2010年版，第262页。

要而且必要的前提：一是强调产权私有。哈耶克指出“私有财产制度是给人以有限的自由与平等的主要因素之一，……私人资本主义连同其自由市场的发展成了我们一切民主自由的发展的先决条件。”① 所以，凡是新自由主义者都一无例外地鼓吹私有化，他们认为包括中国在内的广大发展中国家要发展市场经济首先就在于实行产权私有，二是拒绝国家干预。在新自由主义者看来，任何形式的国家干预都只能造成经济效率的损失。他们认为，在国家干预之下，市场无法正常传递信息，私人经济活动会受到各种限制；一个日益强大的政府迟早将摧毁自由市场带来的繁荣，摧毁独立宣言庄严宣布的人类自由。因此，管得越少的政府，才是最好的政府。各国经济活动中出现的种种问题，都不是市场的错，而是政府惹的祸。新自由主义者在分析当前这场国际金融危机的根源时，居然冒天下之大不韪说：“这完全是政府和中央银行的货币政策的错误，与放松金融管制无关。美国经济的高度杠杆化是美联储信贷扩张政策的结果，而不是其原因”。②

有效而完美的市场、明晰的私人产权和拒绝任何形式的国家干预，这种“三位一体公式”构成了新自由主义者心目中理想的市场经济，这种市场经济据称是“人类最伟大的创造”，“是人类进步最好的游戏规则”，“是个人解放的必由之路”。这种市场经济是没有任何缺陷的，“事实上，所谓市场的缺陷，很大程度上是市场批评者的臆想和由此导致的政府干预的结果。特别是由于政府或者某种强权的不恰当干预，破坏了市场经济的正常运作，使市场经济表现为病态的市场经济，这时候，人们往往以为这是市场本身的毛病。这就跟人一样，本来没病，但有人不断说他有病，非给他吃药不可，最终反而吃出病来了。”③所以，“市场经济需要有人去捍卫。这就是经济学家的基本责任。一个真正的经济学家，一定是市场经济的坚定捍卫者。”④

这种对市场的过度颂扬和崇拜，笔者称之为市场拜物教。这种市场拜物教有四个特征：一是市场无所不在，市场不是社会历史发展特定阶段的产物，而成了一种非历史、超时空的东西；二是市场无限美好，它完美无瑕，无可挑剔，市场的各种所谓“毛病”都是人们强加给它的；三是市场无所不知，因为市场集合了无数“经济人”的理性，所以它具有完全的理性；四是市场无所不能，只要满足了市场的先决条件，市场就可以创造出意想不到的人间奇迹，整个世

① ［英］弗·奥·哈耶克：《通往奴役之路》，中国社会科学出版社1997年版，第102页。

②③④ 张维迎：《市场的逻辑》，上海人民出版社2010年版。

界就可以实现如同德国18世纪初哲学家莱布尼茨所提出的“预定的和谐”。[①]

对于这种市场拜物教，马克思作过深刻的揭露和批判，认为这是人与物关系的颠倒。马克思在1861～1863年经济学手稿中谈到“资本使用劳动”时就已指出：“这种关系在它的简单形式中就已经是一种颠倒，是物的人格化和人的物化；因为这个形式和以前一切形式不同的地方就在于，资本家不是作为这种或那种个人属性的体现者来统治工人，他只在他是‘资本’的范围内统治工人；他的统治只不过是物化劳动对活劳动的统治，工人制造的商品对工人本身的统治。”[②] 在《资本论》中，马克思又专门论述了商品的拜物教问题，指出人和物的颠倒这一反常现象在资本主义市场经济中却成了一种普遍现象，在商品交换者看来，“他们本身的社会运动具有物的运动形式，不是他们控制这一运动，而是他们受这一运动控制”。[③] 市场如同商品、货币、资本等一样，本来是人创造出来的东西，是人类社会历史发展到一定阶段的产物，但在新自由主义者那里，却“变成一种非常神秘的存在”[④]，成了一种统治人、驾驭人的力量，成了人们要为之顶礼膜拜的神明。这种市场拜物教也就是市场的异化。

二、《资本论》关于市场内在缺陷的精辟分析及其现实意义

现代意义上的市场是同资本主义社会一起产生和发展的。马克思比任何人都更充分地肯定资本主义市场的巨大历史进步作用，认为“资产阶级在它不到一百年的阶级统治中所创造的生产力比过去一切时代创造的全部生产力还要多，还要大”[⑤]；“它按照自己的面貌为自己创造出一个世界”[⑥]。

但是，正如马克思所说的，“辩证法在对现存事物的肯定的理解中同时包含对现存事物的否定的理解。”[⑦]马克思对现代资本主义市场经济进行了科学的分析和有力的批判，深刻指出现代市场、市场经济也和世界上任何事物一样，具有二重性：它既充满活力，又有先天缺陷；表面上相互平等，实际上弱肉强食；看起来繁花似锦，却已潜藏着重重危机。如果看不到市场和市场经济消极的一面，就可能迷失方向，大难临头，如同目前西方已持续了5年的金融危机。

马克思关于资本主义市场和市场经济的缺陷的论述很多，大体归纳为10个

① “预定的和谐”是18世纪德国唯心主义哲学家莱布尼茨（1646～1716年）提出的一个重要学说。莱布尼茨认为，世界是由上帝创造的一种精神性的实体——“单子”构成的。上帝在创造每一个单子时就已全部预见到了一切单子的整个发展情况，因此预先就已安排好使每个单子都各自独立地变化发展，而又自然地能和其余一切单子的变化发展过程和谐一致。整个世界就像一个庞大的乐队，每一种乐器都按照上帝原先谱就的乐曲演奏各自的旋律，而整个乐队所奏出的就自然是一篇完整的和谐的交响乐曲。我认为，莱布尼茨的“单子论”和“预定和谐”说是新自由主义市场观的一个重要哲学基础。

②④ 《剩余价值理论》引自《马克思恩格斯全集》第26卷，人民出版社1975年版。

③⑦ 《资本论》第一卷，引自《马克思恩格斯全集》第23卷，人民出版社1972年版。

⑤⑥ 《共产党宣言》引自《马克思恩格斯选集》第一卷，人民出版社1995年版。

方面：

1. 在市场经济条件下，赚钱是商品生产者的唯一目的和决定性动机

市场经济并不如同新自由主义者所描绘的那么美好，每一个人在追求自己利益的同时，也为别人创造价值，而且比其主观上想为社会作贡献时创造的价值更大。市场经济是商品生产占统治地位的经济社会形态，商品生产者的目的不是为了满足自己的物质和精神生活的需要，而是为了交换价值。在资本主义市场经济条件下，则是为了获得尽可能多的剩余价值、尽可能多的利润。赚钱是其唯一的目的和决定性动机。马克思在《资本论》第一卷第四章论述货币转化为资本时就明确指出，一旦货币所有者变成了资本家，"他这个人，或不如说他的钱袋，是货币的出发点和复归点。这种流通的客观内容——价值增殖——是他的主观目的；只有在越来越多地占有抽象财富成为他的活动的唯一动机时，他才作为资本家或作为人格化的、有意志的和意识的资本执行职能。因此，绝不能把使用价值看作资本家的直接目的。他的目的也不是取得一次利润，而只是谋取利润的无休止的运动。"① 马克思称这种现象为"绝对的致富额"和"价值追逐狂"②。在第三篇开始论述剩余价值生产时，马克思明确指出："剩余价值的生产是资本主义生产的决定性目的。"③"作为资本家，他只是人格化的资本。他的灵魂就是资本的灵魂。而资本只有一种生活本能，这就是增殖自身，获取剩余价值，用自己的不变部分即生产资料吮吸尽可能多的剩余劳动。资本是死劳动，它像吸血鬼一样，只有吮吸活劳动才有生命，吮吸的活劳动越多，它的生命就越旺盛。"④新自由主义者居然抹煞资本主义商品生产中还有资本家和雇佣工人的区别。马克思指出："资本主义生产不仅是商品的生产，它实质上是剩余价值的生产。工人不是为自己生产，而是为资本生产。因此，工人单是进行生产已经不够了。他必须生产剩余价值。……这种生产关系把工人变成资本增殖的直接手段。"⑤马克思把"生产剩余价值或赚钱"当作资本主义市场经济的"绝对规律"。⑥这种"绝对规律"会使人变得十分贪婪，以致不惜跨越道德和法律的底线。马克思曾引用他人的一段评论，刻画资本的贪婪："资本害怕没有利润或利润太少，就像自然界害怕真空一样。一旦有适当的利润，资本就胆大起来。如果有10%的利润，它就保证到处被使用；有20%的利润，它就活跃起来；有50%的利润，它就铤而走险；为了100%的利润，它就敢践踏一切人间法律；有300%的利润，它就敢犯任何罪行，甚至冒绞首的危险。"⑦

美国的金融危机起源于次贷危机。一位美国人2008年出版了一本揭露美国次贷危机真相的书，该书作者曾经在美国抵押贷款行业干了14年，最清楚美国曾经大肆吹嘘的金融创新是怎么一回事。他在书中写道："如果说次级贷款行业有什么艺术性可言的话，那就是'无中生有'。……直到我直接和经纪商接触和

---

①②③④⑤⑥⑦《资本论》第一卷，引自《马克思恩格斯全集》第23卷，人民出版社1972年版。

往来，我才了解到创新金融是怎样的一回事。我的销售经理罗伯·雷格将此过程称之为‘用鸡屎做鸡肉沙拉’。虽然无甚诗意，不过概括了这个行业的‘真谛’。”[①]“要说这个行业的贪婪，我曾目睹过太多太多，以至于在行业待了一段时间之后，没有什么事能让我感到吃惊和意外了。”[②]这本书反映的只是美国市场经济的冰山一角，但已经够触目惊心了。

我国是社会主义国家，现阶段实行的是社会主义市场经济。社会主义生产的目的应该是在生产发展的基础上，满足全体人民日益增长的物质和文化生活需要。但是，由于我国社会中目前还存在多种经济成分，在非公有制经济中，获得利润或赚钱仍然是不少企业生产的主要目的，因此如果不加强监管，由于资本的本能冲动，就有可能干出种种伤天害理的事。这一类的报道几乎每天都有，难道不应该引起我们的思考吗?

2. 市场会产生流通创造剩余价值的假象，导致对生产领域、实体经济的忽视

市场纷繁复杂，常以假象示人，而把真相掩盖。比如剩余价值从现象来看，似乎是从流通中产生的，因为价值“它离开流通，又进入流通，在流通中保存自己，扩大自己，扩大以后又从流通中返回来，并且不断重新开始同样的循环。G－G′，生成货币的货币——资本的最初解释者重商主义者就是这样来描绘资本的”。[③]“庸俗的自由贸易论者用来判断资本和雇佣劳动的社会的那些观点、概念和标准就是从这个领域得出的。”[④]

马克思通过分析，指出剩余价值的源泉是在生产领域，是因为资本找到了劳动力这一种特殊的商品。其特殊就在于，在生产过程中，劳动力的使用价值不仅能够创造新价值，而且能够创造比其自身价值更大的价值，这种新创造的超过劳动力价值部分的价值就是剩余价值，它不属于工人，而为资本家所占有。

在《资本论》第二卷中，马克思在论述“资本形态变化及其循环”时，进一步指出：资产阶级“政治经济学看到的是表面的现象，也就是流通时间对资本增殖过程的作用。它把这种消极的作用理解为积极的作用，因为这种作用的结果是积极的，并且因为这种假象似乎证明了资本有一个神秘的自行增殖的源泉，它来源于流通领域，与资本的生产过程，从而与劳动的剥削无关，所以政治经济学就更是抓住这个假象不放。我们以后会看到甚至科学的经济学也不免受这种假象迷惑。以后也会表明这种假象由于下述各种现象而根深蒂固……”[⑤]

当前国际金融危机的一个重要原因就是有关国家忽视财富创造的真正源泉来自生产领域和实体经济。自20世纪下半叶以来，欧美一些发达资本主义国家制造业的实际利润率持续低迷，实体经济逐渐陷入困境，于是产业资本大量进入金融、证券等虚拟经济领域。虚拟经济的发展对实体经济有积极的促进作用，

---

①② ［美］理查德·比特纳：《贪婪、欺诈和无知——美国次贷危机真相》，中信出版社2008年版。

③④ 《资本论》第一卷，引自《马克思恩格斯全集》第23卷，人民出版社1972年版。

⑤ 《资本论》第三卷，引自《马克思恩格斯全集》第24卷，人民出版社1975年版。

但是若过度扩张就有可能引发泡沫经济。“根据国际货币基金组织的统计，1980年全球金融资产价值只有12万亿美元，与当年全球GDP规模基本相当；1993年达到53万亿美元，为当年全球GDP的2倍；2003年增长到124万亿美元，超过全球GDP的3倍；2007年全球金融体系内的商业银行资产余额、未偿债券余额和股票市值合计达到了230万亿美元，为当年全球GDP的4.21倍。2007年，全球实体经济10万多亿美元，GDP为近54万亿美元，全球衍生金融产品市值为681万亿美元，与全球GDP之比为13:1。而这一年美国的金融衍生品市值约为340万亿美元，GDP为近14万亿美元，二者之比高达25:1，其中实体经济的产值仅占金融衍生品市场的1/68。”[①] 虚拟经济是为实体经济服务的，它本身并不创造财富。虚拟经济的过度膨胀，金融危机的爆发那只是迟早的问题了。

3. 市场掩盖了商品交换背后的社会生产关系，以致见物不见人

马克思和资产阶级经济家的根本区别，就在于指出市场不仅仅是商品这种物的交换，而是体现一定的社会生产关系，这既是商品、货币、资本的本质，也是市场的本质。马克思说：“流通是商品占有者的全部相互关系的总和”[②]。“当市场上的人们使他们的劳动产品彼此当作价值发生关系时，也就使他们的各种劳动作为人类劳动而彼此相等。他们没有意识到这一点，但是他们这样做了。”在《资本论》第一卷德文第二版中，马克思特地在这里加了一个脚注：“因此，当加利阿尔说价值是人和人之间的一种关系时，他还应该补充一句：‘这是被物的外壳掩盖着的关系。’”[③]

马克思批判了资产阶级经济学的“幻觉”：“货币主义的幻觉是从哪里来的呢？是由于货币主义没有看出：金银作为货币代表一种社会生产关系，不过这种关系采取了一种具有奇特的社会属性的自然物形式。而蔑视货币主义的现代经济学，当它考察资本时，它的拜物教不是也很明显吗？认为地租是由土地而不是由社会产生的重农主义幻觉，又破灭了多久呢？”[④]

4. 市场无法保证商品价值和剩余价值的实现，从而潜藏着经济危机

商品交换并不总是那么顺利、美妙的，而是充满风险。马克思说：“商品价值从商品体跳到金体上是商品的惊险跳跃。这个跳跃如果不成功，摔坏的不是商品，但一定是商品占有者。[⑤]“在《资本论》第3卷中，马克思分析利润率趋向下降的规律所引起的资本主义社会的各种矛盾时指出，在直接生产过程中获得了剩余价值，但是这个代表剩余价值的部分必须卖掉。“如果卖不掉，或者只卖掉一部分，或者卖掉时价格低于生产价格，那么……榨取的剩余价值就完全不能实现……直接剥削的条件和实现这种剥削的条件，不是一回事。二者不仅在时间上和空间上是分开的，而且在概念上也是分开的。前者只受社会生产力的限制，后者受不同生产部门的比例和社会消费力的限制。……因此，市场必

---

① 引自王佳菲：《揭开经济危机的底牌——透过〈资本论〉看新危机时代》，新华出版社2010年版。

②③④⑤ 《资本论》第三卷，引自《马克思恩格斯全集》第23卷，人民出版社1972年版。

须不断扩大，以致市场的联系和调节这种联系的条件，越来越采取一种不以生产者为转移的自然规律的形式，越来越无法控制。……生产剩余价值的条件和实现这个剩余价值的条件之间的矛盾，正好因此而日益增长。”①

这是市场和市场经济的致命伤，历次的经济危机往往就是在这样的环节上爆发的。在美国的这次金融危机中，房产的过剩就很突出。“据美国人口统计部门一份《关于房产行业整体状况》的报告所示，美国 2008 年有 1400 万套房屋空置，比起 1985 年的 740 万套，差不多翻了一倍，这些房屋足够安置 4000 万以上的人居住。”② 在产品过剩的背后则是产能过剩。“美国产能过剩的问题早在 21 世纪初网络经济泡沫破灭后就已露出端倪。据美联储理事会估计，2001 年 2 月美国制造业的产能利用率约 78.1%，创 9 年来新低；半导体产业的产能利用率降至约 80%，且持续下滑；计算机业的产能利用率也达到 3 年来最低水平。随后，房地产业成为新的经济增长引擎，大量投资向房地产和钢铁、汽车等制造业集中。随着次贷泡沫的褪去，这些行业的产能过剩逐渐浮出水面。2009 年 6 月，美国第二大钢铁生产商纽柯公司……目前的产能利用率仍处于 45 年来最低水平，远低于正常水平。”③

21 世纪以来，我国在经济快速增长的同时，有些行业也出现了不同程度的产品过剩和产能过剩，以机械工业为例，“国家统计局数据显示，2011 年机械工业产销增速和利润增速均表现出持续下滑的态势。2011 年以来，机械产品的市场需求呈现疲软态势，产成品库存同比增速基本处于 20% 左右的高位，远远高于前两年 10% 左右的水平。同时，企业订单增速明显下降……订货不足，进一步加剧了产能过剩的矛盾。”④ 这已引起有关部门的重视，并正采取积极对策。

5. 信用是市场经济发展的必然产物，但它是一把双刃剑

马克思指出，随着大规模生产的发展，“信用就是不可避免的了；信用的数量和生产的价值量一起增长，信用的期限也会随着市场距离的增加而延长。在这里是互相影响的。生产过程的发展促使信用的扩大，而信用又引起工商活动的增长。”⑤但是，信用是一把双刃剑，它既可以促进生产的巨大发展，又会造成生产的巨大破坏。马克思在《资本论》第一卷论述货币的支付手段职能时就指出：“货币作为支付手段的职能包含着一个直接的矛盾……这种矛盾在生产危机和商业危机中称为货币危机的那一刻暴露得特别明显。这种货币危机只有在一个接一个的支付的锁链和抵销支付的人为制度获得充分发展的地方，才会发生。”⑥ 在《资本论》第三卷中，马克思专门分析了信用在资本主义生产中的作用，进一步论述了信用的二重性：“信用制度加速了生产力物质上的发展和世界

①⑤ 《资本论》第三卷，引自《马克思恩格斯全集》第 25 卷，人民出版社 1975 年版。

②③ 引自王佳菲：《揭开经济危机的底牌——透过〈资本论〉看新危机时代》，新华出版社 2010 年版。

④ 刘宝亮：《机械工业：“高端不足，低端过剩”亟待解决》，载于《中国经济导报》2012 年 2 月 21 日。

⑥ 《资本论》第三卷，引自《马克思恩格斯全集》第 23 卷，人民出版社 1972 年版。

市场的形成，使这二者作为新生产形式的物质基础发展到一定的高度，是资本主义生产方式的历史使命。同时，信用加速了这种矛盾的暴力的爆发，即危机，因而加强了旧生产方式解体的各种要素”。①

当前的国际金融危机，包括欧债危机，其实就是资本主义的信用危机，其典型表现就是“把资本主义生产的动力——用剥削别人劳动的办法来发财致富——发展成为最纯粹最巨大的赌博欺诈制度，并且使剥削社会财富的少数人的人数越来越少。”②2008 年美国金融危机暴露出来的许多丑闻，都是马克思这段话的最好诠释。其中最轰动的莫过于伯纳德·麦道夫的“庞氏大骗局”了。这位美国前纳斯达克主席、华尔街的头面人物，著名的慈善大家，居然是一个行骗达 10 年之久、被骗对象包括国外知名金融机构和社会知名人士、涉及数额高达 500 亿美元的超级大骗子。非常有讽刺意味的是，“在麦道夫公司的网站上有这样的声明：‘客户们知道，伯纳德·麦道夫本人在追求完美无瑕的从业记录，致力于公平交易，并保有高尚的道德标准，这些一直以来都是本公司的标志。’”③ 麦道夫现在已经成了阶下囚，并被判处 150 年的监禁，麦道夫事件对华尔街乃至美国的金融信用都是一个极为沉重的打击。在美国的现有金融体制下，麦道夫既不是第一个，但肯定也不是最后一个；麦道夫出局既带有很大的偶然性，但也是一种历史的必然。

无独有偶，美国出了个麦道夫，中国则出了个吴英。吴英是原浙江本色控股集团有限公司法人代表，因集资诈骗金额 3.8 亿余元受到法律的制裁。和麦道夫这个大巫比起来，吴英确实是太小巫了。但有一段时间仍为国人所关注，因为它折射出我国民间借贷信用所存在的问题以及尽快治理的期望。麦道夫案、吴英案给我们的最大启示是：在市场经济条件下，如何运用和控制信用这把双刃剑，是一个至关重要的问题。运用和控制得好，可能会把你送往天堂；反之，则必然要下地狱。这不仅仅是信贷双方都要深思熟虑，慎重行事，社会和政府更应该未雨绸缪，有所作为。

6. 资本主义市场交易表面的平等掩盖实际上的不平等

马克思指出：“劳动力的买和卖是在流通领域或商品交换领域的界限以内进行的，这个领域确实是天赋人权的真正乐园。那里占统治地位的只是自由、平等、所有权和边沁。……离开这个简单流通领域或商品交换领域，……就会看到，我们的剧中人的面貌已经起了某些变化。……”④ 在“工作日”一章中，马克思进一步指出：“必须承认，我们的工人在走出生产过程时同他进入生产过程时是不一样的。在市场上，他作为‘劳动力’这种商品的所有者与其他商品的所有者相遇，即作为商品所有者与商品所有者相遇。他把自己的劳动力卖给资

①② 《资本论》第三卷，引自《马克思恩格斯全集》第 25 卷，人民出版社 1975 年版。

③ 刘宝亮：《机械工业：“高端不足，低端过剩”亟待解决》，载于《中国经济导报》2012 年 2 月 21 日。

④ 《资本论》第一卷，引自《马克思恩格斯全集》第 23 卷，人民出版社 1972 年版。

本家时所缔结的契约，可以说像白纸黑字一样表明了他可以自由支配自己。在成交以后却发现：他不是‘自由的当事人’，他自由出卖自己劳动力的时间，是他被迫出卖劳动力的时间；实际上，他‘只要还有一块肉、一条筋、一滴血可供榨取，吸血鬼就决不罢休。”①

这种表面上平等和实际上的不平等，在当今世界西方发达国家和发展中国家的贸易往来中，在实行市场经济的广大发展中国家的私有经济中，不是每天都在发生吗？仅以中国的稀土问题为例。稀土是重要的战略资源，具有不可再生性，在全球已探明的1亿吨稀土储量中，中国仅占36%，美国稀土储量仅次于中国和独联体国家。长期以来，由于全球稀土供应和市场存在的严重不合理，导致对中国稀土无序乃至掠夺性开发，使中国付出沉重的环境代价，而有的西方国家则趁机大肆囤积超出自己实际需要的廉价稀土资源。在这种情况下，中国处于保护环境和可持续发展的目的加强对稀土开采和出口管理，符合世界贸易组织规则中关于保护可用尽的自然资源的例外条款，无可厚非。但是，这一正当合理的行为却遭到了西方发达国家的强烈反对，对中国施加种种压力，甚至联手向世界贸易组织提出诉讼，声称中国限制稀土出口违反世贸组织的贸易公平规则。“只许州官放火，不许百姓点灯。”满口“自由”“公平”的西方国家，在他们同发展中国家的贸易往来中，并不像新自由主义者所想象的那么温文尔雅、绅士风度，它们所惯用的就是这套强盗逻辑。

7. 市场经济的发展必然导致收入分配差距过大，出现两极分化

在《资本论》第一卷中，马克思揭示了资本主义积累的一般规律，指出：“不管工人的报酬高低如何，工人的状况必然随着资本的积累而日趋恶化。……这一规律制约着同资本积累相适应的贫困的积累。因此，在一极是财富的积累，同时在另一极，即在把自己的产品作为资本来生产的阶级方面，是贫困、劳动折磨、受奴役、无知、粗野和道德堕落的积累。”②在《资本论》第三卷中，马克思进一步指出：“社会消费力既不是取决于绝对的生产力，也不是取决于绝对的消费力，而是取决于以对抗性的分配关系为基础的消费力；这种分配关系，使社会上大多数人的消费缩小到只能在相当狭小的范围以内变动的最低限度。这个消费力还受到追求积累的欲望的限制，受到扩大资本和扩大剩余价值生产规模的欲望的限制。这是资本主义生产的规律。”③

马克思所揭示的资本主义市场经济的这一规律，在当前的国际金融危机中得到了进一步的验证。始于2011年9月17日美国金融中心纽约由数百人发起的小规模“占领华尔街”抗议活动，不到一个月时间迅速蔓延到美国的上千个城市，并迅速扩散至各主要的西方国家。抗议者举起的“1%对99%”的标语牌，表现出他们对日益加剧的经济不平等现象及其制度根源感到不满和愤怒。“一些

①② 《资本论》第一卷，引自《马克思恩格斯全集》第23卷，人民出版社1972年版。

③ 《资本论》第三卷，引自《马克思恩格斯全集》第25卷，人民出版社1975年版。

美国学者指出，美国经济不平等的严重程度为上世纪三十年代‘大萧条’以来所未见，比其他西方发达国家都要高。……据统计，1%的美国富人占有国民收入的五分之一和社会总财富的三分之一。……1%最富裕美国人的税后收入自1979年以来增加了两倍，而处于金字塔底部的80%的美国人同期收入仅增加了三分之一。美国企业主管的收入与普通工人的收入差距，由以前的30倍增加到现在的300倍。”[①]“占领华尔街”抗议活动表明，资本主义市场经济无法解决社会财富和收入分配的贫富分化问题，导致生产的无限扩大与群众有支付能力需求相对缩小的矛盾不断尖锐化，从而酿成各种危机。

我国自改革开放以来，打破“大锅饭”和平均主义，逐步确立了按劳分配为主体、多种分配方式并存的分配制度，有效地激发了社会创造力，促进了社会财富的极大增加，居民的收入水平普遍提高。但是，无可讳言，在经济持续增长的背后，居民收入差距不断扩大，受到了社会各界的高度关注。从基尼系数看，1978年仅为0.16，2000年就超过了0.4的国际警戒线，现已接近或超过0.5；从绝对贫困人口看，如果按“十二五”规划的第一年人均纯收入1500元的贫困标准，全国贫困人口总数将达9000万以上；从财富的集中度看，“2009年中国家财千万元的富豪已达82.5万人，家产过亿的有5.1万人；2011年千万级的增加到96万人，过亿的达6万人；……2010年，家产十亿的富豪有1363人，其中百亿富豪97人；2011年，家产20亿元的就达2000人。在2009年，中国仅仅前200名富豪的财富总额就达2.60万亿元，相当于全国GDP的7.76%。……另一方面，劳动者占新创造价值的份额明显下降（在私有经济中更是如此，私有企业工人的平均工资仅为国有企业工人的52%）”。[②]关于我国当前的居民收入差距不断扩大的原因，理论界给出了各种解释，但我认为都有意无意地回避了一个重要原因，那就是市场经济的内在规律使然。马克思所揭示的不仅是资本主义市场经济的规律，也是一般市场经济的规律，社会主义市场经济当然没有例外。和资本主义市场经济根本不同的是，我国有信心也有能力通过政府的有力干预和其他各种措施，解决西方国家无法解决的社会两极分化问题。

8. 以追求利润为唯一目的的资本主义市场经济导致环境生态严重恶化

马克思在《资本论》第一卷论述大工业和农业的关系时指出：“大工业在农业领域内所起的最革命的作用，是消灭旧社会的堡垒——‘农民’，并代之以雇佣工人。……资本主义生产使它汇集着社会的历史动力，另一方面又破坏着人和土地之间的物质变换，也就是使人以衣食形式消费掉的土地的组成部分不能回到土地，从而破坏土地肥力的永恒的自然条件。这样，它同时就破坏城市工人的身体健康和农村工人的精神生活。……资本主义农业的任何进步，都不仅

① 余晓葵：《华尔街的拐角美国社会的“拐点”》，载于《光明日报》2012年2月6日。

② 本刊记者：《重视研究当前两类社会矛盾及其相互关系——访厦门大学原党委书记吴宣恭教授》，载《马克思主义研究》2012年第5期。

是掠夺劳动者的技巧的进步，而且是掠夺土地的技巧的进步，在一定时期内提高土地肥力的任何进步，同时也是破坏土地肥力持久源泉的进步。……资本主义生产发展了社会生产过程的技术和结合，只是由于它同时破坏了一切财富的源泉——土地和工人。"①

当代人类生存环境的恶化和生态危机，与盲目扩大生产和市场以及片面追求资本的增殖、片面追求 GDP 有密切的关系。西方发达国家在其工业化的历史过程中，曾对生态环境造成了严重的破坏。迫于国内的压力和资本追逐利润的本能，现在他们正千方百计把生态环境恶化的祸水引向广大发展中国家。还是以前面所举的稀土为例。"据《华盛顿邮报》报道，早在上世纪 90 年代初，美国曾在稀土矿业市场上占主导地位，后来大量减少本国稀土矿的开采，封存矿山，既保存自己的战略资源，又廉价获得中国稀土资源，还把环境污染挡在国门外"②，这是典型的损人利己，以邻为壑。而中国在相当长一段时间内，缺乏对稀土资源开采、利用和保护的战略规划，许多企业在高利润驱动下，乱采滥挖直接导致出口量很大而价格不断下降，同时储藏量锐减。专家估计，照此速度开采，二三十年后就将采尽挖光。令人更加担忧的是，一些中小企业为了节约成本，用落后技术开采稀土，对环境造成不可逆转的放射性污染、地下水污染和耕地破坏。"仅以稀土资源丰富的赣南为例，如果要对开采稀土等矿产破坏的土地进行生态修复，初步估计资金投入将高达380亿元以上，而去年，江西省全省出口稀土不到10亿美元（约合人民币63亿元）。也就是说，其出口利润很难弥补环境的损失。"③

9. 商品（货币、资本）拜物教是市场经济的特有产物

对商品、货币、资本拜物教的分析，是马克思《资本论》中最精彩的内容之一。他指出："商品形式和它借以得到表现的劳动产品的价值关系，是同劳动产品的物理性质以及由此产生的物的关系完全无关的。这只是人们自己的一定的社会关系，但它在人们面前采取了物与物的关系的虚幻形式。因此，要找一个比喻，我们就得逃到宗教世界的幻境中去。在那里，人脑的产物表现为赋有生命的、彼此发生关系并同人发生关系的独立存在的东西。在商品世界里，人手的产物也是这样。我把这叫做拜物教。劳动产品一旦作为商品来生产，就带上拜物教性质，因此拜物教是同商品生产分不开的。"④当然，商品拜物教也是同市场分不开的。马克思还分析了货币拜物教："一种商品成为货币，似乎不是因为其他商品都通过它来表现自己的价值，相反，似乎因为这种商品是货币，其他商品才都通过它来表现自己的价值。中介运动在它本身的结果中消失了，而且没有留下任何痕迹。……这些物，即金和银，一从地底下出来，就是一切人类劳动的直接化身。货币的魔术就是由此而来。……因此，货币拜物教的谜就

①④ 《资本论》第一卷，引自《马克思恩格斯全集》第23卷，人民出版社1972年版。

②③ 吴黎明：《中国稀土不应沦为西方廉价"肥田"》，载于《文汇报》2012年3月15日。

是商品拜物教的谜，只不过变得明显了、耀眼了。"① 在《资本论》第三卷中，马克思分析了资本拜物教的种种形式。"在生息资本的形式上，资本拜物教的观念完成了。按照这个观念，积累的劳动产品，而且是作为货币固定下来的劳动产品，由于它天生的秘密性质，作为纯粹的自动体，具有按几何级数生产剩余价值的能力。"②

马克思指出，商品、货币、资本拜物教对社会具有极大的欺骗性和危害性。这种拜物教反映的是市场经济中的假象世界，而这种假象又往往同人们的生活常识相符合，因此，人们对"这些异化的不合理的形式感到很自在，这也同样是自然的事情，因为他们就是在这些假象的形式中活动的，他们每天都要和这些形式打交道"。③这种拜物教的危害性在于它颠覆了几千年来人类文明所积淀的关于真善美和假恶丑的界限，破坏了传统社会的经济秩序、道德秩序和社会秩序。马克思指出："从货币身上看不出它是由什么东西变成的，那么，一切东西，不论是不是商品，都可以变成货币。一切东西都可以买卖，流通成了巨大的社会蒸馏器，一切东西抛到里面去，再出来时都成为货币的结晶。连圣徒的遗骨也不能抗拒这种炼金术，更不用说那些人间交易范围之外的不那么粗陋的圣物了。……还在幼年时期就抓着普路托的头发把他从地心里拖出来的现代社会，则颂扬金的圣杯是自己最根本的生活原则的光辉体现。"④马克思还指出，一旦拜物教在全社会确立，那么这将是"一个着了魔的、颠倒的、倒立着的世界。在这个世界里，资本先生和土地太太，作为社会的人物，同时又直接作为单纯的物，在兴妖作怪"。⑤

在美国的这次金融危机中，从已揭露出来的大量材料来看，作为美国乃至世界金融心脏的华尔街，确实是"一个着了魔的、颠倒的、倒立着的世界"，华尔街的金融资本先生不仅在全世界"兴妖作怪"，也在他们的家门口"兴妖作怪"，不过这次搞的太过头了，差点使其陷入灭顶之灾。至于我们国家是否也存在商品、货币和资本拜物，人们曾经有过疑问，理论界也曾经讨论过，然而在人们耳闻目睹了大量惊心动魄的事实后，这已成了不证自明的定论了。社会上最关注、老百姓最痛恨的腐败现象，其实就是资本拜物教——权力资本化的一种表现。现在摆在我们面前的，不是争论有没有商品、货币、资本拜物教的问题，而是如何认识和解决由此产生的一系列经济、政治和社会问题。

10. 市场和市场经济无法解决自身存在的问题

新自由主义总是把市场想象得那么美好：什么"只要让位于市场，一切关系都能理顺"；什么"如果把一切都委托给市场的自由交易，就会达到一种最佳的经济状态，并且这种状态是稳定的"；尤其难得的是"市场具有自我纠正错误的能力"，所以"市场制度是最成功的"；如此等等。这些赞美市场的"时髦词

①④ 《资本论》第一卷，引自《马克思恩格斯全集》第23卷，人民出版社1972年版。

②③⑤ 《资本论》第三卷，引自《马克思恩格斯全集》第25卷，人民出版社1975年版。

句”其实都是马克思早已批判过的陈词滥调，不过马克思当时主要是针对那些为资本主义市场经济制度作辩护的庸俗经济学家。马克思多次引用18世纪法国哲学家伏尔泰小说《老实人》的一句格言：“在这个最美好的世界上，一切都十全十美”①，嘲笑那些狂热的市场拜物教者。

在马克思看来，无论是市场和市场经济的巨大历史进步作用还是它的种种弊端，都具有它历史的必然性。在《资本论》第一卷第一版序言中，马克思就指出：“问题本身并不在于资本主义生产的自然规律所引起的社会对抗的发展程度的高低，问题在于这些规律本身，在于这些以铁的必然性发生作用并且正在实现的趋势。工业较发达的国家向工业较不发达的国家所显示的，只是后者未来的趋势”。②这里讲的“铁的必然性”，我理解包含两层意思：一是市场存在的种种问题，你承认也罢，不承认也罢，它都是客观存在的；你喜欢也罢，不喜欢也罢，它都要发生的。二是市场本身并无法解决这些问题。马克思说：“价值没有在额上写明它是什么。不仅如此，价值还把每个劳动产品变成社会的象形文字。后来，人们竭力猜出这种象形文字的含义，要了解他们自己的社会产品的秘密，因为使用物品当作价值，正像语言一样，是人们的社会产物。后来科学发现，劳动产品作为价值，只是生产它们时所耗费的人类劳动的物的表现，这一发现在人类发展史划了一个时代，但它决没有消除劳动的社会性质的物的外观……商品生产这种特殊生产形式所独具的这种特点，在受商品生产关系束缚的人们看来，无论在上述发现以前或以后，都是永远不变的，正像空气形态在科学把空气分解为各种元素之后，仍然作为一种物理的物态继续存在一样。”③所以马克思认为，《资本论》中所涉及的人，只是经济范畴的人格化，是一定的阶级关系和利益的承担者，不能要求这些个人对这些问题负责。

在资本主义市场经济条件下，唯一能够对市场的弊端进行局部的一定程度改良的外部力量，就是国家权力。马克思在《资本论》第一卷中用了很大的篇幅来叙述英国工厂法的历史、内容和结果，“英国的工厂法是通过国家，而且是通过资本家和地主统治的国家所实行的对工作日的强制的限制，来节制资本无限度地榨取劳动力的渴望”。④马克思明确指出：“一个国家应该而且可以向其他国家学习”，虽然市场经济作为一种自然的发展阶段“既不能跳过也不能用法令取消……但是它能缩短和减轻分娩的痛苦。”⑤马克思在《资本论》中多次提到国家的作用（按照马克思原来的写作计划，《政治经济学批判》六册中“国家”作为单独一册），例如，在论述信用在资本主义生产中的作用时，就指出：“它在一定部门中造成了垄断，因而要求国家的干涉”。⑥

---

①②③④⑤ 《资本论》第一卷，引自《马克思恩格斯全集》第23卷，人民出版社1972年版。

⑥ 《资本论》第三卷，引自《马克思恩格斯全集》第25卷，人民出版社1975年版。

三、清除新自由主义市场拜物教的迷雾任重道远

显然，马克思上述对市场拜物教的批判，主要是针对资本主义市场经济的，即使过去了100多年，对我们今天研究当代资本主义的新发展，分析当前国际金融危机产生原因和批判新自由主义理论基础，还是有重要指导意义的。不仅如此，马克思的论述对实行市场经济的发展中国家，包括实行社会主义市场经济的中国，也具有很强的警醒和启迪意义的。无可讳言，马克思所痛陈的资本主义市场和市场经济所存在的一系列消极现象和潜在风险，在我国也以不同程度存在。有市场经济存在，就必然产生市场拜物教，这是不以人的意志为转移的。当然，在我国的社会主义制度下，在政府的有力干预下，可以把市场拜物教的消极效应尽可能地减少、缩小。但是，如果放松警惕，处理不慎，就有可能造成局部地区的外部冲突和整个社会的波动。这并非危言耸听，而是被近年来的一系列社会事件所证明。

即使在社会主义市场经济条件下，市场拜物教也是无法消除的，因为商品生产和商品交换是它孕育的土壤。但是，我们可以采取积极的措施，限制它作用的范围，化解它产生的矛盾，消除它恶劣的影响，预防它潜在的危机。具体措施是：

1. 坚决批判新自由主义在我国的恶劣影响

要认识到新自由主义所宣扬的市场拜物教在冠冕堂皇的词句后面所包藏的险恶用心；它所指引的道路，不是走向繁荣之路，而是走向社会动乱、两极分化、国家崩溃之路。新自由主义并不单纯是一种学术理论，从20世纪80年代以来，它已经成为西方发达国家的官方意识形态，成为对广大发展中国家和由计划经济向市场经济转轨的国家进行渗透、误导和颠覆的政治工具。无论是拉美、原苏东还是东南亚地区，新自由主义都给这些地区的国家和人民带来了深重的灾难。当前美欧这场旷日持久的金融危机，正是西方国家新自由主义长期泛滥酿成的恶果。用中国俗话来说，叫做害人又害己！

新自由主义所宣扬的市场拜物教，并不是什么新鲜的东西，它不过是马克思早已批判过的资产阶级庸俗经济学的老调重弹。正如马克思一针见血所指出的："庸俗经济学的特征恰恰在于，当那种在一定历史发展阶段上是新颖的、创造性的、深刻的和正确的见解，已经变成平凡、陈旧和错误的东西的时候，又把它们重新拣起来。这样，它也就供认，它对于古典经济学已经研究过的问题毫无所知。它把这些问题，和那些只能在资产阶级社会的一个较低发展水平上提出的问题混为一谈。"① "庸俗经济学家所做的实际上只是把那些为竞争所束缚

① 《资本论》第三卷，引自《马克思恩格斯全集》第25卷，人民出版社1975年版。

的资本家的奇特观念，翻译成表面上更理论化、更一般化的语言，并且煞费苦心地论证这些观念是正确的。”①

对多年来新自由主义市场拜物教在我国经济理论界造成的迷误和危害，一定要有清醒的认识。有一本书在介绍新自由主义者弗里德曼20世纪80～90年代三次来华时这样写道：“在三次访华中，弗里德曼近距离地观察了一个从计划经济体制走向市场经济体制的社会的变迁过程，他尽力向中国人介绍了自由市场制度的知识，表达了自己的思想观念。作为一个经济学家，他很好地完成了自己的任务，深入影响了一大批中国人——其中不乏能够直接影响甚至决定中国发展道路的人。可以说，在这十几年中，弗里德曼原有的世界范围的影响力扩充到了中国，而中国，也因此受益良多。”② 那个疯狂叫嚣要“在马克思主义的棺材上钉上最后一颗钉子”的新自由主义者张五常有一段时间竟成了国内大学乃至国家机关的宠儿，竞相向他发出讲学的邀请。我曾经到过一个省的财经学院，该学院竟然把张五常来校讲学当作办学成就来宣传，并且还要请他题写校名，真令人啼笑不得！刘国光先生早在2005年就在一篇重要文章中指出，国内“有些人不愿意别人批评新自由主义。说什么批评者把新自由主义者当成了一个筐，什么都往里装。为什么要讳言新自由主义呢？如果你是真心实意地为中国特色的社会主义市场经济贡献力量的话，如果你也是不赞成新自由主义的理论前提和核心理论的话，你就不必担心批评新自由主义会伤及无辜。如果你赞成他们的理论前提和核心理论，那你自己就跳进框框，怪不得别人”。③ 现在距刘国光先生发表这篇著名的文章已经过去了7年，期间发生了可以说是给新自由主义敲响丧钟的国际金融危机，但新自由主义在中国的神州大地上却毫发无损，并且愈益猖獗，这难道不应该引起有关部门的反思吗？这也提醒中国的马克思主义经济学学者，战斗正未有穷期，批判新自由主义将是意识形态领域里一场长期的斗争。

2. 坚持社会主义公有制占主体的基本经济制度

社会主义市场经济同资本主义市场经济的一个重要区别，就是前者公有制占主体地位。新自由主义以提高市场效率为名，不遗余力地鼓吹私有化。他们一方面断言公有制和市场经济不能兼容，私有化不可避免。马克思主义认识论认为，实践是检验真理的唯一标准。我国改革开放三十多年的实践已经有力地证明，以公有制为主体、多种经济成分并存的基本经济制度，完全适应生产力发展的需要，创造了令世人瞩目的经济“奇迹”。新自由主义者关于“不能兼容”的看似严密的逻辑推理和故作高深的数学分析，在活生生的事实面前，显

① 《资本论》第三卷，引自《马克思恩格斯全集》第25卷，人民出版社1975年版。

② 李子旸：《市场的力量》，华夏出版社2010年版。

③ 引自《刘国光文集》（10）：《对经济学教学和研究中一些问题的看法》，中国社会科学出版社2006年版，第614页。

得多么滑稽可笑！他们死抱着陈腐的教条不放，却不懂得“理论是灰色的，生活之树常青”这个简单朴素的道理。另一方面，他们则是借口反垄断，反“国进民退”，企图瓦解我国的国有经济。某大学教授说什么“现在活得好的国有企业，基本是靠垄断赚钱，但是它们的效率很低。国有企业占据着社会三分之二的经济资源，但创造的价值只是三分之一。等他们都民营化之后，可以想象中国经济会焕发出怎样的潜力。”① 人们已经注意到，《光明日报》在2012年4月中旬连续发表“国企怎么样”“国企怎么了”“国企怎么办”的系列报道，通过大量翔实的数据，告诉人们关于国企的真实情况。过去，“国企是亏损的代名词”，而如今“大型国企特别是央企是活力的代名词，越来越多的中国央企走出国门，活跃在国际经济舞台上，用骄人的业绩演绎了‘大象快跑的故事’，提升了中国的整体经济实力和竞争力。在2011年公布的世界500强企业中，中央企业已有38家上榜。……如今的国有企业已是行业的排头兵、国民经济的支柱力量，在维护经济社会稳定、完成宏观调控目标，承担各种急难险重任务等方面，国有企业始终发挥着中流砥柱的作用”。② 日益壮大的国企不仅在经济上、政治上发挥重要的作用，而且还能对市场拜物教起有力的制约作用。新自由主义者为什么视国企为眼中钉、肉中刺，必欲拔之而后快，其中难言之隐就是国企的存在和发展完全与他们信奉的市场拜物教教义背道而驰，而这一教义是他们灵魂的栖息和安身立命之所在！国企当然还要深化改革，进一步完善，但积世界上社会主义各国正反两方面的经验教训，可以证明：国企强，则国家强；国企弱，则国家弱。可以断言，当强大的国有经济瓦解之日，也就是人物颠倒的市场拜物教泛滥之时，那时虽然市场经济也还存在，但已经更名易帜，不叫社会主义了。因此，在任何时候，坚持公有制的主体地位和国有经济的砥柱作用，我们都不能有丝毫的动摇！

3. 加强政府对市场必要的干预

讨论这一问题的前提是政府有没有必要对市场进行干预？新自由主义拜物教者的回答是否定的。因为按照他们的教义，既然市场是理性的、万能的，也就不需要政府这种外部力量的干预，否则就会适得其反。令他们始料未及的是，这次国际金融危机对其笃信不疑的教义是一个毁灭性的打击。在西方国家的新自由主义拜物教者中，有的对此采取沉默，有的则被迫做了检讨。例如，2008年10月23日，美国国会众议院监督和政府改革委员会召集美国联邦储备委员会前主席格林斯潘等人作证，以便弄清管理的缺陷在多大程度上推动了这场金融危机。格林斯潘承认，缺乏监管的自由市场存在缺陷；政府采取的金融救援方案已经开始对市场产生影响。但是，中国的新自由主义拜物教者似乎很不以为然，他们坚持认为这次危机的根源在政府，而不在市场：“事实和逻辑分析表

---

① 张维迎：《市场的逻辑》，上海人民出版社2010年版。

② 郭丽君、温源、冯蕾：《国企怎么样?》，载于《光明日报》2012年4月17日。

明，这次危机与其说是市场的失败，不如说是政府政策的失败；与其说是企业界人士太贪婪，不如说是主管货币的政府官员决策失误；政府目前对危机的政策与其说是在解决危机，不如说是在延后和恶化危机。在我看来，这次危机也许是复活奥地利学派经济学和彻底埋葬凯恩斯主义经济学的机会。"[①] 莫谓书生空议论，这里所提出的确实是一个关乎中国和世界各国应该如何认识和应对当前这场国际金融危机、如何看待政府和市场在经济发展中的作用，从而实现世界各国经济的持续健康发展这一重大原则问题。

2008 年 10 月，联合国大会第六十三届会议主席米格尔·德斯科托·布罗克曼提议成立一个国际专家委员会，探讨本次金融危机的原因、影响和对策。该委员会由 20 位来自全球各地的顶尖国际金融专家组成，诺贝尔经济学奖获得者约瑟夫·E·斯蒂格利茨担任主席。该专家委员会的研究报告对 2009 年 6 月 26 日召开的有联合国 192 个成员国参加的"世界金融和经济危机及其对发展的影响高级别会议"所发表的声明产生了积极的影响。该研究报告于 2009 年年底发表。联合国大会主席在为该报告所写的序言中不指名地批评了新自由主义："在过去的 35 年，这次危机通过在全球范围内推行（通常是被迫的）的专横经济观点以重要的方式相互紧密联系在一起。根据这一观点，市场逻辑会解决几乎所有的社会、经济以及政治问题。"[②] 该报告详细分析了这次金融危机的根源，明确指出："当许多政治领导人和经济学家对放松监管表示赞成以后，当前的危机便接踵而至，他们曾认为，自由金融市场的固有效率会影响经济的总效率，或者至少'轻微'监管会改善经济表现。这些言论几乎忽视了市场不完善和外部效应的概念，由于较早的经济事件和现代经济理论本应该让人产生质疑，所以本次危机的巨大规模和普遍性对这种观点（有时被称为自由市场原教旨主义者或新自由主义）是一种很强烈的反驳。人们现在一致认为，监管不足和监管制度不完善是导致本次危机的原因之一"。[③]连美国的金融援助计划的国会监管委员会在监管改革的总结报告中也提到："'从根本上说，造成本次危机的监管失灵不仅是一种结构，更是一种理念。'假如美国能更好地认识监管的作用，那么它可能已经在目前的监管制度下实施了有效的监管措施。"[④]该报告对指导国际社会应对危机提出了若干基本原则，摆在首位的就是要"恢复市场和政府之间的平衡"，"在某种程度上，本次金融危机是由于对金融市场的监管过度放松造成的，恢复全球经济的健康首先需要将金融市场监管者的合适角色恢复到健康状态。另外，只能通过将政府在国家和全球范围内采取集体行动中的角色恢复到合适

① 张维迎：《市场的逻辑》，上海人民出版社 2010 年版。

②③④ ［美］约瑟夫·E·斯蒂格利茨：《联合国金融专家委员会·斯蒂格利茨报告——后危机时代的国际货币与金融体系改革》，新华出版社 2011 年版。

状态才可解决与全球经济危机和全球气候危机有关的外部效应。"①

上面之所以大段引用该报告的有关论述，是因为该报告具有很高的权威性和针对性，不啻是一份代表联合国对新自由主义市场拜物教的证据确凿、义正言辞的判决书。当然，从马克思主义的观点来看，该报告对本次国际金融危机根源的分析还停留在表面层次，未能触及资本主义社会的基本矛盾这一本质，开出的治理"药方"也未必都符合实际。但是，在新自由主义多年来一直占据着西方经济学理论主流地位的情况下，能够代表联合国发表这样一份报告，已经是很不容易的了。这份报告值得国人一阅，它至少能告诉我们：在市场和政府的关系上，我们该相信谁？

4. 矫治市场的弊端还需加强法律的他律和道德的自律

现代市场经济其实就是信用经济，而信用无非是买卖、信贷双方的契约关系。这次国际金融危机始于美国的次贷危机，就是因为买卖、借贷双方在信用上出现了断裂。过去以为只是在市场经济发展的低级阶段上才会有信用问题（我国最早提出信用问题是在20世纪90年代初期，当时国务院下发了《关于在全国范围内开展清理"三角债"工作的通知》，第一次提出了社会信用问题，以后信用问题频繁见诸报端和政府文件），现在看来并不尽然，这次发生严重信用危机的国家都是市场经济发展程度很高的国家。"不识庐山真面目，只缘身在此山中。"信用危机的真正原因，就在于市场的先天缺陷，马克思在一个半世纪以前就已洞察了市场的痼疾，实在令人惊叹！要完全消除市场的这种痼疾，按照马克思的观点，"只有当社会生活过程即物质生产过程的形态，作为自由结合的人的产物，处于人的有意识有计划的控制之下的时候，它才会把自己神秘的纱幕揭掉。但是，这需要有一定的物质基础或一系列物质生存条件，而这些条件本身又是长期的、痛苦的历史发展的自然产物"。② 既然马克思所说的这"一系列物质生存条件"我们现在还不具备，就不得不正视裹着"神秘的纱幕"的市场经济，在努力探索发挥它的积极作用的同时，尽可能限制它的消极因素。除了加强政府对市场的干预外，法律的他律和道德的自律是必不可少的。18世纪德国哲学家康德说过："有两种东西，愈是经常和持久地思考它们，对它们日久弥新和不断增长之魅力以及崇敬之情就愈加充实着心灵：我头顶的星空，和我心中的道德律。"③ "我头顶的星空"康德指的是上帝，我认为应该把它换成法律，因为只有法律才是至高无上的。在现代文明社会，不允许有任何人凌驾于法律之上。在资本主义市场经济条件下，法律虽然不能根本解决市场问题，但是"它能缩短和减轻分娩的痛苦"，正是在这个意义上，马克思认为，工业化落

---

① ［美］约瑟夫·E·斯蒂格利茨：《联合国金融专家委员会·斯蒂格利茨报告——后危机时代的国际货币与金融体系改革》，新华出版社2011年版。

② 《资本论》第一卷，引自《马克思恩格斯全集》第23卷，人民出版社1972年版。

③ ［德］康德：《康德的智慧》，曾纪军、刘烨编译，中国电影出版社2007年版。

后的国家应该向当时工业化先进的英国学习。我国实行的是社会主义市场经济，并且已经提出了“以法治国”的战略方针，就要切切实实把它落实到实处。至于康德所说的“我心中的道德律”，我们要好好研究一下，为什么这么多年来，我们所进行的道德教育，收效不是很大？问题究竟出在哪里？我认为，一个重要原因就是对市场的消极因素估计不足。古人云：哀莫大于心死。在现代市场经济活动中，则是哀莫大于心黑！随着市场经济的发展，市场上的物质产品日益丰富，但是我们生活的安全感却并没有随之成正比例增长，假冒伪劣、坑蒙拐骗常常使人们处于杯弓蛇影之中！市场拜物教的毒菌无时不刻不在污染人的心灵，败坏社会的空气，扭曲人与人之间的正常关系。中华民族确实需要建立起拯救灵魂的道德教育长效机制，而且是刻不容缓了！

马克思说：“辩证法不崇拜任何东西，按其本质来说，它是批判的和革命的”[①] 我们要彻底清除新自由主义所散布的对市场的神化和崇拜的迷雾，还市场以本来面目，恢复和树立人在市场上的真正权威，切实做到“以人为本”。

① 《资本论》第一卷，引自《马克思恩格斯全集》第23卷，人民出版社1972年版。

制度创新经济学关于政府角色研究的新进展[*]

文 魁　徐则荣[**]

制度创新经济学的形成和发展开始于20世纪70年代。道格拉斯·诺思（Douglass C. North）最先提出制度创新对技术创新具有决定性作用的论断，这对深入研究技术创新具有重要意义。20世纪80年代以来，以弗里曼和纳尔逊为代表的制度创新经济学家开始重视社会制度、文化环境和国家专有因素在技术创新中的作用，提出了备受各国政府和企业重视的制度创新理论。如美国学者卡尔·尼尔森（Karl Nielsen）与约翰森（B. Johnson）在其所著《制度与经济变迁：关于市场、企业和技术的新观点》中作了如下总结："传统上说，……制度经济学家对技术创新的特征与机制并无多少话可说。另外，创新理论家虽然强调制度的重要性，但他们使用制度的概念过于狭窄和机械，这阻碍了他们对创新过程的深入理解。然而，近年来有迹象表明，制度理论与创新理论在相互促进。现在人们更认真地对待制度，并比以前从更宽泛和更复杂的方式上使用制度概念。此外，创新被看做是一种深深地根源于组织之间大量相互联系的现象。"① 纳尔逊指出，在历史上，有过三次有利于技术创新的根本性制度和重大性制度的变化：第一次发生在18世纪到19世纪，有利于技术创新的两种根本性制度，即资本主义私有产权制度与市场经济制度得以形成和确立；第二次发生在19世纪中期到20世纪中期，出现了两种促进技术创新的重大性制度，即股份公司制度和R&D的企业内部化制度；第三次是20世纪五六十年代以来，其主要表现是政府支持技术创新的政策，如政府采购、R&D资助与税收补贴、风险投

---

* 本成果为北京市社会规划课题北京率先形成创新驱动发展格局研究阶段性成果，项目编号：12JGB017。

** 文魁，教授，博士生导师，长期从事政治经济学理论和创新理论研究；徐则荣，教授，博士后，长期从事外国经济思想史研究。

① K. Nielsen and B. Johnson. Institutions and Economic Chang：New Perspectives on Markets，Firms and Technology. Edward Elgar Publishing Limited. 1998，ppxv ~ xvi.

资等，有利于技术创新的重大性制度的出现。关于这几种制度的形成，纳尔逊说："自第二次世界大战以来，政府对研究与发展的支持政策，已成为资本主义技术创新制度结构中的一个重要组成部分"。[①]

传统经济学在假定人们所处的制度不变的情况下，通过对人们的理性行为的分析来解释经济现象。在大多数的经济模型中，经济制度和所有权被认为具有持久性（连续不变）的特征。但是在研究长期的经济增长的过程中制度经济学家们却认为经济制度和所有权是变化的，制度与经济增长的速度和模式密切相关，人们应研究与他们的行为有关的制度，并将行为的研究与制度的研究结合起来。假定人们希望获取潜在利润，但是在现有的制度安排下人们却不能实现这些利润，于是人们愿意承担改变原有制度的成本，这样，经济制度的创新和所有权的修正从可能变成现实。也就是说，如果人们预期的净收益大于成本，人们将进行一次制度创新以改变社会现有的制度结构和所有权。例如，如果大公司比小公司在生产同样产品时所花的成本要小，那么公司之间将实行联合；如果两个市场间的价格差距很大，人们会组织第三个市场将货物从低价市场转移到高价市场以获取收益；如果一个社会小偷和强盗横行，那么一个有效的警力的出现将会提高私人财产的价值；如果一个企业家想建一个大坝，这个大坝一方面能产生水力发电，另一方面能减少下游的洪涝灾害，这个企业家可通过先购买下游所有权而获利，也可通过政府向下游受益者征税以补贴他建造大坝的成本。

熊彼特认为，企业为了获得利润，应"实行一种新的企业组织形式"。美国经济学家兰斯·戴维斯（Lance Davis）和诺思受熊彼特这一思路的启发，在1971年出版的《制度变革和美国经济增长》一书中，研究了制度创新的涵义、制度创新的主体、制度创新的作用、政府在制度创新中的地位和作用等问题。

一、关于制度创新的主体

熊彼特认为创新的主体是单个的企业家和大公司。但20世纪70年代以后，人们发现创新主体呈现多元化和复合化的特点。冯·希倍尔（von Hippel）在1976年通过实证研究发现客户（消费者）在创新过程中的作用，提出了"使用者即创新者"的观点。戴维斯指出，实现制度创新的主体可以是单个人、自愿合作的个人组成的集团或政府。他们可以采用个人完全自主的形式、政府完全控制的形式或者居于这两个极端形式之间的半自愿的、半政府的形式，即自主合作的形式。

戴维斯认为，个人完全自主的形式和自主合作的形式是个人之间的一种简

---

① 多西：《技术进步与经济理论》，经济科学出版社1992年版，第390页。

单的合作安排。自主合作的形式表明任何个人可以合法地退出，表明他们所做出的决定是一致的，做出决定所花费的成本比撤回决定所花费的成本低。自主合作的形式提供了一种组织结构，它能够有效地协调各种经济活动，以合作形式形成的商业集团可以与以其他形式形成的商业集团之间展开有效的竞争。与之不同，政府控制的形式不提供退出的选择，它所做出的决定不需要每一个人都满意，在一个民主的社会里，大多数人决定行动过程。但不管形式有怎样的不同，自主合作形式和政府控制形式均是为了实现规模经济、实现来自交易的收益、实现外部问题的内部化、减少风险和实现收入的再分配。例如，TVA 实现了来自权力产生和分配的收益，获得了规模经济效益；股票交易减少了交易成本；保险公司减少了风险；美国工会和美国医药协会的自主性合作实现了收入再分配。

那么，影响人们在个人的自主形式、自主的合作形式或政府的控制形式之间进行选择的因素是什么呢？戴维斯等人认为，这个因素是每种形式的收益和成本的比较，以及影响集团的市场和非市场的权力。自主的合作形式和政府的控制形式存在组织成本，它随加入者数量的增加而增加，随需要取得完全一致的要求的提高而提高。在参加人数一定的情况下，政府形式的成本比自主性形式的成本低。但在政府控制形式下还存在一个额外的成本因素，即每一个参与者易于受政府强制权力的控制，而不管他如何不喜欢政府做出的强制性决定，他也不能退出。政府的强制性安排能产生更高的收入，因为政府可以使它的强制权力产生效用，并将它的决定强加给参与者，这一切是自主性的安排所无法实现的。例如，19 世纪 30 年代，如果要实现新公路技术的规模经济则需要大量的资金，因为个人没有足够的资金承担这样的项目，个人的自主形式被排除在外。如果私人资本市场不变，当人们希望采用自主合作的形式时，他们发现这种形式也不能获取足够的资金实现项目的规模经济，这时，可选择的形式是私人与政府的联合这种形式，因为政府的加入可以很容易筹集到项目所需资金并使交通企业获利。但政府的加入是有成本的，它要求在公路运行方面有发言权。直到 19 世纪 50 年代，私人资本市场有了充分的发展，自主合作形式在政府不参与的情况下可获得所需资金，从而使它们进行某些创新成为可能。

戴维斯指出，制度创新的主体采用的形式可以是暂时的，也可以是永久的，还可以是正式的或非正式的。但它必须至少实现以下目标中的一个：实现一种制度结构，在这个结构中它的成员可以得到收入，这些收入在这个结构之外是不可能获得的；实现一种机制，这种机制不仅能影响法律和所有权的改变，而且能影响个人或集团合作或竞争方式的改变。

戴维斯还指出，根据实现创新的主体的职能和目的的不同，创新主体可以分为第一行动集团和第二行动集团。

第一行动集团是指做出创新决定的组织单位。他们的决定控制创新过程。

这个组织单位可以是单个人，合作集团或政府。他们最先意识到市场存在某种潜在收益，这种收益在现有制度状况下无法实现。但只要能改变现有组织结构，他们就可以实现潜在的收益。而要改变组织结构，他们中一定要有一个熊彼特意义上的敢于创新的企业家。如果第一行动集团的创新经受住了竞争的考验，他们的成员的收入就会增加，当然，他们还必须支付一部分创新成本。纽约手工业者就提供了一个成功的第一行动集团的例子。纽约手工业者认识到如果他们之间能很容易地联合起来，他们的收入就会增加，他们就能从创新中获得利润，但同时必须支付一部分成本，这部分成本就是修正法律程序或制定法律的费用。他们终于在1811年非正式地联合起来并促使政府通过了一部“联合法”。

第二行动集团是指通过制度安排的改变建立起来的集团，它的职能就是根据市场的变化作出制度变化的决定以影响第一行动集团的收入。如果按照处理一般事件的程序，第二行动集团不会增加来自创新的收入。只有法律授予第二行动集团一定的决定权，它们才可能将第一行动集团的额外收入的一部分归自己所有。例如，纽约成立的公司委员办公室，委员会成员成立了第二行动集团，它拥有使用和改变公司特权的职责。再如，假定有一家石油加工厂在生产产品的同时也生产了污染空气的烟尘。在工厂附近的居民对此很不满意。如果要清除烟尘，工厂要付出一定的成本。假定居民清除烟尘的实际成本比工厂自己装配一个控制烟尘的设备的成本高。在现有的制度安排下，工厂和居民之间就消除烟尘问题很难达成一致意见。要解决这个问题，可采取政府制度的创新。对于工厂附近的居民来说，至少有两种可选择的方案：第一种方案，他们联合起来组成一个团体（第一行动集团），他们（或他们的代表）可促使政府制定一项法律（一种制度的安排）以阻止工厂排放烟尘。第二种方案，居民在法律的保护下成立一个委员会（第二行动集团），这个委员会发布一项反空气污染的命令，这个命令是依靠政府强制权力的命令而实现的。

二、关于政府在制度创新中的地位和作用

1. 政府影响制度创新的形式

戴维斯和诺思认为，政府的制度创新依靠政府的强制力，它站在与个人、自主合作组织不同的起点，它的创新与法律和政治是紧密相连的。政府通常采取三种不同的行为方式来影响潜在的制度创新：第一种方式是一项特别的法令允许一种特别的制度创新；第二种方式是一项普通法律允许一系列可能的制度创新；第三种方式是一项法律授予第二行动集团一定的权利，允许他们采取一系列行动。政府究竟决定采取哪一种制度创新的方式，依据的是每一种方式的成本和收益的比较。

2. 政府自行实施制度创新

戴维斯和诺思认为，政府只有在以下三种情况下才进行创新：

第一种情况：政府的内部结构发展完善了，而私人市场却没能高度地发展。政府组织可以产生相当可观的利润，而这些利润在现有的市场结构下却不能生产出来。例如，在美国，企业家试图发展交通的努力由于资本市场的原因而受到阻碍。资本市场的不完善和西部人口的缺乏是阻碍资金融通的主要因素，如果利用政府信用，通过制度的创新，允许资本流动，那么资本从东部转移到西部就会解决资金问题。在这种状况下，利用政府是最好的选择。

就政府制度创新而言，戴维斯和诺思指出，对政府调控经济发展的能力进行评估十分重要。例如，在美国，即使在经济高度发展的时候，政府也对经济进行调控，这种调控使政府进行制度创新成为可能。如果政府没有有效的政治控制，它就没有有效的强制力量。在刚果，由于政府没有足够的强制权力保护财产安全，一些自主的合作集团导致经济全面崩溃。

第二种情况：大量的外部收益在现存的所有制下很难实现。在私人所有制状况下，通过自主性联合获取外部性收益的可能性很小，因为任何一个人拒绝加入合作都会使大家不能获取外部收益，参加联合的人数越多，成功的可能性就越小。如果单个人没有财产的所有权，那么一个简单的合作组织（或一个大公司）可以组织地区的全部人力获取全部的外部性收益。例如，如果一个土地开发公司拥有一块土地的全部所有权，它可以采取措施阻止工业烟尘的排放，但是一旦土地所有权转移到单个人的手中，采取同样的阻止工业烟尘排放的措施就不奏效，这时，只有实施政府的强制力量，如政府出台地区法，问题才能解决。

第三种情况：收入分配可能损害某些人的利益从而使分配变得困难。戴维斯和诺思指出，由于收入重新分配的任何一种形式都会使一些人更穷，某种强制力量能使受损的人必须接受这种新的分配方式。如果重新分配是从多数人到少数人，在没有明显的强制力的状况下，抵抗分配的组织费用和信息成本会影响分配。

3. 政府制度创新使一定范围内收入再分配顺利实现

戴维斯和诺思认为，通过收入的再分配获取收益的集团并不局限于政府人员，自主的合作组织也可以获取收入。例如，美国社会和医药联合会成功地实现了收入的再分配。它们取得成功的一个主要原因是有效地控制供给并拥有政府支持的某种强制性权利。也就是说，当一个自主性的集团有效地实现收入再分配时，它一定得到了政府的支持，而且政府授予私人的这种强制力往往得到还能得到法律的保护。

再分配的潜在收益依赖于政府控制财富和收入的强制力。政府征税权力的提高、调节经济权力的扩大和控制区域的扩张都可以提高再分配的潜在净收益。但有时人们利用政府进行收入再分配的可能性较小。例如，如果组织的总成本随着参加者种族的不同和数量的不同而变化，社会的任何一个组织都需要很高成本，但现有组织能实现效用最大化，那么利用政府进行收入再分配的可能性就很小。再如，如果产品的生产集团仅给本组织成员分配利益的组织比同时兼顾局外人的组织有效率，那么他们更愿意自己进行收入的再分配，依赖政府进行收入再分配的可能性就变得很小。

三、简要评价

首先，应当肯定，制度创新经济学不仅在许多方面补充和发展了熊彼特的创新理论，而且也给整个西方资产阶级经济学增添了新的内容，从而丰富和发展了西方经济学。例如，诺思等人关于制度创新也要计算成本和收益的观点；诺思等人关于影响创新的形式，政府创新的选择的观点……。

其次，制度创新经济学有很大的实用性，他们的不少理论和方法不仅对发展资本主义经济有用，而且就是在我国社会主义条件下对改革和发展经济也很有借鉴意义。例如，他们关于制度创新要计算成本和收益的观点。

再次，诺思把引起经济增长的原因等同于经济增长是错误的。例如，他认为技术进步、投资增加、专业化和分工的发展、资本积累等并不是经济增长的原因，而是经济增长本身。

最后，诺思认为制度创新决定技术创新，这完全颠倒了技术创新与制度创新的主次关系，违背了客观经济发展规律。马克思关于生产力和生产关系的一般原理也告诉我们：生产力是最活跃、最革命的因素，生产关系取决于生产力的状况及其发展变化，同时，生产关系对生产力又有巨大的反作用。这实际上是对技术创新与制度创新关系的科学解释。[①] 马克思关于生产力与生产关系的辩证关系原理告诉我们：在制度创新与技术创新中，技术创新是根本的，起决定性作用的因素，制度创新虽然对技术创新有重要的影响，但相对技术创新来说，则属于从属地位。技术创新和制度创新是一种相互依存、相互促进的辩证关系。从长期来看，技术创新推动制度创新，制度创新保障技术创新的功能得以发挥和实现。

---

① 诺思认为，马克思关于生产力和生产关系之间关系的理论即关于制度创新与技术创新的理论。正如诺思所说：马克思“企图将技术变迁与制度变迁结合起来。马克思最早阐述的生产力（它常常被马克思用来指技术系统）与生产关系（常意旨人类组织和具体的产权方面）的相互关系，是将技术限制与制约同人类组织的局限性结合起来所作的先驱性努力。”

论社会主义市场经济体制

郑宗汉*

一、一个关系整个社会主义现代化全局的重大问题

社会主义应不应该发展社会主义市场经济，市场经济能不能与社会主义制度相结合，又怎样结合？这个问题曾长期困扰我们，影响了社会主义发展建设进程。中国共产党和中国人民创造性地解决了这一重大问题。

马克思主义经典作家在揭示资本主义社会基本矛盾和商品拜物教时，曾经提出人类社会商品生产终将消亡的思想，这就是大家所熟知并经常引用的："一旦社会占有了生产资料，商品生产就将被消除，而产品对生产者的统治也将随之消除。社会生产内部的无政府状态将为有计划的自觉的组织所代替"的著名论断。① 但马克思主义经典作家所设想的未来社会是生产力高度发达的共产主义社会，不是指共产主义第一阶段的社会主义社会，更不是指社会主义的初级阶段。他们是揭示社会发展的必然趋势和未来社会发展的一般原则，而不是设计未来社会的具体制度。指出他们的任务是揭露旧世界，为建立一个新世界而积极工作，事件的进程只能由后人根据当时的情况由自己去决定。② 并一再强调，商品生产消亡"需要有一定的社会物质基础或一系列物质生存条件，而这些条件本身又是长期的、痛苦的历史发展的自然产物"。③ "由社会占有全部生产资料"，"只有在实现它的物质条件已经具备的时候，才能成为可能，才能成为历史的必然性"。④

* 郑宗汉，《求是》杂志社研究员。

① 《反杜林论》，《马克思恩格斯选集》第三卷，人民出版社 1995 年版，第 633 页。

② 《摘自〈德法年鉴〉的书信》、《M 致 R》，选自《马克思恩格斯全集》第 1 卷，人民出版社 1956 年版，第 414 页。

③ 《资本论》第一卷，经济科学出版社 1987 年版，第 48 页。

④ 《马克思恩格斯选集》第三卷，人民出版社 1995 年版，第 631 页。

世界上第一个社会主义国家苏联产生时，生产力属于“中等发达水平”①，还远不具备消灭商品经济的条件，但当时的革命领导者们并没有真正理解和掌握马克思主义经典作家关于未来社会设想的真谛，认为无产阶级在取得政权后，应立即消灭商品货币关系。十月革命前，列宁在起草的《俄国社会民主工党纲领草案》中提出，无产阶级取得政权，应“组织由整个社会承担的社会主义的产品生产代替资本主义商品生产”②。1919 年 3 月在俄共（布）通过的党纲中进一步提出，要准备取消货币，“继续在全国范围内用有计划有组织的产品分配来代替贸易”。③ 在 20 世纪二三十年代，苏联理论界普遍认为社会主义没有商品货币，不存在市场关系。比较典型的，如 1919 年波格丹诺夫提出：“社会主义社会的基础不是交换，而是自给自足的经济，生产与消费之间没有买卖的市场，只有有意地有系统的分配”。④ 1920 年，凯尔维提出：“社会主义是自然经济，不需要金币和以黄金为基础的纸币来作为积累手段和商品计价手段”。⑤ 瓦尔加提出：“应当以生产价值的量度单位来代替陈腐的完全无效的货币核算。”⑥ 1935 年，加托夫斯基提出：“苏联进入社会主义时期，就意味着流通领域、货币和商业快要告终了”，“集中分配和配给制是货币与商业的掘墓者”。⑦ 科兹洛夫提出：在社会主义社会，商品货币还会存在，但“价值规律已不存在”，社会劳动已成为“直接的社会劳动”。⑧ 这些看法都很有代表性，并直接影响实践，成为苏联经济政策制定的理论依据。苏联“战时共产主义政策”就是这些思想的直接反映。

后来，列宁查觉这样做不行，提出新经济政策，号召共产党人要学会经商，“退到由国家调节商业和货币流通”⑨，实行粮食税、租让制、合营制，促进了生产发展，但把这些看作为一种“战略退却”，⑩并受到不少人的反对。斯大林承认消费品是商品，但不承认生产资料是商品，认为生产资料在社会主义条件下仅仅保留了“商品的外壳”；承认价值规律在流通领域有调节作用，不承认在生产领域有调节作用，并提出应“一步一步地缩小商品流通的活动范围，而扩大商

---

① 十月革命前，沙皇俄国属于欧洲资本主义国家中不发达的一员。1913 年，俄国工业产值只占工农业总产值的 40%，全国人口中 80% 是农民，人口中 3/4 是文盲。

② 《列宁全集》第 6 卷，人民出版社 1986 年版，第 193 页。

③ 《列宁选集》第三卷，人民出版社 1995 年版，第 728、729 页。

④ 《经济学大纲》俄文版，苏联国家财政出版社 1919 年版，第 543 页。

⑤ ［苏］《国民经济》杂志，1921 年第 1 ~ 2 期。

⑥ ［苏］《经济生活》杂志，1920 年第 259 期。

⑦ ［苏］《经济问题》，1935 年第 2 期。

⑧ 科兹洛夫：《苏维埃货币》俄文版，苏联国家财政出版社 1939 年版。

⑨⑩ 《列宁全集》第 42 卷，人民出版社 1986 年版，第 229、183 页。

品交换的活动范围”，认为这样才“会使社会主义易于过渡过到共产主义”。①

与此相应，苏联从第一个五年计划开始，实行“最统一最集中”的计划经济体制，计划内容无所不包，由国家制定上百个产品平衡表，上千个计划指标，下达给每个企业，不仅规定企业生产方向，产品品种、规格，而且规定生产工艺、消耗定额。企业生产资金和物资由国家计划调拨，产出的产品由国家统一分配，完全取消了生产资料的自由交换，能拿到市场上销售的仅仅是部分消费品。90%以上产品价格包括消费品价格由计划统一规定。计划具有指令性，“有法律效力”②，企业只准执行，不能违背，违背了要“追究刑事责任，以渎职罪论处”。③ 企业盈利上交国家，亏损由国家补贴。企业没有任何生产经营自主权，完全成为国家指令性计划的执行者和产品生产者，而不是商品生产者。

不仅全民所有制企业实行这样的制度，农村集体经济也实行这样的制度。计划对集体农庄的生产经营活动规定得很死，连饲养什么牲畜、饲养多少，种什么庄稼，产量、产期、上交量，都下达指令性计划指标。只准农庄购置小农具，不准购置大农具，大农具要由国有拖拉机站拥有。苏联经济学家们描绘当时的情况时说：“在我国社会主义经济中，社会产品不是通过市场分配。价格一般说来也失去任何意义和实际内容。”④“实质上价值规律才开始走上了彻底消灭的过程，商品形式的作用完全改变，它越来越只保持其外壳，而失去其昔日的内容。”⑤“本质上实行的是直接的无货币分配制度。”⑥

第一个社会主义国家把马克思主义经典作家关于“有计划的自觉的组织”社会生产和分配的理论付诸实践，是人类历史的首创，对于促进苏联社会生产力发展和工业化实现、保证卫国战争的胜利、克服社会生产无政府状态，起了重大作用。在消灭生产资料私有制的基础上，有计划地组织社会生产和分配的原则符合人类社会发展的要求，十分重要，必须肯定苏联在这方面的探索是可贵的。但这样高度集中的计划经济体制显然超越了社会生产力的实际水平和商品经济发展的要求。这样一种经济体制，忽视社会主义商品经济发展的客观必然性，属于产品经济，而不是社会主义商品经济，更不是社会主义市场经济。应该说还没有找到市场经济与社会主义制度相结合的途径。

新中国成立时，由于缺乏经验，搬用了苏联的经济管理体制。1956 年前，

---

① 《社会主义经济问题》，第 39、76 页。列宁在 1921 年也说过：“用以交换农民粮食的国家产品，即社会主义企业的产品，即社会企业的产品，已不是政治经济学意义上的商品，无论如何，已不单纯是商品，已不是商品，不再是商品了”。（列宁：《劳动国防委员会给地方苏维埃机关的指令》，载于《经济译丛》1954 年第 4 期，第 7 页）

② 当时苏联国家计委主席沃兹涅辛斯基说：“计划作为经济政治指令，具有法律效力”。见［苏］《布尔什维克》杂志 1940 年第 1 期。

③ 苏联部长会议规定，“如果屡屡完不成供货任务”，须“追究刑事责任，以渎职罪论处”。

④ 斯·特·斯特鲁米林 1928 年的文章，载［苏］《计划经济》1928 年第 5 期。

⑤ 格·格·科兹洛夫 1929 年的文章，载［苏］《计划经济》1928 年第 8 期。

⑥ 阿·加道夫斯基 1931 年的文章，载［苏］《经济问题》1931 年第 7 期。

毛泽东发现这种体制的弊端，曾几次提出改，采取了一些措施下放权利。但放了收，收了放，而且权利只放到地方，并不给企业以独立商品生产者的地位和权利。关键是当时还没有认识到社会主义实行市场经济的必然性，而把市场与资本主义复辟联系在一起，把市场经济作为资本主义特征，把计划作为社会主义的标志。1978 年以后，邓小平同志提出："社会主义也可以搞市场经济"，[①]"计划多一点还是市场多一点，不是社会主义与资本主义的本质区别。计划经济不等于社会主义，资本主义也有计划；市场经济不等于资本主义，社会主义也有市场。计划和市场都是经济手段"。[②] 这个问题才解决了。

从 1978 年改革开放开始，我国实行社会主义市场经济体制至今已度过 30 多年。实践表明，社会主义市场经济体制是完全成功的，符合我国处于社会主义初级阶段的实际和生产力发展的客观要求，极大地调动了 13 亿人口建设社会主义的积极性和创造性，给社会主义制度注入了新的巨大活力和动力，促进了生产力发展和社会全面进步。1978 ~ 2012 年，我国经济总量平均每年增长 9.9%，远高于世界经济年平均增长 3% 的速度，也高于我国 1953 ~ 1978 年平均每年增长 8.2% 的速度。综合国力显著增强，人民生活明显改善，从温饱走向初步小康。一些国际友人说："30 年来中国的发展是人类历史上最动人心魄的，前所未有。"[③] "中国日新月异的变化，令人赞叹。"[④] "中国成功的故事，让很多发展中国家看到了希望，成为被效仿的成功之道。"[⑤]

社会主义市场经济体制反映了社会主义商品经济和市场经济发展的客观要求。在整个社会主义时期，商品生产具有存在发展的必然性。只要存在社会分工，存在不同的生产资料所有制和同一所有制中具有不同职能和不同利益的生产者，就必然存在商品生产和商品交换，商品生产和商品交换突破小生产范围达到社会化的程度，成为社会性的，就成为市场经济。市场经济是社会生产力发展到商品生产社会化阶段的客观要求和必然表现，不过是社会化商品经济的另一种表述，它只与小商品生产的生产和交换的社会化程度有区别，并不因社会制度不同而在交换规则上有区别。市场体制符合商品经济发展的要求，就能促进生产力发展，否则就阻碍生产力发展，这是不以人们意志为转移的。社会主义市场经济体制，将市场经济与社会主义制度相结合，使生产立足点、资源配置基础、宏观管理方式更适合社会主义生产力发展的客观要求，法律法规、体制制度更适合社会主义经济基础的要求，是社会主义生产关系适应生产力水平和社会主义制度自我完善的重要表现。它是在立足于社会主义初级阶段的实

① 《邓小平文选》第二卷，人民出版社 1994 年版，第 236 页。

② 《邓小平文选》第三卷，人民出版社 1993 年版，第 373 页。

③ 载于《西班牙起义报》2008 年 12 月 22 日。

④ 埃及《消息报》外事主编艾哈迈德·哈桑谈访华感受。载于《参考消息报》2008 年 12 月 25 日。

⑤ 印度"发展中国家研究中心"前主任莫汉蒂专访。载于《人民日报》2008 年 12 月 30 日。

际，深入总结社会主义建设的实践经验，认真研究市场经济发展规律基础上逐步形成的，是社会主义社会发展规律和社会主义商品经济发展规律的正确反映。它尊重市场经济的一般规律，又产生了具有社会主义内容的特殊规律；具有市场经济一般的许多共同运行形式，又产生了许多不同既往的新的市场经济运行形式。它是在否定资本主义市场经济基础上产生的一种市场经济新形态，是人类社会发展史上的一种重大探索、重大突破、重大进步和重大创造。

社会主义市场经济将市场经济与社会主义制度相结合，具有既能进一步发挥社会主义制固有的优越性，又能发挥市场经济的灵活性、竞争性和激励作用的双重作用和意义。它使社会主义经济制度在宏观管理、综合平衡条件下更加活泼，更有生气，更有适应调节能力、创造创新能力，能够更充分地调动各个方面、各种因素发展生产力的主动性、自觉性、积极性和创造性。

社会主义制度固有的优越性，主要是指公有制为主体，人民当家做主，按劳分配为主，消灭剥削，走共同富裕道路。这些都是对资本主义制度的根本否定，是社会发展的根本动力。市场经济的优势主要是发挥价值规律的作用，让“看不见的手”调动各方面的积极性，这也是生产力发展的动力。过去我们只注重发挥前一方面的优势，而把后者误认为是“资本主义”的东西加以忽略甚至抑制，为生产力发展设置了障碍。排除障碍，优势就得以发挥。这两种优势本来是社会主义制度应有的，只是过去我们没有发现。现在也不能说对它已有完全认识，还存在许多未被掌握的必然王国。但科学大道已经找到，坚定地走下去，并不断调整健全完善，我们的社会定会发展得更快更好。

社会主义市场经济摆正了市场与宏观管理的位置，既能发挥市场配置资源的基础作用，又重视发挥宏观管理的重要作用，使两者的相互关系走上了正确渠道。宏观管理换言之是全局管理，从国民经济和全国人民根本利益出发进行管理。它立足实际，放眼全局，将全局利益与局部利益相结合，当前利益与长远利益相结合，可以尽力避免、减少市场经济的短视病、盲目病和局限性，使市场运行和各方面的积极性、主动性符合整个社会平衡协调、有步骤、按比例全面发展和战略发展的要求。这是社会主义制度优越性的重要表现。在我们国家，劳动者及其劳动联合体是社会生产的主体。劳动者及其劳动联合体的主动性、积极性和自觉发展生产和追求全面进步的要求，是社会发展的根本动力。发挥市场配置资源的基础性作用，为充分发挥这种主动性、积极性创造了条件。宏观管理与市场配置资源的基础作用相结合，是全局发展要求与局部发展要求的结合，使全局发展立足于局部，来之于局部，局部又服从全局，服务于大局；是微观灵活发展与全局有序发展的结合，全局有序发展立足于、来之于微观灵活发展，微观灵活发展又是有序协调的，这样就形成为毛泽东当年所说的“应该统一的，必须统一，绝不许各自为政”①，应该分散的必须分散，“应该分散的不分散，在上者叫做包办，在下者叫做无自动性”②，这也是不许可的，又有集中又有分散，又有组织纪律又有心情舒畅的生动活动局面，成为推动社会发展的巨大力量。

二、从两种对比看社会主义市场经济体制的必然性、优越性和特点

下面我们通过两种比较，来看一看社会主义市场经济体制发展的必然性、优越性和特点。

一是与以往高度集中的计划经济体制做比较。社会主义市场经济继承发扬了计划经济的优点，克服了高度集中计划体制的缺陷，使市场成为资源配置的基础，而又保持宏观协调，使市场与宏观管理的关系符合社会化大生产的要求。

社会主义市场经济体制坚持宏观管理，但把高度集中的管理改为由市场作为资源配置基础的管理，把直接管理改为间接管理，把指令性计划管理改为指导性计划管理，把行政命令管理改为用经济手段、法律手段和行政手段相结合的管理。宏观管理主要是根据社会主义社会生产力发展、生产关系发展和社会全面发展的规律和总体要求，管大局，管方向，管国民经济基本平衡和主要比例，制定战略规划、长远发展规划、年度计划及发展步骤，集中力量办大事，对经济发展的关键环节的发展运行进行监督，对经济运行中出现的重大矛盾作及时适当地指引、调节，而不是越俎代庖，取代市场配置资源的基础地位。在确立市场配置资源基础地位的基础上进行宏观管理，在宏观管理下发挥市场配置资源的作用，与过去的宏观管理有所不同，是在继承原有计划体制优点基础上新产生的优势。

与原有高度集中计划经济体制比较，新体制把市场作为资源配置的基础，主要是在坚持社会主义制度的前提下，对原有计划体系的指导思想和原则进行了根本性的改革，为市场成为资源配置基础建立了四个重要支点：

（1）改变企业原来实际上是政府附属物和计划执行者的地位，使企业成为具有生产经营自主权和自负盈亏的商品生产者和经营者；同时，由过去计划配置资源、中央指令配置资源，转化为由企业根据市场要求自主地配置资源。这是市场成为资源配置基础的最重要表现，也是社会主义市场经济的动力来源和主要优势。

这个变化有双重意义：一是企业由过去高度集中的体制下解放出来，不仅产生了面向市场发展的新的动力和积极性，也具有了面向市场进行生产经营的能力和权利，这是一个根本性的变化。另是坚持社会主义内容，企业经营权变

① 毛泽东：《在中央人民政府委员会第四次会议上的讲话》，载于《人民日报》1949 年 12 月 4 日。

② 《毛泽东选集》第 2 卷，人民出版社 1991 年版，第 427 ~428 页。

了，但所有制不变，坚持公有制为主体不动摇，坚持国有经济掌握经济命脉不动摇，坚持国有企业是国民经济的主导和支柱不动摇。社会主义公有制的生产关系，加上社会主义市场体制的权利，使社会主义公有制的优越性进一步发挥，主导支柱作用进一步增强，社会主义生产关系的基础更加巩固。这就为社会主义经济和社会的发展奠定了最重要的基础。

（2）为非公有制经济共同发展创造了条件。在原有体制下，将非公有制视作异己物，没有多少发展的余地。确立公有制为主体、多种所有制共同发展的基本制度，为非公有制经济发展创造了制度条件。非公有制经济是适应我国社会主义初级阶段生产力水平和人口多的实际和需要而产生的，它是社会主义市场经济的重要组成部分，对于调动各方面的因素致力于发展生产力，活跃市场，满足市场多层次的需要，不可缺少。没有中国特色社会主义制度，社会主义市场经济体制就不可能建立。

（3）给多种生产力要素在市场上发挥作用创造了条件。劳动力、技术、智力、资本、自然资源和各种经济资源，是生产力的基本要素，也是市场经济的基本要素。过去不承认这些要素具有商品属性，不允许在市场上进行自由交换和流通，扼制了这些要素能力的发挥。承认其商品属性，允许鼓励和创造条件让它们在市场进行自由交换流通，动员一切生产因素投入生产过程，按照市场要求进行流动组合，把潜在生产力转化为现实生产力，用先进生产力改造落后生产力，成为生产力发展的新源泉。

（4）通过对外开放，为利用两种资源、两个市场创造了条件。全球化是社会化大生产发展的必然趋势。闭关锁国，不能建设好社会主义。利用两种资源和两个市场，引进来，学习借鉴别人，把外部市场因素转化为国内市场因素；发挥己所长，走出去，把国内市场因素扩大为国际市场因素，就是利用市场扩大学习利用人类创造的一切优秀物质文化成果和资源的视野和能力，来补充丰富提高自己，同时发挥自己的的长处和优势，贡献世界。这是社会主义经济发展的表现和客观要求，成为社会主义市场经济发展的外部条件和因素。

以上几个方面相互结合，相互促进，溶为一体，改变了原有体制僵化迟滞的状态，又继承和发扬了原有体制的优点，给社会主义经济制度注入了新的活力和动力，增添了发展的新源泉。

二是将社会主义市场经济与资本主义市场经济作比较。社会主义市场经济与资本主义市场经济有共性，有个性。共性是市场经济运行中存在的那些具有共同形式、共同方法或共同属性的现象和客观规律，如价值规律、竞争规律、供求规律、货币流通规律以及股份制、公司制、期权制等。“看不见的手”决定生产流通和供求关系，由它来通过市场决定社会资源的配置。这是市场经济最重要的基本共同规律。客观规律是没有阶级性的，谁也不能违背。研究市场经济的共同规律，可以使我们懂得市场经济发展的必然性，掌握市场经济的特点和规律，学习和借鉴西方国家多年实践中一些行之有效的东西，为我所用，促进社会主义市场经济发展完善。

然而，共性总是寓于特殊性之中。共性是特性的抽象，表现特殊，却不能代替特殊。市场经济不单纯是资源配置方法，总是与人与人之间的关系结合在一起，表现生产关系的性质。社会主义是对资本主义的否定，社会主义市场经济是对资本主义市场经济的否定。因而必然存在不同的特殊运行规律，不能由抽象的一般规律来取代。

社会主义市场经济与资本主义市场经济主要有以下三个根本区别：

第一，所有制的基础不同。资本主义市场经济与资本主义制度结合在一起，建立在生产资料资本主义所有制基础上；社会主义市场经济与社会主义制度结合在一起，建立在生产资料公有制为主体基础上。

资本主义从诞生到现在约有500年的历史，相对于封建制度，资本主义制度是人类历史的重大进步。资本主义以资产阶级所有制取代封建所有制，使社会生产力从封建制度的束缚下解放出来，把自给自足的小生产转化为社会化大生产，把手工业、农业转化为现代化大工业和大农业，使商品经济成为社会经济细胞取代自然经济过程，使经济自由发展、自由竞争、开放发展过程取代闭关保守过程，促进了社会生产力的巨大发展和科学技术的进步。“资产阶级在它的不到一百年的阶级统治中所创造的生产力，比过去一切世代创造的全部生产力还要多，还要大。”[①] 据麦迪森的计算，英、德、法、美、意等13个主要资本主义国家的GDP从1600年的573.08亿国际元，增长到1998年的134388.99亿国际元，近400年中增长了233倍，而这些国家封建时代公元1000～1500年500年间的GDP仅增长了1.6倍。[②]

但是，资本主义市场经济由于建立在生产资料私有制基础上，自产生之日起就存在两个根本矛盾不得解决：一个是个别生产有组织与社会生产无政府状态的矛盾；一个是资本无限扩张与消费不足的矛盾。这两个矛盾，归结起来，是社会化大生产与生产资料私人占有的矛盾，无产阶级与资产阶级的矛盾。生产资料与劳动者相分离，生产资料私有者凭借占有的生产资料，无偿占有劳动者创造的剩余劳动，是资本主义市场经济的前提和基本特征。它贯穿资本主义市场经济全过程，并决定了资本主义市场经济始终在这种对抗矛盾中运行，因而日益成为生产力发展的巨大障碍。美国1820～1870年GDP年平均增长率为4.2%，1870～1913年降为3.94%，1913～1950年降为2.84%，1973～1998年降为2.99%。西欧各国GDP1870～1913年平均增长2.1%，1913～1950年降为1.19%，1973～1998年为2.11%[③]。1991～2000年主要发达国家国内生产总值

① 《马克思恩格斯选集》第一卷，人民出版社1995年版，第277页。

② 安格斯·麦迪森：《世界经济千年史》，北京大学出版社2003年版，第259、260页。

③ 《国际统计年鉴》(2005)，人民出版社2005年版，第56页。

的增长率为1.9%，2001~2004年为1.8%；同时期欧盟分别为1.9%和2%。2005年和2006年，美国增长3.2%和3.3%，欧盟国家为1.3%和2.8%，日本为2.6%和2.2%[①]。2008~2009年美国下降2.6%，英国下降4.9%，法国下降2.6%，德国下降4.7%，意大利下降5%，日本下降5.2%，整个高收入国家下降3.3%，欧元区下降4.1%。[②] 在近30年中，这些国家的国内生产总值约有1/6~1/5的年份是负增长。与资本主义初始阶段比，目前西方主要发达国家生产力的增长速度已下降了50%~70%，下一步还会下降。这是规律，谁也阻挡不住。这与社会主义生产力高速发展的兴旺景象形成了鲜明的对比。西方国家生产增长速度下降，是不能单纯用基数大所能解释的。一切表明，“资产阶级的关系已经太狭窄了，再容纳不了它本身所造成的财富了。”[③]

物质生产停滞甚至下降，而以股票、有价证券、债券等形式为代表的“自身没有任何价值”、“只是代表取得利益权利”的虚拟资本却疯狂增长。美国本来是世界上最大的物资生产国，能源、钢铁、汽车、制造业都居世界首位。这些年来，这些产业逐步衰弱了。煤矿矿井减少了1/3，煤矿工人减少了1/7，炼化厂减少了1/3，钢铁产量减少到不到中国的1/6。制造业占GDP比重由1960年的29.7%下降到2009年的12%，虚拟经济和服务则由30%上升为88%。1998~2009年11年中，美国GDP增长了1.4倍，虚拟资本增长了10.4倍。基础货币供应量由1945年326亿美元，增加到1971年的698亿美元，25年翻一番；2009年又增长到16957亿美元，2011年3月达到24183亿美元，平均32个月翻一番，30年中供应量增长了33.6倍。2010年，以西方为主体的金融货币交易额超过1000万亿美元，其中与物质生产有关的仅占1%，其中外汇市场日成交量是商品日交易量的90~200倍。从事金融业的人数飞速增长，国家垄断向金融资本垄断高速发展。目前美国最大50家商业银行资产达到1684亿美元，占全美1万家银行资产的56.8%。有2000多家对冲基金，7000多家保险公司，从事保险业的230万人，从事证券业的超过万人。他们通过印刷票子和操作各种虚拟资本，不仅对本国人民而且对发展中国家进行“杀人不见血”的掠夺。1970~1997年，发达国家对外投资增长32倍，国际证券投资资增长265.6倍，每年获得超过万亿美元的利润，虚拟资本投资利润比实体投资利润高几十倍。

一方面是物质生产负增长慢增长，另一方面是消费和债务高增长。消费不是建立在物质生产增长上，而是建立在入不敷出和掠夺发展中国家廉价劳动和资源的基础上。2010年，美国国债达到11万亿美元，2011年上升到15.3万亿美元，加上其他债务超过50万亿美元，占GDP的比重达到70%和税收的674%。2009年，美国债务占全球的39%，居全球首位。不仅国家负债，老百姓

---

① 《中国统计摘要》(2008)，中国统计出版社2008年版，第210页。

② 《世界发展指标》(2010)，中国财政经济出版社2011年版，第10~12页。

③ 《马克思恩格斯选集》第一卷，人民出版社1995年版，第278页。

也举债度日。2008 年，美国平均每个家庭负债 21.7 万美元，家庭私人负债占 GDP 的比重达到 98%，负债比自有资产高 50 多倍。其他西方国家为了应对工人罢工，超出国力搞福利，也大搞赤字预算和负债，一个又一个成为入不敷出的债务大国。2010 年欧洲的公债相当于 GDP 的 80%，其中英国为 100%，日本 204%，加拿大 100%，法国 77%，意大利 106%，希腊 135%，全球债务额超过 100 万亿美元，是 GDP 的 1.9 倍，其中 2/3 是欠国外的。高负债，实际上是用别人的钱或未来的钱来维持自己眼前的高消费、高福利，表现出了资本主义制度的虚弱和无奈，成为经济危机产生和蔓延的重要因素。他们不仅利用举债，用一张张的纸换回发展中国家用辛勤劳动创造的大量物质财富，而且利用美元作为储存手段和结算手段的特殊地位，通过多印票子、汇率变化和美元贬值等手段，向世界转移危机，使发展中国国家遭受巨大损失。

西方世界第一二产业下降，虚拟经济和债务经济急剧发展，并不像有些人所说的那样是“生产力发达的反映”，而是表现了资本主义寄生性、腐朽性的发展。有生产才能有消费，生产下降靠投机、举债剥削别人消费，躺在别人身上维持高消费。虚拟经济更容易获得高额利润，只要鼠标轻轻一点，大把大把的财富就可纳入自己的手中，因而疯狂发展，是资本主义腐朽性发展到新阶段的重要特征和反映。越来越多的资本家脱离生产过程和经营过程，把管理交给经理，而从事投机，专食股息、红利，不仅成为地地道道的“多余的人”，而且成为全球极大的破坏者和掠夺者。目前美国最大的 200 家公司中，由管理者阶层控制的有 165 家，占 85% 以上。美国 1948 ~ 1980 年食利阶层从 13000 人骤增到 57 万人，食利者的利息收入从 1948 年的 18 亿美元增长到 1990 年的 4671 亿美元，52 年间利息收入增长了 258 倍，而同期的利润只增长了 7.8 倍。这些年食利阶层人数进一步增加，寄生性越发突出。这些脱离生产的巨富占有公开股票市场红利的 64%，秘密控制的公司股票红利的 93%，银行存款利息收入的 33%，租金的 37%，房地产和信托收入的 64%。它们吃遍国内又吃遍世界。它们凭借资本优势和技术优势剥削发展中国家，使发展中国家几十亿劳动力成为它们的打工仔、出口市场和廉价原材料来源，使寄生阶级发展为寄生国家。以至于一些失业者宁肯拿失业救济金赋闲，而把脏活、累活、危险活让从发展中国家引进的几十万劳工负担。

市场经济生产资料私人占有，与社会化大生产的矛盾在生产过程中越来越激烈地表现出来，必然在收入分配上越来越激烈地表现出来。生产资料所有制一定会表现在分配上，而后者又进一步影响生产。这些年来，西方国家两极分化加剧，失业人口居高不下。富者越富，穷者越穷的社会现象比过去有更大发展。据美国商务部人口普查局公布的资料，4 年前美国占 1% 的高收入的家庭收入占总财富的 1/3，占 60% 的低收入家庭仅占收入的 4.2%，最富的 1/5 家庭平均收入 168170 美元，最低 1/5 家庭收入平均仅 11352 美元，前者比后者高 13.8

倍。2010年，最富的10%的家庭收入上升到占国民财富的40%，而占80%的人口收入占不到7%。当年经理层年收入1080万美元，工人为33121美元，前者比后者高325倍。近30年，美国最富的10%的家庭收入增长了241%，5%家庭增长了146%，20%的家庭增长了89%，而80%的家庭实际收入无任何增长。财富迅速向少数金融寡头和大垄断资本集中。2010年，美国排前5名的金融公司市值达到8000亿美元，相当于美国GDP的1/20。美国1%的纽约投机家收入占到该市总收入的44%。西方国家358个亿万富翁拥有的财富相当世界财富的一半。另一方面是贫困人口迅猛增长。2010年，美国贫困率达到15.1%，贫困人口达到4620万人。每7个美国中，有一个处于贫困中。英国占20%的高收入人口收入占总收入的44%，占20%低收入人口收入仅占61.4%。有1450万人处于贫困境地。德国5%的高收入占私人财富的1/3，50%的家庭收入只占10%。失业人口增加，法、意、德失业率超过10%，青年人失业率更高，意大利为33%，法国为22%，比利时为20%，西班牙为35%。西班牙16~24岁的青年一半找不到工作，整个欧盟失业人口达2200万。贫富差距拉大自然引起不满，除了99%的人反对1%的人"占领华尔街运动"此起彼伏外，犯罪增加。目前，全球至少有超过1000万人被关在监狱里。美国犯罪率最高，2010年，美国犯罪案件超过1000万起，其中暴力犯罪125万起，财产犯罪908万起。西方发达国家人均国民生产总值超过3万美元，欧元区接近4万美元，竟有那么贫困人口和失业者，财富不均和两极分化达到如此高的程度，充分暴露了资本主义市场经济的本质。西方各界人士哀叹："资本主义这个贪婪的怪物已病入膏肓了"，"已经过时了"，"不适合当今世界了"。认定"资本主义将失去'营业执照'！"

社会主义市场经济完全不同，它建立在公有制为主体的基础上。关键生产资料掌握在劳动者手中，劳动者与生产资料从分离转化为一致，从根本上改变了资本主义制度下人与人之间的关系，从根本上改变了资本主义市场经济的性质。生产资料由资本占有转化为劳动者共同占有，被资本束缚的生产力得到解放，是最根本的解放。亿万劳动者站起来，应用共同所有的生产资料，为自己生产，由自己交换和分配，市场经济走向一个新天地。社会主义公有制取代生产资料私有制，解决了个别生产有计划与社会生产无政府状态的矛盾，也原则上消除了经济危机产生的根源。当然，社会主义市场经济也有矛盾，但不是对抗性的，矛盾能够通过不断巩固社会主义制度，健全、完善社会主义市场经济体系加以解决。

第二，正确认识市场经济发展的必然性，建立起市场作为资源配置资源基础的体制制度，资源配置的内涵发生了根本性的变化。

认识市场经济在社会主义条件下发展的必然性，并形成市场经济发展的体制制度，是市场经济在我国发展的前提。

认识市场经济发展的必然性，实际上是认识商品经济在我国发展的必然性。

在这个问题上，我们有个认识过程，但在社会主义发展史上处理得是最好的、觉悟是较早的，认识是较深的。新中国成立初期，受斯大林《社会主义经济问题》一书观点的影响，曾认为社会主义条件下消费资料是商品，生产资料不是商品，同时认定市场是资本主义，把市场与资本主义画等号。又把社会主义理解为公有制一统天下，因而在一定一程度上阻碍了商品生产发展。但当时我国的计划没有像苏联那样搞得过死，因而商品经济发展比苏联要宽松。不久就提出以“计划调节为主，市场调节为辅”，重视价值规律，促进了商品生产发展。1958 年，受“左”的思想影响曾刮起一股否定商品生产风。陈伯达、吴芝圃等人严重脱离我国实际，提出我国应“向共产主义过渡”，“消灭商品生产”，受到毛泽东的严励批评。毛泽东尖锐地指出：“现在，我们有些人大有要消灭商品生产之势。他们向往共产主义，一提商品生产就发愁，觉得这是资本主义的东西，没有分清社会主义商品生产和资本主义商品生产的区别，不懂得在社会主义条件下利用商品生产作用的重要性。不懂得在社会主义社会现阶段，价值，价格和货币在商品生产和商品流通中的积极作用。”① 他提出：“商品生产不能与资本主义混为一谈”。“商品生产与资本主义经济相联系，就是资本主义商品生产；商品生产与社会主义相联系，就是社会主义商品生产”。“价值规律是个伟大学校，只有利用它，才能建设社会主义”。他还提出：“可以消灭了资本主义，又搞资本主义”。但他又提出，“现在我国的自由市场，基本性质仍是资本主义”，“限制资产阶级产权”，“实行供给制，人还健康些，不要把价值规律的作用夸大了”。②1978 年实行改革开放，邓小平提出“计划和市场都是手段”，“社会主义和市场之间不存在根本矛盾”，使我们对市场经济有了正确认识，并在此基础上，通过改革，建立起以市场作为资源配置基础的社会主义市场经济体制。

以市场作为资源配置基础，与以计划作为资源配置基础的根本区别，就是投资、生产流通，消费由市场决定，由市场说了算，而不是由计划决定，由计划说了算。生产流通都必须面向市场，服从市场。计划的制定执行也必须建立在市场配置资源基础上。建立了这样的体制机制，才能称之为市场经济，否则就不能称之为市场经济。但社会主义市场经济的这个“资源配置基础”，与资本主义市场经济比具有完全不同的性质和内涵。社会主义市场经济以公有制为主体，劳动者当家做主。资源配置的基础和出发点是劳动者共同占有生产资料，联合劳动，发展生产，按劳分配，等价交换，满足人们不断增长的物质和文化需要。公有制企业之间交换的内容是交换双方不同的具体劳动，体现的是劳动者间分工合作的关系。交换双方存在竞争，但多了合作成分，少了你死我活的搏杀。非公有制也是资源配置的基础，但不占主体地位。经济运行的目的和方式也有了根本变化。剩余价值生产是资本生产的目的和决定性动机。为了取得价值和剩余价值，资本才生产

①② 毛泽东：《读社会主义政治经济学批注》。

使用价值。社会主义市场经济中，使用价值也是价值的承担者，但使用价值由作为价值的手段，转化为价值是使用价值的手段。价值是为使用价值服务的。使用价值与价值关系的差别，决定了运行过程和目的的差别。资本主义为了赚钱是不计后果的，眼光很短，为了赚钱可以不措采取一切手段。社会主义市场经济在价值与使用价值相互关系运动中，注重将当前利益与长远利益相结合，个人利益、集体利益与国家利益相结合，价值与使用价值的相互转化和实现，服务于发展社会生产力，最终目的是实现共同富裕。

规律相同，内容变了。市场经济的共同规律在社会主义市场经济不断显示自己的威力，起基础性的支配作用，但它所体现的是社会主义生产关系，为社会主义服务。价值规律在社会主义市场经济中发挥作用，劳动者尊重这只“看不见的手”，使之服务于自己的需要，发挥它的积极作用，控制它的自发作用，使它不能像在资本主义世界那样任意而为。共同规律所反映的生产关系的变化，使我们有可能在资源配置中更好地认识它、尊重它，利用它为建设社会主义服务。

第三，建立起宏观调控体系，解决了从全局出发配置资源这一资本主义不可能解决的根本问题。

个别生产有组织同整个社会生产无政府状态是资本主义制度的固有矛盾。这一矛盾带来资本主义生产的盲目发展，生产过剩与消费不足的矛盾愈演愈烈，经济危机周期性地出现。资本主义国家尽管也想法干预，但私有资本不可能甘心接受干预，因此这一矛盾不可能得到解决。资本主义国家机器无能力对市场进行调节，相反地，国家机器的运转必须接受资本的“调节”。“调节”围绕着为资本服务转，怎么也不能从生产无政府状态中转出来。社会主义市场经济建立起公有制为主体的社会主义制度，国家代表全体人民占有关键生产资料，具有代表人民根本利益和共同利益从全局出发使用和配置生产资料的职能和条件，就有权力、能力和责任把过去统治自己的力量处于自己控制之下，自觉地从全局出发配置主要社会资源。管理经济是人民民主专政国家最重要的职能之一。集中力量搞建设，谋发展，是社会主义的根本任务，人民当家做主的政权必须集中力量完成这一中心任务。中国共产党是中国特色社会主义事业的领导核心，在党的坚强领导下，各级人民政府依靠群众，相信群众，善于将全局利益与局部利益，当前利益与长远利益结合，从实际出发谋发展。这个在党领导下的管理体系，是一个强大科学干练的体系，是一个全心全意为人民服务的体系，是一个自觉地把过去控制自力的力量置于自己控制之下的体系。毛泽东曾经说过：“计划机关是什么？是中央委员会，是大区和省、市、自治区，各级都是计划机关。不只计委，经委是计划机关，计划全党来搞，靠大家来搞”。[①] 这是西方国家做不到的。宏观管理这种从全局出发进行的资源配置，将市场作为配置资源

① 毛泽东：《读社会主义政治经济学批注》。

的基础与加强宏观调控两者优势得到结合，是社会主义市场经济的重大优势。

总之，两种市场经济从所有制到运行内容、运行目的都有本质区别。社会主义市场经济从根本上克服了资本主义市场经济社会化大生产与生产资料占有的矛盾，适应社会化大生产和社会分工的要求和社会主义初级阶段的实际，是市场经济的高级形态。它还存在矛盾，矛盾仍是发展的动力，但矛盾的性质不同了，它已从“狭窄的资本主义生产关系”中摆脱出来。它还不是很成熟的，在许多方面还未定型，随着生产力的发展，还会发展。但它将市场经济与社会主义制度相结合，适应社会生产力和社会全面进步的要求而不断发展完善，是当今人类社会最先进、最优越、最具优势的经济体制和具体经济制度。

三、几个值得研究的问题

1. 怎样理解市场是资源配置的基础

“在宏观调控下把市场作为资源配置基础”是建设社会主义市场的一个原则。但是怎样理解“把市场作为资源配置的基础”？有的同志把“市场作为资源配置的基础”理解为单纯的人与自然之间关系的“配置”，即所谓“让看不见的手彻底自由地配置稀缺资源”。这样的理解是不完全的，没有反映社会主义市场经济的固有内容和发展的客观要求。我看，社会主义市场经济把市场作为资源配置的基础，至少应包含以下几项内容：第一，企业是市场经济的主体。企业作为独立或相对独立的商品生产者和经营者，有面向市场自主投资、自主生产、自主经营、自主交换的权利和能力，而不像过去那样只是执行和完成计划。企业是资源配置的基础和执行者。第二，“资源配置”，首先是指生产资料所有制的配置。它是其他资源配置的决定者。我们坚持公有制为主体、多种所有制共同发展，坚持社会主义市场经济与社会主义制度结合在一起，主要是指这一点。市场的主体是公有制经济和非公有制经济，其中公有制居主体地位。公有制经济和非公有制经济在市场上是平等的，但性质、职能和作用并不完全相同，实力和交换能力也有差别，这就决定了社会主义市场经济与资本主义市场经济的本质差别。如果不建立社会主义基本制度，不坚持公有制为主体，决定性的资源配置主体变了，就与资本主义市场经济没有区别了。第三，从生产力要素来看，市场配置的资源包括劳动力资源、生产资料资源、自然资源等，概括起来无非是劳动力、劳动资料和劳动对象三项。劳动对象转化为产品，形成新的生产资料和消费资料，在扩大再生产中再通过市场“配置”。劳动力与劳动资料的配置与结合，不仅是人与自然的配置与结合，而且是人与人之间的配置与结合。在这种配置与结合中，生产资料所有制是核心和起点，但不是终点，它还会往纵深延伸，在管理、交换、分配等环节表现出来。每一个环节都表现人与人关系结合和配置的关系，即生产关系的性质并影响生产力发展。哪一个环节背离社会主义生产关系，劳动与生产资料的结合就会改变性质，也难有效率。第四，在社会主义条件下，市场不是万能的，也不能覆盖一切领域，例如医疗卫生、教育、重大科研项目、关键投资项目，就不能完全纳入市场领域，让“看不见的手”自发调节。在社会主义条件下，市场发展具有必然性，代表着生产力发展的客观要求，不能逾越。但它也有两重性和局限性。与社会主义制度结合是发展社会主义市场经济的前提条件。与社会主义制度结合，能够把市场的优势发挥到最大程度，而把它的局限性和盲目性、自发性的一面限制缩小到最低制度。

我国长期遭受帝国主义、封建主义和官僚资本的压迫和剥削，吃尽了资本主义的苦。实践告诉我们：只有社会主义能够救中国，只有中国特色社会主义才能发展中国。资本主义市场经济的某些具体做法可以借鉴，但绝不能走资本主义市场经济道路。我国体制上还存在不少缺陷，需要通过深化改革，加强管理，加以解决。我们要坚持社会主义基本经济制度，坚持两个“毫不动摇”，坚持以经济建设为中心。这是完善社会主义市场经济体制前提，也是发展社会主义市场经济的内涵。有人把市场的作用强调到不适当的程度，提出搞“金融自由化，投资自由化，土地买卖自由化”；认为“18亿亩耕地红线政策极大地限制了土地自由买卖”。反对公有制为主体，提出以非公有制为主体，让国有经济退出一切竞争领域，只留10%左右，这是很危险的。削弱公有制的主体地位，放弃宏观管理，违背社会主义市场经济的要求，必将带来许多本来可以避免的社会矛盾，使社会主义市场经济倒退、变质。

2. 怎样看待和进行宏观管理

如果把资源配置理解为生产组织方法和运行方式，那么资源配置的形式决不止市场和宏观（政府）两种，它应是一个从个人、企业、企业集团、地方政府、各种中介到中央政府资源配置的金字塔，有若干层次，每个层次都会使用多种手段和方法进行资源配置，只是配置的内容，范围不同。把资源配置方式概括为市场和宏观管理两种，实际上沿用了过去计划经济与市场经济的划分，并不完全科学。不过作为一种客观存在，我们还是使用这两个概念。如果说市场是资源配置的基础，那么宏观管理也是配置资源的一种手段，而且是先于市场、高于市场，单纯市场配置无法取代的手段。

市场有两重性：灵，不是万灵；自由，又不自由；能调动创造生产力的积极性，也能调动破坏生产力的破坏性。

市场存在天生的缺陷，它的盲目性太明显了。越广阔的市场存在越大的盲目性，越未知的市场存在越大的盲目性。企业怎么高明，也难以了解和掌握全局市场。信息万变，假象与真实并存，欺诈与诚信齐驱，企业难以判断。市场有局限性，追逐利润的企业往往总是着眼于企业利益和眼前利益，难以考虑全局利益和长远利益。市场调节有滞后性，抢占先机者得利，落后一步者跌倒。

大家都抢占先机往往造成比例失调，再退出，再调节，已造成巨大损失，单纯依靠市场是难以弥补的。社会范围的比例失调是最严重的失调，在市场经济中，这种失调周而复始，总是不断出现。巨大的不平衡造成巨大破坏以后，做大量事后调节才能达到平衡。自由转化为不自由，对抗自由；灵变为不灵，对抗灵。因此，需要“看得见的手”出来指导、帮助、调节。

这里要说一下，与此相联系，资本主义市场经济有一个信条，就是断定买和卖始终是统一的，供给会创造需求；市场能够自动进行调节，一个完全竞争的市场，无须任何外部干预，交换双方通过自由竞争，必然达到完美的均衡。这就是所谓“看不见的手”可以调节一切，决定一切。他们说，“让人的天性本身自然发展”吧，“一切留待事物的自然进程来完成”,① 其实这是一厢情愿。需求创造供给，供给满足需求，但供给≠需求，需求≠供给。供给与需求受生产能力、消费能力、生产的出发点、价格、流通环节对供求的衔接、垄断等因素的影响，始终是矛盾对立的统一体，在资本主义社会是对抗性的统一体。“个人的自然利害关系与倾向，恰好符合公众的利害关系”②，在资本主义制度下是做不到的，一个完全竞争的市场通过竞争必然达到完善的均衡，也只能是一种空中楼阁。

宏观管理之所以重要和不可缺少，主要是因为它可以摆脱企业和市场的局限性和盲目性，从整体出发来观察处理问题，从全局出发来研究社会发展的需要，将全局和局部、当前和长远相结合，对社会资源进行社会范围的总体配置、综合配置和有预见、远见的配置。它立足于尊重市场经济各个局部的权利和利益，尊重和调动市场细胞各个局部的积极性，但高于市场细胞局部的局限性；它超出局部利益配置资源的需要，考虑整体利益配置资源的需要；超出从一两个因素出发配置资源的限制，兼顾多种资源的内在联系和综合配置要求；超出从眼前利益配置资源的限制，考虑资源配置的长远需求。它可以区别轻重缓急，抓住重点，抓关系社会发展的关键环节和重大项目，推动社会飞跃和重大进步。抓比例、抓重点、抓超前，使全社会按比例、协调、稳定、高质量地发展，只有加强宏观管理才能做到。全局立足于局部，由局部组成，但大于局部，高于局部。全局对了，局部可以走得更好，更顺利；全局错了，局部再好，也只限于局部。

宏观管理有直接间接两种形式。强调间接管理，并不排斥直接管理，不排除在一定范围和时期下达指令计划，采取经济手段和行政手段组织指挥重大社会生产活动，促进社会全面发展、技术进步、文化教育进步和落后地区由落后到先进的飞跃。比如，航天工程、南水北调、涉及2/3国土面的三北防护林工程，就是这么抓的。建设新农村，人面积建设高产田，以及加强中西部地区建

① W. R. 斯考特：《亚当·斯密——大学生兼教授》，格拉斯哥1937年版，第53~54页。

② 亚当·斯密：《国民财富的性质和原因的研究》下卷，商务印书馆2004年版，第199页。

设，也要这样抓。涉及整个社会发展、技术进步和人民生活的重大项目和重大措施，如果仅仅靠“预测”和“指导性建议”，起不了集中力量办大事的作用。当然，指令性指标的制定、执行和实现，也不能离开市场，必须讲责任和利益，注重等价交换和价值规律，建立在“市场配置资源”的基础上。但这里的等价交换和价值规律，不能只考虑眼前利益和局部利益，更要考虑长远利益和全局利益，更要将两者妥善结合。

宏观管理是有条件的。即：必须把市场作为配置资源的基础，进行指导性的配置和有范围的指令性配置，而不能越俎代庖，代替市场；必须符合实际，具有科学性，符合社会发展规律和社会主义市场经济发展规律的要求，避免片面性、盲目性和主观主义，避免脱离实际，好高骛远，或四平八稳，裹足不前。科学性是宏观调节的第一要义，违背实际的宏观调节，将带来比“市场失灵”更大更严重的“失灵”，不如不调节。宏观管理要有手段，有正确的方法。有远见，立足全局，统筹兼顾，全面安排，善抓重点和时机，兼顾事物的各个主要方面，采用综合手段对国民经济运行进行指导、监督、调节和管理，这是宏观调节不可缺少的东西。错了，要及时纠正，在这方面，我们的经验教训太多了，值得认真总结研究。

3. 虚拟经济与实体经济的关系

物质生产是人类社会存在发展的基础，也是虚拟经济发展的前提。虚拟经济是适应实体经济发展的需要而产生和发展的。有实体经济的发展，才能有虚拟经济的发展。虚拟经济的根本任务是为发展实体经济服务，如果虚拟经济脱离实体经济的需求自行发展，不仅是无用的，而且是有害的，必定造成泡沫，成为生产力发展的障碍。

客观规律告诉我们，经济发展过程中实体经济与虚拟经济关系的规律是不能违背的；违背了，即使在社会主义制度下，也会出问题。因为社会主义制度下仍存在私有经济，私有制的本性既会造成实体经济结构失衡，又可能带来虚拟经济恶性发展。必须遵循实体经济与虚拟经济关系的规律，处理好实体经济与虚拟经济的关系，防止两者相互脱节，防止虚拟经济恶性发展。防止的关键是正确处理公有制与多种所有制经济的关系，坚持公有制为主体不动摇，坚持多种所有制经济共同发展不动摇。要看到，实体经济与虚拟经济关系的背后是生产关系。不论实体经济，还是虚拟经济，及其相互之间的联系和关系，都反映着一定的生产关系，其性质和内涵都是由生产关系的性质决定的。西方金融危机爆发，不是虚拟经济一般意义上盲目发展，而是资本主义生产关系发展的必然和资本主义基本矛盾日益发展的结果。

我们要看到，虚拟资本与实体经济的关系已超越国界，成为各国之间联系密切，你中有我，我中有你的全球化现象。我国已深深融入经济全球化，与全球化密切相联。经济全球化，给我们带来机遇，也带来风险。世界经济由西方发达国家主导，我国处于弱势地位的态势一时难以完全改变。世界经济错综复杂，投机资本横行，有空子就钻，到处兴风作浪，给我们造成损失。西方国家出现任何大的变动都会向世界传递，也会传递到我国。西方金融危机告诉我们，美元主导的国际金融体系存在严重缺陷，已严重落后于时代发展的要求。美国按照自己的利益制定货币政策，用美元绑架剥夺世界，使之为自己的利益服务，不应再继续下去。必须建立符合当代市场经济要求的新的金融体系，改变这种一种主权货币主导支配国际金融体系的反常现象。我国经济总量已居世界第二位，人民币在国际支付、结算和货币储备中应当具有应有的位置。我国已与一些国家和地区实行境外贸易和投资人民币结算和货币互换；人民币成为部分国家和地区的储备货币。随着我国经济和金融体制的发展，实现人民币国际化，人民币成为国际储备货币是发展的必然趋势。这是一个渐进过程，但客观规律是谁也阻挡不住的。建立多元竞争的国际金融体系，实现人民币国际化，我们要积极工作，深化改革，加强金融体制建设，防止金融自由化，防止国际金融风险向我国传递转移。我们要在坚持独立自主、自力更生基础上扩大对外开放，提高对外开放的质量。我国是个大国，有广大的国内市场。立足于国内，扩大对外开放，使对外开放为社会主义事业服务，我们就能立足于不败之地，加速社会主义事业的发展。

对经济体制改革核心问题的深化认识

顾钰民[*]

随着经济改革与发展不断深入，我们对社会主义市场经济体制的认识也在实践中不断深化。党的十八大报告指出："经济体制改革的核心问题是处理好政府和市场的关系，必须更加尊重市场规律，更好发挥政府作用。"[①] 这是对中国经济体制改革和走社会主义市场经济发展道路从理论上做出的深刻总结，进一步明确了深化改革的基本思路，对加快完善社会主义市场经济体制具有重大的理论意义和实践价值。

一、对经济体制改革核心的新认识

20 世纪 80 年代，中国的经济体制改革正处在突破高度集中的计划经济体制，更多地发挥市场调节作用的阶段，改革的中心是围绕着如何处理好计划与市场的关系。涉及的问题是在哪些领域应该更多地运用计划的方式，哪些领域应该更多地让市场来调节，以体现有计划商品经济这一对社会主义经济的基本定位。1987 年，党的十三大报告中提出的经济体制改革总框架是"国家调节市场、市场引导企业"，体现了当时对社会主义经济运行特征在理论上的总认识。20 多年前的这一认识，用今天的标准来衡量，当时的概括具有的局限性是合乎认识规律的。

今天，社会主义市场经济体制下已经经过了 20 年的实践，对社会主义市场经济的认识随着实践的发展越来越深刻，对经济体制改革和社会主义市场经济发展的核心问题不再局限于计划和市场的关系，而是把处理好政府和市场的关

* 顾钰民，复旦大学马克思主义研究院常务副院长，教授，研究方向是马克思主义经济学。

① 载于《人民日报》2012 年 11 月 18 日。

系作为经济体制改革的核心问题。其实，这一问题不仅是经济体制改革的核心问题，也是现代经济发展的核心问题。现代经济发展具有以下两大基本特征：一是生产力发展的高度社会化；二是经济发展的高度市场化。生产力发展高度社会化决定了发挥政府作用的客观性和重要性，经济发展高度市场化决定了尊重市场规律必然性和可行性。社会主义市场经济是现代市场经济，生产力高度社会化和经济高度市场化也是我们今天经济发展的基本特征，这两个方面的特征同时并存，不是此消彼长的关系。生产力发展高度社会化是生产力发展规律的表现，经济发展高度市场化是经济发展规律的表现。把处理好政府和市场的关系作为经济体制改革的核心问题，反映了对问题实质的把握，体现了对问题的不断深化认识。

市场和政府是调节现代经济发展，并保证其高效和协调运行的两种力量。市场的力量是借助客观经济规律的作用，以“看不见的手”的形式，通过利益机制来调节各经济主体的活动。政府的力量是借助行政权力，以“有形的手”的形式，通过行政的、政策的、经济的手段来调节各经济主体的活动。市场和政府的作用都是覆盖全社会的。国家（或政府）的作用并不是只在于市场，市场引导的也不只是企业。事实上，政府对经济活动的调节作用除了市场以外，也会直接作用于企业、个人，这种作用是覆盖全社会的。市场引导除了作用于企业以外，也会直接作用于个人和社会各个方面，市场的作用也是覆盖全社会的。在经济发展的实践中人们逐渐认识到，计划和市场作为调节经济活动的两种手段，是相互替代的关系。经济活动可以通过计划的方式来实现，也可以通过市场的方式来实现，但运用计划方式的时候是排斥市场的，同样运用市场方式的时候也是排斥计划的。所谓把计划调节与市场调节有机地结合起来，实际上是指在有的领域经济活动主要是通过计划调节来实现，有的领域经济活动主要是通过市场调节来实现，并不是指在同一个经济活动中既运用计划方式，又运用市场方式。因此，严格地说，计划与市场的结合，只是从宏观上可以在不同的领域运用不同的调节方式。政府和市场的关系不同于计划和市场的关系，主要表现在以下三个方面。

首先，政府和市场不同于计划和市场之间的相互替代关系。计划和市场是两种不同的调节机制或资源配置方式，这两种调节机制对调节经济活动是此消彼长的关系。政府和市场不是同一层面上的关系，政府是一个主体，本身不是调节经济活动的手段或方式。政府对经济活动的调节必须通过一定的手段或政策，计划本身只是政府可以运用的一种手段。政府对经济活动的调节，并不排斥市场的调节，而是对市场调节以后的调节，是对市场调节结果的再调节。

其次，政府和市场的调节机制不同于计划和市场的调节机制。计划调节和市场调节的结合实际上是指令性行政命令调节和市场调节的结合，因为这里的计划调节是指令性的计划。政府调节和市场调节其实质是政府干预和市场调节的结合。政府通过手中掌握的资源和权力去影响社会经济活动，以达到调节经济的目标，政府调节从本质说不是一种行政命令，而是通过各种经济手段和政策干预经济活动，是一种政策调节和利益调节。

最后，政府和市场不同于计划和市场调节的地位和作用。计划调节和市场调节对整个经济活动调节的地位和作用是不明确的，谁起基础性作用，谁在经济活动的调节中起主导作用并不明确，这就难以对计划调节和市场调节做出准确的定位。政府调节和市场调节对整个经济活动调节的地位和作用是明确的，即市场对经济活动的调节起基础性作用，政府调节不能取代市场调节的基础地位。

对经济体制改革核心的认识从计划和市场的关系转向政府和市场的关系，标志着我们对完善社会主义市场经济体制理解的深化，也更符合现代经济发展的实际。在社会主义市场经济体制运行的实践中，人们越来越清晰地认识到，政府的政策调节和运用各种经济杠杆调节是与市场调节并行不悖的一种调节机制，它不排斥市场规律的作用，相反是借助市场机制来实现调节目标。政府在经济活动中发挥的作用比计划的作用更加重要和突出。

二、尊重市场规律在于明确政府的功能定位

尊重市场规律是对政府来讲的，是要求政府尊重市场规律，即尊重市场规律的主体是政府。或者说，不尊重或违反市场规律的主体是政府。尊重市场规律关键是要对政府的功能进行准确定位，政府不能无限界定自身的功能，不能认为政府什么事情都能够解决好，不能把什么事情都看作自己的能力高于市场，政府必须把自身的功能定位在有限的范围内。政府不取代市场，实际上就是尊重了市场规律。

尊重市场规律是因为市场规律能够高效率调节经济运行，能够使各个经济主体具有充分活力和发展动力，市场具有这样的功能在于利益机制的作用。市场是各经济主体彼此发生关系并从中获得利益的载体，各经济主体在市场上聚集，相互之间就会发生竞争关系。这种竞争关系一方面使各经济主体之间相互排斥，另一方面又使他们面临着巨大的压力，各经济主体的经济利益又只能通过市场竞争来获取。在市场竞争中处于优势的经济主体，就能够得到更多的利益，不具有竞争力就只能被市场所淘汰。市场优胜劣汰的功能在微观领域中使能够存在下来的经济主体都是高效率的。从这一点说，尊重市场规律就能够实现微观领域的高效率。

现代经济是高度市场化的经济，中国经济体制改革的目标是不断完善社会主义市场经济体制，改革的基本取向就是微观经济活动市场化，不断弱化政府对微观经济活动的直接干预，最终退出微观经济领域。凡公民、法人或者其他

组织能够自主决定，市场竞争机制能够有效调节，行业组织或中介机构能够自律管理的事项，政府都要退出。微观经济活动的市场化既是社会主义市场经济发展的基本要求，也是现代经济发展的基本特征。强调市场化是对社会主义经济体制改革实践的肯定，也是对经济体制改革基本取向的自信。这种肯定和自信说明市场化改革不能走回头路，因为我们对社会主义与市场经济相统一的理论充满自信。在这一理论指导下，社会主义可以和市场经济相结合，经济活动遵循市场规律的要求，使市场对资源配置起基础性作用，并不影响坚持社会主义经济的性质。由市场机制调节经济活动和进行资源配置，与所有制没有关系，因为市场机制作用的对象是企业和其他经济主体，而不是所有制。企业和经济主体出于对自身利益的关心，会自发地按照市场机制的要求调节自己的活动，否则就会受到市场规律的惩罚而在经济利益上遭受损失。无论是公有制企业还是私有制企业，在市场经济规律面前都是一个独立的经济主体。市场机制发挥作用的条件，也与所有制没有关系。无论是公有制企业还是私有制企业，只要是一个独立的经济主体，都必须遵循市场规律的要求。以现代公司制为主流形式的企业，基本特征是混合所有制，其中经济成分构成的不同不会影响企业按照市场经济规律运行。完善社会主义市场经济体制要解决的问题，不是市场经济和所有制的关系，而是经济体制运行中政府和市场的关系。

正确处理政府和市场的关系，关键在于政府明确自身的功能定位，从尊重市场规律的角度来说，政府功能定位在于不干扰市场机制作用的正常发挥，并为市场机制充分发挥作用创造良好的外部环境。

一是为市场经济运行创造良好的竞争环境。市场经济是竞争经济，市场规律在竞争中得到贯彻，市场机制的作用也同样在竞争中才能实现。充分发挥竞争的作用，就必须创造一个平等的竞争环境。竞争是否平等是衡量竞争环境好坏的主要标志，现实中的竞争并不都是平等的，不平等的竞争不能产生高效率。需要政府采取措施消除不平等的竞争，营造一个平等竞争的环境，使不同的所有制经济、不同的企业都能够在平等的环境中竞争。政府营造了这样的竞争环境，也就能够为市场机制发挥作用创造好的环境。

二是为市场经济运行创造良好的法治环境。市场经济是法治经济，市场经济的运行必须有规范，没有规范的市场经济只会给效率带来损失，而规范是通过法治来构建的。市场规范就是规定市场中的各经济主体能够做什么和不能做什么，做了不能做的事情必须要承担什么责任。带有强制力的市场规范只有通过政府来制定和实施，政府通过法治规范经济主体的活动，从外部环境为市场经济的规范运行提供法治保障。同时，政府还可以通过其他手段来规范市场经济的活动。

三是为市场经济运行创造良好的道德环境。市场经济是道德经济、诚信经济，市场经济之所以要讲道德、讲诚信，是因为市场经济的发展离不开信用关系。信用关系的建立和发展是以人们相互之间的信任关系为基础的，而信任的基础是双方的诚信。诚信可以节约高昂的市场交易费用，提高市场经济的运行效率。市场经济活动中各经济主体之间的诚信度越高，就越有利于信用关系的发展，也就越有利于市场经济的发展。道德和诚信是市场经济发展的软实力。政府要用多种方法和手段来惩治不讲诚信的欺诈行为，培育市场经济发展的软环境。

市场经济发展过程中政府和市场关系是一个普遍性的问题，在资本主义市场经济发展过程中同样存在着政府和市场的关系。但在资本主义市场经济中处理政府和市场关系的路径与社会主义市场经济有不同的特点。在很长的时期里，以自由主义为主流的经济学理论一贯主张政府不应该干预经济，他们认为市场是一架灵巧的机器，能够自动地、高效率地调节经济活动，保持经济协调发展。政府的职能只在于军事、政治、外交等领域，政府不具有经济职能，更多的是充当一个“守夜人”的角色，政府对经济活动干预的结果只能是破坏市场规律，导致经济的低效率。在这一理论指导下，政府与市场的关系并没有被认为是市场经济发展的基本关系。但是，这样的观点很快被客观现实所击破。资本主义自由市场经济发展产生的经济危机证明市场并不能始终保持经济的协调发展，周期性的经济危机说明自由市场对经济活动的调节是有缺陷的，而克服这种缺陷的主要手段就是政府干预。西方经济学理论上出现的一个重大转折就是凯恩斯主义的政府干预理论。这一理论认为，市场经济运行存在着天然的缺陷，自由市场经济的调节不可避免导致经济危机的爆发，避免和解决经济危机的有效方法是通过政府的各种措施进行反市场的干预和调节，政府调节和干预理论也随之产生。但在这一理论的主导下，过多的政府干预又使经济发展遇到了通货膨胀与经济停滞的双重困扰。人们面对实践中出现的问题，又开始对政府干预的问题重新进行反省。这种情况说明，在现代市场经济的发展中，离不开政府和市场调节经济活动的两种基本力量，政府和市场的关系客观上成为经济发展过程中的一个核心问题。

改革开放以来，我们逐步扩大市场对经济活动的调节，坚定地走社会主义市场经济发展道路。当市场成为资源配置的基础性手段以后，一方面市场调节具有的局限性也必然会暴露出来，另一方面原来政府控制经济活动的做法也不能继续下去，政府在市场经济发展中该具有哪些职能，政府的功能定位怎样才能既符合市场经济的发展要求，又能够有效地克服市场经济运行固有的局限，就成为经济体制改革要解决的实际问题。就政府和市场的关系来说，社会主义市场经济与资本主义市场经济具有很大的共性，这一关系不会因为社会经济制度的不同而改变。从经济体制改革发展的进程看，实际上就是围绕着正确处理政府和市场的关系这一核心问题展开的。今天，我们要研究的问题是政府怎样做才是尊重市场规律。从总的原则讲，在微观经济领域，政府不要去干预市场经济的活动，因为微观领域的经济活动主要由市场规律来调节，政府不要在微观领域寻求作为，让市场规律充分发挥资源配置的基础性作用，以及对经济活动的调节作用。这就使尊重市场规律具有了良好保证，或者说，也就在很大程度上排除了不尊重市场规律的干扰源，使社会主义市场经济体制不断得到完善。

三、发挥政府作用在于解决市场不能解决的问题

在现代经济中，政府是一个重要的主体，各国经济社会发展实践证明了这一点。发挥政府作用的重点是解决市场不能解决的问题。政府作用要与市场作用错位，这样政府作用才不会与市场作用相互冲撞、干扰和抵销。对政府和市场作用范围的基本划分是，政府作用主要在宏观领域，市场作用主要在微观领域，这一划分的根本依据是现代经济发展呈现出的以下两个大趋势。

一是经济发展在微观上体现高度分散化，现代经济发展由众多的具有各自独立利益的经济主体的活动构成，它们之间的分工和协作、生产和经营都是个体行为，都是由每个经济主体自己做出决策，这种分散决策的依据是市场的需求和变化。对于整个社会来说，由市场机制来调节经济活动的成本最低，产生的社会矛盾最少，协调各经济主体之间的利益关系最容易。现代经济发展呈现的这一发展趋势说明，市场经济的形式是最合适的，市场机制调节具有高效率，任何一个组织、机构或政府都不具有替代市场的这一功能，或者说不可能具有市场调节那样的高效率，这是被各国经济发展实践证明的，也是今天世界各国普遍实行市场经济体制的根本原因所在。因此，政府必须尊重市场规律，保证市场对资源配置起基础性作用，让分散决策的事情由各经济主体自己去做，把微观领域的经济活动让给市场调节，使市场规律在调节分散化经济活动中发挥其优势和作用。

二是经济发展在宏观上体现高度整体性。现代经济发展中的各个经济主体之间又有着密切的内在联系，相互之间结为一个整体。一方面各经济主体的发展需要有良好的宏观环境，例如社会保障和社会福利；另一方面需要为经济发展提供必要的基础条件，例如经济发展必须的基础设施。解决这些问题市场不具有优势，这就要求政府站在全局的高度，解决好经济发展过程中市场不能解决的问题。这些方面的问题需要运用一定的行政权力，在全社会范围内解决，有些虽然不是纯经济问题，但与经济发展有着密切的联系。从宏观和整个社会的角度看，需要有一种市场以外的力量来解决市场经济发展中的问题。政府作为市场经济发展中的另一种力量，并不是只在市场经济发展出现问题时才能发挥作用，而是在市场经济整个发展过程中都需要政府发挥作用。市场规律调节经济活动是有效率的，但市场调节又是有局限的。经济发展中的整体性问题、宏观领域社会性问题，由政府来解决具有更高的效率和社会效益，很多问题也

只有政府才有能力解决。必须充分发挥政府作用，是根源于现代经济发展具有的整体性趋势。政府作用主要在宏观领域中解决市场不能解决的问题，具体表现在以下几个方面。

首先，制定经济政策。政府作用主要通过对经济活动的政策调控来实现，一项政策的制定和实施，对经济发展一定会产生多方面的影响，从不同的角度进行评价就会得出不同的判断。制定政策的出发点和指导思想具有关键性的作用。具体说，政策的制定必须站在全局的立场上，以有利于大多数人的利益为出发点，以实现经济社会的科学发展为指导。特别是一些直接关系人民群众切身利益的政策，更应该遵循以人为本的核心理念。这些政策也许并不能直接看到其对经济社会发展的短期效果，但从长期看，将为整个经济社会发展提供一个具有充分活力的社会环境。政策的制定不能只是由政府有关职能部门说了算，应该在更广泛的范围、更高的层次来制定，避免政策制定的部门局限性。政策既不能长期不变，也不能经常变动，要根据政策的不同类型，有的政策应该具有相对稳定性，有的政策应该根据实际情况的变化而变化。政策越符合经济社会科学发展的要求，越能够体现大多数人的利益，政府作用的发挥就越充分。

其次，实施发展战略。科学的具有前瞻性的发展战略对于一国经济社会发展将产生重大影响，政府通过制定发展战略影响整个经济社会发展是发挥政府作用的重要内容，因为市场没有能力制定发展战略。实施发展战略需要经济发展的各个领域和部门都要以发展战略为导向，政府则要采取各种措施进行引导。如通过完善技术创新体系、知识创新体系，加强社会公益技术研究，提高科学研究水平和科技成果转化能力，抢占科技发展战略制高点等。增强了发展战略对经济活动的影响作用，也就增强了政府的作用，这是微观领域市场规律作用高效率与宏观领域政府作用高效率的结合。从整个经济运行的角度看，现代经济发展在微观领域的分散化，必然要求在宏观领域加强整体性，才能使市场经济发展在整体上具有高效率，政府在这方面的作用具有广阔的空间。

最后，消除经济波动。市场调节经济的一大缺陷是经济发展容易出现波动，政府对经济发展的重要作用之一，就是尽可能预防和缩小波动。政府采用各种手段对市场经济活动进行逆向调节，通过削峰填谷避免经济出现大幅度波动。政府要时刻关注市场经济发展变化的情况，时刻提防国际经济情况变化对我们经济社会发展带来的风险，政府具有监测经济发展的职能。市场经济发展出现了问题和波动，最终要由政府去解决，政府消除了经济波动，实现经济稳定发展，就是很好地发挥了对经济活动调节作用。

总之，更好的发挥政府作用，一是解决好市场不能解决的问题，二是为整个经济发展创造良好的条件。政府不是在微观领域与市场机制争地盘，不是干扰市场机制作用的正常发挥，而是市场规律和政府作用二者相互补充，共同作用于经济社会发展。

我国当前阶段所有制和经济规律的变化

吴宣恭*

在存在生产资料所有制的社会里，所有制是经济规律存在和发挥作用的最重要的条件。生产资料所有制发生变化，生产关系的各个方面以及它们的发展规律都会随之改变。经过改革开放，我国生产资料所有制结构发生了巨大的变化，社会生产关系也随之发生巨变。在新的条件下，已经退出经济领域的资本主义特有的经济规律重新出现，而且随着资本主义经济的迅速发展，其作用范围迅速扩大，力度迅速增强；而一些社会主义特有的经济规律的作用范围受到局限，作用力度有所削弱。两类不同性质的经济规律同时共存，互相影响，决定我国的经济发展。所以，研究我国当前阶段所有制和经济规律的变化，具有重大的理论和实践意义。

一、经济规律都在一定所有制基础上形成和发挥作用

经济规律是社会经济关系中内在的本质联系和必然的发展趋势。它们在一定经济条件下产生和发挥作用，不以人们的意志为转移。只要出现一定的经济条件，就必然形成与它们相适应的经济规律。例如，在工人因生产资料被剥夺而沦为雇佣劳动者的条件下，他们就不得不为资本家提供无偿劳动，创造剩余价值，而自己只能按劳动力价值换取到微薄的工资，在低水平上养家糊口。这就是在资本主义条件下必然产生的关系和规律。

生产资料是一切社会里人们进行生产必不可少的条件。由于它的重要性，生产资料所有制自从出现以后就制约着人们的各种经济活动，决定了人们之间的经济关系。马克思在许多论著中称生产资料所有制是社会生产关系的基础。

* 吴宣恭，厦门大学经济研究所教授，研究方向是马克思主义经济学。

在不同的生产资料所有制的基础上，人们在直接生产过程中各有不同的地位，彼此结成不同的关系，而这些关系又制约着人们在交换过程中的地位和相互关系，进而决定了人们的分配关系和分配份额。所有这些过程和关系环环相扣，互相发挥作用和反作用。它们内部以及相互之间都根据一种必然趋势去发展，都有其内在的本质联系，就是说，它们的变化都遵循着一定的规律。既然人们一切的经济关系都要以一定的生产资料所有制为基础，这些经济关系变化发展的规律，也必然受到生产资料所有制的制约。在人类历史的不同阶段，由于物质基础和所有制关系不同，社会的经济规律也会发生变化：有些特有的经济规律产生了，或者作用范围扩大，影响力增强了；有的特有的经济规律作用范围缩小、影响力削弱了，甚至退出历史舞台；那些存在于几种社会形态的经济规律，也会随着所有制和其他生产关系的变化，在作用的广度和力度上呈现不同的特点。

因此，要了解我国当前阶段的经济规律，不能不深入分析社会生产关系，特别是所有制关系。

二、社会主义生产关系建立初期的经济规律

在新中国成立初期，没收了官僚资本，建立起崭新的社会主义国家所有制，但旧社会的一些所有制还继续存留着。因此，社会上并存着多种经济成分，相应地有多种性质不同的经济规律在发挥作用。以后经过土地改革，消灭了地主所有制，铲除了封建剥削关系，封建制度下的那些经济规律丧失了存在的条件。1956年，在生产资料所有制的社会主义改造完成以后，资本主义所有制和以它为基础的生产关系被消灭了，资本主义特有的经济规律也不复存在了。在这之后的20多年间，社会主义的经济规律随着社会主义公有制经济的发展，成为支配社会经济活动的基本力量。此外，有些存在于不同社会的经济规律，如价值规律，仍然有着发挥作用的条件。这是因为社会上还残留着个体所有制，公有制还具有国家所有制和集体所有制两种形式，不同所有制经济之间和不同集体、不同个体之间，为了维护各自的产权利益，只能通过商品进行经济联系，支配商品生产和交换的价值规律还继续存在。不过，由于当时的社会主义国家所有制实行的是产权高度集中在国家的制度，在国有经济内部交换的产品还不是完全的、“实质上”的商品。在这个领域，价值规律虽然还有一些影响作用，却未能充分发挥调节生产和流通的机能。

在这个时期，社会主义公有制经济占据整个社会的绝大部分，劳动人民不仅是生产资料的共同主人，还是生产过程和劳动产品的共同主人。在此基础上，社会生产的目的发生了历史性的根本变化。它不再是为少数人谋取剩余价值，而是为了最大限度满足全体人民不断增长的物质和文化需要，最后促进人的全

面发展。社会生产目的的这种转变表明社会主义生产方式具有同资本主义生产方式根本不同的本质。

在社会主义制度下，不存在资本主义那种生产无限扩大和有支付能力需求相对缩小的对抗性矛盾，生产的目的与达到目的的手段是互相依存、互相促进的。一方面，社会主义生产目的决定了生产迅速发展的可能性。劳动者不断增长的物质和文化需要，为社会主义生产的发展提供了最强大的内在动力。为了实现尽可能改善生活的共同目的，劳动人民团结协作，促进社会主义生产不断增长和不断完善。社会主义公有制的建立打破了私人逐利的局限，消除经济活动的无政府状态，劳动者根本利益的一致性有利于在整个社会范围内有计划地配置、利用各种资源；通过组织和协调社会生产，使企业之间互相支持配合，形成规模经济效益；科学技术也摆脱了资本的桎梏，能够迅速转化为直接的生产力，并在社会生产中充分利用。这些都为社会劳动生产率的高速增长提供了巨大的可能性。另一方面，社会主义生产的发展，在满足需要的同时又创造出新的需要，推动着需要的发展，并且使需要的满足具有实际可能性，由此又形成发展生产新的动力。社会主义生产目的与生产不断完善和发展之间相互依存和相互促进的关系，决定了社会主义经济发展的一切最重要的方面和主要过程，支配着社会主义经济发展的方向，成为社会主义的基本经济规律。

在社会主义公有制的基础上，我国各个经济领域出现了崭新的发展进程和变化趋势，形成了截然不同于资本主义的其他一系列经济规律。社会主义生产关系的建立和社会主义经济规律的作用的发挥有力地改变了我国一穷二白的面貌。尽管在社会主义制度建立初期，我国物质基础非常薄弱，加上资本主义发达国家的层层封锁，生产条件极其困难，但劳动人民摆脱了剥削和压迫，意气风发，迸发出高度的积极性和创造性，劳动生产率迅速提高，社会生产空前快速地发展，人民生活也得到显著的改善。随着政权的巩固、经济的繁荣和思想意识的转变，旧社会的污泥浊水统统被荡涤一空，整个社会呈现一派欣欣向荣、和谐进取的崭新景象。同时，那种为了追求私利而侵占滥用自然资源的掠夺性行为也基本消失了，依靠公有经济的优势，森林、水土防护和农田水利基本建设蓬勃展开，人与自然的关系也开始走上协调。

然而，我国初生的公有经济，尤其是国有经济，由于没有成功的经验可资借鉴，实行的是产权高度集中的制度，政府和领导机构权力过大，生产基层和劳动者缺乏必需的自主权力和利益。在尽快摆脱经济落后面貌赶超思想的支配下，强调长远利益和整体利益，忽视眼前利益和个人利益；重积累，轻消费；优先发展重工业，放缓生活资料的增长，致使劳动人民的生活未能与迅速增长的生产同步提高。这些不足之处加上分配中的平均主义，挫伤了刚刚由社会主义激发起来的劳动者的积极性，不利于社会经济的更快更好发展。在这个时期发生的脱离实际条件的激进经济变革和频繁的大规模政治运动，又极大地干扰了经济的正常运行。所以，虽然到了1978年，国内生产总值（364522亿元）比1955年（91078亿元）翻了两番，增长速度还是比较快的，但是经济波动比较大，既有超高速的年增长率，如1958年的21.3%、1964年的18.3%和1970年的19.4%；也有急剧的下降，如1961年的－27.3%、1962年的－5.6%和1967年的－5.7%、1968年的－4.1%。因而，由长期贫穷落后形成的短缺经济未能得到较快、较大的转变。固然，这与期中发生的自然灾害、中苏关系突变以及政治动荡有关，但却表明我国初期建立的经济制度确实存在问题，不利于社会主义经济规律作用的发挥。这不能不引发有关经济制度和运行体制的利弊的反思，催生了改革开放的迫切要求。

三、改革开放后所有制和经济规律的重大变化

改革开放以来，我国逐步形成了公有制为主体、多种所有制经济共同发展的基本经济制度。生产资料所有制的变化引起社会经济关系的巨变，打破了社会主义经济规律全面支配社会经济运动的状态，出现社会主义和资本主义两类经济规律同时并存的的局面。

由于资本主义私有制重新出现并迅速发展，在神州大地绝迹多年的资本主义基本经济规律——剩余价值规律随之产生，并在深度和广度上起着日益增强的作用，资本主义人口规律和资本积累规律也再度出现。我国的私营企业主利用我国资本奇缺而人力资源几乎源源不绝的形势，廉价雇用城乡的剩余劳动力，在极差的条件下驱使他们从事长时间、高强度的劳动，攫取了巨额的利润。据有的研究者计算，20世纪90年代到21世纪初，我国私营企业的剩余价值率平均为240%。超重的剥削，使我国在短短的二三十年间造就了一大批千万级、亿万级富豪，他们以年均高达31%～56%的积累率集聚了惊人的财富和资本。既大大超过新中国成立前和成立后初期民族资本的水平，在世界资本发展史上也属少见。2011年，我国仅前50名富豪的财产即达16345亿元，约占当年国内生产总值（471564亿元）的3.5%。[①] 而雇用劳动者的收入长时间得不到明显的增加，他们的收入占社会新创造价值的份额不断下降，私有企业工人的平均工资比国有企业工人低48%，[②] 大部分家庭的生活水平无法随生产的发展相应提高。原来以比较平等著称于世的中国社会（1978年基尼系数仅为0.16），迅速出现严重的分配不公和过分悬殊的贫富差别，基尼系数快速提升，目前已超过0.50，登上世界最高档次。社会产品以举世瞩目的速度成百倍地增加了，可是普通劳动者却因为收入低下无法消费它们，堆积如山的产品只能大部分出口，过度依

① 见《2011年胡润百富榜》。

② 国家统计局发布的《2009年度在岗职工年平均工资调查报告》指出，该年全国城镇私营单位就业人员年平均工资为18199元，比国企在岗职工年平均工资（35053元）低48%。

存于国外市场。资本主义社会固有的生产迅速扩大趋势与有支付能力的需求相对不足的矛盾越来越明显地暴露，挤压了社会主义基本经济规律作用的空间，妨碍了最大限度满足劳动人民物质文化需要的社会主义生产目的的实现。

“自由竞争使资本主义生产的内在规律作为外在的强制规律对每个资本家起作用。”① 马克思的论断对我国当前的私有经济同样适用。私营企业主对超额利润的追逐，必然造成社会生产的盲目无序状态。诸如，许多私营企业只跟随一时的市场信息，冲着高利润的产业和产品盲目投资或扩大生产，出现低水平的重复生产，造成一般产品产能过剩，而有些社会急需的重要产业，则因获利不高不快或风险较大而缺乏足够的投资，产品供应不足；大量资本争相涌进暴利部门和行业，造成一些产业的泡沫化，另一些产业则因近期获利有限，资金纷纷外流，导致空心化；不少企业为了赚取暴利，掠夺性使用自然资源，狂挖乱采，不仅造成巨大浪费，而且严重破坏生态环境；相当多的企业只想牟利，罔顾社会和群众利益，生产、销售假冒伪劣甚至有害有毒用品和食品，残害广大消费者；许多私营企业承包和层层转包地方的重要建设项目，偷工减料，极度降低工程质量，“豆腐渣”工程防不胜防，事故频发，危害人民生命财产的安全；巨额私人资本转入流通领域，大肆投机倒把，抢购紧俏物资和生活必需品，哄抬物价，扰乱市场，妨碍人民正常生活。这些问题充分暴露出资本主义经济深受私人利益局限和强烈的逐利冲动与整个社会生产的协调发展之间产生巨大矛盾。它们的存在不利于国家产业结构的优化和升级，不利于国民经济的全面、协调和可持续发展，最终不利于社会进步和改善民生。

贫富悬殊发展趋势的恶化和经济乱象层出不穷，已成为我国社会无可否认和无法避开的常事。只需进行简单的数字比较就不难发现，它们正是伴随资本主义经济在我国的扩张而不断加剧的，表明它们已是资本主义生产方式的必然产物，是一种规律性的现象。这正像恩格斯在强调生产和分配规律的客观必然性时所说的：“期待资本主义生产方式有另一种产品分配，那就等于要求电池的电极和电池相联时不使水分解，不在阳极放出氧和在阴极放出氢。”② 我国经济理论界和一些政府机构对解决如上的重大经济问题虽也提出过种种建议和措施，但都成效甚微，有些问题还愈演愈烈，关键就在于离开所有制分析，看不清本质的、规律性的关系，找不到问题产生的根源。

改革开放以后，除了资本主义生产关系重新产生和快速发展以外，社会主义国家所有制内部也逐步进行了产权制度的调整。大多数国有企业实行了所有权和经营权分离的产权制度，部分企业还建立了出资者所有权与法人财产权相分离的国有独资公司制度。这些调整虽然不改变国家所有制的归属权（即狭义的所有权）主体，生产资料和劳动产品仍然归社会主义国家代表的全体人民所

① 《资本论》第一卷，引自《马克思恩格斯全集》第23卷，人民出版社1972年版，第300页。

② 《马克思恩格斯选集》第三卷，人民出版社1995年版，第749页。

有，所有制的性质没有改变，但是国有产权的配置格局已经不同了。实行所有权与经营权分离的国有企业，有权占有、使用和依法处分国家委托给它们的资产，承担相应的经济责任，并得到经营所带来的一部分经济利益。国有独资公司能够以其全部法人财产，依法自主经营、自负盈亏，并且凭借法人财产权维护自身的独立权益，抵制来自出资者的非正常干预；国家则从企业所有者和经营者转变为企业出资者并选派产权代表进入企业，通过法人治理结构，以间接的方式经营企业资产。社会主义国家通过一系列法律、法规确认不同产权结构的国有企业的法人地位，保障企业的自主经营权利和相应的经济利益。产权制度的调整实质上在国有经济内部植入了部分的集体产权，使原来只相当于国家所有制的大车间、没有自己的自主权力和局部利益的国有企业，变成具有相当一部分产权的所有制主体。这就促使国有经济的运行规律发生了一系列重大变化。最主要的是，国有企业除了继续以满足劳动人民的需要作为根本的生产目的，履行经济社会责任之外，还会考虑如何维护和增添企业和职工的经济利益。这就突破了过去那种“国有经济是一家”，可无偿进行劳动和产品调配的关系。国有企业与政府、国有企业之间需要对方产品时，都得按照生产产品的社会必要劳动时间，通过市场实行等价交换，做到互不多占对方的劳动成果，互不侵犯对方的经济利益。这是确认和维护企业产权制度的内在要求。于是，在国有经济内部就必然存在真正的、实质的、而不是仅有“外壳”的商品关系。在整个社会都通行商品关系的情况下，国有企业为了获得更好的收益，就得关心市场的供求状况，根据市场动态调整自己的生产和经营。这样，价值规律和供求规律就不仅对私有经济和集体经济发挥作用，而且还引导和支配了国有经济的主要活动。市场机制就自然而然地取代政府指令，成为包括国有经济在内的调节资源配置的主导力量和基本方式。计划经济就“水到渠成”地转变为市场经济了。这个变化进程是经济规律作用的体现，不是由人们的设计导向的，它最终完成的基础就在于国家所有制内部产权的变革。

四、两类不同性质的经济规律在我国相互影响

当前阶段，我国不仅同时存在两类不同性质的经济规律，它们还互相影响。这是因为，社会主义公有经济和资本主义私有经济共同存在于同一个社会里，都在统一的市场里活动，结成紧密的经济联系。它们虽然各自按照其本性运行和发展，有着自身的规律，但不是彼此独立，互不相干的，在它们互相联系交往的过程中，必然会在不同程度上影响到对方，产生经济学所说的正效应或负效应的外部性。因此，所有制不同的经济关系除了自身运行规律在起作用以外，还会受到其他所有制经济的规律的影响。

下面简要地分析一下两类经济及其规律的相互影响。

在社会主义生产关系占主导地位的情况下，社会主义公有制经济，特别是国有经济对私有经济起着重要的正外部性影响。主要的是：（1）国有经济中劳动者成为企业的共同主人，与企业领导存在分工不同的同志式的平等关系，并且根据按劳分配规律享有自己创造的部分剩余，获得高于私营企业雇工的收入，这些对私有经济可能发挥重大示范作用，有助于私营企业雇佣工人维护合法权益，在一定程度限制了企业主对他们的剥削程度，使劳资之间的矛盾不致于激化；（2）国有经济控制国民经济关键部门、国有企业在贯彻国家政策和履行社会责任方面的带动作用，支撑、引导和带动整个社会经济的发展，在实现国家宏观调控目标中发挥重要作用，有助于规范私有企业的市场行为，减少私人逐利冲动对社会生产协调发展的破坏作用；（3）以社会公共利益为目的的国有经济，凭借其强大的实力，在科技创新、社会经济结构调整、生态环境保护中起着带头作用，有利于引导私有经济转换发展方式；（4）国有经济上缴巨额的利润和税金，能更加有力地充实国家的财政收入，增强国家对公共品的供给能力，促进社会保障体系的发展，对改善私营企业劳动者的生活起着补充作用，有助于缓解私有经济迅速增长与劳动者有支付能力的需求相对不足的矛盾。

同样地，剩余价值规律和资本主义的其他一些规律，不仅支配着我国私营经济的全部活动，而且对社会主义的公有经济及其规律也产生巨大的影响。本来，公有经济生产不够发达，劳动者的生活未能得到较快改善，主要是由自身内部的原因造成的。但是，由于受到资本主义经济的种种牵制，亦即受到资本主义经济规律的影响，国有经济未能充分发挥社会主义的优越性，不能更加迅速地发展生产和改善分配体制，也使劳动人民的需要得不到充分满足，社会主义基本经济规律的作用未能充分发挥。例如：（1）在市场经济中，面对着资本主义私有经济的强大竞争压力，国有企业还要争取更多的利润，以求加快积累，增强自身的竞争力，这就使得企业难以承担更多的社会责任，无法更好实现社会主义的社会生产目的。（2）资产阶级追求最大利润的一些不良行为也会影响到某些国有企业，使其为了增加企业利益而进行一些不合理的投资和不规范活动，不利于有效配置社会资源和协调国有企业间的协作关系。（3）为了应对资本主义企业的竞争，国有企业也要设法降低成本，不能过大过快地提高工资和福利。亦受资本主义经济规律的影响，国有经济在实行按劳分配时无法较大幅度增加劳动者在剩余劳动中所得的份额，难以充分显示按劳分配对比按生产要素分配的优越性。（4）生产无限发展趋势与劳动者有支付能力的需求相对降低的矛盾，本来是由资本剥削导致的，是资本主义经济规律的特有表现。但是，私有经济的劳动者的收入低下，购买力萎靡不振，必然拖累与它共处于同一个市场的国有经济，使一些国有企业的产品也由于内需不足而卖不出去，出现产能过剩，限制了国有经济的发展。（5）很大部分的私营企业为了牟取暴利，生产假冒伪劣甚至有害产品；大量游资在市场上投机倒把、哄抬物价，破坏市场秩序，使包括国有经济劳动者在内的广大人民深受其害，严重干扰了社会主义基本经济规律。(6) 在私有企业主获取暴利和奢侈生活的物质诱惑下，特别是受到不法厂商的拉拢腐蚀，有些国有企业管理人员堕落腐化，导致大量国有资产流失；有些企业甚至在性质上发生异化或蜕变。这些问题的存在，在企业内部破坏了国有经济应有的平等互助的协作关系，扩大了企业与职工、管理者与普通劳动者之间的矛盾，乃至出现类似劳资矛盾的对立关系；在市场上可能产生一些类似不法私人厂商的错误行为，违背了社会主义的生产目的。

私有经济的这些影响在改革初期还不明显，但它们随着私有经济力量的扩大而迅速增强。不仅如此，在经济力量迅速膨胀的同时，资产阶级的政治地位也急剧提升，越来越多的富豪进入各级人大和政协①。资产阶级的代言人，通过各种政治的、民间的组织和媒体，强烈要求开放国民经济重要部门和高利润领域，限制国家垄断，放松宏观调控，缩小国有经济的比重，减轻私有企业的税负，甚至公然要求修改宪法关于国家经济制度的某些条文。

综上所述，在社会主义初级阶段基本经济制度的框架中，公有经济与私有经济在互相促进、共同发展的同时还互相竞争，两种不同性质的经济规律也存在互相影响、互相矛盾的关系。其中，总有一类经济规律在社会经济中不同程度地起着主导作用。至于究竟是哪类规律居于主导地位，各类经济规律的作用范围和影响力度如何，则取决于它们赖以存在的经济类型的实力。哪一类经济能较快发展，力量较强，在它基础上产生的经济规律就能在社会经济中起较大的作用，成为据主导地位的规律。我们应该了解这些关系，针对其发挥作用的根源考虑对应措施，尽量发挥社会主义经济规律的正效应影响，减少资本主义经济规律的负效应影响，促进国民经济的持续发展。

五、在广度和力度上扩大社会主义经济规律的作用

社会主义替代资本主义是人类历史发展的必然道路，建成富强民主文明和谐的社会主义现代化国家是全体中国人民的梦想。我们一定要坚定这样的道路自信、理论自信、制度自信。可是，我国能不能坚持社会主义道路，同社会主义经济规律能否发挥主导作用，它的作用范围和影响力能不能持续增大密切相关。如上所述，所有制是经济规律存在和发挥作用的首要条件，社会主义经济规律作用的大小强弱，归根到底要取决于公有制的力量。国有经济发展迅速，在社会中所占的比重扩大，企业素质改善，经济效益提高，在国民经济中的主导地位稳固了，社会主义基本经济规律对私有经济的影响程度就会加强；反之，

① 根据2012年《胡润百富榜》的数据计算，全国人大代表中90名富豪的身家净值共达6370亿元人民币。另据《环球时报》2011年3月5日报道，中国人大代表中最富有的70位，财产总额为751亿美元，是美国最富有的70位议员财产总额（48亿美元）的15倍多。

作用就会遭到削弱。

新中国成立以来，经过六十多年的艰苦奋斗，我国的社会生产以世界瞩目的高速度增长。GDP从1956年的1029亿元增加到2011年的471564亿元，增长了458倍多，早已位居世界第二位；生活消费资料供应非常充足，有些产品还供过于求。2011年，我国的外汇储备达31811亿美元，成为全球唯一外汇储备超过3万亿美元的国家，2012年进一步增加为32557亿美元，持有份额约占全球外汇储备总额的1/3，资本供应也十分充足，甚至还无法有效投入使用。这么强大的生产能力以及丰富的资金和产品，按理完全可能为大幅度提高劳动人民的物质文化生活水平和全面发展提供充足的物质条件，使社会主义基本经济规律更充分地发挥作用，但是它们却有一半属于并掌握在私有企业主手中，用于剥削劳动者，攫取更多的利润，恰好与社会主义的生产目的背道而驰。如果这一部分继续增大，资本的力量就会愈加雄厚，资本主义经济规律作用的范围就愈广阔，力度就愈强劲，而社会主义经济规律的作用就会受到愈大的限制，这将是社会主义社会的倒退。而且，一旦两类经济的力量对比超过一定的边际，主体地位发生逆转，剩余价值规律就将变成我国社会的基本经济规律，资本主义的其他经济规律也将在各个领域起着主导作用，资本主义的基本矛盾就会成为我国社会的主要矛盾。这是广大人民所不愿意看到，却不是不可能出现的前景。对此我们必须有清醒的认识和应有的警惕。

不错，我国还要继续深化改革，但需要总结以往的经验教训，明确目标和道路。公有制为主体是基本经济制度的核心和重点，是社会主义经济规律能够主导我国社会的基础，绝不能让其名存实亡。所以，首先要遏制私有经济占有份额日渐超过公有经济的趋势，切实保证公有制为主体，加强国有经济的主导地位。当前，生产社会化越来越发达，已经演化为经济全球化，我国已具备日益先进的物质技术基础和素质精湛的庞大劳动队伍，社会生产力水平已经进入世界前列，加上迅速增长的巨额经济总量，按照生产关系要适合生产力的规律，已经有充分的条件在我国支持国有经济更大规模的发展了。因此，在经济改革中必须重新研究如何正确地进行国有经济的战略性调整。以前没有目标地笼统讲国有经济“有进有退”，在私有化势力的步步进逼下，实际是“进少退多”、“进虚退实”，结果让所谓的“国退民进”变成似乎是触犯不得的潜规则，支配着社会所有制结构的变迁。今后在“进退观”上要明确“该进则进、该退才退”，强调进退相济，退是为了更好地进。调整的目标是适应我国已经迅速提高的生产力和生产社会化的要求，发展壮大国有经济，在广度和力度上扩大社会主义经济规律的作用，进一步发挥社会主义的优势。

我国应该建立怎样的产权制度和现代市场经济体制

——人力产权型市场经济体制研究

程言君*

我国目前的市场经济体制还深深打着资本产权型市场经济体制的烙印，社会主义人民当家做主的市场经济体制建构还处在半途中。究竟应该怎样建立和建立怎样的产权制度和现代市场经济体制，依然是改革开放必须进一步深入研究的根本问题，既是一个重大理论问题，又是一个重大实践问题。

一、人力产权型与资本产权型：现代市场体制的两种历史形态

现代市场经济体制事实上存在社会主义和资本主义两种历史形态。社会主义市场经济体制，是以公有制为主体多种所有制共同发展的公主私辅型基本经济制度为基础，以人力产权①当家做主为基本特征的以人为本现代市场经济体制，可简称为人力产权型市场经济体制。资本主义市场经济体制是以私有制雇佣劳动关系为基础，以资本产权当家做主为基本特征的以物为本现代市场经济体制，可称为资本产权型市场经济体制。从马克思揭示的人和经济社会发展"否定的否定"② 规律决定的基本历史趋势来看，二者是"否定的否定"中前后

* 程言君，徐州市委党校教授、中国经济规律研究会理事，研究方向为人力产权实现、经济体制改革和生态文明建设。

① 人力产权由人的微观自然属性权利和宏观社会属性权利构成，基于自然人的经济社会主人客观本质和自身素养、能力。微观自然属性权利指自然人对自身人力的所有权、占有权、转让权、使用权、收益权等权利，宏观社会属性权利指自然人的基本生存权、全面发展权、公平共享权、管理监督权等权利。程言君：《深化改革加快中国特色社会主义建设的规律基础》，载于《海派经济学》2012 年第 3 期。

② 马克思揭示的人和经济社会发展"否定的否定"规律，即私有制"否定的否定"与人的异化复归共同实现规律。"否定的否定"即资本主义私有制对个人的、以自己劳动为基础的私有制的否定和"对自身的否定"。（《马克思恩格斯文集》第五卷，第 874 页）人的异化与私有制是社会分工的孪生子，"随着一方衰亡，另一方也必然衰亡。"（《马克思恩格斯文集》，第一卷，第 167 页）

相继（人力产权型取代资本产权型）的历史形态，性质完全不同。

把现代市场经济体制划分为人力产权型和资本产权型至少有三层意义。在体现历史本质层面，“人力产权型”称谓对其以人为本的人力产权自主实现历史本质，“资本产权型”称谓对其以物为本的资本当家做主导致人异化为物的奴隶的历史本质，都表达的既直接、充分，又鲜明突出。在理论创新层面，人力产权型和资本产权型划分作为现代市场经济体制的新范畴对子，进一步体现了马克思主义经济学以人为本，与西方经济学以物为本的根本分野。在经济体制发展历史趋势层面，人力产权型和资本产权型的划分或称谓，明确了前者替代后者的历史必然性。

二、人力产权型市场经济体制建构的规律基础和指导思想

社会主义人力产权型市场经济体制的规律基础，即马克思人和经济社会发展“否定的否定”规律，指导思想是马克思主义。这也是我们党的一贯原则和改革开放的基本事实。但有人却一直主张我们应该建构资本主义市场经济体制，并认为“没有以西方的理论为指导，这一艰巨任务是不能完成的。”[①] 这种观点和做法，既否定了马克思主义对改革开放的指导，又混淆了社会主义市场经济体制与资本主义市场经济体制的本质区别，不仅在学理上站不住脚，也不符合我国改革开放的历史。

当然，强调中国特色社会主义建设必须坚持以马克思主义为指导，归根到底在于马克思主义理论的科学性和彻底性，以及其经得起历史检验和与时俱进的真理品质。那种认为我国建构现代市场经济体制要以新自由主义为指导，以及近来又认为我国正由“半统制半市场”的经济体制“走向权贵资本主义的穷途”等观点，实际不仅荒诞不经，而且表明其对新自由主义信奉达到不可自拔程度。难怪有人视之为中国的萨克斯，在配合西方导引中国特色社会主义“走改旗易帜邪路”，步苏联后尘。

三、集权计划型到人力产权型：我国经济体制的历史沿革

与我国社会主义建设分为改革开放前后两个历史时期相应，经济体制建构发展集权计划型和人力产权型两种历史形态。但是，有人否认新中国一以贯之的社会主义性质和巨大成就。一种观点是假以肯定改革开放来否定改革开放前

① 吴敬琏说：“现代市场经济制度……没有以西方的理论为指导，这一艰巨任务是不能完成的。”（转引自胡钧：《社会主义市场经济的理论依据是马克思主义政治经济学还是西方经济学》，载于《高校理论战线》2004 年第 8 期）所谓“以西方的理论为指导”，即以新自由主义为指导。对此，夏小林作了系统研究。

的社会主义性质。认为建立在公有制基础上的计划经济体制“以失败而告终”,①抹杀了新中国一以贯之的社会主义建设事实和伟大成就。另一种观点是把新中国定性为新民主主义社会。但是,中华全国新闻工作者协会却指鹿为马,认为这是“准确体现中央精神”而授予特别奖!②

新中国改革开放前后社会主义性质的一以贯之,在经济体制上即“计划经济功成身退,市场经济继往开来”。

四、人力产权型市场经济体制建构的艰难和曲折

1. 建构人力产权型市场经济体制的任务十分艰巨

建构人力产权型市场经济体制的任务之所以十分艰巨,在相当大意义上在于新自由主义、民主社会主义和历史虚无主义对改革开放性质的干扰异化。这种干扰异化,言辞最为直接也最为激烈的,莫过于民主社会主义针对只有社会主义才能救中国而提出“只有民主社会主义才能救中国”。用心最为隐蔽也最为阴狠的,莫过于历史虚无主义对中华民族实现伟大复兴辉煌历史的否定。危害最为深层也最为严重的,莫过于新自由主义私有化、市场化、自由化的假改革、真西化所导致的“走改旗易帜邪路”的现象。

从影响深远视角看,这种干扰异化已经产生了多种严重后果:严重削弱了中国特色社会主义赖以存在的公有经济主体地位;导致了收入分配的两极分化趋势;公有企业的人民当家做主性质日渐缺失;等等。

无疑,只有社会主义能够救中国,只有“坚持人民主体地位”的中国特色社会主义能够发展中国,任何让广大人民群众“为另一些已经成了劳动的物质条件的所有者的人做奴隶”③ 的“改旗易帜邪路”做法,都与中华民族伟大复兴相悖。

2. 人力产权型市场经济体制建构的曲折和艰难

社会主义市场经济体制建构的曲折性,目前的突出表现是公有企业制度改革中套搬了资本产权型现代企业制度。这种套搬导致的我国工人阶级绝大多数成为雇佣工人的严重情况,决定了我国当前深化改革面临两大难题。一是处于雇佣劳动关系下的“不得不为另一些已经成了劳动的物质条件的所有者的人做奴隶”的广大人民群众,何以支持改革?我们党执政的社会基础在哪里?这个问题的严重性质如习近平总书记所说:“政党和政权,其前途和命运最终取决于人心向背”。二是公有经济对国民经济控制力、影响力严重弱化,如何

① 吴敬琏:《中国经济60年》,载于《财经》2009年第20期。

② 该文因“准确体现中央精神”获特等奖。见《人民日报》2011年10月21日综合新华社和本报北京10月20日电。

③ 马克思说:“一个除自己的劳动力以外没有任何其他财产的人,在任何社会的和文化的状态中,都不得不为另一些已经成了劳动的物质条件的所有者的人做奴隶。他只有得到他们的允许才能劳动,因而只有得到他们的允许才能生存。”《马克思恩格斯文集》第三卷,人民出版社2009年版,第428页。

在经济基础上保障“不走改旗易帜邪路”？苏联的前车之鉴告诉我们，这个问题的严重性在于私有化和雇佣劳动关系化是一条假改革、真西化的“改旗易帜的邪路”。

五、人力产权型市场经济体制的制度体系架构和“四主型”特征

1. 人力产权型市场经济体制的制度体系架构

社会主义市场经济体制也称之为人力产权型市场经济体制的架构，由微观现代企业制度体系和宏观人力产权实现制度体系构成。

2. “四主型”与“人力产权型”：我国现代市场经济体制内涵的两种科学表述

所谓“四主型”体制特征，[①] 即从产权、分配、市场和开放四个层面，把我国社会主义市场经济体制制度体系，概括为公有主体型的多种类产权制度，劳动主体性的多要素分配制度，国家主导型的多结构市场制度和自力主导性的多方位开放制度。

“四主型”与“人力产权型”是从不同视野，对我国现代市场经济体制制度体系的科学内涵所作的具有互补性质的相辅相成表述。“四主型”是就我国现代市场经济体制的社会性质而言，基于社会制度发展的社会主义性质视野。“人力产权型”是就我国现代市场经济体制的人本性质而言，基于人自身发展的人的异化复归性质视野。两者具有的异曲同工之妙在于：前者是我国现代市场经济体制制度体系的社会形态外观，具有手段的性质，旨在表达人异化复归地走向全面自由发展的社会特征；后者是我国现代市场经济体制历史本质的以人为本内核，具有目的的性质，旨在表达人类异化复归地走向全面自由发展的根本宗旨。二者的相辅相成性质在于：公有主体型的多种类产权制度是人力产权型市场经济体制的根本制度依赖，劳动主体性的多要素分配制度是人力产权型市场经济体制的利益驱动依赖，国家主导型的多结构市场制度是人力产权型市场经济体制的人力产权自主实现舞台依赖，自力主导性的多方位开放制度是人力产权型市场经济体制的国际经贸关系依赖。

如果从社会制度结构看，“四主型”体制特征标志的是社会主义市场经济体制社会形态层面的内在结构，人力产权型体制特征标志的是社会主义市场经济体制人本性质层面的内在结构。也就是说，微观人力产权型现代企业制度体系和宏观人力产权自主实现制度体系，标志的是社会主义市场经济体制基于人的发展性质的制度体系；“四主型”体制特征，标志的是社会主义市场经济体制基于社会形态性质的制度体系。

因而，“四主型”与“人力产权型”作为对社会主义市场经济体制的两种科

① 《程恩富选集》，中国社会科学出版社 2010 年版，第 574 ~ 577 页。

学表述。“四主型”从现代市场经济体制制度结构的社会外观，“人力产权型”从现代市场经济体制制度结构的本质内核，相辅相成有机统一地对社会主义市场经济体制的表述，具有深化研究和社会认知的重要意义。这种意义表现在深化改革上，即发展完善我国社会主义市场经济体制，应以“四主型”的“主体”和“主导”特征不断强化为“指向”和“统领”，以人力产权权利不断充分实现制度的建构发展为主旨和抓手。

六、人力产权型市场经济体制制度体系的内涵、内在关系和建构路向

人力产权理论在人的发展上打通的马克思人的异化复归理论，由哲学高度的抽象到现实制度变革实践操作的通道是“咽喉要道”。其“咽喉要道”性质，如马克思在创立异化劳动理论时欣喜地指出的那样：这是“一把理解劳动和资本分离以及资本与土地分离的根源的钥匙”,①“使至今没有解决的各种矛盾立刻得到阐明。”② 因而可以说，人力产权理论获得较为广泛的共识并见之于中国特色社会主义建设，是或迟或早的必然。

1. 基本生存权实现制度系统和建构路向

基本生存权实现，即人的基本生存权利得到保障。

基本生存权是每个人的基本权利，在人力产权权利体系中构成每个人生存直至全面自由发展的起码条件或逻辑起点。

当下，基本生存权实现制度系统的基本建构路向，一是建立完善的城乡一体化的低保标准自然增长机制；二是完善最低工资与经济发展相应的自动增长机制；三是建构完善的中国特色城乡居民权益维护体系；四是进一步完善基本就业保障权实现制度。

2. 全面发展权实现制度系统和建构路向

全面发展权实现，指与时代发展水平相称的人的全面自由发展得到保障。

全面发展权实现在人力产权权利体系中具有立足点或落脚点的历史地位，是人力产权实现的逻辑终点或最高目标。

全面发展权实现制度系统的基本建构路向，一是全面贯彻两个“毫不动摇”，不断发展完善“公主私辅”型基本经济制度；二是建构完善的保障就业和受教育机会公平、社会公共服务均等化等制度；三是建构经济、社会、自然资源和发展成果公平共享制度。

3. 公平共享权实现制度系统和建构路向

公平共享权实现，即人无尊贵卑贱地公平共享经济、社会、自然资源和发展成果。

---

① 《马克思恩格斯全集》第42卷，人民出版社1979年版，第89页。

② 《马克思恩格斯文集》第一卷，人民出版社2009年版，第166页。

公平共享权实现在人力产权权利体系中与管理监督权一起，共同保障人的基本生存权和全面发展权实现，具有经济手段的历史地位或历史性质。

公平共享权实现制度系统的基本建构路向，一是建构公有企业人力产权型现代企业制度；二是深化改革加快完善收入分配制度体系；三是结合实现全面建设小康社会目标制定实现共同富裕的指标体系和时序进度，遏止两极分化现象和趋势。

4. 管理监督权实现制度系统和建构路向

管理监督权实现，即人民当家做主地履行管理和监督经济社会发展的职能。

管理监督权实现在人力产权权利体系中，具有保障其他权利实现的历史地位，且带有很强的政治性。

管理监督权实现制度系统由微观企业的人力产权型现代企业制度和宏观经济、政治体制两个层面的制度体系构成，且具有行政和经济双重性质。因而，其全部建构路向无异于中国特色社会主义制度体系一一描述一番。显然，这不是本文所能完全胜任的。但有一点应该可以肯定，那就是必须建构并不断发展完善全民参与政府重大决策及其实施等管理监督制度体系。

构建中国特色社会主义二元所有权制度

——马克思所有权理论的当代启示

李芳*

党的十八大报告指出，要坚定不移高举中国特色社会主义伟大旗帜，既不走封闭僵化的老路、也不走改旗易帜的邪路。在当代中国，坚持中国特色社会主义的财产制度，既不能走改革开放以前兴公灭私、消灭私有财产的老路，也不走俄罗斯等苏联各加盟共和国和东欧各国将国有资产一分了之、彻底私有化的邪路，而是要以马克思财产所有权理论为指导，结合中国实际，与时俱进，本着发展生产力和实现共同富裕的双重目标，不断进行理论创新，构建以公共所有权为主体、公私所有权并存的有中国特色的二元财产所有权制度。

一、所有权是一个历史范畴

所有权是一切财产权利的核心和基础。大陆法系民法视野里的财产权包括物权和债权，物权又包括自物权和他物权。自物权就是所有权，是最充分、最完全的物权，即权利主体对自己的所有物享有的最高支配权，强调的是财产的归属问题，起着定分止争的作用。在马克思生活的时代，有形的物权占主导地位，财产仅仅与有形的物品有关，而对物而言，当然首先强调的是物的占有和归属，因此，马克思认为财产的核心是所有，保护所有权就是保护财产权。

马克思认为，所有权是所有制的法律表达。作为一种社会规范，所有权是由经济基础决定的。不同的生产方式和交往方式，决定了不同社会所有权的内容与具体实现形式。在原始社会，生产力水平低下，人们屈从于大自然的威胁，

* 李芳，华中师范大学马克思主义学院教授，博士，硕士生导师，从事马克思主义经济理论研究。

人作为双重而存在着，“从主体上说作为他自身而存在着，从客体上说又存在于自己生存的这些自然无机条件之中”。[①] 因此，只能形成与“有限的而且是原则上有限的生产力的发展相适应”[②] 的财产占有关系——部落成员共同占有生产资料，“在这种形式下，单个的人从来不能成为所有者，而只不过是占有者，所以他本身实质上就是作为公社统一体的体现者的那个人的财产。”[③]“只是占有，而没有所有权”[④] 随着生产力水平的提高，剩余产品的出现，原始共同体下的生产方式和交换方式发生解体，从而使原始共同体本身也发生解体，阶级和国家形成，占有生产资料的统治阶级为了维护有利于自身的利益格局，就把现存的私人所有制以法律上的所有权的形式固定下来，“盖上社会普遍承认的印章”[⑤]，并宣布这种权利是神圣不可侵犯的。因此，马克思说：“私有财产的真正基础，即占有，是一个事实，是无可解释的事实，而不是权利。只是由于社会赋予实际占有以法律规定，实际占有才具有合法占有的性质，才具有私有财产的性质。”[⑥] 所有权反映的利益格局是由社会物质生活条件决定的，一旦所有权确立的利益关系不再适应生产力的发展，它就变成“一叠不值钱的废纸”。[⑦]

有了国家政权力量为保障的所有权的保护，现存的所有制会得到进一步巩固和维护，并能在很长的时期内保持相对的稳定，如资本主义宣扬的私人财产神圣不可侵犯，使得有产者对劳动的剥削合法化且成为常态，从而长期保持了资本主义私有制的稳固。新生阶级力量处于弱小状态时，只能在统治阶级的法律环境下通过合法的手段争取自身的经济利益，随着生产力的不断发展，社会分工的不断深化，会产生新的阶级和新的所有制形式，一旦壮大到能够与统治阶级相抗衡时，就会要求改变现存的政治法律制度，建立与本阶级所有制形式一致的新的所有权体系。

马克思认为，所有权具有阶级性，表面上是人与物的关系，实质上体现的是人与人的关系，是经济、政治上占统治地位的阶级占有他人劳动或产品的权利，但是采取了“虚幻共同体的形式”即国家意志形式，因而掩盖着“一个阶级统治着其他一切阶级”的实质。洛克的劳动财产权理论认为，人对财产的所有权是通过劳动而取得的。人对处于自然状态的东西并不享有排他性的所有权，但人对自己的身体和用身体进行的劳动，天然享有排他性的所有权。劳动不仅是获得所有权的必要条件，而且，作为劳动成果的财产也是个人独有的所得，是不可侵犯和剥夺的。马克思批判地继承了洛克的劳动财产权理论，一方面肯

① 《马克思恩格斯文集》第八卷，人民出版社 2009 年版，第 142 页。
② 同上，第 148 页。
③ 同上，第 143 ~ 144 页。
④ 同上，第 26 页。
⑤ 《马克思恩格斯文集》第四卷，人民出版社 2009 年版，第 125 页。
⑥ 《马克思恩格斯全集》第 3 卷，人民出版社 2002 年版，第 137 页。
⑦ 《马克思恩格斯全集》第 31 卷，人民出版社 1998 年版，第 514 页。

定了劳动对所有权生成的作用，“一切生产都是个人在一定社会形式中并借这种社会形式而进行的对自然的占有。”① 另一方面又通过对国家形成以来不同社会的财产取得方式的考察发现，“劳动者虽然付出劳动，但是对生产出来的产品没有所有权，相反，奴隶主、封建主、资本家没有进行劳动，但却享有对最终产品的所有权。而决定这一切的就是谁享有对生产所需的生产资料的所有权。由此，劳动不再支配所有权，而是对生产资料的所有支配所有权”。② 人们在生产过程中围绕生产资料所形成的关系，马克思称之为所有制关系，所有制关系既决定了生产的结果，也决定了生产的性质。当生产资料的所有者参与财产的分配时，决定财产的所有权的就不是劳动而是所有制了。③马克思认为剥离所有权的阶级属性，把它看做是纯粹经济意义上的产权，掩盖了资本主义社会所有权的真实本质，在资本主义社会，所有权是为了维护占统治地位的资产阶级的利益服务的，是对无偿占有他人劳动及其成果的保障和维护，所有权对资本家和工人阶级具有截然相反的含义，“所有权对于资本家来说，表现为占有他人无酬劳动或它的产品的权利，而对于工人来说，则表现为不能占有自己的产品”。④所以，资本所有权的实质是资本家与工人之间的剥削与被剥削、雇佣与被雇佣的关系，体现的是资本对劳动的剥削关系。因此，无视所有权的政治属性，“想把所有权作为一种独立的关系、一种特殊的范畴、一种抽象的和永恒的观念来下定义，这只能是形而上学或法学的幻想”。⑤

为什么在资本主义社会里，工人的所有权被置空、发生了异化呢？因为劳动者自由得一无所有，唯一拥有的是自己劳动力的所有权，资本家拥有生产资料的所有权，生产资料所有权和劳动力所有权不是对等的，二者具有不同的经济性质，生产资料的所有权居于核心地位，“一个除自己的劳动力以外没有任何其他财产的人，在任何社会的和文化的状态中，都不得不为另一些已经成了劳动的物质条件的所有者的人做奴隶。他只有得到他们的允许才能劳动，因而只有得到他们的允许才能生存”。⑥

工人阶级只有掌握了生产资料所有权，雇佣劳动制度才会失去存在的基础。马克思主义的立场就是最广大的无产阶级的立场，这种立场具体在所有权上就是要坚决维护公有制生产资料所有权的核心地位，也就是维护社会主义基本经济制度的核心产权，为无产阶级和劳动人民的经济利益服务，摆脱人奴役人、人剥削人的状态，实现人的全面而自由的发展。

---

① 《马克思恩格斯文集》第八卷，人民出版社 2009 年版，第 11 页。

②③ 王锴：《中国宪法中财产权的理论基础》，载于《当代法学》2005 年第 1 期。

④ 《马克思恩格斯文集》第五卷，人民出版社 2009 年版，第 674 页。

⑤ 《马克思恩格斯文集》第一卷，人民出版社 2009 年版，第 638 页。

⑥ 《马克思恩格斯文集》第三卷，人民出版社 2009 年版，第 428 页。

二、我国社会主义初级阶段的所有权保护制度

我国宪法在2004年修改前，只保障作为财产权核心的所有权，在宪法文本中，所有权条款一直紧随所有制条款，属于国家的基本经济制度，放在宪法"总纲"部分。而不是像西方资本主义国家那样将财产权规定在宪法中公民的"基本权利"部分。这种安排既与马克思对所有权的理解相关，也与当时我国的社会现实相适应。前已述及，在马克思生活的时代，有形的物权占主导地位，马克思认为财产的核心是所有，保护所有权就是保护财产权。所有权条款紧跟所有制条款，是因为马克思认为不能离开经济关系考察所有权，法律上的所有权不过是作为生产关系的所有制的反映；另外，当时特别是改革开放以前，我国的财产权形态主要是以物的形式表现出来的，债权、知识产权、股权等还没有成为社会经济的主流，因此当时的物权形态主要表现为所有权。况且，新中国成立以后很长一段时间内，我国实行的是计划经济，为保证国家计划的实现和社会主义建设的顺利开展，必须强调国家财产的神圣不可侵犯性，反映在法律上，就是对不同所有权实行差别保护，强调国家所有权的神圣不可侵犯。改革开放以后，财产种类不断丰富，公有制为主体、多种所有制并存的局面逐渐形成，社会主义市场经济体制不断发展和完善，为适应社会发展现实的客观需要，2004年宪法修正案，将对所有权的保护转为对财产权的保护。由于宪法依据的马克思主义理论渊源并没改变，仍是从所有制意义上规定所有权，因此财产权条款仍属于总纲部分，且紧随所有制条款，仍然体现了差别保护的原则。

我国现行宪法确认的是公有制为主体，多种所有制并存的经济制度，这种所有制决定了我国所有权分为公共所有权和私人所有权。公有制法律表现的核心是公共所有权，公共所有权又分为国家所有权和集体所有权，私有制法律表现的核心是私人所有权。由社会主义公有制所决定的公共所有权，是社会主义宪法保护的重点和核心。在共产主义到来之前，公共所有制和私人所有制，二者不仅是并存的，而且是不平等的，这一点在我国宪法中得到了具体体现。《宪法》第六条第一款规定："中华人民共和国的社会主义经济制度的基础是生产资料的社会主义公有制。"第二款规定："国家在社会主义初级阶段，坚持公有制为主体、多种所有制经济共同发展的基本经济制度，坚持按劳分配为主体、多种分配方式并存的分配制度。"第十一条规定："在法律规定范围内的个体经济、私营经济等非公有制经济，是社会主义市场经济的重要组成部分。"这说明，国家允许多种所有制经济共同发展，但社会主义公有制是我国社会主义初级阶段经济制度的主体，国家对公有制经济是"巩固和发展"，对非公有制经济则是"引导、监督和管理"，这一用语上的差别，隐含着国家对公有制经济和非公有制经济价值评判倾向，坚持公有制为主体，决定了经济发展的社会主义方向，

非公有制经济的发展是在坚持公有制为主体这一前提条件下的发展。

与公有制取得宪法主体地位相适应，作为所有制法律表现的公共所有权必然优于私人所有权，实行差别保护。这种差别保护在我国历部宪法中都得到了宣示，新中国成立以来的历部宪法都规定了国营经济的主导地位和社会主义公共财产不可侵犯的原则。而对于私人所有权，2004 年修宪前，只有对列举的若干生活资料进行宪法保护的规定，没有对私人所有权的全面保护。2004 年通过的宪法修正案确认“公民的合法的私有财产不受侵犯”，“国家依照法律规定保护公民的私有财产权和继承权”（《宪法》第十三条）。“社会主义的公共财产神圣不可侵犯”和“公民的合法的私有财产不受侵犯”表明在建立公、私财产的保护体系的指导思想上存有本质区别，“神圣”意味着公有制经济的主体地位受到宪法的特别保护。公共财产是社会主义的经济基础，关系着社会主义的前途和命运，关系到国家政权的稳固，是全体人民的根本利益之所在，是实现国民福祉的保障。保护私有财产是在坚持社会主义公有制前提下的保护，不能以否定社会主义制度为代价。公共财产的神圣地位并不意味着对私人所有权可以随意侵犯。无论是公共所有权还是私人所有权受到侵犯，都必须获得救济，没有救济就没有权利。

我国经济体制改革的目标是建立和完善社会主义市场经济体制。社会主义决定了我国经济发展的方向，偏离社会主义方向，我国的发展就会走向改旗易帜的邪路，因此宪法必须对公共所有权和私人所有权实行差别保护。我们同时又实行市场经济，不能违背市场经济的基本规律，否则我国的发展就会重新回到原来封闭僵化的老路，因此我国民法、刑法等其他部门法又必须基于市场经济的规律要求对公共所有权和私人所有权实行平等保护。

在社会主义初级阶段，中国实行的是社会主义市场经济，我国的市场经济不是建立在单一的私有制基础上的市场经济，而是建立在公有制经济和非公有制经济并存基础之上的市场经济，是社会主义市场经济，因而中国民法兼具公法与私法的属性：一方面，我们实行的是社会主义市场经济，既然是市场经济，就要遵循市场经济的规律和要求，而平等是市场经济的根本要求。我国目前的一系列民事单行法律都贯穿了平等保护的基本原则。1986 年制定通过的《民法通则》采取了国家、集体、个人所有权的“三分法”，赋予国家财产“神圣不可侵犯”地位，规定了其他民事主体平等的所有权保护原则。《民法通则》第七十三条规定了国家财产的神圣不可侵犯性。第二条、第三条、第五条规定了各类民事主体的平等保护原则。随着社会主义市场经济的不断发展和完善，这种平等保护在 2007 年通过并施行的《中华人民共和国物权法》中得到了最明确的体现。《物权法》第五十六条、第六十三条、第六十六条关于国家财产、集体财产和私人财产受法律保护的表述是统一、一致的，充分体现了公共所有权和私人所有权的平等保护原则。另一方面，我国的社会主义性质决定了我国民法对公、私财产所有权的平等保护是“以国家、集体在财产占有方面事实上占据了优越的宪法地位为前提的，是以国家、集体事实上占有或垄断了社会的全部财产中的基础性部分为前提的；这种平等是全局不平等格局下的局部平等，是宪法上不平等前提下的法律上的平等，是实质不平等条件下的形式平等”。[①] 我国《物权法》第四十一条规定：“法律规定专属于国家所有的不动产和动产，任何单位和个人不能取得所有权。”第四十六条到第五十二条，列举了国家所有权范围。根据规定，矿藏、水流、海域、城市的土地、森林、山岭、草原、荒地、滩涂、野生动植物资源等重大自然资源以及无线电频谱资源、文物、国防资产、铁路、公路、电力设施、电信设施和油气管道等重大社会资源，属于国家所有。可见，国家在资源类型和财富数量的拥有上，与其他主体差别很大，国家通过对重大自然资源和社会资源的控制，牢牢掌握了国家的经济命脉。因此，在重大的自然资源和社会资源均被国家占有的情况下，所谓的平等保护只能是实质不平等前提下的形式平等。正如童之伟先生所说，“讲求完全平等、对各种主体的财产一律平等保护的民法是不包含将社会主义公有制规定为社会经济制度基础的宪法之下的民法、是没有将公共财产神圣不可侵犯条款写入宪法背景下的民法；包含将财产公有作为社会经济制度基础和规定公共财产神圣不可侵犯的宪法下，从来没有贯彻平等保护原则的民法、物权法！”[②]

最新修改的《刑法》（2011 年 2 月）对侵犯公共所有权和侵犯私人所有权的处罚基本相同，同样贯彻了公私所有权平等保护原则。《刑法》第五章“侵犯财产罪”一章，并没有按犯罪侵犯的公、私对象而分别规定罪名和刑罚。如第二百六十三条抢劫公私财物罪、第二百六十四条盗窃公私财物罪、第二百六十六条诈骗公私财物罪、第二百六十七条抢夺公私财物罪、第二百六十八条聚众哄抢公私财物罪、第二百七十四条敲诈勒索公私财物罪、第二百七十五条故意毁坏公私财物罪等规定说明，只要侵害了《刑法》所保护的财产权，无论公共财产还是私人财产，定罪量刑上贯彻了平等原则。

因此，我国宪法赋予公有制经济和公共财产比之个体私营经济和私有财产更重要的地位，规定了不同的保护制度。宪法实行的是差别保护制度，所谓差别保护，实际上是指保护公有制经济的主体地位；民法、刑法等其他部门法律，则实行的平等保护制度，但这种平等只是形式上的平等，是在国家占有重大的自然资源和社会资源情况下，公有制经济和非公有制经济平等使用生产要素、公平参与市场竞争、同等受到法律保护，是实质上的不平等，与宪法的公私所有权区别保护并无冲突。

---

①② 童之伟：《〈物权法（草案）〉该如何通过宪法之门》，载于《法学》2006 年第 3 期。

三、构建有中国特色的二元财产所有权制度

按照马克思的观点，世界上不存在超越所有制的所有权。资本主义私有制决定了私人所有权是先于政府、高于政府的天赋的权利，是一切权力的源头，是国家的逻辑起点，具有神圣不可侵犯性。传统社会主义国家，以马克思恩格斯的“消灭私有制”为理论依据，实行单一的公有制，决定了公共所有权的神圣不可侵犯性，抑制甚至消灭私人所有权。苏联各加盟共和国和东欧各国在所有制上实行了极端化的变革：从单一的公有制到彻底的私有化，公共所有权被肢解，私人所有权起支配地位。中国特色社会主义实行的是公有制为主体、多种所有制经济共同发展的基本经济制度，是在公有制为主体的条件下发展多种所有制经济，公有制为主体决定了经济制度的社会主义性质，发展多种所有制是因为我国还处于社会主义初级阶段，需要集中力量解放和发展社会生产力。“公有制为主体、多种所有制经济共同发展”的所有制结构决定了中国特色社会主义在所有权上实行的是公共所有权为主体、公共所有权和私人所有权共同发展和保护的二元所有权制度。根据《宪法》第六条“中华人民共和国的社会主义经济制度的基础是生产资料的社会主义公有制，即全民所有制和劳动群众集体所有制”的规定，公共所有权包括国家所有权（或全民所有权）和集体所有权。

国家所有权是社会主义的重要物质基础，是实现共同富裕的主要物质保障。国家所有权的主体是全体人民，法学界关于国家所有权主体的理论，有全民论、政府论、国家论、综合论、缺位论等观点。[①] 笔者认为，国家所有权的主体非常清晰，就是全体人民，人民代表大会是国家所有权的代表人，政府只是在人大通过的法律的授权范围内行使国家财产权利，并不存在所有者缺位的问题。国家作为全体人民的代表行使国家所有权，监督全民财产的合理利用和保值增值。

国家所有就是全民所有，在全民之外并不存在其他所有权主体。我国现行立法也充分体现了这一点。《宪法》第九条规定：“矿藏、水流、森林、山岭、草原、荒地、滩涂等自然资源，都属于国家所有，即全民所有。”《民法通则》第七十三条第一款规定：“国家财产属于全民所有。”《物权法》第四十五条第一款规定：“法律规定属于国家所有的财产，属于国家所有即全民所有。”《企业国有资产法》第三条规定：“国有资产属于国家所有即全民所有。国务院代表国家行使国有资产所有权。”

国家所有权的主体只能是单一的，一物上只能有一个所有权，并不存在多重所有权主体问题。因为所有权是自物权，其他权利，如法人财产权等都是在

---

① 黄军：《国家所有权行使论》，武汉大学博士学位论文，2005年，第9~12页。

所有权基础上产生的他物权，只要存在代理关系，就存在代理权异化的可能性。并不会因为所有权主体是国家、政府或者私人而有任何不同，更何况，在当前民主法治化程度尚低的情况下，国家所有权主体的政府论、国家论、综合论等都将易导致人民对国有财产监督的法理基础的缺失，使国家所有权进一步“偏离公共目标，异化为私人所有权或者侵害私人所有权”①，从而加剧国有财产的流失。因此，在国家所有权构建时，必须进一步强化主体的全民性观念，肯定国家所有权的合理性和合法性。通过理论上的不断创新，探索国家所有权的有效行使方式，进一步加强人民对国有财产的管理权和监督权，通过法治建设、民主监督、政治参与等多途径有效实现国家所有权的全民性。

国家所有权客体，学者高富平曾撰文指出：可以借鉴罗马法中公有物和社会自治体自有财产相分离的做法，将全民财产分为全民公产和国家财产，建立分类规范的法律体系。土地、水源、矿产等自然资源属于全民所有，动产和资金或者以企业形态存在的经营性资产，属于国家财产。国家财产在法律上与私人财产没有本质区别，国家对此类财产享有完全的所有权，这类财产靠在市场上平等竞争实现保值增值。② 笔者认同高富平博士对全民财产的分类规范，但不认同他主张的所有权主体的人民与国家的二分法和所有权范畴的划定。在笔者看来，将全民财产分为全民公产和全民私产更为恰当，因为社会主义国家，国家和人民是同一的，无论是全民财产还是国家财产，所有权主体都是全体人民，终极目的都是为社会公共利益服务。

全民财产的分类在目前的学术界和实务界得到认可的是将全民财产分为行政事业性财产、资源性财产和经营性财产（企业国有资产）。其中，行政事业性财产、资源性财产可划归为全民公产，经营性财产为全民私产。

全民公产适用公法规范，以维护社会公共利益、保障和改善民生为主要目的，是为了全民或国家整体利益而存在的，原则上不进入流通领域，其运行基础靠国家财政而非市场收费，所有权主体能够普遍平等地公平分享，受到法律特别保护，具有不可转让、不可强制执行和征收、不可因时效取得等罗马法公有物具有的法律特征。资源性财产属于非劳动产物或自然存在物，行政事业性财产是国家履行管理职能、提供公共服务的物质基础，二者应划为全民公产，属于生存于该国土的全体人民，人人都有平等且自由的使用权。《物权法》第五十七条规定的国有财产管理、监督部门负有“促进国有财产保值增值”的义务应该只针对全民私产，全民公产的管理、监督部门作为全民公产的“非营利性

① 张建文：《转型时期的国家所有权问题研究：面向公共所有权的思考》，法律出版社 2008 年版，第 138 页。

② 高富平：《中国物权法：制度设计和创新》，中国人民大学出版社 2005 年版，第 70、71、89 页。

维护者”①，其主要职责是要确保公民能自由、平等地享用全民公产，不得进行市场化、资本化运作。

全民私产是按照建立社会主义市场经济体制的要求，进入市场领域，平等参与市场竞争的财产。既然要参与市场竞争，在市场运作中就要遵循相同的产权规则，要遵循平等、等价、自愿有偿等原则，此时的全民所有权和自由主义模式下的私人所有权二者的财产权利原则上应该是平等的，法律应当保障主体各方享有平等的竞争机会、遵循平等的竞争规则、给予平等的法律保护。不同的是，私人所有权的主体是私人，私人有任意处分自己财产的权利，而全民所有权的主体是全体人民，因此它的处分权必须遵循所有权主体的授权且经过法定的程序。前几年发生的吉林通钢事件就是国有企业改制过程中由于政府的单方面主导，损害了民众的知情权、参与权、监督权、受益权而导致民众对改革本身的合理性与正当性的强烈质疑所引发的社会矛盾。

此外，全民私产的经济发展成果必须由全民共享。近年来频频爆料的国企高管年薪、国企职工福利最大化等问题以及国有企业1994年以来免于上缴利润（2007年恢复向财政上缴红利，按照不同行业，比例为5%～15%，但远低于国际通行的垄断行业上缴利润的2/3、一般行业1/3的国际惯例），社会没有同步分享，导致民众强烈不满，甚至质疑国有企业存在的合理性和必要性，也给了新自由主义者主张私有化以口实。“2011年，央企实现净利润9173.3亿元，上缴红利800.6亿元，用于社会保障等支出的仅有40亿元。”② 可见，“在没有找到一种有效的制度架构的情况下，国有企业，进而国有经济，并不‘天然’地代表全体人民的利益，其投资、运营的收益也可能与全民福祉无关”。③

对全民私产的经营管理，可借鉴《信托法》的制度框架，合理构建我国国有资产信托法律制度，分割财产的利益属性和管理属性，明确受益人的终极支配权，依法完善受托人的激励机制，强化受托人的诚信义务和责任追究机制。对于目前民众广为诟病的国企高管高额薪酬问题，也可按照国有财产的不同分类制定不同薪酬标准。全民公产的管理者，属于国家公务员或“准公务员”，由组织部门任命，应对全国人民代表大会负责，按照公务员标准享受工资福利待遇，或者在享受公务员工资标准的前提下，根据其工作业绩及企业盈利情况，设定一个限制性的奖励标准，具体标准可参照国外国企高管薪酬的做法，如2008年国外国企高管薪酬的统计数据显示，“英国国企高管薪酬是其最低工资的3.5倍，平均工资的1.5倍；美国是最低工资的11.8倍，平均工资的3.8倍；新

① 张力：《国家所有权的异化及其矫正——所有权平等保护的前提性思考》，载于《河北法学》2010年第1期。

② 冯禹丁、张宴慧：《收入分配改革：顶层设计进行中》，载于《南方周末》2013年1月10日第17版。

③ 谢地：《国有经济社会责任五问》，载于《中国社会科学报》2011年11月10日第11版。

加坡是最低工资的5.1倍，平均工资的1.7倍；挪威是最低工资的3倍。”①

集体所有制（包括农村集体所有制和城镇集体所有制）是我国社会主义公有制的组成部分，集体所有权是集体所有制的法权表现，是集体组织对其财产享有的占有、使用、收益、处分的权利。在集体所有权的构建中，当前最为紧迫的是要切实维护和保障集体成员集体资源合理共享机制。土地是农民集体的财产而且是最重要的财产，切实维护和保障农民的土地财产权益是农民走向共同富裕的可靠保障和物质基础。2005年3月14日，温家宝总理在记者招待会上说：没有农村的小康，就不会有全国的小康；没有农村的现代化，就不会有全国的现代化。中国农民最大的优势是拥有土地等集体资产，要警惕对集体资产的三重侵夺：“公共权力的损害、市场资本的掠夺和基层干部的侵占。”② 温家宝总理在2011年年底召开的中央农村工作会议上指出，推进集体土地征收制度改革，关键在于保障农民的土地财产权，分配好土地非农化和城镇化产生的增值收益。党的十八大报告也强调，要壮大集体经济实力，改革征地制度，提高农民在土地增值收益中的分配比例。

个人所有权在2004年已获得宪法保护，2007年《物权法》也已颁布，但在城市化过程中，因为房屋拆迁、煤矿重组等引发的侵犯公民私有财产权的暴力事件却频频爆发，严重影响社会和谐与稳定。私有财产是否受保障，不在于民间个人之间能否侵犯财产，而在于公权力能否侵犯私有财产。只有在权力保障下的权利，才是真正的权利。如果不经私人同意，公权力可以不支付对价或不支付完全对价就可获得私人利益，那么这种对私有财产的保护就只是一种表象。在个人所有权的构建中，当前最为紧迫的是要防止公权力假借社会公共利益之名对私人所有权的侵犯。我国《宪法》和一些单行法律都规定为了社会公共利益的需要，可以对私有财产进行征收、征用，但法律对公共利益的内涵和外延没有作任何界定。谁来对公共利益进行解释和认定？不同的学者作出了不同的解释，但学者的解释也只是学理上的解释，不具有法律的权威性，这就为政府借口公共利益而滥用行政权力侵犯私有财产权打开了缺口。当前，可以通过确立正当法律程序规则来从根本上约束和制衡公权力，保障公民私有财产权。因为“权力的划分相对稳定的……而职权的行使却是经常性的，若无程序规则约束，则会时时构成对人民权利、自由的威胁。”③ 正当程序“意味着政府只能按照法律确立的方式和法律为保护个人权利对政府施加的限制进行活动，”④ 它“包括了所有对政府干预财产权的行为所作的来自宪法的明示和

① 冯禹丁、张宴慧：《收入分配改革：顶层设计进行中》，载于《南方周末》2013年1月10日第17版。

② 张英洪：《高度重视保障农民拥有集体资产的权益》，载于《农村经营管理》2010年第12期。

③ 姜明安：《健全行政程序立法是完善民主政治和市场经济体制的需要》，载于《中国法学》1995年第5期。

④ ［美］彼得·G·伦斯特洛姆编，贺卫方等译：《美国法律词典》，中国政法大学出版社1998年版，第15页。

默示的限制。”①

四、超越所有权上的左右激进主义

党的十八大报告强调指出：“建设中国特色社会主义，总依据是社会主义初级阶段”“在任何情况下都要牢牢把握社会主义初级阶段这个最大国情，推进任何方面的改革发展都要牢牢立足社会主义初级阶段这个最大实际。”在所有权问题上，我们同样要牢牢把握社会主义初级阶段这个最大国情、牢牢立足社会主义初级阶段这个最大实际，既要防止超越中国现实国情，不顾生产力发展实际，企图回到过去消灭一切非公有制经济和私有财产的“一大二公”时代，在共同富裕的旗帜下变相刮“共产风”，在经济有所发展后又走回头路的左翼激进主义；又要防止盲目照搬照抄西方的做法，主张去公有化、全盘私有化的右翼激进主义。要高度警惕一方面以《宪法》中确认的所有权差别保护、公共利益为借口，以侵犯、掠夺私有财产的方式搞国有化，化私为公，侵犯私人所有权；另一方面又要防止以《宪法》中确认的市场经济的自由竞争为借口，以侵害、掠夺公共财产的方式搞私有化，化公为私，侵犯公共所有权。一切以“左”的方式搞国有化，和以右的方式搞私有化的做法，都会侵害私人所有权和公共所有权。要立足于中国是一个超大型发展中国家的现实，以马克思所有权理论的基本原理为指导，超越所有权上的左右激进主义，构建并完善有中国特色社会主义所有权制度。

马克思恩格斯揭示的人类社会的发展方向和最终目标是消灭私有制并最终实现共产主义，但他们同时也指出消灭私有制本身是一个漫长的社会历史过程。因此，所有权的变革是有相应的生产方式的产生为前提条件的，任何试图超越前提条件的变革，即使取得了暂时的胜利，也是不能长久的，“一切炸毁的尝试都是唐·吉诃德的荒唐行为”。② 改革开放以前30年的历史已经深刻地教训了我们，那种不顾社会生产力发展的实际，盲目地搞所有制升级，消灭私人所有权的做法，只能导致国家和人民的普遍贫穷。

马克思在强调所有制对所有权的决定作用时，也承认所有权的相对独立性，即所有制与所有权不是简单的一一对应的线性关系，同一所有制下可以有不同的所有权形式，最终决定社会形态的是该社会中占统治地位的所有制形式。改革开放以前，我们将所有权当作所有制的同义语，简单地认为只要改变了生产资料的所有权就改变了所有制，国家所有制的实现形式只能是国家所有权，国家所有制是社会主义公有制的最高形式，形成了国家所有权高于集体所有权，集体所有权又高于私人所有权的“所有权等级论”，且把它推向了极

① ［美］伯纳德·施瓦茨著，王军等译：《美国法律史》，中国政法大学出版社1990年版，第117页。
② 《马克思恩格斯文集》第八卷，人民出版社2009年版，第54页。

致，认为公共所有权和私人所有权之间存在长期、根本的对抗和冲突，甚至提出消灭私人所有权。改革开放以后的一段时期，在所有权问题上似乎又走向了另一个极端，某些人片面夸大所有制与所有权的相对独立性，认为所有权性质无论发生任何变动，都不会动摇或改变所有制性质。根据马克思对所有权的分析，所有权虽然独立于所有制，但这种独立是有限度、相对的。当所有权主体状况数量变化达到一定程度，必然导致所有制性质的变化。随着生产力的发展，现实的财产占有关系发生了变化，相应的所有权关系应该且必须反映这种变化。但若以为所有权性质无论发生任何变动，都不会动摇或改变所有制性质，则是错误的。

同一所有制下虽然可以有不同的所有权形式，但最终决定社会形态的是该社会中占统治地位的所有制形式。我们是社会主义国家，必须坚持公有制为主体，实现共同富裕，要坚持公有制的主体地位，必须在巩固和发展公有资产量的优势的基础上，进一步注重质的提高，发挥质的优势。所有权维护、巩固着所有制，要保持公有制的主体地位，就必须从法律上保障公有产权的主体地位，“没有社会主义生产资料公有制，就没有社会主义的公共财产权，不维护和保障社会主义公共财产权，就不可能维护和保障生产资料公有制，社会主义经济基础就不可能存在，就更谈不上巩固了”。[①] 中国与世界上任何国家不同的、最具特色的在于中国拥有世界上最为庞大的国有资产，这是我们实现共同富裕的最为坚实的物质基础。如果这一基石破坏了，不复存在了，那社会主义事业也就被架空并被瓦解了。必须高度警惕各种改头换面的新自由主义，反对各种私有化倾向，坚持中国特色社会主义经济发展方向。

我们还必须清醒地认识到我们处于并将长期处于社会主义初级阶段，要把解放和发展生产力置于首要地位，这就需要我们在坚持公有制为主体的条件下发展多种所有制经济，以解放和发展社会生产力，通过政府的转移支付等措施，大力推进以中低收入人群为主要得益者的民生建设，防止市场化本身带来的两极分化，使财富分配社会化，让国家经济发展的成果真正做到全民共享，最终实现共同富裕。

① 刘贻清、张勤德：《巩献田旋风实录》，中国财政经济出版社 2007 年版，第 110 页。

关于马克思产权经济学话语体系

——科学化、时代化、大众化的探索研究

王玉敏*

一、权利概念及其来源与作用的简要回顾

产权理论和劳动力产权理论均涉及权利这个基本概念，我们有必要认识权利的概念、来源及其在经济分析中的作用。

关于权利的含义，中外学术界有许多不同的解释，目前还没有一个权威的定义。我国法学界一般认为，对于一项权利的成立，有五个要素，利益、主张、资格、权能、自由，以其中任何一种要素为原点，以其他要素为内容，都不为错。一项权利之所以成立，也是由于利在其中。一种利益若无人提出对它的主张或要求，就不可能成为权利。提出利益主张要有所凭籍，有资格。权能包括权威和能力。权能首先是从不容许侵犯的权威或权力意义上讲的，其次是从能力的意义上讲的。权威有道德和法律之分。由道德来赋予权威的利益、主张或资格，称为道德权利；由法律来赋予权威的利益、主张或资格，称为法律权利。这两种权威和与之相适应的两种权利，既可结合，也可分离。某权利在获得法律认可之前是道德权利，由于仅具备道德权威，侵害它并不招致法律处罚；在获得法律确认后该权利既是道德权利又是法律权利。作为权利本质属性或构成要素的自由，指的是权利主体可以按个人意志去行使或放弃该项权利，不受外来的干预或胁迫①。

关于权利的来源，现代法学认为，权利或来源于法律，或来源于道德，或

* 王玉敏，武汉大学经济与管理学院，副教授，研究方向：劳动价值理论、产权经济学。

① 夏勇著：《人权概念起源》，中国政法大学出版社1992年版，第42~45页。

来源于习俗，正义是权利的逻辑基础。道德权利表示一种观念的存在，由哲学、宗教的道德原理来支持；习惯权利表示一种事实的存在，由约定俗成的实际生活来支持，两者也可以表现为法律的形式，但它们本身是可以不依赖法律而存在的；法律权利是国家制度规定的权利，受国家机器强制维护。现代产权经济学的权利来源，可以是法律明确规定的权利，也可以是隐含的通过道德、习俗等加以承诺或默认的。

根据对权利认识，我们可以认为，人类社会的一切社会制度（包括经济制度），都可以被放置在“权利”的分析框架里加以研究。经济学家们对经济的研究是从交换入手的，亚当·斯密认为，分工和交换是国民财富增长的源泉，分工和交换是一枚硬币的两面，交换是分工着的人们进行合作的方式之一，交换是经济学中的核心问题。而一切商品的买卖或劳务的交换，从本质上说，都可以看成是权利的交换。由此可见，科学、公正、合理地授予、界定和保护人们越来越复杂化、多样化的权利，就成为发展交换的基础，从而对权利问题的分析也就成为产权经济学分析的核心。

权利在经济分析中的作用，主要表现在以下几个方面：（1）在交换活动中存在着多种多样的权利，从而使人们的交易活动具有重复性、稳定性，并提供可以预测的秩序。（2）权利的交换、转让、获取和保护均需要付出代价，产权经济学称为交易成本。界定明确的权利有助于交换的实现，从而满足人们对商品与劳务越来越多样化的需求。（3）人们对权利知识的学习、认识和积累有助于社会积累制度知识，制度知识的功能在于通过提供公共知识减少人们博弈行为的不确定性。（4）任何一项新权利的成立，均给人们增加了一个获利的机会。（5）随着交换活动深度和广度的扩展，人们必然会享有越来越复杂化、多样化的权利，作为个体的人也就会产生全面发展的要求，社会将向着扩大个体权利和扩展公共领域两个相互关联的方向发展，这也是经济发展和社会秩序的扩展过程。

二、产权及其三元权利结构模型

首先，我们引入权利结构的概念。汪丁丁教授从广义产权（尊重生命、自由和财产权利）的角度阐述了产权存在着一个基本权利结构和一个可交换的权利结构（简称为“权利结构”），基本权利（如生命权和基本自由、基本财产）在人群中的分布就叫做“基本权利结构”，这部分权利是无法交换的，可以交换的是那些在生命、基本自由、基本财产之外的权利，所有可交换的权利在人群中的一个分布叫做“权利结构”。[①] 显然这是权利的空间结构，本文

① 汪丁丁：《在经济学与哲学之间》，中国社会科学出版社 1996 年版，第 40 页。

所讨论的产权概念重点是可交换的财产权利的时间结构，这也是本文的创新点之一。

产权是指通过法律界定来维护人们对财产的权利，属于法学范畴，但经济学的产权概念与法学中的概念又存在着不同的侧重点和作用。为深化产权问题的理论研究，我们可以从权利结构的角度来认识产权。人们在经济活动中的利益，是由产权制度（或产权规则）决定的。产权规则确定了人们生产劳动和产品分配的规则，它决定了社会应该如何组织生产和进行富有刺激力的产品分配，以确保经济活动的主体具有创造精神，减少浪费和损失，提高效率，以此推动社会经济发展。产权是一组包括所有权在内的权利束，同时它又是制约人们行使这些权利的规则（责、权、利关系）。人们在经济活动中对财富客体（包括物质财富和劳动力财富）所享有的权利，或来源于道德，或来源于习俗，或来源于法律，这些权利既可以被授予，也可以被保护，还可以被剥夺，这样，产权的权利结构就有可能存在着不科学、不合理、不公正的一面。经济活动是以人为主体的行为，人们无论是个体还是集体，之所以要去从事经济活动，是为了确保自己或他人的生存和发展（或者说增加自己或他人的福利）。前者是手段，后者才是目的。如果把手段和目的加以抽象并压缩在一个概念里描述，就是权力和利益的组合体，即权利。主体只有获得了动力，才会产生活动或行为，并作用于客体，客体运动的最终结果表现为主体的利益（受益或受损）。因此，很多西方著名的法学学者认为，一项完整的权利概念本身就浓缩并包含了两项权能要素：行为权和接受权。[①] 行为权强调的是手段和方式，接受权强调的是结果。享有行为权是有资格去做某事或用某种方式去做某事的权利，享有接受权是有资格接受某物或以某种方式受到对待的权利。按此分类，我们就可以得到以下可交换的权利的时间结构模型。

对于现实经济社会中的任一财富客体，无论是物质资产、财务资产、知识资产、信息资产，抑或是劳动力财产、人力资本等，财富的主体围绕财富而形成的一族权利，无论这族权利有多少个，也不论它们如何分布，它们总是由三大类权利组成，即现期的接受权——行为权——预期的接受权。其中，现期的接受权包括所有权、当期的工作报酬权和股东获得的当期的股利权等；行为权包括占有、支配或使用权、转让权、经营管理权、处置权等；预期的接受权包括股票期权、企业解散时股东的清偿权等。在此三元时间结构的权利模型当中，三者相互之间存在着相互影响、相互作用的互动关系，其中任何一方存在着不科学、不公正、不合理的一面，就会伤害产权主体的积极性和创造性，进而损坏产权的运行效率。因此，围绕一项财产完整意义上的产权的三元结构的权利

① ［英］A. J. M 米尔恩著：《人的权利与人的多样性——人权哲学》，夏勇、张志铭译，中国大百科全书出版社 1995 年版，第 112 页。

模型①，其相互作用的时间结构为：

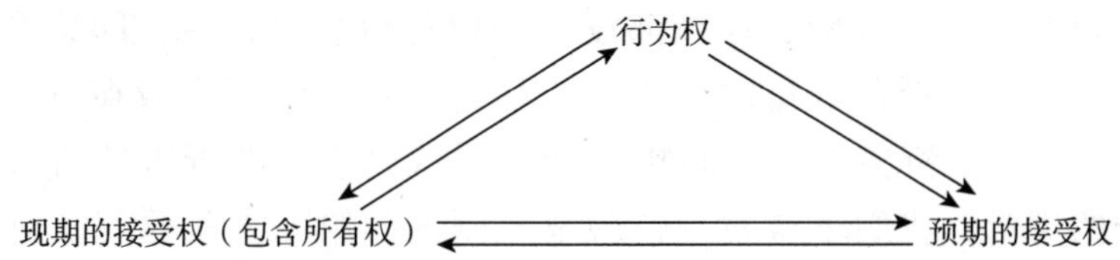

从该模型的分析中，我们可以发现，对于任何一项权利的交换，交换后必然会产生两个结果，即现期和预期的结果（简单的交易只有当前或现期简单的结果，如买卖一支铅笔；复杂的交易有现期和预期之间多个结果，如人力资本的复杂劳动力产权的交换）；对于权利主体来说，就是对该结果拥有现期的接受权和预期的接受权；交换过程中的行为权主要包括占有权、使用权、转让权、经营管理权、处置权等，它决定了主体可以以何种方式去使用、运行或支配财富客体；交换前的所有权是交换的起点或凭借，它包含在现期的接受权当中。如果我们引入生产资料这个财富客体，则上述三类权利分别对应于所有制问题、生产问题和分配问题，也就是通常所说的所有制理论、生产理论和分配理论。在这个三元结构的产权权利结构当中，三者之间存在着相互影响、相互作用的互动关系，它们最终共同决定了产权的运行效率，其中任何一方存在着不科学、不合理、不公正的一面，就会伤害产权主体的积极性和创造性，进而损害产权的运行效率。三类权利之间不仅存在着互动关系而且在产权发展的不同历史时期又存在着不同作用。如果认为所有权占主导地位，对于生产资料财富客体，则出现了所有制决定论，即公有产权或私有产权最有效率之争。

从历史与逻辑的角度分析，在产权的三类权利重要性上，我们认为更应关注的是产权的行为权。行为权决定了财富主体去运行财富客体的方式方法，因而它决定了生产方式；其次，行为权是不同的财富主体进行经济合作的动力。如生产资料的财富主体和劳动力财富的主体分别行使各自的行为权，促使生产资料和劳动力结合在一起，便产生了人类的生产活动，二者结合的方式方法和动力便决定了经济增长的速度和经济效率。当然，所有制问题和分配问题本身也制约和影响着行为权的分裂以及科学、公正、合理地界定。从行为权、所有权的产生来看，行为权在产权中的重要性也符合历史逻辑。人类在作别猿的过程中，并不存在着私有财产的意识，就如同动物世界一样，动物并没有什么私有或公有之分，但是它们总是享有捕食的行为资格，也可以说它们总是享有行为权。从权利的来源来看，并不是所有权在先，而是行为权在前。德姆塞次阐述了产权的发生过程："人类学家研究了古代印第安人的情况证明，印第安人逐

① 王玉敏、郭胜伟、杨先华：《产权的权利结构论——一个认识产权问题的新视角》，载于《科技进步与对策》1999 年第 2 期。

渐创造了产权的概念，把土地归属给不同家庭和部落。这一发展与欧洲皮毛商的到达有关。之前，印第安人可以从森林里得到他们需要的一切东西。皮毛和肉类的供应很充分，对土地、森林都没有产权的概念；之后，印第安人大大增加了狩猎活动，随着野兽数量的减少，印第安人就发明了产权概念，限定每个人只能在一定范围内狩猎，他就间接地获得了这块土地上野兽的所有权。"[①] 按照德姆塞茨的逻辑，我们不难发现，规范或制约印第安人狩猎行为才是产权概念发明的目的，当然"间接地"使他获得了"野兽的所有权（狩猎的行为权和自己狩猎所得动物的接受权）"。可见，"所有权"只不过是达到狩猎行为的手段。在产权发展过程中，产权概念的核心是行为权，同时它又与所有权、接受权相互交织纠缠在一起。正是因为这种交织纠缠复杂状态，以致我们在认识和研究产权问题时，不可能把行为权与所有权划出明确的界限来，于是对产权概念产生了如此之多的分歧。直到目前，这种情况依然存在。产权的三元权利结构模型是马克思产权经济学话语体系在当代科学化、时代化、大众化和跨学科探索的初步成果，它有别于西方"二元对立"的思维方式，符合中华文化"一生二，二生三，三生万物"的思维结构，为我们更好地理解和分析各类产权问题提供了科学的思路和方法。

此外，我们还可以考察产权的行为权在经济史中的地位和作用。人类社会从自然经济到商品经济的历史进程中，人类行为的不断扩展使权利不断扩展，不断地分裂出新的权利，为了适应生产力社会化、复杂化的需要，行为权的分离也越来越复杂化和多样化。在自然经济中，财富是以使用价值为唯一的生存形式，其产权分解为所有权、占有权、使用权诸种权利，其中行为权分裂为占有权和使用权，而支配权没有从中分离出来。马克思在论述古代社会共同体的财产时，曾多次分析过共同体的土地财富可分离为所有权、占有权和使用权，但他没有从中再划分出支配权。显然，这是因为在那种共同体的自然经济条件下，土地财富不可能像在商品经济条件下那样，通过租赁或信用的方式转借他人，从而衍生出该财产的支配权，即支配他人财富的权利。恰恰相反，这种权利是在商品经济条件下必然会产生的一种行为权的分裂。马克思曾强调，正是信用制度产生了支配他人财富的权利，"信用为单个资本家……提供在一定界限内绝对支配别人的资本，别人的财产，从而支配别人的劳动权利。"[②] 在现代市场经济条件下，财产的占有权被赋予不断更新的意义，人们不是为了单纯地占有财产，也不是简单地使用财产，而是要财产尽快地增值，促使行为权进一步分裂出经营管理权。马克思认为，在股份制条件下，资本的权能分裂为所有权、支配权和经营管理权。他说："与信用事业一起发展的股份企业，一般地说也有一种趋势，就是使这种管理劳动作为一种职能越来越同自我资本或资本的所有

① 李会明著：《产权效率论》，立信会计出版社1995年版，第12页。

② 《资本论》，人民出版社1975年版，第496页。

权相分离。”①

由此可见，从自然经济到商品经济，再到现代市场经济，作为产权行为权表现形式则越来越复杂，越来越多样化。从自然经济到现代市场经济的进程中，产权行为权的分裂及其实现形式起了关键决定作用，它是经济社会充满活力的源泉。市场经济的进程，也就是经济行为的主体越来越享有多样化、复杂化的行为权的进程，越来越充分享有自由与权利的进程。产权的行为权是产权主体对其财富客体所应享有的运行、使用或支配方式的权利，如何科学、合理、公正地授予、保护产权主体多种形式的行为权，就成为各种社会经济的制度资本。进一步推论，它也就成为社会经济制度的基础。

总之，权利是行为和交换的基础，从权利结构的角度来认识产权，则产权存在着三元结构，即现期的接受权——行为权——预期的接受权互相作用的三元结构。产权不仅是所有权，更是行为权，人们关注产权，讨论产权，更要重视和关注产权的行为权。一般来说，产权的分解或分裂主要体现在行为权的分解或分裂上，这与社会分工的趋势是一致的。社会分工越发达，行为权的分裂现象就越普遍、越复杂，这也体现了人类分工合作的扩展秩序。因此，通过法律的手段和加快法治化进程，科学、公正、合理、及时地授予和保护越来越复杂化多样化的行为权，有益于促进产权明晰化，减少谈判成本，节约交易费用，更快更好地推动社会分工和经济的发展。

三、产权的三元权利结构模型是劳动力发展权理论大众化的重要工具

在诸生产要素中，劳动力（劳动能力）要素是唯一能动的活要素，它的消费活动——劳动是创造价值的唯一源泉，劳动力是生产力的首要因素，劳动能力随着劳动实践的发展而不断提高。生产力的发展归根结底是人类劳动能力的发展，从这种意义上讲，人类社会经济发展的历史就是劳动能力不断发展的历史。如何用活、用足、用好劳动力这个生产要素，就是制度文化建构过程的重要任务，也是检验制度合理性、科学性的重要标准。

本文所提到的财富与财产均指同一意义，包括劳动力财富。上文谈到一个完整的产权的权利结构必须包括两大类权利，即行为权和接受权。劳动力产权的权利结构也不例外。劳动力所有权是劳动者天然私有的和正在享受的接受权之一，人们常说的收益权则包括现期与预期的接受权；劳动力的支配、使用和发展权则是行为权。需要特别指出的是，劳动力发展权是作为劳动能力的主体——劳动者所应该享有的开发和提高其劳动能力的权利（王玉敏、杨先华，1997）。我们认为，劳动力发展权是在现代市场经济条件下，从劳动力行为权中

① 《资本论》，人民出版社 1975 年版，第 436 页。

分裂出来的新权利（或权能），劳动力发展权是整个社会全面发展和用工单位考虑长远利益必然提出的要求，也是劳动者自身的内在要求。也可以说，它来源于公正性原则，固定合同工资形式的契约劳动有一定的局限性，它是一个不完全的和约，不可能预见进入企业后劳动能力提高的程度，及其所创造的更多价值的数量。如果长期依然是固定的合同工资，显然是不公正的，其后果必然伤害劳动者的积极性和创造性，进而损害效率。因此，对于已经进行了劳动力产权交易的双方（劳动者和用工单位），均应参与劳动能力的发展过程，同时二者均有权从其发展结果中获取产权权益。① 对于该项权利的保护与实现程度，劳动者个体的力量是极为有限的，必须借助于用工单位和政府，甚至是社会的力量。社会主义公有制为该项权利的保障和充分实现创造了前所未有的条件，同时该项权利的普遍性也为人类向知识社会、信息社会推进提供了经济保证。传统的劳动力产权理论，劳动力产权主要包括所有权、支配权、使用权和收益权等，其中劳动力的所有权属于不可交易的基本权利。按照产权权利结构模型，劳动力产权也存在着三元权利结构，即现期的接受权——行为权——预期的接受权。其中，行为权包括对劳动力的支配权、使用权和发展权等，劳动力发展权是劳动力财富产权区别于其他财产权利的主要特征；由于劳动力天然地与其主体不可分离的特征，使得劳动力无论是在现期还是在预期均表现为永远只能归其主体劳动者所有，在这个意义上，现期和预期的接受权重合，并表现为劳动力的所有权。当然，劳动力的所有权也可为现期的接受权，劳动力的所有权在当前和未来的法制社会是不能交换的。劳动者对劳动力产权中任何一项行为权交易的结果均享有现期和预期的接受权，在价值形态上，现期的接受权实现形式对应于月工资、奖金、年薪等，预期的接受权实现形式对应于股票期权和劳力股等。这就在法学权利理论逻辑上没有排除劳动力成为资本的可能性，关键在于劳动者所在的文化制度环境去不去维护和保护这种权利的实现。

马克思认为在商品生产过程中，资本家从市场上购买到劳动力商品后，资本家就开始着手消费他所购买的商品——劳动力；就是说，让劳动力的承担者——工人，通过自己的劳动来消费生产资料。社会发展到今天，社会分工日益复杂，生产力水平越来越高，市场竞争日趋激烈，相应地对劳动力要求也更高了。市场上劳动者的劳动能力不能完全满足企业的需要，于是企业特别是现代企业，在购买到劳动力以后，消费劳动力的过程就分裂为培训和使用。这里的使用，是指工人消费生产资料；培训就是发展劳动者的劳动力（劳动能力）的过程。劳动力的使用不仅能够转移旧价值，而且可以创造新价值；而劳动力的培训，则可以创造未来更多的新价值，同时也可能给劳动者带来了物质和精神上的收益。由此看来，从现代企业“消费劳动力”的过程来看，马克思的“只

① 王玉敏、杨先华：《论劳动力产权中的劳动力发展权》，载于《经济评论》1997年第2期。

有把生产资料加到劳动力上才能消费劳动力”的含义已经扩充为两个内容，一是发展劳动力，二是使用劳动力创造新价值。对应于此，从产权界定的意义上来讲，则可以分别把获得这两种用途的财富资源权利称为劳动力的发展权与使用权。从广义上来讲，企业既可以用培训的方法，也可以用改善作业条件和管理的方法来提高和发展劳动力。因此，经济学上劳动力的发展权可以定义为：开发和提高劳动能力的权利①。

劳动力发展权理论是马克思关于劳动力产权的思想在现代市场经济条件下的逻辑延伸。首先，沿着时间进展的方向（纵向），劳动力的素质是发展的。他说：“要改变一般的人的本性，使它获得一定劳动部门的技能和技巧，成为发达的和专门的劳动力，就要有一定的教育或训练，而这就得花费或多或少的商品等价物”，② 接着他又强调指出：“这种教育费用——对于普通劳动力来说是微乎其微的”，马克思在论述“劳动力价格和剩余价值的量的变化”一章中，也提到了劳动力的发展费用影响劳动力的价值，但他没有把它放在研究的范围之内，他特别指明：“在下面的研究中，是撇开这两个因素的”，③其中的一个因素就是劳动力的发展费用。社会生产力的不断发展，对劳动力的素质要求越来越高，其内在的逻辑必然要求劳动力的智力组成部分越来越复杂、越来越高级。资本在无止境地追求剩余价值的驱动下，不得不调整和加强劳动力的教育和训练，不得不调整和增加劳动力的教育和培训费用，从而逐步完成了由古典资本主义企业向发达的资本主义企业的过渡。在这个过渡的过程之中，劳动力商品价值中的教育和训练费用有不断增加的趋势，劳动力的智力发展潜力无穷，其费用增加的趋势也越来越大，劳动力价值也就有不断上升的趋势。改革开放打开国门以来，我们就看到了：在发达资本主义市场经济的国家里，劳动力价值不断增长的事实；因此，劳动力发展权理论也是客观的经济规律，在自然人体和实体经济意义上，社会主义与资本主义市场经济规律区别不大，有共同之处；不同点在于历史文化传统与基本经济制度上不一样。交易的本质是权利的交换，马克思认为劳动过程从产权交易的角度来说，主要是劳动力的支配、使用权发生了交换。马克思说：“劳动力的所有者和货币所有者在市场上相遇，彼此作为身份平等的商品所有者发生关系”，“必须始终让买者在一定期限内暂时支配他的劳动力，使用他的劳动力，就是说，他在让渡自己的劳动力时不放弃对它的所有权”。④可见，在马克思所处的古典资本主义时代，劳动过程在产权分析的视角下，其实质是在一定时间限度内，劳动力的所有者让渡了劳动力产权中支配权和使用权。但是随着社会经济过程的历史推进，特别是当今信息社会和知识经济的到来，劳动力的发展特点越来越重要，有时起着决定性的作用；事实上，现代企业消费劳动力的真实过程已经是一个劳动力在不断发展中被消费的过程。

① 王玉敏：《坚持和发展马克思劳动力产权思想》，载于《经济评论》1998 年第 4 期。

②③④ 《资本论》第一卷，人民出版社 1975 年版，第 299 页。

这个动态过程被分裂为支配、使用与发展两个子过程，二者交错进行，或者同时叠加。劳动力的发展特点进入了交易过程，从而进入了劳动力产权理论的视野，按照马克思产权理论的思想逻辑，我们引入劳动力发展权概念，就更完整地表达了劳动力产权交易的过程。

当前，人们谈论得比较多的是人力资本产权，我们认为人力资本产权是劳动力产权里的一种，它特别强调了当下知识或有熟练技能阶层的利益，它没有给还正在发展中的一般劳动力提供理论与观念上的良好预期，因而不具有普遍性，所以难以大众化。这样的产权制度既不能保证社会主义"共同富裕"的最终目的，又与中华文化的终极指向"世界大同"格格不入。经济是社会一切活动的基础，在经济制度上如何保障由"差别富裕"到最后的"共同富裕"，劳动力的产权制度，特别是发展权逐步渐进地充分实现程度，是能够确保这一最终目的的。从社会主义市场经济理论探索的角度来说，我们是初步实现了"社会主义原始积累"的后发展国家，还要在经济体制和发展模式上继续探索和进行理论提炼。与资本主义市场经济相比，还要加上"社会主义"的定语，因为我们要尊重本民族前人的历史实践与理论传承，坚持中国革命的合法性；没有历史传统的民族是不受人尊重的民族，也是没有独立思想和前途的民族。这既是维持当前政治与社会生活稳定的基础，也是继续进行经济领域改革探索的必要前提。劳动力发展权理论就是我们传承传统理论，从传统里创新的理论提炼，从前瞻性与广泛性来说，都要高于西方人力资本理论。劳动力发展权，从哲学层面上来讲，还体现了经济道德观，也就是说关于经济活动的世界观①。权利总是与义务相伴生的，存在着一种权利必然有其相应的义务。劳动者享有发展其劳动能力的权利，则要求劳动者的环境（包括用工单位、政府、制度等）必须提供这种义务，至少不应该去妨碍他或他们去发展自己的劳动能力。这样，劳动者的个体权利扩展了，国家和社会在教育、卫生与劳动保障等公共领域的服务也被要求扩大；其政策含义必然是政府在公共领域的职能必须扩展，而不是西方新自由主义经济学的简单政策："小政府，大市场"。此外，劳动力的发展权内在的逻辑必然会产生一种经济道德观来加以约束，要求有一种全面协调的科学发展观，企业的社会责任理论也就顺理成章了。

劳动力发展权的主体在行使自己的发展权后，对于已经提高了的劳动能力客体，主体必须无选择地接受，这与其他物质财富客体不一样，因为劳动力发展权既是行为权，同时又是一种不可选择的接受权。这种权利是天然造成的，在现实还不发达的经济运行中，显然主要是强调前者。但是，后者的哲学意义还在于它将一种全面、协调的发展观内化于人类经济活动之中，有助于人们把目光从只是追求抽象的价值财富慢慢转移并投向人类，关注人类自身，从而推

① 王玉敏、杨先华：《哲学对劳动价值理论研究的关注》，载于《现代哲学》2002年第4期，第48页。

进人类社会由“对物的依赖”向“个人全面发展”的时代过渡①。从现实经济社会产权权利运行的复杂化与多样化的趋势看，未来的社会将是一个人们充分享有各项权利的社会，人类社会正在走向权利经济社会。

四、结论

产权的三元权利结构模型是认识理解劳动力发展权理论的重要工具。

现实经济社会中的任一财富客体的产权均存在着三元权利结构模型，即现期的接受权——行为权——预期的接受权。劳动力产权中的发展权是行为权，它是劳动力财富产权区别于其他财产权利的主要特征；由于劳动力天然地与其主体不可分离的特征，使得劳动力无论是在现期还是在预期均表现为永远只能归其主体劳动者所有。在这个意义上，现期和预期的接受权重合，并表现为劳动力的所有权。产权的三元权利结构模型是按马克思产权思想发展而来的，因此它是马克思经济学话语体系在当代科学化、时代化、大众化探索的初步成果，它有别于西方“二元对立”的思维方式，符合中华文化“一生二，二生三，三生万物”的思维结构，为我们更好地理解和分析各类产权问题提供了科学的思路和方法。

① 王玉敏：《劳动还能致富吗》，引自王珏：《分配制度十人谈》，广西人民出版社1998年版，第194页。

城乡居民人均收入十年翻一番：基本指标、结构特征与实现路径*

郭飞　王飞**

党的十八大报告明确提出，到2020年要实现我国城乡居民人均收入比2010年翻一番。这是改革开放以来我们党首次对我国中长期提高人民收入水平提出的重大量化目标，充分体现了民生优先、惠民富民的政策取向，顺应了广大人民过上更好生活的新期盼。我们应深刻领会并准确把握这一重大量化目标的内涵和要求，努力实现这一富民强国的伟大历史任务。

一、基本指标

党的十八大报告提出的这一重大目标，体现了“居民收入增长和经济发展同步”的基本原则。其基本的测算依据是：以2010年不变价格计算，假定2011~2020年我国国内生产总值年均增长速度为7.17%（或7.2%），城乡居民人均收入年均增长速度同为7.17%（或7.2%），到2020年城乡居民人均收入（或人均实际收入）就可以翻一番。

据此，我们测算（或估算）出四个基本指标：

（一）我国城乡居民人均实际收入十年翻一番的单量指标Ⅰ

2010年，我国城镇居民人均可支配收入为19109元，农村居民人均纯收入为5919元。剔除消费价格上涨因素，按照我国城乡居民人均实际收入十年翻一番的要求，2020年我国城镇居民人均实际可支配收入预计为38218元，农村居民人均实际纯收入预计为11838元。

---

* 本文所用数据除特殊注明外，主要来自中华人民共和国国家统计局编《中国统计年鉴》或国家统计局网站。

** 郭飞，对外经济贸易大学中国经济发展研究中心主任，国际经济贸易学院教授，博士生导师，研究方向是政治经济学；王飞，对外经济贸易大学国际经济贸易学院教授，经济学博士。

（二）我国城乡居民人均实际收入十年翻一番的单量指标Ⅱ

2001～2012年，我国城镇消费价格年均增长率为2.40%（其中2011年为5.3%，2012年为2.7%），农村消费价格年均增长率为2.99%（其中2011年为5.8%，2012年为2.5%）。2013～2020年，假定我国城乡消费价格增长率与2001～2012年相同，按照我国城乡居民人均实际收入十年翻一番的要求，2020年我国城镇居民人均名义可支配收入预计为50005元，农村居民人均名义纯收入预计为16251元。

（三）我国城乡居民人均实际收入十年翻一番的总量指标Ⅰ

2010年，我国城镇人口66978万，农村人口67113万，总人口134091万。2001～2012年，我国人口年均增长率为0.54%，城镇人口年均增长率为3.63%（其中2011年为3.14%，2012年为3.04%），农村人口年均增长率为－1.93%（其中2011年为－2.17%，2012年为－2.18%）。2013～2020年，假定我国城乡人口年均增长率与2001～2012年相同，剔除消费价格上涨因素，按照我国城乡居民人均实际收入十年翻一番的要求，2020年我国城镇居民人均实际可支配收入总额估算为36.20万亿元，农村居民人均实际纯收入总额估算为6.51万亿元，两者合计估算为42.70万亿元。

（四）我国城乡居民人均实际收入十年翻一番的总量指标Ⅱ

除上述人口增量和城镇化速度因素外，引入2013～2020年消费价格上涨的因素（计算方法与前相同），按照我国城乡居民人均实际收入十年翻一番的要求，2020年我国城镇居民人均名义可支配收入总额估算为47.36万亿元，农村居民人均名义纯收入总额估算为8.93万亿元，两者合计估算为56.29万亿元。

二、结构特征

我国城乡居民人均收入十年翻一番，并不等于我国居民收入同步增长。基于我国现阶段的国情，遵循党的十八大报告中提出的必须坚持解放和发展社会生产力、维护社会公平正义、走共同富裕道路、促进社会和谐的基本要求和共同信念，我们认为，在实现城乡居民人均收入十年翻一番重大目标的过程中，我国不同群体、不同行业、不同地区、不同岗位居民（或劳动者）的收入增长速度，具有以下六个特征。

（一）低收入群体人均收入增速明显超过中等收入群体，中等收入群体人均收入增速明显超过高收入群体

国际经验表明，中等收入群体是社会经济和政治的“稳定器”；合理的收入

分配格局是低、高收入者占少数，中等收入者占多数。尽管我国对“中等收入者”尚无统一的界定，但国家统计局按世界银行的标准换算，已将年收入在6万~50万元的家庭列入中等收入家庭。① 目前，我国低收入群体比重偏大，中等收入群体比重偏小，② 畸高收入阶层与贫困阶层收入差距过大。③ 根据世界银行《2005年世界发展报告》提供的数据，2001年，我国的基尼系数为0.447，在其所列的134个国家或地区的基尼系数中高居第35位，不仅高于所有发达资本主义国家，也高于印度、越南等发展中国家。④ 而根据我国国家统计局和世界银行等机构公布的新数据，我国近年来的基尼系数仍大幅超越国际公认的0.4的“警戒线”，逼近0.5的“危险区”，在世界居于高位（参见表1和表2）因此，我国应持续更快地提高低收入群体的收入，显著提高中等收入群体的收入，适度提高高收入群体的合法收入，加速构建“两头小、中间大”的橄榄型收入分配新格局。

表1　中国居民收入基尼系数（2003~2012年）

年份	2003	2004	2005	2006	2007	2008	2009	2010	2011	2012
基尼系数	0.479	0.473	0.485	0.487	0.484	0.491	0.490	0.481	0.477	0.474

资料来源：根据《东方早报》2013年1月19日刊发的《国家统计局首次公布全国基尼系数　十年超警戒线》一文提供的数据整理。

表2　部分国家基尼系数

国家	美国	英国	日本	德国	法国	意大利	韩国
年份	2010	2010	2010	2010	2010	2010	2010
基尼系数	0.378	0.342	0.329	0.295	0.293	0.337	0.315
国家	俄罗斯	南非	巴西	墨西哥	印度	马来西亚	菲律宾
年份	2009	2009	2009	2008	2005	2009	2009
基尼系数	0.401	0.631	0.547	0.483	0.334	0.462	0.430

资料来源：世界银行数据库和OECD数据库（转引自余芳东：《世界主要国家居民收入分配状况》，载于《调研世界》2012年第10期）。

（二）低收入行业人均收入增速显著超过高收入行业

1978年，我国工资最高的行业是地质普查和勘探业，职工年均工资为809

① 中共中央宣传部理论局：《辩证看务实办》，学习出版社、人民出版社2012年版，第9页。

② 中国社会科学院的相关研究认为，我国家庭年收入在6万~50万元的中等收入群体有3.1亿人，约占全国总人口的23%。参见斯文·汉森：《中国中产阶级盼稳定》，载于《参考消息》2013年1月22日。

③ 根据德勤中国高管薪酬研究中心2012年6月发布的《2011~2012中国上市公司高管薪酬调研报告》，2011年A股上市公司薪酬最高的高管是中信证券副董事长，其年薪高达1601万元（税前），比2010年排行第一的中国银行高管年薪1101.9万元高出近500万元。参见冯蕾：《首度公布基尼系数透露什么》，发表于《光明日报》2013年1月22日。

④ 世界银行：《2005年世界发展报告》，清华大学出版社2005年版，第258~259页。

元；工资最低的行业是农、林、牧、渔、水利业，职工年均工资为486元，两者的比例为1.66∶1。2011年，我国工资最高的行业是金融业，职工年均工资为81109元；工资最低的行业是农、林、牧、渔业，职工年均工资为19469元，两者的比例扩大到4.17∶1。此外，我国金融、电力、电信等部分垄断性行业统计外的工资外收入和非货币福利也相当可观。为合理调节行业之间的收入差距，我国低收入行业人均收入增速显著超过高收入行业势在必行。

（三）农村居民人均纯收入增速明显超过城镇居民

长期以来，我国农村为城市提供了大量廉价的农副产品、原材料和大批劳动力，广大农民为推进我国社会主义工业化和城市现代化作出了巨大贡献。[①] 近些年来，我国实行工业反哺农业、城市支持农村和多予少取放活的方针，社会主义新农村的建设速度加快，但城乡居民收入差距仍然较大。2012年，我国城镇居民人均可支配收入为24565元，农村居民人均纯收入为7917元，两者的比例为3.10∶1。结合城乡二元结构导致的基本公共服务存在的差别综合考察，城乡居民人均收入和福利待遇存在的实际差距就更大。为逐步缩小城乡居民收入差距与全面建成小康社会，有必要使我国农村居民人均纯收入增速明显超过城镇居民。[②]

（四）西、中部地区人均收入增速超过东部地区

改革开放以来，我国长期实行由东到西、由沿海到内地的梯度开放战略，使东部地区率先快速发展，人均收入增长迅速。20世纪末，我国开始实施西部大开发战略，西、中部地区经济发展逐渐加快，人均收入水平明显提高。2011年，我国东、中、西部地区人均全部年收入分别为29226.04元、19868.19元和19868.03元，三者的比例为1.47∶1∶1。为适当缩小不同地区居民收入差距，应使我国西、中部地区人均收入增速超过东部地区。

（五）企业一线苦、脏、累、险岗位职工收入增速明显超过企业其他人员

改革开放以来，我国企业内部原有的平均主义色彩很浓的工资分配体制被逐步破除。近些年来，我国许多企业中工资分配存在的主要问题是高低悬殊（高，即企业主或企业高管工资过高；低，即企业一线员工特别是苦、脏、累、

---

① 有学者认为，在新中国成立以后的30年中，国家以低价从农村统购农副产品，向城市居民和工业企业低价统销，维持城市工业低工资和原料低成本从而产生超额利润，形成国家工业化的一部分建设资金。在此期间，以农产品价格“剪刀差”形式隐蔽存在的农民向我国工业体系的“无偿贡献”估算达6000亿元以上，相当于同期农民收入总量的45%。参见姜近勇、罗小朋：《改革以来农民收入变化动因与结构分析》，载于《管理世界》1988年第5期。

② 2011~2012年，我国农村居民人均纯收入实际增长速度（分别为11.4%和10.7%）超过了城镇居民人均可支配收入实际增长速度（分别为8.4%和9.6%）。

险岗位上的员工工资过低）。企业一线苦、脏、累、险岗位的员工，有相当一部分是农民工，也有一部分是持有城镇户口的初级劳动者。他们在企业中虽属明显的弱势群体，但在工作岗位上却发挥着不可或缺的重要作用。为尊重劳动，切实维护企业一线苦、脏、累、险岗位职工的合法权益，应使其收入增速明显超过企业其他人员。

（六）企业退休人员基本养老金增速明显超过国家机关、事业单位退休人员

长期以来，我国企业退休人员基本养老金严重偏低。2005～2012 年，我国连续 8 年以 10% 的平均增幅上调企业退休人员基本养老金，使企业退休人员月人均基本养老金由原来的 700 元增至 1721 元。2013 年，我国继续以 10% 的增幅提高企业退休人员基本养老金，并对企业退休高工、高龄人员和基本养老金偏低的企业退休军转干部实行政策倾斜。然而，与国家机关、事业单位相同级别（职务）退休人员基本养老金相比，企业退休人员基本养老金水平仍然明显偏低。[①] 为合理缩小我国退休人员基本养老金方面存在的待遇差别，企业退休人员基本养老金增速应明显超过国家机关、事业单位退休人员。

三、实现路径

实现我国城乡居民人均收入十年翻一番，基本途径是既要做大蛋糕，也要分好蛋糕，还要尽可能地消除导致蛋糕隐性流失与非法攫取蛋糕的条件，千方百计地提高广大人民的收入水平。具体说来，我国应主要做好以下四项工作。

（一）以科学发展观为指导，促进国民经济持续健康较快发展

在国民经济可持续发展中，一是将提高劳动者素质作为实施科教兴国、人才强国战略和实现民族振兴、经济发展和社会进步各项工作的基石。要全面实施素质教育，切实提高教育质量，着力培养学生的社会责任感、创新精神和实践能力。要加快发展现代职业教育，加强职业技能培训（特别是要加强对农民、农民工和失业人员的职业技能培训），积极发展继续教育，完善终身教育体系，不断提升劳动者的就业质量和劳动生产率。二是坚持和完善公有制为主体、多种所有制经济共同发展的基本经济制度。这不仅是实现我国城乡居民人均收入十年翻一番的经济制度基石，也是实现我国社会主义初级阶段宏伟战略目标的基本制度保障。要毫不动摇地巩固和发展公有制经济，推行并完善公有制的多种实现形式，深化国有企业和各类国有资产管理体制改革，进一步发挥国有经济在国民经济中的主导作用。要毫不动摇地鼓励、支持、引导非公有制经济健

① 郭飞、王飞：《中国个人收入分配改革：成就、问题与对策》，载于《马克思主义研究》2010 年第 3 期。

康发展，充分发挥其在我国国计民生中的重大积极作用。三是以转变经济发展方式为主线，把经济发展的着力点真正转到提高经济增长的质量和效益上来。四是实施创新驱动发展战略，走中国特色自主创新道路，加快构建以企业为主体、市场为导向、产学研相结合的技术创新体系，不断提升我国经济实力、综合国力及在国际分工价值链中的地位。五是大力推进经济结构的战略性调整。以扩大内需为战略基点，以发展实体经济为坚实基础，完善需求结构，优化产业结构。六是实施区域发展总体战略，促进不同地区在充分发挥比较优势的前提下协调发展。七是积极推进城乡发展一体化。一方面，要采取各种措施加快发展现代农业和社会主义新农村建设，逐步缩小城乡差距；另一方面，要大力推进城镇化建设。2002～2011 年，中国城镇化率以每年 1.35% 的速度递增，城镇人口年均增长 2096 万。2012 年，我国城镇化率已达 52.57%。李克强总理强调：中国未来几十年最大的发展潜力在于城镇化。① 诺贝尔经济学奖获得者斯蒂格利茨则把“中国的城镇化”与“美国的高科技”并列为影响 21 世纪人类发展进程的两件最深刻的事情。② 我国城镇化的实质，不仅是几亿农民逐步转化为城镇市民的历史过程，也不仅是劳动力、土地等资源优化配置和就业方式、产业结构、人居环境、社会保障、城乡关系、思想观念深刻改变的历史过程，还是其提供的巨大市场需求和劳动力资源推动我国经济长期可持续发展的历史过程。八是完善互利共赢、多元平衡、安全高效的开放型经济体系，全面提高开放型经济水平。九是我国国内生产总值在今后八年（2013～2020 年）中至少应保持年均 7% 的增长速度。

（二）优化国民收入分配格局，显著提高居民收入在国民收入分配中的比重

2000～2010 年，在我国国民收入分配格局中，政府收入占比由 14.5% 升至 18.0%，企业收入占比由 17.9% 升至 21.6%，居民收入占比则由 67.6% 降至 60.4%。③ 尽管在统计口径上不完全一致，但与国际上一些发达或发展中国家相比，我国的这一比重明显偏低（参见表 3）。为显著提高居民收入在我国国民收入分配中的比重，一是适当下调企业所得税税率。近期，可将我国企业所得税税率由 25% 降至 23%。这既符合当今世界多数国家企业所得税税率下调、让利于企的大趋势，也有利于吸引外商直接投资，还能为企业提高职工工资提供较大的空间。二是深化个人所得税制改革。应继续调高个人所得税起征点，近年内可考虑将个人所得税免征额调至 5000（或 6000）元左右。改革现行的九级超额累进税率，减少纳税级别，调整纳税比率。逐步实行综合和分类相结合的个

---

① 熊争艳：《李克强会见世界银行行长金墉》，发表于《光明日报》2012 年 11 月 30 日。

② 李钧德、梁晓飞等：《新型城镇化——中国未来发展的战略支点》，载于《半月谈内部版》2013 年第 1 期。

③ 本书编写组：《十八大报告辅导读本》，人民出版社 2012 年版，第 300 页。

人所得税制度。切实减轻中低收入者税负，有效调节过高收入。三是适时推出财产税和赠与税，完善并全面推开房产税。① 四是在国家财政支出中明显提升基本公共服务。"三农"和转移支付所占的比重，重点保障和改善城乡贫困居民的生活，提高各类退休人员基本养老金水平，加大对"三农"和西、中部地区的扶持力度，促进广大人民收入水平不断提高。五是多渠道地增加广大居民的财产性收入。② 六是对部分高收入的垄断性行业征收特殊行业税，将其由非企业贡献因素获得的超额利润收归国有。七是建立公共资源出让收益合理共享机制，完善国有资本收益分享机制，将公共资源和国有资本收益重点用于保障和改善民生。八是努力建设廉洁高效、人民满意的服务型政府，大力压缩并公示"三公"经费支出。

表3　部分国家居民可支配收入占国内生产总值（GDP）比重　单位:%

国家	美国	英国	日本	德国	法国	意大利	俄罗斯
年份	2009	2009	2008	2009	2009	2009	2009
居民可支配收入占 GDP 比重	79.6	67.5	63.8	69.7	70.1	67.4	62.9
国家	韩国	南非	巴西	墨西哥	印度	菲律宾	埃及
年份	2010	2010	2006	2009	2009	2008	2009
居民可支配收入占 GDP 比重	57.3	58.3	61.9	72.4	81	72.7	81.7

资料来源：联合国国民核算统计年鉴（转引自余芳东：《世界主要国家居民收入分配状况》，载于《调研世界》2012 年第 10 期）。

（三）完善按劳分配为主体多种分配方式并存的分配制度，显著提高劳动报酬在初次分配中的比重

2000～2010 年，我国劳动报酬在初次分配中的占比由 53.3% 降至 47.8%

① 最近，媒体曝光的"房姐""房妹"等典型案例，不仅凸显了我国全面推开房产税、适时推出财产税与赠予税、尽早实行官员财产申报与公示制度的必要性与迫切性，也凸显了我国公安等执法部门整肃违法乱纪行为的必要性与迫切性。实际上，"房姐""房妹"等案例不过是我国体制转轨时期暴富群体通过各种途径（特别是非法途径）聚敛财富的冰山一角。不少学者认为，我国目前居民财产差距的基尼系数明显高于居民收入差距的基尼系数，而后者的真实状况又明显高于国家统计局公布的相关数据。财产和收入之间是存量与流量的关系，两者互相促进。为促进社会和谐与稳定，我国应将合理缩小居民收入差距与合理缩小居民财产差距结合起来。

② 按照马克思的劳动价值理论，财产自身并不创造收入。在实行按生产要素分配的条件下，财产可以给其持有者带来收入，但并不能增大社会使用价值或价值总量，也不能增大社会收入总量。在我国现阶段，广大劳动者增加收入的基本途径要靠诚实劳动和提高劳动生产率，财产性收入不过是改善其收入状况的一种辅助手段。

(2007 年甚至降至 39.7%)[①]，不仅低于当今发达市场经济国家劳动报酬在初次分配中所占的平均比重（50% 以上），参见表 4 数据，也低于这些国家在与我国现阶段相似的人均国内生产总值 3000 美元阶段劳动报酬在初次分配中所占的平均比重。[②] 劳动报酬在初次分配中占比偏低，与我国的社会性质和改善民生的政策导向很不相称。为显著提高劳动报酬在初次分配中的比重，一是持续显著地提高最低工资标准，切实做到企业（或单位）内部不同身份员工同工同酬。[③] 二是健全企业工资指导线和工资集体协商制度，逐步形成以劳资双方平等协商为基础、体现企业经济效益和劳动力市场供求关系的工资决定机制和正常增长机制。三是继续深化国家机关、国有事业单位工资制度改革，进一步完善国家机关、国有事业单位职工工资正常增长机制。2006 年，我国国家机关、国有事业单位实行了新一轮工资制度改革。2006～2012 年，我国国内生产总值年均增速超过 10%，财政收入年均增速超过 20%。与此同时，我国国家机关、国有事业单位许多职工的实际工资却出现了不同程度的负增长（即名义工资增长速度明显低于消费价格上涨幅度）。建议在国家机关和国有事业单位的职工工资中，增加由国家财政拨付的与国内生产总值增长速度和居民消费价格上涨幅度紧密挂钩的经济发展津贴和价格特殊津贴，以保证国家机关和国有事业单位职工的实际工资能随着经济发展而不断提高。四是严格规范国有企业高管人员的薪酬管理。近些年来，我国不少国有企业（特别是国有金融企业和垄断性行业央企）高管薪酬过高，实际上是作为国有企业出资人代表的国资委等部门“不作为”或“少作为”、国有或国有控股企业公司治理结构形同虚设以及国企高管滥用企业自主权等多种因素综合作用的结果，已为整个社会所诟病。国资委等相关部门应切实履行作为出资人代表对国有企业工资分配进行宏观调控的职责，在深入调研的基础上，尽早出台能够兼顾效率与公平原则，既有利于充分调动高管人员积极性与创造性，又能被广大人民群众所接受的国有企业（特别是国有金融企业和垄断性行业央企）高管人员薪酬结构与量化标准的具体方案。同时，应进一步规范国有企业（特别是国有金融企业和垄断性行业央企）高管人员的职务消费和补充养老保险。

---

① 参见本书编写组：《十八大报告辅导读本》，人民出版社 2012 年版，第 300 页；本书编写组：《〈中共中央关于制定国民经济和社会发展第十二个五年规划的建议〉辅导读本》，人民出版社 2010 年版，第 210 页。

② 刘树杰、王蕴：《合理调整国民收入分配格局研究》，载于《宏观经济研究》2009 年第 12 期。

③ 在我国许多企业（或单位）内部，“编制外人员”和“编制内人员”干同样的工作，收入竟相差数倍。参见课题组：《促进形成合理的居民收入分配机制研究》，载于《经济研究参考》2010 年第 25 期；张志龙等：《同样的工作，不同的待遇》，发表于《光明日报》2013 年 1 月 17 日。

表4　部分国家劳动报酬在收入法国内生产总值中所占比重　单位:%

国家	2005年	2008年	2009年	2010年
美国	56.3	56.9	56.4	55.2
日本	52	52	53.4	
韩国	45.8	46.3	46.4	
加拿大	51	51.1	53.3	52.3
墨西哥	29.6	28	29.3	
捷克	41.7	42	42	42
法国	52.4	52.1	53.4	53.3
德国	51.2	49.7	51.8	51
意大利	40.7	42	42.7	42.3
波兰	35.8	37.3	37	37.2
俄罗斯	43.8	47.4	52.8	50.4
英国	54	53.2	55.5	54.8
澳大利亚	48.7	48.2	48.1	

资料来源：根据中华人民共和国国家统计局编《国际统计年鉴2012》提供的相关数据计算。

（四）加强税收征管，有效防治腐败，规范灰色收入，[①] 取缔非法收入

一是重点加强对企业所得税和畸高收入阶层个人所得税的征管，严厉打击偷漏骗税，对造假账、报假数、开假发票的会计人员和幕后操纵者要依法惩处。二是科学有效地防治腐败。习近平总书记最近指出：要继续全面加强惩治和预防腐败体系建设，加强反腐败国家立法和反腐倡廉党内法规制度建设，形成不敢腐败的惩戒机制、不能腐败的防范机制、不易腐败的保障机制。[②] 要加强对国企改制、矿产资源开发、土地出让、工程建设等重点领域的监管，严厉查处权钱交易、行贿受贿、侵吞公有资产等违法行为和腐败问题。应在继续试点的基础上，适时全面推行官员财产申报与公示制度。三是在党政机关、国有事业单位、国有控股企业深入开展治理“小金库”工作，清理规范工资外收入和非货币福利。四是切实加大工商执法力度，坚决取缔非法经营。

① 近年来，在我国的一些文件、文章和媒体讨论中，出现了“灰色收入”使用泛化的情况（即把黑色收入也视为“灰色收入”）。笔者认为，“灰色收入”是相对于白色收入和黑色收入而言。所谓白色收入，是指获得的合法且受到社会监督的收入；所谓灰色收入，是指获得的介于合法与非法之间且游离于社会监督之外的收入；所谓黑色收入，是指通过非法途径获得的收入。参见郭飞：《我国当前个人收入差距实证考察》，载于《经济学动态》1998年第5期。

② 徐京跃、周英峰：《更加科学有效地防治腐败　坚定不移把反腐倡廉建设引向深入》，发表于《光明日报》2013年1月23日。

民营企业职工工资增长创新机制研究

——基于福建省民工荒视角

吴宏洛*

引言

工资在现代经济生活中具有重要地位。一方面，工资是企业生产经营活动中的一项重要成本，影响企业的利润水平；另一方面，工资是劳动者收入的主要来源，决定了劳动者的生活水平。此外，在宏观经济中，工资作为劳动力市场的重要信号，对就业、价格和国民收入及其分配具有重要影响。长期以来，我国的经济增长主要依靠投资和出口拉动，消费对经济增长的贡献严重不足。而劳动者的劳动报酬过低是制约国内消费需求的一个重要因素，也制约着我国经济发展方式的转变。新一轮经济危机以后，人们对后危机时代我国经济发展方式转变的重要性和紧迫性有了进一步认识，劳动者的工资问题也随之受到学术界、政府部门甚至普通民众的高度关注。一个社会的工资水平受多种因素的共同影响，其中既有经济因素又有制度和社会因素。前者如劳动生产率、物价和失业率等，后者如政府的宏观调控、垄断和劳动力市场分割等。本文对福建省民营企业职工工资增长机制进行实证分析，以确定各种因素对工资水平的影响，并提出科学制定民营企业工资增长机制的对策建议。

一、 文献综述

工资决定理论是西方经济学的一个重要主题，从古典经济学到现代西方经

* 吴宏洛，福建师范大学马克思主义学院教授，博士生导师，社会学与社会保障系主任，主要研究方向为劳动关系。

济学，形成了诸多不同的工资决定理论。古典经济学工资决定理论主要包括生存工资理论和工资基金理论。生存工资理论认为，在工业化社会中，工人的工资等于他的最低生活费用水平。也就是说工资将保持在仅能维持最低生存保障的水平。

马克思的工资决定理论认为劳动力也是一种商品，其价格由生产劳动力所需的社会必要劳动时间决定；供求规律和竞争规律共同影响着工资的形成，工资水平的决定在很大程度上取决于劳动力供给者竞争实力的增加。

现代西方经济学的工资决定理论则是在边际生产力工资理论和均衡价格工资理论等新古典工资决定理论基础上产生和发展起来的[①]。马歇尔的供求均衡工资理论以供求均衡价格理论为基础，从生产要素的需求和供给两方面说明了工资的市场决定机制。他认为工资是劳动这个生产要素的均衡价格。从需求方面看，工资取决于劳动的边际生产力或边际收益产量；从供给方面看，工资取决于劳动力的生产成本以及劳动的负效用。工资水平的决定则是生产要素供给和需求两种力量作用的结果。

庇古的工资决定模型认为，随着工会组织的壮大，工会将作为重要的主体参与工资的决定，工资不再由劳动力市场上的供求关系来确定，而是由工会代表劳动者和资本家通过集体协议的方式来确定。庇古认为，当通过集体交涉决定时，工资率不再是由劳动供求双方决定的单一点，而是存在一个“不确定范围”，在这个范围里，工会和雇主双方经过提议、让步和反提议等一系列过程，最后达成协议，而这个结果究竟对哪一方更有利，要取决于双方的谈判技巧和谈判力量。

现代西方经济学的工资决定理论还包括凯恩斯工资理论、集体谈判工资理论、现代制度学派工资理论、分享工资理论、效率工资理论和人力资本工资理论等。20世纪70年代以来，西方学术界关于工资决定理论的实证研究逐渐增多。这些研究主要关注劳动生产率、物价和工资之间的关系。Auld等[②]使用横截面微观数据，研究了加拿大公共部门的工资决定问题。结果显示，物价波动和劳动力市场状况对公共部门的基本工资有影响，但这种影响与私营部门并没有本质差别。Blejer[③]研究了西班牙的工资决定问题，他认为通货膨胀通过影响失业率和劳动生产率进而显著地影响工资分布。Carruth和Oswald[④]的研究表明，

① 宋晶：《工资决定理论：古典经济学与现代经济学的比较》，载于《财经问题研究》2011年第3期，第21~27页。

② Auld, D. A. L., Christofides, L. N., Swidinsky, R., Wilton, D. A. A Microeconomic Analysis of Wage Determination in the Canadian Public Sector[J]. Journal of Public Economics, 1980, 13(3): 369-387.

③ Blejer, M. I. On the Determination of Nominal Wage Dispersion[J]. Economics Letters, 1990, 32(2): 175-180.

④ Carruth, A. A., Oswald, A. J. The Determination of Union and Non-Union Wage Rates[J]. European Economic Review, 1981, 16(2): 285-302.

在一个小的、开放经济体中，工会成员工资的上升也会推动非工会成员工资的提高；而在一个封闭经济体中，工会成员的工资上升会抑制非工会成员的工资提高。

改革开放以来，特别是实行社会主义市场经济以来，我国企业工资制度改革取得了重大突破，极大地促进和保证了企业各项制度的改革。同时，学者们也注意到，在收入分配领域，还有诸多问题需要深入探讨。

戴园晨和黎汉明是较早研究劳动工资问题的学者，曾提出“工资侵蚀利润”的观点（1988），近年来有越来越多的学者关注这个层面的问题，并在几个方面开展研究：（1）企业初次分配问题研究（朱妙宽、朱海平，2008）。企业初次分配中存在的问题，主要表现为，一是企业与国家、与全国人民即所有者的分配关系上，作为所有者的全国人民的劳动权益没有得到保障；二是垄断企业与非垄断企业的收入差距过大；三是企业内部的分配关系不畅。（2）企业中按劳分配与按生产要素分配关系的研究（吴佩芬，2008），认为企业分配机制不规范，职工同工不同酬。（3）企业收入分配机制的研究（黄建强，2007）。工效挂钩的收入分配机制在企业发展过程中曾起过积极作用，但随着企业改革的深入，工效挂钩的局限性越来越突出。主要缺点在于其总量控制过于粗糙，且与成本的联系不大，难以衡量企业真正的工作绩效。（4）国有部门与非国有部门工资决定机制比较研究。在非国有企业，各种人力资本只有在提高实际生产率的前提下才获得回报，而在国企工资只僵化地奖励人力资本，不论其是否提高了真实业绩。这说明国企对人力资本回报的提升仅源于对工资政策的人为调整，而非国企面对劳动力市场竞争时则是自发回应（汪雯，2008）。与非国有部门工资决定模式相比，国有部门的工资决定依然带有较强的制度化特征（薛欣欣，2008）。（5）规范企业经营者收入的研究（宋晓梧，2006）。认为应实行企业经营者收入与企业效益、职工工资增幅“双挂钩”的办法，防止随意侵害职工经济权益的行为。（6）企业工资决定机制及正常增长机制研究。认为要通过深化企业改革，建立现代企业制度，明晰和规范所有者、经营者和生产者的权、责、利关系，形成资本收益与职工个人收入相互制衡的关系，建立健全企业内部分配的自我约束机制。建立工资分配的民主管理和民主监督制度。（7）推进和完善工资集体协商制度的研究（程延园，2008）。认为企业应建立以工资集体协商制度为核心的企业工资决定机制，把职工工资水平的增长作为工资集体协商的重要内容。并认为工会应在集体协商中发挥重要作用。（8）对策研究。认为政府应加大对企业收入分配调控力度，通过进一步完善企业工资指导线、劳动力市场指导价位和人工成本预警制度，指导和促进企业提高职工工资水平。

前人丰富的研究成果对深入探究民营企业职工工资增长机理发挥了积极作用，对于制定相关政策也有启发性，但研究仍然存在局限性：（1）现有研究对各地普遍提高最低工资标准的态势下民营企业仍然难解民工荒困局无法给出明晰的理论解释，对应的治理措施难达实效。（2）对民营企业工资制度的研究，较多停留在分配机理层面的探讨，对其深层次的劳资利益冲突及其劳资关系没有给予足够的重视。本文以马克思的工资决定理论为分析框架，对相关问题予以深化。

二、劳动工资正常增长：马克思主义的一个理论分析框架

马克思在分析自由竞争的资本主义商品经济的过程中科学地揭示了许多市场经济运行共同的、一般的规律，其中包括对市场工资机制运行的精辟论述。[①]马克思首先分析了工资的本质，他认为工资只是劳动力价格的特种名称，工资是劳动力价值或价格的转化形式。劳动力商品的价值是由生产和再生产劳动力这种特殊商品所需要的社会必要劳动时间决定的。关于工资水平的决定，马克思认为，“工资是由那些决定其他一切商品价格的规律决定的。”[②] 作为劳动力商品价格的工资的形成与决定，必须遵循市场法则，只有在市场规律的作用下才得以决定。

马克思认为，工资的形成与决定受到供求规律和竞争规律共同的制约和影响。他说：“劳动报酬忽而提高，忽而降低，是依供求关系为转移的，依购买劳动的资本家和出卖劳动的工人之间的竞争情形为转移的。”[③]在马克思看来，决定劳动力的价格即工资的竞争来自三个方面：一是卖主之间的竞争，这种竞争将降低工资水平；二是买主之间的竞争，这种竞争将提高工资水平；三是买主和卖主之间的竞争，这种竞争的结果将取决于竞争双方的对比关系。买主和卖主竞争的优劣势，取决于劳动力商品的供求状况及供求的改变，而劳动力商品供求关系的改变，将引起工资水平的上涨或下跌，即引起劳动力商品的价格波动。关于劳动力商品供求关系引起工资水平的波动，马克思认为这种波动存在着一定的界限，“在这种波动的范围内，劳动的价格是由生产费用即为创造这一商品所需要的劳动时间来决定的。”[④]生产劳动力所需要的劳动时间，可以量化为生产劳动者必需的一定量的生活资料所需要的劳动时间，或者说“劳动力的价值，是由生产、发展、维持和延续劳动力所必需的生活资料的价值决定的。”[⑤] 在这里，马克思清楚地说明工资水平的波动是以劳动力价值为基础的。因为劳动力发挥作用后的消耗，必须要重新得到补偿；劳动力因损耗或死亡，需要新的劳动力来补充；劳动者要获得一定的劳动技能，需要一定的教育和训练费用。

马克思认为，资本所有者和劳动力所有者收入差距扩大是与劳动者生产条件的恶化分不开的。马克思关于资本主义收入分配模型简单表述如下：

---

① 胡放之：《西方200年来工资决定理论概述》，载于《咸宁学院学报》2005年第4期，第43页。

②③④ 《马克思恩格斯选集》第一卷，人民出版社1972年版，第356~380页。

⑤ 《马克思恩格斯选集》第二卷，人民出版社1970年版，第181~200页。

假设1：生产资料Pm只转移价值（折旧）；

假设2：活劳动A是价值的唯一源泉；

假设3：从G到G’必然出现价值增殖。

在这三个假设下，就出现了如图所示的剩余价值生产流程。

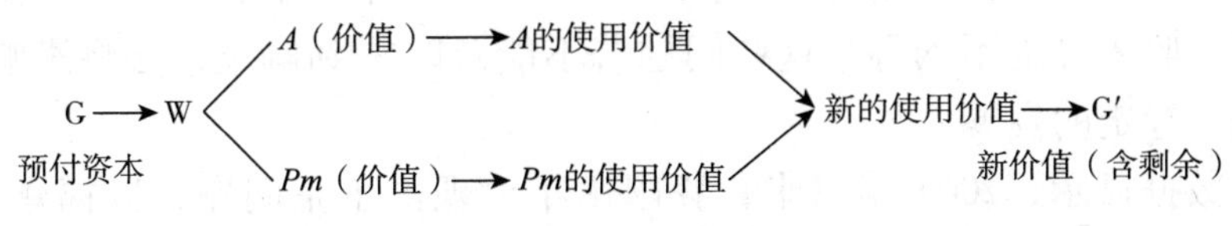

图　剩余价值产生的流程

在马克思看来，劳动阶层贫困化的原因在于，资本及其资本所有者对劳动者剩余价值的剥夺。这种剥夺存在于劳动生产过程中，却实现于“流通领域或者商品交换领域的界限以内……确实是天赋人权的真正乐园。那里占统治地位的只是自由、平等、所有权和边沁”。因此马克思将收入分配问题本身归结于市场经济的微观基础——企业生产过程之中。马克思说：“劳动的价值本身不是一个常数，而是一个变数，它甚至在其他一切商品的价值仍旧不变的条件下也是一个变数。”① 而且随着资本积累过程的不断推进，“工人之间的竞争就增长得更迅速无比，就是说，资本增长得越迅速，工人阶级的就业手段即生活资料就相对地缩减得越厉害。”② 由此，工资水平的决定将在很大程度上取决于劳动力供给者竞争实力的增加，取决于联合的谈判力量。

马克思的工资理论对讨论今天中国劳资矛盾、收入差距、政府行动等现象都有着强大的解释力和重要的实践意义。“分配——冲突”的矛盾分析方法本身可以将制度分析内生化，从而更有利于我们对制度改革和规则重建的经济学分析。或者说，当中国经济改革在从“经济增长”向“社会和谐”的调整过程中，马克思主义理论必将成为解释中国改革中的重要问题及推进中国市场化改革继续进行的重要分析工具。

三、民营企业工资分配状况分析

（一）民营企业的用工特点

民营企业劳动者主要由城镇下岗职工和从农村迁徙出来的进城务工人员构成，其中以被人们称为“农民工”的进城务工人员为主。“农民工”的存在为民营企业的发展提供了源源不断的低成本劳动力，满足了其对劳动力的需求。尤

① 《马克思恩格斯选集》第二卷，人民出版社1972年版，第181~200页。

② 《马克思恩格斯选集》第一卷，人民出版社1972年版，第356~380页。

其是农村进城务工人员的大量进入，更是填补了制造业、建筑业、服务业等岗位的空缺，使民营企业在激烈的市场竞争中保持整体的竞争力，同时也为我国发展出口贸易，承接国际劳动密集型产业转移创造了条件。可以说，“农民工”的存在为我国工业化发展作出了重要的贡献。但同时民营企业也存在着许多不容忽视的问题，例如劳动制度的不完善、社会保障体系不健全、工人集体议价能力低下、收入分配不均等。这些问题若不能及时得到解决，必将影响到我国经济长期、稳定的发展。

统计数据显示，2004 年以来，我国逐年出现民工荒问题，以福建省为例，去年一季度，全省劳动力市场求人倍率高达 2.03，在一些高技能人才紧缺行业，求人倍率甚至高达 8，即平均 8 个岗位对应 1 名求职者。普通工难找，技术人才更难觅。全方位缺工掣肘经济发展，其危害需要警惕，背后原因更值得深思。

有调查显示，企业用工需求中有 70% 岗位空缺是企业员工流失造成的，民营企业用工稳定性差、流失率高已成为用工短缺的主因。目前，福州、泉州、莆田的普通工人薪水一般在 1200～2000 元，比长三角、珠三角低两三百元。今年开春以来，不少企业与去年相比，虽然薪水看涨，但缺工现象未见缓和。据劳动保障部门统计，春节过后，福建省用工缺口达 40 万人，其中福州缺工 3 万人、泉州缺工 18 万人，主要集中在制衣、制鞋、餐饮服务、树脂等用工密集型行业。

2013 年全国两会期间，有委员指出，企业稳定不了职工，关键在于收入分配、社会保障、子女上学、住房和职业技能教育等存在不公平待遇，使一线劳动者归属感严重缺失。

（二）民营企业职工工资分配情况和存在的问题

工资收入分配是劳动关系的核心问题。企业是工资分配的基本单位，合理调节企业工资问题，完善正常增长机制，使广大职工分享经济社会发展成果，是保障和改善民生，构建和谐社会的重要环节和内容。我国按照“市场机制调节、企业自主分配、平等协商共决、政府监控指导”的工资分配原则，要求企业工资分配逐步从计划调节走向市场决定，由此基本确立了工资增长与经济效益相联系的机制，形成了工资形式多元化、收入分配多样化，用人单位自主决定内部分配，政府宏观调控的企业工资分配机制。2010 年，福建省城镇单位在岗职工年平均工资 32647 元，为 2000 年 10584 元的 3.08 倍，年均增长 20.85%，2010 年全省城镇单位企业在岗职工平均工资 30488 元，为 2000 年 10306 元的 2.95 倍，年均增长 19.48%。2011 年最低工资标准最高值平均数、平均值平均数、最低值平均数分别为 1100 元、861 元和 750 元，为 2000 年 420 元、246.38 元和 220 元的 2.62 倍、3.49 倍、3.41 倍，年均递增速度分别为 14.72%、22.68% 和 21.90%。扣除城镇居民消费物价因素后，年实际增长率分别为

12.55%、20.51%、19.73%。2011 年最低工资标准居全国第 10 位。

尽管在企业收入分配制度改革取得了成效，民营企业职工也从改革中获得了实惠。但由于民营企业主要以中小企业和劳动密集型企业为主，企业规模较小，收入分配制度改革还不够完善，改革还有待进一步深化，尤其在处理普通职工工资增长方面，还存在一些问题：

一是大多数民营企业尚未建立与现代企业制度相适应的工资分配制度。主要表现在：(1) 在工资分配制度上，多数民营企业存在法人治理结构不完善，企业发展战略不明晰，各项基础管理工作不到位等问题，在一定程度上制约了工资分配制度的建立健全。有些民营企业甚至没有完整的工资分配制度。(2) 在企业内部工资分配关系上，部分企业内部分配关系尚未理顺。企业内部高岗低薪、低岗高薪现象并存。不少企业高管人员与一线员工收入差距偏大或过大，民营企业中低层岗位员工收入过低。

二是在落实最低工资制度方面企业存在漏洞。部分民营企业将政府公布的最低工资标准作为企业支付给劳动者的工资标准；部分企业通过提高劳动定额，降低计件单价，延长劳动时间，缩减劳动班次，故意压低劳动报酬等违规行为，侵害劳动者的合法权益。

三是推动工资集体协商制度方面进展迟缓。(1) 尽管近年来持续出现企业用工荒问题，但由于总体上劳动力市场仍然供大于求，“强资弱劳”状况明显，民营企业对人工成本控制意识强，劳动者无法形成与企业对等的协商力量，推动企业开展工资集体协商难度大。(2) 协商机制不健全。很多民营企业没有组建工会，有的民营企业虽然建立工会，但由于工会主席本身是企业的职工，在其自身权益缺乏保障的情况下，工会主席不敢要求与企业进行工资集体协商，职工方协商主体缺位。在此情况下，绝大多数民营企业的职工工资水平和工资增长率都由企业雇主单方面决定，职工缺乏知情权和参与权，只能被动接受企业分配的结果。

四是信息资源不对称。工资指导线、劳动力市场工资指导价位和人工成本信息等制度尚未发挥应有的指导作用。(1) 工资指导线、劳动力市场工资指导价位和人工成本信息制度等数据，都是指导性政策，在社会影响力不够，民营企业很少参照这些信息进行工资调节；(2) 工资信息的编制工作缺乏科学性和长效机制，缺编制、缺经费、缺专业人员的现象比较普遍，影响了这项工作开展。

五是工资收入分配监督检查不力。由于法规不完善，处罚措施不力导致工资分配标准、工资调整和工资支付等方面存在问题却不能得到迅速有效的纠正。

（三）福建省民营企业职工收入状况实证调查

为了解福建省民营企业职工收入现状，本文对福、厦、泉三个地区制造业、交通运输业、建筑与住宅业、批发和零售业、住宿和餐饮业等行业的企业进行了调查。调查企业总量为30家，其中福州、厦门、泉州各10家，样本企业按照行业比例进行随机等距抽样。选为样本的企业基本为经营正常、职工人数在50人左右的企业。调查方式为问卷调查和座谈会。

1. 问卷说明及总体判断

企业部分问卷共发放500份，最后回收有效问卷461份，有效率为92.2%。调查对象包括了五大行业：制造业（67.7%）、交通运输业（9.7%）、建筑与住宅业（7.5%）、批发和零售业（3.2%）、住宿和餐饮业（8.6%）、其他（3.3%）等。30家企业全部为民营企业，问卷所覆盖的职工中，一线工人数占62.2%，技术人员人数占14.5%，一般管理干部人数占19.5%，其他占3.8%。

2. 基本情况及问题

第一，收入按职位高低呈金字塔形分布，一线职工部分权益得不到有效保障，月收入在职工中的分布大致成金字塔形，中间部分人群和低、高收入两端人数落差很大，缺乏平缓过渡。有39.8%的职工月收入在1600~2500元，低于社会平均工资；有30.2%的职工月收入在1600元以下。值得注意的是，收入在1200元以下的几乎全是一线职工，占低收入群体的比例高达94.12%。统计数据还显示，在工资增幅方面，37.9%的职工对工资涨幅不满意。而这部分职工主要以普通员工为主，占“不满意”群体的67.16%，一线职工力量薄弱，很难有效维护自己的权益。

对职工的职位和月收入进行交叉分析结果显示：月收入随职位高低有显著差异，普通人员位列收入金字塔底层。该职位人群有75.69%的月收入未超过2500元。高收入（5000元以上）人群主要为技术人员和一般管理干部，其中一般管理干部所占比例为48.15%。

第二，制造业、建筑与住宅业职工收入相对较高，住宿与餐饮业低收入人群比例较高。数据表明，交通运输业、住宿与餐饮业中的低收入群体所占其企业职工总数比例明显高于其他行业，分别为7.93%和4.04%。而建筑与住宅业、批发与零售业、制造业中的这一收入群体所占比例均在1.1%左右。高收入人群的分布，制造业、建筑与住宅业明显高于其他行业，各为9.23%、4.63%。中等收入群体（1600~3500元），制造业所占比例最多，为65.05%；其次为批发与零售业的62.2%；住宿与餐饮业比例最少，为36.36%；建筑与住宅业、交通运输业都在55%左右。

第三，民营企业社会保障体系逐渐完善，但仍没有达到完全覆盖。超过80%的职工享有工伤保险、医疗保险和养老保险；70%左右的职工都由企业代缴了失业保险和生育保险。住房公积金的人群覆盖面较窄，只占职工总数的31.54%。从实地走访了解的情况看，在有公积金发放的企业，还存在存缴金额占工资的比例不高、金额太少、存取麻烦等问题，不少普通职工实际上并没有享受到该福利。同时，有些企业只是缴纳了其中的一种险或两种险，比如只缴纳养老保险或再加上医疗保险，没有对所有险种进行覆盖，保障机制部分缺失。

第四，大部分民营企业工资决定权集中于管理层，职工加工资和带薪休假权受到侵害。在工资待遇方面，将近61%的职工表示所在企业工资由老板或企业管理层集体决定。而职工能够参与，并由工会代表出面与企业协商的只占24.8%。还有14.2%的职工不清楚工资的决定机制，平等协商水平较低。调查数据显示，有82.2%的企业上调了劳动定额，而下调劳动定额的企业仅占4.1%。劳动定额普遍上调，职工的加班工资却不能完全按照《劳动法》的标准发放。13.7%的职工表示企业低于《劳动法》规定发放，甚至有11.7%的职工所在企业不发加班工资，明显侵害职工合法权益。在带薪休假（年休假、探亲假、婚丧假、生育假、节育手术假）方面，12.8%的职工表示没有享受过，5.5%的职工表示根本就不知道有这些假期。全部享受了带薪休假的职工仅占27%。此外，9.6%的职工表示休假后工资有扣减，16.6%的职工不清楚休假后是否工资有扣减。

第五，企业管理费用、税金逐年增加，挤占工资增长空间。数据显示，工资总额占总成本的比例逐年增加，但年平均增长率不超过2%。2009年企业工资总额占企业总成本的平均比例为16.37%，2010年的工资成本比为17.46%，2011年上半年为19.16%。据企业部分问卷统计，企业利润率基本平稳，保持盈利，2009年企业平均利润率为115%，2010年为91.93%，2011年上半年为95.43%。而在管理费用方面，2010年同比增长23.47%，2011年上半年同比增长14.71%。在税金及附加方面，2010年同比增长30.71%，2011上半年同比增长22.64%，收入流入政府的增多。

将民营企业工资成本、管理费用、税金及附加方面三者占总成本的比例进行比较分析，可见工资成本的费用增长幅度平缓，低于管理费用、税金及附加占总成本百分比的增幅。调查表明，企业收入的盈余流入管理层及政府的部分相对增多，挤占了职工工资的增长空间。

四、工资增长对民营企业竞争力的影响

工资增长对企业竞争力影响的是一个十分复杂的问题。工资增长较快，一方面有利于提高劳动者的生活水平和质量，增强国内消费需求对经济增长的趋动力，合理调整分配格局，有力促进国民经济发展和企业竞争力；另一方面也会给企业生产经营带来成本上升压力，特别是对民营企业中的中小企业、实行低成本竞争战略的企业、出口加工型企业影响更大，甚至对部分民营企业的生存发展带来严峻挑战。

（一）工资增长对企业竞争力影响的理论分析

企业竞争力一般是指企业占有市场、获取利润和持续发展的能力。适度的工资增长对企业形成和保持一定的竞争力水平是有利的；但工资增长如果超越一定限度，也会逐步削弱企业的竞争力水平。

工资增长对企业竞争力的影响，主要体现在人工成本水平提升速度与劳动生产率提升速度的相对关系方面，也与企业原有利润率水平的高低程度密切相关。在人工成本以外的其他成本与利润关系保持不变的情况下，工资及人工成本水平上升与劳动生产率水平上升之间的三种情况出现的结果是不同的。

一是工资及人工成本水平上升速度与劳动生产率上升速度同步。在其他因素不变的情况下，劳动生产率增长直接带来对每个职工可分配价值的增加，这一增加部分可以将人工成本所增加的部分全部消化吸收，使企业相对人工成本水平（如劳动分配率水平）保持不变。因此，这种情况下的工资增长不会对企业利润产生挤压作用，不会对企业竞争力产生负面影响。

二是工资及人工成本水平上升速度慢于劳动生产率上升速度。在其他因素不变的情况下，通过劳动生产率增长所带来的每个职工可分配价值增长部分，不仅可以将人工成本所增加的部分全部消化吸收，还可以使企业相对人工成本水平降低，从而给企业利润增长留出更大的空间，也给企业灵活确定有竞争力的产品和服务价格留出更大空间，吸引更多的投资者和消费者，增强企业在产品市场、资本市场中的竞争优势。

三是工资及人工成本水平上升速度快于劳动生产率上升速度。在其他因素不变的情况下，劳动生产率增长部分不能将人工成本增加部分全部消化吸收，而且企业相对人工成本水平会有所上升，那些不能被劳动生产率增长消化吸收的人工成本增量将对企业总成本上升产生推动作用，从而挤占企业的利润增长空间，在企业不能及时采取提高管理水平、压缩经营成本、改进技术等手段进一步消化吸收已经增加的成本时，工资的增长对企业的竞争力就会产生负面影响。

根据上述分析，只有出现上述第三种工资增长情形时，工资增长才会真正降低企业利润水平，削弱企业的竞争能力。但是，这种负面影响程度到底有多大，还取决于企业原有人工成本利润率水平的高低状况。假如工资及人工成本水平持续快于劳动生产率上升速度，这是任何企业都难以长期承受的，也是我们希望避免的。

福建省多数企业还不具备在技术和管理等方面的竞争实力，还必须在较长时间内保持相对人工成本水平相对较低的竞争优势，以赢得持续发展和逐步超越的时间和空间。因此，应当防止人工成本水平过快上升对民营企业竞争力可能造成的损伤。特别是在人民币持续升值、原材料燃料动力价格持续上涨、节能减排标准提高、土地价格或租金提高等因素交互影响下，导致企业人工成本以外的其他成本费用同时大幅增加，如果工资过速增长与这些影响因素产生相互叠加作用，必将严重削弱民营企业的竞争力水平。

（二）工资增长对民营企业竞争力的影响——基于福建省的考察

在福建省全部工业企业中，民营企业占据多数。由于民营企业的工资和人工成本水平明显低于国有大企业，劳动生产率和利润率等经济效益水平也明显低于国有大企业。

第一，尽管近期福建省民营企业人工成本增速低于全部工业企业增速，但许多民营企业特别是制造业企业的人工成本上升幅度已经超过其劳动生产率上升能够消化吸收的范围，相对人工成本水平处于不断上升状态。2004～2008 年间，福建省全部工业企业人工成本水平年递增 17.7%，但规模以下工业企业的年递增速度只有 11.56%，比工业企业平均水平低 6.14 个百分点。期间，规模以下民营企业的劳动生产率年递增速度只有 10.78%，仅相当于全部工业企业平均增速的1/3 强。但是，这期间民营企业人工成本水平年递增速度每年都超过劳动生产率年递增速度 0.78 个百分点。这说明，近几年，尽管民营企业职工的工资福利水平增速相对较慢，但企业自身已经明显感受到了人工成本水平上升的压力，对企业盈利和竞争力水平带来一些不利影响。

第二，假定企业劳动生产率增速保持原有状态，今后一段时期工资及人工成本水平按不同速度递增，对各行业民营企业竞争力的影响程度有明显差异。假定民营企业今后劳动生产率水平按照 2004～2008 年增长速度继续增长，其工资及人工成本水平增速分别按照 12%、15%、20% 不同速度增长，那么今后民营企业的相对人工成本水平的年递增幅度分别是 1.1%、3.8%、8.3%。可以发现，即使民营工业企业按照 12% 的速度提高货币工资及人工成本水平，单独依靠自身的劳动生产率增长速度是难以消化吸收的，由此导致相对人工成本上升和盈利能力降低是不可避免的。

第三，如果今后工资及人工成本水平增速为 15%，绝大多数民营企业的利润率水平都有不同程度的降低。

五、基于民营企业劳动工资增长的工资集体协商机制研究

工资集体谈判或协商又称工资共决，是劳动力供求关系决定工资率的市场机制延伸到企业而演变为工资增长由劳资双方共同决定的机制。是通过工会代表职工与企业经营者依法就企业工资分配制度、分配形式、收入水平等事项进行平等协商，在协商一致基础上签订工资协议，实现劳资双方共同参与、共同决定劳动者工资的一种收入分配方式，是工资正常增长机制和支付保障机制的

重要组成部分。工资集体协商最早的倡导者是英国著名社会学家比亚特里斯·韦伯。其原义是工会与雇主（或雇主协会）之间制度化的谈判关系，通过双方的妥协适应经济环境的变迁。

（一）工资集体协商制度考据

工资集体协商制度诞生于西方，是伴随着资本主义经济和社会化大生产的发展而产生的，是劳资双方不断调整劳动关系的产物。18 世纪下半叶，西欧的工业革命加剧了劳资矛盾，促进了工会组织的建立和发展。在英国出现了由企业主和工人代表通过协商签订雇佣条件的协定，这是早期集体协商的萌芽。由于当时国家法律打压和削弱工会的谈判力，工人代表与雇主签订的协议仅仅是一种“君子协定”，并不具有法律效力，因此当时的集体协商并没有很好地发挥作用。到了 19 世纪末 20 世纪初，劳资矛盾日益尖锐，工人罢工运动不断高涨，为了缓和矛盾，欧洲一些国家在立法上逐渐放宽了对集体谈判的限制，纷纷颁布集体谈判的相关法律。德国在 1918 年颁布了《团体协约法》，法国于 1919 年制定了《劳动契约法》等。集体谈判的大规模开展是在第一次世界大战之后，美国分别于 1932 年通过了“诺里斯—拉瓜迪亚”法案，1933 年《全国产业复兴法》，1935 年《社会保障法》和 1938 年的《公平劳工标准法》。这一系列法律的颁布实施，标志着集体谈判的法律地位被正式确立。同时，集体谈判逐步成为工人参与企业民主和决策的主要形式，也成为西方国家劳资双方解决冲突最主要的手段。第二次世界大战以后，几乎所有资本主义国家的企业都推行了集体谈判制度，在立法上也有了比较完整的规制。

把劳资谈判与工资决定联系起来的是 19 世纪美国经济学家克拉克，他认为与劳动力买方垄断市场相对应，出卖劳动力的一方必须建立组织，遏制工人间的彼此竞争，与企业主相抗衡。只有经过集体组织交涉，单个工人才有希望抵抗工资标准下降的压力（这种压力来自于企业主追求利润最大化的要求），也只有通过集体谈判，才能使工资公平合理。当代，工资集体协商制度已经成为各国解决劳资矛盾与纠纷的重要方法。

通常，工会是工资集体协商主要的要约方。各国对工会合法性、权威性的确定，使得工会的谈判能力日趋强大。在欧美各国，工会如果是民主选举的，一般便会迫使雇主承认工会代表工人谈判的权利。在美国的劳工法律中，比工人罢工权更为重要的是工会的谈判资格。法律关注的是，工会选举体现了雇员意志并授权工会进行谈判，工会由此可以排除可能动摇其作为代表的可能性。被授权确认的工会，如果在提出谈判要约后雇主拒绝谈判，工会便有理由组织罢工。也就是说，工会是通过民主授权而要约的，既向资方释放了谈判信息，又对其形成了压力。这有利于劳资协商得以进行，同时也为资方拒绝要约而诉诸罢工提供了依据。通常的情况是，资方难以拒绝工会的要约，也为了避免罢工出现，能够应约而接受协商。在这个意义上，民主选举工会形成的力量比罢工更为有效。

工资谈判作为德国劳资集体谈判的核心内容，是工会工作的主要内容。1876 年德国签订了第一个集体合同《全德印刷工人工资协议》，1886 年出现了区域性的雇主协会与工会一起进行工资谈判。第二次世界大战后，工资集体协商成为德国劳资双方普遍遵循的协调制度，其基本原则是在提高劳动生产率下实行劳资合作。其中政府、雇主和工人或工会“三方”合作原则，贯穿着相互调和的精神。

目前德国实行工资自治原则。所谓自治原则就是把工资政策交给雇员和雇主组织自行掌控，并通过谈判达成具有法律约束力的协议。在具体操作上坚持三个原则，(1) 规则性。劳资双方的整个谈判过程都有严格的程序，每个谈判阶段都要反复听取各自代表方的意见。(2) 慎重性。劳资双方对罢工和闭厂手段的运用比较慎重，法律规定罢工手段不能在协议的有效期内使用，只能在劳资谈判失败、调解无效的情况下使用。对劳资双方来说，一旦发生罢工都将蒙受经济损失。(3) 专业性。由于工资谈判不同于一般的待遇谈判，谈判结果除了取决于谈判双方的实力和谈判技巧外，更多的还在于双方对经济发展趋势和企业发展状况的了解和把握。因此，工会都要同一些经济学家、法律专家等一起分析和预测下一年度国家经济发展状况，为谈判提供详实的参考资料。由于德国工会实行的是产业联合会制度，所以谈判主要在行业工会和雇主协会之间进行，企业中工会或职工委员会一般不进行工资谈判。德国的劳资双方经历多年的谈判，逐步形成了符合自身特点的一套较为成熟且规范的做法，使德国工人的收入不断增加。

(二) 工资集体协商制度的中国实践及其讨论

在我国，工资集体协商有着特殊的地位和作用，它是处理资本与劳动分配关系的重要手段。从理论上讲，资本与劳动的分配关系在不同的社会发展阶段具有不同的本质内涵：资本主义市场经济国家资本和劳动的分配关系是资本剥削劳动，形成两极分化；社会主义市场经济国家资本和劳动的分配关系应当是资本与劳动具有平等的分配地位，贯彻按劳分配与按生产要素分配相结合原则，最终实现共同富裕。现实中由于体制、机制、法律法规还存在种种问题，我国资本与劳动的分配关系并不平等，因此有必要开展工资集体协商，这是现代民主与公正在工资收入分配上的综合体现。

我国从 20 世纪 90 年代中期开始推行工资集体协商制度。在政府的主导下，集体协商正循序渐进地开展，依托劳动关系三方机制，全国工资集体协商机制建设得以稳步推进。截至 2009 年年底，仅全国签订工资专项集体合同就达 51.2 万份，覆盖企业 90.2 万个，覆盖职工 6177.6 万人。行业性、区域性工资集体协商工作也取得较大发展，行业性、区域性工资集体合同的覆盖面逐年扩大。据全国总工会报告，截至目前，全国已有13个省（区、市）以党委或政府名义下发文件，推动开展工资集体协商工作；23个省（区、市）人大制定《集体合同规定》或《集体合同条例》等地方性法规。从全国总工会获悉，全国企业职工入会率将达到81%，已建工会企业工资集体协商制度覆盖率将达到60%。各级工会将加强区域性行业性工资集体协商和世界500强在华企业建制工作，到2011年年底，已建工会企业工资集体协商制度覆盖率达到60%。

对一些地方的调查表明，70%以上的职工对工资集体协商表示欢迎和拥护，并希望能够发挥更大作用。一些企业经营管理者也认识到解决劳资矛盾离不开协商，因而在处理涉及职工切身利益的重大问题时，会主动要求与工会展开协商。调查表明，实行工资集体协商的企业，职工工资普遍比同行业未实行工资集体协商的企业高出10%~15%。但总体上，工资集体协商制度在我国还处于初级阶段。1995年实施的《劳动法》就平等协商作出原则规定；1996年5月17日，原劳动部、全国总工会、国家经贸委、中国企业家协会联合发出《关于逐步实行集体协商和集体合同制度的通知》；2000年原劳动和社会保障部出台了《工资集体协商试行办法》，该办法规定，当出现“本单位利润增长、本单位劳动生产率提高、当地政府工资指导线提高、本地区城镇居民消费价格指数增长”四种情况之一，都可以提出涨薪要求；2003年颁布了《集体合同》规定；2006年原劳动部、全总、中国企业家协会联合发布开展集体协商的意见；2008年3月5日，在全国人大政府工作报告中，“建立工资集体协商制度”被写入政府工作报告。国务院总理温家宝明确提出，要“推动企业建立工资集体协商制度”，报告把“推动企业建立工资集体协商制度”上升到了政府行政层面的具体要求；2008年实施的《劳动合同法》对开展平等协商、订立集体合同进一步做出了明确规定，2009年以来全国开展了全面推行工资集体协商的工作。新修订的《工会法》也对平等协商、签订集体合同作了明确规定。

从《劳动法》《工会法》《劳动合同法》到原劳动部的《集体合同规定》《工资集体协商试行办法》，再到全国总工会《关于积极开展行业性工资集体协商工作的指导意见》，中国的集体协商机制正在不断完善中。其内容，从职工的劳动报酬、休息休假、保险福利、劳动安全卫生到女职工和未成年工的特殊保护、职工培训、职工文化体育生活等。人力资源和社会保障部不仅开展了推广集体合同制度的“彩虹计划”，全国总工会也专门设立了“集体合同部”。但是，由于集体协商制度的推行是非强制性的，实施的覆盖面依然偏窄，实践运行仍然面临诸多困难与障碍。来自全国总工会的调查资料表明，全国共有1300万家企业，其中超过1000万家中、小企业（占将近80%的企业）没有建立工资集体协商制度。近年来全国出现的劳资冲突事件所显示出的自发性，譬如广州南海本田罢工事件、富士康跳楼事件，都说明工资集体协商在我国面临诸多制约因素。

上述两起劳资事件中，工人的不满首先来自于几近当地的最低工资收入，其管理理念更是需要检讨，否则企业的生存与发展都将不可持续。然而，对这一切视而不见的不只是企业，还有工会和政府有关部门在工人维权中的软弱无力。

第一，是工会职能的缺位。开展工资集体协商的前提条件之一是组建独立的、规范的工会组织，并且谈判双方具有独立性和代表性，强大的谈判力是决定集体谈判结果的基本因素。美国劳联主席威廉·格林说：只有当雇员与雇主的谈判力相等时，现在的经济条件才能改变。如果雇员与雇主谈判力不对等，实际上阻碍和影响着商业的流通。作为职工利益代表的工会组织，理应通过与企业或者政府进行集体协商，使职工可以通过一个有效的渠道来维护自己的利益，享受到经济发展的成果。而我国工会的发展存在着先天不足，在职能上存在很大的欠缺。20 世纪 90 年代以来，工会被赋予的职能是“维持社会稳定，促进经济发展”，所谓工会代表和维护工人权益的职能也要受到这个总体职能的制约。政府不希望因为工会组织的出现而给企业特别是非公企业的生产经营带来任何不便。政府试图通过建立劳动者保护制度，提供给劳动者适当的工资福利与劳动条件，辅之以工会劳动关系的协调工作，避免建立在集体力量基础上的大规模工会议价行为导致的政治与社会不稳定。工会被定位为党和职工之间的桥梁纽带、国家政权的重要社会支柱，它们更多的是协助企业进行维稳工作。由此不难理解，为什么在一些地方工人权益受到危害的时候工会不作为的情况经常出现。在广州南海本田和富士康事件中，我们几乎看不到工会为工人维权的身影。

工会几十年形成的“俱乐部”形象使工人难将维权的希望寄托其上。因此，一些质疑自然产生：中国工会究竟是什么性质？代表谁的利益？当集体协商真正开展的时候，工会能够为工人的要求与资方讨价还价呢还是协助资方安抚或教育工人放弃“条件”，做一个有文化守纪律的劳动者？此外，工会的领导人本身往往处于管理高层，出于私利而明哲保身，他们很难为工人的利益和管理者讨价还价。中国尽管已经把工资集体协商写入《劳动法》，但真正实行起来却任重道远。

虽然工资集体协商是国际上普遍采用的一种工资决定机制，但是如果中国工会的角色依旧，如果它们仍保持着与资方的利益相一致，如果它们依然没有把提高员工工资和改善就业条件作为自己的使命，那么由工会与资方进行的“工资集体协商”就只能是一个远景①。推行工资集体协商，需要匡正工会的职能，一是成立各种区域、行业工会，使这些工会形成相互竞争的格局，企业工

① 张抗私：《工资集体协商的约束条件分析》，载于《东北财经大学学报》2001 年第 3 期。

人可以投票选择由哪个行业或区域工会代表本企业职工与雇主进行工资集体协商、签订集体合同。二是逐步推进基层工会的民主选举，培植独立于企业的工会组织。三是制度化地推动基层工会干部“敢谈”、“会谈”。工资集体协商的主要推力是工会。但基层工会干部“不敢谈”“不会谈”的现实情况决定了工资集体协商无法取得实质性进展。既然把工资集体协商作为一项公共政策来推行，那么就要解开各级工会身上无形和有形的束缚，在公共治理中释放工会行使职权的空间，放行工会充分行使法律授予的权力。工资集体协商是需要高度智慧与专业技能的，必须引进大批专职协商人士的加入，通过他们的专业知识和谈判技能，与资方博弈，打破工资集体协商中工会信息资源不足、劳资双方占有信息资源不对称的格局，使劳资双方在工资集体协商中站在同一平台上，保证工资集体协商公开、公平、公正地进行，改变基层工会在劳资谈判中的从属地位。

第二，劳动力市场的供求约束。目前中国的劳动力市场是买方市场。所谓买方市场是指由于劳动力市场供过于求，劳动力供给主体在市场中处于被动地位，需求者处于主导地位。劳动力的供求失衡，给企业的雇佣行为极大的主动性和灵活性。劳资双方地位的不平衡导致资方单方决定工资模式，在非公有制企业和职工流动性强的劳动密集型企业，这种现象尤为普遍。劳动经济学认为，与产品及劳动力同为完全竞争市场时相比，工资率和就业率都比较低，这表明在劳动力市场上垄断在降低劳动力价格的同时也会降低劳动力的使用，进而在劳动力市场上劳动力的价格就会降低。劳动力市场这种供过于求的现象使得集体协议的签订数目较少，即使签订了集体协议，也只是流于形式，工人的权益难以维护。

第三，雇主方面的约束。雇主组织不健全，也是工资集体协商无法顺利推行的重要原因。中国企业联合会是我国最高级别的雇主组织，但它无法发挥集体协商和谈判的作用。我国存在为数众多的行业协会，但它们不是雇主组织，而是亦官非官组织。在国外，雇主组织很健全，代表雇主的组织通常是全国和行业的雇主协会，它们在维护雇主利益、稳定劳资关系、促进社会合作、推动经济发展方面起着不可替代的作用。我国的雇主组织不健全带来的直接后果是：在劳资矛盾中，本应由雇主组织解决的问题只能由政府出面解决；本应由雇主组织参与协调的劳资关系只能由政府出面协调；本应由雇主组织为企业提供的帮助和服务只能由政府出面提供。政府对此除了“疲于奔命”外，就只能“视而不见”。因此，协商力量的建立需要工会组织和雇主组织的双重建设，才能使协商力量均衡化，实现劳资共决。

第四，政府的偏好与责任。在我国，劳动力过剩，而相对于经济增长需要的资本则长期处于短缺状态。这一格局必然使资本与劳动之间存在严重的权利不平等，并由此导致压低劳动力价格、肆意延长劳动时间或提高劳动强度、劳动保护水平低等问题。追求 GDP 政绩的地方政府较多地考虑对资本的吸引力，把“低劳动力成本”作为招商引资的“法宝”，却长期忽视劳工权益的保护，甚至对一些企业违反《劳动法》的行为视而不见。一些地方政府担心工资集体协商会吓跑投资者，影响地方投资环境，因而限制工会维权作用的发挥，甚至放任企业违法用工，或对工资集体协商工作不重视、不支持。如果政府对工资增长的意义仍然停留在过去的认识水平上，必然会阻碍劳资协商的顺利进行。此外，政府的作用不应超越并凌驾于市场，最低工资的调整不宜过频、提高幅度不宜过快，不应成为主宰工资增长的推动力，而要成为工资增长的润滑剂。

第五，民营企业工资增长缓慢，一个重要的症结，是涉及工资集体协商的各个主体，重视彼此利益的计较而轻视相互诚信的建立。企业担心工人提出过高的工资要求，可能导致经营困难；工人担心企业不愿协商，不能实现工资诉求。劳资双方由于缺乏互信，工资集体协商难有实质性进展。发达国家的经验表明，在工资协商中由于劳资双方各自的存在状况不同，需要理解和尊重对方的组织整合，以建立相互协商的基础条件。劳资之间围绕工资的计较，受到经济发展状况、社会保障程度、劳动力供求的制约，需要客观地予以考虑。工资协商的当事人是劳资双方，互信、理解、尊重、客观考虑与理性估量有助于积累相互的诚信，进而有利于工资协商的开展。否则，没有诚信做基础，双方自行封闭起来进行利益计较，会徒增摩擦乃至对立。

第六，相关法律法规缺位的约束。针对工资集体协商制度，我国很多法律法规中已有相关规定，但也存在诸多不足之处：一是没有明确规定工资集体协商制度的具体功能与做法，难以对企业形成有力的约束，缺乏法律意义上的制约性与强制力，很难成为推动工资集体协商的利器；二是对政府保障职责的义务未作具体规定，且缺乏对资方不配合工资集体协商的法律约束；三是没有具体规定对协商代表的法律保护，不利于谈判的正常开展。

值得关注的是，我国已有了工资集体协商的成功范本，2003 年产生的中国工资集体协商样本——浙江温岭羊毛衫、水泵等行业的工资集体协商案例[①]。对此，温岭新河镇工会主席陈福清认为，工资集体协商是市场倒逼的结果，因为当时不知道工资是否可以集体协商。仔细分析新河镇工资集体协商产生的原因，可发现政府的强势推动起了很大作用。浙江温岭素有民主协商的传统，工资集体协商是民主协商在企业实践的结果。

（三）小结

工资集体协商，不仅仅是协商工资，更是涉及整个劳资关系基本权利的实施问题，如工人的组织权、谈判权、罢工权，即劳动法上的“劳动三权”。打破

① 王阳：《积极推进区域及行业劳动关系协调机制建设——由温岭市推行行业工资集体协商引发的思考》，载于《中国人力资源开发》2009 年第 5 期。

工资集体协商阻力，需要立法的支撑、政府的支持，工会组织作为协商的一方，任重道远。地方各级人大、政府应该加强工资分配的立法和政策制定工作，将集体协商机制逐步纳入法制化、制度化、规范化轨道；争取对工资集体协商要约、程序、信息提供等设立必要的强制性条款，强化工资集体协商制度的执行力；建立工资集体合同签订和履约的监督检查制度，明确工资集体合同草案必须提交职代会审议通过、履约情况向职代会报告，发挥基层工会组织和职工代表监督检查作用，确保有效履行工资集体合同。

六、促进民营企业工资增长的对策建议

1. 将职工工资增长纳入国民经济和社会发展计划

建立健全企业职工工资正常增长机制，需要有完备的配套政策，建议将职工工资增长纳入国民经济和社会发展计划，研究制定职工工资增长与经济发展相联系的考核指标，并将对企业工资增长作为各级政府及主要负责人的考核内容，建立指标评估考核办法，确保职工工资与国民经济的发展同步。

2. 加快建立和完善工资分配的法律法规

目前，我国《劳动法》、《劳动合同法》等法律法规对企业工资分配的规定都比较原则，现执行的企业工资分配政策大部分都是20世纪90年代的文件，已不适应新形势发展需要，应当尽快出台针对企业工资分配和增长机制的单行法法规，如《企业工资条例》、《集体合同法》条例等。尤其要尽早制定出台《企业工资条例》，通过法律法规的形式，明确政府在企业工资分配宏观调控方面的职责；明确最低工资制定流程、支付方式和调整机制；明确企业的工资决定机制；规范市场条件下企业特别是民营企业的工资支付行为，明确工资支付的一般规范，建立解决拖欠工资问题的长效机制；明确加班工资、假期工资等特殊情况下的工资支付要求和计算基数；加强监督管理并明确法律责任。对企业不执行工资指导线、不回应工会或劳动者集体协商邀约和不履行工资集体合同行为的处罚措施。

3. 实行分类调控，完善最低工资制度

重点“提低”，采用积极灵活的方式按既定目标调增最低工资标准，同时应加强对高收入行业企业工资水平和工资增长速度的调控。对最低工资标准的调整，应以年递增13%为原则依据，再具体根据国民经济运行和居民消费物价水平变动情况在5年期间灵活安排。积极推动通过行业集体协商在按区域发布的最低工资标准基础上制定行业最低工资标准。为逐步缩小行业企业工资收入差距，应加强对这类行业企业工资水平的调控措施，为其他行业企业工资正常增长创造较好条件提供更大空间。特别是对高收入企业，要从严控制其工资水平和工资增长幅度，加强工资总额管理，同时也要从严监管其产品和服务价格。

4. 强化劳资共决薪酬机制

推进工资集体协商，是推动民营企业建立正常合理的工资调整和增长机制的重要途径。首先，政府、工会、企联等部门要成立专门的工资集体协商指导机构，引导工会代表职工与企业方通过集体协商，确定工资标准支付形式和工时定额等，保证职工工资随着企业效益和当地物价水平的提高而增长。其次，在民营企业聚集的地方，推动开展行业性、区域性集体协商，将大多数没有组建工会或者还不具备开展工资集体协商条件的企业纳入行业性、区域性集体协商范围。建立和完善企业工资增长指导线和劳动力市场工资指导价制度，为职工与企业进行工资协商、调整工资、签订劳动合同提供基础性参考标准。强化工会对职工年均收入和增长水平的动态监控，在建立职工工资合理增长机制方面发挥作用。加强事后监督检查，对企业工资支付、工资增长、集体谈判合同执行和最低工资标准执行等情况进行定期检查，对拖欠和克扣工资等行为及时采取措施并限期解决。第三，进一步健全职工代表大会制度，充分发挥职工代表大会作用，积极参与企业经营，从根本上保护员工的合法权益。第四，大力加强工会建设，培育工资集体谈判的主体，强化工会在工资集体协商中的作用。对于尚未建立工会的民营企业应推动其尽快依法建立工会组织，地方应根据当地的实际情况，建立必要的行业工会，以便全面发挥工会的功能；各地工会应采取有效措施，加强对工资集体协商谈判骨干的培训工作，建立起一支高水平的工资集体谈判指导员队伍；对于企业工资协调谈判员工会主席等要建立相应的保护机制，如明确在任期内不得解雇、工资待遇不得降低等，以保证其在工资协商中能保持独立性。

5. 完善劳动定额管理体制，加强对企业劳动定额的指导和监督

劳动定额与劳动报酬之间具有非常密切的联系，是企业支付劳动报酬的主要依据。目前，一些民营企业劳动定额标准缺失，在劳动密集型企业和实行计件工资制度的企业尤为突出。建议尽快采取措施，完善劳动定额管理体制，逐步制定完善劳动定额标准体系，并对劳动定额标准的贯彻落实情况进行监督检查；各行业要强化行业劳动定额管理，推进行业通用标准并推广实施；工会要积极通过协商确定本地区、本行业和企业的劳动定额标准，并监督企业贯彻落实；企业家联合会则要加强对劳动员定额的政策宣传和指导工作，引导民营企业科学制定和执行劳动定员定额标准，有效遏制企业通过随意提高劳动定额标准压低工人工资的现象，为民营企业建立正常的工资增长机制打下坚实的基础。

6. 加大对企业薪酬调查工程的投入

工资指导线、劳动力市场工资指导价位、行业人工信息调查、收集分析、发布工作是一个系统工程。近些年来我国发布价位数量有限，主要原因是缺乏专业人员和专项资金。建议各级财政每年从就业专项资金中安排用于保障企业工资增长指导线、人力资源市场工资指导价位、行业人工成本信息发布和薪酬

调查工作，建立覆盖广、内容全、周期短、权威性强的薪酬调查体系，及时了解掌握不同地区、不同行业、不同岗位的薪酬状况，定期向社会发布，为实现民营企业工资有效增长提供技术服务。

7. 减轻民营企业的税费负担

进一步减轻民营企业的税费负担，提高企业的工资增长支付能力，减轻人工成本水平上升压力。可将目前的增值税和营业税起征点由每月5000元提高至10000元以上，争取在几年后提高至20000元。对于符合国家产业政策和出口退税政策的出口加工企业，可规定企业应将国家给予的出口退税额的一定比例（如50%）纳入企业应付职工薪酬账户。对于政府应给予扶持的公益性行业企业，已实行税收减免仍不足以维持职工工资正常增长时，可由财政部门根据当年社会平均工资增长情况给予专项补贴。可适当降低民营企业各项社会保险的缴纳比例。专门针对为职工全部缴纳五项社会保险的民营企业降低企业缴费率，或规定在其全额缴纳后给予一定的返还，专门用于增加职工工资。利用国家定向收取的“资源税”和中央企业增加的上缴利润建立相应的“社会保障调剂基金”，对社会保险基金进行补充和调剂。政府部门和企业应重视企业人工成本之外其他成本费用变动因素对工资增长的制约作用，避免各种因素交互影响的叠加效应对民营企业造成过大的负面影响。

“苹果—富士康模式”中的劳资关系探究

刘凤义　王媛媛*

近两年来，苹果公司和富士康公司都成为中国备受关注的企业。富士康公司不断出现的“连跳”事件和工人罢工风波，引起了国内外各界对富士康劳工生存状况的关注；苹果公司在其光鲜产品的背后，也隐藏着员工遭受“毒苹果”危害、消费者遭遇歧视待遇的阴暗面。对于苹果公司和富士康公司存在的问题，人们有不同的研究视角。本文将从资本关系的视角，把二者有机联系起来，深入研究其内部的劳资关系问题。

之所以把苹果、富士康公司连在一起，是因为富士康是苹果公司的在中国的最大代工企业。尽管富士康也为惠普、三星等其他公司生产产品，但相对而言，苹果公司和富士康公司的联系更为密切，且具有代表性，因此本文称之为“苹果—富士康模式”。这一模式是外资企业在中国生产模式的缩影，具有普遍性特点，因此对其的分析有利于揭示外资经济在中国投资生产中形成的劳资关系特点。正是基于此，本文所分析的“苹果—富士康模式”不仅仅是这两家企业的问题，更是这类经济关系的代表。

一、“技术—制度—全球化”：研究“苹果—富士康模式”的分析框架

关于劳资关系研究，理论界有不同分析框架，本文则提出一个研究劳资关系的马克思主义分析框架。根据马克思的唯物史观方法论，劳资关系是资本主义生产关系的核心，它的具体内容和实现形式是一个国家的生产力、生产关系

* 刘凤义，南开大学经济学院经济学系教授，研究方向：劳资关系。王媛媛，南开大学经济学院经济学系研究生。

和上层建筑综合作用的结果，这一框架可以具体化为“技术—制度—全球化”分析框架。

1. 技术层面

生产力是劳资关系的物质基础，生产力发展水平直接影响分工和技术的水平，进而至少从四个方面影响劳资关系：一是从资本的角度看，分工和技术决定资本雇佣劳动所采取的组织形式。比如，在生产力水平较低的情况下，企业组织规模小、形式简单，在个人业主制或合伙制企业中，劳资关系比较简单；相反，在生产力水平比较高的情况下，企业组织规模大、结构复杂，与之相适应的劳资关系也比较复杂。二是从雇佣劳动的角度看，在不同技术条件下，资本对劳动者的技能要求不同，进而对劳资关系的影响不同。[①] 在劳动密集型的企业中，劳动力通用性强，劳资关系不稳定；而在技术密集型的企业中，劳动力技能的专用性很强，劳资关系较为稳定。三是分工和技术的发展，会提高劳动生产率，为劳资双方利益共享提供物质基础。当然，能否真正实现共享，还取决于制度的规定性。[②] 四是在宏观领域，分工与技术影响产业结构分布，进而影响劳动关系的稳定性。根据资本与劳动的关系，我们可以把产业分为劳动密集型产业、知识分散型产业、资本密集型产业和知识密集型产业。一般来说，知识分散型和劳动密集型交叉的产业中，劳动力技能（西方经济学中称为“人力资本”）的通用性最强，劳动力的可替代性强，竞争激烈，资本力量强势，劳动者地位最不稳定，比如纺织业、食品业、餐饮业等。在劳动密集型和知识密集型相结合的产业中，劳动者的技能有一定的专用性，劳动者之间的可替代性较弱，劳动关系较为稳定，比如金融业、电子信息业等。在资本密集型和知识分散型相结合的产业中，劳动者技能的通用性较强，但比劳动密集型工人在技能方面要求高，劳资关系也较为稳定，比如钢铁业、机械业等。在资本密集型和知识密集型相结合的产业中，劳动者技能的专用性最强，可替代性最弱，劳动者可以凭借“人力资本”优势要挟资本所有者，所以这类产业的劳动关系最为稳定，比如职业经理、高级工程师、律师、医药研究、网络技术、新能源开发等。

2. 制度层面

从政治经济学视角看，制度结构可以划分为经济制度和上层建筑两个层面。经济制度，也就是社会生产关系。在资本主义生产关系中，我们可以将其概括

① 本文认为在分析劳资关系问题时，要把“技术”和“技能”区别开。技术是生产力发展水平的一种客观反映，而技能则是劳动者自身所具备的知识、诀窍、劳动能力等。技术发展可能会对劳动者技能提出更高要求，也可能使劳动者的技能退化。资本主义生产力发展对工人究竟是有去技能化趋势，还是提高技能化趋势，理论界存在争论，本文不涉及这一问题本身。

② 刘凤义、胡春玲：《瑞典共享型劳资关系的形成、演变与绩效分析》，载于《教学与研究》2011 年第 11 期。

为三种关系和四个环节[①]。三种关系即为资本家之间的关系，资本家与工人之间的关系以及工人之间的关系。技术条件对以上三种关系的不同模式有重要影响。首先，对资本家之间的关系来说，若技术水平较低，资本家都拥有大抵相同的技术，则企业之间的差距较小，彼此之间的竞争程度较强；随着生产力的发展，技术水平普遍提高，并不断有新的技术出现，资本家很容易依靠对某项技术的垄断来获取超额利润而实现迅速扩张，这时资本家之间的差距拉大，大资本垄断某一行业的可能性增大，资本家之间不再只是平等竞争的关系，而是形成垄断资本之间的对峙及大资本对小资本控制的态势。其次，技术条件不同，对工人的技能要求不同，则资本家和工人之间的关系也会不同。对拥有专用型技能的人才，资本家更愿意与其建立合作、和谐的关系，而对只有通用型技能的劳动力，劳资关系就更可能采取控制和对抗的形式。最后，对于工人和工人之间的关系来说，一般而言劳动密集型企业对工人的技能要求低，工人只作为"机器"上的一个零件来使用，对生产过程没有控制权，资本家倾向于加强工人之间的分化与竞争来实现对其的控制与剥削，这时，工人只意识到自己作为个体要与他人竞争才可获得高工资，其凝聚力就难以形成；而在技术、知识密集型企业，工人技能的专用性较强，对生产过程的控制权大，则其就会倾向于联合起来维护自己的权益，彼此之间更加团结。

资本主义生产关系的四个环节包括狭义的生产关系、分配关系、交换关系及消费关系。技术条件不同，劳、资之间的力量对比不同，则生产（分配）关系及交换（消费）关系也会不同。例如，对拥有通用型技能的劳动力，资本家倾向于使用低工资的"大棒"来促使其保证劳动数量与质量，而对拥有专用型技能的人才，资本家则愿意为其提供高工资、高福利，甚至是股权激励，来取得其合作。

除此以外，制度结构还包括上层建筑层面。经济基础决定上层建筑，统治阶级会通过各种法律、政策等外围制度保护社会"核心制度"，即资本主义生产关系的稳定。如，政府会制定一系列的政策法规来协调资本家之间的竞争关系，控制垄断；会通过各种《劳动法》来规定劳动的时间、强度、最低工资、福利保障等方面，保护劳动力免受资本家的过度剥削，来达到稳定劳资关系、稳定社会秩序的目的；政府还会通过传播特定的文化、价值观、意识形态等来维护"核心制度"的稳定以确保经济利益的实现。

然而，技术与制度不只是单向的关系，根据马克思主义的唯物辩证法思想，制度反过来也会影响技术的变化。如资本家榨取工人劳动的需要就能影响技术

① 刘凤义：《劳动关系研究中的马克思主义分析框架——兼谈资本主义劳动关系的演变》，载于《马克思主义研究》2012年第9期，第52～62页。

变革的方向（鲍尔斯等）①。

3. 全球化

技术——制度框架在全球化背景下体现出新的特点。全球化使得大多数国家得以参加到世界生产中来，生产力的发展使技术条件发生新的变化。比如“模块化”生产反映了现代生产技术的重要特征，它是全球化条件下生产方式的一种新变化，也是当今跨国公司组织生产的新形式。

单纯技术意义上的模块化生产指的是一种高效、集约、标准化的生产工艺，即将一个复杂产品解构为彼此之间可兼容的模块，各种工艺技术的创新都可以针对各个子模块，整体产品在不同模块的组合中不断推陈出新。随着全球化的深入，模块化已将超越单纯技术范畴而有了更多制度的内涵，具体包含三方面的含义：一是产品设计研发制造的模块化，二是企业组织的模块化，三是价值链和价值网络的模块化②。

模块化生产使得产品的设计研发过程与生产制造过程分离开来。大型跨国资本往往主导了产品的核心技术研发过程，并为各个零部件或模块的生产制定标准，从而控制了整个生产网络，而生产制造过程则被外包到发展中国家。从企业的组织形式来看，跨国公司不再从事全面的一体化生产，而只需掌握核心技术与标准，产品各个部件的生产及最终的组装则被外包到世界各地的制造工厂。从价值链的模块化上看，跨国资本在全球范围内寻找廉价资源与劳动力来组织生产，生产不同产品模块的企业处在价值链的不同位置，而其中最明显的特点是发达国家与发展中国家分处产品价值链的两端。发达国家的跨国资本通常控制产品的研发、标准的制定以及成品的销售，从事的是技术、知识密集型生产。而发展中国家则是代工企业的福地，丰富廉价的劳动力资源使得其处在价值链的最低端，从事劳动密集型的制造加工。模块化起初作为一种单纯的技术条件，在全球化的大背景下幻化成一种全新的生产模式，并带来了新的生产关系特点。

模块化生产的技术条件导致了劳动者技能新的分割，从而也造成劳动力市场的分割。在跨国公司的主导下，发达国家（总部）的工人成为“独立的一级劳动力场”的工人，他们具有专用型技能，主要负责完成产品的设计研发，而发展中国家的工人则属于“从属的次级劳动市场”甚至“次级劳动市场”，他们只需有通用型技能，从事价值量较低的简单劳动。通过价值链，跨国资本控制了低端代工企业的生命线，代工企业只能以更低的价格、更快的交货速度来获得订单及利润，这就导致了其对廉价劳动力的无尽剥削。发展中国家的劳动力不只受制于本企业，还要受到跨国资本的剥削。总之，全球化导致的技术分工

① 鲍尔斯等：《理解资本主义：竞争、统制与变革》，孟捷等译，中国人民大学出版社2009年版，第283页。

② 尚文：《模块化分工下劳资关系新变化研究》（本科学位论文），南开大学，2012年。

促使生产关系发生新的变化，模块化生产就是技术—制度在新的历史条件下的表现形式。

二、"苹果—富士康模式"中技术与价值链

"苹果—富士康模式"是经济全球化背景下，发达国家与发展中国家之间国际分工的缩影。在全球化时代，生产技术走向模块化，一个复杂产品就被解构成不同的模块，在可兼容的条件下进行独立生产，最终集中起来进行组装。在这一过程中，拥有标准的跨国资本可以将生产过程放在有不同比较优势的国家进行，从而降低产品的生产成本。产品生产的模块化所造成的生产分割，在技术上出现了核心技术控制外围技术和生产环节的局面。

以"苹果—富士康模式"为例，苹果公司将设计研发、生产制造及营销这样一个统一过程分割开来，总部牢牢控制核心产品、部件、功能的设计研发，而将制造过程放在美国以外。通过海外采购，苹果产品的各个零部件在多个国家和地区生产，以 iPhone 为例，所有的部件最后运输到富士康在中国大陆的工厂，组装成最终产品，然后再由苹果公司购回，并面向全世界销售。以 iPod 的生产及销售过程为例可以清楚地看到苹果公司的生产模式（图 1）。关键零部件一般由日本、韩国等国家的高科技企业来生产，像富士康这样的代工企业大多负责生产可替代性高的非关键零部件或配件（如电池、显示屏、耳机等），并负责最后产品的组装。由图中可以看出，苹果公司向前控制了生产制造环节，向后则凭借其品牌优势控制了营销环节。通过 OEM 的方式（即"贴牌"生产），只需将设计图纸交给富士康这样的企业，就可以得到成本低廉的成品，并通过大型超市、经销商或者自己的专卖店销向世界各地。

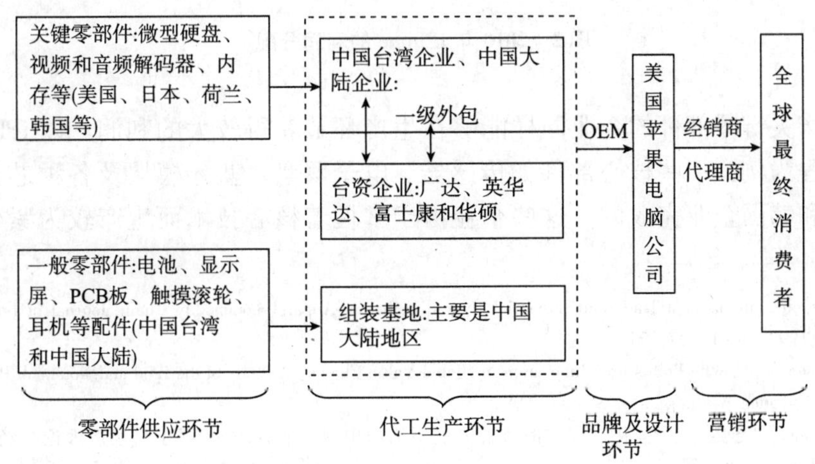

图 1　iPod 的全球价值链分解

生产过程的模块化必然造成了价值链的模块化。Gereffi（1999）① 指出每条价值链中都有一个主导者，这一主导者对价值链的性质起主导作用。价值链中不同位置的企业往往拥有不同的权力，这样的权力不对等导致了价值分配的差异。2010 年 iPhone 的利润分配中，苹果公司获得了高达 58.5% 的利润，而中国劳动力却仅仅分得了 1.8%（见图 2）。在苹果所有产品的价值链中，苹果公司都处于主导地位，且获得最大的收益，这源于其对整条生产链的控制。Dedrick 等（2008）② 认为，苹果公司在价值链中获利最大的原因之一在于其对产品设计的垄断，如其 iPod 产品的问世奠定了音乐播放器领域的技术潮流而为其他企业竞相模仿。凭借其设计和技术优势，苹果公司向前控制了产品的生产过程，即零部件供应商及代工企业，向后则利用其强大的品牌效应控制了各级分销商、代理商等，从而在价值链中占据了较大利益③。

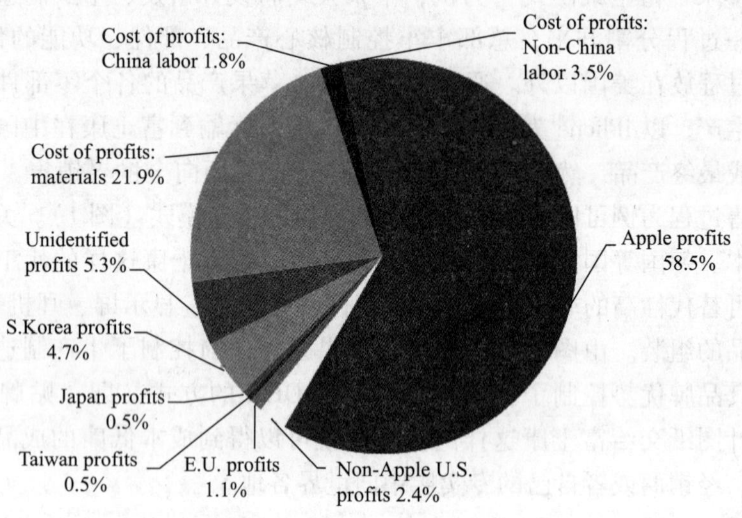

图 2　2010 年 iPhone 的利润分配④

生产关键零部件的企业同样能够在生产环节获得较大的利润。以 iPhone 的生产过程为例，一些核心部件如传感器、电子罗盘、蓝牙模块及各种芯片等是由日本和韩国企业完成的，这些企业由于掌握着核心技术而生产较为紧俏的电

① Gereffi. International Trade and Industrial Upgrading in the Apparel Commodity Chain. Journal of International Economics, 1999, 48(1):37-71.

② Jason et al. Who Profits from Innovation in Global Value Chains? A Study of the iPod and Notebook PCs. Industry Study Association Working Paper Series, 2008.

③ 江静，刘志彪：《全球化进程中的收益分配不均与中国产业升级》，载于《经济理论与经济管理》2007 年第 7 期，第 26～32 页。

④ Kenneth L. Kraemer, Greg Linden, and Jason Dedrick, Capturing Value in Global Networks: Apple's iPad and iPhone http://pcic.merage.uci.edu/papers/2011/Value_ iPad_ iPhone.pdf

子元件，从而能够获得较大利润。之后，这些精密的零部件会源源不断地运往代工企业在发展中国家的工厂进行最后的组装。富士康就处于这条产业链的最低端，中国的工厂主要生产 iPhone 中可替代性较强的一些部件，如耳机、表面玻璃和包装盒等，并完成最后的组装。虽然富士康在中国建立的工厂给地方创造了大量就业和 GDP 收入，但从整条价值链上看，它却处于获利最低的环节。如表 1 所示的 iPhone3G 的主要部件成本，可以看到，在所有部件中，日韩企业生产的闪存、显示组件、触摸屏、应用处理器等成本最高，而相对于材料和零部件总成本的 172. 46 美元，富士康深圳工厂的组装成本只有 6. 5 美元。

表 1　　iPhone3G 的主要部件及成本　　单位：美元

制造商	部件	成本
日本东芝（Toshiba）	闪存（Flash Memory）	24. 00
	显示组件（Display Module）	19. 25
	触摸屏（Touch Screen）	16. 00
韩国三星（Samsung）	应用处理器（Application Processor）	14. 46
	随机存储器（SDRAM – Mobile DDR）	8. 50
德国英飞凌（Infineon）	基带（Baseband）	13. 00
	照相机（Camera Module）	9. 55
	无线电收发器（RF Transceiver）	2. 80
	GPS 接收器（GPS Receiver）	2. 25
	Power ICRF Function	1. 25
美国博通（Broadcom）	蓝牙（Bluetooth/FM/WLAN）	5. 95
美国恒逸（Numonyx）	多重晶片封装记忆体（Memory MCP）	3. 65
日本村田（Murata）	射频前端模组（FEM）	1. 35
德国对话半导体（Dialog Semiconductor）	电力集成电路应用处理器（Power IC Application Processor Function）	1. 30
美国凌云逻辑（CirrusLogic）	多媒体数字信号编解码器（Audio Codec）	1. 15
其他		48. 00
材料和零部件总计		172. 46
富士康（Foxcoon）深圳	组装	6. 50
总计		178. 96

资料来源：刘戒骄：《生产分割与制造业国际分工——以苹果、波音和英特尔为案例的分析》，载于《中国工业经济》2011 年第 4 期，第 148 ~ 157 页。

三、“苹果—富士康模式”中的劳资关系

（一）苹果公司中的核心技术和大资本与高技能工人之间形成相对稳定的劳资关系

由于苹果公司主要负责产品的设计研发、品牌维护、营销等关键环节，是知识、资金密集型企业，其对劳动力的技能要求较高。劳动者通常都在办公室中从事设计、研发等具有创造性的脑力劳动，这样的工作要求员工有专业性的技能，苹果公司需要尽最大努力来网罗优秀人才，并想方设法激励他们为公司创造价值。

1. “胡萝卜”式的激励，员工待遇高

苹果公司非常注重人力资源管理，通过各种激励方式留住人才，并激发员工的最大创造力。其人力资源管理机构的工作目标为：“为公司提供杰出的人才，确保他们持续的晋升空间。每个员工在任何时候、任何工作中，为争取最高品质的表现而拼搏。”① 为此，公司提出了一系列激励措施，包括大额股权激励、绩效评估、奖惩机制、合伙人机制、员工培训计划等。据国外媒体报道，在库克代替乔布斯执掌苹果以后，公司对员工的待遇更加友善和人性化，从2012年年初开始推行了一项“蓝天”（Blue Sky）计划，内容是某些苹果员工可以最多花费两周时间研发自己感兴趣的项目。② 此项计划也是在尽力挖掘员工潜力，留住人才。

2. 用文化“软”约束来培育忠诚员工

苹果公司除了给予员工物质激励，还不断向员工灌输自己的价值观。苹果公司的企业价值可以概括为“任用最好的员工，制造最好的产品，提供最好的产品体验”。无论是乔布斯个人传奇式的故事传播，还是典礼式的新品发布会上领导者激情四射的演讲，都在向员工展现苹果公司个性、自由、平等、竞争的价值观，促使员工向着梦想前进。

3. 管理者与员工平等相待

苹果公司崇尚简约的组织结构，极力避免繁复的官僚结构。例如其“A级工作组”，一般有最优秀的管理者、设计师、程序员等组成，由优秀的人才组成的最小规模的团体来完成最重要的工作。在这样的组织结构里员工的创造力会得到充分的发挥，不会为官僚气氛所妨碍，再加上乔布斯作为领导者亲力亲为的习惯，公司中管理者和员工之间始终保持较为平等、自由、和谐的关系。

---

① 刘亭亭：《苹果公司的企业文化研究》，载于《中国集体经济》2012年第1期，第74~75页。

② 参见 http://www.job168.com/e/read_9434.html.

（二）富士康公司中的中小资本与技能通用型工人之间形成不稳定劳资关系

富士康自身的定位是高新技术企业，毋庸置疑，这从其现代化的工厂、大规模的流水线中可以看出来。实际上，富士康不断加大研发投入，2011 年富士康全球申请专利有 13800 件，且 80% 以上为发明专利。然而，像这样的高技术企业，其对底层生产工人的技能要求却很低，这源于它的生产模式特点。

富士康采用类似泰罗制的管理模式，将整个生产流程拆解成最零碎的动作，并为每个动作制定规范和标准，使之适合流水线的标准作业。这样，工人不需要掌握任何专业技能，只要通过简单培训便可掌握自己所要从事的几个标准动作，从而成为流水线上的一个标准零件。在这样的生产管理模式下，生产线上的工人没有机会也没有必要接触到技术性的工作，富士康成功地将复杂劳动拆解成简单劳动，只要工人具有正常智商和良好体力，就可以胜任这种工作，这也为其利用发展中国家的大量廉价劳动力提供了便利。

1. 工人劳动强度大，工资待遇难有提高

富士康的工资待遇一般要高于同类的代工企业，并且厂区一般都有完善的生活配套设施，这也是其吸引劳动力的优势所在。然而生产线上的劳动强度很大，工厂常常要为了完成紧急或临时订单而要求工人加班。根据"两岸三地"高校 2010 年对富士康大陆厂区的调研发现，在"连跳"事件发生之前，工人的每月加班事件普遍超过 100 小时，"连跳"事件以后也仍然高达 80 小时左右，大大超过劳动法规定的最高限 36 小时①。不仅如此，富士康还随意克扣工人的加班费，有时生产定额未能完成，管理者就会强迫整条生产线的工人"义务"加班。在跳楼事件后，富士康迫于舆论压力而宣布涨薪，而据高校调研组调查发现②，名义上工资虽然上涨，但同时一些福利津贴也消失了，例如取消年资津贴和季度奖、不再提供职工宿舍等，这样的涨薪无异于明升暗降。

2. 工人在工作中难以得到发展，晋升空间小

由于生产线上的劳动被充分地分解成简单劳动，工人只能日复一日地重复同一个或几个动作，十分枯燥。长时间从事这种劳动，使得工人技能得不到全面发展，直至被异化成为一个零件。在富士康，想要晋升也是相当困难的。据高校调研组的调查显示③，一线工人的晋升空间十分狭窄，且晋升的决定权由管理人员垄断，工人没有参与的可能。

3. 工人之间的分化严重，凝聚力弱

在富士康的生产线上，工人只需要完成标准化动作，互相之间不需要合作交流。为了更好地管理与控制工人，从生产线到宿舍，管理方都尽量减少工人之间的交流，使其成为"原子化"的个人。例如，工厂会随机分配工人的宿舍；

---

①② "两岸三地"高校调研组：《2010 年度"两岸三地"高校富士康调研总报告》，引自百度文库。

③ "两岸三地"高校调研组：《2010 年度"两岸三地"高校富士康调研总报告》，引自《百度文库》。

实行严格的门禁制度，不同宿舍楼的工人不可以互相进出；同一宿舍的人分成白班和夜班交替安排工作时间等。富士康的工人大多没有可以交往的人际圈，彼此之间难以形成凝聚力。

4. 工人的流动性高，劳资冲突不断，劳资关系不稳定

由于富士康的劳动强度大，工作枯燥，且不需要工人有专门的技能，其工人的流动性较大，有很多人工作不到半年就离开了。2012 年以来，富士康位于郑州、太原的工厂接连发生罢工、斗殴事件，劳资冲突不断升级。

（三）“苹果—富士康模式”中劳资关系的总体特征

在全球化背景下，世界各地的联系日益紧密，模块化技术的发展使得研发与制造过程可以分开独立进行，生产分割的生产组织形式成为可能。在这样的技术条件下，处在生产过程不同位置的企业，即处在价值链不同位置的企业内部也会产生相应的生产及盈利模式，从而导致不同的组织管理形式及劳资关系模式。“苹果—富士康模式”就是“技术—制度—全球化”融合的典型案例，其劳资关系总体特征体现在以下三个方面：

1. 从大资本与中小资本之间的关系看——苹果公司对富士康公司进行控制

上文的分析表明，作为跨国资本巨头的苹果公司处于产品价值链的最顶端，在整条价值链中起主导作用，获得了利润的大部分，而负责其产品最后组装的代工企业富士康，则不得不以更低的价格、更快的速度、更有弹性的生产来获得苹果公司或其他资本巨头的订单以赚取微薄的利润。作为掌控全局的大资本巨头，苹果用一条无形的价值链牢牢控制着相对而言没有控制力及主导权的小资本——富士康。

2. 从资本与工人之间的关系看——富士康工人受双重资本的压榨

苹果公司不仅是整条价值链的主导和控制者，也是底层代工企业工人命运的主导者。由于富士康这样的代工企业所从事的生产技术含量低，所在市场的竞争性强，所以必须依靠速度、质量与成本来获得客户订单，而这些，都要依靠对工人的绝对控制来获得。苹果公司的高管都认为中国工厂的规模、周边的配套产业以及工人的速度、弹性、刻苦程度、工业技能都超越美国本土的工人和工厂，这是其选择中国工厂代工生产的主要原因①。“苹果在最后一分钟重新设计了 iPhone 屏幕，迫使这家中国工厂的装配生产线彻底改造，新的显示屏在午夜运抵这家工厂，一个工头立即叫醒了宿舍内的 8000 名工人。每个员工分到一块饼干和一杯茶后，在一个半小时之后开始了 12 个小时轮班工作组装新设计的玻璃屏。在 96 个小时之内，工厂的产量已经相当于每天组装 10000 部 iPhones。”②这是富士康工人经常面临的典型情况，在苹果公司感叹的高效率与弹性

①② 参见 http://www.smthome.net/html/201201/299216.html。

的背后，是富士康工人劳动时间及强度的被迫增加。如果说在生产线上的工人只看到基层管理者如线长、课长的粗暴压榨，而没有看到中高层管理者们的剥削，那么他们更没有意识到的是，控制他们的最大力量来自远在美国的硅谷。压力从苹果到富士康，再通过金字塔般的组织机构向下层层传导，最终压在底层工人的身上。

3. 从工人与工人之间的关系看——苹果与富士康工人分属于不同的劳动力市场

模块化生产催生了生产分割的新型生产组织形式，其后果是劳动力技能和劳动力市场的分割。苹果公司下属员工从事的是知识、技术密集型劳动，需要具备专业技能，成为受到重视与保护的“一级劳动力市场”的成员，而富士康在中国工厂的普通工人只是生产线上的一个“零件”，是技能通用型劳动力，从事利润最低的组装工作，组成“次级劳动市场”。这种分割的劳动力市场，一定程度上分化了工人之间的团结，削弱了劳动与资本的谈判力量。

四、简短结论

毫无疑问，在现有技术和国际分工体系下，“苹果—富士康模式”有其必然性。然而，这并非说我们作为社会主义国家，面对这种局面无能为力，相反转变这种发展方式已经势在必行。以下思路或许有益：转变经济发展方式，增强自主创新能力，摆脱外国大资本的技术和资本双重控制；提高劳动者技能，走生产中的高技术与工人高技能、高报酬的良性循环之路；加强政府监管、社会监督，完善工人组织，提高谈判力量；与国际劳工组织合作，在国际范围内限制大资本以及大资本与小资本联合下的压榨（这是基于中国提高工人工资，外资企业就会逃到东南亚工资更低的国家，只有国际范围内的劳动组织团结合作，才能抵制大垄断资本在不同发展中国家追求剩余价值最大化造成双重盘剥的后果）；发挥国有经济在构建和谐劳动关系中的主导作用，用国有经济中的先进劳动关系引导、影响私营经济中的劳资关系，使我国市场经济中的劳动关系不断扩大再生产出社会主义性质的内容。

完善社会保障制度　促进收入合理分配

韩玉玲*

收入分配和社会保障是事关国民切身利益的民生问题。自1978年实行改革开放以来，我国经济保持了30多年的持续快速增长，取得了巨大成就。但伴随经济增长的同时，我国居民的个人收入分配差距却呈现不断扩大的趋势并引起社会的高度关注。党的十八大报告提出，要确保到2020年全面建成小康社会，实现社会保障全民覆盖，缩小收入分配差距，全面提高人民生活水平。社会保障具有重要的收入再分配功能，是世界许多国家调节居民收入分配差距的重要手段。我国国内学术界也开始关注社会保障和收入分配之间的相关性研究，旨在通过改革社会保障制度实现经济社会协调发展和构建社会主义和谐社会。

一、我国收入分配的现状及其原因

自改革开放以来，我国依据现阶段生产力的发展水平，实行了以公有制为主体、多种所有制经济共同发展的基本经济制度，一方面毫不动摇地巩固和发展公有制经济，另一方面毫不动摇地鼓励、支持、引导非公有制经济发展，形成了各种所有制经济平等竞争、相互促进的格局。

所有制的调整必然对分配制度产生根本性的影响。我国对原有的以“大锅饭”为主要特征的平均主义分配体系进行了重大改革，建立了以按劳分配为主体、多种分配方式并存的分配制度，劳动、资本、土地、技术、管理等要素都按贡献参与分配，居民收入的来源呈现多样化，出现了工薪收入、经营性收入、财产性收入和转移性收入等并存的局面。这一方面使城乡居民的生活水平得到显著提高，另一方面也拉大了收入差距。如在国民收入初次分配中，劳动者报

* 韩玉玲，山东财经大学经济学院副教授，主要研究方向为国有企业改革、公司治理和政府采购。

酬比重偏低且持续下降；城乡间、地区间收入分配差距不断拉大；财富向高收入群体集中等。数据显示，在改革开放初期，我国居民收入的基尼系数仅为0.16，目前已超过0.5，明显超过0.4的国际警戒线。我国城镇居民的人均可支配收入和农村居民的纯收入的差距由1984年的1.83:1扩大到2011年的3.13:1。如果再加上城镇职工享受的各种补贴、低价的公用设施和文教卫设施等，城乡居民的实际收入差距将扩大到5~6倍。另外，像电力、电信、石油、金融保险、水电气供应、烟草等国有企业，其职工总数不足全国的8%，但工资收入却是全国职工工资总额的55%。世界银行的报告显示，我国1%的家庭掌握了全国41.4%的财富。目前的中国已成为世界上少有的贫富差距悬殊的国家之一。

造成我国收入分配差距扩大的原因主要有以下几个方面：

第一，在GDP中，企业收入占比重较高，劳动报酬占比重较低。我国现在还处在社会主义初级阶段，为了发展社会生产力，毫不动摇地鼓励、支持、引导非公有制经济发展。目前私营企业创造了60%以上的国内生产总值，提供了80%以上的城镇就业岗位。但是，私营经济中主要实行雇佣劳动制度，其经营目标是获取利润，或者说是占有尽可能多的剩余价值，以使自身的资本增殖。这就造成了在GDP中企业收入占比较高、劳动报酬占比较低，拉大了收入分配差距。如1983年我国居民劳动报酬占GDP的比重是56.5%，2010年下降到45%，企业利润所占比重则持续增大。

第二，市场经济条件下的竞争机制。在社会主义市场经济体制下，资源将被配置到效率最高、社会最需要的生产部门。这样，由劳动、资本、土地和管理等生产要素参与的收入分配与竞争机制相联系，对效率的强调就造成了社会成员之间在收入分配上的不平等。人们的劳动能力，社会机遇和家庭赡养负担上的差异，就产生了个人收入和家庭生活富裕程度上的差别。

第三，政府主导的市场化。同许多发达资本主义国家相比，中国市场经济的建立与发展既有经济自发发育的成分，又和政府的推动密切相关，因而中国的市场化带有明显的政府主导特征。市场机制发育的不充分阻碍了正常的竞争性市场机制对资源的基础性配置，收入分配机制也相应受到影响。国有资产由于管理体制上的缺陷，分配关系尚未理顺，一些地方、部门和企业盲目照搬国外的做法，如引进年薪制。许多改制企业一方面是企业负责人和管理层月收入数万元，另一方面是职工月收入仅数百元，甚至报销不了医疗费。职工的养老、医保都面临资金拮据的尴尬局面。

目前，我国收入分配差距过大已引发许多社会问题。党的十八大报告强调，要调整国民收入分配格局，着力解决收入分配差距拉大的问题。

二、社会保障对收入分配的调节机制

广义的社会保障包括社会保险、社会救济、社会优抚和社会福利四部分。

各种形式的社会保障相辅相成，构成一个完整的社会保障体系。该体系既是社会的“安全网”，也是收入分配的“调节器”，有着重要的收入再分配功能。以庇古为代表的旧福利经济学派认为，基于边际效用递减规律，通过社会保障制度可以将收入从富人转移到穷人，达到收入分配均等化并增加社会总福利。以希克斯、萨缪尔森等为代表的新福利经济学认为，通过社会保障进行收入再分配可以实现帕累托改进，增加社会总效用。国际经验也表明，经过社会保障调节之后，居民可支配收入的基尼系数会趋于下降，其作用远大于税收对缩小收入分配差距的贡献。

社会保障对居民收入分配的调节，主要体现在社会保障资金的筹集及其发放上。

社会保障基金由社会保险基金、社会救济基金、优抚安置基金和其他社会保障基金组成，其中的社会救济基金、社会福利基金、优抚安置基金主要来源于国家财政拨款、社会集团和个人捐赠、有奖募捐等。此类社会保障的给付是向低收入者或困难群体倾斜。所以，社会救济和社会福利的收入再分配效应最为直接。因为受助者不需要承担任何社会保障缴费义务，只要是陷入贫困或困境便可以从社会保障体系中获得救助。

社会保障体系中的社会保险基金是由国家、单位和个人三方共同承担。虽然社会保险金的给付需要以缴费为前提，即受保人必须事先缴纳一定的费用才能获得相应的生活保证。但社会保险也具有互济性特征，社会保障资金的给付与劳动贡献没有严格的对等关系，以致会出现多缴费少受益、或者少缴费多受益，甚至不缴费也受益的情况。有的国家（如瑞典）还规定了社会成员缴纳社会保障税或费的起征点，即低于一定收入水平的社会成员可以免缴社会保障税或费。从各国的实际情况来看，低收入劳动者往往是社会保险的主要受益者。社会保险还能直接影响初次分配格局的制度安排，即通过构建工资、社会保险与职工福利三位一体的薪酬体系来提高劳动者报酬并适度平抑过高的资本收益。这种方式既能够保证劳动者的即期收入，满足当前的消费需求，同时也能解除其后顾之忧。

综上所述，尽管不同的社保项目筹资方式不同，但有一点是共同的，即政府、企业和个人都承担部分筹资责任，体现的是在社会大环境下国家公助、社会互助和个人自助的结合，并在一定程度上发挥调节收入分配、缩小收入差距的作用。

三、完善社会保障制度，缩小收入分配差距

改革开放以来，经过30多年的探索和不懈努力，我国的社会保障实现了五个方面的转变，即逐步由国家通管向国家、单位、个人三方负担转变；由企业

自保向社会互济转变；由全部包揽向基本保障转变；由现收现付向部分积累转变；由政策调整向法律规范转变，初步建立起了与社会主义市场经济要求相适应的社会保障体系框架。但目前，我国社会保障对收入分配的调节作用尚待加强。

第一，扩大社会保障覆盖面。我国现已逐步建立起广覆盖（涵盖城镇居民、农民工和农民）、多层次（基本养老保险、企业年金和商业寿险）、以社会统筹和个人账户相结合的部分积累制养老保险模式。为了解决人们的“看病难、看病贵”问题，我国对医疗保险制度进行了一改再改，建立了以城镇职工基本医疗保险、城镇居民医疗保险和新型农村合作医疗保险制度为主体和城乡医疗救助制度为补充的新型医疗保障制度体系。虽然我国社会保障改革取得了较大成绩，但仍然还有相当大一部分群体未纳入到社会保险体系中，如城镇非公有制经济组织从业人员、个体工商户，以及灵活就业人员等。另外一个特殊群体，即离开家乡到城市就业的农民工，参加城镇职工养老、医疗、工伤、失业和生育保险比例更低。社会保险覆盖面的有限性，极大地削弱了社会保障对收入分配的正向调节作用。为此，我国要进一步扩大社会保障的覆盖面，使更多的人群享受到社会保障的实惠。

第二，提高政府对社会保障财政支出的比例。以 2010 年为例，中国社会保障支出占 GDP 的比重仅为 2.28%。这与发达国家大多在 20% 甚至 30% 以上的比重相比差距非常大。社会保障在国家财政再分配中所占份额偏小，对收入再分配的调节力度也就有限。在“十二五”规划中，我国已明确提出提高社会保障支出占 GDP 的比重，不断提高社会保障水平。这就需要政府将更多的财政支出用于社会保障，增加社会保障的服务项目和内容，让社会保障真正能够解决人们的后顾之忧。

第三，与时俱进，科学设计社会保障项目。我国社会保障项目设计不合理，如有的保障项目出现多个部门共同经营而有的项目却无人过问的情况。这种不合理性严重影响了社会保障制度收入再分配效应的发挥。为此，在设计社会保障项目时不仅项目要多而全，而且各种项目设计要合理，相互之间能够取长补短，形成完整的配套体系，以充分发挥社会保障制度调节居民收入分配的作用。

我国城镇化进程的加速、城乡人口流动转移频率的加快和社会管理方式的转变，都对完善社会保障管理服务体制和机制提出了新要求。现在全国每年新增 1000 多万农村人口转到城镇就业和定居，同时有上亿农民工在城乡间频繁流动。这就要求加快社会保障城乡统筹的步伐，破除城乡分治的行政管理体制障碍，完善各种不同制度之间的衔接转移办法，妥善解决跨地区社会保险关系接续、医疗保险异地就医结算、被征地农民参加社会保障等重大问题。

目前，我国的就业多样化也对社会保障全覆盖提出新的挑战。传统的社会保障管理以稳定就业群体为对象、以用人单位为依托。现在，随着多种所有制格局和统一人力资源市场的形成，灵活就业群体的数量和比例呈明显上升趋势，劳动关系、就业岗位、工作时间、工资收入都有不稳定性和不确定性。所以，社会保障的制度设计应与时俱进，逐步打通城乡社会保险制度之间的转换路径，主动适应参保人流动性、就业多样性的特点，满足参保人便捷性的诉求。

第四，减少社会保障水平差异，提高社会保障的统筹层次。我国的社会保障存在着地区、城乡、行业、群体差距，进而也拉大了收入分配差距。如在劳动者中，存在着有社会保险与无社会保险者的收益差异；在已纳入社会保险的劳动者群体中，存在着公务员、事业单位工作人员与企业职工等的待遇差距；在企业职工中，存在着垄断行业与一般性竞争行业的职业福利（如住房公积金、企业年金等）差异；在城乡居民中，存在着社会保障项目多寡与水平高低等差异；在不同地区之间，存在着社会保障缴费率和待遇的差距等。这些差距都在不同程度上影响着劳动者的初次分配，而且这些影响往往是隐性的。实证研究表明，社会保障增加了城市低收入者和老年人的收入，同时也增加了高收入者的收入，但由于高收入者得到的社会保障净收益反而多于低收入者，因而社会保障导致了居民收入分配差距的扩大。还有研究表明，中国城乡社会保障制度存在的巨大差距，使得现行社会保障制度不仅未发挥收入再分配作用，反而进一步扩大了城乡收入差距。

社会统筹是政府依据统一的标准和原则，将分散在各部门、各企业的资金，通过统一的方式和途径集中起来，统一调节统一分配使用。社会保障统筹层次的高低直接影响社会保障制度对收入分配格局的调节力度。

目前我国的社会保障实行“社会统筹与个人账户相结合”的筹资模式。个人账户是权益明确划归个人的基金制账户。它由于是个人自主缴费，缴费和收入呈正比。个人账户缴费率越高，收入分配差距就越大。所以，它不具备再分配功能，而是发挥强制性储蓄和保险功能。而社会统筹的基本功能是收入再分配，体现了社会公平。因为在社会保险制度中，社会统筹缴费是按收入水平进行的，而给付水平却与职工的收入水平没有关系。在我国目前的社会公平有待加强的情况下，今后的社会保险改革应逐步提高社会统筹的比例，缩小个人账户的规模，强化社会统筹账户的作用，以增强社会保险的互济功能和收入分配调节功能。

扩大社会统筹比例能筹集更多为政府统一调配的资金和更好地调节收入分配，但是如果统筹层次不高，也无法实现大范围内的调配，不能很好地在范围内调节贫富差距。因此在社会保障制度安排上，要提高社会统筹层次，将原来的市、县级统筹逐步提高到省级统筹，最后过渡到全国统筹。这不仅打破了地区差异，而且对社会保障在全国范围内自由流动，实现从“地方粮票”向“全国粮票”的转变有重要作用，以在全国范围内缩小贫富差距，促进劳动力资源的合理配置，提高社会效率。

从公共产品供给中的委托

——代理关系看我国分税制改革

杨强　王涛*

一、引言

作为一项改革以来实施稳定性很高的国家基本财税制度，分税制被看作是中国社会主义市场经济快速发展以及社会各项事业的全面进步做出了突出贡献。而同时，也有部分学者认为现阶段中国的分税制已经不能适应当前中国经济与社会各项事业发展的需要，并导致一系列阶段性经济社会问题的出现①。

在分析现阶段的中国分税制所面临的问题时，事权与财权的不匹配成为很多学者关注的重点，也有学者认为中央政府应当更多地下放财权给地方政府。在本文的分析中，事权被具体化为公共品供给，而地方政府在进行公共品供给的活动中由于信息优势而容易产生道德风险。因此，在中国分税制改革的问题上，事权与财权匹配问题的背后还存在着一个更深刻的地方政府公共品供给的激励机制问题②。依笔者看来，在弄清激励的基础上再进行合理的财权分配是中国分税制改革的关键。

本文将尝试运用委托—代理理论分析框架，从中央与地方政府在公共品供给中的关系入手来考察其中的激励机制，并在此基础上对中国分税制的改革问

* 杨强，福建师范大学经济学院教授，经济学博士，主要研究领域为社会主义市场经济理与实践；王涛，经济学硕十，现就职于中国建设银行河北沧州分行，主要研究领域为社会主义市场经济理论与实践。

① 王永钦、张晏、章元、陈钊、陆铭：《中国的大国发展道路——论分权式改革的得失》，载于《经济研究》2007 年第 1 期，第 4～16 页。

② 王永钦、丁菊红：《公共部门内部的激励机制：一个文献述评——兼论中国分权式改革的动力机制和代价》，载于《世界经济文汇》2007 年第 1 期，第 81～96 页。

题进行探讨。

二、中国公共品供给与分税制的环境约束

1. 集权为主的中国分税制

分税制作为一种基本财税制度，其实质是不同层级政府之间的财政分权，而财政分权的本质是一种涉及经济、政治、法律的治理结构。显然，在中国现阶段的政治体制下，地方政府由于尚未受到西方投票机制的制约，而与地方纳税人的地位并不对等。不加约束地给地方政府下放财税立法权，可能会导致地方政府不受控制地多收、乱收现象。因此，中国的分税制的立法权集中于中央政府。中央政府通过立法权来划分其与地方政府各自所辖的税种范围，并在共享税的划分比例上，也享有主动权。在这样的制度架构下，中央政府和地方政府并不是“分而税之”，而是相当于中央先收取全部税款，然后再把其中的一部分税款划分给地方政府。中央政府欲将更多的财政资源分拨给地方，便可以通过立法权增加地方税税种、税率以及将某些税种从国税转为地税，或者将地方在共享税的占有比例提高，反之亦然。

对政府来说，征税是收入，供给公共品要支出；有收便有支，有税便有公共品的供给。分税制会导致财权分散，地方政府自己控制收支。即地方政府从纳税人手里获得税收收入，然后为纳税人提供公共品，受纳税人监督和约束，对纳税人负责。这种公共品的交易活动便在地方政府与纳税人之间直接进行①。而中国现阶段的分税制的实质是，纳税人向中央政府缴纳税款，也即向中央政府购买公共品。中央政府除了直接为纳税人提供公共品外，给予地方政府一定的转移支付，使其作为代理人替代中央政府为当地纳税人提供公共品。这样一来，中央政府与地方政府在财政税收方面呈现出一种分成关系，相应地，在公共品供给方面便构成了一种委托—代理关系②。

正是基于这种对中国分税制以及公共品供给特殊结构的认识，本文将采用委托—代理模型来对中国分税制改革进行分析。

2. 公共品供给的确定性

所谓确定性是指公共品的供给仅取决于地方政府的努力，亦即付出一定的努力，必然能够得到相应的产量和收益③。本文假定这种确定性的要求在一般情况下并不存在。公共品的供给除了与政府努力直接相关外，还要受到努力以外

---

① 马斯格雷夫·查理、马斯格雷夫·皮吉：《美国财政理论与实践》，中国财政经济出版社1987年版。

② 黄佩华：《中国：国家发展与地方财政》，中信出版社2003年版；杨之刚：《财政分权理论与基层公共财政改革》，经济科学出版社2006年版；李萍：《中国政府间财政关系图解》，中国财政经济出版社2006年版。

③ 陈涛：《国际税收竞争与公共产品提供》，载于《税务与经济》2003年第1期，第59~62页；卢洪友、刘京焕：《地方性公共品供给制度创新研究》，载于《中南财经政法大学学报》2003年第4期，第12~17页。

的随机因素制约。这种制约可能来自于政治因素、公共品的特性、地域差别等其他与努力程度无关的因素。因此，公共品供给的产量是受政府努力和随机制约因素共同决定的。

此外，不但公共品的产量受随机因素的影响，公共品产量所带来的收益更是有很强的不确定性。地方政府付出努力所供给的公共品完全有可能不受欢迎或效果甚微，也可能并不能被中央政府观察到并给予激励；而另一方面又可能因为这项工作的出色而得到赏识，在同级的竞争中脱颖而出。

3. 中央政府在公共品供给中的双重身份

在本文的分析中，中央政府被假定为与纳税人的利益完全一致。也即，中央政府希望能够提供数量多、质量高，让纳税人满意的公共品。从这个角度上说，中央政府像是纳税人的完美代理人，尽自己的最大努力去提供公共品，最大化纳税人的效用。而中央政府相对于地方政府来说又是理性的委托人，本着以公共品供给最大化的目标，设计契约去激励地方政府努力为其提供公共品①。

之所以将中央政府假定为纳税人的完美代理人，是因为这样可以避免在分析中央政府与地方政府之间的关系时，再去考虑中央政府自身可能出现的道德风险问题。后者显然不属于本文探讨的范围，这样的假定会令后续的分析免受干扰而又不至于影响推论。其次，从实践意义上来说，中央政府相对地方政府来说确实会更重视公共品的供给，因为这关系到纳税人的满意程度，从而关系到民众对中央政府的支持率。在现阶段中国政治体制下，地方政府的利益更容易受到中央政府的影响，而对地方居民的效用以及支持率的敏感性有限。因此在没有任何激励的情况下，地方政府对公共品的供给没有中央政府那么关切。

4. 地方政府在公共品供给中的道德风险

理性经济人是经济学中最基本的假设，地方政府在一定的约束激励条件下同样如此②。我国现行的政治体制决定着地方政府的利益诉求更多的是朝向中央政府，而非地方民众。地方政府官员的升迁来自于上级任命，而地方政府的财政收入则要受分税制的影响。因此，地方政府的利益从政治和经济两方面受到中央政府的直接约束。

地方政府通过分税制得到的税收资源相当于从中央政府获得的转移支付，这种转移支付要用来维持地方政府的有效运行并为所辖地区提供公共品。其转移支付数额越大，地方政府可利用的资源就越多，其效用也就越大。而公共品的提供对地方政府来讲，可能会带来与其付出的努力不匹配的负效用。因为地方政府为了提供公共品，需要投入时间、精力和资源。如果从机会成本的角度考虑，不付出努力不但可以节省时间精力，还可以将资源用于其他开支甚至寻租。显然，转移支付总额的增加一定可以使得地方政府的效用增大。由于更大

① 科斯、哈特、斯蒂格利茨等：《契约经济学》，经济科学出版社 1999 年版。

② 亚当·斯密：《国民财富的性质和原因的研究》，商务印书馆 2008 年版。

的选择空间，地方政府不但可以使得各种开支消费绝对上升，而且调整各种开支的相对比例的能力也获得了提升①。

由于信息不对称，地方政府会凭借自己的信息优势隐藏自己的行为。在获得中央政府转移支付的财政资源后，地方政府没有从中央政府效用最大化的利益出发，而是会选择少付出努力提供公共品，而将资源尽量多地用于满足自身的效用，也就是说地方政府存在道德风险问题②。

因此，在本文的分析中，地方政府的自利性体现在其对转移支付的偏好和对公共品供给的懈怠，而信息不对称所带来的道德风险问题会损害中央政府的利益。

5. 信息不对称下的地方财税支出

为了将分析聚集在分税体制的框架内，本文忽略了地方政府的其他收入来源，假定其全部收入来自于中央政府的转移支付。这里的转移支付概念不同于经济学中政府对居民个人的转移支付，而是特指在分税制的安排下，中央政府划分给地方政府的财税资源。已有的关于中国分税制的讨论更多地从规范意义上集中于地方政府的分税的比例是否合理。本文的后续分析将对这一问题从实证层面进行分析，进而表明这种分税比重属于内生变量，还需受到其他因素的影响。在信息不对称的条件下，地方政府如何支配所掌握的资源是很难被观察到的。在总额固定的情况下，这种转移支付的用途包括：地方政府成本补偿，也即用作人员生活消费以及维持正常行政运转的开支；公共品供给成本补偿，也即提供公共品项目本身所需要的最小花费；非正常开支，如职务消费、公关支出等。在这些用途中，前两个共同构成了公共品供给的最优成本。注意到提供公共品的支出可能并不会为地方政府直接带来效用，而其他的消费会令其效用提升，所以信息不对称会使得地方政府偏好不去努力提供公共品。

三、中国公共品供给与分税制的理论解释

拉丰在其《激励理论》第一卷中将激励理论的出发点设在了委托—代理理论上，在这本经典的理论介绍著作中，代理人的激励问题清晰可见③。本文将根据拉丰整理出来的统一且规范的分析框架，对中国公共品供给中的委托—代理关系进行分析并试图以此给予中国分税制改革进行解释。

---

① 陈抗、顾清扬等：《财政集权与地方政府行为变化——从援助之手到攫取之手》，载于《经济学》（季刊）2002年第2期，第111～130页；刘汉屏、刘锡田：《地方政府竞争：分权、公共物品与制度创新》，载于《改革》2003年第6期，第23～28页。

② 聂辉华：《交易费用经济学：过去、现在和未来——兼评威廉姆森〈资本主义经济制度〉》，载于《管理世界》2004年第12期，第146～153页。

③ 拉丰、马赫蒂摩：《激励理论（第一卷）：委托—代理模型》，中国人民大学出版社2002年版。

1. 假设与约束条件

在存在不确定性的条件下，公共品供给水平不只是地方政府努力的结果，还受到努力以外因素的随机影响。不同的努力水平并不能完全确定地对应不同的公共品供给水平，而是受随机干扰因素的影响以概率的形式发生作用。具体来说，假设存在两种努力水平和两种公共品供给水平[①]，$e=1$ 和 $e=0$ 代表付出努力和不付出努力，并给地方政府带来的负效用 $H(e)$ 分别为 $H(1)=H$ 和 $H(0)=0$；$Q=Q_1$，$Q=Q_0$，分别代表公共品供给的高产出和低产出水平，也即 $Q_1>Q_0$，$U(Q)$ 表示公共品供给水平给中央政府带来的效用。由于信息不对称，中央政府不能直接观测到地方政府的努力水平，只能根据已观测到的公共品的供给水平对地方政府提供支付 $t=t(Q)$，t_1 是供给量为 Q_1 时的支付水平，t_0 是供给量为 Q_0 时的支付。而且有 $P_0=Pr(Q=Q_1\mid e=0)$ 和 $P_1=Pr(Q=Q_1\mid e=1)$，其中 P_0 表示当地方政府不付出努力提供公共品时，得到公共品供给高水平的概率；P_1 表示地方政府努力提供公共品时得到高供给水平的概率。且 $P_1>P_0$，也即付出努力提供公共品所获得高供给水平的概率要大于不付出努力所得到的结果。付出努力提供公共品所得到的期望供给量为：

$$P_1Q_1+(1-P_1)Q_0$$

相应地，不付出努力提供公共品所得到的期望供给量为：

$$P_0Q_1+(1-P_0)Q_0$$

将以上两式相减得：

$$[P_1Q_1+(1-P_1)Q_0]-[P_0Q_1+(1-P_0)Q_0]=(P_1-P_0)(Q_1-Q_0)>0$$

因此，努力提供公共品的期望供给量更高，中央政府会更偏好于付出努力后的公共品供给水平。

在本文的分析中，中央与地方政府都被看作是风险中性的[②]，当地方政府努力提供公共品时，中央政府的期望效用为：

$$P_1[U(Q_1)-t_1]+(1-P_1)[U(Q_0)-t_0]$$

当地方政府不付出努力提供公共品供给时的期望效用为：

$$P_0[U(Q_1)-t_1]+(1-P_0)[U(Q_0)-t_0]$$

设 $u(t)$ 表示中央的财税转移给地方政府带去的效用，为了激励地方政府付出努力，必须令地方政府付出努力的效用要大于不付出努力的效用，也即其激励约束为：

$$P_1u(t_1)+(1-P_1)u(t_0)-H\geqslant P_0u(t_1)+(1-P_0)u(t_0)$$

激励约束只能保证地方政府在努力和不努力中更偏好努力，而如果付出努力的地方政府效用过低，甚至达不到其期望的保留效用，则地方政府会选择退

---

① 当然，实际情况中这两个变量是连续的，但为了分析便利以离散变量代表并不影响逻辑推演。

② 委托—代理理论中的委托人一般由于资产多用性而符合风险中性假定，也即对中央政府来说，任何 $U(t)=t$。

出。为了保证地方政府参与公共品的供给，则必须令其付出努力的效用要大于其保留效用①，也即其参与约束为：

$$P_1 u(t_1) + (1 - P_1) u(t_0) - H \geqslant 0$$

2. 一个基准参照——完备信息下的公共品供给

首先假定信息是完备的，也即地方政府提供公共品的努力可观察。虽然这一假定与现实严重不符，但是其可以在理论层面上设定一个基准②，便于本文的进一步分析。此时，中央政府的最优规划为：

$$\text{Max} P_1 [U(Q_1) - t_1] + (1 - P_1)[U(Q_0) - t_0]$$

$$P_1 u(t_1) + (1 - P_1) u(t_0) - H \geqslant 0$$

由于地方政府的努力可以被观测到，所以中央政府可以不计成本地根据其努力水平进行奖惩，也就不需要激励约束，只需有参与约束条件。

通过拉格朗日方法解这个最优规划得：

$$t_1 = t_0$$

这说明在努力可观察的情况下，中央政府知道地方政府是否付出了努力，因此不论公共品供给的水平是高是低，他根据地方政府的努力水平对其进行的转移支付都是相同的。可以想象，在完全信息条件下，中央政府委托地方政府提供公共品是不需要激励措施的。地方政府提供公共品努力程度的任何变化都会立刻被中央政府觉察到。一旦地方政府不付出努力，立即可以觉察到这一信息的中央政府便能够毫无成本的对其进行处罚。此时，中央政府不必担心财政资源的浪费和低效，可以完全放心地将财政资源合理转移支付到地方政府，从而一个合适的分税制可长期稳定的存在。

由于地方政府的参与约束是紧的，所以从以上最优规划中还解得：

$$u(t) = u(t_1) = u(t_0) = H$$

这说明地方政府得到的转移支付给其带来的效用正好弥补其努力所产生的负效用。从这个角度说，地方政府只得到了其保留效用，也即没有得到租金。

在这种条件下，公共品的供给效率不会受到影响，因为地方政府总是会努力供给。中央政府将全部财税资源集中，然后根据地方政府的努力信息给其进行相应的转移支付，这些转移支付只是弥补了地方政府努力的负效用，没有给其留有任何租金，不用为激励地方政府付出额外成本。因此，如果这种完美的委托—代理关系存在的话，中央政府只需按照事权的划分，放心地给予地方政府相应的财税资源就可以了。在这种情况下，只需下放财权或加大地方政府财政分成比例，即可以保证良好的公共品供给效率。当然，这一完美的委托—代理关系也会给中央政府带来一定的成本。

① 这里的保留效用被标准化为0。

② 埃里克·弗鲁博顿、鲁道夫·芮切特：《新制度经济学：一个交易费用分析范式》，上海人民出版社2006年版。

通过激励地方政府，中央政府可以得到的期望收益为：

$$P_1[U(Q_1)-t_1]+(1-P_1)[U(Q_0)-t_0]$$

由于 $t_1=t_0=t$，并用反函数的形式表示 $t=h(H)$，上式为：

$$P_1U(Q_1)+(1-P_1)U(Q_0)-t=P_1U(Q_1)+(1-P_1)U(Q_0)-h(H)$$

若放弃激励地方政府，中央政府可以得到的期望收益为：

$$P_0U(Q_1)+(1-P_0)U(Q_0)$$

容易理解，当激励地方政府努力提供公共品所得到的收益更大时，中央政府才会这样做，也即：

$$P_1U(Q_1)+(1-P_1)U(Q_0)-h(H)\geqslant P_0U(Q_1)+(1-P_0)U(Q_0)$$

化简上式得：

$$(P_1-P_0)[U(Q_1)-U(Q_0)]\geqslant h(H)$$

上式左端为中央政府激励地方政府所得到的期望收益，右端为激励地方政府所付出的成本。换言之，只有当上式满足时，中央政府才会选择激励地方政府努力提供公共品。在本文的分析中，地方政府被假定为风险中性①，也即对任何的 $u(t)=t$，转移支付的效用不受随机干扰的影响。将 $u(t)=t$ 代入上面的分析，可以得出中央政府激励地方政府付出努力的最优成本为 $h(H)=H$。

3. 非对称信息下公共品供给中的委托—代理关系

（1）委托—代理模型在非对称信息下的一般分析。以上的分析建立在信息完备努力可观察的假设基础上，由于努力可观察，在中央政府的最优规划中，不需要地方政府的激励约束。而当改变这一假设后，也即努力不可观察时，地方政府的激励约束和参与约束都会发挥作用。

$$\begin{aligned}&\text{Max}P_1[U(Q_1)-t_1]+(1-P_1)[U(Q_0)-t_0]\\&P_1u(t_1)+(1-P_1)u(t_0)-H\geqslant P_0u(t_1)+(1-p_0)u(t_0)\\&P_1u(t_1)+(1-P_1)u(t_0)-H\geqslant 0\end{aligned}$$

中央政府会尽量降低转移支付水平，而且假设地方政府为风险中性，对所有 $u(t)=t$。中央政府会尽量少支出，激励约束和参与约束都可化为等式成为紧约束。

$$\begin{aligned}&\text{Max}P_1[U(Q_1)-t_1]+(1-P_1)[U(Q_0)-t_0]\\&P_1t_1+(1-P_1)t_0-H=P_0t_1+(1-p_0)t_0\\&P_1t_1+(1-P_1)t_0-H=0\end{aligned}$$

解得：

$$t_0=\frac{P_0}{P_1-P_0}H$$

① 地方政府的风险厌恶问题与本文的分析方向一致，但需要更为复杂的数学分析。

$$t_1 = \frac{1 - P_0}{P_1 - P_0}H$$

这样，当公共品供给水平比较高时，地方政府得到的转移支付是 $t_1 = \frac{1 - P_0}{P_1 - P_0}H$，从而净收益为 $t_1 - H = \frac{1 - P_1}{P_1 - P_0}H > 0$；当公共品供给水平比较低时，地方政府得到的转移支付是 $t_0 = -\frac{P_0}{P_1 - P_0}H$，从而净收益为 $t_0 - H = -\frac{P_1}{P_1 - P_0}H < 0$。因而地方政府会付出努力尽可能地增大高公共品供给水平的概率，减小低公共品供给水平的概率。

与完全信息环境里的结果不同，当地方政府的努力信息不能被低成本的观察时，中央政府需要制定一个契约来激励地方政府的努力程度。即便在信息不完备，地方政府的努力程度无法得到监督的情况下，中央政府依然可以用明确而利益差距足够大的奖惩规则来激励地方政府的努力，也就是常说的“胡萝卜加大棒”的方式。在这种激励契约可行的情况下，地方政府的理性选择是付出努力，从而不会影响公共品的供给效率。

此外，观察地方政府付出努力的期望收益 $(P_1 - P_0)(t_1 - t_0) = H$，说明其所得到的期望收益正好弥补自己付出努力的负效用而没有剩余。从中央政府的角度来讲，这说明虽然地方政府的努力不可观察，因而需用激励手段促使其努力从事公共品的供给，但是只要设定一个合适的奖惩契约，这一激励契约的实施便可以不给地方政府留有任何租金，而使得中央政府的激励成本达到最优。这说明，分税制作为一种相对固定的财税体制，需要辅之于一种有效的奖惩机制才能稳定存在。否则，便会出现对地方政府提供公共品的激励成本无法达到最优。对中央政府来说，激励成本的增大，意味着对地方政府的财政转移并不能提升公共品供给水平，而会产生由于地方政府道德风险所带来的大量信息租金。这使得中央政府可能放弃激励，从而造成对地方财政的支付不足，这也是中国分税制事权与财权错位的深层次原因。地方政府在公共品供给时不存在好的激励，即便给予地方政府与事权相匹配的财权，其也会产生道德风险，无法完全承担事权。在探讨地方政府的财权如何与事权匹配的问题之前，需要我们考虑如何能用一个合适的奖惩机制来保证对地方政府公共品供给的正向激励。

（2）公共品供给的剩余索取权与分税制。前述的分析表明，在信息不完备的情况下，需要设定一个针对不同公共品供给水平的契约来激励地方政府提供公共品供给的努力水平。在此，我们将考察一个特殊的激励契约。

考虑中央政府对地方政府通过以下形式的契约来进行激励：

$$t_0 = U(Q_0) - T$$

$$t_1 = U(Q_1) - T$$

其中 T 是地方政府首先对中央政府反向的转移支付，且

$$T = P_1 U(Q_1) + (1 - P_1) U(Q_0) - H$$

这一契约是否存在需要依赖于其是否满足地方政府的激励与参与约束。首先将其代入激励约束：

$$P_1 t_1 + (1 - P_1) t_0 - H \geqslant P_0 t_1 + (1 - P_0) t_0$$

可得：

$$(P_1 - P_0)[U(Q_1) - U(Q_0)] \geqslant H$$

上式左方表示中央政府的激励收益，右方代表其激励成本。因为前述已经证明，当中央政府选择激励地方政府时，一定会满足其激励收益大于激励成本，所以上式必定成立，从而激励约束得以满足。再将这一契约代入参与约束：

$$P_1 t_1 + (1 - P_1) t_0 - H \geqslant 0$$

可得：

$$0 \geqslant 0$$

可见，这一契约不但满足地方政府的参与约束还保证了此约束为紧。

因此，这一契约确实存在。而这一契约的含义是以剩余索取权来对地方政府进行激励。在这种契约的激励下，公共品供给的收益无论如何，都会由地方政府完全承担，因此剩余索取权激励也就构成了一项很强的奖惩契约。

在产权经济学里，剩余索取权的作用受到了特别的重视①。这给中国分税制改革带来的启示是深刻的。这里的剩余索取权的实质不是公共品的产量本身，而是其给政府带来的效用。公共品供给水平的高低直接决定着纳税人的效用，也决定着其对政府执政的态度。中国的政治结构决定了中央政府要比地方政府更加关心民众的满意度和其支持意愿，这关系到中央政府的执政地位和声望。而地方政府受自上而下的任命制而非自下而上的选票制的约束，导致其做出的理性选择是强化了对上的利益诉求而弱化了其对下的责任担当②。

中国分税制改革需要加大地方政府的财政能力，理顺两者间的事权与财权关系，完善的分税制要求地方政府税权的确立。而不论是给予地方更多的财政资源还是让地方政府拥有更自主的税权，都需要在地方政府可以在被有效约束的条件下实施，否则地方政府会浪费财政资源、滥用权利随意征税收费而并不努力提供公共品。这不但产生公共品供给的效率损失，也严重损害了纳税人的切身利益，不利于整个国家的稳定发展。世界上分税制完善的国家通常以地方选票制度对地方政府公共品供给进行有效激励。当纳税人对公共品供给满意，地方政府可以继续安享自己的利益；而当纳税人对公共品供给不满，直接通过选票机制让地方政府下台，这种硬约束方式落实了地方政府对公共品供给的剩

① 张维迎：《产权、激励与公司治理》，经济科学出版社 2005 年版；科斯、阿尔钦等：《财产权利与制度变迁：产权学派与新制度学派译文集》，上海人民出版社 2004 年版。

② 迪克希特：《经济政策的制定：一个交易费用政治学框架》，中国人民大学出版社 2003 年版，第 34 页。

余索取权。公共品供给水平的高低所带来的收益与惩罚完全被地方政府所承担。在这种以剩余索取权为特征的激励机制下，地方政府享有自主税权，完善的分税制得以产生。因此，无论是扩充地方财政资源还是加大地方自主税权，其背后都关系着地方政府对于公共品供给剩余索取权的落实。

以上的分析表明，要想让地方政府付出努力提供公共品，需要让其拥有提供公共品供给所带来的剩余索取权，也即需要让民众的满意和支持度成为其目标函数里的重要考量。

虽然通过上述的分析表明中央政府可以通过奖惩鲜明的契约激励地方政府对于公共品供给的努力，但是在这种环境中的地方政府却承担了相当大的风险。在一个不确定性的环境里，参与约束只能保证地方政府的期望效用不会小于其保留效用，然而负效用的可能性却依然存在。但是在中国地方政府的政治环境中，这样的负效用出现的概率不大，也即奖惩明显的激励契约并不能完全实施。前述将地方政府假定为风险中性，也就是只关心公共品供给的期望收益，而不考虑随机干扰因素的方差。实际情况中，地方政府并没有面对这样的风险。原因是其对公共品供给水平承担有限责任。

4. 地方政府对于公共品供给的有限责任

在现实中，我国地方政府总会得到一定的财政转移，地方政府承担着公共品供给的有限责任。其此时的最优规划为：

$$\mathrm{Max}P_1[U(Q_1)-t_1]+(1-P_1)[U(Q_0)-t_0]$$

$$P_1u(t_1)+(1-P_1)u(t_0)-H\geqslant P_0u(t_1)+(1-P_0)u(t_0)$$

$$P_1u(t_1)+(1-P_1)u(t_0)-H\geqslant 0$$

$$t_1\geqslant 0;t_0\geqslant 0$$

解得：

$$t_0=0$$

$$t_1=\frac{H}{P_1-P_0}$$

当中央政府激励地方政府时的期望收益为：

$$P_1[U(Q_1)-t_1]+(1-P_1)[U(Q_0)-t_0]$$

将 t_0 和 t_1 代入可得：

$$P_1U(Q_1)+(1-P_1)U(Q_0)-\frac{P_1}{P_1-P_0}H$$

如果中央政府放弃激励，则有 $t_1=t_0=0$，因此其收益为：

$$P_0U(Q_1-t_1)+(1-P_0)U(Q_0-t_0)$$

带入 $t_1=t_0=0$：

$$P_0U(Q_1)+(1-P_0)U(Q_0)$$

只有当激励收益更高时，中央才会选择激励，也即：

$$P_1U(Q_1)+(1-P_1)U(Q_0)-\frac{P_1}{P_1-P_0}H \geqslant P_0U(Q_1)+(1-P_0)U(Q_0)$$

化简得：

$$(P_1-P_0)[U(Q_1)-U(Q_0)] \geqslant \frac{P_1}{P_1-P_0}H = H+\frac{P_0}{P_1-P_0}$$

这说明激励成本比最优状态下高了 $\frac{P_0}{P_1-P_0}$。此时中央政府为了激励地方政府努力提供公共品不得不付出更高的激励成本。对中央政府来说，面对现在的次优成本，可行的激励契约集合更小了，中央政府放弃激励地方政府努力行为的可能性更大了。

地方政府的有限责任问题会导致中央政府对其公共品供给的激励成本提高，当这一激励成本高到一定水平时，中央政府会放弃激励，这便出现地方政府无法得到足够的财政资源，事权与财权错位，分税制的稳定性和公共品供给效率受到影响①。这深刻地反映了我国公共品供给与分税制的现状：地方政府的财政资源不足，而又缺乏自主的税权，过高的激励成本导致中央政府已经越来越多地直接承担起公共品供给的任务。这不但造成了公共品供给结构的失衡，更是与分工理论的效率增进相背。

四、关于推进中国分税制改革的政策建议

在对于我国分税制的探讨中，有学者主张中央政府下放财权，提高分税制中地方政府的税收分成比例的声音越来越大，该观点认为给予地方政府更多的财税资源是解决其公共品供给水平的关键。然而，本文通过分析两级政府之间的委托—代理关系后可知，如果没有解决好地方政府的激励问题，拥有更多财政资源的地方政府并不一定会努力地供给公共品。如果没有相应的政治体制改革和配套措施的跟进，地方政府拿到了资源也会从自身的利益最大化出发支配这些资源，而不是按照公众的愿望努力地提供公共品。人们常说的事权与财权不对等，虽然是中国现阶段分税制存在的主要问题，但这并不意味着随意按事权分配财权就可以将这一症结化解。没有配套的机制保障，激励不当，会造成财权分配到位了，但事情还是没人做的情形。因此，本文的建议思路是政治体制改革与财税体制改革必须协同进行。具体说来：

1. 公开政府预算，强化信息透明

信息不对称是中央政府与地方政府之间委托—代理关系出现各种问题的根

① 汤玉刚：《论政府供给偏好的短期决定：政治均衡与经济效率》，载于《经济研究》2007 年第 1 期。

源，若没有这种信息不对称问题，地方政府会自觉地努力提供公共品[①]。然而由于信息劣势，中央政府不知道地方政府如何使用财政资源，不知道地方政府在公共品供给上付出的努力水平，从而不得不通过其他信号传递机制来考量地方政府的努力程度，给了地方政府寻得信息租金的可能。

如果将预算公开，一来可以接受公众监督，二来也可以使得中央政府确切地了解地方政府的努力水平和财政资源的需求缺口。这有利于切实做到财权与事权的相互匹配。更重要的是，通过这种信息透明化的方式，使得地方政府支配财政资源的随意性得到控制和约束，非正常化的财政支出可在地方政府的效用函数中消失，这会大大降低地方政府提供公共品的机会成本。

为此，需要严格执行《预算法》，加强和完善各级政府间的信息通报和公开制度，并按时按要求通报财政资源使用情况；继续大力发展媒体和舆论监督作用，充分利用互联网等多种途径规范政府预算和财政支出。

2. 突出奖罚机制，落实相关责任

本文的分析表明，在信息不完全的情况下，想要激励地方政府提供公共品的努力需要合适的奖惩机制。而我国的政治结构决定了地方政府对公共品供给只承担了有限责任。

对于努力提供公共品的地方政府给予奖励，而对于公共品供给不能达标者给予相应的惩罚，只有通过硬约束机制来保证其最优的努力水平，进而使得中央政府放心对其进行合理的财政转移支付，保障分税制得以有效运转。中国地方政府没有受到投票选举制的约束，当公共品供给水平不能达到满意的程度，纳税人无法通过选票对其实施约束，地方政府由于有限责任而不用承担足够的惩罚[②]。这就更需要通过制度创新，在对地方政府考核时不但做到能上能下。干好干坏的差别越大，对于地方政府的激励就越有效。

要运用多种手段落实政府责任，对其有奖有惩。对重要的公共品供给实行政府负责人的一票否决制；对公共品供给工作出色的地方政府加大力度宣传；将部分难度大的公共品供给模拟为米袋子、菜篮子工程，具体落实到相关责任人。

3. 强化基层约束，创新政治体制

建立健全对于地方政府的双层利益诉求政治体制，强化由下而上的约束机制，将地方政府的切身利益与当地的公共品供给、纳税人的满意度和支持度紧密联系起来。这样才能切实保证地方政府想人民之所想，急人民之所急，供人民之所需，才能从根本上解决地方政府对于公共品供给的激励问题。

---

① 马骏、侯一麟：《中国省级预算中的非正式制度：一个交易费用理论框架》，载于《经济研究》2004年第10期，第14～23页。

② 田国强：《一个关于转型经济中最优所有权安排的理论》，载于《经济学》（季刊）2001年第1期，第45～70页。

世界发达国家成熟的分税制都会以地方政府对下的利益诉求为保障，可以通过纳税人的投票机制对地方政府的公共品供给效果给予相应的评判。我国处于社会主义初级阶段，从我国国情出发，不能简单照搬西方的选票民主机制。一味的民主不仅不能给中国民主进程带来进步，反而会影响稳定的经济、政治和社会环境，破坏我国长期稳定快速的发展势头。

我国需要继续发扬改革创新的精神，寻找适合于自身的政治体制改革之路，做到地方政府既对上服从又对下负责①。具体说来，就是要落实地方政府对公共品供给的剩余索取权，将纳税人对地方政府提供公共品供给水平的满意度作为中央考核地方政府的重要指标，并通过不断摸索来寻求这一指标在考核中的具体权重。

① 吴敬琏：《当代中国经济改革》，上海远东出版社 2003 年版。

我国资本市场的改革与发展

俞志*

资本市场是社会主义市场经济的重要组成部分，自1990年上海和深圳证券交易所成立以来，尤其是近10年来，伴随着资本市场的一系列改革和创新，实现了跨越式发展。我国内地资本市场市值由2002年的全球第13位，到2012年跃居至第3位。但与此同时，上证指数和深成指却“熊冠全球”，在世界各国股指纷纷重返危机前高点，两市股指仍在谷底徘徊。低迷的市场不仅使广大中小投资者金融资产损失惨重，IPO也不得不暂时停止。如何看待近年来的股市低迷？如何推进资本市场改革与发展？本文从我国资本市场发展的历史、特点和现状，探寻未来的发展路径。

一、我国资本市场的发展历程

从1990年上海证券交易所和深圳证券交易所成立以来，中国资本市场已经发展了20多年。20多年来，中国资本市场经历了从无到有、从小到大的成长过程，尤其是完成了股权分置改革以及建立多层次资本市场后，我国资本市场在改革创新中实现了跨越式发展。但资本市场的体制机制性问题还远未解决，这使得重新全面审视中国资本市场的历史演进尤为重要，我们只有从历史的沿革中才能更好地把握资本市场的未来发展。

纵观中国资本市场的发展，从1990年至今，大致可分为四个阶段：一是市场的构建时期；二是国有股减持启动到股权分置改革之前的时期；三是股权分置改革开始以及改革完成后的全流通时期；四是多层次资本市场逐渐形成时期。

* 俞志，福建师范大学马克思主义学院马克思主义中国化教研部主任，副教授，硕士生导师，研究方向马克思主义经济学。

（一）资本市场构建时期（1990～2000年）

这一时期，中国经济正全力破除计划经济体制弊病的影响，市场经济体制逐步占据主导地位，企业股份制的发展使得建立一个全国性的证券交易所成为必然，以1990年12月19日上海证券交易所正式挂牌营业为起点至2000年跨入新世纪，经历了10年左右时间的市场构建。在此阶段，中国以增量改革的方式构建了一个初具规模的资本市场。

在市场经济体制确立之前，股票市场呈现出三个特点：一是发行股票的企业以中小企业为主；二是上市公司中公有股占很大的比例；三是证券市场基本上是一个区域性市场。

1992年，中共十四大确立了建立社会主义市场经济体制的目标，资本市场尤其是股票市场得到了高度重视，股份制试点在中国全面推开和股票市场的发展。1992年，中央允许全国各地批准的上市公司股票在深圳、上海证券交易所上市交易，这就使之由地方性股票市场转变为全国性股票市场。从1994～2000年，资本市场得到了进一步发展。市场的规模不断扩大：上市公司的数量从1994年的291家增加到2000年的1088家，市价总值从1994年的3690.6亿元增长到2000年的48090.94亿元，流通市值从1994年的968.89亿元增长到2000年的16087.52亿元；初步构建了以《证券法》《公司法》为核心的资本市场制度架构，各项制度规则不断完善；加强和完善了证券监管体系。1999年7月1日，《证券法》开始实施。

从以上历史回顾中可以看出，这个阶段为实现建立一个初具规模的资本市场，中国的资本市场无论在制度层面、法律层面、技术层面还是在资金层面均出台了一些重要政策。当然，在整个市场构建时期，带有明显的计划经济痕迹，使得证券市场的制度架构呈现出较为浓厚的非市场特征。我们应当从中国证券市场脱胎于计划经济体制这一历史特点的视角给予充分的理解。资本市场以后的改革也认识到了历史的局限性，并大力解决以股权分置为代表的制度性缺陷问题。

（二）国有股减持启动到股权分置改革之前的时期（2001～2005年4月）

我国资本市场由于建立在计划经济末期的基础上，因此带有明显的先天不足。从政策导向、市场的规则体系、交易制度，到市场参与者的理念，都带有浓重的计划经济烙印。这些先天的不足使得上市公司的数量虽然从2001年的1160家增加到2005年的1381家，但市价总值却从2001年的43522.20亿元下降到2005年的32430.28亿元，流通市值从14463.17亿元下降到10630.52亿元，而市价总值占国内生产总值的比例更是从2001年的45.37%下降到2005年的17.79%。

这个时期中国资本市场存在的问题不断凸显，尤其是制度层面的缺陷严重阻碍了市场的健康发展。中国的资本市场指数不断下行，投资者对市场的信心日益丧失，资本市场的活力日益萎缩。而造成上述严重问题的最主要原因在于中国资本市场的制度性缺陷——股权分置。股权分置给中国资本市场主要带来了诸多危害：损害了上市公司的利益机制，使上市公司非流通股股东与流通股股东之间的利益关系处在完全不协调甚至对立的状态；引发市场信息失真；导致上市公司控股股东或实际控制人扭曲的行为；是市场内幕交易盛行的微观基础；是上市公司疯狂追求高溢价股权融资的制度基础；造成了股利分配政策的不公平，利益分配机制处在失衡状态；使中国上市公司的并购重组带有浓厚的投机性；客观上会形成上市公司业绩下降、股票价格不断下跌与非流通股股东资产增值的奇怪逻辑。

（三）股权分置改革开始以及改革完成后的全流通时期（2005年5月~2008年）

由于历史的原因和人们认识上的不足，我国资本市场的制度设计存在严重的缺陷。这种制度设计方面的缺陷主要在于上市公司股权流动性设计出了问题，主要表现是股权分置。所谓股权分置是指将上市公司的股权从流动性差异角度分设为流通股和非流通股。股权分置这样的制度设计，严重损害了中国资本市场持续发展的基础，使中国资本市场的发展缺乏一个具有共同利益趋向的制度平台。

股权分置是阻碍中国资本市场发展最重要的制度障碍，是长期以来中小股东利益不断受到侵害的制度基础。股权分置的存在使中国上市公司丧失了成长的动力。这就是我们为什么必须推进股权分置改革的原因所在。股权分置的存在使中国资本市场发展和上市公司成长失去了内在动力，必然造就具有内在制度缺陷的资本市场。这样的资本市场是没有生命力的。为此，必须进行资本市场的制度变革。2005年5月启动的股权分置改革是资本市场制度变革最重要的内容。

（四）多层次资本市场逐渐形成时期（2009年至今）

随着2009年创业板的推出，我国已基本形成了以主板、中小板、创业板和代办股份转让系统为主体的多层次资本市场体系，截至2012年年底，沪深市场主板、中小板、创业板上市公司分别为1438家、701家和355家；在区域性股权转让市场和产权交易市场挂牌的企业数千家。

2010年4月，经过8年酝酿、4年筹备的首个金融期货——沪深300股票指数期货合约正式上市。它对完善我国资本市场体系具有重要而深远的意义。国际经验表明，一个完整意义上的股票市场，应该包括一级市场、二级市场和风险管理市场。但长期以来，我国股票市场缺乏股指期货等风险管理工具，导致股市频繁换手、估值不稳、宽幅震荡、超涨超跌。2007~2008年，中国上证综指最大跌幅为72.83%，1200只个股跌幅都在50%以上，严重制约了市场资源配置功能。股指期货的推出对稳定市场具有重要作用。

经过20年的发展，中国资本市场无疑已经迈进了新的历史时期，进入了新一轮高速发展的通道。与前一阶段相比，这一阶段我们应该在保证市场稳步发展的前提下，实现中国资本市场的市场化、国际化。2005年5月到2006年年底这一年半的时间里，中国资本市场主要集中精力解决了股权分置这个制度性缺陷问题。全流通时代已经到来，中国资本市场应该选择一个新的战略目标并制定相应的配套政策来实现这个目标。

二、我国资本市场的发展成就与存在问题

（一）我国资本市场的发展成就

1. 资本市场规模得到长足发展

新中国的资本市场经过20多年的发展，从无到有，从小到大，已经取得了跨越式发展。根据世界交易所联合会（WFE）的统计，截至2012年11月12日，沪深两市总市值为21.3万亿美元，在全球名列第3位，仅此于美国和日本。中国已经成为亚太地区的主要资本市场和全球最大的新兴资本市场。

2. 对我国经济社会发展贡献巨大

20多年来，我国资本市场为建立现代企业制度、支持实体经济发展做出了巨大贡献，推动着经济转型和发展方式转变，加速了资源向优势企业集中。资本市场为我国企业尤其是国有企业的改革和机制转换提供了不可或缺的市场化平台，从而大大地提升了中国企业的市场竞争力。如果没有资本市场，中国企业尤其是国有企业就不可能建立真正意义上的现代企业制度。我国资本市场使为数不多股东组成的企业，发展成为社会公众公司，就中国企业来说，这是一种彻底的企业制度改革，是一种观念上的革命。这种制度变革，使我国企业从无知无畏、为所欲为的盲流的心态，转化成为有制约有激励的现代行为机制。因此，资本市场使我国的企业，有了股东意识及公司治理的概念，有了对收益和风险匹配原则的透彻理解，同时通过强制性的信息透明度原则使企业开始具有经济民主的精神。

（二）我国资本市场存在的问题

中国资本市场存在的主要问题是制度缺陷。

一是资本市场定位存在问题。资本市场是一个长期投资市场，但我们把它定位于融资市场。资本市场从它的本质来说，是一个长期投资市场，筹了资以后要进行长期投资。但是我们从一开始就定位于融资市场，企业融资却不给投资者回报，把这个市场看成是圈钱的市场。

二是发行制度存在的问题。高溢价发行，2011 年新股平均发行市盈率 48 倍，严重透支了成长性。

三是中国资本市场，依然是一个投机性市场，换手率极高。据统计，中国股市流通股年换手率 9～10 倍（次），按照全年 260 个交易日计算，平均持股期限 32.7 天，而美国是 0.97 倍、日本是 1.4 倍，韩国是 1.05 倍、中国香港是 1.97 倍、中国台湾为 1.27 倍。

四是股市大起大落，很不稳定。中国上海股市最低点是 1994 年 324 点，到了 2001 年 6 月，是 2240 点，2007 年 10 月达到了历史巅峰，上涨到 6124 点，2007 年上证指数上涨了 97%，从那儿以后急转直下，下跌到 1664 点，2008 年下跌幅度达 65%，2009 年又上涨 80%。现在又在 2300 点左右，这是中国股市的特点。暴涨暴跌既不利于市场功能的有效发挥，也使大量中小投资者损失惨重。因此，加强资本市场制度建设非常重要。

中国资本市场目前依然是一个典型的新兴加转轨市场，在很多方面依然处在发展的初级阶段。成熟资本市场所具有的有效运作和发展所依赖的市场化、诚信化、专业化、法治化、国际化等基本制度要素的建设仍未完成，仍旧带有计划经济体制的某些历史烙印，在市场结构、运行机制、运作效率、发展质量、产品创新等方面依然处于欠发达状态；金融期货、期权等衍生品市场刚刚起步，多层次资本市场尚不完善；服务实体经济发展的能力不强，不能充分满足经济与社会发展对资本市场产生的巨大内在需求。在经济全球化、技术信息化以及金融创新背景下，既要解决中国资本市场特有问题，又面临资本市场国际化发展趋势，必须深化资本市场的改革。

三、原因分析及对策

（一）原因分析

我国资本市场是改革开放的产物，它的发展无疑是一个复杂的社会历史过程。

第一，中国资本市场是中国改革开放的产物，而中国的改革开放决策和改革开放过程首先是一种政治决策和政治过程。改革开放之前的中国实行的是一种高度集中控制的计划经济，中国的改革开放过程是一个以计划经济为起点，以特定的社会政治制度禀赋和强有力的政府行政控制为基础，由政府主导的自上而下的渐进过程。

第二，在改革开放和资本市场发展起步之后，在资本市场的制度资源禀赋和社会组织能力禀赋方面，中国既不存在健全的、可操作的法律规则，也不存在健全的、有效的市场自我组织机制，没有一个可靠而成熟的法律体系和法治环境。而在法规和独立的执法机制等制度禀赋缺失的状态下，政府的行政控制，是唯一的一种具有足够、确定的效力，能立即操作的约束机制与能力禀赋，遂被迅速用来填补法律和市场组织机制上的空白，成为市场运行的基本约束机制和能力建设基础。

第三，在资本市场初创阶段的行政分权格局下，地方政府处于主导地位，证券交易所、证券公司、商业银行、投资信托公司、上市公司等在一定程度上是地方政府的行政附属物。具有强烈经济扩张冲动的地方政府全面介入证券市场，急功近利地追求用资本市场分权格局下可获得的行政权力，或是纷纷设立地方证券交易中心和为公司发行股票及路边证券交易大开绿灯，或是组织和动员本地的银行机构和证券经营机构、投资机构联手，集中大量资金入市拉抬本地交易所上市的股票价格，操控和“搞活”本地市场，吸引外部逐利的资金和市场参与者踊跃入市，同时弱化监管，怠于自律能力、监管能力、公正博弈能力和市场风险管理能力的建设，使得市场操纵、内幕交易、信息披露不当、券商挪用客户资产等各种不当行为肆无忌惮，处于放任自流、毫无节制的状态，甚至受到怂恿、推动和鼓励，以致资本市场乱象横生，危机四起。

正是资本市场发展初期行政分权尝试下的地方政府失灵和市场混乱，引发中央政府收权和实行强力行政控制，中央政府由资本市场发展初期的“旁观者”变为强势的、无所不在的主导者和控制者，资本市场以中央政府的行政规则和行政秩序为基础的运作机制和行政集中控制体制应运而生。中国资本市场其后的发展过程表明，中央政府的这种大包大揽的全面行政控制是一把双刃剑，具有双重效应：一方面在一定范围内降低了市场的无序程度；另一方面也引来了资本市场的各种新的弊端，使资本市场变成了一个主要由政府官员主导的、行政审批环节过多、出现新的激励扭曲、运行效率和“市场化”程度很低的市场。中央政府和监管机构与证券交易所、行业协会和证券经营机构之间的关系，变成了传统计划经济体制中的上下级关系，前者可以直接指挥后者，后者则成为前者的行政附属物，不能独立自主地进行产品创新。自律机制与市场机制的发育和能力建设严重滞后，出现产品创新和相应的探索与发展进程的相对迟缓，对市场的持续成长产生了明显的消极影响。在中国资本市场的发展过程中，传统计划经济与中央政府行政控制的历史遗产在某些方面具有两面性：既是中国资本市场快速扩张的推动力量，又往往是资本市场变革和进步的制约因素，从而使得中国资本市场迄今为止仍旧未能真正摆脱传统计划经济体制中经济决策权收放交替过程“一放就乱，一乱就统，一统就死”之类的恶性循环。

从比较研究的角度看，无疑地，单是资本市场发展初期的混乱，并不足以推动中国资本市场运作全面转向行政集中控制模式。正是中国计划经济的政治传统、历史惯性、思维逻辑、能力与制度资源禀赋和特定的国家治理机制，构成了这种转向的社会基础和组织基础。

（二）对策研究

中国资本市场出现上述问题，是和中国资本市场发展所面临的能力禀赋有关的。在新兴加转轨经济条件下，出现自我约束、竞争约束、行业自律、司法约束和监管约束的巨大空白。在缺乏这些市场化制度资源的背景下，政府只好选择行政控制这一便捷的手段，发展和建立资本市场。然而，资本市场到了一定发展阶段，只靠行政控制手段会产生阻碍作用，削弱市场的创新能力和适应环境变化的能力，延缓市场发育进程和能力提升速度，从而出现上述种种问题。对于一个成熟的现代资本市场而言，必须具备自我约束、竞争约束、行业自律、司法约束和监管约束等一系列内部与外部约束机制，这一系列约束机制也是中国资本市场能力建设的主要取向与发展成为资本强国的必经之路。

要解决上述问题，必须从战略的高度，以历史的、长远的眼光，深化资本市场改革，加强制度建设。为此，结合我国资本市场发展的历史、特点、现状及未来发展目标，通过政策目标、运作机制、微观基础、游戏规则、发展模式和发展理念等方面的战略转型，推动和实现资本市场的可持续、包容性发展。

第一，结合我国资本市场发展的历史、特点、现状及未来发展目标，通过发展模式和发展理念等方面的战略转型，推动和实现资本市场的可持续、包容性发展。长期以来，我国资本市场定位于融资市场，而不是长期投资市场，因此中小投资者只能通过二级市场股价波动差价博取收益，中小投资者既是市场最基本的投资者，又是资本市场的弱势群体。本理应分享我国资本市场迅猛发展的成果，却往往成为市场的“牺牲品”。倡导资本市场包容性发展，就是资本市场的发展成果要惠及包括中小投资者在内地市场各参与主体。其核心理念是益贫式发展。

第二，依循资本市场发展的基本法则和市场健全运作的内在要求，加快推进资本市场的制度转型和市场化改革，我国资本市场是改革开放的产物，我国改革开放决策和改革开放过程首先是一种政治决策和政治过程。我国资本市场的发展过程是一个以计划经济为起点，以特定的社会政治制度禀赋和强有力的政府行政控制为基础，由政府主导的自上而下的渐进过程。依然是一个新兴加转轨的市场，市场发育不成熟，许多方面显得落后，市场缺陷更为广泛。为了弥补缺陷，往往对市场过度的政府干预，正是由于对市场的过度干预，反过来又使得市场缺陷更为严重。因此，我们在应用市场机制促进资本市场发展时必须首先培育和发展资本市场体系，在此基础上，协调政府干预与市场机制。政府对资本市场的干预必须是顺乎市场的，不能越过关键的临界点，必须适度。既要掌握好市场机制与政府干预合理的结合度，还要掌握好市场机制与政府干预之间适宜的结合方式。市场起基础性调节，凡市场能做的由市场去做；但还要从中国资本市场的实际出发。长期以来，我国资本市场是政府行政主导，要逐渐退出，政府不再干预市场具体运行，而是进行高层次调节。尽快形成和完善市场导向的融资机制与金融创新机制，积极审慎有步骤地进行金融创新。

第三，实现资本市场监管机制和法律实施机制的转型，是资本市场监管政策的主要着眼点，由偏重于“维护稳定”，转向“保证市场的效率、公正和促进市场健康发展”，并借鉴英国金融服务监管局的经验，形成和遵循下述中国资本市场良好监管的原则：经济、有效地使用监管资源；推行以激励为基础的监管，强化被监管者自身管理的责任，激励市场参与者改善自身的风险控制机制，以降低对监管机构直接行政控制的需求；保持市场参与者的监管负担与限制，同市场参与者得到的监管收益之间的平衡；便利证券交易所和证券经营结构创新；提升中国证券业和资本市场的国际竞争地位，避免扭曲和阻碍中国证券业和交易所的竞争，包括避免为市场进入和业务拓展设置不必要的监管壁垒。

只有以上改革的成功，才能确保资本市场运行的安全、健康、高效和公正，确保资本市场由低水平的数量扩张模式转向全面质量提升的可持续发展模式，确保中国由资本大国向资本市场强国跨越，从而为中国经济结构调整和发展方式转变提供强有力的金融支持。这将需要更广泛、更深入的改革。

我国农村专业合作社运行机制研究

马文芳　杨静*

2007年农民专业合作社法的颁布，为我国农民专业合作社的发展提供了法律保障和蓝本。在我国，农民专业合作社是在农村家庭联产承包经营基础上，同类农产品的生产经营者或者同类农业生产经营服务的提供者、利用者，自愿联合、民主管理的互助性经济组织。[①] 目前农民专业合作社已经成为活跃农村市场、发展农村经济的重要载体，受到中央及地方各级政府的重视和支持，各地进行大量有益的探索，创造了多种形式的农民专业合作社。建立和发展农民专业合作社，有利于推进农业产业化，提高农民组织化程度，推动农业结构调整，推进基层民主建设。合作社在西方国家已经成功运行100多年，这主要得益于完善健全的运行机制所提供的制度保证。与西方国家相比，我国没有经历合作经济全面发展时期，农民专业合作社发展还存在许多问题，尤其是运行机制上存在的问题已成为制约我国合作社发展的关键因素，严重影响了合作社规模的壮大，质量的提升，因此研究农业专业合作社运行机制具有重要意义。

一、农村专业合作社运行机制的理论分析

农村专业合作社的健康发展很大程度上取决于合作社内部运行机制的健全与否，而合作社的建设是以合作社的三大经典原则即社员所有、社员管理和社员收益原则为基础的。由此，合作社内部的运行机制也主要由产权运行机制、民主控制管理机制和利益分配机制构成，下面从这三个方面对合作社的运行机制进行理论分析。

---

* 马文芳，河北大学政治经济学硕士研究生，研究方向是农村经济；杨静，中国社科院马克思主义研究院副研究员，研究方向社会主义经济理论与实践。

① 《中华人民共和国农民专业合作社法》，法律出版社2006年版，第1~2页。

（一）社员所有与产权运行机制

所谓产权（所有权），是一种以私人间的排他性来界定的、可以进行市场交易的并在交易运动中不算增值的财产权。[①] 马克思对产权的解释包括五个层次的内容：产权首先是等同于所有权；其次是属于上层建筑法权性质的权利，对应于所有制而又区别于所有制；其三是指排他性的可交易的资本属性的权利；其四是动态的生产关系在生产过程中存在的权利；最后是广义的包含一系列关于资产权利在内的“权利束”[②]。

合作社本质是一种使用者拥有和控制并根据使用进行分配的企业形式。农民专业合作社建设的一个重要原则是社员所有。社员必须拥有所有权，社员拥有合作社的前提是认购合作社股金，不认购股金的农户不能取得社员资格。在实际运行中，往往会导致合作社产权结构不合理、合作社法人财产权不明确、农民个人产权模糊，治理失灵。

（二）社员管理与民主控制机制

合作社的民主控制机制是在“民办、民管、民受益”的原则指导下，在“民办”的基础上解决好“民管”问题，即民主决策问题，以确保成员的主人翁地位和经济利益。农民专业合作社通过设立成员大会（成员代表大会）、理事会和监事会实现决策的民主制，三者各司其职以避免出现“选举不过是确认，讨论不过是告知，监督不过是附议”的走过场形式。成员大会（成员代表大会）由入社社员组成，是代表社员意志的最高权力机构，理事会负责合作社的日常运行而监事会则是对理事会的决策和活动进行监督。但是对此曼瑟尔·奥尔森认为，在集体追求共同利益的过程中，在一个不完全规范的合作组织体系中，农民往往会陷入合作惰性，[③] 对合作事务“不关注”，导致合作性弱化或交易成本提高，阻碍合作社的发展。

（三）社员收益与利益分配机制

合作社是以利益为纽带结成的互惠互利的共同体，其生命力在很大程度上取决于社员利益的实现程度，[④] 利益机制的核心是利益联结和利益分配[⑤]。合作

①② 程恩富：《马克思产权理论与西方现代产权理论的比较分析》，http://wenku.baidu.com/view/f27a7bc4bb4cf7ec4afed04f.html。

③ Mann searle. Olson. The logic of collective action［M］shanghai，Shanghai Joint Publishing，Shanghai People’s Publishing House 1995：2.

④ 包忠明，徐龙志：《优化农民合作组织运行机制的个案分析与对策建议》，载于《农业经济》2011年第11期，第83～84页。

⑤ 邹念，曾福生：《健全湖南农民专业合作社运行机制的对策建议》，载于《湖南农业科学》2012年第19期，第130页。

社的利益分配既要考虑到资本“有限”报酬，保持投资者的积极性，又要按惠顾额分配合作社盈余，调动生产者的积极性，诱导社员按标准生产，保证农产品的质量，增加合作社发展后劲。总体来说，合作社的利益分配包括三个部分：资本报酬、按惠顾额返还部分盈余和公共积累部分。在实践中，农民合作经济组织主要有三种利益分配办法：（1）股金分红，社员凭借入股金多少取得合作经济组织的分红；（2）按交易额返还社员利润，这是合作经济组织利益激励的主要办法；（3）股金分红加利润返还。但是在运行过程中，由于缺乏“利益共享”的联结机制，往往导致分配失衡。

（四）三种运行机制的内在关系

所有、管理和收益是全体社员享有的基本权利。所有权的最终目的是获取剩余索取权，而若想获得剩余收入，就必须通过管理权来调配控制。因此，能否获得剩余索取权的关键在控制权。这就需要产权运行机制、民主控制管理机制和利益分配机制的有机配合，即通过明确产权确保社员的主人翁地位，在合作社日常运行中实行民主控制实现合作社的自治行为，通过合作社的资本报酬、按惠顾额返还部分盈余保障社员的收益以及合作社的公共积累部分，保证合作社的日常运营。

参看下图：

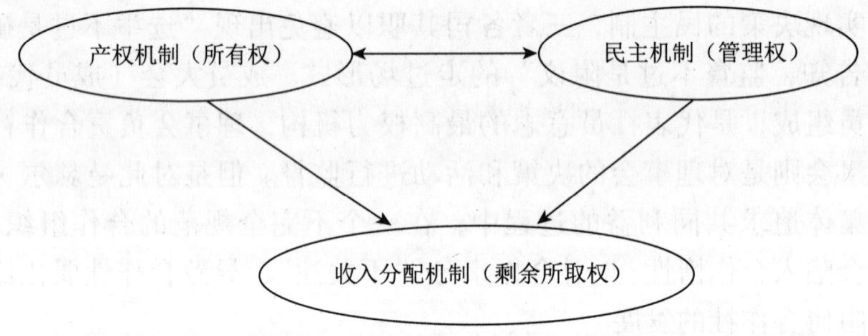

二、农村合作社运行机制存在问题与原因

（一）农村合作社运行机制中存在的问题

作为独立市场主体的小农户，基于对自身社会经济利益的追求才会产生合作经济行为。由于个人理性与集体理性存在着矛盾，合作组织必须提供一种独立的和“可选择性”的激励，使个人偏好的价值大于个人承担的集体物品的成本，才能使个体采取有利于集体共同利益的理性行动。[①] 然而，在我国农民小农意识浓厚、

① 孔祥智，蒋忱忱：《成员异质性对合作社治理机制的影响分析——以四川省井研县联合水果合作社为例》，载于《农经济济》2010 年第 9 期，第 8～11 页。

整体文化素质偏低和市场观念淡薄的条件下，对农民合作组织而言，仍未能形成良好的制度生态系统，大多数社员（甚至包括少数组织精英）的制度意识处于“迷乱”状态。农民合作社的制度运行上存在很多问题。

1. 产权模糊

从产权角度看，合作社应有明确的产权制度，这是产权运行机制的保障，但目前我国还没有成熟的理论指导和明确的法律规范，合作社产权模糊，产权关系混乱。[①] 第一，产权结构不合理。农民专业合作社由专业大户、龙头企业等牵头举办，农民仅仅是业务的参与者。资金和管理人才稀缺等问题导致了目前的产权结构不合理。第二，合作社的法人财产权不明确，没有得到法律的有效认可，因无合法身份，也存在被相关部门平调资产的可能。第三，农民个人产权模糊，由于产权边界不清晰，在投资主体、国家和个人三者之间模糊的产权关系中，经常出现投资主体侵蚀国家和个人产权的情形。这种模糊的产权关系使得农民在专业合作社中的主体地位受到挑战，不能保证合作社及成员利益的有效实现，同时影响了农民专业合作社的健康发展。[②]

2. 参与意识低下

农民合作权得以实现的重要方式是参与合作组织的行为，这一行为反映着农民在合作社中的地位、作用和选择范围，而参与行为来源于参与意识。农民的参与意识在一定程度上依赖于他们对合作收益的预期与合作组织能够创造利益的实现机制，而这又依赖于合作经济的制度保障。合作社的社员中大致分为三类：一类是纯投资者，这类社员数量不多，大多是合作社的发起人。他们既是资本生产要素持有者，同时也是市场网络拥有者。其合作的动机在于需要相对固定的生产基地与同质的产品。如果不与生产者形成合作，就不可能实现这一愿望。当然这一类当中还可以包括农产品初加工企业。第二类是既投资又生产者，即多年来形成的生产大户。这部分的社员较之前者为多。第三类是分散农户。这是人数最多的成员，但也是积极参与意识最低的成员。

3. 管理失范

大多数农民合作经济组织规范化程度较低：会员（代表）大会流于形式，会员入会条件不明确、入会程序不规范，会员行为约束力弱，权利与义务空泛，理事会难以代表普通成员利益。由于农民自我管理能力弱，多数合作经济组织并没有建立民主的议事程序，而是沿用传统的管理方式，实行家族化、家长式管理，在存在“内部人控制”的情形下，不利于合作资产的进一步资本化和社会化，而民主管理也成为空话。

---

① 杨立宾：《农民专业合作社利益联接机制研究》，载于《宁夏党校学报》2009 年 1 月第 4 期，第 82 ~ 84 页。

② 邹念，曾福生：《健全湖南农民专业合作社运行机制的对策建议》，载于《湖南农业科学》2012 年第 19 期，第 130 页。

4. 分配失衡

实行按劳分配和按股分红的制度,常常导致分光吃光,使得合作组织的发展后劲严重不足。大部分合作组织与入社农民并没有建立起紧密的利益分配机制,分配权的安排倾向于“出资额”取代“惠顾额”。虽然按劳分配事实上也是合作收益的一种分配原则,但由于内部人的控制,使得按劳分配最终不过成为股权收益对劳动收益的一种“让渡”。

5. 权益受损

内部人操纵控制合作组织的发展使得合作社成员的异质性趋势增强,这表现在合作主体的资源禀赋、要素投入、参与目的、角色定位、风险承担以及合作剩余索取等方面:强势主体拥有关键性资源,他们在合作组织中承担了主要的投入,包括他们在资金、生产性要素以及通过他们的人力资本、社会资本等获得的市场渠道、社会关系等,使他们具备了控制合作的能力、决策权和优先收益索取权。对绝大多数农民而言,他们虽拥有完全的劳动力资源,但并不充分具备资金、人力资本、社会资本等稀缺要素,因此在合作组织中,他们并不承担主要的投入和风险。这种能力和要素的限制,使他们在合作组织中处于“惠顾者”的地位,而较少有机会参与重大的合作事务决策。① 这种“内部人控制”虽然保证了对稀缺要素的补偿和激励,但是显然形成了治理的不对称。尽管有《合作章程》的约束,“内部人控制”仍会在相当程度上形成对普通农民合作权益的侵蚀。

(二)导致存在问题的原因

制度的缺失成为大多数农民合作经济组织运营中面临的最基本问题。所谓制度缺失是指制度供给不及时、不完善或制度执行不力的现象。这种制度缺失通常存在以下两种基本情形:

一是制度供给不足。从外部环境来看,政府相关配套措施还不完善,金融支持的相关政策尚未出台。虽然《农民合作经济组织法》已经颁布实施了,但其也仅只是框架性的具体实施,细则尚未出台。某些方面给予了规定,可是这些规定本身会产生一些消极影响,例如股份合作制的合作社中关于股权的一些规定。根据这些规定,从合作组织的经营管理到合作收益分配,从集体资产的作价评估到确认股东资格,从股权的设置到股份的分配,从股权的管理到股红的分配,从存量配股到增量扩股等,都被严格限制在组织范围之内,组织之外的个人和法人资本不能进入,组织内的股权也不能流出。② 这种格局导致合作股权凝固、产业布局分散和合作资本规模的狭小,这必然影响到合作经济组织的产业集中和资本扩展。

二是制度嵌入不足。制度嵌入对主体的行为约束会形成一个强制性的机制。

---

① 桂玉等:《农民合作经济组织治理结构变革的动因分析》,载于《社会科学战线》2010年第5期,第75~79页。

② 徐旭初:《中国农民合作经济组织的制度分析》,经济科学出版社2005年版。

但制度嵌入是否能够形成有效的约束机制解决运行中的机会主义问题,仍取决于制度嵌入强度,而制度嵌入强度又取决于制度生态系统和行为主体制度意识的自觉性。只有当制度嵌入处于强势时,制度的强制性约束才能实现。现阶段,就农民合作组织而言,仍未能形成良好的制度生态系统,大多数社员(甚至包括少数组织精英)的制度意识处于"迷乱"状态。这表明农民合作社的制度运行实际上已是形同虚设。由于农民合作组织涵盖多样化的特点,而合作组织内部往往缺失一个足够权威的治理主体充当"中心契约人"角色,单个成员很难保证有着利益冲突的其他成员能够有效执行合作制度规范。①

三、完善农民专业合作社运行机制的建议

鼓励和支持农民合作社的发展,可以改变农民在市场经济条件下的弱势地位,有效保护农民利益,也是新时期贯彻落实党的十八届三中全会精神的需要。通过规范合作社运行机制,使合作社真正成为"以服务社员为宗旨,谋求全体成员的共同利益"的组织。基于上述分析,从五个方面提出改进农民合作社运行机制的对策建议。

1. 完善产权结构

合作组织应当把不同利益主体的土地、资本、人力、技术、知识等不同要素,按照合作社自身发展的需要集合和优化配置,提高生产要素的使用效率。为此,必须明晰产权主体,通过股金的认购完善产权结构,壮大合作社资本,理顺内部关系,稳定社员群,同时在一定范围内阻止合作社中"搭便车"现象。在产权的基础上以合作组织利益和农民利益为中心,注重产权自身所承载的合作经济关系,协调农户与组织利益关系。②

2. 培育合作理念和意识

通过组织定期的宣讲和教育培训提高农民的合作理念和合作意识,消除农民合作的短期行为;举办关于市场营销和经营管理的讲座,提升农民的知识文化水平,从而提高农民合作的意识,进一步促进农民合作参与的积极性。

3. 加强规范管理

建立健全合作经济职业经理人和合作社企业家制度③,发展专家治理模式,注重合作社"领办人"精神与物质激励,增强道德合作与社会责任教育;培育以信任为核心的社会资本,融入社会治理网络;强化"三会机制"民主治理功能,推行民主协商议事制度;实行社员资格封闭制和交易份额制,通过提高成员的退出成本,确保成员关注合作组织的管理和持续性增加资本投入。

---

① 张健:《农民合作组织与乡村公民社会转型》,载于《江苏社会科学》2006 年第 6 期,第 81 ~ 85 页。

② 韩俊:《中国农村经济改革与发展的新阶段与新思路》,载于《中国农村经济》1999 年第 5 期,第 4 ~ 11 页。

③ 傅晨:《农民专业合作经济组织的现状及问题》,载于《经济学家》2004 年第 5 期,第 110 ~ 112 页。

4. 创新治理机制

在传统的合作基础上引入资本形式,发挥劳动与资本联合的两重性和成员身份的双重性的作用,促进新型合作关系基础上的共同治理。实行合作制产权代理结构和股份制产权代理结构的结合、一人一票与一股一票结合、盈余惠顾返还和股金分红结合的新型治理机制。通过建立健全合作社内部成员的激励机制和利益共享机制突破合作社成员集体行动的困境。

5. 优化政府引导

政府应当通过完善法律、制定政策、建设合作平台、提供公共服务等引导机制促进农民合作经济组织发展。在农民合作经济组织发展的过程中,尊重农民的创新意识,鼓励农民大胆探索,多渠道发展,坚决杜绝因"政绩"建设只扶持资金雄厚、效益好和覆盖面广的典型合作社或是盲目增加合作社的数量而不注重质量。在政策体系中,可以引导和鼓励合作组织进行品牌经营和渠道建设等。对于已经比较成熟的合作经济组织,还应鼓励其向合作经营高端发展以及向综合模式转变。

第二篇

实施创新驱动战略

创新驱动与转变发展方式

卫兴华*

一、六十多年来我国经济发展中的科技因素作用回顾

我国是在落后的生产力基础上建立社会主义制度的。由于旧中国受“三座大山”即帝国主义、封建主义和官僚资本主义的剥削与压迫，束缚了生产力的发展，因此，掀掉“三座大山”，建立新民主主义制度和随后的社会主义制度，起到解放生产力的作用。改革开放前，尽管“左”的错误延缓了我国社会主义优越性的充分发挥，但改革开放前30年的经济增长速度仍处于世界前列，社会主义建设事业获得了巨大成就。但是，在苏联社会主义模式的影响与引领下，排斥市场机制调节的作用，搞单一的指令性计划经济，经济体制日益显示出其僵化的特点。几乎所有的社会主义国家都产生经济生活中供不应求的“短缺经济”现象。匈牙利科尔内的《短缺经济学》曾在我国风行一时，该书作者在中文版前言中讲：“高度集中化，垂直等级管理结构，非价格信号起支配作用，……根据指令性计划指标进行控制——这是一些基本的共同点——与这些关联的是短缺”。而短缺的社会现象是“排队”：买东西排队，去饭馆吃饭排队，理发排队……卖方市场不仅带来短缺，而且阻滞了经济发展的创新驱动力。因为“皇帝的女儿不愁嫁”，在严重的供不应求的市场状况下，商品销售不需要经历马克思所讲的“惊险的一跳”，低级、次级产品也能卖掉。由此导致许多产品30年一贯制，不求改进、创新。当时，经济工作的重点是提高供给能力，而创新思想与理论及创新实践短缺，不利于经济社会的“生机盎然”的发展。另外，在新中国建立后的一个长时期中，由于美国等资本主义国家对我国的敌视与封锁，难以引进西方的先进技术。加上我国生产力落后，不得不提倡“土法上马”

---

* 卫兴华，中国人民大学经济学院，荣誉一级教授，研究方向是马克思主义经济学。

“土洋结合”，不追求也难以实现多少创新特别是科技创新。

改革开放以来，实现了两大转变：一是通过市场取向的改革由传统计划经济转向了社会主义市场经济；二是由单一的公有制经济，转向公有制为主体，多种所有制经济共同发展。这两项制度的改革，冲破了旧体制的束缚。先是“乡镇企业”发展起来，随之非公有制经济发展起来。长期的短缺经济，为这些经济成分增加市场供给提供了广阔的空间。但是，新进入市场的经济成分的发展是低技术水平的，是极其粗放的。因为长时期中被“短缺”压抑的需求释放出来，国内市场容量大，低技术水平的产品也有市场需求，因而这类粗放经营的经济成分也还谈不上科技创新，更谈不上自主创新。但也促进了我国经济的快速增长和经济总量的增加，逐步改变了延续四十多年的市场供不应求的卖方市场局面，转为买方市场，由货币追求商品转为商品追求货币。但买方市场的出现，怎样评价？商品供应充足了，花色品种琳琅满目，社会主义是短缺经济的传统观念和事实被打破了。居民购买商品方便了，排队现象消失了，这是好事，但还应看到背后的另一方面的问题。买方市场的出现，意味着国内市场需求饱和，还出现某些商品的积压滞销。这并不意味着国内实际消费需求的满足，而是有购买力的需求低于市场供给。怎样认识这个问题？应当看到：随着经济的快速发展，出现了收入分配差距过分扩大的趋势，形成贫富分化。富人们什么都有了，除奢侈品外，消费倾向低。而广大弱势群体，实际消费需求大而有支付能力的需求小。因此，国内市场消费需求的饱和，不是共同富裕的表现，而是相反，是贫富分化的结果。也是多年来强调扩大国内消费需求拉动经济增长但效果不显著的原因。国内消费需求不足，靠国外需求弥补。我国对外贸易依存度不断提高，多年来更多地依靠投资和出口来拉动经济增长和消化日益增加的产品。目前，国内外的新形势要求我们增大以国内消费需求拉动经济增长的权数，这也是转变经济发展方式的重要内容。同时，也要看到，我国经济增长与发展，已进入一个新的拐点。改革三十多年来年均10%左右的增长期，正在转入中高速即年均8%左右的增长期。回顾三十多年来我国经济社会发展状况，巨大成就是有目共睹的，但是存在的问题也很多。单从经济增长与发展的问题来说，如党的十八大报告所指出的，主要是发展中不平衡、不协调、不可持续的问题依然突出；科技创新能力不强；产业结构不合理；农业基础依然薄弱；资源环境约束加剧；制约科学发展的体制机制障碍较多；转变经济发展方式任务艰巨等。

解决经济增长与发展中的瓶颈问题，关键问题是什么？是创新，是创新驱动发展，包括理论创新、制度创新、体制创新、管理创新、商业模式创新，更重要的科技创新、技术集成创新，需提高自主创新、原创新能力。随着买方市场的形成，卖方的内部竞争增强了，竞争的压力促使企业运用先进技术装备，提高劳动生产力。目前我国的整体科技水平，无论与改革开放前相比，或与改革开放前期相比，有了很大提高。但与发达国家相比，差距很大。科技创新可以带动或有利于许多问题的解决。比如，“农业基础薄弱”与我国农业生产力落后、科技水平低弱有关。我国农业劳动生产率只及美国的1%多，也就是说，美国一个农民创造的财富，等于我国近百名农民创造的财富。我国农业生产技术落后，延续千百年来的“牛耕田、马曳车”、手工劳作的情况，依然存在，是其主要原因。经济发展不平衡、不协调，地区差距、城乡差距、行业差距的存在，大都与科技水平差距的存在相关。“资源环境约束加剧”，需要有技术进步、科技创新来缓解。

回顾我国六十多年来经济发展，科技因素的作用日益显示其重要性。20世纪五六十年代，搞“土法上马”“小土群”“土洋结合”。斯大林提出社会主义基本经济规律是：“用在高度技术基础上使社会主义生产不断增长和不断完善的办法，来保证最大限度地满足整个社会经常增长的物质和文化需要。”虽然国内理论界和政界曾对此理论给予高度重视并展开热烈讨论，但由于当时我国社会生产中的科技因素不高，对“高度技术基础”没有予以重视，觉得离我国实际较远。其实，从发展趋势和要求来说，社会主义的发展最终应建立在高度技术基础上。我国1958年正式提出“超英赶美”的号召，主要要求在钢铁等产量方面首先赶越英国，赶超的办法不是首先重视科技进步与创新，而是在1958年掀起了“全民炼钢运动”，为了完成当年1070万吨钢的指标，全国9000万人上阵，建土高炉数百万座，搞“土法炼钢”的群众运动。结果土高炉、小土炉炼出的300万吨土钢成为废品。1964年12月提出四个现代化的任务，即农业、工业、国防、科技的现代化。但怎样实现现代化，可以是引进和利用发达国家已有的现代先进技术装备搞现代化，也可以是通过自己发明创造赶上先进国家，实现现代化。至于超越发达国家，着力于科技创新特别是自主创新、原始创新，领先于世界水平方面的目标，当时还不到提出的时机。

我国为发展生产力、繁荣经济，也常讲“科技进步”“技术革新”。但自己发明与创新少，主要是靠引进国外技术设备。在“文革”时期，引进外国技术设备也被江青等诬之为崇洋媚外。邓小平提出科学是生产力，曾受到质疑和批评，后查证到马克思这样讲过，才算了事。改革开放以后，重视科技在发展生产力中的作用，在更高程度上和更大范围强调“科技进步”“技术革新”“技术改造”。但依然是利用已有的先进科技多，自主创新和创新驱动少。

运用科技因素发展生产力，可分几种情况：一是由于自己的科技水平低，主要依靠引进外国先进技术设备；二是引进后吸收、消化、改进、创新（在人家的科技基础上创新，不是完全原始创新）；三是由于国内不同行业、不同企业、不同地区间的科技水平有差距，可吸取相对较高的已有的科技因素，提高落后行业、企业和地区的水平；四是自主创新、原始创新、创新驱动。科研工作者要进行科技创新，实际经济工作者和企业也要搞创新驱动发展。既要有高尖端的重大创新，也要有实用于某些行业和生产环节的具体创新。

二、当前创新驱动发展是转变发展方式的核心内容

转变发展方式包括多方面的要求和内容。但从当前的经济社会发展的形势来看，为了解决发展中不平衡、不协调、不可持续问题；为了提高工业化、信息化、城镇化和农业现代化的水平；为了实现党的十八大报告提出的“使我们国家快速发展起来，使我国人民生活水平快速提高起来”；为了使我国尽快提高综合国力，在国际竞争中获得胜算；也为了使我国社会主义制度不断完善与发展，尽快实现共同富裕；必须实现创新驱动发展战略。党的十八大报告中提出：“科技创新是提高社会生产力和综合国力的战略支撑，必须摆在国家发展全局的核心位置”。实行科技创新，既要借鉴国外的创新经验，但更重要的是走中国特色自主创新道路。要提高原始创新、集成创新和引进消化吸收再创新能力，更加注重协同创新。

目前和今后我国的经济社会发展重在创新驱动，特别是科技创新驱动。存在两方面的紧迫性：一方面，我国改革开放三十多年来，经济快速发展，在一定程度上是依靠了廉价劳动力和资源过度消耗，依靠粗放经营，目前和今后这种发展模式已难以为继、不可持续。不仅存在资源环境约束瓶颈，也开始出现劳动力约束特别是存在技能劳动力约束。另外，由于受国际金融危机和经济危机重创，国外经济发展低迷，靠出口拉动经济增长的作用相对降低，需要更多出口技术含量更高的产品。国际经济竞争，重在科技竞争。国内投资拉动经济增长，过去强调由粗放型转向集约型，但怎样实现集约型增长？农业生产靠精耕细作，增加单位面积产量，也是集约型。工业生产靠改进管理、节约资源、降低成本、提高劳动生产率，也是集约型。这种集约方式依然需要，但已不够了。集约型增长与发展，将重在依靠科技创新驱动。为了突出这一点，传统的提法也可以发展。比如，可以讲：转变经济发展方式，要求由粗放型增长转向集约型特别是科技型增长，重在科技创新驱动发展。

另一方面，我国面临新的科技革命和产业革命的浪潮，马克思主义经济学告诉我们，国际经济危机以后，一般会出现新的科技革命。目前，已经显示出新的科技革命的浪潮正在到来。从科技革命的历史来看，究竟总共经历了几次科技革命及其时限，学界看法有异。国内外不少专家学者认为：“第六次科技革命与第三次产业革命正在来临”。[①] 新一轮的科技革命与产业革命相互交织，相

① 《人民论坛》“特别策划组”：《新科技与产业革命来临》，载于《人民论坛》2013 年 2 月（下）。

六次技术革命主要内容：第一次是 16～17 世纪，即近代物理学诞生；第二次是 18 世纪中后期，即蒸汽机和机械革命（第一次产业革命）；第三次是 19 世纪中后期，即电力和运输革命（第二次产业革命）；第四次是 20 世纪上半叶，即相对论和量子论等；第五次是 20 世纪中后期，即电子技术和自动化、信息技术和网络化；第六次是 21 世纪中期，即新生物学和再生革命。

伴发展。大国发展的历史经验表明，抓住科技革命的机遇，就能实现赶超跨越，成为世界强国；如错失机遇，就会落后。拉开新的科技差距，也就会进一步拉开经济社会发展的差距，“美国引领了第三、第四、第五次技术革命，成为世界上最发达的国家”，而“葡萄牙忽视了第一次和第二次科技革命，沦为一个中等发达国家”。“当前，全球抢占未来发展制高点的竞赛已全面展开”，谁能“前瞻谋划和重点部署，谁就很可能在新一轮全球竞争中抢占先机”。①

专家们指出：中国错失了前四次科技革命的机遇，第五次科技革命，中国是一个跟踪者，而且是一个没有取得优良成绩的跟踪者。在新的科技革命和产业革命来临之际，正在致力于实现国家繁荣富强、人民富裕幸福的中华民族复兴梦的我国，不能再错失良机，与新的科学革命失之交臂。讲战略机遇，不能忽视这一重大战略机遇期。面对新的科技革命的来临，中国不能再步履落后，错失机遇。也不能局限于跟随，应力争先机。美国著名经济学家、前多位美国总统顾问里夫金说：“如果说美国是 20 世纪世界经济发展的楷模，中国则最有可能在 21 世纪担当这一角色”。我们希望这样，但这要取决于我国科技创新驱动发展战略的实际效果能否起引领作用。

第六次科技革命的主要内容是什么？有的学者认为是三大学科的交融结合，即生命科技、信息科技和纳米科技的结合。有的学者说，是信息技术、纳米技术、材料技术和生物技术日趋成熟、相互融合，形成一波新技术浪潮。有的说，一是绿色革命，转变耗用化石能源和自然资源的发展方式；二是网络云计算，实现信息技术的新突破；三是 3D 打印机，向绿色化、智能化方向发展；四是食品安全，保证食品和生态安全，防止重大流行病；五是宇宙探索，深化人类对宇宙和物质世界的认识。不管怎么说，可以预见到，新的科技革命，将改变我们的未来。经济生活、社会生活、文化生活、家庭生活等各个方面，都会发生前所未有的巨大变革。

近年来，我国科技界不断涌现出新的重大科技创新。在重视和迎接重大科技创新的同时，不要忽视在某些行业和某些生产环节和流通环节的具体创新。农业生产的创新为解决“民以食为先”问题创造了条件。袁隆平作为水稻之父的创新，为国家和世界的水稻大幅增产开创了新的天地。他培育的杂交水稻实现了亩产 900 公斤的目标。他强调水稻增产中的“良种”“良法”。“良种”就是稻种创新；“良法”就是管理创新。另外，“中国紧凑型杂交玉米之父”李登海的创新，使玉米亩产由原产一两百公斤增加到亩产 1402. 86 公斤，破夏玉米亩产量的世界纪录。

工业生产创新也有广阔空间。最近，广东溢达纺织有限公司研制出世界最细、高达 700 英支的纱线，被认定为国际领先水平。新闻媒体是这样总结这项创

① 《人民论坛》“特别策划组”：《新科技与产业革命来临》，载于《人民论坛》2013 年 2 月（下）。

新成果的：当人口与资源“要素红利”越来越式微，靠低成本劳动力和高耗能为代价的粗放式增长难以为继，特别是国际金融危机爆发后，企业加速从“要素驱动”转向“创新驱动”，以协同创新引领产业转型升级。2013年1月16日，《人民日报》以《中国“徒弟”赶超德国“师傅”》的题目，报道了福建长乐市鑫港纺机有限公司在提花经编机上的研发创新。中国纺织企业的经编机曾一直使用着德国的设备，德国产品曾占据中国80%以上的市场，而鑫港公司进行提花经编机创新后，打破了原有的局面。今天，该公司生产的经编机占据中国市场的90%以上。该公司的创新成果是：2012年，它所研发的提花经编机型的转速，首次超过了920转/分钟的世界速度，提高15%，达到国际领先水平。

建筑部门也大有创新空间。贵州六盘水市是煤都和钢都，每年产生100万吨炼铁废渣和近千万吨的粉煤灰，这种工业垃圾堆成小山丘。当地恒远建材公司进行技术创新，让废渣和煤灰变废为宝，成为建筑墙体的新材料。每建筑一平方米外墙，可用掉3.8吨垃圾，成为建筑绿色住宅的新材料。

改革开放三十多年来，我国经济快速发展，经济总量成为世界第二。农业生产连续九年增长。但是也要看到，我国的生产力和经济发展水平与发达国家相比，差距还很大。农业还是我国现代化的短板。根据有关测算，截至2008年，我国农业生产水平比英、美、荷兰等国家落后一百多年。我国大量引进外资，引进技术，促进了生产的发展，但核心技术仍掌握在人家手里。美国等科技先进国家对我国又进行技术封锁。因此，在机遇与挑战并存的当前形势下，我国只有重在依靠自己，走自主创新、创新驱动特别是科技创新驱动发展的道路。

“知识产权优势理论”评析及其应用价值

韩喜平　周玲玲*

知识产权优势理论，是继比较优势理论和竞争优势理论之后兴起的一种发展理论，其核心内容是“创造和培育我国的知识产权优势或知产型竞争优势”。所谓知识产权优势，按照这一理论最初提出者程恩富教授的说法是“指培育和发挥拥有自主知识产权的经济优势，是相对于比较优势、竞争优势而言的第三种优势。”① 这一理论的提出引起了广泛的讨论和发展，郭民生教授分析了知识产权优势理论的内涵、特征、作用等内容，提出了以“五新”为核心要素的自主创新模型。我们认为，知识产权优势理论避免了笼统的竞争优势的理论缺陷，突出强调了以自主核心技术和自主名牌为核心的经济优势或竞争优势；深入研究这一重要理论，不仅是对中国特色社会主义经济理论的丰富和完善，而且直接推动创新驱动战略的实施。

一、知识产权优势理论述评

知识产权优势理论是在比较优势理论和竞争优势理论的基础上发展的，对于这两种优势理论我们都比较熟悉。比较优势理论强调的是一国在其产业选择中，必须充分利用该经济体所拥有的相对丰富的生产要素，才能降低成本，提高竞争力。从一般意义来说，比较优势理论更为强调某一时点一国的要素禀赋状况或劳动生产率状况所决定的静态“比较优势”，但是，在经济全球化迅速发展的今天，生产要素在世界范围内迅速流动，技术进步日新月异，新技术和新

* 韩喜平，吉林大学马克思主义学院院长，教授，博士生导师，研究方向为马克思主义理论；周玲玲，吉林大学马克思主义副教授。

① 程恩富、丁晓钦：《构建知识产权优势理论与战略——兼论比较优势和竞争优势理论》，载于《当代经济研究》2003 年第 9 期。

产业部门不断涌现，固守比较优势理论、以此来设计产业战略恐怕会错失良机。

竞争优势理论则强调通过构建波特所称的“钻石体系”的四要素，来构筑一个产业进而一国的竞争优势，这种竞争优势主要来源于“对设备、技术、管理和营销等方面持续的投资和创新，从而创造出更能符合客户需求的差异型产品”。“钻石体系”包括四种主要因素：（1）生产要素；（2）需求条件；（3）相关产业和支持性产业；（4）企业战略、企业结构和竞争对手的状况等方面。“钻石体系”还包括两个外部因素即政府和机会。波特认为，在其“钻石体系”模型中，只有四种核心因素相互配合才能使企业形成高层次的竞争优势，而不仅仅是来源于资源优势或者规模经济所形成的低层次竞争优势。尽管政府的行为可以影响这四要素，但是“政府的影响虽然可观”，但“政府本身并不能帮助企业创造竞争优势”。[①] 特殊机会的出现可以为企业获得迅速发展或者实现赶超提供机遇，但是机会是“可遇不可求”的。竞争优势理论的研究主要基于发达国家的实践[②]，发展中国家难以同时具备上述“钻石体系”四要素，而该理论没有回答落后国家在现有要素禀赋和劳动生产率约束下向高层次竞争优势突破的关键因素。

在比较优势理论和竞争优势理论的基础上，程恩富教授提出了知识产权优势理论，这一理论避免了笼统的竞争优势的理论缺陷，强调以自主核心技术和自主品牌为核心的经济优势或竞争优势，他将知识产权优势具象为两个主要方面：即自主核心技术和自主品牌。同时，这种优势“不仅应体现在我国的高新技术产业部门及具有战略意义的产业部门，必须逐步掌握自主研究、自主开发、具有自主知识产权的核心技术和名牌，建立以自主知识产权为基础的技术标准体系，而且还应体现在我国传统的民族产业或低端产品部门，包括劳动密集型产业部门，也必须塑造在国际上具有一定影响力的民族品牌，拥有自主知识产权的中低级关键技术”。[③] 郭民生教授将知识产权优势界定为“在经济全球化的国内外市场竞争中，强者（如发达国家、跨国公司等）通过其成熟的市场制度和制定新的游戏规则，把自己的人才、技术、管理和文化等方面的优势转化为市场垄断优势——知识产权优势，在创造、占有、转化和运营知识产权资源及其他生产要素的过程中，始终使自己处在全球产业链的高端和市场竞争的有利地位，以最大限度地提升核心竞争能力并获取长远的、直接的利益”。[④] 并且，他构建了一套包括6个一级指标、19个二级指标和65个三级指标的知识产权经济与知识产权优势综合评价指标体系，从不同的层面反映竞争主体、知识产权

① 波特：《国家竞争优势》，华夏出版社2002年版，第116～120页。

② 《国家竞争优势》一书所研究的国家包括：丹麦、德国、意大利、日本、韩国、新加坡、瑞典、瑞士、英国和美国等国家，以及资源型国家比如石油国、加拿大和澳大利亚。

③ 程恩富，廉淑：《比较优势、竞争优势与知识产权优势理论新探》，载于《经济前沿》2005年第1期。

④ 郭民生等：《“知识产权优势”理论探析》，载于《学术论坛》2006年第2期。

经济和知识产权优势的实际情况。①

知识产权优势理论作为一种新的经济发展理论，或者作为一种经济发展战略的指导，不是对比较优势理论和竞争优势理论的简单替代，而是一种更广泛意义上的互补。比如波特在其竞争优势理论中强调诸如人力资本、大学、研究机构等专业性和高级的生产要素，而这些"专业性和高级的生产要素通常是创造出来的"，其创造途径则是政府、企业和个人在创造高级生产要素方面进行持续的投资。② 这也正是知识产权优势理论所强调的基础条件。知识产权优势是在比较优势和竞争优势的基础上更核心层次的国家优势，通过构建以核心技术和品牌为核心的经济优势或竞争优势，有效地利用知识资源、运用国际规则，促进以劳动生产率改进和要素禀赋提升为内容的比较优势的动态发展，从而形成和长期保持企业和国家在国际市场中的竞争优势。

二、知识产权优势的经济效率分析

知识产权优势可以体现在宏观和微观两个层面。宏观的知识产权优势主要表现为那些能够保障知识产权权益的制度、机制、规则等内容，即通过法律法规、市场机制等优化资源的配置，激励和保护创新，保障知识产权拥有者的权益；也包括通过教育和文化的发展所形成的人力资本的积累等方面。微观的知识产权优势主要体现在知识产权资源的创造、占有、营运等方面的优势，即基于知识产权所有关系产生的效率改进以及竞争优势的形成，通过对知识产权资源的创造、使用、许可、投资等方式，获取高额垄断利益，并获得有利的市场竞争地位。下面将分析由引入知识产权所带来的效率提升以及参与技术标准制定所带来的效率改进。

1. 引入知识产权所带来的效率提升

科学技术的不断发展进步及其在生产中的运用使知识日益成为核心的生产要素。美国经济学家保罗·罗默在其新经济增长理论中指出知识增长是经济增长的关键。而知识的产权制度安排克服了知识本身所具有的外部性，使知识能够在市场流通，从而使其产业利用更有效率。通过构筑企业进而国家的知识产权优势，利用知识产权来创造价值，塑造和经营品牌，利用商标、专利许可和经销网络实现产业扩展，进而提升企业盈利能力和国际竞争力。

下面通过一个简化的微观市场均衡来分析引入知识产权后企业的效率改进。③ 假定在引入知识产权之前，某产品市场处于局部均衡状态，均衡价格为 P_0，均衡产量为 Q_0，厂商收益为 $R = P_0 * Q_0$。当引入品牌、特许经营权等知识

① 郭民生：《知识产权优势与知识产权经济的综合评价》，载于《创新科技》2011 年第 12 期。

② 波特：《国家竞争优势》，华夏出版社 2002 年版，第 72 ~ 77 页。

③ 参见李华威：《知识产权优势的理论与实证研究》，中国知网博士论文数据库，2007 年。

产权要素后，可以增加产品附加值，满足消费者对品牌、高消费效用的追求，进而推动消费者的消费，该产品的市场需求曲线向右移动至 D_1，短期内产品供给曲线无法改变，因此市场均衡点移动至 E_1，均衡价格和均衡产量分别提高到 P_1 和 Q_1，此时企业的收益增加为 $\Delta R = P_1 * Q_1 - P_0 * Q_0$。从中长期来说，需求的变动和价格上升，必然推动企业供给的增加，供给曲线右移，供求平衡点会移动到 E_3，同样会促进企业收益的增加，即 $\Delta R = P_0 * (Q_2 - Q_0)$。

从图 1 可以看出，当企业采用了新的专利技术、专有技术等知识产权要素后，可以提高产品的技术含量，使产品性能更好、功能更强或者开发出新产品，由此使得企业的生产函数发生变化，供给曲线由 S 右移至 S_1，市场均衡点移动至 E_2，此时厂商的收益变化为 $\Delta R = P_2 * Q_1 - P_0 * Q_0$，$\Delta R$ 为正还是为负取决于该产品的需求价格弹性，但是考虑企业由于技术水平提高实现的成本下降或者资本节约，企业的利润水平会上升；另外，由于新性能、高质量产品的出现必然引起需求的变动，使需求曲线右移至 D_1，市场均衡点移动到 E_3，此时均衡价格为 P_0，均衡产量为 Q_2，企业的收益增加 $\Delta R = P_0 * (Q_2 - Q_0)$。

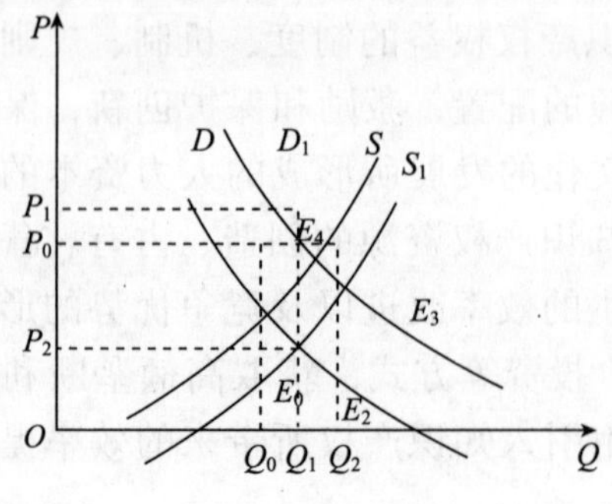

图1　供求平衡

综上，企业在引入品牌和自主核心技术等知识产权要素以后，会促进需求和供给的提高，使消费者福利和企业盈利状况得到改善。并且，无论是品牌还是自主核心技术（保密性的核心技术或专利技术）都具有长期的独占性和垄断性特征，有利于企业形成规模效益，长久保持垄断收益，增强和巩固企业的市场竞争力。

2. 技术标准专利化的经济效应

产品的技术标准具有公共品的属性，其产生源于对技术和产品发展的规范，有助于降低厂商之间、厂商和消费者之间的信息成本，改进经济活动的效率。进入 20 世纪 90 年代以来，技术标准呈现出专利化的趋向，即标准化组织所确定的技术标准中所包含的专利越来越多，或者垄断厂商（以及企业联盟）利用其市场地位和技术优势在市场竞争中迫使其他厂商接受其专有技术，进而形成事实标准。比如，在移动通信领域，这种特征非常明显，根据欧洲电信标准协会的统计，GSM 移动通信标准包含的专利数量从 1998 年的 380 项增加到 2004 年 3600 项。

由于技术标准具有显著的网络效应和技术锁定效应，能够增强用户的信心，减少未来市场的不确定性，因而限制了用户的流动，使掌握标准的主流厂商易于实现规模效益。而其他厂商只能是追随主流厂商的技术标准，在技术标准的限定方向上进行发展，锁定效应的存在强化了掌握标准的企业的垄断力量。也就是说，如果能在标准竞争中胜出，就会极大改善和增强企业的市场地位和竞争优势，降低产品成本，促进规模效益；同时，掌握了技术标准意味着在很大程度上左右着未来的技术发展方向。

三、中国运用知识产权优势的现实性分析

改革开放三十多年来，在比较优势理论的指导下，我国大力发展具有相对比较优势的劳动密集型产业，虽然促进了经济的快速增长，但也导致了中国在国际分工链条和国际分配体系中相对底端的位置。在美国金融危机发生以后，过度依赖外需和粗放增长的中国经济开始遭遇挑战。在金融危机持续影响、欧债危机不断深化的国际背景下，中国一方面面临来自其他发展中国家发展低成本优势工业的竞争压力，另一方面也面临美国等发达国家实施再工业化战略所形成的压力，靠规模扩张带动增长、靠出口消化巨大产能的发展模式已无法持续，原有经济结构面临调整升级的巨大压力。与此同时，知识产权、技术标准日益成为国际竞争中克敌制胜的法宝，中国不断地遭遇来自品牌、专利技术以及国际标准等发达国家所确定的游戏规则形成的的限制和发展壁垒。

从中国经济未来发展的持续性来说，经济的长期增长来源于劳动力增长、资本增长和技术进步、制度变革等因素。第六次人口普查数据显示，中国的适龄劳动人口规模已开始下降，中国正逐渐步入老龄化社会。尽管中国拥有庞大的劳动力人口规模，但毫无疑问人口红利正在逐渐消失。同时，目前多数行业面临产能过剩、利润率偏低等问题，如果仍然跟在发达国家身后亦步亦趋地从事仿制、贴牌生产，必然承受价格和技术标准的双重压迫，在为发达国家提供廉价商品的同时处于国际收入分配的底端，这必然制约资本增速的进一步提高。因此，中国经济的未来发展，需要依靠技术和制度层面新的突破。

近年来，我国对品牌、核心技术等领域的知识产权创造、激励、保护和运营等情况已有很大改善，但从相关方面的国际比较来看，差距仍然很大。具体表现在：

1. 商标注册规模增长迅速，品牌效应逐渐显现，但是商标境外注册数量有限，境外商标注册纠纷频发，品牌战略还有待发展和完善

根据中国工商总局商标局统计，自 2002 年以来，中国商标注册申请量增长

迅速，2011年商标注册申请达到141.68万件，比2008年翻了一番，创历史新高，连续10年位居世界第一；商标累积申请量971.15万件，有效注册商标551.01万件，并有3187件商标通过驰名商标行政认定获得了扩大保护。这表明我国企业的品牌意识不断提高，在国际贸易中，拥有自主品牌产品出口逐渐增多，品牌战略初见成效。但与发达国家的品牌实施状况相比，还存在很大差距。首先，中国企业的境外商标注册规模有限。2011年，国内申请人提出的国际注册申请只有2053件，累计国际商标注册总量也仅为13297件；与此形成鲜明对比的是，国外申请人在华申请商标注册18724件，累计已达167025件。① 其次，中国的知名品牌尤其是国际知名品牌缺乏，与一些国际知名企业动辄拥有几千甚至上万个商标的情况差距甚远，也与中国作为世界第二大经济体的国际地位不相符合。这既反映了中国在国际产业链条中的低端位置，也说明了中国促进产业升级、实现经济结构变迁的迫切需要。另外，随着中国企业实力的增强和"走出去"步伐的加快，中国商标在海外被抢注情况严重，仅2008年就有Lenovo（联想）、新浪、搜狐、普洱茶、珍级（珍级酿造）等知名商标被抢注。2011年北汽福田"FOTON"商标、百度公司"Baidu"商标等被恶意抢注等。虽然这些商标纠纷最终得以解决，但是给中国企业带来经营的困扰和财力的消耗，这提示我们商标战略要提升到国家层面，有关品牌的知识产权保护要由企业的个案处理变成政府的组织战。②

2. 专利授权数量大幅度提高，但在关键技术领域的专利数量远低于发达国家，与别国的知识产权摩擦增多

由于知识产权意识薄弱，我国原有专利申请规模很小，发明专利比例偏低，而发明专利中又以外国企业获得的比重偏高。近年来，这一状况已大大改观，尤其是2006年以来，国内有效发明专利以年均36.9%的速度增长，2011年国内发明专利拥有量比例首次超过国外在华量，国内有效发明专利35.13万件，占我国有效发明专利总量69.7万件的50.4%，表明我国的自主创新能力有所提高。但是，从整体来看，我国的发明专利与发达国家仍有差距。首先，从发明专利的技术领域来看，在高新技术领域和一些关键技术领域，国内的发明专利拥有量低于国外企业。比如，在光学、半导体、计算机技术等领域，国外所占比例仍超过国内；从部分高技术领域来看，占据有效发明专利拥有量前十位的专利权人中只有华为、中兴等国内企业。其次，从专利维持有效期来看，国内企业的专利维持期限普遍偏短。在几乎所有的技术领域，维持10年以上的有效发明专利，国外的数量都是国内的几倍甚至十几倍之上。这表明我国技术专利的知

---

① 有关商标的数据皆来源于《中国商标战略年度发展报告（2011）》（http://www.saic.gov.cn/zwgk/ndbg/201205/P020120507585851695079.pdf）。

② 详见中金在线：《抢注海外商标，大陆出招》（http://news.cnfol.com/090726/101,1277,6247639,00.shtml）。

识产权价值、知识产权运营等方面都有待提高。同时，国外在华专利布局的范围之广、力度之大也要引起国内创新主体的特别关注。① 最后，围绕专利技术的贸易摩擦和纠纷变得更加频繁和激烈，我国已连续6年位居美国国际贸易委员会发起的337调查②涉案国家（地区）的首位，解决如何运用和防范专利壁垒的问题，对国内企业来说迫在眉睫。

3. 中国企业和行业在技术标准方面基本处于被动接受的地位，形成以跨国公司为主的外资控制相关行业技术发展的事实标准

加入WTO以来，中国企业开始直面全球竞争，而作为一个发展中国家，中国技术创新能力还很薄弱，基本属于技术引进和专利使用国家，因此，企业和行业在技术标准方面仍然处于被动接受的地位，真正能够参与国际标准制定的企业和行业少之又少，这使大量国外产品通过市场顺利地成为相应产业的事实标准。一些跨国企业有意识地在中国大量申报相关技术专利，以期获得该产业的主导权，从专利申请和授予的统计数据中可以看到这一态势。在技术标准专利化趋势日益明显的今天，技术标准方面的弱势限制了我国产业的技术发展方向，比如，我国的移动通信领域在引入了GSM和CDMA系统标准以后，基本是在相应系统内进行研发和生产，技术创新的空间受到极大限制。美国、加拿大、法国、日本和韩国等国家企业正是凭借其技术标准的优势，对中国市场陆续发动了彩电专利、电池和芯片专利的攻击，特别是在DVD、涡轮机叶片、数码相机、GSM手机、光盘等领域发动的对华专利攻击，严重冲击了我国的民族企业的发展，DVD产业更由此一蹶不振。③

四、运用知识产权优势理论构建知识产权优势

在WTO的框架下，知识产权已经成为与货物贸易、服务贸易并列的第三大支柱。西方国家和跨国公司主要是依靠其在品牌、专利技术等知识产权方面的绝对优势，取得了高额垄断利润，并保持其在国内外市场的领先地位和产业链条的高端。近年来，美、日、欧等国家和地区日益强化其知识产权战略，扩大知识产权保护范围，借以巩固其国际竞争力，保持其国际市场地位。

因此，要将知识产权真正转化为知识产权优势，必须实施知识产权战略，即通过运用知识产权激励、保护制度和知识产权资源，为获取以知识产权为主

---

① 详见《国家知识产权局2011中国有效专利年度报告》（http://www.sipo.gov.cn/mtjj/2012/201207/t20120705_720265.html）。

② 所谓"337调查"，最早得名于《1930年美国关税法》第337条，后经历数次修订。该条款授权美国国际贸易委员会在美国企业申诉的前提下，对侵犯在美注册知识产权的不公平贸易行为进行调查和裁处。上述调查一旦认定侵权成立，美国国际贸易委员会将发布相关产品的排除令和禁止进口令。

③ 姚远：《技术标准下的专利联盟形成机理研究》，中国知网博士论文数据库，2010年10月，第15~16页。

导的竞争优势而进行规划。知识产权战略与科教兴国战略、人才强国战略以及可持续发展战略相辅相成，相互促进。下面从企业、产业和国家层面来简要分析我国的知识产权战略。

第一，在企业层面，要积极实施技术创新战略，发展实用技术，不断推动自主创新，传统优势产业积极实施创牌战略。国际有关研究表明，经济发展的不同阶段对科学技术特别是本国科学技术的需求是不同的。在一国处于工业化第二阶段或工业化后阶段时，研究开发经费占 GDP 的比例超过 2%，此时，一般进入以创新技术为主的阶段。[①] 按照上述指标体系，当前无论从人均 GDP 规模还是研发经费占比规模来看，我国应进入以“创造技术”为主的阶段。因此，在那些必须依靠外来技术的产业领域，要注意引进技术的消化、吸收、改进、创新；与此同时，更要强调自主创新[②]，在实践中不断积累，发展实用新型技术和产品，抢先获得首创成果，逐步摆脱国外技术经济控制。企业还要努力打造自主品牌，依靠自主品牌的积累扩大技术研发的投入，推动自主创新能力的提升。

创牌既是促进中国经济结构调整必须长期坚持的战略，也是目前劳动密集型等传统优势产业不断提升的基本战略选择。在目前激烈的国际竞争环境下，从我国固有的劳动力结构和产业结构出发，可以考虑采用曲线创牌模式来实施品牌战略，即同样产品为发达国家做贴牌生产、在发展中国家销售自主品牌，同时根据企业状况和外部环境状况实施海外品牌的并购重组，或者进行海外投资设厂，提升产品的国际竞争力，加快走出去步伐。金融危机时，以外贸为主的浙江绍兴纺织业平均利润仅为3%，而绍兴越美集团却达到了35%。通过绕过中间环节，在海外设立自己的贸易公司、设立生产企业、建立纺织工业园，藉由品牌战略，越美集团实现了快速发展，销售额从 2000 年的不足 4000 万元跃升至 2009 年的 25 亿元，年均增长 65%。

第二，在产业层面，政府要认清世界产业发展的趋势，通过产业政策引导创新资源的流动，建立起企业创新机制，促进新能源、生化、电子、信息等产业领域的技术研发，建立基于企业联盟的技术标准形成机制，鼓励国内企业参与各种技术与标准联盟，并给予资金和税收方面的优惠，促进企业、产业的发展从要素驱动型向创新驱动型转变。同时，要大力发挥行业协会的作用，使其集体运作功能在知识产权教育、知识产权纠纷的对外协调、产业技术标准形成等方面充分展现。也可以支持和鼓励组建与知识产权保护相关的自律性和维权性组织，扶持和发展知识产权中介机构，以形成多层次知识产权工作网络。致力于 TD－SCDMA（移动通讯标准之一）标准及产品的研究、开发等事业的

① 高建：《中国企业技术创新分析》，清华大学出版社 1997 年版，第 36 页。

② 按照《国家中长期科学和技术发展规划纲要》的定义，自主创新包括原始创新、集成创新和引进消化吸收再创新。

TD－SCDMA产业联盟的建立，对于整合及协调产业资源，提升联盟内移动通信企业的研究开发、生产制造水平，促进 TD－SCDMA 在中国及全球通信市场的推广和应用，起到了非常积极的作用。

第三，在国家层面，政府要以多体系科研机构为主体，支持基础领域的创新和产权保护，完善相关法律规范，促进合作协调，并加大人力资本投资，夯实知识产权战略的基础。首先，加强知识产权保护，完善、细化与知识产权激励、保护、运用等相关的法律法规体系；借鉴国际经验完善反垄断法规，以避免外国企业和跨国公司的知识产权滥用行为；设立知识产权事业发展专项基金，用于支持知识产权的基础设施建设、技术支撑体系建设等方面，比如资助国内企业向外申请知识产权、解决知识产权纠纷等。政府还可以通过倾斜的税收政策来对企业的自主创新提供激励，比如研发经费可以抵税，这样企业自己投入的研发经费越多，以减税形式获得的政府支持也就越多，以激励企业更多地投入研发和技术创新。其次，紧密跟踪知识产权国际规则调整的趋势，积极参与各项有关规则的协商谈判，在涉及知识产权纠纷的相关领域加强国际协调与国际合作，力争将我国占优的相关客体（如文化遗产、民间艺术等）纳入知识产权保护范围，更好地保障我国企业和产业的权益。最后，加快国家创新体系建设，加强以高校和研究机构为主体的基础研究，并建立知识产权商业化的有效机制；同时，加大人力资本投资，提高国民总体素质，是实施知识产权战略的基础。另外，要加强企业和居民的市场主体教育，提高创新主体的知识产权意识，推动知识产权的创造和发展。

知识产权优势理论及自主知识产权培育路径探析

钟卫华*

一、知识产权优势理论简述

经济学意义上的优势理论是指经济学家通过对经济领域的观察研究得出的有关不同经济体在经济竞争中存在某些超过同类形势的一种理论。目前的经济优势理论主要有比较优势理论、综合竞争优势理论和知识产权优势理论。

知识产权优势理论由我国海派经济学研究中心程恩富教授提出。程恩富教授认为不论是以劳动生产率差异为基础的比较成本说，还是以生产要素供给为基础的资源禀赋说，都是建立在各国的供给条件不可改变，资源、生产要素不能在国际间流动的这个前提基础上的。随着生产要素和资源在国际间的频繁流动，以及自然资源可以被改良和再造，也可以被新材料所替代，劳动力的技能和素质的提高，又可克服劳动力数量不足的矛盾，一国完全依靠比较优势参与国际竞争将会失去经济竞争优势，陷入比较优势陷阱。① 而波特提出的综合竞争优势理论因素太多，且是针对发达国家提出的，并不一定完全适合发展中国，其所暗含的资本充裕条件和忽略跨国公司的作用也不符合现实的情况。② 针对比较优势和竞争优势的理论和实践缺陷，程恩富教授提出应大力培育和发展“第三种优势”，即“知识产权优势”。知识产权优势是指通过逐步拥有以自主核心技术和自主名牌为主要内容的自主知识产权的经济优势。是在既定的比较优势和竞争优势基础上的更核心层次的国家优势。

---

* 钟卫华，三明学院经济学院副教授，研究方向为马克思主义经济学。

① 程恩富，廉淑：《比较优势、竞争优势与知识产权优势理论新探——海派经济学的一个基本原理》，载于《求是学刊》2004年第4期。

② 程恩富：《创造和培育知识产权优势，建设创新型国家》，发表于《中国社会科学院院报》2006年8月17日第一版。

二、知识产权优势理论的核心内容

根据程恩富教授的有关论述，知识产权优势理论的核心内容主要包括两个方面：一是拥有自主知识产权的核心技术优势；二是拥有自主知识产权的品牌优势。

（一）自主知识产权核心技术优势

这里所讲的自主知识产权核心技术是指我国公民、企业、事业单位经过其主导的技术创新活动获得的，并经过申请在我国依法拥有所有权的核心技术，或依法通过受让取得的中国公民、企业、事业单位在我国依法拥有所有权或使用权的核心技术。核心技术又可分为技术核心和设计核心。技术核心是在基础理论基础上在确定技术路线情况下支撑产品实现的关键部分，是一组复杂先进的、有较大用户价值的技术和能力的集合体。① 设计核心是指为呈现技术核心所使用的独特的工艺流程和外观表现形式。核心技术具有不可复制性和独特的市场价值，因而在竞争中能获得优势地位。

拥有了核心技术，就可以打开潜在的多种不同类型产品的市场大门，并通过专利把竞争对手在一定时间内挡在市场的门外，从而在竞争中获得优势地位。一个企业如果拥有了具有自主知识产权的核心技术，并且这种核心技术支撑的产品具有广泛的市场运用前景，就能从中获得非凡的价值回报。我国的中星微电子有限公司，坚持自主创新，先后突破了七大核心技术，成功地开发了具有自主知识产权的“星光中国芯”系列芯片，这种芯片广泛运用于移动通讯、数字信息家电数码影像等行业。其产品被索尼、中兴、华为、三星等大批国内外知名企业采用，成功地占据了国际市场。

但是，目前我国像华为、中星微这样拥有自主知识产权核心技术的企业并不多，因此在国际竞争处于不利地位。我国是制造业大国，但不是制造业强国，其根本原因就在于没有掌握拥有自主知识产权的领先的关键核心技术。海尔目前在大型白色家用电器市场拥有全球第一市场份额，但其在关键领域的核心技术和同类企业相比还存在不少差距。如空调与冰箱的压缩机的核心技术，目前主要掌握在松下、日立、恩布拉克、扎努西等手中。我国是电脑生产和消费大国，但电脑的最核心部件中央处理器目前主要掌握在美国的英特尔、超微半导体公司手中，操作系统被微软所控制。除此之外汽车领域、材料领域、生物领域、医学领域很多核心技术都受制于人，从而使我国在参与国际竞争中处于不利地位。

---

① 百度百科［EB/OL］http://baike.baidu.com/view/1643903.htm 2012 - 3 - 26/2013 - 4 - 4

（二）自主知识产权品牌优势

品牌是消费者对某一企业及其生产的产品、售后服务，企业文化及其产品文化价值的一种认知程度。知名品牌是得到大众普遍认可、信任，知名度高的企业及其生产的产品。所谓品牌优势就是借助品牌，在市场竞争中获得有利地位的一种优势。

优势品牌之所以在市场竞争能占据有利地位，关键在于品牌里面所蕴涵的产品质量、价值、文化、利益等得到消费者的认可。在知识经济时代，品牌已成为企业生产的一种重要资产，这种无形的资产在当今社会越来越重要。许多知名跨国公司，其企业财产中，品牌和专利等无形资产已超出其有形资产的份额，比重已高达80%以上。① 拥有了品牌和专利，可以轻松地配置相关的有形资产，获得丰厚的回报。可口可乐、麦当劳就凭借其品牌和配方专利，通过品牌和专利运营推广，把业务拓展到全球，用无形资产配置有形资产，把其他国家和地区的资源（水、劳动力、土地、厂房、原材料）源源不断地转化为他们的利润。国内的海尔之所以能在市场竞争占有一席之地，从早期的砸掉不合格的冰箱树立了企业品牌形象，到今天“真诚到永远”，人人都是CEO，全方位进行品牌建设和塑造是紧密相连的。

和具有自主知识产权的核心技术一样，我国所拥有的自主知识产权的优势品牌在世界市场也是处于弱势地位。世界著名品牌咨询公司BrandZ公布的2012年全球最具有价值的品牌排行榜中有13家中国企业入榜，且13家上榜品牌价值合计为2555.05亿美元，而美国苹果一家品牌就达1829.51亿美元，约中国上榜13家企业的71.6%。② 而另一家世界著名品牌咨询公司Interbrand发布的全球最佳品牌排行中，到2012年我国还没有一家企业进入。由此可见，我国自主知识产权的优势品牌塑造和培育任重而道远，特别是实体制造业和服务业。

三、自主知识产权培育路径

知识产权优势理论及其所包含的核心内容表明，要在国际贸易中能否获得更多的国家福利，在高新技术产业和具有战略意义的产业部门关键在于是否拥有自主知识产权的核心技术优势，而在传统的民族产业或低端产品部门是否拥有自主知识产权的品牌优势。经验表明，一国对其先进的核心技术是绝对保密的，我国不可能通过技术引进获得，而优势品牌的获得也要有一个长期培育的

① 张玉瑞，周燕等：《外国大企业如何在中国实现专利价值？挥舞许可和诉讼两大利器》，发表于《中国知识产权报》，2004年6月22日第六版。

② 2012BrandZ最具价值全球品牌百强榜［EB/OL］http://money.163.com/12/0522/14/8246SEQS00253G87.html 2012－05－22/2013－4－4.

过程。因此，要获得拥有自主知识产权的核心技术和优势品牌，作为一个发展中国家，必须选择恰当路径，对其加以培育。

（一）以企业为主体，产学研相结合，实行核心技术赶超战略

自主知识产权的培育要以企业为主体，市场为导向。要取得自主知识产权的核心技术，需要有一个长时间的过程，这样就特别需要在企业层次上的战略决心和进取精神，而这些因素的生成都是政府所无法越俎代庖的。因此，自主知识产权的核心技术培育必须以企业为主体，市场为导向。企业是市场竞争的主体，企业的目标是要实现利润的最大化。要实现持久的利润最大化，一个重要的方面就是拥有先进的自主知识产权的核心技术，这样依靠核心技术能实现市场的差异化产品战略和提高劳动生产率，从而获得超额利润。同时企业作为市场的主体，比其他的任何机构都更贴近市场，了解市场的需求，并能掌握市场发展所产生的潜在需求，使其研究更加具有针对性，抢占新技术的制高点，从而在核心技术方面占有领先地位。

要取得自主知识产权的核心技术需要要产学研相结合，实施赶超战略。产学研相结合是指企业、高校及科研院所这三个技术创新主体要素按照“利益共享、风险共担、优势互补、共同发展”的原则，共同开展技术创新的活动，逐步实现科研—产品—市场—科研的良性循环一种创新模式[①]。虽然企业对利润的追求是创新动力的源泉，是推动技术进步的主体，但对于许多企业（特别是中小企业）而言，大比例的科研投入是高风险的决策，也不具备条件去做大量的基础性研究工作，且企业的创新性研究是以人才为支撑的。没有人才，创新便是一句空话。而高等学校和科研机构在基础研究领域、人才队伍方面又具有的优势，但高校和科研机构对市场需求的灵敏度又不如企业。所以，三者之间有机结合既能发挥企业接近市场，推动技术创新的主体作用，又能发挥高校和科研机构在基础性研究和人才优势，一起推动技术创新，实现超赶战略。

（二）注重品牌培育和强化知识产权战略意识

政府和企业要重视品牌培育。品牌既是企业知识产权的重要组成部分，也是企业资产的重要组成部分，品牌拥有者可以凭借品牌的优势不断获取利益。因此要重视品牌的培育和塑造。品牌培育和塑造一方面政府要引导，政府通过间接宏观政策导向，把资源配置到注重自主知识产权品牌培育的企业上去。在税收、信贷方面对重视自主知识产权品牌培育的企业以优惠、政府优先采购具有自主知识产权品牌的产品，激励企业增强培育品牌的意识。另一方面，企业自身要重视。企业始终是品牌塑造和培育的主体，企业在品牌塑造和培育的过

---

① 温兴琦：《国外发展战略性新兴产业的产学研合作模式及对武汉市的启示》，载于《全球科技经济瞭望》2010 年第 12 期。

程中要高瞻远瞩。不仅要关注短期利益，更要注重企业的长远利益，把产品的质量和客户需求放在第一位，同时注重企业和品牌文化建设，并借助恰当的形式宣传自己，对品牌的定位、传播、维护、营销加强管理，不断完善自身的品牌形象，提升自己品牌的知名度、美誉度和忠诚度。

强化知识产权的战略意识。随着市场经济的发展，我国知识产权在市场竞争中的地位和作用越来越为大家所重视。在吸取前些年国内企业商标在国外被抢注，不得不更换商标，以及因知识产权保护意识不强而遭遇到的一系列的市场进入障碍和法律纠纷后，目前国内企业通过专利申请和商标注册来保护自己的知识产权越来越强。但这方面和发达国家相比还有很长的路要走。目前我国的海外专利申请和商标注册主要是为了保护自己，避免进入海外市场时遭遇纠纷，和外国企业在华的知识产权布局和所要达的目的相差甚远。国外企业在我国的专利布局和商标申请具有前瞻性、战略性和威慑性。因此，为了取得知识产权优势，不仅要对知识产权进行保护，而且还要有对知识产权保护的战略眼光。要有产品未动、专利先动、商标先动的意识。对生物基因资源、非文物文化遗产、老字号等要用知识产权优势的战略眼光来审视对待，加强知识产权的战略管理。

（三）加大知识产权制度建设和知识产权人才队伍建设

加大知识产权制度建设。制度建设是一国经济发展的重要环境，同样要发挥知识产权优势，必须有完善的知识产权制度作为支撑，国家在这方面大有可为。虽然我国已经有专利法、商标法、著作权法、计算机软件保护条例，以及与这些法律法规的相配套的实施细则等，但知识产权的法律法规制度仍然不健全，至今也没有商业秘密法，法律法规在注重知识产权保护的同时，却对知识产权的滥用无所适从。因此，国家要围绕知识产权的创造、占有、管理、运营进一步完善知识产权的法律法规和制度建设，为培育自主知识产权提供良好的外部环境，最大限度地提升我国企业的国际竞争能力。

注重知识产权的人才培养。中国要在知识产权竞争中取得优势，必须有一支庞大的人才队伍加以支撑。目前我国高层次知识产权优秀人才匮乏，而企业又急需高层次的知识产权人才。因此要充分发挥政府的作用，加大知识产权人才的培养。知识产权人才的培养是高素质复合型人才，单靠高等学校或企业都难以完成的任务，需要政府、企业、高校通力合作。政府要发挥组织协调作用，把企业和高校资源有机整合，共同担当知识产权人才的培养工作。

（四）实行跨国并购，获取相关知识产权和品牌

在市场竞争过程由于外部环境的变化，会使得某些原先处于优势的企业陷入经营困境，这时能抓住机会实时进行并购是获得知识产权所有权和知名品牌

的绝佳途径，然后在此基础上消化吸收，推动技术创新和品牌升级，从而在国际市场竞争占据有利的地位。世界上许多知名的企业都通过并购获得的了巨大的成功。联合利华在全球拥有400多个品牌，绝大多数都是通过并购并推广到世界各地的，联合利华在中国的12个品牌都是同类产品的佼佼者。旁氏原是一个美国品牌，夏士莲是英国在东南亚推广的品牌。在国内收购了中国牙膏第一品牌“中华”，收购了上海当地食品类名牌“老蔡酱油”和北京的食品名牌“京华茶叶”，之后又以8亿元收购李嘉诚旗下的“蔓登琳”品牌。通过品牌并购并有效运营，增强了联合利华全球竞争能力。而我国吉利通过收购获得沃尔沃轿车公司100%的股权和知识产权的相关资产，在汽车制造领域安全方面的核心技术取得了主动权。联想通过收购“IBM”获得了在笔记本电脑方面的研发能力及技术的知识产权，使自己的企业品牌迈上了一个新台阶。

总之，三大优势理论是在不同的社会历史条件下提出的，其优势的发挥要受到特定的社会历史条件和国情的制约。在人类社会进入知识经济时代的今天，相比而言，知识产权优势在激烈的国际竞争显得更为重要。因此，作为一个发展中国家的中国，必须通过创新驱动，掌握拥有自主知识产权核心技术和品牌才能在国际竞争中立于不败之地。

高度重视创新型人才的培养

——实施创新驱动发展战略的关键

田家官*

实施创新驱动发展战略，是我们党在新的历史时期作出的重大抉择。2012年7月，党中央、国务院召开的全国科技创新大会提出了创新驱动发展战略，12月这一战略明确写入党的十八大报告。党的十八大报告提出，科技创新是提高社会生产力和综合国力的战略支撑，必须摆在国家发展全局的核心位置。创新型人才是开展科技创新的主体，是人才中的人才。能否不断创新，关键取决于能不能培养一支积极开拓创新的人才队伍。为了加快我国建设全面小康社会的进程，实现中华民族的伟大复兴，我们必须高度重视创新型人才的培养工作，努力地培养一批又一批创新型人才。

一、什么是创新型人才

回答这个问题首先要搞清楚创新的含义。人类诞生之初，对整个外部世界及其自身知之甚少，甚至可以说一无所知。为了自身的生存及发展，人们不能不对这个陌生的外部世界及其自身进行长期而艰难的探索，以便认识它、改造它，使它更适合人类的生存和发展。从这个意义上讲，人类社会发展的历史是人类认识和改造世界及其自身的历史。在这个过程中，人们对外部世界及其自身的认识每提高一步，不论提高多少，只要真正客观地反映了其本来面貌，就是创新；与此同时，人们遵循客观规律对外部世界进行更有利于自身存在和发

* 田家官，中国经济规律研究会常务理事，浙江财经大学经济学教授，硕士生导师，主要研究方向为社会保障理论、人力资源开发、劳动就业。

展的有效改造，也是创新。由此可见，所谓创新就是发现前人未发现的现象，揭示前人未揭示的规律，或者提出前人未提出的问题，解决前人未解决的问题。创新是人类认识和改造外部世界及其自身的基本途径。

创新型人才作为开展创新活动的承担者，就是在认识和改造外部世界及其人类自身的过程中取得成效者。客观世界的复杂性决定，不是每个人都能够成为创新型人才的。作为一个人创新型人才，就其自身而言，起码要具备以下条件：

第一，具有创新意识和创新精神。客观世界在不断发展变化，人们对客观世界的认识不可能穷尽，科学的发展永无止境。在这种情况下，只有那些具有创新意识和创新精神的人，才会不满足现有的认识水平，为了加深对客观世界的认识，不断进行探索。人们对客观世界的认识就是这样逐步提高的，科学技术就是这样逐步发展起来的。以基因论的发展过程为例，1865 年遗传学的创始人孟德尔在实验的基础上创立了性状遗传学，他总结出三条遗传学定律，并由此推理有遗传因子存在，细胞中有成对的遗传因子，一个来自父本，一个来自母本。每一种遗传性状受一种遗传因子的控制。但是，遗传因子即后来被称为基因的物质载体是什么？人们并不知道。美国遗传学家摩尔根于 1909 年开始利用果蝇做遗传实验，经过十几年的努力，证明细胞中的染色体是基因的物质载体。摩尔根的研究为基因论奠定了基础，将孟德尔的性状遗传学推进到细胞遗传学阶段。染色体由蛋白质和核酸两种化学成分构成，这两种化学成分都是基因的物质载体，还是其中的一种是，人们不清楚。1934 年美国生物学家列文经多年研究得出结论，染色体中携带遗传信息的成分是蛋白质而不是核酸。1944 年美国细菌学家艾弗里的研究发现脱氧核糖核酸（DNA）是遗传信息的载体，这就突破了列文的结论。为了搞清楚 DNA 的分子结构，20 世纪 50 年代美国生物学家沃森等人提出和证实了 DNA 双螺旋模型。基因论就是这样通过一代又一代科学家的开拓创新和不懈努力发展起来的。

第二，要有扎实的专业理论和技术，掌握较丰富的相关知识，对有关事物或问题有深刻的理解。创新是一个十分复杂的过程。如果说在近代科学产生之前人们可以依靠经验实现创新的话，那么在科学技术飞速发展的现代，仅仅依靠经验实现创新已很困难，特别是那些有重大影响的创新，单纯依靠经验基本上是不可能的。其原因在于，一方面，随着科学技术的发展和人们认识的不断深化，需要人们认识的事物越来越复杂。另一方面，科学技术的不断发展使学科越分越细，各学科之间既相互渗透，又相互融化，联系越来越密切。在这种情况下，不论是进行基础科学理论创新，还是技术应用创新，要求创新者必须掌握更多的科学理论和知识，即不仅要掌握丰富的专业理论或技术以及科学方法，还要掌握较多的相关知识。这是进行创新活动的基本条件；同时要求创新者了解本学科及相关学科研究的前沿动态，特别是对所有关理论要有深刻的了解，掌握其来龙去脉，熟悉其优点、缺陷或不足，善于预测其发展趋势。只有具备了这些条件，才有可能实现创新。美籍华人、电脑巨人王安是哈佛大学的高才生，他仅用不到16个月的时间就拿到哈佛大学的应用物理博士学位。毕业后王安在哈佛大学计算实验室工作。当时电脑使用机械操作来记录和读出磁性存储的资讯，效果都不理想，实验室主管艾肯博士让王安解决这个技术难题。凭着扎实专业理论基础和对电脑科技的熟悉，王安认为电可以解决这个难题。大约经过3个星期的努力，他发明了记忆磁芯，找到了一种使用电流迅速存储资料的方法，为电脑科学的发展作出了重大贡献。

第三，具有不屈不挠、顽强拼搏的精神。马克思说："在科学上没有平坦的大道，只有不畏劳苦沿着陡峭山路攀登的人，才有希望达到光辉的顶点。"① 由于创新是一种非同寻常的开创性工作，没有一种不屈不挠、顽强拼搏的精神是不可能达到其创新的目的。19世纪整个欧洲因一种病因不明的怪病导致牛羊大量死亡，德国医生科赫利用诊治病人的余暇时间观察死亡牛羊的血液标本，经过五六年的研究，通过大量的实验，最终发现导致牛羊大批死亡的罪魁祸手是炭疽热杆菌，并找到了对付这种可怕瘟疫的办法。为了找出扑灭引起睡眠症的"锥形虫"，德国科学家埃尔利希共花费了7年时间，才获得成功。开始他利用各种染料进行试验，先后试验过数千只动物，用了500多种化学物品，但没有取得预期效果。同行嘲笑埃尔利希傻，然而他毫不气馁。受一篇有关含砷药物的论文的启发，又开始用含砷的酸化物进行试验。在火炉般的实验室里，他和同行挥汗如雨，通过改变含砷的酸化物的结构产生了几百种新的砷化物，日复一日逐一进行试验，两年后终于成功地用第606个不同砷化物杀死了锥形虫，同时没有使老鼠的眼睛失明。不仅如此，经试验六零六还能够杀死梅毒螺旋体，成了治疗梅毒的特效药物。回顾科学技术发展的历史，我们不难发现，在科学技术上那些卓有成效者，无例外地有一个令人感动的不屈不挠、顽强拼搏的经历。

二、创新型人才的作用不可替代

创新是一种创造性的复杂劳动。与一般复杂劳动相比，这种劳动能够使人们的认识和被改造的对象发生质的变化，从而可以产生更大的社会价值或经济价值。创新劳动的这一特征决定了创新型人才的重要性。

创新型人才是加速经济社会发展的中坚力量。回顾世界近现代历史的发展过程，人类社会之所以能够在较短的时间内由手工劳动为主的传统农业社会发展为以机器大工业为基础的现代工业社会，进而发展为今天这样建立在高科技、电子化、数字化基础上的工业社会，与创新型人才特别是从事原始性创新的人

① 《马克思恩格斯全集》第23卷，人民出版社1972年版，第6页。

才的作用是密不可分的。17 世纪 80 年代牛顿创立了牛顿力学体系，标志着自然科学理论的形成，也为机械技术的进一步发展提供了科学原理，从而推动一系列科学技术理论的形成。科学技术理论的发展促进了技术的机械化。18 世纪末瓦特发明了蒸汽机，经过不断的改进，蒸汽动力取代了人力、畜力、风力和水力，第一次技术革命产生了，并迅速形成了席卷全球的第一次产业革命。进入 19 世纪，迈耳、法拉第、麦克斯韦、道尔顿、达尔文等科学家建立了热力学、电磁场理论、化学原子论、生物进化论，这些科学原理推动电机、一般机械、运输机械、冶金和化学等技术组成的主导技术群出现，并形成了以电气化为标志的第二次产业革命。19 世纪末 20 世纪初，普朗克、爱因斯坦、申农、摩尔根、伟伊等科学家建立了量子论、相对论、信息论、基因论、结构论等科学理论，以此为基础，电子技术、核能技术、生物技术、光技术、新材料技术、宇航技术、海洋开发技术等一系列新兴技术出现，从而推动第三次产业革命形成。我们不难想象，如果没有这一代又一代创新者的锐意创新，社会生产力是不可能发展到现在这个程度的！

创新型人才是增加社会财富的重要力量。马克思在研究劳动价值论的时候，把劳动划分为简单劳动和复杂劳动。所谓简单劳动是指不需要经过任何专门训练，一般劳动者都能胜任的劳动；复杂劳动则是需要经过专门训练，具有一定一定技术专长才能胜任的劳动。关于简单劳动和复杂劳动的交换关系，马克思指出："少量的复杂劳动等于多量的简单劳动"。[①] 创新型人才一般都是从事复杂劳动的，而且是复杂程度高的复杂劳动，因此，他们的劳动既可以创造更大的价值，又能够创造更多的物质财富。譬如，我国育种学家袁隆平利用雄性不育培养的籼型杂交水稻，亩产达 737.3 ~ 783.15 公斤，比美国的良种高 180.8%。1997 年他开始提出超级杂交水稻选育计划，准备在 3 ~ 5 年内育成亩产中晚稻 800 公斤或早稻 700 公斤的高产新品种，目前在云南试种达到 1139 公斤/亩。以袁隆平为核心的国家杂交水稻工程技术研究中心已推出"袁隆平品牌"，据评估其价值可达千亿元。北京大学王选教授发明的汉字排版技术，使我国的印刷业告别了"铅"与"火"的历史，这一发明不仅极大地提高了印刷业的劳动生产率，而且所节约的人力、物力、财力难以估量。中国农业科学院屈冬玉研究员从荷兰留学回国后，先后在甘肃、宁夏、内蒙古等地从事马铃薯遗传育种和产业化研究，育成 6 个新品种，目前已在全国推广 500 多万亩，创造经济效益 18 亿元。

培养创新型人才是全面建设小康社会的重要环节。在新世纪的头二十年，我国要基本实现工业化，到 2050 年实现社会主义现代化。这是一个伟大而艰巨的任务。实现这一目标不仅有赖于全国各族人民的共同奋斗，而且需要一大批

① 《马克思恩格斯全集》第 23 卷，人民出版社 1972 年版，第 58 页。

创新型人才的不断开拓创新。因为：（1）实现我国工业化和现代化的目标，需要保持较快的经济增长速度。但随着国民生产总值基数的扩大，保持较快的经济增长速度的难度增大了。为了保持较快的经济增长速度，必须依靠持续的科学技术创新。（2）在科学技术方面，我国与发达国家相比还存在明显的差距，这种差距必然制约我国的现代化进程。因此，缩小我国与发达国家在科学技术方面的差距，是我们实现新世纪战略目标的重要任务。而要缩小我国与发达国家在科学技术方面的差距，没有一大批具有创新精神的科技人才是不可能的。（3）我国是一个有十几亿人口的大国，人均资源并不丰富。随着经济和社会的迅速发展，我国在人口、资源、环境、生态等方面受到的压力越来越大。解决这些问题，走可持续发展的道路，只能依靠科学技术创新，努力探索节约自然资源、保护生态环境的新技术和新方法。（4）实现中华民族的伟大复兴，通过全国人民较长时期的努力奋斗最终使我国走在世界前列，更需要大批高素质的创新型人才，特别是进行原始性创新的人才。这些人才既包括大批应用型创新型人才，也包括一批在各学科开展基础理论研究的创新型人才。从长期看，原始性创新的人才尤其重要。

三、创造有利条件　培养创新型人才

为了加快实现我国社会主义现代化，实现中华民族的伟大复兴，我们必须高度重视人才培养工作，特别要注重创新型人才的培养，努力培养一大批在国际上有较大影响和对我国经济、科技和社会发展起重大作用的创新型人才。

注重保护和引导儿童和青少年的兴趣与爱好，因势利导，充分发挥他们的潜能。世界不少卓有成效的科学家和发明家的成长史表明，他们最终之所以能够取得了令人瞩目的成就，除了个人的长期不懈的努力外，一个不可忽视的因素是他们的兴趣和潜能得到了充分发挥。荷兰科学家虎克列文早年是一位既无学历、社会地位，水平也不高的业余研究者。他自制了有史以来第一架显微镜，然后日以继夜用来观察未知世界。有人问他原因，他回答："我喜欢"。凭着个人爱好和执著，他观察到了微生物，成了人类历史上第一位发现微生物的人。美国科学家布劳恩从学生时代就有冒险精神，他的母亲为培养他的好奇心，给了他一架望远镜，结果激发了他对宇宙空间的兴趣。强烈的好奇心使他在13岁时就开始了火箭试验，此后不断地实验自制火箭，同时他决心终身从事航天事业，要为人类征服宇宙空间贡献一份力量。长期的努力使布劳恩在火箭技术和太空探测等方面取得了光辉的成就。他先后主持研制成功著名的V-1、V-2、土星5号火箭，并为研制航天飞机做出了贡献，因而被誉为"现代航天之父"。把达尔文带上科学研究之路的是他的哥哥伊拉斯莫斯，后者做实验经常要达尔文当助手，这使达尔文知道了实验和观察对科学研究的重要性。现在我们的家庭教育中的一些做法不利于发挥人的兴趣和爱好。比如，一些家长忽视孩子的个人兴趣和爱好，不是根据孩子的兴趣和爱好而是按照家长自己的愿望 或爱好安排孩子的学习内容。这种做法极可能扼杀孩子的潜能和创造性，不利于创新型人才的培养。发挥少年儿童的潜能，一方面，家长应当了解孩子的兴趣和爱好，并加以合理引导，在此基础上积极为孩子潜能的发挥创造条件。另一方面，要激发和鼓励孩子的好奇心，以此发现或激发他们的兴趣与爱好。学校也应改变专业管理过死做法，允许学生根据个人爱好和特长选择专业。

学校要重视培养学生的创新的精神和能力。回顾近现代科技发展的历史，那些在不同领域实现了重大创新的著名科学家和发明家，除了少数没有高学历者如爱迪生、虎克列文等人外，他们中的多数人是在学校奠定了进行创新的良好基础，在以后的工作中取得了重大的成就。还有不少人在学校期间就开始创新活动，并取得很大成功。达尔文在剑桥大学读书期间曾以博物学家身份周游世界，广泛地观察了各地的矿物和动植物，航海结束后不久便出版了《珊瑚礁的构造与分布》和《环球游记》，一跃成为英国首屈一指的生物学家。同时这次考察也奠定他的“进化论”基础。可见，学校在人才培养中起着十分重要的作用，是培养创新型人才的主阵地。培养创新型人才，首先要为学生开展创新打下坚实的基础。应当采取因材施教的原则，对基础好、潜力大的学生进行高起点、现代化、厚基础的教育，使其接触学科前沿问题。其次是培养学生创新精神。在科学研究中，要教育年轻人尊重权威，虚心向权威学习，但也要鼓励和支持他们不迷信权威，敢于向权威挑战，敢于挑战学科前沿问题。最后是培养学生的独立思考能力。创新不能因循守旧，循规蹈矩不可能实现创新。这就要求学生在学习和研究问题的过程中，要经过自己的独立思考作出判断，不盲从前人的已有结论，善于发现问题，找出解决问题的更好的方法。

要形成有利于促进创新型人才成长的机制。我国改革开放前，未形成一种有利于创新型人才成长的机制，极大地影响了创新型人才的培养和创新成果的产生。改革开放以来特别是近年来，对传统的科研管理体制进行了一系列改革，改革大大地调动了广大科研人员的积极性，科研成果逐步增多，科研水平逐步提高。但是，科研管理体制的改革还是初步的，有待于进一步深化。近几年，理论界在讨论一个问题，我国的科研经费投入逐年增多，但达到世界领先水平的原创性的科研成果很少，也没有培养出的世界级科学技术大师，原因何在？笔者认为，主要原因还在于我们还没有形成一种能够促进创新型人才成长的制度和机制，即一种能够激励人才解放思想、积极进取、勇于创新的机制。这种机制主要由两个基本要素构成：一是人才之间的竞争，二是创新者的利益。在全社会形成一种人才竞争机制，优胜劣汰，可以有效地促进人才素质的提高，激励人们积极开展创新活动。创新是创造性的复杂劳动，创新成功就能够创造更大的价值，使创新者得到与其劳动贡献相适应的利益是保护其创新积极性的保证。在这种机制下，创新的价值能够得到充分的体现，因而它有利于调动人们创新的积极性，有利于创新人才的产生和成长。形成有利于促进创新型人才成长的机制，深化科研管理体制改革，一是学校、科研单位、企业要引入竞争，真正形成进能出、优胜劣汰的淘汰机制；二是继续深化分配制度的改革，根据按劳分配原则和按生产要素分配的原则，使人才之间的收入差距能够反映其劳动贡献的差距。

创造良好的创新环境。环境对创新有着很重要的影响。14～16世纪，欧洲文艺复兴运动以意大利为中心蓬勃发展起来，冲破了神权的统治，为科学革命创造了条件。一些出类拔萃的学者在经院之外建立学会，漠视天启权威而诉诸理性探讨真理，制造了望远镜、显微镜等科学仪器，开展科学技术研究，产生了一系列的原始性创新科学技术成果，最终推动人类历史上第一次科技革命的出现。新中国成立以来特别是党的十一届三中全会以来，为了促进科技创新，党和政府采取了许多有效措施，从而推动我国科学技术迅速发展，使我国与西方发达国家在科学技术上的差距大大缩小。今后这方面需要进一步做的工作是：第一，进一步在全社会形成尊重知识、尊重人才的氛围，鼓励和支持人们努力学习文化科学知识，激励科技人才专心致志地搞科研、搞创新。第二，要改进现行科研项目管理办法，为创新性研究的顺利进行创造条件。各类科学研究基金都应适当增加自由选题的比例，在研究中发现了新的生长点，应当允许自由转移研究方向。对于科研项目时限给创新性研究带来的不利影响，要根据创新性研究的特点，采取比较灵活时间管理办法。第三，由国家支持的科研机构要在合理分工的基础上，不断提高实验设备的技术水平，同时实行开放式管理的资金问题。第四，建立和完善人才市场体系，为人才的流动创造条件。

大背景大格局中我国经济的创新跨越

陈俊明*

具体的经济发展与全球化的大背景大格局紧密联系。现在的世界大背景和大格局是以美国为首的发达国家主导的，它们从未改变冷战思维和对社会主义国家的敌视态度，也从未停止给我国发展制造障碍和困难。之所以这样，归根到底是因为我国经济结构相对低级，缺乏威慑力。现在，民营经济已占国民经济的大半江山，只有民营经济的经济结构实行根本性的改造，我国经济才能从根本上改变大而不强的品质。

一、具体经济发展要求抽象的经济理论具体化

经济，按照古代知识分子的说法，是经世济民。在这种说法中，包含着许多错误：能够实施经世济民的一定不是全体生产者，只能是占据统治地位、发挥主导作用的主体，即统治者，从而认为经世济民是只有统治者才能做的事情；“世”是被经营的对象，“民”完全是被动态的，民要靠统治者来“济”，不能民自己“济”自己，而统治者好像完全没有自己特殊的利益；再者，它也没有表明按照什么样的理念经世，用什么方法和手段经世，济民要济到什么程度，等等。

但这种说法也隐含着一些有价值的意思：其一，突出经济的主体，即经世济民一定要有个主体。其二，经济作用于一定的客体，即经济的对象：世与民。其三，就主体而言，经济中的“经世”是行为，“济民”是所要实现的价值。其四，经世与济民都是经常性的宏观行为。其五，经济通过政治而实施，两者分

---

* 陈俊明，经济学博士，博士生导师，泉州师院经济研究所所长，研究方向为《资本论》，马克思主义经济思想史，科学社会主义、经济哲学，发展经济学。

不开。由此观之，经济至少不是单独实施的、抽象的，也不完全是人们目力所及的有形的东西。显然，这比西方学者将它看成是治理大家庭事务要高明得多。它潜在地包含着经济过程以外的东西。

不言而喻，经济是许多社会主体在特定条件下、环境中的共同实施的一种具体实践行为，作为一种发展过程，不是单独进行的，而是在相互关系中实施的，作为一种行为，它一定要有必要的条件，这些条件的获得或具备、变化，时时处处受政治、社会、文化、自然环境变化的影响。

由于经济是过程性的、长期性的、重复进行的，所以其中必然包含有一定的规律、本质。它们虽然都是看不见的，但却决定经济过程的发展方向。人们在研究某种经济行为的时候，为了更最准确地把握经济过程的内在规定，有必要将政治、社会、文化、自然环境变化的影响暂时撇开，并且在专门对经济过程进行考察的时候，还要将对象进行必要的处理，按照它不同的历史阶段、规模、条件发展，将一些因素或条件暂时存而不论以获得最基本的规定。但这样一来，这些规定就是最抽象的规定了。在经济思想史上，这样的研究始于资产阶级学者。之所以这样，因为只有在这个时候，经济过程才与科学技术、规模、结构、质量、不同主体地位的变化、内外联系的发展相联系，换句话说，才有可能成为可以研究的典型对象，从而才能形成以它为对象的经济学。也就是说，经济学面对的具体对象是与科学技术、规模、结构、质量、不同主体地位的变化、内外联系的发展等紧密联系的，或者说，以它们为题中应有之义。

但是，由于对象最初的规模、属性规定才刚刚成型，对它的研究还只能形成一些比较简单的规定，与它后来的典型形态相比较，这些规定还很抽象。这种情况就像马克思在《政治经济学批判·导言》中所说的："经济学在它产生时期在历史上走的道路。例如，17 世纪的经济学家总是从生动的整体，从人口、民族、国家、若干国家等开始；但是他们最后总是从分析中找出一些具有决定意义的抽象的一般的关系，如分工、货币、价值等。这些个别要素一旦多少确定下来和抽象出来，从劳动、分工、需要交换价值等这些简单的东西上升到国家，国际交换和世界市场的各种经济学体系就开始出现了。"① 在马克思看来，这种做法虽然是错误的，因为它的抽象不彻底，但也有两方面的意义：一方面是析出一些"具有决定意义的抽象的一般的关系"，尽管并非完全科学，但后来还得到李嘉图的进一步论证和发展；这些规定之所以重要，因为没有它们，对象就是没有生命力的简单存在，"比如资本，如果没有雇佣劳动、价值、货币、价格等，它就什么也不是。"② 另一方面，还以抽象规定联系具体实际，尽管并不成功，但仍表现了抽象规定上升的必要性。由此观之，研究具体的经济问题，非要有科学的抽象规定不可，非要使抽象规定联系实际不可。

---

① 《马克思恩格斯全集》第 46 卷（上册），人民出版社 1979 年版，第 38 页。
② 同上，第 37 页。

但是，无论是17世纪的还是18世纪的资产阶级学者，都没有从根本上科学地解决以上两个问题。特别是从马歇尔将资产阶级原创的“政治经济学”改名为“经济学”之后，就在资产阶级经济学界形成了将政治、社会、文化等重要因素从实际、具体的经济过程中抽去的学术传统。演变到现在，经济学竟“逐渐定位于关于节约的理论方法，不再把现实世界作为研究对象。在今天的经济学中，……作为典型问题的资源配置是一个相当静态的命题。”① 因此，它们充其量只能在很狭小的范围内、严格的条件下才具有相对的真理性，很难用以解释现实的方法解决问题。

与此相反，马克思则很重视理论的抽象性和具体性的统一。他一方面对“混沌的关于整体的表象，经过更切进的规定”，“在分析中达到越来越简单的概念；从表象中的具体达到越来越稀薄的抽象，直到……达到一些最简单的规定”，使“完整的表象蒸发为抽象的规定”；另一方面又“回过头来”，使“抽象的规定在思维行程中导致具体的再现。”② 也就是说，使对象的内在规定与科学技术、规模、结构、质量、不同主体地位的变化、内外联系的发展等紧密联系。但是，他吸取了古典政治经济学的教训，不是直接地联系，而是经过许多中项，使抽象的规定逐步转型，再以转型了的、发展了的规定来联系实际。

马克思在1857年撰写的《政治经济学批判》导言中，已经有个5册计划：“（1）一般的抽象的规定，因此它们或多或少属于一切社会形式，不过是在上面所阐述的意义上。（2）形成资产阶级社会内部结构并且成为基本阶级的依据的范畴。资本、雇佣劳动、土地所有制。它们的相互关系。城市和乡村。三大社会阶级。它们之间的交换。流通。信用事业（私人的）。（3）资产阶级社会在国家形式上的概括。就它本身来考察。‘非生产’阶级。税。国债。公的信用。人口。殖民地。向外国移民。（4）生产的国际关系。国际分工，国际交换。输出和输入。汇率。（5）世界市场和危机。”③ 这5册研究由此及彼、浑然一体，在第1册的基础上，考察一国经济，在研究了较单纯的经济过程之后，又将它与国家联系起来，最后就顺理成章地考察一国经济与市场经济的联系。虽然他后来几经修改，将精力集中在前两册的主要内容研究上，但并不意味着这些研究与后面几册的内容没有关系，而是将它们存而不论。实际上，就在《政治经济学批判》中，他还明确地说：“创造世界市场的趋势已经直接包含在资本的概念本身中”。④ 在后来的《资本论》中，他也多次表达了这种意思。在《资本论》中，他曾提出：“对人类生活形式的思索，从而对它的科学分析，总是采取同实际发展相反的道路。这种思索是从事后开始的，就是说，是从发展过程的完成

① 罗纳德·科斯：《从经济学家手中拯救经济学》（毛强选译，《中国社会科学报》2012年12月21日）。

② 《马克思恩格斯全集》第46卷（上册），人民出版社1979年版，第37～38页。

③ 同上，第46页。

④ 同上，第391页。

的结果开始的”。① 显然，他当时面对的英国资本运动，不仅利润率已经平均化、各种基本矛盾已经尖锐化，而且已经是世界性的帝国，已经以世界市场和危机为前提、为题中应有之义了。

但是，由于人们对马克思的这一方法并不真正理解，因此，在改革开放之初西方经济学被引进来之后，许多原先学习马克思主义的学者也转而传承了资产阶级学者“强制抽象”的做法。这样思考现实经济问题，往往重演李嘉图“强制抽象”的错误。而许多坚持马克思主义经济理论的学者，也因为对马克思科学方法的不够了解，误以为理论联系实际就是根据自己的需要从马克思的经济理论中抽取一些相关性的语录直接与现实经济相联系。忽视了联系要有必要的中介，更忽视了理论发展的逻辑趋向。

现在，当我们实际地研究具体的经济问题时，一定不能忘记马克思的科学方法及其理论的逻辑发展趋向，从而必须紧密联系整个市场世界的经济大背景、大格局，以及它们所决定的大趋势。

二、国际国内大背景、大格局决定我国经济的发展大趋势

所谓的大背景，是与对象即经济过程本身相对而言的，它外在于经济过程，又直接或间接影响经济过程。离开这个大背景，对这个经济过程的认识就必然是不正确的、至少是抽象的。

大背景的内容很广泛，有这个过程存在的社会及其所处的发展阶段，有它所赖以生存的社会制度与其他社会制度的关系，有这个过程与其他过程的关系，有发生这些关系的条件、前提，其中有人之间的关系，又有人与物、自然之间的关系，还有物与物之间的关系，既有现实的因素，又有历史的因素，是所有这些关系和条件构成的一种可感觉而又超感觉的、有形又无形的场；它是一种具有巨大作用力的现实的和潜在的势，能够改变各种主体、过程的发展方向。

对一定的主体来说，一定的背景在一定的时候是外在的、既定的，但从其形成和发挥作用看，社会的大背景却是各种不同势力长期或明或暗较量、博弈的结果。无论是经济背景还是政治背景，在经过较长时间的较量之后，不同势力的实力强弱就会发生变化，原有的背景就会发生变化，从而反过来对各种势力的影响也发生变化。

在当今世界经济全球化迅速发展的情况下，国际大背景就是不同性质的国家之间发生的各种联系、博弈、争夺的历史所形成的一定势态。

在一定的背景中，必定有一种特殊的“普照之光”，发挥着巨大的特殊作用。正如马克思说：“在一切社会形式中都有一种一定的生产决定其他一切生产

① 《资本论》第一卷，人民出版社1975年版，第92页。

的地位和影响，因而它的关系也决定其他一切关系的地位和影响。这是一种普照的光，它掩盖了一切其他色彩，改变着它们的特点。这是一种特殊的以太，它决定着它里面显露出来的一切存在的比重。”[①] 在国际关系这个大背景中，也有这样的“普照之光”。在政治、经济、文化等关系中，哪种势力的政治经济实力最强，它就将成为这样的“普照之光”。在当今世界，发达国家的势力最强，特别是美国，仗持着发达的经济科学技术和军事力量，在世界上横冲直撞，阻扰着世界多极化的形成，同时，也对世界各国的政治经济发展发挥着巨大的影响，甚至改变着各个国家在国际关系中的实力对比。

大背景作为时代内容的具体表现，总是处于不和谐的状态。胡锦涛在党的十八大政治报告中也说：当今世界正在发生深刻复杂变化，和平与发展仍然是时代主题。同时，世界仍然很不安宁。国际金融危机影响深远，世界经济增长不稳定不确定因素增多，全球发展不平衡加剧，霸权主义、强权政治和新干涉主义有所上升，局部动荡频繁发生，粮食安全、能源资源安全、网络安全等全球性问题更加突出。可见，长期主题在同一时代的不同历史时期还会因为构成时代内容的各种要素的关系结构变化而有不同的表现。以美国为首的帝国主义国家仍然没有改变冷战思维，只要有社会主义的中国存在及发展，它们就必然耿耿于怀、芒刺在心，必欲在明里暗里对中国发难。美国国防部自1994年以来，一直不停地制定对华“海空一体战”，先有第一波“致盲行动”，再有第二波“海空打击”。现在，又高调宣称“重返亚太”。美国不仅有计划，还一次次地制造各种危机。最近，自民党的安倍一上台，又宣布钓鱼岛是他们的，没有谈判余地。日本右翼势力的抬头，美国政客立即鼓励他对中国“亮肌肉”。[②] 美国为首的西方国家之所以敢在和平与发展的时代敢对中国如此放肆，仗持的主要是其广泛的政治影响力以及以最先进技术武装的军事力量。

如果说，构成大背景的各种要素中有许多东西，例如制度、体制、时代等在一定的时期内是相对不变的，那么，其中还有一些相关的实体因素则是会变化的。这样，就形成了与大背景不同的大格局的变动。它包括很多方面的内容，但最主要的是政治格局、经济格局。

从经济格局看，虽然中国的崛起、加入世贸组织，大大地改变了世界经济的格局。而且，美国在经过金融海啸的冲击之后，实力已经受到严重的损失。但美元仍然是唯一最重要的国际货币，美国政府利用这一独有的优势，随意向世界市场输出美元，将通货膨胀转移给世界各国。这种货币体系格局，在较长的时间内还很难改变。从总体看，资本主义经济与发展中国家的经济实力、结构性质的差距仍较大。因而相互关系依然是一种硬性的“中心—外围”格局，处于外围的国家很难挤进中心地带。

---

① 《马克思恩格斯全集》第46卷（上册），人民出版社1979年版，第44页。

② 美政客鼓动日本对中国“亮肌肉”。载于《参考消息》20122年12月17日第16版。

从生产力的发展看，当代世界已经开启了“第三次工业革命”的帷幕，数字化、绿色化、智能化、循环化是其最重要的特征。这本来可以成为广大发展中国家迅速追赶发达国家的重要发展背景和机遇，但即使在我国，由于基础和实力的原因，也只有少数企业在少数领域有所开展。反之，发达国家则凭借其强大的实力和能力，远远走在我们前面，形成了一种仍然是发达国家主导的大格局。

经济结构的高级化转型对经济大格局的变化对各个国家的影响极大。纵观近代经济史，人们不难发现，能否及时地进行经济结构、经济体制的改革和调整，是一国能否跟上世界潮流的很重要条件。在这方面，成功的和失败的先例是很多的。现在的情况是，世界经济结构正在发生新一轮的重大变化。从较长的时间看，现在的全球需要（放大了的社会需要）正在经历一种非周期性的而是结构性变化。也就是说，世界生产力的发展并非体现在数量的增加上，而是体现在结构的变化上，并且更多是体现在产品结构的升级上。因此，科学技术和市场经济发达的国家并不惋惜一般的实体经济转向发展中国家，而是更庆幸自己能掌握制约后者发展的利器。现在的情况是，以美国为首的发达国家的经济结构既上乘又能适时地转型，所以不仅能一直在世界性的经济结构转型过程中“执牛耳”，牢牢地控制着有决定意义的产业部门、有核心技术的产品的生产，而且能在与发展中国家、特别是中国的经济交往中高高在上。它大量地向中国输出资本，充分地利用、掠夺我国的自然资源、廉价劳动力和庞大的市场，并将我国的很多领域锁定在对它们有利的国际分工上，长期而牢牢地钉在制造业产业链的最低端，在充分地享受在我国投资的极高利润率的同时，也享受我国向它们输出极廉价的商品，并且还能将污染、资源枯竭等副产品留给中国。即使在金融海啸袭来的关头，也能通过几轮的量化宽松政策来输出危机，向世界各国、我国输出通货膨胀。与美国相比，日本做得毫无逊色。以至于有日本人感慨，过去联合舰队侵入中国做不到的，现在资本军团做到了。即使它们的遭遇巨大灾难的事后，也能够通过在中国的独资、合资企业获得丰厚的利润。

国际大背景大格局及其变化必然通过各种渠道和机制传导到一国内部，也影响着我国现阶段的大背景、大格局。

从政治背景看，我们坚持社会主义制度，坚持共产党的领导，这个大背景当然没变。但是，当今中国已经不再是政治力量单一的国家，一方面，随着民营经济的发展，许多民营企业家已经开始发挥其对地方政治的影响力，并且越来越大。随着外资的输入，典型的资本关系、意识形态和价值观也随着输入。另一方面，由于中央要对全局统筹兼顾，注重的是长远的、根本的、全局的利益，而各个地方则更倾向于发挥地方的积极性，保护自己的利益。这样，在很多问题上，就形成了中央与地方的认知、利益差距，甚至在有的问题上形成很明显的矛盾，出现了许多“上有政策，下有对策”的现象，减弱或降低了中央的权威，造成了思想的混乱，行为的混乱。

从大背景的经济内容看，20 世纪 90 年代中叶起，我国主要进行两方面的工作，经济体制和增长方式的根本转变。可以说，现在社会主义市场经济体制已经基本确定，但经济增长方式的转变却始终不见起色。在国际市场上，仍受发达国家的制约，它们仍然占据先进技术、定价权，最近，他们甚至还向世贸组织起诉中国限制稀土出口，公然干预我国的内政。在国内市场上，跨国公司也一样占据定价权。从产业发展来看，虽然国有企业已经基本上完成结构调整，主要集中在有决定性意义的领域，但从总体上看，在经济发展方式转变方面，现阶段中国民营经济的总体结构在很大程度上、很广范围内，还是处于国际产业链的最低端。正如国家领导人都多次在公开场合承认的：中国经济结构不平衡、不协调、不可持续，如果联系国际大格局来看，就应该承认还有一定的虚弱性（过分依靠外资、外部资源如石油）、大部分相当低端。这恐怕不能说是国有经济走得太快，倒应该说是民营经济小、散、乱、差所致，是民营企业家缺乏资源转换能力，低端产业的转型缓慢所致。所以，加快推进经济结构战略性调整是大势所趋，刻不容缓。

三、大背景大格局的局部变动倒逼我国经济济跨越发展

现在我国国民经济的结构中民营经济总体规模已经占据大半壁江山，对整个国民经济已经形成有较大影响的势，因而受大背景和大格局变化的影响较大。如果它不能适应国际国内大背景大格局的变化，将会拖累整个国民经济的高级化。

从大背景来看，美国“重返亚洲”在现阶段对我国的影响最大。美国不仅自己直接行动，还非常阴险地挑动中国南海周边的国家对中国提出领土、领海要求。它们之所以这样沆瀣一气，当然有利益在内，但归根到底是因为我国综合国力中的威慑力不够。面对超强对手的挑战，我们要亮的除了核武器外，还应该有一定数量的技术设备最先进的航空母舰，要有足够的最先进的飞机和舰船，而且不能迁延时日。

与大背景同时变化的，还有大格局。世界性的经济结构调整，与美国的金融海啸两者之间存在着内在的联系。在当代，危机的解决不是简单地通过生产力的破坏强制性地恢复平衡，而是产生新的经济结构。这种大格局变化的影响力是强大的、不可忽视的。但是，我国的绝大多数民营企业对此的反映却很迟钝。现在，“第三次工业革命”已经如火如荼地展开，其特征主要是数字化、绿色化、智能化、循环化，是围绕结构特别是产品结构的改革、优化而展开的。面对这种大势，中国经济特别是民营经济不能有丝毫犹疑，必须马上紧跟上去。这就要求各地地方经济、特别是民营企业当事人在深入地了解这次由金融海啸

的破坏引发的结构调整的内容、了解其真正特点的同时，迅速行动起来，调整投资结构。

但是，我国现在民营经济从整体上看不仅相当分散，而且结构还比较低级，更重要的是民营企业家的资源转换观念、能力都很欠缺。这又与前一阶段的社会舆论、民营企业家的实际经验有直接的关系。

在之前很长一段时间内，从西方主流经济学那里泊来的“经济增长”和“比较优势”理论对各地政府、民营企业家的影响巨大。许多地方官员、民营企业家都很重视财富量在较短的时间内急剧增长，而且是在不考虑增长的必要、充分条件的情况下追求短期内少数人的财富增长，而忽视经济结构的转变，忽视大多数人的财富和能力增长，从而忽视大部分主体的需要和能力发展，忽视各种财富增长的比例关系（结构），特别是忽视民营经济的发展与社会发展的关系。

而“比较优势”表面看可以导致优势互补，涉及的只有两个主体、资本和劳动两种资源，并且完全不讲究其各自的质量，而相关的制度、劳动生产率、投入、科学技术、规模、连续性等规定都被撇开了，因而是非常抽象的理论。如果对方的优势是这一方所缺乏的难以掌握的比较高级的科学技术、较难具备的能力，那么这一方的自诩为优势的东西就只能是比较初级的资源，在这种情况下的优势互补实质上是一种自我“矮化”。但是，许多地方官员、民营企业家都不了解这些，并且深信我们的劳动力、市场、某些资源、环境对发达国家来说都具有比较优势，都盲目地以为获得了相当可观的相关“红利”。但是，一方面，生产的只是别人不愿生产的东西，大都是劳动密集型、资源密集型、低附加值、替代性很强的产品。连外国人都揶揄道：一个发明了造纸术、火药和指南针的民族，怎么突然变得只会组装 iPad 了呢？另一方面，发掘到现在，相关的红利基本上都消失了，或者濒于消失。

在不正确理论成为主流的情况下，这些明显不正确的观念很难改变，所产生的行为也很容易形成习惯而被锁定，并且会因为固定资本较难更新，转换能力欠缺，而成为一种惰性，一种路径依赖。

地方经济、民营经济有一种天生的本能：模仿。这可以达到短、平、快的效果，并不是坏事。但是，模仿必定是跟在别人的后面，以前可以做，现在未必可以做。而且，我国大部分民营企业家们甚至没有形成结构升级以及升级时机的概念，经济发展方式长期没有发生根本性的转变。

我国民营经济增长快而发展慢这种情况从深层次反映了地方经济发展的文化内涵比较陈旧和缺乏转型的传统和能力、基因。因此，必须实现文化的创新，才能实现地方经济的跨越发展。

因此，要实现地方经济的跨越发展，首要的不是热情和干劲，而是正确的理论、观念和责任，要了解经济结构的转型发展是我们当前的首要任务里。而唯一正确的理论只能是马克思主义经济学的转型发展理论。只有它，才科学合理地阐明转型的必要性、必然性、机制和路径。没有科学的理论指导的实践，就是盲目的实践。在改革和发展的浅水区，人们可以摸着石头过河，但进入深水区后，只有把握方向、借助一定的载体才能驶向、靠拢目标。

在当代，一个国家的综合实力主要是从其经济结构来看的，并且主要是看其产品结构。不言而喻，在任何一定时期，并非所有的产品都社会、对任何人都一样重要，在社会需要体系中，总有一些需要是起决定性作用的，因而总有些产品是起决定性作用的。例如，类似特种钢、电脑芯片等后向联系较长的产品，特别是其中的关键性部件，谁拥有这种能起决定性作用的产品，谁就能控制整个产业链。现在的美国人并不在乎他们的实体经济能够创造多少东西，而在乎他们在世界实体经济各领域的垂直分工中是否占据主导性、决定性的地位。在发达国家，这样的产品数量很多。而在我们国家的民营企业中，这样的产品虽有一些，但数量很少。由此观之，我国民营经济不仅产业结构还较低级，而且产品在同一产品的产业链中也大都处于低端。我们的民营企业向世界特别是发达国家提供的全都是高碳、高污染、低附加值、最费工、最简单、人家不愿意生产的东西，就此而言，能够赚取一些外汇并没有什么可值得自豪的，而靠政府退税来获得收益就更加委琐了。

占据科学技术的制高点，成为科学技术的新贵，应该是中国经济发展的重要目标之一。现在看来，在科学技术上称霸是一个民族的光荣。因此，现在我们应该模仿发达国家搞智能工业化，但又绝不是跟在他们后面爬行。所谓的跨越发展，就是要跨越以前简单模仿的“卡夫丁峡谷”①。简单模仿决不能无限期地延续下去。

企业家不能是单纯的“经济人”，也应该是有社会意识的、大局意识，危机和竞争意识，社会责任意识的“社会人”。在现阶段，宣传科学发展，就是要让大部分经济主体特别是农民出身的民营企业家都充分地了解大背景大格局的变动，了解这些变动与经济发展的关系，了解各种经济结构、产品结构的升级在经济发展中的地位，使他们对大背景大格局变动有高度敏感，对国民经济的发展有强烈的责任。只有民营经济的经济结构、特别是其产品结构产生根本性的变化，我国经济才能真正实现转型发展。

① 卡夫丁峡谷，指的是充满屈辱而又不能不通过的峡谷。

理解创新驱动战略三个关键词

汪冰*

实施创新驱动发展战略，是立足全局、面向未来的重大战略，是加快转变经济发展方式、破解经济发展深层次矛盾和问题、增强经济发展内生动力和活力的根本措施。要全面实施创新驱动发展战略，必须搞清楚创新、创新驱动和创新驱动战略三个关键词。

一、创新

奥地利经济学家熊彼特在1912年出版的《经济发展理论》著作中提出了创新的概念，并将其解释为：创新是指把一种新的生产要素和生产条件的“新结合”引入生产体系。它包括五方面：（1）研制或引进新产品；（2）运用新技术；（3）开辟新市场；（4）采用新原料或原材料的新供给；（5）建立新组织形式。①熊彼特在此讲的创新，是一个经济学概念。现在我们说的创新，是不等于仿造，而又与发明有所区别的相对宽泛的概念。

1. 创新与创造的本质区别

创是始的意思，所以创造不是后造，而是始造。创造和仿造相对。通常说的创造，含有造出了一个前所未有的事物的意味。说创新，大致有两种意味。一种意味是创造了新的东西，这和创造实际是同一个意思；另一种意味是本来存在一个事物，将它更新或者造出一个新事物来代替它。在这种意味下，创新中包含了创造。但创造不可能凭空而起，新的创造一般是建立在原有的事物或其转化的基础上，包含了对原有事物的创新，因而创造中又包含了创新。

---

* 汪冰，陆军军官学院副教授，研究方向为马克思主义理论。

① 熊彼特：《经济发展理论》，商务印书馆1990年版，第53~61页。

人类的创造创新可以分解为两个部分：一是思考，想出新主意；二是行动，根据新主意做出新事物。一般是先有创造创新的主意，然后有创造创新的行动。创造是指想新的，创新是指做新的。创新有三层含义：（1）更新，就是对原有的东西进行替换；（2）创造新的东西，就是创造出原来没有的东西；（3）改变，就是对原有的东西进行发展和改造。

2. 创新与发明的本质区别

发明当然肯定是新的，但是创新本身并不一定都是发明，只有原始创新才可以说跟发明比较接近，但是像跟随创新就不能说是发明。另外，创新和发明的不同还在于，创新是指在实践中能够引起争论和变化，甚至是可以实践和实施的；但是发明并不一定是要实施，提出一个新的发明，并不一定是真正要实施的。所以，就实施创新驱动发展战略来讲的创新，具体包括原始创新、集成创新和引进消化吸收再创新等方面。

二、创新驱动

创新驱动最早由美国管理学家迈克尔·波特提出，他以钻石理论为研究工具，以竞争优势来考察经济表现，从竞争现象中分析经济的发展过程，从而提出了国家经济发展的四个阶段的概念：生产要素驱动阶段、投资驱动阶段、创新驱动阶段和财富驱动阶段。“当国家进入创新驱动阶段时，许多产业已出现完整的钻石体系。钻石体系的所有关键要素不但发挥自己的功能，而且交互作用的效应也最强。呈现锐不可当的竞争力。许多产业因为蓬勃出现的新企业而加速改善和创新的步伐，重要的产业集群开始出现世界级的支持性产业，具有竞争力的新产业也由相关产业中产生。产业处于创新驱动阶段时，依赖生产要素而形成竞争优势的情形越来越少。产业虽然没有生产要素优势，但能在不利因素的刺激下创新，产品与制造技术也不断往前推进。大环境中，更高级的基础建设、研究机构与更具水平的大学体系也在形成中。这些新机制不但保持自我强化状态并创造出高级而专业化的生产要素，同时也与特定产业形成联系，营造出锐不可挡的气势。钻石体系正是在产业与产业集群中发挥出自我强化功能。这个阶段被称为创新驱动阶段，原因是，企业除了改善国外技术和生产方式外，本身也有创造力的表现。本土企业在产品、工艺流程、市场营销和其他竞争方向上已经接近卓越的程度。同时，如果有相关产业的支持，本国有利的需求条件、坚强的供应商产业基础、专业化生产要素，可以让企业持续创新，它们的创新能力又形成其他新产业出现的原动力。”① 可见，创新驱动是指企业在国家经济中具有创造力和持续创新的原动力，从而形成强大的产业竞争力，驱使和

---

① 迈克尔·波特：《国家竞争优势》，华夏出版社 2002 年版，第 3 ~ 5 页。

推动社会经济发展。

党的十八大报告指出，目前我国的发展仍处于可以大有作为的重要战略机遇期。我们要适应国内外经济形势新变化，加快形成新的经济发展方式，把推动发展的立足点转到提高质量和效益上来。报告中提出“四个着力”，其中之一是，着力增强创新驱动发展新动力；报告还提出“五个更多”，其中之一是，更多地依靠科技进步、劳动者素质提高、管理创新驱动，以此来不断增强长期发展后劲。由此看出，创新驱动理论中蕴涵着创新思维、创新能力、创新精神等要素；同时，诸要素之间通过相互联动而产生并发挥更大的作用。

1. 创新思维是创新驱动的前提

思维是行动的先导，思维决定思路，思路决定出路。创新驱动首要是解放思想，创新思维，树立科学发展的理念，坚决破除一切不合时宜的观念、做法和体制机制，使人类思维不断向有益于人类发展的方向动态化的改变。转变经济发展方式首要的是转变思维方式，当前，我们要尽快从单一思维向系统思维转变，从僵化思维向辩证思维转变，从固定思维向动态思维转变。

2. 创新能力是创新驱动的核心

创新能力是运用知识和理论，在科学、艺术、技术和各种实践活动领域中不断提供具有经济价值、社会价值、生态价值的新思想、新理论、新方法和新发明的能力。当今社会的竞争，与其说是人才的竞争，不如说是人的创新能力的竞争。目前，世界的发展已经进入了知识经济社会，知识经济主要是靠创新来作为动力。所以，我们讲创新驱动，关键是培养具有创新能力的人才，没有创新能力的人才很难实现经济发展方式的转变，保持国家的竞争力更是无从谈起。

3. 创新精神是创新驱动的动力

创新精神是指要具有能够综合运用已有的知识、信息、技能和方法，提出新方法、新观点的思维能力和进行发明创造、改革、革新的意志、信心、勇气和智慧。创新精神是一种勇于抛弃旧思想旧事物、创立新思想新事物的精神。“全面建成小康社会，必须以更大的政治勇气和智慧，不失时机深化重要领域改革”。[①] 可见，当改革进入深水区时，我们更要发扬创新精神，锐意改革，打好改革攻坚战。

三、创新驱动战略

创新不仅是一种思维方式，我们还可以把它上升到国家层面来看，从全局性、宏观上的指导意义方面来研究。作为国家创新驱动战略思想的内容，它应

① 胡锦涛：《坚定不移沿着中国特色社会主义道路前进为全面建成小康社会而奋斗——在中国共产党第十八次全国代表大会上的报告（2012 年 11 月 8 日）》，学习出版社。

该包括：理论创新是指导，制度创新是保障，科技创新是动力，文化创新是智力支持；它们之间是相互促进，密不可分，构成一个完整的国家体系。

1. 理论创新对实践的指导意义

理论创新是最具根本意义的创新。马克思主义理论作为整体，是一个历史的和开放的系统，坚持马克思主义的整体性同坚持马克思主义的创新性是一致的，因为马克思主义的理论品质是与时俱进，是在不断总结经济社会实践经验及其发展规律的基础上实现的，“马克思主义的生命力在于其创新性。马克思主义是一个开放的理论体系，它逻辑严整、博大精深，却又反对死守教条、思想僵化。马克思的思想100多年来始终与时代同行，随着实践的发展不断丰富和完善。”[①] 理论来源于实践，“实践发展永无止境，认识真理永无止境，理论创新永无止境”。[②] 理论创新要紧紧结合世情、国情和党情，要准确把握世界发展大势，准确把握社会主义初级阶段基本国情，深入研究我国发展的阶段性特征，及时总结党领导人民创造的新鲜经验，重点抓住经济社会发展重大问题，作出新的理论概括，永葆科学理论的旺盛生命力。

2. 制度创新是经济社会发展的保障

制度创新是指在人们现有的生产和生活环境条件下，通过创设新的、更能有效激励人们行为的制度、规范体系来实现社会的持续发展和变革的创新。所有创新活动都依赖于制度创新的积淀和持续激励，通过制度创新得以固化，并以制度化的方式持续发挥着自己的作用，这是制度创新的积极意义所在。制度创新的核心内容是政治、经济、文化和社会管理等制度的革新，它是支配人们行为和相互关系的规则的变更，是组织与其外部环境相互关系的变更，其直接结果是激发人们的创造性和积极性，促使其不断创造新的知识和社会资源的合理配置及社会财富源源不断地涌现，最终推动社会的进步。党的十八大报告指出，全面建成小康社会，必须以更大的政治勇气和智慧，不失时机深化重要领域改革，坚决破除一切妨碍科学发展的思想观念和体制机制弊端，构建系统完备、科学规范、运行有效的制度体系，使各方面制度更加成熟更加定型。这里就包括政府行政管理体制的创新、经济体制创新、文化体制创新和社会管理体制创新等各方面。

3. 科技创新是驱动经济社会发展的动力

科技创新是指创造和应用新知识和新技术、新工艺，采用新的生产方式和经营管理模式，开发生产新产品，提高产品质量，提供新的服务的过程。按钱学森“开放的复杂巨系统理论”的分类，科技创新包括三类：知识创新、技术创新和现代科技引领的管理创新。这三大类体系是相辅相成的。知识创新是技

---

① 程恩富：《马克思主义的当代意义》，发表于《人民日报》，2013年3月19日。

② 胡锦涛：《坚定不移沿着中国特色社会主义道路前进为全面建成小康社会而奋斗——在中国共产党第十八次全国代表大会上的报告（2012年11月8日）》，学习出版社。

术创新和管理创新的文化基础，没有新的理论学说和公理体系，不可能有技术创新和制度创新。技术创新反过来又为知识创新和管理创新奠定了必要的物质基础。管理创新则为知识创新和技术创新提供必要的微观与宏观环境。技术创新是社会发展的“硬件”，而知识创新和管理创新则是社会进步的“软件”，它们对国家的发展和社会进步起着关键性的作用，是社会进步的动力源。

党的十八大报告强调，我国在转变经济发展方式上，要创新发展理念、破解发展难题，深入实施科教兴国战略、人才强国战略、可持续发展战略，加快形成符合科学发展要求的发展方式和体制机制，不断解放和发展社会生产力，不断实现科学发展、和谐发展、和平发展。当前，我国已进入全面建成小康社会的决定性阶段，国内外形势正发生深刻变化，世界范围内新的科技革命和产业变革正在孕育突破，科技创新与产业变革的深度融合成为当今世界最为突出的特征之一。目前，距离我国进入创新型国家行列还剩下不到10年的时间，时间紧迫、任务艰巨，我们必须在科技改革创新上切实加大攻坚克难的力度，切实加快创新驱动发展的步伐。

4. 文化创新是为经济社会发展提供智力支持

文化创新是社会实践发展的必然要求，是文化自身发展的内在动力。实践是人们改造客观世界的物质活动，是一种有目的、有意识的社会性活动，人类在改造自然和社会的实践中，创造出自己特有的文化。社会实践是文化创新的动力和基础。文化自身的继承与发展，是一个新陈代谢、不断创新的过程。一方面，社会实践不断出现新情况，提出新问题，需要文化不断创新，以适应新情况，回答新问题；另一方面，社会实践的发展，为文化创新提供了更为丰富的资源，准备了更加充足的条件。

文化创新的根本目的在于推动社会实践的发展，促进人的全面发展。党的十八大报告指出，要深化文化体制改革，解放和发展文化生产力，发扬学术民主、艺术民主，为人民提供广阔文化舞台，让一切文化创造源泉充分涌流，开创全民族文化创造活力持续迸发、社会文化生活更加丰富多彩、人民基本文化权益得到更好保障、人民思想道德素质和科学文化素质全面提高、中华文化国际影响力不断增强的新局面。所以，文化创新可以大大促进我国迈向文化强国的步伐，为实现“中国梦”提供精神动力和智力支持。

以科学发展为主题加快转变经济发展方式的理论思考

李炳炎*

一、科学发展观的内涵和核心理念

党的十六届三中全会首次提出了“坚持以人为本，树立全面协调可持续的科学发展观”。党的十六届四中全会明确提出了“坚持以人为本、全面协调可持续的科学发展观。”党的十六届五中全会进一步提出“要坚定不移地以科学发展观统领经济社会发展全局”。党的十七大报告指出：“科学发展观，第一要务是发展，核心是以人为本，基本要求是全面协调可持续，根本方法是统筹兼顾。”党的十八大进一步强调了科学发展观的长期战略思想的地位。

在第五届亚太经合组织人力资源开发部长级会议开幕式致辞中，胡锦涛主席提到了“包容性增长”，这个与科学发展观一脉相承的概念是贯彻科学发展的具体表现。随后，在党的十七届五中全会公告中，科学发展观被进行了新的表述：“坚持发展是硬道理的本质要求，就是坚持科学发展，更加注重以人为本，更加注重全面协调可持续发展，更加注重统筹兼顾，更加注重保障和改善民生，促进社会公平正义”。

归纳起来，科学发展观可简要地表述为“坚持以人为本，树立全面、协调、可持续发展观，促进经济社会和人的全面发展”，强调“按照统筹区域发展、城乡发展、经济和社会发展、人与自然和谐发展、国内发展和对外开放”的要求的新的发展观。

---

* 李炳炎，中共江苏省委党校特岗教授，中央财经大学博士生导师，中国经济规律研究会副会长，中国社科院世界社会主义研究中心常务理事，世界政治经济学学会常务理事，享受国务院特殊津贴专家，曾任南京理工大学经济管理学院院长。

（一）科学发展观的内涵

科学发展观的理论内涵极为丰富而深刻，主要包括以下几层含义。

第一，科学发展观强调以人为本。发展为了人，发展也依靠人，要注重人的需要，人的利益。以人为本的人，即人民，把人民的根本利益作为根本的出发点和归宿。坚持以人为本，就是以实现人的全面发展为目标，从人民群众的根本利益出发谋发展、促发展，不断满足人民群众日益增长的物质文化需要，切实保障人民群众的经济、政治和文化权益，让发展的成果惠及全体人民。①

第二，全面发展，就是从单一的经济发展转向经济社会协调发展。全面推进经济、政治、文化与社会建设，实现经济发展和社会全面进步。物质文明建设、政治文明建设和精神文明建设并进。其中物质文明提供物质基础，政治文明提供政治保障，精神文明提供精神动力和智力支持。

第三，协调发展，就是要统筹城乡发展、区域发展、经济社会发展、人与自然和谐发展、国内发展和对外开放，推进生产力和生产关系、经济基础和上层建筑相协调，推进经济、政治、文化、社会建设的各个环节、各个方面相协调。协调发展还有另外一层含义，就是要在发展中实现速度与效益、数量与质量的有机结合。即是说，我们讲的发展不能仅仅理解为速度和数量，而要在提高经济效益和社会效益、保证产品质量的前提下去实现速度的增长和数量的提高。必须切实把经济工作的重点放在主要依靠科技进步和提高劳动者素质上来，放在注重经济增长的质量和效益上来。必须在实现经济体制从传统的计划产品经济体制向社会主义市场经济体制转变的同时，切实转变经济发展方式，使经济发展方式从粗放型向集约型转变。

第四，可持续发展，就是促进人与自然、人与人的和谐相处，使经济发展与人口、资源、环境相协调，坚持走生产发展、生活富裕、生态良好的文明发展道路，保证永续发展。

（二）科学发展观的核心理念

科学发展观的核心，就是坚持以人为本。人是社会发展的主体。人的解放和自由而全面发展是社会进步的最高目标。以人为本是马克思主义历史唯物论的基本原理，是党全心全意为人民服务这一根本宗旨的集中体现。“以人为本”是科学发展观的核心理念。其基本内容如下：

第一，人民是发展的最终目的。马克思的人的发展理论中提出了人的自由全面发展是人的发展的最高阶段。人的全面发展理论是科学发展观的重要理论基础，因此，我们党奋斗的最终目标是为了人民的自由全面发展。“我们建设有

① 胡锦涛：《在中央人口资源环境工作座谈会上的讲话》，2004年3月10日。

中国特色社会主义的各项事业，我们进行的一切工作，既要着眼于人民现实的物质文化生活的需要，同时又要着眼于促进人民素质的提高，也就是要努力促进人的全面发展。这是马克思主义关于建设社会主义新社会的本质要求。我们要在发展社会主义社会物质文明和精神文明的基础上，不断推进人的全面发展。”①

第二，人民是发展的动力。根据马克思历史唯物主义的观点，人民是推动历史前进的动力。因此，在我国的经济发展过程中，应充分认识民的主体地位，充分发挥人民在发展中的重要作用。党的十六大报告指出：“发展必须相信和依靠人民，人民是推动历史前进的动力。要集中全国人民的智慧和力量，聚精会神搞建设，一心一意谋发展。”② “一切为了群众，一切相信群众，一切依靠群众，我们党就能获得取之不尽的力量源泉。”③ 因此，要真正做到发展依靠人民。同时应“利为民所谋”，使发展成果由人民共享。只有这样，才能能更大限度地激发人民群众的热情，取得更大的发展成果，让人民群众得到更多的实惠。

第三，人民利益是检验发展的最高标准。邓小平同志在“三个有利于”中把是否有利于提高人民生活水平作为判断改革开放中各方面工作得失的根本标准。我们党继承了这一思想，“人民，只有人民，才是我们工作价值的最高裁决者。我们想事情，做工作，想得对不对，做得好不好，根本的衡量尺度，就是人民拥护不拥护，人民赞成不赞成，人民高兴不高兴，人民答应不答应。党和国家的一切工作和方针政策，都要以是否符合最广大人民群众的利益为最高衡量标准”。④ “在整个改革开放和现代化建设的过程中，要努力使工人、农民、知识分子和其他群众共同享受到经济社会发展的成果。”⑤ 可以看出，人民利益是检验发展的最高标准。

第四，人民参与决策是发展的重要保证。正确的决策是发展顺利进行的前提。为了避免决策失误和由此带来的发展进程的延缓和资源浪费，决策就必须民主化和科学化。“要完善深入了解民情、充分反映民意、广泛集中民智、切实珍惜民力的决策机制，推动决策的科学化和民主化。各级决策机关都要完善重大决策的规则和程序，建立社情民意反映制度，建立与群众利益密切相关的重大事项社会公示制度和社会听证制度，完善专家咨询制度，实行决策的论证制和责任制，防止决策的随意性。”⑥

第五，人与自然、人与人和谐共处是文明的发展道路。人与自然关系的和谐，关系到人与人的社会关系的和谐。同样，人与自然关系的对抗也关系到人

---

① 江泽民：《论党的建设》，中央文献出版社 2001 年版，第 523 页。

② 江泽民：《全面建设小康社会，开创中国特色社会主义事业新局面》，人民出版社 2002 年版，第 14 页。

③ 《江泽民论有中国特色社会主义》（专题摘编），中央文献出版社 2002 年版，第 639 页。

④ 中共中央宣传部：《“三个代表”重要思想学习纲要》，学习出版社 2003 年版，第 119 页。

⑤ 《江泽民论有中国特色社会主义》（专题摘编），中央文献出版社 2002 年版，第 111 页。

⑥ 江泽民：《全面建设小康社会，开创中国特色社会主义事业新局面》，人民出版社 2002 年版，第 34 页。

与人的社会关系的对抗。我们只有通过改变以往的经济发展方式，才能将人与自然的这种对抗性关系转向和谐性关系，进而才能建立起一个和谐的社会。我们党在总结过去经济发展的经验教训，注重人与自然、人与人之间的关系，并制定了全面建设小康社会的目标：可持续发展能力不断增强，生态环境得到改善，资源利用效率显著提高，促进人与自然的和谐，推动整个社会走上生产发展、生活富裕、生态良好的文明发展道路。

贯彻科学发展观，需要认识到其核心理念，即以人为本。以满足人的需要作为发展的目的，以人的自由全面发展作为发展的最终目标，真正做到发展为了人民、发展依靠人民、发展成果由人民共享。

二、践行科学发展观，加快推进经济发展方式转变

改革开放以来，我国经济快速增长的同时，原有的以高投入、高消耗、高污染为特征的传统经济增长方式并未得到根本改变。随着改革的深化，诸多的社会问题反而显现了出来。党的十六大以来，我们党基于对过去发展经验的深刻总结，以及对我国经济发展规律的深刻认识，形成了用于指导我国社会主义建设的科学发展观。党的十七大明确提出了以从转变经济增长方式到转变经济发展方式为内容的进一步转变我国国民经济发展方式的重要方针。

科学发展观与转变经济发展方式统一于社会主义市场经济建设的实践中。“科学发展观，是立足社会主义初级阶段基本国情，总结我国发展实践，借鉴国外发展经验，适应新的发展要求提出来的。”① 转变经济发展方式，是在科学发展观指导下，根据实现全面建设小康社会奋斗目标的新要求，促进国民经济又好又快发展的新需要提出来的。深入贯彻落实科学发展观，转变经济发展方式，促进经济又好又快的发展，应从以下四个方面着手。

（一）正确理解科学发展观与经济发展方式转变的相互关系

1. 科学发展观对经济发展方式转变的指导意义

科学发展观对转变发展方式的指导首先表现为世界观和方法论的指导。科学发展观，是我们党对国内外发展经验的深刻总结，是在遵循唯物辩证法的基础上对发展规律的深刻认识。因此，转变发展方式的新的实践，必须立足于发展规律。以发展规律来指导新的实践，必须遵循这种世界观和方法论。

科学发展观对转变发展方式的指导又表现在发展方向上的指导。科学发展观指出了发展的核心问题，同时对发展的目的，路径和手段提供了相应的论述。这就为经济发展方式的转变指明了方向。

---

① 胡锦涛：《高举中国特色社会主义伟大旗帜为夺取全面建设小康社会新胜利而奋斗》，人民出版社2007年版。

最后，科学发展观对转变发展方式的指导首先表现为发展途径的指导。根据科学发展观的内涵即“全面协调可持续的发展”可知，遵循科学发展观转变经济发展方式，必须要坚持全面协调可持续的要求，统筹兼顾，同时注重发展的协调性，以实现经济又好又快的发展。

2. 转变经济发展方式是科学发展观的具体实践

其一，表现为以三个转变贯彻落实科学发展观。党的十七大报告中提出了贯彻科学发展观的三个转变，即由主要依靠投资、出口拉动向依靠消费、投资、出口协调拉动转变；由主要依靠第二产业带动向依靠第一、第二、第三产业协同带动转变；由主要依靠增加物质资源消耗向主要依靠科技进步、劳动者素质提高、管理创新转变。这三个经济发展方式的转变正是科学发展观的具体实践。

其二，表现在通过结构调整贯彻落实科学发展观。结构调整具体分为为城乡结构、区域结构和内外结构的调整。根据党的十七大报告，城乡结构调整要求统筹城乡发展，推进社会主义新农村建设。区域结构调整“要继续实施区域发展总体战略，深入推进西部大开发，全面振兴东北地区等老工业基地，大力促进中部地区崛起，积极支持东部地区率先发展”。内外结构调整系要求调整内需与外需结构，逐步使我国内需与外需形成良性互动。同时统筹协调国内产业结构升级与国际产业转移的关系，统筹协调“引进来”和“走出去”的关系，统筹协调国内统一大市场建设与参与全球多边、区域合作的关系。

其三，表现在通过改善生态环境、促进人与自然和谐发展来贯彻落实科学发展观。转变经济发展方式，应在科学发展观的指导下由传统的高能耗，高污染的发展方式转向低能耗、低污染的注重效率的发展方式。以尽可能少的资源投入、尽可能少的污染物排放实现经济增长。大力发展环保产业，促进节能减排，建设资源节约型、环境友好型社会。

（二）用科学发展观的核心理念“以人为本”统领经济发展方式的转变

党的十七届五中全会审议并通过了《中共中央关于制定国民经济和社会发展第十二个五年规划的建议》，规划建议指出，“十二五”时期要以科学发展为主题、以加快转变经济发展方式为主线。

以科学发展为主题，符合时代的要求。当代中国，仍应坚持发展是硬道理的本质要求，只有坚持发展，才能实现社会的进步，人们生活水平的提高。但当今的发展是科学发展，坚持发展是硬道理的本质要求，就是坚持科学发展。

以加快转变经济发展方式为主线，是贯彻科学发展观，实现推动科学发展必然选择。是我国现阶段发展的唯一出路。只有变革原有的发展方式，加快发展方式的转变，才能实现发展上的突破，真正实现科学发展。未来五年，加快转变经济发展方式将涉及我国经济社会发展全过程和各领域，成为我国经济社会领域的一场深刻变革。

党的十七大报告曾经对科学发展观做出定义，并指出，科学发展观的核心是“以人为本”。而在“十二五”规划建议中，科学发展观又有了新的发展。建议提出以科学发展为主题的同时，对主题做了进一步的解释，即“坚持科学发展，更加注重以人为本，更加注重全面协调可持续发展，更加注重统筹兼顾，更加注重保障和改善民生，促进社会公平正义”。规划建议不仅重申了科学发展观的内涵，还在原有内涵的基础上加上了“更加注重保障和改善民生，促进社会公平正义”。因此，以“科学发展为主题，以加快转变发展方式为主线”，应贯彻科学发展观“以人为本”的核心理念，将保障和改善民生作为加快转变经济发展方式的根本出发点和落脚点。加快转变发展方式，归根到底是为了更好地满足人民日益增长的物质文化需要，促进人的全面发展。

“十二五”期间，应以科学发展观“以人为本”的核心理念统领经济发展方式的转变。坚持在发展中促转变，在转变中谋发展，把转变经济发展方式作为推动科学发展的重中之重，“以人为本”推动发展方式转变，将发展的最终目标定位在人的全面自由发展。

马克思指出：“不论生产的社会形式如何，劳动者和生产资料始终是生产的因素。但是，二者在彼此分离的情况下只在可能性上是生产因素，凡要进行生产就必须使它们结合起来。”这就告诉我们，经济发展是人的因素与物的因素的结合，从而经济发展方式应当包括物的发展方式和人的发展方式。我们用科学发展观指导经济发展方式的转变，应当包括这两个方面的转变。当前在经济发展方式转变过程中，往往只注重物的因素的转变，而忽视了人的因素的转变。例如，一些地方只是片面强调产业结构的调整，产品升级换代、技术创新和生产手段创新、招商引资质量提高、产品出口增长方式转变，等等。这些工作当然要做，但是，这一切仍只是侧重物的因素的转变，而对人的因素的转变却被忽视了。人是社会生产力中最能动、最活跃、最重要的因素，忽视人的因素的发展，不可能是真正意义上的发展。所以，在转变经济发展方式中，必须重视人的发展方式的转变。

马克思关于人的自由全面发展的理论，是科学发展观的重要理论基础。实现人的自由全面发展是马克思主义的最高命题。随着我国经济一改革的深入，实践的发展需要重视人的发展问题。中国特色社会主义理论体系中包含有人的全面发展观点。胡锦涛总书记在党的十七大报告中阐述科学发展观时强调：“必须坚持以人为本，……促进人的全面发展，做到发展为了人民，发展依靠人民，发展成果由人民共享。”研究和运用马克思关于人的自由全面发展理论，是丰富中国特色社会主义理论体系、贯彻落实科学发展观，科学解决改革发展实践面临的矛盾和问题的迫切需要；是深入研究和进一步完善中国模式的迫切需要。科学发展观的核心理念是以人为本。从以物为本转向以人为本，是改革与发展的核心理念的重大转变。

当前我们面临的一项迫切任务，就是运用马克思关于人的自由全面发展理论，分析总结中国经济改革与发展的基本经验，初步形成以人的需要为逻辑起点，以人的发展为主线，人本导向的经济理论。同时，以促进人的发展作为出发点，制定人本导向的改革与发展战略。将中国经济模式区分为物本模式与人本模式，提出并阐明完善中国模式的方向，是由物本模式转向人本模式，建立中国人本经济模式及其理论范式的前提。同时，针对现阶段出现的分配不公、贫富分化日趋严重的现象，应当运用中国特色社会主义分享经济理论，提出利益分享机制为核心的整套治理对策。应当努力构建公平与效率统一的经济运行机制，完善人本发展模式，消除贫富两极分化，实现发展的成果为人民共享，走向共同富裕。

科学发展观，其核心是以人为本，是发展理念取向从“物本”到“人本”的重大转变。作为社会历史主体的人类不仅仅满足于生存，发展作为人类理性支配下为达到某种目的而进行的活动，是人类追求的一个永恒主题。但由于人类理性限制及对自然信息把握的不足，人类发展历经坎坷，发展模式几经更迭。一般而言，人类发展模式经历了原始农业文明的谋生性发展、工业文明的增长性发展和工业文明后期信息化时代的可持续发展。不管何种发展模式，涉及的关系大抵都是三种：一是人与物的关系；二是人与人的关系；三是人与自然的关系。人类在处理这些关系的社会实践中，形成了两种不同的发展观，即传统的物本发展观和科学的人本发展观。

改革开放三十多年来，我国在“以经济建设为中心”的大政方略指导下，经济得到翻两番的增长。某种程度上讲，这些成就主要是在“物质经济增长为本”的“物的依赖性”社会关系中实现的。在这一过程中，我们并非没有注意“人的因素”和“精神文明”的作用。问题在于“中心”是物质经济“增长”，“本”在于物质财富的增加。故而“人的自由全面发展”和“精神文明”这一“手”总也“硬”不起来，且有一路“软”下去的趋向。于是，“以物为本”的发展战略的弊端不断增大，其社会危害亦“与时俱进”。物本经济发展观的弊端是显而易见的。

一是以物为本，推崇物的作用。在人与物的关系上，本末倒置，把物凌驾于人之上。在人的活动方式上，以物的标准规范人。认为人活动的唯一宗旨在于对物质的占有面及占有量。把这种占有推向极至，用物性代替人性。这样就阻滞了人的本质力量的提升，妨碍了人的自由而全面的发展。其一，商品、货币、资本“拜物教”成了国民的主流价值观念，且理想信仰低级、道德伦理滑坡、政治信念失落；其二，“以物为本”的价值观将权力、法律、官位都“唯物”了，即变成了“商品物”“货币物”“股票物”“资本物”。随着市场经济的实行，“官本位”和“钱本位”或“权为本”和“以物为本”如漆似胶地粘到一起。以权捞钱，以钱买官，钱权交换，官商勾结的现象时有发生。

二是对物质占有的极度追求，使人与自然的关系恶化。发生生态危机，沙尘暴、气候异常、环境污染就是自然界对人类这种发展观的惩罚。自然生态危机本质上就是人类“以物为本”发展理念给人类自身生存发展带来的危机。在社会经济突飞猛进发展时，人自身的发展却变得越来越背离人的本质，越来越片面化、边缘化，使人与人之间的关系变得越来越功利化、商品化。传统的物本发展观将发展片面化为物质财富的增长，背离了发展的本质，使人类社会的发展陷入困境。

人本经济发展观是以人类价值为本的指导经济发展的价值观。它以人民为中心，将物类价值归于人类价值，重视人类价值胜过物类价值，珍视人类的自由和幸福。它显示出在经济发展中将人类不仅仅当作手段，更当作目的，当作世界的主体和主人。人本经济发展观是以劳动解放为本或以自主劳动为本的经济发展观。科学的人本发展观作为我国新世纪现代化建设的新理念，其本质特征是以人为本。

其一，人本发展的含义。它包含两层含义：第一，人在发展过程中具有主体的意义。这是指，虽然经济的因素是社会形态存在与发展的终极原因，但不能绝对化和泛化，否则就会陷入误区。马克思曾指出：“如果有人在这里加以歪曲，说经济因素是唯一决定性的因素，那么他就是把这个命题变成毫无内容的、抽象的、荒诞无稽的空话。”[①] 从而背离发展的本质。发展的本质在于满足人们各种层次的不同需要。因此，发展经济只是满足人们各种需要的手段，是为人类幸福生活服务的。所以，人在发展过程中应当具有主体的意义。只有这样，才能解决好发展这一根本性价值定向问题。因而要消除经济发展的被动自发性，确立起人对经济的主体性地位，使经济发展更具理性。第二，发展成果为人民共享，受益公平。就是说社会发展的成果对于绝大多数社会成员来说应当具有共享的性质。即随着经济社会的不断发展，每个社会成员的各种需求应当持续不断地得到满足，每个社会成员的尊严以及平等、自由的权利应当更加得到保障，生活水平应相应地得到不断的提高。否则，社会财富为极少数成员占有，社会资源被极少数人控制，发展成果被极少数人鲸吞，就不是以人为本的发展，只是一种经济增长的恶性发展。

其二，以人为本的全面、协调的发展。全面发展是指围绕以人为本这个核心，着眼于经济、政治、文化社会、环境等各个方面的发展。发展是整体有机的进程，具有全面性。协调发展是指经济和社会发展的各个环节、层面要相互衔接、良性互动。要努力把握人与自然之间关系的平衡。建构人与自然的和谐发展，努力实现人与人之间关系的和谐。

其三，以人为本的可持续的发展。可持续发展，就是以科技进步为动力，

---

① 《马克思恩格斯选集》第四卷，人民出版社 1995 年版，第 696 页。

追求以人为中心的由资源、环境、经济、社会诸要素构成的复合系统的协调发展。追求在满足当代人需求的同时不损害后代人需求的发展，根本目的就是保证人类社会一代又一代长期持续发展的能力。

上述这三个方面是紧密相联、辩证统一的。（1）人的发展是一切发展的最终目的。社会的一切发展都是人发展的条件或手段，都是为了使人的多层次需要获得和谐的满足，促使人的素质得到全面提高。偏离这一方向的发展不是真正的发展。（2）人是发展的主体和动力。由人类欲望引发的对各种客观对象的需求，是人类活动得以发生的最直接最根本的原因。人们按照自身的需要和欲望致力于改造自然，改造人与自然的关系、人的社会关系，推动社会向前发展。（3）人是发展的检验者。人的活动和价值取向不仅决定社会发展取向，还是检验社会发展的标准，即社会发展是否能够满足人的各种需要及满足程度。

人本经济发展观之所以必然会逐步取代物本经济发展观，根源于人类追求自由和幸福的本性，根源于人类社会生产力的不断发展。在现实中，伴随着我国经济的不断发展，人本经济发展观取代物本经济发展观正在逐步实现。

坚持以人为本的发展观，要求我们把人提到主体地位和一切发展以人民的根本利益为出发点，满足人的各方面的需要，为实现人的自由全面发展提供前提条件。只有在坚持以人为本的基础上，才能从人民群众的根本利益出发谋发展、促发展；才能够切实保障人民群众的经济、政治和文化权益，让发展的成果为全体人民分享。所以说，只有贯彻以人为本的发展观，实现人的自由全面发展才有保障。

三、从传统经济增长转向“包容性增长”

国家主席胡锦涛在出席第五届亚太经合组织人力资源开发部长级会议开幕式致辞中提到了包容性增长这个概念。他指出，“实现包容性增长，根本目的是让经济全球化和经济发展成果惠及所有国家和地区、惠及所有人群，在可持续发展中实现经济社会协调发展。我们应该坚持发展经济，着力转变经济发展方式，提高经济发展质量，增加社会财富，不断为全体人民逐步过上富裕生活创造物质基础；坚持社会公平正义，着力促进人人平等获得发展机会，不断消除人民参与经济发展、分享经济发展成果方面的障碍；坚持以人为本，着力保障和改善民生，努力做到发展为了人民、发展依靠人民、发展成果由人民共享。”①考察科学发展观“以人为本，全面协调可持续的发展”的定义，不难看出，“包容性增长”与科学发展观一脉相承，是科学发展观的具体化。“包容性增长”的提出，是致力于解决我国三十多年经济高速增长所带来的诸多社会问题。

---

① 胡锦涛：《深化交流合作 实现包容性增长》，在第五届亚太经合组织人力资源开发部长级会议开幕式上的致辞，2010 年 9 月 16 日。

改革开放三十多年，我国在传统发展观的指导下，经济取得了长足的进步。传统发展观将发展等同于GDP的增长，人均收入的提高，工业化及现代化等。在今天看来。这种发展理念已相当狭隘，物质财富的增长固然是发展的重要组成部分，其对人的发展以及满足人的需要也是必须的。但物质财富的增加却未必带来人的福利的提高。过去，我国在物质极度匮乏的情况下选择了将经济发展放在首位的发展方式。这种传统的发展方式对于我国的经济起飞做出巨大的贡献的同时，由快速的经济增长带来的社会问题也显现了出来。贫富差距的拉大，就业机会的不均等，社会保障体制的缺失等。诸如此类社会问题的产生，与我国过去的传统发展观只注重经济发展而忽视社会发展是密不可分的。

当今经济社会发展具备相互依赖性，经济的成功不可能不与社会、政治和文化的成就相联系①。可以说，经济发展与社会发展两者是互动的，社会问题的存在必将阻碍经济的进一步发展。当今我国的发展已只局限于追求物质财富的增加，发展的最终目的，即满足人的需要反而被忽视了。人的需要无法得到满足，社会问题也便显现了出来。

发展的最终目的是满足人的需要，因此作为一种新的发展理念，“包容性增长”其出发点和归宿必定立足于人的需要。但和传统的发展观相比，“包容性增长”已不仅仅将满足人的物质需要放在首要位置，而是具备了更为广阔的内涵和外延。人公平正义地参与到经济的发展中去以及享有发展的成果成为这个时代发展的主题，也是人的需要的真正内容。

社会的变迁与经济的高速增长，已经使财富的增长逐渐从经济增长的首要位置退了下来。人们生活逐渐普遍富裕的同时，财富分配的相对差别却越拉越大，而财富的不均等也造成权力分配的不均等以及人的地位与机会的不均等。例如，人生来家庭背景、天赋才能等自身无法掌控的因素造成社会成员的机会不平等，而这种不公平无法通过自身的勤奋努力而改变，机会的不平等又引致结果的不平等。这样便形成了地位不等的群体，引发社会不满及社会成员之间的对立，极端情况下还会出现社会动荡，社会排斥便产生了。因此，从机会平等的视角出发，“包容性增长”应通过经济增长创造机会，使社会所有成员都可以平等地利用这些机会，并在此过程中提高自身收入和能力。包容性增长强调以公平正义为基点的公民权利，使每一个人在起点相同的情况下，能通过自身的努力参与到经济增长中去，同时，充分享有经济增长带来的成果。

印度著名经济学家阿玛蒂亚·森以一个新时期的视角对发展做了一个全新的定义，即发展是涉及经济、政治、社会、价值观等诸多方面的一个综合过程，它包括消除贫困，人身束缚，各种歧视压迫，缺乏政治权利和社会保障状况，从而提高人们按照自己的意愿来生活的能力。② 对于森提出的人按照自己的意愿

① 阿玛蒂亚·森：《以自由看待发展》，中国人民大学出版社2002年版，第20页。

② 同上，第1~3页。

来生活的能力，即人的自由，而如果缺乏机会上的均等以及社会的公平正义，按意愿来生活的能力无法构成可行能力，那么人的自由发展也无法实现。森的发展观与“包容性增长”的内涵本质上是一致的，两者都是新时期对发展的认识的深化的结果。他们与以往的发展观最大的不同在于，前者片面的将经济增长等同于经济发展，过于注重经济的发展和物质财富的增加。而后者更注重社会的发展和人的经济政治权利，使人们公平合理地参与并分享经济增长成果。只有在发展经济的同时注重社会发展与社会问题的解决，才能真正使经济发展与社会发展互动起来，真正做到经济社会协调发展。

作为在科学发展观背景下提出的“包容性增长”，其更加注重对当前具体社会问题的解决以及更好地贯彻落实科学发展观。“包容性增长”以科学发展观为指导，致力于对具体问题的解决的同时，向公众倡导一种公平正义的发展理念。具体来讲，应注意以下三点：

（1）“包容性增长”应是以人为本的发展观。以人为本的发展观，注重人在发展中的主体地位、满足人的需要，促进人的自由全面发展。与传统的以物为本的发展观不同，其不再单纯的只重视物质财富的增加，而是强调人在发展中的主导作用。“包容性增长”看到了以物为本的传统发展观所带来的诸多社会问题对经济发展的制约作用。因此，推动“包容性增长”就要注重以人为本，保证社会的公平正义，使人在机会均等的条件下参与到经济发展中去，并享有经济发展的成果。

（2）“包容性增长”应以社会主义公平正义为立足点。消除因制度缺失造成的人的地位与机会的不平等，消除社会排斥，使人们公平地参与到经济，政治生活中去，同时完善社会保障制度，加强对弱势群体的保护。

（3）“包容性增长”要求全面协调可持续发展。即从单一经济发展向经济社会全面发展转变，全面推进经济、政治、文化、社会和生态文明等建设，促进其相互协调。人民积极参与发展决策、人民的各种需要得到满足、个人得到自由全面发展，同时保护资源和生态环境，不对后代人的生存和发展构成威胁，关注各种经济活动的生态合理性。

“包容性增长”要作为一种价值观，向全社会倡导一种崭新的发展理念，赋予人民真正的权利，让人民过上富裕、幸福的生活。

四、经济建设以 GDP 为中心转向更加关注人的发展

1978 年召开的党的十一届三中全会将“以经济建设为中心”确立为治国方略。新中国成立以来的几次波折，使我国始终没有把工作着重点转到社会主义建设上来，生产力没有较快的发展，人民的生活也没有得到较大的改善，社会主义的优越性无从体现。面对生产力的落后，邓小平提出“发展是硬道理”的

著名论断，其本质要求便是以经济建设为中心，大力发展生产力。

在肯定三十年经济建设取得的辉煌成就的同时，也应看到存在的一些突出问题。应该认识到的是，这些成就主要是在以“物质经济增长为本”、片面的“物的依赖”社会关系中实现的。过于注重“物的因素”，片面强调经济发展指标，把人看作是经济发展的工具和手段，虽然经济获得了高速增长，诸多社会问题也显现了出来。一是片面强调经济增长刺激了竞争、激发了活力的同时，也进一步拉大了城乡、区域及居民间的贫富差距，两极分化趋势得不到抑制，严重影响了社会的和谐和稳定。二是基于投资拉动的粗放型经济增长加剧了对土地、淡水、矿产、能源等战略资源的过度消耗和生态环境的过度破坏，从而严重削弱了我国经济的可持续发展的能力。三是片面重视经济发展，忽略了民生的改善，较少关注人的自由、道德、健康、安全等非物质层面的发展及社会公平、正义与秩序的构建，从而导致经济发展与社会发展严重脱节，严重影响社会进步与人自身的发展。

在这一过程中，我国并非完全忽视掉“人的因素”的作用，但“以经济建设为中心”不可避免地强调物质经济增长及物质财富的增加。在经济建设中，长期存在着片面强调增长速度、“GDP 崇拜”，忽视发展质量、忽视人民群众利益、忽视人与自然的和谐等问题。过于注重物的因素使人的因素，这个经济发展中的主导因素被忽视了。马克思指出：“不论生产的社会形式如何，劳动者和生产资料始终是生产的因素。但是，二者在彼此分离的情况下只在可能性上是生产因素。凡要进行生产，就必须使它们结合起来。”① 马克思明确指出经济发展过程中人的因素与物的因素的不可分离性。人是社会生产力中最能动、最活跃、最重要的因素，忽视发展中的人的因素，不可能有真正意义上的发展。

马克思将人的发展为划分为三个阶段，即人的依赖性阶段、物的依赖性为基础的人的独立性阶段、人的自由个性阶段。从目前的现实条件来看，我国尚未达到“人的自由个性阶段”，但是马克思认为，“第二阶段为第三阶段创造条件”，所以现阶段我们更应创造各种条件来摆脱人对物的过分依赖关系，重视以人为本的发展理念，促进人的自由全面发展。马克思人的自由全面发展的理论，是科学发展观的重要理论基础。实现人的自由全面发展是马克思主义的最高命题。随着我国经济改革的深化，诸多社会问题的显现，需要更加注重人的发展。

胡锦涛在党的十七大报告中阐述科学发展观时强调，“必须坚持以人为本，……促进人的全面发展，做到发展为了人民，发展依靠人民，发展成果由人民共享”。党的十七届五中全会公告中强调，“科学发展才是硬道理”。同时公告提出，“坚持把保障和改善民生作为加快转变经济发展方式的根本出发点和落脚点”，“着力保障和改善民生”。可以看出，科学发展的重心，已转向更加注重

① 《马克思恩格斯全集》第 24 卷，人民出版社 1972 年版，第 44 页。

人的发展。

科学发展，需要把人作为经济社会发展的核心动力。人是经济社会发展的主体，同时又是经济社会发展的目的。因此需要把人的发展被放到发展的首要的位置，摒弃把人作为发展的工具和手段的传统发展理念。但是，这并不能说明以经济建设为中心已经被彻底摒弃，只是我们应更加注重以人为本，实现人的自由全面发展。以人为本是以人的需要为本、以人的发展为本，也就是说，经济社会的发展要以满足人的需要、提升人的素质、实现人的自由全面发展为终极目标。因此，更加注重人的发展必须首先肯定以经济建设为中心的历史地位，在以经济建设为中心的基础上，不断推动社会主义政治文明、精神文明和和谐社会建设协调发展，不断促进经济社会的全面发展和人的全面发展。科学发展，是发展理念取向从“物本”到“人本”的重大转变。它是对传统的物本经济发展观的扬弃，是对可持续发展观及以人为本发展观的升华，是新时期坚持和发展中国特色社会主义的重要指导思想，是解决过去以物为本的发展观所导致的发展不协调、不公平、不可持续等诸多社会问题的迫切需要。

由此可以看出，“发展是硬道理”作为我们党一直以来的工作重点，其内涵已不仅仅是追求物质财富的增加。发展是为了从根本上满足人民群众日益增长的物质和文化生活的需要。但在社会问题不断涌现的今天，人的需要发生了变化，如何才能真正满足新时期人的需要，“以人为本”、“科学发展观”和“包容性增长”给出了答案。

改革开放三十多年，我们党对发展问题认识也在不断深化，发展的内涵从“发展才是硬道理”上升到了“科学发展才是硬道理”。我们党清醒地认识到了经济发展必须与人的发展相协调，人的发展问题必须得到全社会高度的重视。随着人类社会生产力的不断发展，人类追求自由和幸福的本性，必然驱使以人为本的发展观逐步取代物本的发展观。因此，在践行科学发展观的过程中，随着我国经济发展方式的转变，人本经济发展观将逐步取代物本经济发展观。

以科学发展观统领经济发展方式的转变，需要更加注重人的发展。在经济发展过程中，应充分注意到人的主体地位，一切发展从人民的根本利益为出发，满足人各方面的需要。同时让人民充分参与到经济发展中去，发展的成果由人民共享，切实保障人民的政治、经济和文化权益，为实现人的自由全面发展提供前提条件。贯彻科学发展观，在经济发展方式转变过程中需更加注重人的发展方式转变，实现人的自由全面发展才有保障。

后危机时代中国经济发展模式调整与重构

周善乔*

自2007年年底开始，国际经济危机已持续五年之久。从目前各个方面来看，国际金融危机还远未结束，但是已脱离了最危险的时刻，进入了相对平稳期。后危机时代的国际金融贸易秩序应当如何建立，成为了人们热议的话题。从2009年的中美轮胎特保案开始的一系列贸易保护措施来看，奥巴马的决定突出反映了美国政府对后危机时代世界经济格局和秩序进行调整的根本看法，即全球经济的不平衡（特别是美中贸易的不平衡）与国际金融危机的发生有一定的因果关系，这种不平衡必须打破，危机后必须进行全球经济的再平衡。轮胎特保案后的一系列案例表明，美国将不惜采用贸易保护主义的手段来实现这种再平衡。以轮胎特保案为标志，美国贸易保护主义正呈愈演愈烈之势，贸易保护措施出现更多花样，“中国制造”则成为最大的受害者。党的十八大确定了拉动国内消费的整体经济结构调整战略选择，这为中国经济的复苏提供了政策保障。面对国际金融危机及其经济后果，中国经济发展模式短期必须调整，而中长期则必须重构。

一、近期战略调整思路

由于国际金融危机的影响，自2008年下半年以来，我国经济遇到了前所未有的困难和挑战。尤其是危机使得发达国家陷入经济衰退，需求迅速骤减，导致我国对外贸易严重受阻。进出口总额出现大幅下降，而国际贸易保护主义又加剧了我国对外贸易的困难。美国采取的贸易保护措施包括反倾销、反补贴和“337条款”，以及特保案等。中美经贸领域爆发矛盾的领域还包括劳工保护、产

---

* 周善乔，中共江苏省委党校经济社会发展研究所所长、教授，研究方向为企业改革与管理。

品质量及高科技出口管制等。从表面上看，贸易保护措施仅仅是对某一行业进行限制，但实际上，其负面效应会通过传导机制影响到被制裁行业的上下游产业，造成整个产业链的发展减缓。在全球经济复苏尚未稳固的背景下，又遭遇贸易保护主义的全球围堵，对于复苏仍不强劲的我国外贸来说，无疑是个巨大的挑战。因此，为了保证我国经济持续稳定增长，当前我们应采取积极主动的措施反制国际贸易保护主义，提高出口产品的科技含量，积极地扩大内需。

（一）积极反制后危机时代的新贸易保护主义

“中国制造”易遭遇贸易摩擦，从根本上说主要是我国外向型产业基本都处于全球价值链的低端环节，产品的自主创新能力不足，国际竞争力较弱。但国际贸易中现有的技术性法规、标准和规则等基本由发达国家制定，这也是我国应对国际贸易摩擦时处于被动地位的重要原因。因此，我们要加强对 WTO 争端解决机制和程序的研究，学会合理运用 WTO 争端解决机制，对有关国家针对我国实施的各种不公平或歧视性待遇及时提起反诉讼，以遏制贸易保护主义，最大限度地维护我国企业在国际市场的正当合法权益。我国企业要学会在 WTO 规则下竞争，积极应诉，据理力争，力求将损失降到最低。在遭遇国外贸易救济调查时，要灵活运用 WTO 规则，尽快拟定出反制措施预案清单，对那些滥用贸易保护的国家起到威慑作用。行业组织要进一步增强参与应对贸易摩擦的能力，讲究策略，机智抗辩，还可以考虑到调查国展开公关，在其媒体上发出中国的声音。及时通过司法手段维护我国企业和国家的利益，更多地参与国际贸易规则的制定，掌握国际贸易交往中的话语权和国际竞争的主动权。加强对外经贸合作，有效促进海外市场多元化和合作方式多样化，以突破贸易保护主义“围城”。美日等西方国家已把发展低碳经济列为应对危机的途径和新的经济增长点，西方舆论对中国“减排责任”的空前关注表明，西方或许试图借低碳经济等环保议题向中国施压。因此，我国除了要应对“两保两反”调查等现实挑战外，还要提防“绿色保护主义”的潜在威胁。要进一步完善我国社会主义市场经济体制，以消除可能诱发他国对我国实施贸易保护措施的制度因素，完善我国应对反倾销、反补贴、保障措施及技术性壁垒的法律法规，建立符合国际惯例的贸易救济体系，加快建设与国际贸易摩擦相关的产业预警机制，健全应对国际贸易摩擦的快速反应机制。

（二）调整对外贸易战略，加快产业结构的调整和转型升级

国际金融危机对我国出口产业造成严重冲击，而国际贸易保护主义的侵扰则使我国出口产业血上加霜。毋庸置疑，伴随西方经济企稳回暖，中国出口环境开始有所好转。中国产品在一些经济体的市场份额不降反升，一些行业甚至出现了量价齐升的局面。但由于出口商品结构中低价产品较多，近年来中国商

品在国际市场上的份额增长很快，价廉物美的中国产品一旦进入国际市场，很快就能占领一席之地，从而影响相关进口国和出口国的同类产品生产者的利益。加之外贸环境中，有的企业故意低开发票，低价出口，这极易“授人以柄”，引发贸易摩擦。因此，我国企业当前应努力改善产品结构和质量，加大对产品和技术创新的研发投入，提高出口产品的科技含量，使出口产品的标准不断接近并最终符合国际标准，以更好地利用下一轮经济扩张周期。要规范出口商品的市场行为，发挥行业组织协调本行业产品价格的作用，防止出口企业之间的恶性竞争，尤其是杜绝个别企业的低价倾销行为，降低国外对我国反倾销指控的几率。由于我国长期以来在土地、原材料及环保境保护等方面对制造业的要求不够高，这在一定程度上形成了对制造业的保护，但这种保护导致了效率的降低。亟须改变对出口和制造业的补贴政策，由关注贸易顺差向关注贸易平衡转变，由关注贸易额向关注效率转变，使出口转向以质取胜，进口以国外资源与技术设备并重，形成内需与外需协调发展的局面。通过加快我国产业结构的调整和转型升级，大力发展现代服务业，促进传统的贸易战略向提升国际竞争力的贸易战略转变。

（三）大力开发国内市场，以内需拉动经济发展

外需骤然下降导致中国经济对内需的依赖大增，扩大内需势在必行。在努力保持出口市场份额的同时，大力开发国内市场，以内需拉动经济发展。政府应通过政策创新，在促进外贸增长的同时，更多在拉动内需、扩大消费、调整收入分配结构、转变发展方式上下功夫。当下，美欧日经济正陷入衰退之中，可能会在底部反复震荡，全球经济短期内明显复苏的可能性不大，国际市场需求很可能持续低迷，导致我国出口面临非常恶劣的外部环境。我国很多产业都是两头在外，对国际市场的依赖特别强，很多企业的生产线都是为了适应国际市场需求而建立起来的，订单量由国外市场决定，自己没有品牌和营销网络。即使在内部管理、技术研发等方面，都已形成了特有的外向型经营模式，现在要转做内销非常困难。政府要引导企业改变过度依赖出口退税率调整的惰性，帮助其提升自主创新能力、自主品牌和产品附加值，建立国内市场营销网络，避免由于内外销模式的不同而带来的“水土不服”。并对注重开拓内需市场的企业予以重点扶持，以推动经济增长方式加快转型。2009 年以来，为应对国际金融危机冲击，我国政府实施了包括家电汽车下乡、以旧换新等一系列刺激居民消费的措施，取得明显效果。还可考虑继续出台并实施相应的刺激消费的优惠政策，并且逐步完善相关措施，以进一步提升消费对经济增长的贡献率。但扩大内需特别是居民消费，更为重要的是要通过启动并深化改革，进行制度创新，从而提高居民收入和完善社会保障体系。

二、中长期战略重构思路

国际金融危机对我国经济发展的影响甚大，其原因是多方面的，但我国经济长时间地过度依赖出口来拉动（我国经济对外依存度2000年即达到39.6%，2005年上升到63.8%，2007年进一步上升到64.8%），而国内消费需求严重不足无疑是重要原因。而在后危机时代，外需的萎缩是必然的趋势。为了实现中国经济的持续健康发展，在国际经济竞争中处于主动地位，从中长期来看，我们必须建立由国内消费需求拉动的经济发展模式，加快向消费大国的转型。亚当·斯密早就指出，中国幅员辽阔，人口众多，气候多种多样，因此各地有多种多样的产物，各省间水运交通又是极其便利，所以单单这个广大的国内市场，就能支持巨大的制造业。[①] 钱纳里也指出，大国发展模式的主要特征是较低的国际贸易水平。国家越大，且政策的内向性越强，它的经济就越趋于封闭经济的情形。[②] 斯密和钱纳里的论述表明，内需是大国经济增长的基础。由于资本的短缺，多年来我们依赖外需促进了经济的增长，而在具备了一定的经济实力且在国际金融危机的背景下，我们应当不失时机地转换经济发展方式。

（一）着力建设经济发展的内在机制

国际金融危机势必对中国经济发展的外部环境产生深远的影响。此次美国力推的全球经济再平衡，实际意味着对中国经济发展借助外部需求和资源的政策空间的挤压。必须认识到，我国经济发展的外部环境正在发生深刻的变化，以劳动密集型产业为主的出口导向型经济已经不可持续。同样，在后危机时代，单纯依靠经济刺激政策来应对内外需求的变化也难以取得显著的效果。“有形的手”的作用能够避免巨大的破坏性，但也会在一定程度上延缓结构调整，致使一些深层次矛盾被掩盖，甚至导致有些问题变得更严重。经济回升主要依靠投资拉动，而且主要是依靠政府投资，民间投资还没有真正拉动起来。而没有民间投资的增长，国民经济就难以保持正常的增长速度。经济刺激无疑促进了消费的增长，如在购买小排量汽车补贴措施的带动下，汽车销售非常火爆。但政府投资的分量不断加重，必然导致基础设施建设项目重复，某些领域的生产严重过剩。固定资产投资带来的快速增长会形成巨大的泡沫，出现重大经济失衡。因此，我们在对外捍卫适度的政策空间的同时，对内必须主动地、适时地对经济发展模式进行调整与重构，将积极的政策调整和制度变革相结合，建立可持续发展的体制机制。实践证明，单纯的经济刺激政策只能治标，难以治本，需要在多个领域全方位进行发展模式转变的制度安排。例如，要使经济增长由政

① 亚当·斯密：《国富论》，杨敬年译，陕西人民出版社2001年版。

② 霍利斯·钱纳里：《结构变化与发展政策》，经济科学出版社1991年版。

府主导向市场主导过渡，强化市场在资源配置中的基础性作用；加快结构性调整的步伐，以重点产业调整振兴规划和发展新兴产业为抓手，切实调整经济结构，缓解产能过剩引致的出口压力；加快国内要素市场价格改革，取消扭曲性的外资外贸激励政策，缓解双顺差规模甚至改变双顺差格局；建设有限政府和有效政府，改变强政府弱社会的状况，实现经济市场化和社会公正的平衡；改善民主政治与公共治理机制，建立合理的权利结构；改革收入分配体制，调整国民收入分配格局，扩大中产阶层和中等收入群体，改善底层生存状态，增加社会性公共产品供给，着力解决经济社会发展不平衡的矛盾；建立开放兼容的文化体制，促进东西方文明的融合，等等。在从外需转向内需的过程中，经济增长可能会减速，但只要能够恢复内生增长机制，经济增长的质量是好的，速度慢些同样可以达到理想的效果。

（二）千方百计提高居民收入

拉动内需的根本在于扩大消费需求，否则，主要依靠政府投资，一旦投资减速，内需的增长就缺乏有力的支撑。美国康奈尔大学经济学家埃斯瓦尔·普拉萨德的最新评估显示，中国家庭的储蓄率达37.5%，比2000年时高出10个百分点。中国消费者在过度储蓄，只要这一点不发生改变，失衡就会继续加剧。然而，国家信息中心的研究报告指出，近年来我国储蓄率上升，主要是企业和政府储蓄增加的结果，而居民消费相对不足，主要原因并非“储蓄更多”，而是收入相对下降。加之金融危机给就业造成的压力，已明显影响到我国城乡居民的消费水平。相关数据显示，国内消费和投资不均衡状况正在变得愈发突出。我国居民消费率不仅低于发达国家，也低于发展中国家。目前，我国正处于消费结构加速升级换代的时期，扩大消费需求的潜力巨大。但扩大消费需求的关键在于增加居民收入。因为增加居民收入是扩大消费需求的直接手段，只有居民收入持续提高，消费需求才能有持续的增长，产能过剩的压力和经济发展对外需的过度依赖才能得到缓解，从而促进经济良性发展。提高居民收入，就必须改革收入分配体制，改变现有的分配结构，首先要提高居民收入在国民收入初次分配中的比重。统计数据显示，在初次分配中，劳动者报酬占比从1995年的51.44%下降到2009年的39.74%，而劳动收入占比下降了12.4个百分点，也就是每年下降超过1个百分点；其次要加大对二次分配的调节力度，提高低收入群体的收入水平。研究表明，低收入群体的收入增长与高收入群体相比，对于扩大消费需求的作用更大。而目前我国收入最高的20%阶层和最低的20%阶层的家庭收入差，已经从2000年的3.6倍扩大到2009年的5.7倍。居民收入包括劳动性收入和财产性收入。劳动性收入是我国居民收入中的最大部分，财产性收入所占比重很小。2009年我国城镇居民人均总收入中，工资性收入占67%，财产性收入只占2.3%。而美国居民收入中，40%多是财产性收入，劳动性收入只占50%左右。因此，在提高我国居民劳动性收入的同时，要营造良好的政策环境，鼓励创业，拓宽投资渠道，并逐步有序地将政府掌握的财富转移给广大民众，以提高居民的财产性收入。

（三）增加政府公共服务支出

政府支出结构对居民收入与消费有着明显的影响。近些年来，随着我国社会由生存性阶段迈入发展型阶段，全社会公共需求增长速度加快，个人用于公共产品的支出在个人消费总支出中的比重呈现出明显的上升趋势。政府增加公共服务支出，居民在医疗、教育、养老等方面的支出必然减少，其谨慎预期就会弱化，消费倾向就会提高。反之，没有完善的公共服务和社会保障体系，即使居民的收入水平提高了，居民消费也会受到抑制，要通过消费拉动内需也绝非易事。因为只有在一个有保障的社会里，人们才会有稳定的安全预期，才能解除繁多的后顾之忧，从而才能够比较放心地理性地消费。因此，人们对拥有稳定的就业岗位，享受充足的医疗、住房、教育等社会保障的要求更为迫切。虽然近年来政府可支配收入呈逐渐增加的趋势，但我国政府公共服务供给仍然严重不足。2009年教育、医疗和社会保障三项公共服务支出占政府总支出的比重合计只有29.2%，与人均GDP在3000美元以下的国家和人均GDP在3000~6000美元的国家相比，分别低13.5个和24.8个百分点。尤其是政府对基础设施等投资的偏好及政府行政支出的增加，易于导致偏离公共财政民生保障的方向。西方发达市场经济国家并未对其公共性事业进行“去公共化”改革，反而有逐步强化的趋势。如美国科教文卫等基础性公共事业开支主要由政府承担；欧洲国家政府支出的平均水平达到49%；日本政府明确表示，未来10年内将以3%的年增长率对包括养老金和公共医疗方面的社会保障追加投入。从总体上看，目前我国的政府机构离公共服务型政府的要求还相差甚远，更多的还是经济建设型的。现在要让政府支出结构向公益性回归，增加政府公共服务支出，加快公共服务设施的建设，推进城乡基本公共服务均等化，将注意力从对GDP数字的关注转移到对人民生活需求的建设上来，在保就业的前提下适当提高职工的工资收入，提高农民的收入，建立包括医疗、养老、教育等在内的社会保障体系，以减少经济的不确定性，增强消费能力，刺激居民消费增长。政府要把增加公共服务支出和居民消费放在优先的战略位置上，制定长期的战略，而不能将其仅仅作为反周期的一项宏观调控政策。不过，政府真正担当起公共服务的责任和居民消费的真正启动，取决于从收入分配到建立和完善社会保障体系的一系列改革，这也是一个长期的过程。

（四）积极推进城市化进程

推进城市化是扩大内需、实现以投资和出口主导向以消费主导转变的关键。

根据测算，城市化率每提高1个百分点，可以新增投资6.6万亿元，将会有1000多万人进入城镇居住和生活，拉动最终消费增长约1.6个百分点，这可以在很大程度上替代我国10万亿元的出口，从而为由投资出口主导向消费主导转变打下坚实基础。城市化是促进服务业发展的有效载体，是促进第三产业发展的重要手段，以服务业为主体的消费型城市的兴起将成为我国城市化的基本趋势。如果城市化能提高10～15个百分点，未来我国居民消费率有望提高15个百分点左右。通过推进城市化，让农民工成为市民，可以创造出数以亿元计的需求。如果在20年间让1.3亿农民工及其家属市民化，城市每年需要新建保障性住房650万套，这对钢铁、水泥、建材、家具、家电等57个相关行业将产生重要的拉动作用。同时还能为进城农民新创造2000万个就业机会，这对扩大消费无疑具有重要意义。① 按照一般的国际标准，当一国开始进入工业化中后期，人均GDP达到3000美元以上，城市化率应达到60%。我国人均GDP早已突破3000美元，但城市化率还不到50%，与国际标准的差距甚大。推进城市化，必须加快包括基础设施建设、社区建设和廉租房建设等在内的大中城市的建设，尤其是住房。政府在兴建保障性各种保障性住房的同时，也应鼓励房地产企业开发一批只租不售的公寓楼，按合理的市场价格出售给包括农民工在内的任何有需要的人们；同时加快建设小城市、小城镇，通过政策引导，促使更多的农业人口就地、就近转移，避免过度集中到大城市；还要加快户籍制度的改革，改变城乡二元结构、城乡分治的现状，实现人员自由流动，增强流动人口对城市的归属感，逐步形成与户籍居民接轨的民生福利保障体系。在城市化的过程中，政府的推动无疑十分重要，但必须以市场为先导，遵循市场规律，让农民和企业成为城市化的主体。政府要强化服务意识，消除农民进城的制度障碍，尊重农民在城市化进程中的参与权与发展权，而不能让农民“被城市化”。

（五）充分发挥民间资本的作用

要形成消费主导的格局，必须充分发挥民间资本的作用，打破国有资本的垄断局面。资料显示，我国65%的专利、75%的技术创新、80%的新产品、60%的出口和75%的城镇就业岗位都来自民营企业。如果国有资本还主要配置在竞争性领域，甚至呈现不断扩大的趋势，民间投资就难以启动，规模就难以扩大，生产就难以持续，大量的劳动力便难以就业，这将严重地影响消费。实践表明，多年来资源和要素价格上涨，以及由于在政策、财政、信贷等优惠下，国有企业获得的利润增长不但对扩大内需作用有限，对国民的财富增长也不利。在新一轮扩张性财政政策中，多数贷款流向了地方政府和国有企业，包括相当大比例的基建项目和工业投资项目，民营企业几无参与。资料显示，2009年以

① 匡贤明等：《推进城市化进程面临历史性机遇》，发表于《经济参考报》2009年12月15日。

来新增的投资中，民营企业获得的不足10%。在十大产业振兴规划中，大型国企也是受益最多，而民营企业并不明显，这可能会加剧对民营资本的排挤和不公平竞争。生态学上有“生物多样性”的概念，是指各种生物共同发展生态才能平衡。同样，企业多元化多样化发展，整个国民经济才能充满活力。因此，在国有企业复兴之时，应给予民营企业更大的生存发展空间。目前一些垄断行业的准入门槛太高，加之强大的国进民退趋势，使得民间资本对垄断行业的投资持观望甚至放弃的态度。国外的国有企业大多被限制在公益事业领域，且目标是国民福祉的最大化，而不是追求利益最大化。因此，我们要加快打破行业垄断格局，放宽民间资本的准入限制，允许和支持民营企业进入基础设施、公用事业、石油能源、交通通信、金融服务等垄断性、公益性领域。政府还应适当限制国有企业的经营领域，并制定禁止国有大企业从事民营中小企业固定行业的经营，促进国有大企业向民营中小企业转移此类经营领域的制度，并最终将国有资本收缩到公益事业范围内。同时要推进政府改革和转型，为民间资本发展提供良好的外部环境。

面对问题与挑战　加快我国经济发展方式转换

梁洪学*

一、我国经济发展方式面临的问题与挑战

改革开放三十多年来，我国经济整体上呈阶梯式快速增长，综合国力大幅度提升，经济发展方式转变也取得了很大成效。但是，我们必须清醒地看到，我国的经济发展之路走的是过度依赖高投入、高消耗、高污染、多占地为特征的“四高一多”式的粗放式发展方式，直到今天也没有得到根本改变，而且又积累了许多值得高度重视的矛盾和问题。当前，我国经济发展方式面临的主要问题和挑战主要有以下几个方面。

（一）经济增长的资源环境约束强化

多年来，我国经济增长一直较多依赖增加能源资源投入，并造成了较为严重的环境污染和生态破坏。

目前，我国创造了全球7% ~ 8%的GDP，但消耗了全球36%的钢铁、16%的能源、52%的水泥。以能源消费为例，2000 ~ 2010年，全国能源消耗量从14.5亿吨标准煤增加到32亿吨标准煤，10年间增长了1.2倍。① 我国目前石油自给率不到一半，铁矿石、铝土矿、铜矿等需求的一半以上靠进口。近年来，东部发达省份特别是“长三角”“珠三角”地区已无多少土地可用来扩大工业发展。我国全要素生产率由2001年的30%左右降低到近年来的24%左右，制造业增加值率一直在25% ~26%左右徘徊，比美国低23个百分点，比日本低22个百分点。这些数据说明，我国经济增长主要是资源投入增加的结果，而不是主

---

* 梁洪学，经济学博士后，研究员，吉林财经大学《当代经济研究》编辑部副主任。主要研究方向为制度经济学和公司治理。

① 王梦奎：《关于“十二五”时期的发展》，发表于《北京日报》2011年1月10日。

要来自科技进步、劳动力素质提高和管理改善等因素的贡献。

国内生态环境恶化的势头没有得到有效遏制。中国当前单位 GDP 二氧化碳排放强度约为发达国家平均水平的 5 倍左右，单位 GDP 的二氧化硫排放量是美国的 6 倍、德国的 26.4 倍、日本的 68.7 倍。一些工业密集和经济发达地区空气污染严重超标，中国 70% 的江河水系受到污染，流经城市的河流 95% 以上受到严重污染；1/3 的国土被酸雨覆盖，世界上污染最严重的 20 个城市中国占了 16 个①；4 亿城市人呼吸不到新鲜空气；每年因环境污染造成的损失约占 GDP 的 10% 左右②。中国拥有的生态财富与美国、欧洲相比相差悬殊。将中国的生态系统修复到美国、欧洲目前的水平相当于 10 倍的国家外汇储备，即 25 万亿美元。中国的生态占用（也称生态足迹）已经是生态容纳能力的两倍。③

种种情况表明，在我国经济发展中，高耗能产业比重过大、污染排放多的问题日益突出，我国经济发展的资源环境约束正在强化，这种经济发展方式已经难以持续。

（二）投资—消费关系失衡

改革开放以来，我国投资率不断上升，消费率大幅下降，特别是 2000 年以来，投资率上升、消费率下降更为明显，2001 ~ 2009 年，投资率由 36.5% 上升到 47.5%，消费率从 61.4% 下降到 48.6% 左右④；改革开放之初，居民消费率将近 50%，现在只有 35%，下降了将近 15 个百分点⑤。与世界一般水平比，若内需拉动经济增长 10 个百分点，世界趋势上是其中 7 个百分点左右由消费需求拉动的，投资需求增长拉动只在 3 个百分点左右，而我国恰好相反，近 7 个百分点是由投资需求拉动的。⑥ 通过各方位比较，就可以发现，我国投资率明显偏高，消费率明显偏低，经济增长明显地过度依赖投资增长，投资与消费关系出现了严重失衡。

造成我国投资与消费关系失衡的原因主要有以下几个方面：一是居民收入在国民收入中所占比重偏低。居民是消费主体，劳动收入在国民收入中所占比重下降，必然带来投资率上升，消费率下降。二是低收入群体收入增长幅度低于高收入群体，而前者消费率明显高于后者，储蓄率明显低于后者，导致消费率越来越低于投资率。三是大量农业转移人口未能转为城镇居民，我国的城市化率“虚而不实”。有关资料显示，在 2007 年第五次人口普查中，有 1.6 亿农

① 张卓元：《适当放宽经济增速，致力转变增长方式》，载于《人民论坛》2006 年第 5 期/B。

② 马晓河：《当前我国产业结构调整难题与优化发展之路》，载于《中国发展观察》2010 年第 6 期。

③ 郭树清：《中国经济发展的潜力和问题》，载于《国际经济评论》2010 年第 6 期。

④ 国家发展和改革委员会：《〈中华人民共和国国民经济和社会发展第十二个五年规划纲要〉辅导读本》，人民出版社 2011 年版，第 45 页。

⑤ 迟福林：《“十二五”我国发展方式转变的趋势和重点》，载于《上海大学学报》2010 年第 6 期。

⑥ 刘伟：《突破“中等收入陷阱”的关键在于转变发展方式》，载于《上海行政学院学报》2011 年第 1 期。

村户籍人口被统计为城镇人口，占城镇人口总数的27%。[①] 这些在城市中居住的农业转移人口处于“半市民化”状态，大大影响了我国消费率的提高。四是社会事业特别是社会保障事业发展滞后。目前我国基本医疗保障已实现全民保障，但养老保障的覆盖率仍然较低。城镇灵活就业人员、农民工等部分人群没有纳入养老保障制度覆盖范围。在城镇3亿多就业人员中，1亿左右的非公有制企业从业人员和灵活就业人员未参加城镇职工基本养老保险。2009年，我国1.45亿进城农民工参加城镇职工基本养老保险的仅为2647万人，参保率只有18.3%。[②] 再加上教育成本高、房价不断攀升等，城乡居民生活后顾之忧没有消除，他们必须为未来储蓄，为下一代储蓄，不敢增加即期消费，也严重抑制了消费扩大。

（三）科技创新能力不足

我国当前经济发展中存在的一个突出问题是研发投入不足，科技创新能力不足，产业无核心技术。企业是科技创新的主体，但我国企业科技创新能力严重不足。我国现在有928万户注册企业，拥有自主知识产权和新技术的企业仅为万分之三，98.6%的企业从来没有申请过专利。

由于自主创新能力不足，中国制造业增加值率仅为26.6%，比美、日、德等发达国家分别低23、22、12个百分点。[③] 工业的核心技术依靠国外引进，缺乏自主知识产权和自主品牌，关键原材料、核心元器件、大型装备主要依赖进口，产业发展严重受制于人，中国企业销售收入中很大的比重用来支付国外专利，许多企业只不过赚了一点加工费。

我国技术创新能力不强，根本原因有两个。一是科技创新体制不合理。由于国家对国有企业主要考核资产规模扩大、实现销售收入增加和利润增长等指标，一些实力较强的国有企业包括中央企业没有技术创新积极性，而中小企业又没有经济技术实力从事技术创新活动；二是科技创新投入不足。据统计，我国2万多家大中型企业研发费用占销售收入的比重仅为0.81%，大大低于发达国家水平，中央企业科研开发经费占销售收入的比重也只有1.5%，也远远低于发达国家大企业5%的水平。科技创新能力不足的状况不改变，我国的国际竞争力就不能真正提升，在国际产业分工和利益分配中将继续处于不利地位，转变经济发展方式也难以实现。

（四）产业结构不合理

我国产业结构不合理突出表现在三个方面。

---

① 马晓河，胡拥军：《中国城镇化面临的问题及总体布局》，载于《改革》2010年第10期。

② 国家发展和改革委员会：《〈中华人民共和国国民经济和社会发展第十二个五年规划纲要〉辅导读本》，人民出版社2011年版，第375页。

③ 马晓河：《当前我国产业结构调整难题与优化发展之路》，载于《中国发展观察》2010年第6期。

第一，三次产业比重不合理。国际比较研究表明，当一个国家进入中等收入国家行列，三次产业比重应该分别达到10%、30%和60%左右，虽然我国目前已进入中等收入国家行列，但第二产业比重达到了46%，第三产业比重只有43%。

第二，产业内部结构不合理。从农业部门看，现代化水平不高，水利等农业基础设施建设滞后，有的常年失修，抵御自然灾害能力薄弱。现在的情况是农民不愿也没有能力投入农业现代化，地方政府不愿投入大量资金，中央财政投入数量不足。而这必然导致农业现代化进程缓慢，城乡发展差距势必会不断扩大。从工业部门看，产业“大”而不“强”，存在着明显的结构虚高度化，即重化工业虽然占比重较大，制造业规模比较大，但工业发展多在低端，高科技行业对外过度依赖。在工业产业分工的微笑曲线中，发达国家既控制了左上端，即研发专利、品牌标准制定，也控制了右上端，即品牌服务市场、零部件供应，我国工业大部分处在下端，即加工组装环节。在这样的国际产业分格局中，发达国家企业处于微笑曲线左上端和右上端，利润率可达20%～30%，而我国工业企业处于利润率最低位置，只能靠做大规模赚取微利。从服务业部门看，我国的服务产业发展既有总量不足问题，又有内部结构矛盾。第三产业总量规模不足，对农业和制造业支撑不够，其增加值在GDP中所占的比重明显偏低，目前中上等国家的服务业比重占61%左右，而我国的服务业比重只占43%。另外，由于工业发展集中在低端，靠做大规模，与高端服务业特别是现代服务业、生产性服务业相脱离，中国工业快速发展扩张带动的是国外的新兴服务业，如技术研发、品牌设计、审计及企业上市等，金融服务、产品销售、物流等高端服务业，都被外国企业控制，我国服务业占主导地位的还是零售、餐饮、修理等传统服务业。

（五）收入分配差距较大

我国收入分配不合理主要表现为居民收入占国民收入中的比重偏低且持续下降，由2001年的63.2下降为2008年的57.2%，劳动报酬占初次分配中的比重偏低且持续下降，由2001年的53.3%下降到2008年的47.5%。[①]

从城乡收入差距看，城市与农村的人均收入相比，1978年是2.6倍，到了2009年是3.33倍（农业部调查数据）。如果再加上城乡居民享有的社会保障、教育、医疗等公共服务方面的较大差异，专家估算，城乡实际收入差距在6倍左右，大大高于发展中国家平均1.5倍的水平。从地区收入差距看，公开数据显示，2009年最高收入省份与最低收入省份收入差距为2.43。从行业收入差距看，据人力资源和社会保障部统计，目前电力、电信、金融、保险、烟草、石油等

① 国家发展和改革委员会：《〈中华人民共和国国民经济和社会发展第十二个五年规划纲要〉辅导读本》，人民出版社2011年版，第45页。

行业的职工平均工资是其他行业职工平均工资的2~3倍。从社会成员收入差距看，虽缺乏公开、权威的数据，但据世界银行的估计，我国的基尼系数已从改革开放初期的0.20激增至2005年的0.47，大大超出0.40的警戒线。根据国家统计局公布的数据，目前我国居民10%最高收入组所得与10%最低收入组所得之比相差9倍。按照我国的扶贫标准，目前全国贫困人口仍超过4000万人。

收入分配差距过大，不仅影响扩大内需特别是扩大居民消费需求、转变经济发展方式，也关系实现社会公平正义，关系社会和谐稳定，必须予以高度重视，下决心研究采取措施逐步解决。

（六）就业总量压力和结构性矛盾并存

对这个问题，可以从供求两个方面考察。

从供给方面看，今后几年，每年城镇需要就业的人数仍将保持在2400万人以上，农村还有1.2亿以上富余劳动力需要向非农产业转移。同时，随着我国产业结构和产品升级，对高素质劳动力需求不断增加，而我国新成长劳动力专业技术水平不高，特别是农村富余劳动力文化教育水平较低、缺乏专业技能，不适应新增就业岗位的需要。

从需求方面看，今后几年每年城镇新增岗位和补充自然减员只能解决1200万人就业问题，供大于求缺口在1200万人左右。[①] 在城镇就业压力很大的情况下，农村富余人口转移就业也面临较大困难。需要强调的是，综合分析国内外形势以及保证我国经济发展的可持续性，“十二五”时期我国经济增长速度要低于“十一五”时期，必然会对扩大稳定就业产生一定的影响。

2010年以来，沿海地区甚至中西部地区都出现了企业招工难问题。这主要是由于现在的企业工资水平已经不能适应农村经济发展、城市生活成本提高、新一代农民工对收入水平期望值提高的新形势，说明靠廉价使用劳动力获得经济发展和企业利润的时代即将结束。但这并不表明劳动力供求形势发生了根本变化，今后时期，就业总量压力与结构性矛盾并存问题依然存在，保持就业形势基本稳定的任务仍然十分艰巨。

（七）制约经济发展方式转变的体制和机制的障碍

目前，制约我国经济发展转变的体制和机制的障碍依然较多，但最重要的有三个方面。

一是现行财税体制存在缺陷。一方面，在现行的“分税制”的财政体制下，地方政府所属的公务员工资水平的高低，生活福利的好坏，直接取决于地方财政收支的状况。由于地方财政收入与经济增长速度直接挂钩，谁的经济发展速

① 白津夫：《“十一五”期间我国经济增长中的主要矛盾》，发表于《经济参考报》2005年9月3日。

度较快，谁的工资收入就高。另一方面，实行“分税制”改革后，中央财政收入比重有了较大提高，但原有的支出结构却没有相应的调整，而地方财政收入比较少，却要承担很重的事权。为了缓解财政支出的巨大压力，地方政府只有多上重化工业项目、建设大项目、扩大经济规模、大搞土地开发才能快速增加地方财政收入。在各地方政府热衷于大搞土地开发中，有的一届地方政府甚至把今后几十年的土地收益一次收取，这必然影响资源的合理开发和配置，也损害了地方经济的可持续发展。

二是地方官员的政绩考核和任用制度的短失。长期以来，我们对干部政绩考核和选拔晋升制度，是以经济增长速度作为主要标准，以 GDP 大小论功绩。地方政府官员能否升迁和重用，实际上主要看任期内一个地区经济规模的扩大、财政收人增长等情况，忽视对干部的全面合理评价，所谓数字出干部，造成了对 GDP 的崇拜，进而事实上引导地方重视经济数量的扩张，忽视经济发展质量提高，忽视社会事业发展，将科学的经济发展方式排斥在视野之外和行动之外。

三是资源价格机制扭曲。我国资源价格形成机制改革进展缓慢，市场机制在价格决定中的作用被抑制，资源价格一直没有理顺，水价、电价、油价都偏低，劳动力成本长期被压低，环境成本也没有计人，企业生产成本不完全。这种情况导致地方和企业更多地依靠投入能源资源和劳动力实现地方经济和企业的发展，忽视技术进步和管理创新的作用。这是我国经济发展比较粗放的重要原因。

二、加快经济发展方式转变的几点对策建议

（一）建立扩大国内消费的长效机制

把居民消费潜力有效转化为现实消费需求，关键是要破解制约扩大内需的体制机制障碍，加快建立扩大国内需求的长效机制。为此要采取如下措施：

一是要必须加大收入分配调整力度，提高城乡居民特别是中低收入居民收入水平和消费能力，扩大中等收入消费群体。也就是说，在调整国民收入分配格局中，应加大“调高、补低、扩中”的分配调解力度，增强居民消费能力。

二是要较大幅度提高公共服务支出占财政支出的比重，扩大社会保障制度覆盖面，完善基本公共服务体系，减少预防性储蓄，增强居民消费意愿，形成良好的居民消费预期。

三是要在稳步推进城市化进程中，培育形成以城市化为依托的内需增长动力。城市化不仅能够拉动投资需求，推动基础设施和公共服务设施发展，而且更有利于扩大城市消费群体，增强居民消费，尤其是城市居民的消费支出约为农民 3 ~5 倍[①]，城市人口的增加将带动消费需求成倍增长，进而为扩大内需提

① 林兆木：《关于转变经济发展方式问题》，发表于《人民日报》2010 年 2 月 3 日。

供最强大、最持久的动力。为此，我们要在遵循城市化发展规律前提下，抓好城乡人口结构转折的重大机遇，把符合条件的农业转移人口逐步转为城市居民，在城市场化中释放内需潜力、促进城乡结构调整。

（二）依靠技术进步和创新推动产业结构优化升级

我国已成为世界制造业大国，但还不是制造业强国；是“世界制造工厂”，但还不是“世界创造基地”；由于缺乏关键核心技术，制造业处于全球产业链的低端，只能靠拼资源、拼环境、拼人力资源赚取微薄利润。要改变我国产业在国际分工中的被动不利地位及其结构不合理状况，就要向向产业链上具有高技术含量和高附加值的高端化和细分化方向发展。为此，要加强以下几方面工作：

一是把增强自主创新能力与促进产业结构优化升级结合起来，围绕突破制约产业转型升级的重要关键技术，在加强原始创新的同时，发挥我国市场规模巨大优势，重视走集成创新的新路子，全面推进技术创新体系、知识创新体系、区域创新体系和创新型城市建设。

二是依靠技术进步与创新促推动战略性新兴产业的发展。未来，在新一轮世界产业技术革命中，谁能把握机遇，引领技术创新潮流，谁就能在新的国际产业分工中获得先机。发展战略性新兴产业是新一轮产业技术革命的关键所在，是推进产业结构调整升级、实现产业发展低碳化重要支撑，也是我国从“中国制造”向“中国创造”转变的战略切入点。今后，要把技术进步和创新与培育战略性新型产业紧密结合起来，努力使战略性新产业成为带动结构优化升级、提升产业国际竞争力的战略突破口，使之成为推动经济发展的重要力量，抢占未来产业竞争至高点。

三是把促进技术进步和提高自主创新能力与完善现代产业体系有机结合起来，用先进技术改造提升传统产业，加快淘汰落后产能，促进工业转型升级，培育一批有自主知识产权和知名品牌的具有国际竞争力的优势企业，促进现代化服务和制造业互动发展，推进信息化与工业化有机融合，推动三次产业在更高水平上协同发展。在现代农业发展过程中，围绕高产、优质、高效、安全和生态的五大目标，大力发展高附加值农产品生产，不断提高农产品加工特别是深加工比重。在消费品工业发展方面，要用先进的理念和技术进行自我改造，优化产品结构，提升产品质量，发展民族自主品牌。在装备制造业发展方向上，在高端化、精细化、信息化方面组织国家重大科技专项，实现关键核心技术和基础制造工艺的本土化，支持发展高级数控机床、轨道交通设备，节能环保设备、工程机械、特高压输变电设备等发展。

四是加快建立以企业为主体、市场为导向、产学研相结合的技术创新体系，重点移到和支持创新要素向企业集聚，进一步强化企业在技术创新中的主体地位，使企业真正成为开发投入的主体、技术创新活动的主体，全面提高企业创新能力。

五是加快发展服务业特别是生产性服务业。加快服务业尤其是生产性服务业发展，是我国制造业转型升级的关键，也是我国经济发展方式从粗放型向集约型转换的关键。而生产性服务业越发展，对各类高中端人才的需求就越多，还可以吸纳更多的高校毕业生就业。为此，在加快我国生产性服务业发展过程中，应积极推进改革创新，深化垄断行业改革，打破市场分割，探索建立有效推动生产性服务业发展的新体制、新机制。

（三）切实转变政府职能

要加快经济发展方式转变，完善我国市场经济体制，就要彻底转变政府职能，明确政府公共职能。[①] 为此，应在以下几方面下功夫。

一是制定完善市场规则，打破行政垄断，强化产权保护，致力于创造一个有利于各市场主体平等竞争的环境。

二是加强公共基础设施建设，尤其是要增加在义务教育、科技基础研发、生态和环境保护等方面的投资和建设，为社会提供市场机制所不能提供的公共产品和服务。

三是政府要促进社会公平。市场机制主要解决的是经济效率问题，但不能解决事实上的社会公平问题。缩小两极分化、解决贫富悬殊等问题，需要政府来调解。政府在促进经济发展时，要把维护社会公平放到更加突出位置，综合运用多种手段，依法逐步建立以权利公平、机会公平、规则公平、分配公平为主要内容的社会公平保障体系。

（四）坚持绿色发展，建设资源节约型、环境友好型社会

加强能源节约和生态环境保护，积极应对全球气候变化，既是加快转变经济发展方式、实现可持续发展的重要着力点，也是扩大内需、促进经济稳定增长的有效途径。我们应当以节能减排为重点，实行节约优先发展战略，节水、节地、节约各类资源，构建以绿色、低碳为特点的生产方式和消费模式。合理控制能源消耗总量，调整优化能源结构，推进能源生产和利用方式和方法的改革，健全激励约束机制，实施重点节能工程，推广先进节能技术和产品，抓好重点领域节能；大力发展循环经济，推进资源再利用产业化；用各种技术手段和方法减少碳排放，提高应对气候变化能力，积极开展应对全球气候变化国际合作；实施重大生态保护和修复工程，加强环境综合治理。[②]

---

① 梁洪学：《“看不见的手”的引导与“看得见的手”的行动——兼论进一步完善我国社会主义市场经济体制》，载于《江汉论坛》2010 年第 11 期。

② 张平：《中国“十二五”时期的宏观经济政策导向》，发表于《学习时报》2011 年 4 月 4 日。

包容性转变：在人民主体思想的视域下*

王新建**

党的十八大报告的一个重要创新点，就是全面深刻地总结了在新的历史条件下夺取中国特色社会主义新胜利所必须牢牢把握的八条基本要求。其中的第一条，就是关于中国特色社会主义依靠力量的阐述，即“必须坚持人民主体地位。”① 在全面建成小康社会的决定性历史阶段，深刻认识和践行人民主体思想，意义重大。作为学习和贯彻党的十八大精神的心得体会，本文拟以人民主体思想的视域，考察和解析中国经济发展方式的包容性转变。

一、人民主体思想：理论基因和现实根基

人民主体思想，指的是人民群众在认识和改造客观世界过程中所表现出来的主体作用和自主性质。在迄今为止的人类思想发展史上，马克思、恩格斯首先开创了“因为人而为了人”的“以人为根本”的哲学思维范式，创立了人民主体思想的基本理论形态。马克思、恩格斯指出：全部人类历史的第一个前提，无疑是有生命的个人的存在，因此“首先应当确定一切人类生存的第一个前提，也就是一切历史的第一个前提，这个前提是：人们为了能够‘创造历史’，必须能够生活。但是为了生活，首先就需要吃喝住穿以及其他一些东西。因此第一个历史活动就是生产满足这些需要的资料，即生产物质生活本身，而且，这是人们从几千年前直到今天单是为了维持生活就必须每日每时从事的历史活动，

* 国家社科基金项目“中国经济发展方式包容性转变的体制机制研究”（11BJL003）。

** 王新建，浙江理工大学马克思主义学院教授，硕士生导师，主要研究方向为马克思主义中国化。

① 胡锦涛：《坚定不移沿着中国特色社会主义道路前进 为全面建成小康社会而奋斗》，人民出版社2012年版，第14页。

是一切历史的基本条件。”[①] 在这样的“第一个”宣示之后他们指出：“第二个事实是，已经得到满足的第一个需要本身、满足需要的活动和已经获得的为满足需要而用的工具又引起新的需要”，并把这种“新的需要”的产生强调为人类的“第一个历史活动”[②]，即人们是为了获得自身所需要的生活资料才从事物质生产活动的。而且他们认为，这种物质生产活动本身又是以人们之间的交往为前提的：“人们在生产中不仅仅影响自然界，而且也相互影响。他们只有以一定的方式共同活动和互相交换其活动，才能进行生产。为了进行生产，人们相互之间便发生一定的联系和关系；只有在这些社会联系和社会关系的范围内，才会有他们对自然界的影响，才会有生产。”[③] 马克思认为，人是最名副其实的政治动物，不仅是一种合群的动物，而且是只有在社会中才能独立的动物[④]，“人的本质不是单个人所固有的抽象物，在其现实性上，它是一切社会关系的总和。”[⑤] 社会历史活动其本质究竟是什么？马克思说，所谓社会不过“是人们交互作用的产物。”[⑥] 而所谓历史，在《神圣家族》中他们鲜明地指出，“历史不过是追求着自己目的的人的活动而已。”[⑦] 且“历史活动是群众的事业，随着历史活动的深入，必将是群众队伍的扩大。”[⑧] 他们还强调指出：思想只有反映了社会的现实需要，反映广大群众的利益，才能成为推动社会发展的力量。

马克思、恩格斯关于社会历史主体的思想清楚地说明，一切时代的“迫切问题”，都只能是“人”和“人类社会”的问题。人类的生存和发展，才是人和人类世界的最核心、最根本和最基础的问题。社会的进步，社会关系的发展，最终总要通过人而表现出来，通过人自身的生存、发展和解放表现出来，通过人的价值实现程度表现出来。离开了人的发展，就谈不上社会历史的发展，就谈不上社会的和谐。所以，社会进步的根源即在人本身，在人民群众本身，只有人民群众才是社会生产活动的主体，是社会历史的创造者。人类的任何经济发展和社会活动，只有以人民群众为主体，倾听他们的呼声，代表他们的利益，才能成为社会历史发展的动力。这种社会历史主体思想，自然成为十八大人民主体思想的理论基因。

党的十八大提出的人民主体思想，与党的群众观点和群众路线理念相通，与党的根本宗旨和执政理念感情一脉。在长期的革命和建设实践中，中国共产党遵循唯物史观社会历史主体思想逐渐形成并恪守践行的一切为了人民群众、

---

① 《马克思恩格斯文集》第一卷，人民出版社 2009 年版，第 531 页。

② 同上，第 531 ~ 532 页。

③ 同上，第 724 页。

④ 《马克思恩格斯文集》第八卷，人民出版社 2009 年版，第 6 页。

⑤ 《马克思恩格斯文集》第一卷，人民出版社 2009 年版，第 501 页。

⑥ 《马克思恩格斯文集》第十卷，人民出版社 2009 年版，第 42 页。

⑦ 《马克思恩格斯文集》第一卷，人民出版社 2009 年版，第 295 页。

⑧ 同上，第 287 页。

一切向人民群众负责、相信群众自己解放自己、向人民群众学习的群众观点，一切为了群众、一切依靠群众、从群众中来、到群众中去的群众路线，全心全意为人民服务的根本宗旨和执政为民的理念，尤其是在世情、国情、党情继续发生深刻变化，我们面临的发展机遇和风险挑战前所未有的新阶段继续改善人民生活、增进人民福祉的现实实践，成为党的十八大所强调的人民主体思想的坚实根基。党的十八大报告中有145处使用了“人民”一词，习近平总书记在新一届政治局常委与中外记者见面时发表的简短讲话中17次使用了“人民”一词，可见人民主体思想犹如一条红线，贯穿党的十八大报告的始终。尽管人民主体思想并非是党的十八大报告第一次提出①，但把“坚持人民主体地位”作为夺取中国特色社会主义新胜利的第一条“基本要求”，作为全党全国各族人民的第一条“共同信念”，说明我们党对人民主体地位和人民主体作用的认识达到了更加自觉自为的崭新高度，这也正是党和人民的道路自信之本、理论自信之基、制度自信之源。

二、包容性转变：倚靠最广大人民群众的“转变”

“包容性转变”这一概念，正是奠立于人民主体思想之上，在反思中国转变经济发展方式实践和研究中重物轻人且误读以人为本倾向的基础上提出的。

第一，转变经济发展方式（或称“转变”②）是多年来我们孜孜追索的重大课题。20世纪80年代，中央就提出要从粗放经营为主逐步转向集约经营为主的经济发展轨道；1995年中央提出“积极推进经济增长方式转变，把提高经济效益作为经济工作的中心”的方针；进入新世纪中央又进一步提出了科学发展观和促进国民经济又好又快发展的战略思想；党的十七大更是明确地把加快转变经济发展方式，推动产业结构优化升级作为关系国民经济全局紧迫而重大的战略任务。然而从我国经济发展方式的现实状况看，许多地方、许多层面的经济建设，其方式是背离科学发展的，并已出现相当严重的不可持续的后果。这种状况若持续下去，经济发展的根本动力即劳动者的积极性将降低，资源环境承载力将超极限，发展难以持续，甚至有可能会形成新中国60年的举世瞩目成就付诸东流的严重后果③。这并非一家之言，也非耸人听闻。因此党的十八大指出，以科学发展为主题，以加快转变经济发展方式为主线，是关系我国发展全局的战略抉择。“加快转变”这一时代的命题、发展的课题、现实的难题，以前

---

① 在胡锦涛“七一”讲话和党的十七大报告中，均有“尊重人民主体地位”的提法。但从阐释视角看，党的十八大报告在新的历史条件下对人民主体思想的阐述，更具创新意义和全局意义。

② 为行文简略，本文多处（包括“摘要”部分）把“转变经济发展方式”或称为“转变”。

③ 程恩富：《科学发展观与中国经济改革和开放》，上海财经大学出版社2012年版，第338页。

所未有的峻切，矗立在国人面前[①]。

第二，怎样看待多年的“转变”之路？怎样破解“加快转变”这一科学发展的肯綮？多年来我国转变经济发展方式的实践“久推难转”“转而不快”，其间因由，尽管关涉着国情和发展阶段等诸多方面，但更为主要的或说更具方向意义的因素，就是发展理念问题。发展方式是发展理念的集中体现，而发展理念为发展方式提供着鲜明的价值导引。以近几年国际社会和我国政府所反复倡导的包容性发展理念为导引，探讨转变经济发展方式这一课题，便形成了“包容性转变”的路向。包容性发展理念谋求的是“所有人的参与和所有人的发展”，秉持的是“机会平等、利益共享的发展”，追索的是“健康有序的发展”。以包容性发展理念考量中国经济社会发展的现实诉求，多年来经济增长所依赖的“物本之路”暴露无疑。客观现实如此，而回望和审视学界关于转变经济发展方式的研究，笔者也深感人们所关注、所感兴趣的依然是“物”而非“人”，即研究中普遍存在着对“物”的因素解读多而对“人”的因素解读少的现象。尽管“以人为本”这一科学发展的“核心”也有提及，但也却是对作为手段与目之统一的“以人为本”的误读。

第三，所谓“包容性转变”，即依靠最广大人民群众的“转变”，也就是要切实地把最广大人民作为实施“转变”的主体，真正做到依靠人民“转变”。财经评论家叶檀认为，改革之初所有人从改革中受益，但今日天悬之隔的利益群体却让改革取向和路径形成尖锐冲突，中国的转型尤需九死未悔的努力以及明确的方向，需要去寻找既具公平正义又有实践基础且能凝聚社会的真正共识。笔者以为，“九死未悔的努力”，首先就是要在消除机会弱势上的努力；“明确的方向”，最鲜明的就是机会均等的方向；“有实践基础且能凝聚社会的真正共识”，就是能够让弱势群体容易通过多做劳动贡献改变自己命运的共识及其制度机制。因为庞大“机会弱势群体”参与经济发展和共享发展成果的“机会边缘化”[②]，使其主、客观上均难以成为“转变”的推动者，反成政府被动调节二次分配的庞大对象，严重制约着经济社会的持续和健康发展。把包括弱势群体在内的最广大人民群众排斥在经济“发展”和社会“进步”之外，这是对人力的损毁。而唯物史观告诉我们，人力不能像机器原料那样在经济增长中被贬损，相反必须在其中得到发展壮大。经济发展固然少不了物质再生产，同时更少不了人力再生产，即须臾离不开人的主动性积极性的发挥。只有当“两个再生产”相得益彰，经济方能持续发展[③]。否则，“人”与“物”只会背道而驰，协调发

① 任仲平：《决定现代化命运的重大抉择——论加快经济发展方式转变》，发表于《人民日报》2010年9月9日。

② 参见拙文：《转变经济发展方式研究应明确提出“机会弱势群体”概念》，载于《现代商业》2011年第2期。笔者在学界率先提出“机会弱势群体”和“机会边缘化”等概念。

③ 裴小革：《关于转变经济发展方式的几个理论问题》，载于《中共长春市委党校学报》2008年第1期。

展难以维系，从而使“转变”成为不可能，更遑论“加快”了。因此可以说，经济发展方式转变的快慢，根本上取决于弱势群体机会边缘化的减除程度和提升其参与经济发展、提供人力支撑并赖以改变自己地位的能力和成效。质言之，在一个个体以辛勤劳动也改变不了自己弱势地位的国度，“转变”注定步履维艰，甚或南辕北辙；在一个个体通过其机会边缘化的消除而有效地改变了自己命运的国度，“转变”必将因倚仗主动积极、强大持续的人力参与而一帆风顺，事随人愿。

三、人民主体思想视域下包容性转变的实施路径

科学发展观的人民主体思想，是在新世纪新阶段改革开放和现代化建设的伟大实践中逐渐深化的当代中国共产党人的马克思主义世界观和方法论，它形成了对人民群众在社会关系和国家生活中的地位和作用的规律性认识，解答了社会主义事业的出发点和落脚点、力量源泉和主要动力、根本原则和基本方法等重大问题。人民主体思想，贯穿于马克思主义中国化时代化大众化的最新成果之中，贯彻于全面建成小康社会和建成富强民主文明和谐的社会主义现代化国家的新征程之中。党的十八大报告指出：“中国特色社会主义是亿万人民自己的事业。要发挥人民主人翁精神，坚持依法治国这个党领导人民治理国家的基本方略，最广泛地动员和组织人民依法管理国家事务和社会事务、管理经济和文化事业、积极投身社会主义现代化建设，更好保障人民权益，更好保证人民当家做主。”① 因此，报告对人民主体思想的这种宣示，同样也是对人民群众在转变经济发展方式中的地位和作用的确立。当我们把“加快转变经济发展方式这场硬仗”放之人民主体思想的视域内考察时，包容性转变的实施路向就显得清晰和明确起来。

1. 必须充分尊重人民群众在“转变”中的实践和认识主体地位，发挥其实践和认识主体作用

唯物史观关于人民群众是社会物质财富和精神财富的创造者等基本原理，从科学的社会历史观视角，启示我们要时刻尊重人民群众在“转变”中的实践和认识主体地位，充分发挥人民群众在“转变”中的实践和认识主体作用。改革开放三十多年来实践和认识的每一次突破和进展，无不来自群众的创造和推动。邓小平就曾指出，农村搞家庭联产承包，这个发明权是农民的。农村改革中的好多东西，都是基层创造出来的，而我们只是把它拿来加工提高作为全国的指导。如果没有人民群众的积极探索和大胆创造，许多改革实践就不能产生，许多改革思想尤改革共识就难以形成。中国特色社会主义理论体系也不是凭空

① 胡锦涛：《坚定不移沿着中国特色社会主义道路前进 为全面建成小康社会而奋斗》，人民出版社2012年版，第14页。

产生的，而是在总结人民实践经验的基础上提出来的，凝结着广大人民群众不懈探索的智慧和心血。正如胡锦涛同志在庆祝中国共产党成立90周年的大会上所指出的，90年来我们党取得的所有成就都是依靠人民共同奋斗的结果：党紧紧依靠人民完成了新民主主义革命，实现了民族独立、人民解放；紧紧依靠人民完成了社会主义革命，确立了社会主义基本制度；紧紧依靠人民进行了改革开放新的伟大革命，开创、坚持、发展了中国特色社会主义。多年谋求“转变”的实践充分说明，经济发展方式的每一步转型，都离不开人民群众的伟大创造和支持；未来要打胜加快转变经济发展方式这场硬仗，把我国经济发展活力和竞争力提高到新的水平，同样离不开人民群众的伟大创造和支持。党的十八大提出的“一个立足点”、“四个着力”和“五个更多”的“加快形成新的经济发展方式”的要求，无一不是要在充分发挥人民群众实践和认识主体作用的前提下才能实施的。

在包容性转变中充分尊重人民群众的实践和认识主体地位，发挥其实践和认识主体作用，要防止边缘化弱势群体，看不起穷人的错误倾向。在一些人的眼里，弱势群体仿佛成了他们成就政绩的包袱。他们不懂得，党的“发展为了人民、发展依靠人民、发展成果由人民共享”的执政理念，是发展的“目的、手段和包容性”三方面规定性的统一。然而现实中一些人和一些地区，仅仅是口头说说“发展为了人民”，却丝毫不懂得为什么要“发展依靠人民”，工作中更是打压、漠视和边缘化人民，把人民群众（尤庞大弱势群体）当做累赘，排斥在经济发展和社会进步之外，造成了严重失业的“无工作增长”①。这样，“转变”也就失去了赖以生长的根基——“人力支撑”。科学发展观的以人为本，首先是“现实的运动”，是现实经济活动的前提、出发点、实施手段和首先要遵循的原则。只有把消除“机会边缘化”并改变“机会弱势群体”现实命运的实际工作上升为政府责任和国家意志并强力执行，激发并提升包括庞大弱势群体在内的最广大人民群众的人力支撑，使“转变”走向“包容性转变”，中国的经济发展才能因倚仗主动积极、强大持续的人力参与而驶入科学发展的轨道。因为真正的经济学同高尚的伦理学是不可分离的。我们的经济工作和社会发展都要更多地关注穷人，关注弱势群体，因为他们在社会中是多数②。因此，绝不能让人们“充满劳绩”却难以“诗意的安居”于这块大地③。从这个意义上也可以说，中国政府反复强调和倡导的包容性发展理念，“正是当下中国的政治经济

① “无工作增长”与下文的“无情增长”“无声增长”等，借用了郭熙保所著《论发展观的演变》（载于《学术月刊》2001年第5期）中的说法。

② 转引自温家宝总理2010年3月14日的答记者问，发表于《人民代表报》2010年3月16日。

③ 此处转摘了马丁·海德格尔所著《荷尔德林诗的阐释》（商务印书馆2000年版，第46页）中荷尔德林的诗《人，诗意的栖居》中的词句。

学”[①]。而本文所强调的“包容性转变”，便成其中应有之义。

2. 必须充分尊重人民群众在“转变”中的利益主体地位，发挥其动力主体作用

唯物史观认为，人民群众既是历史主体，同时也是价值主体，即人民群众不仅是价值的创造者，而且还是自己所创造价值的享用者。三十多年的改革发展历程告诉我们，促使广大人民群众积极参与改革，并在改革进程中实现人民群众自身的发展，是解放和发展生产力的重要前提条件，是我国经济社会持续健康发展须臾不可或缺的人力支撑。肇始于农村的家庭联产承包责任制之所以取得巨大成功，城镇企业放权让利的改革之所以得到人民群众的持续支持并获得一枝独秀的发展速度，其根本原因就在于，广大人民群众从改革中得到了实惠，提高了生活水平，即人民群众享受到了改革发展的成果，因之而极大地激发出他们参与改革发展的积极性，为改革发展、体制转型提供了持续的人力支撑。邓小平认为，旧的那一套阻碍了生产力的发展，妨碍了人民和基层积极性的发挥[②]。邓小平一生孜孜追求的社会主义现代化建设目标，其实质就是对人民群众的愿望和利益的认定。江泽民同志指出，要“在社会不断发展进步的基础上，使人民群众不断获得切实的经济、政治、文化利益。”并强调“我们党进行的一切奋斗，归根到底都是为了最广大人民的利益。”[③] 胡锦涛同志也强调：必须始终把人民利益放在第一位，把实现好、维护好、发展好最广大人民根本利益作为一切工作的出发点和落脚点，做到权为民所用、情为民所系、利为民所谋，使我们的工作获得最广泛最可靠最牢固的群众基础和力量源泉[④]。

多年来单纯物质增长而至人的福利难以增长的传统经济增长模式，出现了种种矛盾和问题。这些矛盾和问题，无不和群众利益尤弱势群体的利益受损密切相关。如一些地方驱之不散的“GDP崇拜”令民生凋敝，人力丧失；利益群体间的天悬之隔令公众离心，社会失序。而按照经济学的激励相容原则，一个科学的制度设计应该使人们追求个人利益的行为与社会所要实现的价值最大化的目标相向契合。眼下，百姓热切盼望共享改革发展成果、解决收入分配问题；盼望公平化、绿色化、国民福利最大化的经济发展方式。“十二五”规划纲要所指出的“坚持把保障和改善民生作为加快转变经济发展方式的根本出发点和落脚点”，党的十八大报告所强调的“要坚持社会主义基本经济制度和分配制度，调整国民收入分配格局，加大再分配调节力度，着力解决收入分配差距较大问题，使发展成果更多更公平惠及全体人民”这一“坚持走共同富裕道路”的基本要求，是最广大人民的利益所系，反映了最广大人民的热切期盼。因此在我

---

① 参见邵宜航，刘雅南：《从经济学再到政治经济学：理解包容性增长》，载于《经济学家》2011年第10期。作者把包容性增长比作“当下中国的政治经济学，也就是具有中国特色的现代经济学。”

② 中共中央文献研究室：《邓小平年谱（1975～1997）》，中央文献出版社2004年版，第1194页。

③《江泽民文选》第三卷，人民出版社2006年版，第279页。

④ 胡锦涛：《在庆祝中国共产党成立90周年大会上的讲话》，载于《求是》2011年第13期。

们的转型和“转变”中，必须充分尊重人民群众在“转变”中的利益主体的地位，发挥其动力主体的作用，强力扭转眼下贫困和收入分配严重不公的“无情增长”，才能得到人民群众的理解、支持和参与，才能激发出人民群众的积极性、主动性和创造性，从而为“加快转变”注入不竭的动力源泉。

3. 必须充分尊重人民群众在“转变”中的权利和义务主体地位，发挥其权利和义务主体作用

充分尊重人民群众在包容性转变中的权利和义务主体地位，发挥其权利和义务主体作用，一个重要的体现就是坚定不移地发展社会主义民主政治，切实保障人民群众当家做主的权利，使广大人民群众有机会、有能力且积极主动地参与到党和国家的政治生活中来。尤其要保障和落实人民的知情权、参与权、表达权、监督权，健全民主制度，丰富民主形式，拓宽民主渠道，依法实行选举、决策、管理和监督等环节的民主，最大限度地反映人民群众的心声、表达人民群众的主张、体现人民群众的意志。从根本意义上说，改革即是旨在实现让人民群众享有管理国家事务和社会事务、管理经济和文化事业的民主权利，真正做到人民群众当家做主。权利和义务向来是统一的，只有人民群众当家做主的权利得到切实保障，且能够有机会、有能力并自觉主动地尽职尽责，蕴藏在人民群众之中的创造活力才能最大限度地迸发出来。

审视我们当下一些地方那种失去了民主和自由的“无声增长”，哪里能看得出一点儿尊重人民群众的权利和义务主体地位，发挥其权利和义务主体作用的影子？仅就我国城镇化过程的“众生相”[①]来看，便见一斑。我国的城镇化建设是以承认城乡二元结构、“三农”问题成为现代化建设的重中之重为前提的。城镇化是我国经济发展的强大动力，社会进步的必然趋向。这也是发达国家所昭示的一条现代化之路。尤其是广大农民兄弟，他们要抛却贫穷，奔向小康和现代化；他们也有幸福的梦想，也要温暖的家园。城市仅仅打开了一个缝隙，他们就挤进了一亿多人，他们对有朝一日洗脚进城是梦寐以求的。然而不时出现的违法调整、收回和强迫流转农民承包地，违背农民意愿搞大拆大建、盲目建高楼等“被上楼”“被拆迁”现象，着实地让农民兄弟的心凉了一把。不少城市借助区区一纸户口登记便拥有了更多的土地资源，同时也产生了众多从乡村涌向城市的失地农民。当我们的城市化难以为农民提供基本的生存条件、足够的就业机会和有效的福利保障时，“变市民”换来的，只能是“失地”又“失业”。学界铿锵质问：究竟是谁要城镇化？谁的城镇化？谁在城镇化？显然这并非农民自愿的城镇化，而是一些地方政府主导甚至行政强制的城镇化，是政府追求土地财政、资本豪取超额利润的城镇化，是权力和资本竭力鼓呼的城镇化。在这样的城镇化做派下，哪里还有人民群众权利和义务主体地位的体现，哪里

① 笔者曾以电影蒙太奇手法对我国城镇化“众生相”结集综述，参见拙文《包容性上多给力——我国城镇化建设现状和理念蒙太奇》，载于《中国城市经济》2011年第3期。

还有人民群众权利和义务主体作用的发挥？这种背离人民主体地位的经济发展方式，其“发展”所依靠的，不是人民群众，而是开发商，是一些脑袋中没有科学发展理念的政府官员。而“发展”的成果，自然是由“权力”与“资本”来共享。真正的城镇化其内质和价值，绝非那空中的花花楼宇，而应是具有坚实基础的民生和民权的系统工程，应是平等的生存权利和发展机会的体现。失去了民主和自由，违背了人民意愿，这种城镇化率百分比的“增长”，只能是对人民权利和义务的践踏，对人力的贬损。

科技革命、分工与现代世界经济体系的变迁和当代格局

张 旭*

20世纪70年代沃勒斯坦在世界范围的劳动分工基础上，利用跨学科方法论构建起“世界体系”理论，并对跨越近5个世纪的资本主义世界体系进行深入阐析；自20世纪90年代以来，全球化进一步得到发展，世界经济格局发生深刻变迁。20世纪末期以来，随着分工日益深化到商品生产内部，格里夫（Gereffi）等人从全球产业组织出发，提出全球商品/价值链理论①，汉德森（Henderson）等引领的“曼彻斯特学派”则力图用“全球生产网络”框架解析当前时代全球经济②。这些研究为剖析世界经济格局提供理论支撑和方法论，但总体来说尚未给出当前世界经济体系的新图谱。事实上，科技革命与分工的相互促进，最直接地影响着世界经济体系的变迁及其基本格局。

一、科技革命、分工与世界经济格局变迁的概括

从历史上看，科技革命的发展带来了全球分工格局的转变，并进一步导致世界经济格局由地中海转移到大西洋，由大西洋的东岸转移到大西洋的西岸。在第二次科技革命、第三次科技革命，以及第三次科技革命的深入（第四次科技革命），除了德国短暂地领先之外，美国成为了全球科技和经济发展的当然领导者。

第一次科技革命带来的主要后果是：首先，以西欧为主的世界经济中心得

---

* 张旭，中国人民大学马克思主义学院政治经济学教研室主任，教授，博士生导师，中国经济规律研究会常务理事。

① Gereffi, G., and Korzeniewicz, M., “*Commodity Chains and Global Capitalism*”, Westport, Conn: Praeger, 1994.

② Henderson, Jeffrey, Dicken, Peter, Hess, Martin, Coe, Neil and Yeung, Henry Wai - chung, “Global Production Networks and the Analysis of Economic Development”, *Review of International Political Economy*, 2002, Vol. 9(3): 436 - 363.

到进一步的巩固和加强，其中英国的地位得到空前的加强。同时，继英国之后，法国、美国、德国，以及欧洲一些国家，例如，比利时、瑞士、奥匈帝国等在19世纪上半叶先后发生技术革命。俄国和日本是在19世纪60年代以后才对封建制进行改革，走上资本主义发展道路。资本主义生产方式最终确立，自由竞争的资本主义得到充分发展，世界市场空前扩大，形成了资本主义世界经济体系。其次，第一次科技革命及其应用，使得国际贸易获得高速发展。国际贸易的增长速度超过同期世界工业生产的增长速度。参加国际贸易的商品种类和商品结构的变化上，引起了国际贸易流向的变化，基本上形成了西方工业国家出口工业制成品，世界广大农业国家出口初级产品的分工和贸易格局。世界经济格局已经形成了农业国对工业国的依附。再次，英国成为"世界工场"和世界贸易中心。在19世纪的前70年中，仅占世界人口2%左右的英国，一直把世界工业生产的1/3～1/2和世界贸易的1/5～1/4掌握在自己手里。最后，由于第一次科技革命及其导致的工业革命，客观上要求民主化的发展以适应资本主义生产方式。各国政府在政策上大多倾向于自由放任的经济政策，给予经济发展以充分的空间。这成为第一次科技革命的一个政策后果。

第二次科技革命起始于19世纪70年代，人类生产进入电气时代。新技术发明更多地以自然科学实验为基础，技术进步与科学进步的关系更加密切了，即技术本身越来越科学化。这时的新技术已经不是基于单纯操作者的发明，而主要基于科学的直接应用。科技革命的进步导致分工的深化，具体表现在技术革命的中心从第一次科技革命的纺织业和采掘业转移到重工业，建立起一系列新的属于制造业的重工业部门，如化学工业、汽车工业、石油工业，等等。而且，技术革命的范围更加扩展了。19世纪后半期的第二次科技革命不仅有能源动力革新，而且扩展到材料、信息及运输技术的全面革新，形成了以电能为中心的技术体系。由于动力系统的革新和信息技术的出现，改变了企业内生产的空间组织形式，使生产过程自动化成为可能。当然，最大的后果是，技术领先地位从英国转移到德国和美国。德国在吸收英法科技最新成就基础上，不仅在电气、化学技术发明方面占优势，而且取得重大科学成就项目之多居世界首位。美国经济的发展程度和发展势头也十分突出，因而像内燃机，虽然在欧洲发明，但在美国最快最普遍地得到应用；电力技术也大都在欧洲发明，而第一座电厂却建在美国；钢铁新技术在英国、法国发明，但是也是在美国首先大规模使用。技术与生产的紧密联系，加速了先进技术在国际上的传播，使世界技术中心从英国向德国和美国转移。

第三次科技革命始于20世纪40年代，是一系列新兴工业代替传统工业的过程。根据其发展的特点，大体上可以分为两个阶段，一个阶段是自20世纪40年代至70年代，这一阶段主要表现在核能技术和空间技术的广泛发展上，计算机技术虽然已经存在并不断完善，但是还没有成为社会生活的主流。第二个阶段是自20世纪70年代至今，这一阶段的直接特征是以微电子为核心的信息技术的迅速广泛发展，使人类社会进入“信息社会”，因此有人将这称为“第四次科技革命”。

1990年以来的全球化，伴随着科技革命和分工向纵深发展，深刻影响世界经济体系的当代发展。

第一，以信息技术为核心的科技产业革命兴起，为世界经济体系变迁奠定技术基础。从生产技术来看，主要包括模块化技术和大规模定制。随着消费需求趋向多样化和小批量化，制造企业主要进行零部件与管理流程分解，将共享零部件及管理流程实行标准化，实现零部件生产与管理流程规模化，以解决多样化产品小批量需求与规模化生产之间的矛盾，这为生产过程分散在各国进行奠定重要基础。此外，海运、空运、陆运等各领域运输技术的发展与普及大幅降低要素及商品运输成本，为生产分散化提供现实条件。

第二，敏捷供应链等生产组织方式的兴起与发展成为当前世界经济体系重构的重要根源。充分自治、分布式的网络组织、敏捷供应链成为国际垄断资本加速积累和扩张的重要组织方式。

第三，新自由主义浪潮不同程度的席卷世界各国，由此提供重要的制度环境。各国经济管制的放松大幅提高资本流动的自由度和便利性，为国际垄断资本在全球范围的再组织提供重要环境和条件。

第四，一系列双边和多边协议的签署与实施使区域化和全球化快速发展。世界贸易组织、国际货币基金组织、世界银行等国际机构分别在贸易、金融等领域推动全球化要素和商品市场的构建，为国际垄断资本的扩张创造有利的市场环境。

在这一系列因素的相互作用下，21世纪以来，世界经济体系加速重构。

二、1998年以来世界经济体系的变化及特征

基于联合国商品贸易统计数据库（UNCOMTRADE）提供的各国商品贸易数据，联合国贸易与发展会议统计数据库（UNCTADSTAT）提供的各国服务贸易数据，本研究选取37个代表性国家和地区1998～2010年商品与服务贸易变化的作为分析基础，它们在2008年全球经济衰退前的贸易总额占到世界商品贸易总额的82.2%；2010年服务贸易总额占到世界服务贸易总额的82.5%。[①] 其中，欧洲17主要包括德国、法国、英国、意大利、比利时、荷兰、匈牙利、波兰、爱尔兰、捷克、奥地利、丹麦、瑞典、西班牙欧盟14国，2010年它们的商品贸易总额占到欧盟27国的93%，以及瑞士和挪威两个欧洲自由贸易联盟成员，中

① 非特别说明，本文数据均根据UNCOMTRADE和UNCTADSTAT数据加工而成。

东欧最大贸易国俄罗斯；北美3为美国、加拿大和墨西哥；东亚10为中国、中国香港、日本、韩国、新加坡、印度尼西亚、马来西亚、泰国、菲律宾和越南[①]；外围7国为巴西、阿根廷和智利3个南锥体国家，以及印度、澳大利亚、南非、土耳其4个相对外围区域的最大贸易国。

1. 东亚产品内分工跻身重要地位

1997年亚洲金融危机以后，随着跨国公司日益将劳动密集型环节转移至中国，东亚形成以中国为轴心的产品内分工网络。

首先，东亚区域内贸易规模不断扩张。同雁形分工格局下东亚各国竞相向发达国家出口不同，东亚各国因各司同一产品的不同环节而展开大规模往复进出口，区域内贸易量大幅攀升。1998年，东亚10区域内出口总额4537亿美元[②]，2008年翻至17287亿美元，2010年从危机中恢复为19300亿美元；进口总额从1998年的4462亿美元升至2010年为17282亿美元，1998～2008年向区域内出口和从区域内进口的年均增速分别为14.3%和13.5%，以1998～2010年平均增速计，分别为12.8%和11.9%。中国更多承担起区域对外总出口和总进口的角色。总体来讲，东亚10向区域内出口占各国总出口的比重由1998年的38%升至2008年的44.3%，2009年继续升至45.7%。从东亚区域内贸易和总贸易来看，均超过世界贸易增长，且占世界贸易的份额持续攀升，其中，东亚10区域内出口占世界总出口比重由1998年的8.2%升至2009年的11.8%，区域内进口所占比重由7.9%升至10.3%；东亚10总出口占世界出口比重由1998年的21.7%上升至2009年的25.8%，总进口比重则从16.9%升至22.8%。

其次，中国正取代日本，成为东亚区域内外贸易的轴心。1998年，东亚区域外贸易中，最大的出口和进口国是日本，其对区域外出口占到东亚10对区域外总出口的38%，进口比重为36.5%。此后，日本地位不断为中国所取代，至2008年，中国对区域外出口占东亚10区域外总出口比重由1998年的13.2%快速升至2008年的42.4%，2010年为东亚9的46.3%；进口比重由1998年的14.9%升至2008年的36.7%和2010年东亚9的44.1%，中国成为东亚对区域外进出口贸易的总枢纽。从东亚各国对区域内贸易的主要对象来看，2010年，东亚9区域内出口的31%流向中国，区域内进口的27.7%来自中国，中国为东亚区域的轴心采购销售市场；此外，日本为东亚层级分工网络中的次轴心采购销售市场，新加坡为渐次级采购市场，中国香港为渐次级销售市场。

再次，以零部件为代表的中间产品贸易占据东亚区域内贸易主导地位，而中国成为东亚零部件贸易的枢纽。在东亚各国区域内贸易品中，2010年，除中国、印度尼西亚和泰国向区域内出口中间产品的比重略低于60%，其余东亚国家该比重均超过60%，其中新加坡的比重最高，占到81.5%。从东亚区域内出

① 因2010年越南商品数据缺失，东亚9国是指不包含越南的东亚其他9个国家和地区。

② 区域内出口为一国向区域内其他国家的出口总额，区域内贸易以此类推。

口商品整体构成来看，2008 年中间产品出口占到区域总出口的 65.7%；从中间产品整体流向来看，2008 年东亚区域内半成品主要进口自中国（22.1%）、日本（21.7%）、韩国（14.9%）和新加坡（11.8%）；主要出口至中国（28.1%）、日本（14.9%）、韩国（13.7%）和中国香港（12.7%）；东亚区域内零部件主要进口自中国（22.1%）、中国香港（21.7%）、日本（18.2%）、新加坡（16.3%）和韩国（10.8%）；主要出口至中国（36.5%）和中国香港（20.1%）。因中国香港半成品和零部件出口 80% 以上都流向内地，50% 左右来自内地，中国事实上占据东亚零部件销售市场份额的一半、半成品销售市场份额的四成以上，中国成为区域内中间产品最大的进口国与出口国。

最后，中国跻身区域内服务贸易领先国家。1998 ~ 2010 年，中国服务出口额由 239 亿美元增至 1712 亿美元，年均增长 17.8%，服务进口额由 267 亿美元增至 1933 亿美元，年均增长 17.9%，为区域内增长最快的国家；到 2010 年，中国已经超越日本，成为区域内服务贸易规模最大的国家。从区域内生产性服务贸易发展来看，1998 ~ 2010 年，中国生产性服务出口年度增长 21.2%，至 2010 年，其出口额升至 901 亿美元，超过日本的 865 亿美元，成为区域内最大的生产性服务出口国；从生产性服务进口来看，2010 年以 737 亿美元略低于日本的 804 亿美元。中国生产性服务的快速发展标志其在分工演进方面占据区域内领先地位。

可见，随经贸关系的展开，东亚形成以中国为轴心、以中间产品为主导、以层级生产网络为表现形式的产品内分工格局，并且，中国因服务贸易、特别是生产性服务发展而占据区域内分工的首要地位。

2. 欧洲内向一体化占主导

20 世纪末期以来，在欧盟东扩浪潮中，欧洲经济一体化趋势不断加强，欧洲形成以德国为轴心、半成品和消费品贸易为主体、高度内向一体化的产业内分工格局。

首先，欧洲是全球最大贸易集团，且区域内贸易占绝对主导地位。1999 年，欧洲 17 贸易总额占到世界贸易的 39.4%，其中，区域内贸易占到世界总贸易的 25.7%。随着亚洲等新兴经济体的发展，欧洲 17 国贸易地位相对下降，1999 ~ 2009 年，两比重分别小幅下降 1.6% 和 2.2%，但总体没有改变欧洲贸易在世界贸易中的主导地位。

其次，德国是欧洲区域内外贸易的轴心。其一，德国是欧洲各国区域外贸易的主导国家，1999 年，德国的区域外贸易占到欧洲 17 国总和的 23.1%；随后，该比重有所下滑，2010 年仍为 21.8%，远高于位居第二位的法国（10.6%）和英国（10.5%）。其二，德国是欧洲各国主要的出口对象国，2010 年，除爱尔兰、挪威、俄罗斯、西班牙外，欧洲各国均将德国作为区域内第一大出口目的地。2010 年区域内对德总出口 6760 亿美元，占到区域内总出口的

19.9%；远高于法国（13%）、英国（10%）、荷兰（9.2%）、意大利（8.4%）和比利时（7.1%）等其他主要出口对象国。其三，德国是欧洲各国首要进口来源地。除爱尔兰、挪威分别以英国和瑞典为最大进口来源地，其余欧洲国家均以德国为第一大进口来源地。欧洲区域形成以德国为采购销售轴心国，法国、荷兰、英国、意大利和比利时为次级采购销售市场的分工网络结构。

再次，半成品和消费品贸易构成欧洲区域内贸易主要组成部分。在欧洲17国的区域内贸易产品构成中，除挪威和俄罗斯以能源及其半成品出口为主、捷克和匈牙利以零部件贸易占主导之外，其他欧洲国家均以较高比重的半成品和消费品展开彼此间贸易往来。其中2010年爱尔兰、比利时两类产品出口合计占比达到85.6%和79.1%，欧洲17国平均合计占比63.1%。从各类出口品的来源地看，俄罗斯、挪威和英国为区域内初级产品最大出口国；德国分别为半成品、零部件、资本品和消费品最大出口国。荷兰和法国在半成品和资本品出口方面；法国和意大利在零部件出口方面；法国、比利时和意大利在消费品出口方面位列德国之后。欧洲国家间主要就相似产品展开贸易表明，产业内分工为区域贸易核心特征。

最后，德国和英国占据区域内服务贸易领先地位。英国在商品贸易层面地位不断下滑的情形下，仍然在服务出口、特别是生产性服务出口方面占据欧洲首要位置，表明英国主要依托于外部分工支撑体系实现自身产业演进和分工地位上升。

可见，在欧洲区域内，主要形成以德国为轴心、以英国和德国为生产性服务领先国、层级结构的产业内分工格局。

3. 美国引领北美的区域发展

随着美加墨自由贸易协定的推行以及东亚区域分工网络的兴起，北美逐步形成以美国为轴心、以中间产品贸易为主体、高度一体化且日益与东亚融合的多元化分工格局。

首先，区域内贸易仍占主导，但下滑显著，东亚成为主要区域外合作对象。1998年，加拿大和墨西哥的区域内出口比重分别高达85.2%和88.3%，2010年，分别降至76.1%和83.6%；区域内进口比重分别由70.8%和76.3%降至2010年的55.8%和51.5%；美国则仍基本维持1/3的进出口比重源自区域内。从北美3区域外贸易发展的流向来看，主要与以中国为代表的东亚国家加强区域合作。1998年，加拿大、墨西哥和美国从中国进口比重分别为2.6%、1.3%和8%；到2010年，比重分别升至11%、15.1%和19.5%；向中国出口也由1998年分别为0.8%、0.2%和2.1%，2010年升至3.3%、1.4%和7.2%。

其次，美国是北美区域内外贸易的轴心。从区域外贸易来看，美国占到区域外贸易总额的绝对比重。1998年，北美3区域外出口的90.8%和区域外进口的88.3%由美国完成；2010年，该比重仍维持86%和81.9%的高水平。美国主要以加拿大和墨西哥为腹地，成为北美区域分工体系的轴心。

再次，以中间产品贸易为主的多元化分工格局。北美3从区域内贸易整体情况看，中间产品贸易比重较高，2010年占比46.9%，高于最终产品38.9%的水平，从而具有产品内分工特征；从北美3的区域分工特征来看，呈现多元化分工格局。

最后，美国占据北美服务贸易绝对主导地位。从北美3的服务贸易发展来看，1998~2010年，3个国家的平均保持6.5%的增长速度，服务贸易总额由5381亿美元增至11478亿美元；其中，美国服务贸易额占据绝对主导地位，1998~2010年基本保持82%左右的水平。从生产性服务贸易来看，美国的年均增速要高于区域内其他成员，1998~2010年由1605亿美元增至4973亿美元，年均增长9.9%；其占北美3生产性服务贸易总额的比重也由78.7%上升至84.8%。

综上所述，北美主要形成以美国为轴心、加拿大和墨西哥为腹地、中间产品贸易为主的多元化区域分工格局。

4. 三大贸易区域以中美引领北美和东亚加强融合为显著特征

在中国、德国和美国分别引领东亚、欧洲和北美发展向一体化过程中，三大轴心国通过相互间贸易成为引领区域间融合的主力，中国和美国引领两大区域间融合构成全球范围区域融合的主要组成部分，美国由此占据两大区域分工体系领先地位。

第一，以中、德、美为轴心的三大区域构成世界贸易主体，且三大轴心国引领世界贸易发展的作用有所加强。从各区域发展来看，2009年，欧洲区域占世界贸易比重为37%、东亚占比24.2%、北美占比15%，三大区域占世界商品贸易比重76.2%；2010年，欧洲区域占世界服务贸易比重39.8%，东亚占比19.4%，北美占比15.6%，三大区域占世界服务贸易比重的74.7%，欧洲仍然为第一大分工体系。从各轴心国来看，2009年，中国占世界商品贸易总额的8.8%，德国占比8.2%，美国占比12.8%，三国占世界商品贸易比重29.9%；2010年，中国占世界服务贸易比重5%，德国占比6.8%，美国占比12.9%，三国占世界服务贸易比重为24.6%，美国位居世界首位。

第二，三大轴心国相互贸易以引领区域融合。中、德、美作为三大区域展开区域外贸易的核心国家，与其他两大区域展开重要贸易往来，且主要通过其他轴心国进行。2010年，中国总出口的34.3%流向东亚，20.5%流向北美（流至美国占比87.6%），20.4%流向欧洲（流至德国占比21.2%）；德国总出口的62.5%流向欧洲，10.4%流向东亚（流至中国占比53.6%），8.2%流向北美（流至美国占比83.1%）；美国总出口的32.2%流向北美，22.5%流向东亚（流至中国占比31.9%），20.4%流向欧洲（流至德国占比18.4%）。由于以德国为代表的欧洲更多侧重于内向贸易，其参与区域间融合的程度相对较低。

第三，中美引领两大区域强化融合。对比2000年和2010年三大轴心国间相互贸易往来，2000年，德美间贸易比重达49.8%，位居首位；2010年，中美间贸易比重由39.8%升至58.4%，遥遥领先于中德间贸易（21.7%），德美间贸易则位列最末，仅为19.9%。可见，20世纪末期以来全球各区域融合的主要变化是，以中美为首的东亚和北美间的区域融合，正取代第二次世界大战以来美欧发达国家间区域融合的主导地位。

第四，三大轴心国间以最终产品贸易为主、且中国成为生产供应基地。从各类出口产品的来源分布看，除2010年有87.7%的初级产品源自美国外，69.9%的消费品、64.6%的资本品、46.6%的零部件和42.5%的半成品均出口自中国。在分工细化到生产过程内部的当前时代，从半成品到消费品等几乎所有生产环节都展开对外贸易，意味着中国集聚了庞大生产体系及其漫长生产过程的各个环节，中国成为三大轴心国中首要的生产供应基地。

第五，美国在分工体系演进程度方面占据显著领先地位。美国在服务贸易，特别是生产性服务贸易方面的领先优势十分显著，1998年分别占比15.8%和17.2%，2010年服务贸易比重小幅回落至12.9%，而生产性服务贸易小幅上升至17.4%，特别是生产性服务出口，2009年比重达18.9%。结合美国引领北美加速与以中国为首的东亚展开融合的表现，不难发现，美国正是逐渐接合并依托于东亚的产品内分工生产体系，实现自身不断分工细化和产业演进，从而在先进服务业分工方面形成竞争优势，以及在东亚和北美两大区域分工系统中占据领先地位。

总而言之，东亚、欧洲、北美三大分工系统构成全球分工的主要组成部分，中国、德国和美国三个轴心国不仅成为区域内、而且是三大区域间联系的枢纽，通过三大轴心国的相互贸易，三大区域不断融合。其中，欧洲占据世界贸易的比重最高，但区域间融合程度较低；东亚和北美间通过中美经贸往来加速两大分工系统的融合，美国依托更大规模的分工扩张，实现自身分工体系演进。三大贸易区域及其轴心国相互关系勾勒出全球分工基本格局。

5. 外围国家低端化走势显著

全球主要贸易国中的7个外围国家地处三大贸易区域之外，总体来看参与一体化程度不高，特别是20世纪末以来，其国际分工地位存在低端化和初级化的发展趋势。主要表现在：首先，外围国家参与世界商品贸易比重较小。从2000～2008年占世界贸易比重的变化来看，印度的贸易占比提升0.8个百分点，相较其他外围国家表现突出。而阿根廷所占份额有0.001%的下滑，从整体来看，外围7国2008年占世界贸易的比重在2000年的4.2%的水平上微弱上升1.9个百分点。其次，外围国家主要与各大区域展开贸易，但融入一体化并不显著。再次，外围国家出口产品结构呈现初级化趋势。2000～2010年，除阿根廷和土耳其以外，其他外围国家针对各大贸易区域和针对世界的初级产品出口比重都有上升，其中，澳大利亚和巴西升幅最为显著，前者对三大区域初级产品出口比重上升28.4%、对世界的初级产品出口比重上升21.7%；巴西分别上升23.8%和20.5%。所有国家对东亚的出口中，初级产品出口比重上升更为显著，高加工程度产品的出口比重均有不同程度下滑。最后，外围国家中除印度服务贸易规模相对较大且增长强劲以外，其他国家的发展都较为薄弱。从生产性服务出口来看，除印度信息软件服务业发展迅猛外，其他国家的出口规模都非常微小，2010年，阿根廷、智利、南非和土耳其的生产性服务出口都不足100亿美元，且近十年变化很小，南非和土耳其还有显著下滑，表明这些外围国家在分工体系演进方面相对迟缓，甚至倒退。

可见，外围国家主要在全球分工体系的边缘和外围，通过各轴心国与三大贸易区域展开分工联系。

三、世界经济体系演变及其反思

通过对占世界商品和服务贸易绝对比重的37国和地区十余年贸易关系的实证分析，可以勾勒出20世纪末以来世界经济体系的新图谱：全球呈现以三大贸易区域为主体、三大轴心国为联结枢纽、北美和东亚加速融合、外围国相对分散的分工网络格局。这一格局的形成是科技革命带来的产业发展或分工的国际格局的变化，从而形成了当前的世界经济体系。

第一，一国产业升级依托于所在分工系统的扩张。尽管产品的多样化和生产流程的碎片化使全球生产变得异常复杂，但生产资料生产依托于生活资料生产、服务生产依托于商品生产，以及资本完成价值增殖必须经过“惊险一跳”的基本事实没有任何改变，所形成的只是更为复杂、规模更大的分工系统；更细的分工与更先进的产业要衍生并独立出来，并非仅取决于某一环节的创新，更重要的取决于分工系统扩张所能提供的支撑程度。美国正是将所依托的北美分工体系进一步扩张至东亚产品内分工体系，由此实现更高程度的产业演进；而欧洲分工系统以内向一体化为主导，尽管不断东扩，但在区域融合方面相对滞后，致使欧洲系统的分工细化程度、轴心国家产业演进程度、发展活力等都显著落后于北美—东亚系统。而中国的快速崛起也表明，正是深刻融入并促使所在分工体系规模扩张，中国在先进产业演进方面也取得非凡成就。由此可知，后进国家只有促使分工的内向和外向深化、及所在分工系统的扩张，才可能实现产业演进和可持续发展。

第二，当前全球分工格局的形成是科技革命和全球产业演化共同作用的结果。近年全球经济的实践也表明，当发达国家逐步转向依靠金融泡沫和过度消费驱动全球生产体系运转时，危机爆发以及全球生产深刻调整或难避免。强化分工系统的协调即世界治理将成为生产力进一步发展的必然要求。

第三，后进国家选择不同立场将导致截然不同的发展结果。在新自由主义深刻影响当前全球化过程中，许多国家不同程度的接受新自由主义发展方案，从各国在全球分工格局中地位的变化来看，阿根廷、俄罗斯、墨西哥、巴西、南非等国显著的表现为本国工业化进程趋缓，出口结构趋向初级产品化；而亚洲金融危机后的韩国、新加坡、中国等在适应开放市场过程中竭力抵制新自由主义负面影响，不断扩张和强化自身生产能力，由此在产业演进方面取得显著成绩。工业化是将本国低技能、非熟练劳动力转化为人力资本，实现知识累积和传播，为后续知识创新、分工繁衍奠定基础的必要过程，任何将劳动力与生产相分离的逆工业化、初级产品化等，付出的代价都将是一国未来自主发展能力的匮乏，这对于竞争能力薄弱的后进国家来说，尤其需要警惕。

“科技创新券”：宿迁市的探索与实践

陈法玉 *

江苏省宿迁市是一个处在发达地区的后发地区。和其他后发地区的城市一样，宿迁也面临着广大中小企业科技创新自身动力不足的现实问题。然而，一向以改革创新、敢试敢闯闻名于世的宿迁自会另辟蹊径，终能找到一种更适合自己、更行之有效的解决办法。2012 年 9 月，宿迁市在全国率先尝试政府向企业发放“科技创新券”，这一鼓励、支持企业进行科技创新的举措，极大地刺激了中小企业投入科技创新的兴趣和热情。2012 年，全市首期向 500 家企业无偿下发了 2500 万元的创新券，实际带动了 2 亿多元的企业创新资金投入。2013 年以来，新一轮科技创新券的申报、发放工作，正在积极有序地进行当中，目前已发放 6600 万元，惠及了 1000 多家中小型企业。

一、制度创新源于矢志改革的决心和信心

宿迁市位于江苏省北部，是 1996 年 7 月经国务院批准由淮阴市分设出来的一个地级市。新设立的地级宿迁市，当时由沭阳、泗阳、泗洪 3 个贫困县以及原县级宿迁市（后分成宿豫、宿城两个区）组成，总面积 8555 平方公里，现有人口 550 万人。

地级宿迁市成立之初，面临着“零起点、零基础、零财政”的“三零”窘迫困境，基础设施、经济发展、财政金融、人民生活、城市面貌、社会事业等方面，百事待举、百业待兴。经过 17 年的奋斗，宿迁市以科学发展观为指导，始终坚持从自身实际出发，秉承改革创新、敢试敢闯的开拓精神，实现了经济社会发展的洼地崛起和跨越腾飞。正如《人民日报》的文章所言，宿迁就是苏

* 陈法玉，江苏省宿迁市社科联副主席，助理研究员，研究方向为区域经济发展、地域特色文化。

北大地上一个快速成长的“阳光少年”！2012 年，宿迁市实现地区生产总值达 1506.7 亿元、增长 12.8%，人均突破 3 万元；财政总收入达 333.3 亿元、增长 20.7%，其中公共财政预算收入 158.1 亿元、增长 30.7%；固定资产投资、贷款余额登上千亿台阶，分别达 1012 亿元、1002.9 亿元；实际到账外资突破 5 亿美元。特别是公共财政预算收入由建市初期在全国 330 多个地级市中的垫底位置，已经跃升到了第 70 位。2013 年第一季度，全市实现财政总收入 100.1 亿元，增长 14.1%。其中，公共财政预算收入累计完成 49.1 亿元，增长 24.9%，税收占比 82.6%，增幅、税收占比等主要指标继续位居全省前列。“宿迁现象”引起了全国的关注。然而，基于江苏发展的大环境而言，宿迁目前取得的阶段性成果，仍然是低基数上的快增长、低基础上的快发展、低水平上的惠民生，与发达地区相比，与省委、省政府的要求和全市人民的期望相比，当前还存在较大的差距，面临的困难还很多，今后发展的任务还很重，特别是如期实现全面小康和不拖全省基本现代化进程的后退，还有更加艰巨的历程在等待着。因而，要实现“弯道超越”，就必须树立“科技是第一生产力、创新是第一驱动力；重视科技就是重视明天、投资科技就是投资未来”的观念，始终坚持将科技创新作为实现跨越赶超的最大本领，努力以科技创新促产业发展、促富民强市，促更高水平小康建设和向现代化社会奋进。

长期以来，宿迁市的广大中小企业普遍存在着科技创新动力不足的问题，主要表现在科技投入总量少、投资项目技术含量低、单体投资规模小、上马高新项目怕风险等几个方面，严重制约了企业的进一步发展。针对这种状况，宿迁市委、市政府实施科技创新驱动战略，向改革要出路，向创新要办法，一改过去对科技支持的资金发放采取事后奖励的老套路、总把支持力度投向高新技术企业和大企业“锦上添花”的旧理念，及时出台了《关于深入实施科技创新工程的意见》，尝试探索发放科技创新券的新机制，特别关注、支持面广量大的中小企业走科技创新之路，以期推动政府引导资金最大化用于支持企业进行科技创新，提升科技对经济增长的贡献额。

二、宿迁市施行“科技创新券”的具体做法

早在 10 年前，欧洲的一些国家如荷兰、比利时、意大利、瑞典、爱尔兰等国相继出台了创新券政策。所谓创新券，就是针对本国中小企业经济实力不足、创新资源缺乏，大学和研发机构没有为中小企业服务的动力机制而设计发行的一种“创新货币”。政府向企业发放创新券，企业用创新券向研发人员购买科研服务，科研服务人员持创新券到政府财政部门兑现。这对于解决弱势的中小企业创新能力不足、创新需求较大的问题，发挥了积极的作用。政府将创新券以卡、电子货币、记账等多种形式发放给企业，带动了科技资源向企业聚集，促

进了大学研发服务业的提升。同时，钱一旦花不出去，也使政府在财政上的损失降到最低程度。

2012 年 9 月，宿迁市学习借鉴国外的先进做法，针对本市企业创新资源缺乏、创新能力不足的现实，专门设计发行了一种“有价证券”即“科技创新券”，由政府向企业发放，企业可用创新券向高校科研院所购买科研服务或购置研发设备后，高校科研院所或企业持创新券到财政部门兑现。同时颁发的《宿迁市科技创新券实施管理办法（试行）》（以下简称《办法》），对创新券的操作管理作出了明确的规定。《办法》要求创新券制度与实施产业政策、提升企业创新能力和促进全社会研发投入快速增长相结合，创新券的使用和管理遵守国家有关法律、行政法规和财务规章制度，遵循诚实申请、公正受理、择优支持、科学管理、公开透明、专款专用的原则。

为了加强对创新券发放工作的领导，宿迁市政府设立了市创新券管理委员会，作为开展此项工作的管理机构。管理委员会由市政府分管领导任主任，成员由市科技局主要负责人，市财政局、发展改革委、经济和信息化委及各县（区）、开发区（园区、新城）分管负责人组成管委会负责创新券的政策制定、组织领导、监督审批，研究确定创新券实施过程中的有关重大事项。同时，设立市创新券管理委员会办公室，为市创新券管理委员会办事机构和全市创新券的扎口管理部门，设在市科技局，负责管理委员会的日常事务、创新券的设计和运行监管，会同各相关部门研究确定创新券年度工作计划及支持重点，拟订和完善创新券管理办法及其实施细则，完成管理委员会交办的各项工作。此外，管理委员会还成立市创新券营运管理中心，挂靠在市生产力促进中心，在管委会办公室领导下负责创新券日常营运和管理，具体办理创新券的申请、发放、兑现材料受理及评审服务等工作。

市政府明确市财政局是全市创新券资金的监管部门，负责年度市创新券资金经费预算编制和创新券兑现，对创新券资金使用情况进行监督、检查和绩效评价。市发展改革委、经济和信息化委负责各自职责范围内的创新券管理工作。

宿迁市的创新券资金，主要来源于市科技创新专项资金、市新兴产业引导资金、新型工业化专项资金以及县区财政配套资金。区财政按与市财政 5:5 的比例进行资金配套。由于江苏实行“省管县”体制，宿迁市对 3 个县财政的要求，按与市财政 8:2 的比例进行资金配套。创新券面额为 1 万元，有效期为两年，逾期不可兑现。每张创新券编号唯一，不得转让、买卖，不重复使用。创新券限用于本市企业向高校科研院所购买技术服务和技术成果，以及企业建设研发机构添置研发设备等。创新券采取无偿资助方式，支持企业科技创新。

宿迁市对科技创新券的支持对象也做出明确规定，创新券资助的企业应当符合以下条件：（1）在本市注册的具备企业法人资格的高新技术产业、新兴产业的企业，传统产业中实施改造升级的企业以及创新型企业、科技型中小企业；（2）企业自筹配套资金不低于申请创新券资金的3倍；（3）具有健全的财务机构，财务管理规范，无不良诚信记录。创新券通过以下两种方式发放：一是中小企业向市科技局申请发放；二是根据市委市政府的相关政策规定奖励给企业的奖补资金以创新券的形式发放。

为了明确相关部门在创新券管理方面的职责，宿迁市规定：面向中小企业的创新券由市科技局会同市财政局确定当年发放额度，各县（区）、开发区（园区、新城）提出符合条件的中小企业名单并向市科技局提出申请，市科技局会同市财政局确定发放名单与金额，报管理委员会审批，由营运管理中心公示后发放。科技创新专项资金中的奖补类资金，由市科技局根据市委、市政府《关于深入实施科技创新工程的意见》等相关政策，确定发放名单与金额，报管理委员会审批，由营运管理中心公示后发放创新券。新兴产业引导资金由市发展改革委确定发放名单与金额，报管理委员会审批，由营运管理中心公示后发放创新券。新型工业化专项资金由市经济和信息化委确定发放名单与金额，报管理委员会审批，由营运管理中心公示后发放创新券。营运管理中心对创新券拟发放单位的公示时间为7日。任何单位或个人对名单有异议的，可以书面署名形式向管理委员会办公室提出，管委会办公室会同相关部门自异议提出之日起15日内调查处理完毕。

继2012年9月在全国首发“科技创新券”之后，宿迁对这项工作不断进行总结和完善，在科技创新券的管理上相继又采取了一系列的新措施。主要有：一是扩大适用范围。科技创新券的使用对象从企业扩大到县（区）、园区和科技服务类机构，使用资金从科技专项扩大到各类专项资金，扶持内容从企业科技创新扩大到企业技改、节能降耗、信息化建设和县（区）、园区和科技服务机构的公共服务平台建设。二是注重引导投入。企业使用创新券，用于向高校科研院所购买技术服务和技术成果、建设研发机构添置研发设备、技术开发、产品开发的，需安排创新券总额3倍以上的配套资金；用于技术改造、信息化建设、节能降耗方面的，需安排创新券总额8倍以上的配套资金。县（区）、园区使用创新券，需安排创新券总额5倍以上的配套资金。服务机构不需要配套。三是统一使用管理。各县（区）财政承担的奖补类科技创新券的印制、发放、使用、兑现、绩效评价纳入市统一管理。

三、“创新券”的良好效应正在越来越多显现

宿迁全市规模以上企业共2000多家，创新券的发放现在已经达到50%，总价6600余万元。创新券起到了“四两拨千斤”的效应，激发了广大企业科技创新的热情。宿豫区顺龙管业公司从市里拿到5万元创新券，区里按照1:6的比例

补给企业 30 万元，自己又拿出 60 多万元，三项加起来合计 100 万元。公司与浙江工业大学建立合作关系，把这笔专项资金用于新项目研发和购买新设备，为企业快速发展、长久发展打下了更加坚实的基础。据了解，在第一批领取创新券的中小企业中，建立市级研发机构的比例，由过去的 25% 提高到了现在的 42% 。

从目前的情况来看，宿迁市实施的创新券制度，已经产生了越来越多的良好效应。

一是发挥了政府投入对中小企业科技创新的带动作用。中小企业是国民经济的基础，不仅解决了大部分的就业问题，而且是国家创新能力的支撑。然而在市场经济条件下，中小企业在公平竞争中往往处于劣势地位，面临不公平的结果，完全靠市场行为，难以实现创新资源的合理配置。宿迁市的创新券做法，体现出了政府投入的公共性和公平性，使大量的中小型企业得到了实惠，坚定了科技创新的信心。创新券政策较好地发挥了政府公共投入对中小企业科技创新的带动作用。

二是推动了科研机构积极为中小企业提供服务。企业有了科技创新的专项资金，客观上激发了高校以及科研院所服务企业的积极性。现在，宿迁的很多企业都与科研机构建立了良好的合作关系。洋河酒厂在重大项目开发方面，由公司牵头，实行联合攻关，先后同江南大学、南京大学、中科院生物研究所等建立“产学研”合作关系，取得了显著成效。高校和科研单位在与企业的合作过程中，让自己的研究成果得以从理论到实践的转化，变成现实的生产力，也滋生了投入科研的新动力。

三是实现了政府科技投入效益的最大化。企业从自身发展需求申请的创新券支持项目，从咨询到开发、从规划到评估等方面都经过了详细、规范的认证过程，项目的实施结果，是给企业带来了新技术和新的生产力。创新券支持的项目，一般都是从用户需求中来，项目研究在企业生产中几乎不会出现闲置的科研成果，更不存在技术成果转化难的问题，因而可以最大限度地发挥政府研发资金的使用效率。创新券在规定时间内如未使用，对政府公共科技方面的投入，也不会造成任何财务上的浪费。

强化主导和参与：西部地区政府提升科技创新能力的途径

盛毅*

转变经济发展方式，倒逼西部地区必须打破常规，充分利用科技力量促进产业结构优化升级。尽管对政府在科技创新中的作用已经有许多研究，并且得出的结论大致相近，但西部地区薄弱的经济基础和可广泛利用的国内外科技资源条件，又使这些地区的政府在发挥科技创新能力作用方面有其特殊性。

一、关于政府在科技创新中的角色及作用方式概述

无论是从理论上分析还是通过实证研究，都证实了国家科技创新体系的建立和完善具有重要作用。① 政府是国家创新体系规划与建设的承担者，在科技创新中具有引导作用、支持作用、推动作用。② 国家创新系统的主体包括研究机构、高等学校、企业中介机构及政府的有关组织。③ 在国家创新体系中起关键作用的主要有7个要素，政府在诸要素中都起着重要作用。④ 根据政府扮演的角色，可以分为主导作用、参与作用和助力作用。主导作用就是政府根据自己的意图，运用资金、政策、法规等引导各种主体积极参与政府倡导的科技创新活动，在研发主体与科研服务之间，在科研和产业化之间架起一座沟通的桥梁，使科研成果能够顺利地转化为生产力。⑤ 在推进科技创新过程中，政府会根据当地科技发展需要和可能，制定专门的规划、实施意见等，并根据创新的社会效

---

* 盛毅，四川省社会科学院副院长，研究员，主要从事产业和区域经济研究。

① 梁伟：《美国科技创新体系中的政府作用》，载于《全球科技经济瞭望》2008年第3期。

② 张乘祎：《我国政府在科技创新中的作用及影响》，载于《科学管理研究》2012年第6期。

③ 杨占武：《科技创新中的政府采购政策问题》，载于《宁夏社会科学》2006年第5期。

④ 曹学军：《政府在创新中扮演什么角色》，载于《中国科技财富》1999年第8期。

⑤ 田学科：《应发挥政府在技术创新中的主导作用——中美科技界人士探讨科技与创新政策体系建设》，发表于《科技日报》2012年9月21日，第二版。

益、经济效益和实施难度，配套相关的支持政策。政府甚至亲自出面组织重大科技攻关项目，如美国的“曼哈顿计划”“阿波罗计划”等，就是由政府直接组织工业界、学术界合作开展的研究开发案例。在一些国家，甚至将政府作为与企业和大学并存的三大主体①。政府的参与主要体现对教育、人才培养和公共服务平台建设的投资、运营等，为了保持科技竞争力，政府必须提供服务，积极进行教育投资，培育创新型人才，并建立创新平台。② 由于这些领域的项目企业一般不愿意投资，政府直接参与就是为了弥补市场之不足。助力作用则更多地表现为帮助非政府机构和个人的科技创新，研发的项目由企业自己选择，政府事先并没有明确的导向，只是根据其是否符合科技发展的总体方向和企业发展，给予一定的资金和政策支持。政府的作用可以概括为三个方面：通过“规则”“规范”“信念”“组织”等制度要素的结构化建立与完善科技创新的制度体系；通过财政资金直接支持科技计划、知识创新工程和自然科学基金项目，或者将财政资金与市场基础性作用结合起来间接支持科技成果转化；扮演“桥(bridge)”的角色，通过建设孵化园、科技金融服务中心等促进科技型企业与科研院所、金融机构等进行链接。③ 拉斯·雷永博格将瑞典政府在创新机制中扮演的角色具体归纳为“基础研究的扶持者、一个有利的创新环境的建设者和创新者利益的保护者”。④ 或者是有人形容的在“国家创新体系中扮演着指挥者和协调者的角色”。⑤ 无论从哪个角度去观察政府的作用，都能看到既有作用范围的不同，也有作用深度的不同。

政府发挥重要作用的具体领域，主要集中在：一是直接的政策扶持。各国政府尤其是发达国家和地区的政府，制定了比较完善的支持科技创新的政策，包括财政、金融、税收、土地、人才、市场开发、创业者和知识产权保护等，影响最大的是金融政策，包括银行贷款优先和利率优惠、财政贴息支持、提供融资担保、鼓励甚至参与设立创投基金和风险基金等。如美国为了鼓励风险投资，规定发起人每投入 1 美元到风险投资项目中，便可从小企业管理局（SBA）得到 4 美元的利率仅为 2% 的低息贷款，同时还可享受特定的税收优惠。美国目前形成了全国性的信用担保体系、区域性的专业担保体系和社区性的担保体系。日本、德国政府针对科技型企业风险大的情况，设立了中小企业金融公库、复兴银行等⑥。二是间接的扶持政策。即通过规划、产业投资导向等、将与科技创新有关的产业和产品，纳入到鼓励和优先支持的范围，为科技创新活动频繁的领域开“绿灯”。三是政府向科技创新项目投资。如台当局通过设立各种基金，

① 董金华：《美国国家创新体系三大主体角色新动向的启示》，载于《科学学研究》2005 年第 5 期。

② 万钢谈科技创新与政府角色（http://www.caijing.com.cn/2007-09-06/100029440.html）。

③ 曹麒麟、毛道维：《科技创新中政府与市场作用的结合》，发表于《光明日报》，2012 年 1 月 27 日。

④ 袁瑛：《瑞典技术创新中的政府角色》，载于《商务周刊》2007 年第 20 期。

⑤ 科技创新离不开政府“有形的手”，发表于《经济参考报》2012 年 4 月 12 日。

⑥ 丁涛，胡汉辉：《金融支持科技创新国际比较及路径设计》，载于《软科学》2009 年第 3 期。

参与科技产业的投融资。当然，政府并不是全程参与创新，而是在作为环境维护者、政策制定者、公共服务者和制度与机制调控者四个方面去发挥作用。[①]

政府发挥作用的程度，在不同的时期也有所不同。如美国在“二战”之前，对于科技研究开发活动的支持是不成体系的，科技创新活动主要存在于私人工业部门，以1971年提出“新技术机会计划”和“国家1979技术创新法”为标志，联邦政府对科技研发活动的资助额迅速上升，科技创新政策也逐渐从产业政策中独立出来。此后，联邦政府以战略性的大项目带动国家整体的科技研发活动，促进国家实验室的科研成果向工业部门转化，颁布了系统促进科技创新的政策法律，成为推动美国科技发展的重要力量。[②] 其他国家的情况与此类似，政府都在随着经济社会发展对科技创新的依赖程度提高而全面地介入到科技创新中。

二、西部地区政府在科技创新中的作用要有新定位

在分析政府的作用时，有两个前提必须先明确。一是将西部作为中国经济发展水平具有共同的板块进行研究，是诸多领域已经有过尝试并且被证明是有效的。而事实上，在科技创新方面，西部也是一个差异很大的区域，有的区域的科技创新能力并不亚于东部的一些地区。有人按科技创新能力将31个省区市分成6类区域，其中西部12个省区市就分别落在4、5、6类三个区域。[③] 如果我们要按城市划分，情况可能更复杂一些。成都市的科技创新能力，比东部许多城市的能力更强，而四川许多市（州）的科技创新能力，又处于最落后的行列中。本文限于篇幅不对这一问题展开研究，只是强调要考虑这一情况。同时，科技人员、科技机构数目并不等同于创新能力，西部的一些科技资源富集地区，由于制度供给、市场发育、产业协作等不配套，科技资源优势并不能转化为经济优势。二是如何界定政府的作用范围与企业的作用范围，如何利用“计划之手”与“市场之手”，是一个争论很大的问题，但如果我们只遵循科技进步的一般规律去思考西部政府的作用，问题就变得相对简单了，也无须再花更大工夫去讨论，因为有大量发达国家和地区的经验可资借鉴。而实际上，政府在科技创新中的作用，到目前也很难找到完全相同的例子。正因为各国或地区政府都要根据自己所处阶段和基础条件等，分别赋予政府在科技创新中的角色，所以才会产生各种各样的政府推进科技创新的作用模式，也才有必要来讨论西部地区政府扮演的角色问题。因此，西部地区要开创一个靠科技创新来推动经济结构升级的新时代，走出一条有别于发达地区走过的路子，政府在科技创新中所

---

① 任华百：《浅析地方政府在科技创新中的作用》，载于《知识经济》2012年第3期。

② 梁伟：《美国科技创新体系中的政府作用》，载于《全球科技经济瞭望》2008年第3期。

③ 穆效荣，马跃：《西部地区科技创新现状及对策研究》，载于《创新论坛技术与创新管理》2007年第6期。

起到的作用需要赋予新的定义和内容。特别是在市场机制所起到的作用有限，创新主体与需求主体间存在着鸿沟的情况下，政府应当起到独特而有效作用。①

考虑到上述两个前提，我们认为西部地区政府虽然不是科技创新的主体，但却是推动科技创新体系建设和形成的主体，具有其他主体不可能代替的功能。因此在推进区域科技创新中，应特别注重强化政府的主导和参与作用，通过对一些关键领域和薄弱环节的投入，迅速提升科技创新能力。目前，西部地区各级政府在如何推进以企业为主体，产学研结合的技术创新体系建设，如何加强对转制科研院所改革的指导，集中组织一批重大科技项目攻关，如何推动一批重点科技成果转化落地并产业化，完善支持创新的政策体系和创新型人才的培养、引进等方面，已经有大量的探索和多样化的实践。从不同省份看，有的突出创新科技管理体制，有的重视创新支持政策，有的注重发挥主体作用，有的则落实到一些具体的措施。至于发挥作用的程度和效果如何，哪些方面的作用还应强化，则需要深入分析。

我们来看西部地区在科技创新方面存在哪些突出问题。首先，西部地区的人口约占全国的28%，地区生产总值约占20%，但科技方面的许多指标尤其是涉及产业发展的科技指标，仅占全国的10%左右（见下表）。

西部地区主要科技指标占全国比例　　单位:%

指标	西部占比	比人口占比低百分点
人口	28	
经济总量	20	8
高校数量	24	4
高校招生数量	24	4
规模以上工业企业 R&D 人员全时当量	9	19
规模以上工业企业 R&D 经费	9	19
规模以上工业企业 R&D 项目数	11	17
规模以上工业企业开发新产品经费	9	19
规模以上工业企业专利	7	21
国内三种专利申请受理数	10	18
技术市场成交额	10	18
重点实验室数量	14	14

注：根据中国统计年鉴2012年数据计算。

其次，由于许多科研单位自成体系和自我封闭，严重制约了知识和科技要素的扩散和流动，产、学、研、资一体化结合不够紧密，缺乏优势互补、资源

① 矫庆东：《政府与企业如何应对科技创新挑战》，载于《科技咨询导报》2006年第5期。

共享、风险共担、紧密合作、共同发展的合作创新机制，无论是成果的转化率还是转化效果都较差。尤其是占有较大比重的国防科技成果受体制机制制约，多数并没有进入民用领域，面向经济建设、解决产业发展关键问题的技术创新明显不足。此外，技术市场发育不完善、技术中介机构发育水平低、中试服务组织数量少、公共科技设施和产业研发设施共享度低等，也是突出问题。

最后，尽管各级政府的财政资金用于科技成果转化的数量增长迅速，两三年就翻了番，但投入资金的绝对数量仍然很小。企业作为科技成果转化的主体普遍实力较弱，可用于科技成果转化的投入不足。一些转化项目列入计划后，获得银行贷款仍然很难，手续复杂。风险投资机制尚未运行到位，申请科技风险贷款也存在较大难度。

针对西部地区存在的问题，若要增强西部地区科技创新能力，必须在发挥政府作用方面有新的思路和办法。

三、如何发挥西部地区政府的主导和参与作用

在更大程度上发挥政府的主导和参与作用，不仅要大胆学习和借鉴一些地方的成功经验，而且要根据走新型工业化道路和转变经济发展方式的要求，根据信息化和工业化融合的趋势，促进科技创新能力的跨越提升，主要途径可以考虑以下几个方面。

1. 加强对科技创新体系的研究

针对政府在产业项目方面的资金投入少、企业要获得新产品开发、新技术开发支持的机会少、扩大与科研院所合作的渠道少、中小型企业的科技开发得到科研服务少或者成本太高等。必须根据西部各省市场发育程度、企业发展水平和政府统筹能力等，进行全面研究和谋划，确定科技创新体系建设的战略。当前要注重强化科技创新的基本能力，突出某些领域的特殊能力。要对现有的政府投入模式、政策支持、公共服务平台建设、人才培育等进行全面评估，减少重复建设和资源浪费，找出重点领域和关键环节，确定加强建设的重点。

2. 加快引进科技创新的主体

适用于西部地区经济社会发展的各种科技创新资源，广泛分布于国内外，其中许多研发机构和科技中介企业随着所服务产业向西部地区转移，也需要跟随转移。因此，在加大引进产业的同时，同步引进相关的研发机构和中介企业，有利于形成科技创新与产业发展相互促进的局面。除了加大引进这类研发资源力度外，也要看到随着西部地区的进一步开放，已有的科技资源与产业结合的范围也在扩大，通过引进相关的产业来促进这些科研机构业务的扩大，有许多潜力可以挖掘。

3. 支持大中型企业建立研发中心

西部地区政府的财政实力弱，无论如何努力，也拿不出更多的资金投入到

科技创新能力建设。而大中型企业一方面资金实力相对较强，具有投资研发的能力，另一方面面对日益激烈的市场竞争，也需要不断加大科技创新投入。政府应当抓住企业更加重视科技创新的有利时机，不仅将更多的政府科技创新资金用于支持企业研发，而且要着力引导全社会的资金向企业投入。要立足产业技术创新需求，通过大力推动企业与科研单位、高校等建立战略联盟，共同开发新技术、新产品和新工艺，甚至合资组建科技开发公司和技术中心等，促进各类科技资源与企业融合。

4. 支持优势产业和成熟技术开发

在科技资源有限的条件下，要防止科技资源的分散。一方面要紧紧围绕优势产业的发展，引导有限的资金、人才、设施进入重点发展的产业，使科技创新成果能够有力地支持优势产业的规模扩张和结构升级。另一方面，要将各级政府的资金用到关键环节，尤其是加大对成熟技术开发的支持力度，使科技创新成果能够尽快转化为生产力。

5. 加强对各种科技资源的整合

西部的许多国防科技机构和企业研发中心，受特定的管理体制和机制制约，大多数处于相对封闭运行的状态，设施、人才的富余能力很多。只要我们加大体制机制创新力度，制定合理的政策措施，将为存量科技资源跨地区、部门和行业配置创造环境。当前许多地区将科技公共服务平台建设，作为了增强区域科技创新能力的重点，其方向是对的，但这类基础设施投资较大，短期要形成规模有很大困难，而许多科技公共服务平台大量闲置在各高校、科研机构和国有大中型企业中，如果能使这些设施全面向社会开放，既在费用上比新建更节省，又能在短时间见到成效。考虑到目前产业主要集中在重点区域和中心城市，科技资源的布局也应向这些区域集中。尤其是在“三线建设”时期布局在相对偏僻地区的科研院所，更要尽快向中心城市转移，通过增强中心城市的创新功能，带动周边区域发展。

生态城镇化及其生态科技创新驱动*

黄娟　李沥霖**

城镇化是当前社会各界关注的热点问题，其快速发展必将给中国与世界带来深刻影响。目前，我国城镇化面临资源环境严峻挑战，处理不好必将影响城镇化进程。因此，推进城镇化迫切需要对其发展方向及其科技创新驱动等问题进行深入研究。学术界虽然对城镇化、生态化、科技化等问题已有一定研究，但生态城镇化及其生态科技创新驱动的研究成果少见。本文试图对这些问题进行初步探讨，为深化城镇化理论研究、推动城镇化绿色发展提供新的思路。

一、生态城镇化及其建设必要性

一般而言，城镇化是人类生产和生活活动在区域空间的聚集。与传统城镇化相比，生态城镇化在资源利用、环境保护、产业经济、交通建设、建筑发展等方面存在明显区别，是资源节约、环境友好、生态良好，实现人与自然和谐发展的新型城镇化。生态城镇化是我国城镇实现科学发展、绿色发展、健康发展的紧迫需要。

1. 调整经济结构的客观需要

推进城镇化是我国调整经济结构的重要内容。李克强同志指出：调整经济结构最重要的是扩大内需，扩大内需的最大潜力在于城镇化。我国正处于城镇化快速发展阶段，城镇化不仅可以扩大投资，而且能够促进消费，对扩大内需具有重要推动作用。城镇化率每年提高 1 个百分点，可以吸纳 1000 多万农村人

---

* 国家社科基金重大项目（11ZD040）、国家社科基金项目（11BKS045）、湖北省教育厅高等学校省级教学研究项目（2011133）

** 黄娟，中国地质大学马克思主义学院教授，博士，主要从事生态文明理论与实践研究；李枥霖，中国地质大学马克思主义学院在读研究生。

口进城，进而带动1000多亿元的消费需求，而相应增加的投资需求会更多。①城镇化已经成为我国经济持续增长的内生动力，但我国城镇化与生态化的矛盾十分尖锐。面对资源环境的巨大压力，我国城镇化只能走生态城镇化道路，通过生态城镇化推动经济发展转向消费、投资、出口协调拉动，农业、工业、服务业协同带动，依靠科技进步、劳动者素质提高、管理创新，最终实现传统经济结构转向生态经济结构。

2. 建设生态文明的根本要求

从一定意义上说，城镇化有利于生态文明建设。要算大账的话，推进城镇化是有利于节约集约利用土地的，从理论上讲城镇化可以大量节省建设用地。②但我国城镇化带来了资源环境问题：土地资源占用比例达20%以上；淡水资源占用比例达30%以上；能源和矿产资资源消费80%以上发生在城镇；③城市河段污染突出，污水处理率只有20%；城市空气污染水平较高，全球20个空气严重污染城市中我国占16个；城市固体废物排放量巨大，生活垃圾无害化处理率较低，二次污染严重。④尽管城镇化进程中会面对粮食安全、能源资源支撑、生态环境承载能力等问题和挑战，但这条路是绕不过去的，我们没有别的选择。⑤这就要求城镇化必须树立生态文明理念，将生态文明建设融入城镇化中，生态城镇化就是建设生态文明的根本要求。

3. 城镇可持续发展的内在需要

我国城镇化进程中科技含量低、资源消耗大、环境污染重、生态破坏多、抗灾能力弱、个性特色少等问题突出，城镇经济社会发展与资源环境矛盾日益突出。在600多座城市中，400多个缺水，100多个严重缺水；土地资源严重紧缺，耕地逼近18亿亩红线；石油对外依存度高达50%以上，煤炭已经成为净进口国；生态环境承载力越来越有限。可持续发展成为我国城镇化面临的重大问题。城镇化是中国扩大内需的最大潜力所在，资源环境是中国发展的制约“瓶颈”，破解城镇化与生态化冲突的难题，需要我们立足国情走自己的路。⑥中国城镇化再也不能走传统发展老路，也不可能照搬其他国家的做法，我们必须从重数量的外延式扩张向重品质的内涵式发展转变，走可持续发展的生态城镇化道路。

① 李克强：《在改革开放进程中深入实施扩大内需战略》，载于《求是杂志》2012年第4期。
② 李克强：《协调推进城镇化是实现现代化的重大战略选择》，载于《行政管理改革》2012年第11期。
③ 尚娟：《中国特色城镇化道路》，科学出版社2013年版，第51~56页。
④ 仇保兴：《我国城市发展模式转型趋势——低碳生态城市》，载于《现代城市》2010年第1期。
⑤ 李克强：《协调推进城镇化是实现现代化的重大战略选择》，载于《行政管理改革》2012年第11期。
⑥《李克强在中欧城镇化伙伴关系高层会议上的讲话》，新华网，2012-5-4。

二、生态城镇化依靠生态科技创新驱动

生态城镇化是中国特色新型城镇化的重要内容和发展方向。要推进生态城镇化，必须从要素驱动、投资驱动转向创新驱动阶段，实现以创新为驱动力的城镇化发展模式。① 科技创新是实现生态城镇化的决定性因素，推进生态城镇化必须依靠科技创新驱动，而科技创新驱动必须服务于我国生态城镇化建设。

1. 节约利用资源依靠科技创新

自然资源不足是我国的一个基本国情，而城市用电、用水、用能等水平明显高于农村，农民变市民后用电、用水、用能量会大幅增长。这个国情决定了我国城镇化必须走节约集约、绿色低碳发展的路子。节约利用资源必须依靠科技创新驱动。节能技术，如上海投入高新科技，将建筑景观照明逐步替换成LED 光源并设定分级亮度控制，还推进了联网联控工程，让景观灯光不仅流光溢彩，而且绿色节能。太阳能技术，是解决城市能源问题的重要突破口，德国的弗莱堡、中国的德州等通过开发利用太阳能技术而取得成功。废物资源化技术，可以加快开发"城市矿产"，实现再生资源回收利用。我国计划建设50 个"城市矿产"示范基地，决定重点建设交投服务体系、回收物流体系、监控追踪体系、信息服务体系、统计分析决策体系等技术支持系统。

2. 保护生态环境依靠科技创新

喝不上干净水、呼吸不上清新空气、吃不上放心食物，已经成为严重影响我国人民根本利益的重大问题，我们必须依靠科技创新保护好生态环境，确保人民群众在良好生态环境下生产生活。从 2009 年开始，上海市开通了亚洲最大生活垃圾内河集装化中转转运系统，实现了垃圾管理方式的革命，从散装运输变为密封式集装箱运输，彻底杜绝了"二次污染"问题。随着城镇化的推进和人民生活水平的提高，对城市环境和生态质量的要求也越来越高。虽然农业污染量也比较大，但随着人口向城镇集聚，城市水环境和空气环境污染的问题会更加突出。在城镇化过程中，如何在工业生产和城市建设中抓住重点领域和环节，推进节能减排，如何在城镇居民中推广绿色生活方式和消费模式，是一篇具有全局意义的大文章。②

3. 促进生态产业依靠科技创新

推进城镇化需要调整产业结构、培育新兴产业、发展服务业，尤其是大力发展生态产业，这些都需要依靠生态科技创新驱动。节能环保等战略性新兴产业，是新兴科技和新兴产业的深度融合，其核心内容是新技术的开发和运用。发展新能源产业，必须创新发展可再生能源技术、节能减排技术、清洁煤技术

---

① 辜胜阻等：《城镇化要从"要素驱动"走向"创新驱动"》，载于《人口研究》2012 年第 6 期。

② 李克强：《协调推进城镇化是实现现代化的重大战略选择》，载于《行政管理改革》2012 年第 11 期。

及核能技术。[①] 目前，传统产业在我国还有较大发展空间，这就需要依靠新技术、新工艺、新流程、新管理等来降低能耗、节能减排、提高其产品附加值。中新天津生态城，确立了节能环保、文化创意、信息技术、金融服务四大主导产业，规划建设了国家动漫园、3D影视园、科技园等五大园，初步形成了低碳、循环、高端的绿色产业聚集。[②] 依靠生态科技创新，形成生态产业结构，为天津生态城建设提供了产业基础。

4. 建设生态交通依靠科技创新

建设生态交通，必须大力研发电动汽车、混合动力汽车等各类新能源汽车，支持新能源动力汽车在公共交通领域推广，建设城市公共交通的充电基站、绿色能源供应站等。深圳比亚迪公司开发了纯电动车，以及“白天用车、晚上充电”新使用模式，使深圳市成为首批新能源汽车示范试点城市，率先推动电动公交系统，实现了尾气零排放。上海地铁采用了变频空调再造、新型水处理应用、LED照明改造、车辆基地太阳能利用等高新技术，一年可以节电20%，一年节电量超过3.87亿千瓦时。[③] 未来城市的交通系统，将是轻轨、公共汽车、自行车、轿车、步行的有机结合，今天以汽车为中心的交通模式将逐渐改变。哥本哈根是著名生态城市，通过科技创新手段，创造各种有利条件，使自行车出行更加便捷，成为世界知名自行车之城。

5. 发展生态建筑依靠科技创新

城市主要由建筑物构成，生态建筑是国际建筑业新时尚。德国的弗莱堡是欧洲太阳能与新能源研究的硅谷，也是世界知名的绿色之都。德国计划将不需要外部能源的建筑作为新建筑标准推广，提出让每座房屋变成一个能源供应点。[④] 日本大阪市利用大量最新技术达到生态住宅的理想目标，如太阳能外墙板、中水和雨水的处理再利用设施、封闭式垃圾分类处理及热能转换设施等。西班牙马德里重点研究并实践用绿色植被覆盖城市空间和建筑物表面、雨水就地渗入地下、推广建筑节能建设材料、使用可循环材料等，改善城市生态系统状况。目前，中国建筑能耗接近总能耗的40%，而城镇节能建筑占既有建筑的比重还不到25%，大量既有建筑需要进行节能改造，还需要新建一大批节能建筑。[⑤] 而要发展生态建筑，必须依靠生态科技创新驱动。

三、生态城镇科技创新驱动的主要举措

生态城镇科技，是生态城镇与生态科技的有机结合，是专门服务于生态城

---

① 文辉等：《以新型城镇化促进绿色能源消费》，载于《中国经贸导刊》2012年第6期上。

② 马骁：《城市生态文明建设知识读本》，红旗出版社2012年版，第20页。

③ 同上，第21页。

④ 中央电视台等：《环球同此凉热》，人民出版社2013年版，第161~162页。

⑤ 《李克强在中欧城镇化伙伴关系高层会议上的讲话》，新华网，2012-5-4.

镇化的科技领域。生态城镇化必须依靠城镇科技创新，城镇科技创新必须面向生态城镇化。要确保生态城镇科技创新，驱动我国生态城镇化，我们必须认真研究、努力做好以下工作。

1. 制定生态城镇科技创新规划

生态城镇科技创新有其自身规律，科学规划可以确保其符合生态城镇化需求。国外生态城市建设非常重视生态城市及其科技发展规划。新加坡独立之初是一个污染严重、环境很差的地方，20世纪60年代初制定了包括"绿色和蓝色规划"的城市发展规划，正是这个科学规划使其发展成为世界著名的花园城市。我国生态城镇科技创新，必须围绕生态城镇的产业定位、资源利用、环境保护、生态交通、生态建筑等方面，科学规划生态城镇特色及其生态科技创新重点。中新天津生态城通过制定《中新天津生态城指标体系》，明确了发展方向与科技创新重点，到2020年节能达到75%以上，绿色建筑占所有建筑100%，大力开发风电、光电、光热、地热等可再生能源，使可再生能源利用率不低于20%。[①]该规划为其成功建设生态城奠定了良好基础。

2. 加大生态城镇科技创新投入

生态城镇科技创新需要一定的资金投入，发达国家很重视相关科技创新活动，并通过各种途径投入资金研发相关技术和产品。国外一些城市为鼓励绿色建筑，提供税收优惠政策，加快审批、拨款、贷款，并提供技术支持。[②]美国克利夫兰市政府，成立了专门的生态城市基金会，用于该市生态城市的宣传、信息服务、职业培训、科学研究与推广。我国必须加大生态城镇科技创新投入，科技及有关部门制定促进生态城镇科技发展的投入政策，在财政拨款、减免税、设立基金、发行债券、贷款贴息、优惠贷款、股份制改造、上市融资、风险投资等方面，对生态城镇科技发展给予有力支持。天津市滨海新区"生态城市绿色建筑关键技术集成研究与综合示范项目"，被列入了国家"十二五"科技支撑计划，为其生态城建设提供了强有力科技支撑。

3. 建立生态城镇科技创新体系

生态城镇科技创新驱动，必须加强政府、企业、院校及科研单位的合作，实现产学研甚至官产学研一体化。美国在新能源战略中，鼓励政府部门、科研机构和私营企业建立伙伴关系；日本在"创新型蓄电池尖端科学基础研究"中，采用了"官产学研"的组织模式，即政府制定项目目标，参与方包括7所大学、3家研究机构和12家汽车、电池生产企业。[③]我国生态城镇化中面临各种科技问题，必须依靠生态城镇科技创新来解决。这就需要尽快建立生态城镇科技研发

---

① 马骁：《城市生态文明建设知识读本》，红旗出版社2012年版，第70~71页。

② ［美］琼·菲茨杰拉德著，温莹莹等译：《翡翠城市——欧美城市发展启示录》，中国商业出版社2011年版，第107页。

③ 马骁：《城市生态文明建设知识读本》，北京：红旗出版社2012年版，第119页。

体系，处理好政府部门、科研机构、高等院校和各类企业的关系，以及基础研究、应用研究、技术开发和生产应用的关系，并针对生态城镇化中现实问题，快速成立专门科技研究小组，进行专项生态科技攻关，有效解决生态城镇科技难题，从而推动我国生态城镇化建设。

4. 培育生态城镇科技创新人才

生态科技人才的教育与培训，是创新生态城镇科技的重要基础。美国“绿色新政”中投资 5 亿美元，用于可再生资源和节能领域专业人才教育和培训。韩国围绕新兴产业发展需求，加强高等院校相关学科专业建设，组织实施新兴产业急需的人才教育培训工程。[①] 我国必须大力培育生态城镇科技人才，高等学校开设相关学科和专业，为生态城镇化以及生态科技创新，培养一批善生态管理、懂生态技术、会生态经营的人才；培训等机构加强生态城镇科技信息交流和培训工作，通过生态科技成果推广发布会、生态城镇科技培训、组织到先进地区考察等形式，提高生态城镇科技人员素质；政府及相关部门建立相关激励机制，对相关科技先进工作者、项目负责人、突出贡献者给予重奖，充分调动生态城镇科技人员的积极性。

5. 加强生态城镇科技创新合作

生态城镇科技创新离不开国际合作，我国要跟踪和了解国外生态城镇及其科技发展最新动态，加强与先进发达国家开展生态城镇及其科技发展合作。2012 年，李克强同志在中欧城镇化伙伴关系高层会议上指出：欧洲的城市独具特色，注重空间合理布局，重视公共服务和人居环境，崇尚保护自然和历史风貌，致力于城市体系协调发展。近年来，欧洲城市更加注重智能、绿色、低碳，努力探索现代城市发展的新方向。我们有序推进城镇化、破解资源环境难题，需要立足国情走自己的路，需要学习和借鉴欧洲相关先进理念、技术与管理经验。要加强新能源和可再生能源、节能环保产业、循环经济以及废弃物利用、垃圾污水处理、城市景观保护与营造等方面交流合作。[②] 我们不仅要加强中欧合作，而且也要加强与美日等发达国家合作。

---

① 马骁：《城市生态文明建设知识读本》，北京：红旗出版社 2012 年版，第 119 页。

② 《李克强在中欧城镇化伙伴关系高层会议上的讲话》，新华网，2012－5－4。

论国防科技创新对我国经济发展方式转变的主导驱动力作用

曹雷*

如何实现经济发展方式转变？党的十八大报告明确指出，其措施之一是“要实施创新驱动发展战略”，“要坚持走中国特色自主创新道路”。因为“科技创新是提高社会生产力和综合国力的战略支撑，必须摆在国家发展全局的核心位置。”结合党和国家领导人在不同场合一再强调的“经济发展方式转变的根本出路在于自主创新”，我们可以确认科技自主创新乃是经济发展方式转变的根本和核心。按照这一思路，如何实现经济发展方式转变的根本和核心问题就成为如何提高我国自主创新能力的问题。如何提高我国自主创新能力？本文认为，国防科技创新作为我国自主创新的至关重要组成部分，以其自身突出特点与非国防科技创新相区分，对我国整个自主创新能力的提升引领作用明显，堪称我国自主创新能力提升的主导因素。再加上国防科技创新的绩效相对较高和对我国全要素生产率的贡献作用也都明显强于非国防科技创新，从而对促进我国经济发展也具有主导驱动作用。所以，我们应进一步充分发挥国防科技创新的主导作用来加快我国自主创新能力的提高，进而应确定以国防科技创新为主导驱动力来加快我国经济发展方式的转变。

一、科技自主创新是转变经济发展方式的根本和核心

转变经济发展方式对我国可谓已到了生死攸关的地步。我国传统经济发展方式下，由于缺乏自主知识产权的核心技术，我国内资企业只能从事简单加工装配和贴牌生产，只能依赖于低廉劳动力、土地和不计代价的环境成本，使我

* 曹雷，经济学博士，南京政治学院上海分院副教授、硕士生导师，上海财经大学海派经济学研究中心研究员，主要研究方向政治经济学。

国处于国际分工的外围，全球价值链的低端，“微笑曲线”的下方。

廉价的“中国制造”，不但严重损害了中国劳动者权益、严重透支了中国的资源和环境，而且造成了一系列日益严重的经济社会结构性矛盾、经济安全和主权的丧失、巨额真实财富的隐性转移，传统经济发展方式的危害日益累积严重，在客观上也难以持续。

但一个国家在国际分工中的地位不是一成不变的，我国完全可以向“微笑曲线”的上方位置移动，而这一变化的关键在于我国科技进步。科技进步，按所有权及受益对象或者来源来分，可分为自主创新和技术引进。自主创新，从我国的角度来讲，主要是指独立地依靠自己的智慧和力量，研发拥有自主知识产权的独特技术和产品，进而将其产业化并实现新产品价值的过程。从所有权来看，属于中国自己，我们自己受益，是名副其实的“of China”；技术引进，主要是指我国以 FDI 等形式引入国外先进技术，从所有权及受益对象来看，属于外资，只不过“in China”。

技术进步最终必须依靠自主创新，自主创新能力的提升是破解我国经济发展方式转变难题的关键。我国 1978 年实行对外开放以来，技术引进一度成为我国技术进步的主要方式，“以市场换技术”的观点在 20 世纪八九十年代风行一时。然而，血的事实一再证明，核心技术是换不来、买不来的。我们不仅引不来核心技术，还丧失了市场，削弱了自主创新能力。

二、国防科技创新是我国自主创新能力提升的主导因素

我国研究自主创新的学者，大部分是默认一般市场企业是我国自主创新的主体，在实证分析中把国防科技创新与非国防科技创新混淆在一起，忽略国防科技创新在我国自主创新体系中的突出作用。其实，国防科技创新在我国尖端、高新与核心技术的自主创新领域一直处于主体地位，在我国整个自主创新中处于不可替代的至关重要的地位，是我国自主创新能力提升的主导因素。

1. 国防科技创新在我国尖端、高新与核心技术的自主创新领域一直处于主体地位

自新中国成立以来，国防科技创新取得了一大批基础工业领域、核心技术领域、关键技术领域和前沿技术领域的成果，带动了我国技术水平的整体提升，促进了大批具有自主知识产权的高技术产业群的发展。据不完全统计，在 1978 年的全国科学大会上，共评出了 1949～1978 年重大科技成果 7657 项，其中军队和国防工业部门的纯国防领域重大科技成果共 2409 项，占全国重大科技成果 31.4%。这一时期最具代表性的成果是“两弹一星”的研制成功，最终确立了我国的大国地位。改革开放之后，自主创新成果最多的领域也集中在国防科技创新领域。以国家科技进步奖为例，1999 年奖励实施项目改革之前，共评出特

等奖56项，其中国防科技创新32项，1999年之后到2011年，共评出特等奖14项，其中国防科技创新9项；《国家中长期科学和技术发展规划纲要（2006~2020年)》中设立的16个国家重大科技专项中，大部分由国防科技工业牵头组织和主要参与。

2. 改革开放后我国国防科技创新领域日益多元

很多学者误以为我国国防科技创新的产品大多集中在军工或者国防领域，这种理解是不符合现实的。从实际情况来看，我国国防科技创新可概括为三个领域：一是严格的国防科技；二是国家战略性产业，即军民结合高技术产业；三是面向军工行业内部衍生出来的一般民用产业，主要发展和应用先进适用技术。以十大军工企业为例，上市公司的绝大部分企业的主营业务都不涉及军品。

3. 国防科技创新动力机制优越

作为创新活动的主体，一般企业进行创新活动的动力来自于市场，市场中科技创新是利益牵引的，企业是否进行创新，取决于投资收益的比较。而在传统经济发展方式下，由于外资企业的挤压，我国一般企业“不创新慢慢死，一创新马上死”。与此形成鲜明对比的是，从创新动力来说国防科技创新是其他创新无可比拟的。

国防科技创新的创新动力除了来自市场机制作用的利益驱动，还有政府财税鼓励、社会科研机构的支持、特别是战场的需求动力。从我国军费支出情况来看，我国军费支出远低于世界平均水平。历年不断增长的国防军费开支，将为国防科技创新提供广阔的发展空间。“十二五”期间，我军提出战斗力生成模式转变的主线，信息化建设的步伐加快，以航母、北斗导航定位、预警机、大型运输机等为代表的尖端技术需求，以及军队大规模的武器装备的更新换代，为军工企业提供了大量的订单和采购，为军工企业提供了广阔的市场需求空间，为国防科技创新提供了巨大的需求动力。

4. 国防科技创新企业竞争力强

国防科技创新成果突出，绩效较高，作为创新主体的国防科工企业是直接受益者，也就是说国防科工企业的竞争力在同行业中是比较强的，国防科技工业也一直具有较强的国际竞争力。截至2011年，十大军工集团已有5家进入世界500强企业，军工集团在内地和香港上市的公司达到70多家，上市公司业绩斐然。

三、国防科技创新绩效相对较高

1. 基于创新成果：R&D经费投入计算方法的创新绩效相对较高

根据历年中国科技统计年鉴，用各年的创新成果除以各年的创新投入经费，可得到各年国防科技创新和非国防科技创新的创新绩效，即单位投入水平上的创新成果，通过计算发现，1992～2009年国防科技创新累计投入R&D经费10020.41亿元（2000年不变价格）；非国防科技创新累计投入R&D经费14744.01亿元（2000年不变价格）；国防科技创新的重大科技成果累计179699项；非国防科技创新的重大科技成果220791项。采用重大科技成果的R&D经费投入的计算方法，从总体创新绩效上看，非国防科技创新不如国防科技创新。历年来看，也是如此。

2. 基于直接经济效益的R&D经费投入计算方法的创新绩效相对较高

用各年的创新收益除以各年的创新投入经费，可得到各年国防科技创新和非国防科技创新的创新绩效，即单位投入水平上的直接创新经济收益。通过计算发现，1992～2004年[①]国防科技创新累计投入R&D经费4728.27亿元（2000年不变价格）；非国防科技创新累计投入R&D经费5274.50亿元（2000年不变价格）；国防科技创新的技术市场成交金额累计3868.815亿元；非国防科技创新的技术市场成交金额累计3325.052亿元。采用直接经济收入的R&D经费投入的计算方法，从总体创新绩效上看，非国防科技创新不如国防科技创新。逐年来看，国防科技创新的创新绩效也一直高于非国防科技创新。

3. 基于社会效益视角的创新绩效相对较高

国防科技创新所承担的创新领域具有明显的社会性，或是关系国计民生的基础领域，或是关系国民经济长远发展的核心技术领域，尤其是一些一般企业无法承担的大型科研项目和具有高风险的尖端科技研发项目。国防科技创新涉及的具体领域包括兵器、核、航天、航空、电子、船舶和材料与制造等，这些领域大多属于投资时间长见效速度慢的行业，但这些行业有一个共同特点就是：社会效益大于个人效益，这个特点决定了市场经济条件下私人企业不可能涉足这些领域，但这些领域又是我国国民经济的支柱和关键领域，是国民经济的重要支撑和骨干力量。

四、国防科技创新对我国全要素生产率贡献显著

国防科技创新对我国全要素生产率的贡献作用明显强于非国防科技创新。为了检验国防科技创新和非国防科技创新分别对我国TFP进步的影响。这里以TFP′为因变量，国防R&D与其他R&D为自变量，构建简单的线性模型为：

$$TFP' = \&_1 GF + \&_2 QT + AR(1) + AR(2) + C + \xi_t$$

其中，被解释变量TFP′为我国全要素生产率的增长率；GF为我国国防科技创新，采用国防R&D/GDP为替代变量；QT为我国创新中去掉国防科技创新以后的其他创新，采用（R&D－国防R&D）/GDP作为替代变量；$\&_1$、$\&_2$为相应的

① 2006年以后，统计年鉴重新进行了分类，无法区分国防和非国防科技创新。

弹性系数；C 为常量；ξ_t 为干扰项。在对 TFP′作自回归和偏自回归分析时发现，自相关系数在第二期后迅速趋近于 0，为此这里加入一阶和二阶滞后项，AR（1）、AR（2））。

关于 TFP′，用各年的全要素生产率增长率作为量化替代，数据采用《中国统计年鉴》，求解过程略，采用 spss17.0 对上式进行线性回归得：

$$TFP' = 3.687GF - 1.202QT + 0.517AR(1) + 0.22AR(2)$$

T 检验值 （1.49） （−0.968）* （1.346）*（0.512）

说明：$R^2 = 0.320$，* 为在接近 10% 的水平上显著。

通过以上回归可以得出以下结论：国防科技创新对我国全要素生产率的进步有着明显的推动作用；非国防科技创新对我国全要素生产率的推动作用效果不显著。从回归结果来看，国防科技创新与我国 TFP′的相关系数为 3.687，也就是说，在其他条件不变的理想情况下，国防 R&D 投资存量在 GDP 中的比重，每增加 1%，我国全要素生产率提高 3.687%；而非国防科技创新与我国 TFP′的相关系数为负，非国防科技创新对全要素生产率表现为迟滞效应。

五、充分发挥国防科技创新对我国经济发展方式转变的主导驱动力作用

在国外，以国防科技创新促进经济发展及其方式优化，不仅在理论上比较成熟，在现实中也得到充分的实践。如美国关于技术创新早就提出“军民一体化”的思想，美国的许多创新不是来自于市场需求，而是美军战场需求，其很多先进技术总是在军队先得到实现再转为民用，如我们所熟知的互联网技术、物联网技术和机器人技术等。日本根据本国的国情，走出了独具本国特色的“藏军于民”的军民结合之路，以国防科技带动经济发展，日本能顺利实现产业升级和经济的腾飞，离不开包括东芝、三菱在内这些具有军工背景的企业创新能力的提升。俄罗斯在继苏联解体后，通过军民融合，从体制上解决科研与生产脱节的问题，加速了科技成果的转化。

我们提转变经济发展方式已经很多年了，并且将其作为主线写进五年规划纲要，但为什么却是“久转不变”？不可否认经济发展方式转变是个复杂的问题、系统的工程，但没有找准主要的突破口、没有找对依靠的驱动力应该是一个重要原因。本文提出，从资本或企业的角度来看，我们不可能依靠外资或外企，也不能主要依靠私资或私企，只能主要依靠公有资本或公有企业，主要是国企、国防科工。我们不能忽视甚至无视一个现成的可靠的创新驱动力，而且是一个在实际上一直发挥着主导作用的创新驱动力，而去依靠还需长期培育和具有不确定性的其他创新驱动力，我们要明确以国防科技创新为我国经济发展方式转变的主导驱动力，要以充分发挥国防科技创新的主导驱动力作用为突破口来加快我国经济发展方式的转变。

首先，我们要进一步加大对国防科技创新的支持力度。

其次，我们要进一步顺畅国防科技创新成果“军转民”转化体制。

最后，我们要进一步充分发挥国防科技创新对我国自主创新能力提升的引领作用，和充分发挥国防科技创新的社会效益。

总之，要像党的十八大报告所指出的那样，“着力提高国防科技工业自主创新能力”，“坚持走中国特色军民融合式发展路子，坚持富国和强军相统一，加强军民融合式发展战略规划、体制机制建设、法规建设”，充分发挥国防科技创新的主导驱动力作用来加快我国经济发展方式的转变。

城市消费低碳化转型的驱动机制*

刘静暖　杨扬　孙媛媛**

在世界低碳经济大潮下，我国由于对城市消费的低碳化转型问题研究不足，加之对实践工作重视不够，致使高碳消费随处可见，影响了碳强度的降低及环境质量的提高。可以说，正在发生的雾霾天气与高碳消费方式密切相关。在此背景下，党的十八大报告中明确提出了提高全民生态意识、节约意识、促进生活方式低碳绿色转型的政策主张。因而，深入探索城市消费低碳化转型理论，设计激励机制及约束机制，具有重要的理论意义与实践价值。

一、既有的研究

梳理现有文献发现，关于城市消费低碳化转型问题的直接性研究寥寥无几，与之密切相关的城市低碳消费问题的研究尚处起步阶段，主要研究路径如下：

自 2003 年英国提出低碳经济范畴后，我国社科院庄贵阳教授于 2005 年率先提出遏制奢侈消费、减少浪费是实现低碳经济发展必经路径的观点，① 暗喻平实的、节约型消费属于低碳消费，从而拉开了我国探索低碳消费的序幕。2007 年学者如一发表了题为《暖冬与低碳消费》文章，指出指崇尚节约、不搞铺张浪费、追求简约而不简单生活的“低碳一族”的消费就是低碳消费的观点，首次提出低碳消费概念。随后，伦敦气候变化署气候变化经理塔蒂安娜在对伦敦与

---

* 吉林省教育厅重点研究基地招标课题（吉教科文合字 2012 第 546 号），吉林省教育厅“十二五”社会科学研究项目（吉教科文合字 2011 第 393 号）。

** 刘静暖，吉林财经大学经济学院、马克思主义经济研究中心，教授，硕士生导师，研究方向为低碳经济与可持续发展理论；杨扬，吉林财经大学经济学院，人口资源环境经济学硕士研究生，主要研究方向为低碳经济问题；孙媛媛，吉林财经大学经济学院，硕士研究生，主要研究方向为低碳经济理论。

① 庄贵阳：《中国低碳经济发展的途径与潜力分析》，载于《管理科学文摘》2005 年第 11 期。

上海构建低碳城市愿景描述中将学者们的研究视角引向城市低碳消费问题。[①] 2008年，辛章平、张银泰等学者简明的语言诠释了城市低碳消费含义，即在城市居民维持高标准生活的同时节省含碳产品使用，实行可持续消费模式的消费就是低碳消费。[②] 随着时间的推移，城市低碳消费模式、实现机制、对策、评价指标研究成果不断迭出。何洁、夏建新和刘荣霞设计了包括低碳消费理念、居民生活用电、用水量、每百人私家车拥有量、用气普及率、城镇人口密度、人均居住面积、恩格尔系数、万人公共汽车占有量及轨道交通里程数的低碳消费评价指标。[③] 刘蓓琳和邓国用通过对我国城市低碳消费现状分析，建立了城市低碳消费主体－功能结构三维模型，进而构建了消费模式。[④] 赵敏提出了市民低碳交通、低碳建筑、低碳饮食及政府公务低碳消费路径。[⑤] 吴文盛和吕建珍设计了政府宏观调控、市场自发调节、行业协会自律、企业低碳生产与低碳消费文化引导五大机制。李忠民和尹英琦通过回归分析对城乡居民食物消费低碳化比较了比较研究。[⑥]

上述研究呈现三个特点：广义的低碳消费问题研究比较多，而更有针对性的城市低碳消费问题研究少；低碳消费模式问题研究比较多而低碳消费机制问题研究少；尤其是，现有的文献，对生产方式低碳化转型研究比较多，而对消费的低碳化转型研究几乎寥寥无几。从供求相互制约关系角度，我国要实施经济发展方式的绿色低碳化转型，忽视消费方式的低碳化转型，仍由高碳消费拉动内需，无论从理论上还是从实践上看，都是一个误区或陷阱。因而，解除消费高碳化约束，促进城市消费的低碳化转型，应是未来经济理论界亟待研究的课题。

二、城市消费低碳化转型理论

与经济增长方式相对应，城市消费模式从古典低碳消费走向高碳消费阶段。当下，随着生态反思，城市消费有逐步从高碳向现代低碳化演进趋势。

在原始狩猎时期，尚无城市存在。其茹毛吮血的消费模式基本没有碳排放，自发明钻木取火后，人类焚烧燃料，煮熟食物，消费的碳排放增加。但由于种植业的发展，农作物对碳的固化作用，再加之大自然的自我平衡能力，帮助抚

① 塔蒂安娜：《低碳城市———从伦敦到上海的愿景》，载于《城市中国》2007年第21期。

② 辛章平、张银太：《低碳经济与低碳城市》，载于《城市发展研究》2008年第4期。

③ 何洁、夏建新、刘荣霞：《低碳城市评价方法与案例研究》，载于《中国可持续发展论坛》2012年专刊（一）。

④ 刘蓓琳、邓国用：《我国城市低碳消费模式构建探讨》，载于《消费经济》2012年第4期。

⑤ 赵敏：《低碳消费方式实现途径探索》，载于《经济问题探索》2011年第2期。

⑥ 李忠民、尹英琦：《我国城乡家庭居民食物消费低碳化比较研究》，载于《经济问题探索》2010年第9期。

平了碳足迹，此时的消费属于原始无碳消费。进入农业文明以后，随着农业、畜牧业、手工业的分工，出现了城市。农业文明时期，虽然城市内缺乏强大的农作物碳汇作用，但限于人均消费水平低，再加之节约观念盛行，城市碳排放不足以形成对气候环境的制约，城市消费属于古典低碳消费。工业文明以后，人类改造自然的能力大大增强，除了正常消费量大幅增加外，在发达国家奢侈消费、糜烂消费、浪费式消费渐成风尚，消费领域的碳排放陡然上升，城市消费进入引起气候变化的高碳消费阶段。20 世纪末，随着全球气候变暖、极端气候灾害频发及城市热岛效应的加剧，人类反思高碳消费的危害，力图开创生态文明新时代。生态文明，要求城市居民从高碳消费向低碳消费转型，进入尊重和维护自然秩序，增进生态健康、人的健康的现代低碳化消费阶段。因而，城市消费的低碳化转型符合城市消费演进规律，符合生态文明建设思想。

美国社会心理学马斯洛将消费者的消费需求划分为生理需求、安全需求、社交需求、尊重需求与自我实现需求，五层次。依据消费层次理论，城市居民消费的低碳化转型，由低到高应包含五层次内容。第一层，生理消费的低碳化转型。衣、食、住、行等满足人的正常生理需要的基础性消费，在消费中占据较大比重，是低碳化转型的重点。其中衣物的低碳化，是服饰从奢华、高淘汰率向典雅得体、简约消费的转型；食物的低碳化，是在保证营养均衡条件下，食品消费从铺张浪费、红色消费向适度、绿色消费的转型；住所的低碳化，是居所从大面积、奢华装饰、化石能源向适度面积、简约装修、绿色能源消费的转型。出行的低碳化，是从能源高消耗向低碳出行的转变。第二层，安全消费的低碳化转型。安全消费的低碳化转型，是生理消费低碳化转型的更高层次，要求在保障生活安全、免于自然灾害冲击等条件下，保障安全的高碳原材料向低碳化转型，如使用碳含量比较低的防盗门、房屋防震抗风加固材料等。第三层，社交消费的低碳化转型。在安全消费低碳化转型基础上，城市居民的社交消费应从以往的过度物质消费、奢华消费及浪费式消费向选择质朴、典雅的社交场所、适度的物品、更多的精神层面的低碳化消费转型。第四，尊重消费的低碳化转型。尊重消费的低碳化转型，就是城市居民为了实现自我尊重、得到自我高评价以及尊重他人的需要，从以往的追求外在修饰的高碳消费模式如华丽服饰、豪宅、豪车、奢华用品等向追求内在充实、内涵丰富、思想深刻的消费方式转型。第五，自我价值实现消费的低碳化转型。发挥自身潜能，实现自身社会价值的消费也需要从高碳转型为低碳，要求消费更注重品味、注重健康、注重绿色，强调在人的丰富的社会关系中，充分发展人的各种才能和潜质，使人在创造物质财富和精神财富，为社会创造价值的同时，自身也得到发展，实现自身的价值，即满足“自我实现需求”。

三、城市消费低碳化转型的激励驱动机制

促进城市消费的低碳化转型，需要设计激励驱动机制与约束驱动机制。激励驱动机制，就是通过体制创新与制度安排，促使城市居民产生一种自觉自愿的动力，乐于放弃高碳消费，积极主动地实施低碳消费，实现主动转型。

第一，可支配收入增进的驱动机制。凯恩斯认为，随着收入的增加，消费也在增加，但消费的增加不如收入增加的快。[①] 凯恩斯消费理论表明：消费总量与收入水平同方向变动；存在边际消费倾向递减规律。该理论适用于低碳消费转型，即在物价水平一定的条件下，城市居民消费的低碳化受到个人可支配收入的影响，收入越高，购买低碳产品与服务的内驱力越强；同时，城市居民中中低收入者的低碳边际消费倾向高于富人。因而，制定个人可支配收入增进机制，有利于增加低碳化转型的内驱力。城市个人可支配收入增进机制，一是加大收入分配制度改革，提高城市居民平均收入水平，拉动低碳消费总量的增长；二是通过税费改革及相关社会保障制度改革，降低基尼系数，增加中低收入者收入，提高边际消费数量。

第二，价格补贴与低利率的驱动机制。城市低碳消费受到物价水平的影响，表现出实际余额效应来，即降低低碳消费品与劳务的价格水平，在消费者名义收入不变的情况下，城市居民实际收入提高，低碳消费品的购买力增强，从而增加城市居民扩大低碳消费的内驱力。从价格角度激励消费者增加低碳消费，可设计价格补贴机制。一是对厂商的补贴，能有效降低低碳消费品销售价格，扩大低碳消费市场。我国从 2011 年起，对符合节能标准的平板电视、空调、电冰箱、洗衣机和热水器 5 大类商品实行节能补贴政策，对低碳产品销售确实起到了激励作用；二是对消费者的补贴，即购买低碳产品的消费者给予低碳消费补贴，能够形成更直接的驱动力；三是购买的积分补贴，对购买节能家电的消费者实施低碳积分制度，低碳积分可兑换低碳产品，引起联锁性低碳消费，激励消费者增加低碳消费。居民对大宗低碳消费品的消费，如新能源汽车、低碳商品房的购买，直接受到银行利率的影响，存在着机会成本考量。给予低利率信贷支持，会降低购买支付，增加消费者对大宗低碳产品的需求。

第三，低碳环保的偏好驱动。形成低碳消费，需要两个必备要件：意愿 + 能力。实施收入驱动、补贴驱动及低利率驱动是为了增加消费者低碳购买能力，而消费者意愿包含着偏好因素。有些低碳消费的预算要低于高碳消费，如一场节俭的婚礼，一个简约的宴请，一趟低碳的出行等。如果消费者拥有强烈的低碳偏好，就会在节约开销中实现低碳转型。为此，建立低碳偏好培育机制，培

① 凯恩斯：《就业利息与货币通论》，商务印书馆 2005 年版。

育低碳偏好显得更加重要。一是建立电视低碳广告宣传制度。电视广告的效应非常大，建立电视公益低碳宣传制度，要求各电视频道每天定时插播低碳广告，设置寓教于乐低碳消费娱乐节目，如低碳大赛、抠门大赛等，让低碳环保深入人心；二是设立低碳环保教育制度。在小学阶段、中学阶段设立低碳环保通识教育课程，并在中考、高考增加低碳环保内容；大学阶段，将低碳经济学、生态经济学等作为基础课纳入教学模块；对于司机驾照考取、年鉴均应增加低碳交通内容。

四、城市消费低碳化转型的5S约束驱动机制

城市消费低碳化转型的约束驱动机制，就是通过制度安排，约束与规范城市居民的高消费行为，使之不得不从高碳消费转型到低碳消费轨道，包括简约性消费、耐久性消费、共享性消费、无害性消费与体恤性消费①约束机制，简称5S约束驱动。

第一，简约性消费驱动。实践表明，豪华、奢侈和挥霍式消费，是超过人的正常需要的浪费性、资源透支性消费，是名副其实的高碳消费。为了约束消费者的高碳消费行为，对豪华消费品的购买、奢华的餐饮、旅行、娱乐（如高尔夫球）、婚礼、生日等征收高额碳排放税，以此驱动高碳消费向自然、典雅、舒适、休闲、个性、简约而不简单的消费模式转型。

第二，耐久性消费驱动。非耐久性消费，不仅造成资源浪费，还造成高碳排放，影响城市小气候环境。设置禁止服务业一次性筷子、洗浴用品等非耐久性产品免费提供制度；对购买一次性产品的消费者设置碳排放税征收制度，能够有效约束服务场所、家庭对一次性产品的消费、增加消费使用周期长，以及可回收、可重复、可循环利用的物品的消费，驱动消费者从非耐用向耐用消费的转型。

第三，共享性消费驱动。在城市消费中，特性消费的碳排放占据很大比重。通过碳税制度设计，增加消费者私家车出行，私人游泳馆、私人健身房、私人娱乐场地的使用成本，驱动其向应公共交通、公共体育场馆、集中供热等的转型。

第四，无害性消费驱动。对大气环境有严重危害的产品消费，如使用氟利昂制冷剂的冰箱冰柜，使用含有铅、镉、六价铬等有害金属的学习机，公共场所吸烟，随意丢弃垃圾尤其是电池，燃放烟火爆竹等通过实施征收碳税制度、罚则制度，规范消费者的高碳有害消费转型到无害低碳消费轨道。

第五，体恤性消费驱动。体恤性低碳消费，是从生态伦理学角度，把人当

① 刘静暖，纪玉山：《应遵循5S消费原则》，载于《经济学家》2010年第4期。

做自然的一分子，把自然当成与人类相生相伴的伙伴，而采用的关爱、体恤和呵护自然生态，而非凌驾于自然生态之上的“天人合一”式消费。实施碳税征收制度及罚没制度，规范对自然生态冷酷无情的消费模式，如残害动物、毁坏林木花草等，使之向减少野生动物产品消费，保护花草树木，不盲目扩大居住面积为动物提供栖息地的消费等。

国家创新与低碳经济竞争力*

李军军**

气候问题是全球性的公共环境问题，已经引起国际社会广泛关注，联合国和一些国家政府及非政府机构开始组织、协调全球温室气体减排工作，包括成立联合国政府间气候变化专门委员会（IPCC），通过制定国际碳减排合作机制、分配碳排放配额、创设碳排放交易市场等途径，遏制各国碳排放量过快增长。各国也在向低碳经济转型过程中，展开技术、资本、产业和政策的全方位竞争，都希望在国际低碳经济领域掌握主导权，以获取国家最大经济和政治利益，使得发展低碳经济成为一个长期竞争的过程。各国在低碳经济方面的竞争也表现出巨大差异，如何体现和衡量这种差异，其主要的影响因素是什么，都还需要深入研究。

一、低碳经济竞争的国际背景

尽管每个国家都有责任和义务实施碳减排，但由于各国所处发展阶段和选择的经济体制不同，经济结构、技术水平和碳减排潜力存在巨大差异，不同国家在低碳竞争中地位不同。尽管里约峰会和《京都议定书》等国际协议也给予发展中国家特殊照顾，但发展中国家仍处于不公平地位。

1. 经济发展程度不协调

低碳经济首要的就是降低能源消耗，减少温室气体排放，化石能源相关产业的发展必然受到影响，企业由于节能设备或改用其他能源的投入增加了资本沉淀。由于当前技术水平的制约，太阳能、核电和风电等新能源成本较高，大

---

* 本文得到教育部人文社会科学研究青年基金项目（10YJC790135）资助。

** 李军军，福建师范大学经济学院讲师，主要从事低碳经济问题研究。

量使用新能源必将增加企业生产成本，特别是高耗能产业的生产成本将大幅度提升。如果采用碳税作为价格调节手段，促进各行业节约使用能源，传导作用会影响经济产出，特别是能源消耗大的行业受到影响非常明显。化工、冶金、制造、建材等高耗能行业产出降低和成本上升，通过原材料的传递效应进而会影响到整个社会的产出水平和物价水平，会对宏观经济产生不利影响。一个国家或地区碳减排任务越大，节能减排的压力越大，企业生产成本提高越明显，对经济增长和就业的影响也就越大。正是基于这种考虑，不管是发达国家还是发展中国家都不愿意过多承担碳减排任务，各国甚至竞相放宽碳减排目标，不愿意严格实施低碳经济政策，部分发达国家甚至退出了《京都议定书》减排协议，阻碍了国际碳减排合作机制的顺利推进。

按照库次涅茨理论，碳排放量和经济发展水平呈倒 U 形曲线的关系，随着经济发展水平的提高，碳排放量增长逐步减缓，当经济发展到一定程度以后，碳排放总量不会继续升高，甚至下降。发达国家基本完成了工业化进程，进入后工业化阶段或者信息化阶段，第二产业在经济中的比重较小，生产中的能源需求相对较小，能源消耗强度比较低，有较好的生态环境，具有发展低碳经济的有利条件。而广大发展中国家正处在倒 U 形曲线的爬坡阶段，在大力发展经济的同时，不可避免地引起碳排放量的快速增长，如果过早实行严格的碳减排政策，将极大地限制经济发展。因此，要求发展中国家和发达国家承担同样的碳减排责任，并在相同的条件下竞争是不公平的。

2. 国际分工体系不完善

由于各国处于不同发展阶段，产业结构和技术水平有很大差异，在国际产业分工体系中处于不同位置，产业发展对能源的依赖程度不同，造成各国发展低碳经济的基础条件和动力各不相同，体现在国际贸易中就引发了碳关税等贸易壁垒，由此产生新的贸易保护主义。从国际比较优势来看，发展低碳经济使依赖化石能源出口以及高耗能产品出口的国家受到很大影响，控制化石能源使用、使用清洁能源或者征收碳税都会使提高产品成本，降低比较优势，依靠低端制造业和高耗能产品出口的国家会逐步丧失其比较优势。

在国际贸易中，发达国家一般出口技术密集型产品和服务，能耗低、附加值高，进口的产品多是高能耗、低附加值的劳动密集型产品或资源密集型产品，如果各国都要完成碳减排目标的话，发达国家的产业受碳减排的影响比较小，具有低碳发展模式下的国家竞争优势。而且发达国家还基于气候变化的全球性危机，要求甚至逼迫发展中国家也承担碳减排责任，其手段就是开征碳关税，对进口商品在生产、运输、存储过程中承载的碳排放征收额外关税。发达国家在享受发展中国家丰富的廉价物质产品的同时，却要发展中国家承担因为生产商品而大量消耗能源和排放二氧化碳的责任，并且还可以据此设置贸易壁垒，削弱发展中国家的竞争力，这对发展中国家而言，是非常不公平的。

3. 技术垄断不合理

发展低碳经济最初由英国等发达国家倡导，也得到了广大发展中国家的积极响应，但国际碳减排合作机制并不完善，大部分发达国家并没有如期完成碳减排任务，发达国家承诺的对发展中国家碳减排工作的资金支持和技术转让进展缓慢。主要原因在于发达国家提倡低碳经济的根本目的不在于应对气候变化，而是想通过技术创新和发展新能源，一方面提振颓势经济，促进经济增长；另一方面维护贸易优势，掌握国际经济主导权。何建坤认为发达国家不仅在向发展中国家转让环境友好技术问题上态度消极，而且也有凭借其在能效和新能源领域的技术优势，扩充新的经济增长点，有锁定或加大与发展中国家差距的战略意图。马中认为国外资金技术支持背后隐藏着需要购买昂贵配套生产线的陷阱，获得的资助与需要的庞大支付相比极不合算，还限制了自身技术的研发和相关替代物的生产，况且要获得资助的谈判还异常艰辛。因此，发展中国家受制于发达国家对新能源技术和碳减排技术的垄断，将付出更大的碳减排成本和代价，在国际竞争中长期处于不平等地位。

二、实证模型分析

1. 理论模型

根据前述对低碳经济竞争的理论分析，把经济发展水平、产业结构和贸易结构作为影响一个国家低碳经济竞争力的重要因素，建立低碳经济竞争力影响因素模型。

$$LEC_i = \beta_0 + \beta_1 GDPP_i + \beta_1 STR_i + \beta_1 TRA_i + \varepsilon_i \tag{1}$$

这里，*LEC* 代表一个国家或地区的低碳经济竞争力，可以用单位碳排放的国内生产总值作为衡量指标，也被称为碳生产力或者碳排放效率；*GDPP* 代表经济发展水平，用人均地区生产总值作为衡量指标；*STR* 代表产业结构，用第二产业增加值占国内生产总值比重作为衡量指标；*TRA* 代表贸易结构，用货物净出口占 *GDP* 比重作为衡量指标。由于以国家作为样本，横截面数据变量值差异很大，如果直接用普通最小二乘法（OLS）估计方程，会存在异方差影响参数估计的有效性。另外，各国经济体制和经济政策有很大差异，各种因素对低碳经济竞争力的影响程度可能不尽相同，用相同的系数反映自变量对因变量的影响是不恰当的，应当考虑这种差异性。

肯纳和巴西特（Koenker and Bassett）① 最早提出了分位数回归（Quantile Regression），较好地解决了这个问题，假定模型估计为：

$$\hat{Y}_i = \hat{\beta}_0 + \Sigma \hat{\beta}_i X_i \tag{2}$$

① Koenker R, Bassett G W. Regression quantiles[J]. Eco nometrica, 1978(46)

普通最小二乘回归（OLS）通过使观测值和期望值的残差平方和最小来估计参数，即参数满足：

$$\text{Min}\{\sum \varepsilon_i^2 = \sum (Y_i - \hat{Y}_i)^2\}$$

而分位数回归依据因变量的条件分位数对自变量 X 进行回归，参数应满足：

$$\text{Min}\{\sum_{i\in\{i:Y\geqslant\hat{Y}\}} \tau \mid Y_i - \hat{Y}_i \mid + \sum_{i\in\{i:Y\leqslant\hat{Y}\}} (1-\tau) \mid Y_i - \hat{Y}_i \mid\}$$

其中：Y 的第 τ 分位数 $Q(\tau) = \inf\{Y:F(Y) \geqslant \tau\}$，F 是 Y 的分布函数。

其基本含义是在普通回归线上方的点，其残差为正，设定其权重为 τ，而在回归线下方的点，其残差为负，则设定其权重为（$1-\tau$）。当 $\tau=0.5$ 时，即为中位数回归。估计的参数值将随 τ 值的变化而有所不同，可以得到了不同分位数下的回归模型。分位数回归可以反映自变量 X 对因变量 Y 局部变化的影响，更能精确地描述自变量 X 对于因变量 Y 的变化范围以及条件分布形状的影响，特别是当自变量对不同部分的因变量的分布产生不同的影响时，分位数回归能够捕捉分布的尾部特征，例如样本存在异方差，出现左偏或右偏的情况时，它能更加全面的刻画分布的特征，从而得到全面的分析，而且分位数回归模型估计的系数比最小二乘回归系数更稳健。

2. 数据来源

根据数据可得性和指标的可比性原则，本文选择了 111 个国家作为模型分析的样本，其中有 30 个发达国家和 81 个发展中国家，涵盖世界上大部分国家和地区，具有很强的代表性。碳排放数据来自国际能源署的《IEA STATISTICS 2012》，地区生产总值（GDP）、人口、第二产业增加值比重和货物进出口数据都来自联合国数据库（Http：//data. un. org）。数据时间为 2010 年，但 GDP 按 2005 年不变价格核算。

3. 模型估计结果

首先对模型（1）进行普通最小二乘回归（见表 1），但是用有交叉项的 White 检验得到统计量 $NR^2=41.8$，大于临界值 $X^2_{0.01}$（9）$=21.7$，在 1% 的置信水平上拒绝原假设，说明模型存在明显的异方差，加权回归以后得到结果如表 1 所示。模型估计结果说明经济发展水平、产业结构和贸易结构对低碳经济竞争力有显著影响，即人均 GDP 每增长 1 美元，单位碳排放的 GDP 平均上升 0. 063 美元/吨，第二产业比重每下降 1 个百分点，单位碳排放的 GDP 平均上升 44. 84 美元/吨，净出口占 GDP 比重每提高 1 个百分点，单位碳排放的 GDP 平均上升 19. 03 美元/吨，但经过异方差调整以后，产业结构变化对低碳经济竞争力的影响有所下降，且不能通过显著性检验，而贸易结构的影响程度上升。

表1　　普通最小二乘回归（OLS）结果

	普通回归（OLS）	加权回归（weighted ols）
C	3080.35（6.3）***	3573.04（3.42）***
GDPP	0.063（7.77）***	0.060（4.48）***
STR	-44.84（-3.43）***	-5.37（0.29）
TRA	19.03（2.28）**	39.55（1.9）*
Adj-R^2	0.471	0.412
F	33.66***	10.85***

注：*、**、*** 分别代表10%、5%、1%的置信水平。

利用模型（2）进行分位数回归，得到各分位点上的分位数回归结果如表2所示。由于按照单位碳排放的GDP来反映低碳经济竞争力，其值越大，则低碳经济竞争力越高。故表2中随着分位点数的增加，低碳经济竞争力逐步增强。回归结果表明，解释变量人均GDP在不同分位点上都能够通过显著性检验，说明不管处在哪个发展阶段，经济发展水平始终是影响低碳经济竞争力的主要因素。对于产业结构，在0.25、0.5、0.75和0.9几个分位点上是显著的，但在0.05、0.1和0.95几个极高和极低的分位点上不显著，总体来看，第二产业比重越高，低碳经济竞争力越低，对处于中间阶段的国家影响最大。说明处于工业化进程加快推进或者正处于工业化重化阶段的国家，第二产业比重提高会较明显地降低其低碳经济竞争力。对于贸易结构，只是在0.75和0.9较高分位点通过显著性检验，在低分位点不显著，说明提高净出口比重，有利于增强低碳经济竞争力，但只限于碳排放效率较高的国家，而对于碳排放效率较低的国家，扩大贸易顺差无益于低碳经济竞争力的提升。

表2　　分位数回归结果

分位点	0.05	0.1	0.25	0.5	0.75	0.9	0.95
C	822.8 (1.82)*	1183.7 (2.42)**	1830.7 (3.25)***	3845.2 (4.77)***	4588.0 (8.58)***	5249.6 (9.86)***	4169.5 (3.944)***
GDPP	0.04 (5.23)***	0.04 (4.46)***	0.06 (3.19)***	0.05 (2.81)***	0.06 (3.64)***	0.09 (5.01)***	0.10 (5.14)***
STR	-15.75 (-1.44)	-19.33 (-1.62)*	-31.73 (-2.22)**	-68.06 (-3.57)***	-71.48 (-4.93)***	-70.84 (-4.71)***	-8.40 (-0.29)
TRA	2.13 (0.36)	5.72 (0.87)	2.11 (0.27)	22.31 (1.36)	34.90 (4.19)***	30.09 (3.58)***	41.33 (1.74)*
Pseudo R^2	0.191	0.191	0.239	0.275	0.310	0.400	0.483

注：同表1。

与普通最小二乘估计（OLS）结果相比，分位数回归能够更准确地反映各个自变量对低碳经济竞争力的影响，特别是在各国的碳排放效率存在明显差异的情况下，处在不同阶段的国家，受不同变量的影响程度不同，便于有针对性地分析。

三、增强科技创新能力，提升低碳经济竞争力

提升低碳经济竞争力，关键是科技创新，只有增强科技创新能力，才能有效提高劳动生产率，提升经济发展水平，才能促进产业升级，优化经济结构，才能改善国际分工地位，转变经济发展方式。

发展是当前及未来的主题，任何国家在承担应对全球气候变化责任和义务的同时，必须保障国民经济的持续发展。特别是广大发展中国家，只有大力增强科技创新能力，加大资本投入，提高劳动者素质，才能不断提高劳动生产率，促进经济持续快速增长。低收入国家如果忽视自身的经济基础，过早、过多地承担碳减排义务，可能陷入经济落后和碳排放效率下降的双重困境，对应对气候变化于事无补，提升低碳竞争力更无从谈起。只有在经济发展过程当中，不断满足解决人的生存和发展需要，才能逐步解决经济发展和保护环境的协调问题，才有实施碳减排应对气候变化的基础和能力。因此，发达国家应该承担更多的责任，不但要主动完成碳减排承诺，还应积极提供资金援助和技术支持，协助发展中国家提高碳减排能力。

要把依靠科技进步和制度创新作为应对气候变化的关键手段，发挥科技进步在应对气候变化工作中的先导性和基础性作用，构建应对气候变化的科技支撑体系。加大低碳技术创新投入，选择低碳技术重点发展领域，创新关键低碳技术，加快低碳技术的研发、引进和创新，是提升低碳竞争力需要解决的核心问题。要建立国际应对气候变化技术合作的新机制，积极推动先进适用的低碳技术的推广、共享、再创新，重点推广成熟低碳技术，加强各国低碳能源和低碳能源技术的交流合作，制定行业能效与碳强度的国际标准、法规。

依靠科技创新，强化节能减排工作，提高能源利用效率，确实降低能源消耗和碳排放强度。促进产业结构升级，积极发展战略性新兴产业，改造传统高耗能产业，淘汰高能耗行业的落后产能，加快推行合同能源管理，抓好工业、建筑、交通运输等重点领域节能。发展现代新型农业，提高农业生产综合效益。大力发展服务业，促进工业经济向服务型经济转型。优化经济增长动力机制，改变经济增长以投资和出口拉动为主的格局，优化投资结构，引导资本向战略性新兴产业倾斜。优化出口结构，减少货物产品出口比重，尤其是减少低附加值的高碳产品出口，促进高新技术产品出口和发展服务贸易。

我国民营企业技术创新问题的思考

周晓梅*

一、引言

改革开放以来，我国的民营经济迅猛发展，已成为社会主义市场经济的重要组成部分。我国私营企业的数量从2002年年底的263.83万户增加到2010年年底967.68万户，增长了2.66倍。私营企业的资金规模也数倍增加，2002年年底，私营企业注册资金从2.48万亿元增长到2011年年底的25.79万亿元，增长9.4倍。户均注册资金从2002年的94万元增长到2011年的266.5万元，增长9.3倍。内资民营企业完成的城镇固定资产投资占社会总投资的比重从2005年年底的37.3%迅速上升到2011年年底的58.2%，达到了全部投资的一半以上，已成为我国社会投资的主体。① 个体私营经济的税收贡献总额从2006年的5168.73亿元增长到2010年的11149.04亿元，增幅近115.7%，2010年个体私营经济税收贡献同比增长29.9%，高于全国税收收入增长速度的7.2个百分点。② 我国民营企业解决了城镇就业的70%，创造了近90%的就业岗位。不仅如此，我国民营企业为社会提供了日益增多的物质财富，满足了人们日益增长的物质文化需要，为保稳定，促民生做出了积极贡献。虽然我国民营企业发展很快，但我国的民营企业是在改革开放初期商品严重短缺的市场条件下利用国家政策优势发展起来的，大多数民营企业主要集中在第二和第三产业的竞争性领域，是以粗放、高能耗、高污染、低技术、低水平为主体。绝大多数的民营企业仍然处于产业链和价值链的低端，尤其是外向型民营企业，在国际产业链

---

* 周晓梅，吉林财经大学经济学院教授，吉林省《资本论》会副会长兼秘书长，研究方向是马克思主义经济学、社会主义经济理论。

① 黄孟复：《中国民营经济发展报告（2011～2012）》，社科文献出版社2012年版。

② 黄孟复：《中国民营经济发展报告（2010～2011）》，社科文献出版社2011年版。

上多数仍属打工、代工角色。因此随着经济全球化的发展及转变经济发展方式成为经济发展的主题，民营企业面临着前所未有的机遇与挑战，民营企业要想继续生存和发展，就必须走技术创新之路，这是民营企业保持活力，健康发展的重要手段。技术创新对于企业的生存和发展起到越来越重要的作用，是提高经济效益和市场竞争力的源泉。依靠科学技术，加强企业自主创新能力，是民营企业生存发展的必由之路。

技术创新理论是人们在奥地利经济学家熊彼特提出创新理论的基础上经过长期研究逐步形成的。创新理论最早是美籍奥地利经济学家熊彼特于1912年在他的《经济发展理论》中提出来的。后来他在《商业周期》和《资本主义、社会主义和民主》中认为，创新是生产要素和生产条件从未有过的新组合。创新就是建立一种新的生产函数，并引入经济活动，使原有的成本曲线不断更新。创新是一个经济概念而不是一个单纯的技术概念，一种新技术的新发明，只有当他被应用于经济活动时，才能成为创新。熊彼特把技术创新的内容概括为：生产新的产品；引入新的生产方法、新的工艺流程；开辟新的市场；开拓原材料的新供应源；采用新的组织和管理方式。在熊彼特之后，索洛、阿罗、罗默等许多著名的经济学家都对技术创新理论进行了比较全面的研究。索罗提出了创新成立的两个条件，即新思想的来源和以后阶段的实现发展。这两步论被认为是创新概念界定研究上的两个里程碑。但是他认为人均产量的长期增长率取决于劳动倍增性技术进步，技术进步是外生的。[①] 后来美国经济学家罗默在在这方面有了新的突破，他认为，新技术是经济的内生要素，经济增长包含着技术创新的基本过程。正是这一过程，才能保持经济的增长……因而完全可以直接地做经济学分析。[②] 因此技术创新是一个科技、经济一体化的过程，它的最终目的是技术的商业应用和新产品的市场成功，追求的是经济和社会效果，它的本质在于促进经济发展。[③] 技术创新被认为是市场经济国家经济发展理论的重要内容，可以说，技术创新已经成为经济发展的主题和企业发展的动力。

在实践中，西方国家在20世纪70年代末就已经开始重视技术创新问题，并在实践中成为企业发展国家强盛的必由之路。中国在20世纪80年代中期开始研究技术创新并付诸实践。20世纪90年代初期以来，国家先后实施产学研联合开发工程、技术创新工程、知识创新工程等。“特别是在2006年召开的全国科技大会上胡锦涛总书记从国家发展战略的高度提出了确立企业技术创新主体地位的战略目标之后，国家和地方政府发布了一系列鼓励企业自主创新的财政、税收、金融和政府采购政策，加快创新要素向企业集聚。”[④] 党的十八大文件也强

---

① 马春文：《发展经济学》，高等教育出版社2010年版。

② 孙东生等：《关于我国民营企业技术创新动力机制的探讨》，载于《山西财经大学》2005年第5期。

③ 赵晨刚：《新时期我国民营企业技术创新研究》，载于《科技前情报开发与经济》2008年第18期。

④ 叶琳：《加快推进福建省技术创新》，载于《科学管理》2012年第10期。

调指出要：加快建设国家创新体系，着力构建以企业为主体、市场为导向、产学研相结合的技术创新体系。[①] 因此我们要充分认识企业技术创新的重要性和紧迫性，坚强民营企业自主创新的能力。

二、我国民营企业技术创新的障碍因素分析

1. 我国民营企业技术创新面临着资金困难

技术创新作为使科技成果进入生产过程，转化为现实生产力和一定物质成果的一种技术经济活动，必须需要大量的资金投入作为支撑。这是企业技术创新活动得以进行的最基本的条件。发达国家在这方面有很多成功的经验，较好地解决了中小企业融资难的问题，很值得我们借鉴。美国对中小企业的金融扶持政策有四种："一是直接贷款。二是担保。通常由小企业管理局向商业银行为小企业贷款担保，最高担保额为50万元，如果贷款逾期不还，由小企业管理局保证支付90%的本金偿还债务。三是特别贷款。小企业管理局与地方开发公司和金融机构共同提供贷款。四是小企业管理局通过特许和资助私营小企业投资公司向从一般渠道难以得到投资支持的从事高风险行业的小企业提供投资和长期贷款。"[②]

然而，从我国目前情况看，民营企业用于技术创新方面的资金严重不足。这既包括政府在这方面的财政支持不足，又包括民营企业在这方面进行融资也存在着大量的困难。因此民营企业要进行技术创新所需的资金来源，一方面依靠自身的积累；另一方面而且是更重要的一方面，就是通过融资的方法来解决，这主要通过发行股票和企业债券，以及从银行和其他金融机构借贷等来解决。从目前情况看，这两种融资方式对民营企业特别是中小型民营企业来说还是有一定困难的。到2012年5月，民营企业的上市公司在全部上市公司中占比超过50%。具体来看，在主板的上市公司中，民营企业占比为30.06%，中小企业板上市公司中，民营企业占比76.18%，创业板上市公司中，民营企业占比95.92%。[③] 但是通过直接融资方式来解决绝大部分民营企业特别是中小民营企业技术创新的资金来源，在短期内是有困难的。而间接融资的形势也不乐观。由于民营企业信用等级整体水平较低，特别是中小型民营企业稳定性差，本身抵抗市场的风险的能力也弱，大多数民营企业缺少财产抵押和提供连带保险的能力。我国的金融体制是以国有银行为主的高度集中的金融体制，它的服务对象是国有企业，银行对于民营企业的融资的交易成本、评估成本、风险成本都

---

① 胡锦涛：《坚定不移沿着中国特色社会主义道路前进——在中国共产党第十八次全国代表大会上的报告》，人民出版社2012年版。

② 何光辉：《发达国家扶持中小企业技术创新政策及启示》，载于《软科学》2012年第6期。

③ 朱宝琛：《民营企业上市公司过半》，发表于《证券日报》，2012－5－31。

很高。民营企业特别是中小型民营企业得到国有商业银行的信贷支持是十分有限的。比如，“据浙江省2009年统计，全省民间投资中自筹资金占55.9%。银行贷款仅为20.1%。直接融资则不到1%”[①] 2011年，“黑龙江中小企业发展所需资金总额在600亿元以上，但企业内部通过内源融资自筹解决资金不到30%，全省80%以上中小企业流动资金严重不足，50%以上企业新上项目后，由于缺少流动资金影响投产达产。”[②] 因此民营企业要进行技术创新只能凭借企业的积累和家族中、朋友的支持和帮助。有的企业在资金十分短缺的情况下，甚至以更高的成本和风险从非正式的金融市场借贷。因此，在资金短缺的情况下，民营企业特别是中小型民营企业无法很快进入技术创新领域。“安徽省经济信息中心调查报告反映，80%左右的中小企业得不到银行贷款支持，而是通过民间借贷筹集资金，中小企业从金融机构直接融资仅占2%，中小企业贷款占银行等金融机构贷款比重不到20%。[③]

2. 民营企业进行技术创新方面的所需人才短缺

民营企业进行技术创新，科技人才是关键。科技人才的创新水平和能力是企业技术创新的基础和动力。而从我国目前的民营企业的状况来看，绝大部分民营企业缺少科技人才。全国500强企业调查显示，缺乏高端技术性人才，一直是制约着大型民营企业技术创新的首要困难，319家企业选择了该项，占63.8%。而中小型民营企业技术人才更是短缺，大多数民营企业特别是中小型民营企业吸引人才难，留住人才也难。由于中小民营企业规模小，企业未来发展的不确定因素太多，技术人员担心职称评定、医疗保险、养老保险、失业保险等方面存在问题，不愿到民营企业就业。或者是即使进入了中小企业一旦有机会就跳槽。而且民营企业的治理结构对非家族成员存在着排斥性，很难做到任人唯贤，不能在更大范围内选拔人才。这会造成与家族没有关系但有才能的人，看不到进一步升迁的希望而离开企业，导致人才流失。另外，在中小企业每个技术人员往往从事多方面的工作，这影响了他们对专业技术的钻研程度，很难安下心来从事科研工作。而且好多技术人员又都是在国企和其他企业临时招聘来的，由于流动性大，很难在技术创新方面有所突破，获得显著成果。

3. 技术创新服务支持体系不够健全，产学研合作有待加强

健全高效的社会化服务支持体系可以大大降低民营企业技术创新成本，提高民营企业技术创新的效率和水平。准确、可靠的技术信息是企业及时掌握行业最新技术动态并做出决策的关键，也有助于产学研的结合。产学研的成功合作，需要多方的很好对接，这样才能做到优势互补。但目前我国的技术市场仍不够健全，技术创新中介、技术咨询、技术培训等服务机构的专业化水平低。

① 姜秀丽：《中小企业技术创新存在的问题分析》，载于《河南科技》2012年第8期（下）。

② 黄孟复：《中国民营经济发展报告（2011～2012）》，社科文献出版社2012年版。

③ 王燕等：《安徽省中小企业技术创新面临的问题及对策》，载于《宿州学院学报》2012年第9期。

由于技术市场的不发达和技术中介服务体系建设的滞后，民营企业就很难及时了解政府有关鼓励民营企业技术创新的政策措施，企业也难以及时获得相关的市场信息，民营企业之间以及与科研研究机构之间的协作联系薄弱，一方面科研机构存在着大量的科研成果闲置；另一方面是为数众多的民营企业苦于没有可以利用的合适技术来进行技术更新和改造，不利于民营企业技术创新活动的开展。特别是在不发达的地区和省份更是这样。

4. 企业主技术创新内动力不足，存在短期行为

技术创新是一项系统工程，这包括对创新项目的市场选择、决策、研发、生产、销售等一系列环节。在这一系统工程中，优秀的企业家是技术创新的决策者、组织者和指挥者。这就对民营企业家的综合的素质提出了要求。我国的民营企业领导者大多数缺乏科技创新意识和专业技术背景，经营思想急功近利，这直接影响着民营企业主自身的创新意识。同时，技术创新是属于风险投资。一般来说，它的投资周期长，成本又很高，投资的预期收益又很难确定。一旦技术开发失败，整个投入的资金很难收回。另外，还缺少政府在这方面的各种优惠政策的具体支持，比如，税收优惠、产权保护、融资政策等。这些都造成了大多数民营企业家对技术创新缺乏主动性和积极性，创新意识薄弱，在企业的发展上，存在着短期投资行为。

5. 还存在着不利于民营企业技术创新的政策和法律环境

政府通过制定相应的法规、政策鼓励引导企业技术创新，提高企业创新效率，促进科技资源的有效配置，已成为推动民营企业技术创新的重要条件。民营企业的技术创新需要国家的政策支持和良好的法律环境。在第二次世界大战后，美国国内的技术创新特别是重大技术创新，政府发挥了重要作用。“美国政府对技术创新的干预渗透到了创新周期的各个环节，所采取的政策涉及了推动新技术供给、拉动新技术产品需求和规范市场秩序等各个方面。”①

目前我们国家政府虽然制定了一系列适应民营企业技术创新的科技进步政策、产业指导政策，以及财政、税收政策、土地政策、环境政策和科技人员的奖励政策等，但在落实上还很不到位。比如西方发达国家把税收政策作为政府推动技术创新的基本手段，而我国在这方面还存在诸多缺陷，税收优惠方式单一、优惠时间过短、特别是对民营中小企业技术创新的税收优惠政策不够完善。另外，我国的知识产权的法律体系还需要进一步完善，虽然我国已基本建立起知识产权法律体系，但在执法中还存在许多问题，因此，侵犯知识产权的现象屡见不鲜。这不能保护企业创新活动的合法权益。“企业进行技术创新是要冒风险、花代价的。如果法制不健全，市场竞争秩序混乱，势必出现各种假冒、仿制等侵权行为，损害创新者的利益。”② 所以不正当的市场竞争行为必然会成为

① 杨长湧：《美国支持国内技术创新政策研究》，载于《经济研究参考》2012 年第 20 期。

② 赵晨刚：《新时期我国民营经济技术创新研究》，载于《科技情报开发与经济》2008 年第 18 期。

民营企业技术创新的首要障碍。

三、我国民营企业进行技术创新的对策

1. 建立和完善民营企业技术创新的多元化投入机制

我国民营企业特别是中小型民营企业技术创新所需资金不足，已成为制约私营企业技术创新的“瓶颈”。针对我国民营企业的目前状况，通过深化投融资体制改革，建立起以企业为主体、政府为引导、金融信贷为支撑、社会投入为补充的多元化技术创新投入体系。

第一，地方政府要通过财政科技投入支持民营企业新技术创新，鼓励民营企业承担或参与国家科技计划项目研发，用以满足企业技术创新需要，推动和促进民营企业的技术创新。

第二，民营企业要不断强化自我积累机制和要把企业利润中的一部分作为创新基金。还可以在企业内部进行职工集资，用于技术创新。这不但为企业技术创新提供了资金来源，还提高了职工技术创新的热情。

第三，要建立和完善民营企业的融资渠道。要不断完善信用评估体系和信用担保体系，这是拓宽民营企业融资渠道的重要措施，也是民营企业进入资本市场获得直接融资主要来源。要发挥中小金融机构的作用，完全依靠国有四大商业银行来解决民营企业的融资问题是很难的，因为民营企业大多数是中小型企业，这就需要有与其制度、规模大体相当的中小金融机构为其服务。另外，要建立为中小企业服务的中小企业政策性银行，为民营企业进行技术创新提供金融支持。对自主创新的企业要提供低息的中长期政策性贷款。

2. 建立一支高素质的企业技术创新人才队伍和具有创新意识的企业家队伍

人是创新的主体，是创新成败的决定性因素。因此，民营企业要进行技术创新，必须有一支高素质技术人才队伍。由于大多数民营企业技术人员相对缺乏，很难适应企业技术创新的需要。所以一定要在建立一支高素质的技术人员队伍上下工夫。比如，可以用较优厚的物质条件在社会上招聘本企业技术创新所需要的人才，为技术人员专心搞科研创造良好的工作环境，使技术人员安心从事技术研究，不断取得创新成果，并推向市场，给本企业带来收益。为了吸引技术人才，还可以实行技术入股的方法，将技术资本化，使技术作为资本参与分配，通过发放技术股吸纳和留住核心技术人员。通过企业与高校联合培养，为企业技术创新培养企业所需要的创新人才、青年科技人才和高技能人才。

还要加强企业职工的技术培训，倡导终身学习和做学习型员工。要利用培训中心、教育机构、科研机构对员工进行培训。提高全体员工的业务水平，从而为企业技术创新提供基础。

民营企业主是民营企业人格化的代表，是企业进行技术创新的组织者和决

策者。民营企业能否进行技术创新，在很大程度上取决于民营企业主的科学文化素质、价值观和创新意识，因此，要努力营造一个勇于承担风险的创新文化氛围，不断培养和提高民营企业主的科学文化素质，通过国家各种优惠政策引导民营企业主提高创新意识。同时也使他们意识到技术创新不仅是企业自身发展的需要，也是国家兴旺发达、协调发展的需要，改变企业经营的短期行为，为企业的长期发展不断地进行技术创新。

3. 为民营企业技术创新提供良好的政策和法律环境

各级政府都要制定和完善鼓励民营企业进行技术创新的各种优惠和扶持政策。比如财政税收政策，风险投资政策，土地、环境政策，科技人员鼓励政策等。

各级政府要用财政收入的一部分建立“民营企业技术创新基金”，用于支持民营企业技术创新行为，特别是对于自主创新要给予更多的优惠政策。政府的重视、扶持和鼓励一定会推动和加速民营企业的技术创新活动。

同时，还要逐步地建立起一套较为完善的企业技术创新的法律体系。政府要加快相应的立法步伐，为中小企业技术创新提供法律保障。并加大已有法律法规的执行力度，为民营企业的技术创新提供比较完备的法制保障。特别是对于知识产权法执行过程中的一些问题，一定要认真对待，尽量防止侵犯知识产权的行为发生。

4. 培育和完善社会化服务体系，构建“产学研”结合的创新平台

民营企业的技术创新需要完善的社会化服务体系，这是民营企业技术创新的桥梁和纽带。可以采取政府引导市场化运作，开放服务的方式。要逐步建立和完善为民营企业技术创新的服务机构。形成社会化、开放式、网络化的技术创新服务网络，为民营企业提供技术推广、市场信息、人才、金融、法律、培训等方面的咨询、培训、评估服务。还可以通过这一平台推动民营企业与科研院所、高校的与科研机构合作。民营企业可利用这个平台与国内外高校、科研院所联合，实现资源共享，合作开发新技术，开发新产品和实施技术转让以及协作生产，使民营企业得到技术支持。通过这一平台，还可以吸引科研院所、大企业的高端科技人才到中小民营企业兼职，解决中小民营企业科技人才的不足。

5. 民营企业要从实际出发选择创新策略

民营企业要从实际出发选择创新策略技术创新可分为自主性创新、模仿性创新和联合创新。这三种创新模式各有利弊，我国的私营企业可以根据企业的实际情况选择不同的创新策略。

自主创新具有十分明显的优势，会给企业带来巨大的效益。这是我国经济发展的有效途径。但是，进行自主创新的要求也比较高，要求企业要具有雄厚的经济实力和研发能力以及组织管理能力。它需要大量的资金，风险也较大。

因此这种创新方式一般来说是具有一定经济实力的大型民营企业可以选择的。

联合创新，对于我国大多数技术实力相对较弱的民营企业来说具有重要作用。从目前来看，我国大多数民营企业规模较小，技术力量薄弱，要完全依靠自身的力量进行技术创新，的确存在不少困难，因此有必要通过合作创新求得生存和发展。这包括企业间的合作，企业与大学、科研机构的联合。在这方面，台湾地区的中小企业联盟值得借鉴，从 20 世纪 90 年代起，在不到 5 年的时间里，台湾地区共形成 18 个技术开发联盟，解决了中小企业自身独立创新条件不足的问题，提高了创新的效益，减低了创新成本，分散了风险。

进行模仿性创新模仿创新是一种跟进行为，它是指通过学习和模仿独创者的创新思维和创新行为，吸收其经验和教训，并在此基础上进行创新。模仿创新最大的优点是省时、省力、投资小、风险小，而且还具有一定的后发优势。这种创新方式，比较适合相对弱势的私营企业。日本、韩国和中国的珠江三角洲地区的企业，在这方面也有十分成功的经验。他们不求最先，但求最好，最终使产品在市场上取得竞争优势。但这种创新方式也有明显的缺陷。因此，民营企业要有长远的发展目标，既要模仿，更重要的是要创造条件进行模仿后创新。

第三篇

加快产业结构转型升级

高低端产品价格“剪刀差”规律探索

——兼论我国产业结构升级战略

纪玉山　常忠诚*

改革开放以来，伴随着经济的快速发展，我国的产业结构朝着高级化的方向迈出了可喜的步伐，取得了一定的成绩。如今，世界新科技革命迅猛发展，经济全球化趋势增强，国际上的竞争日趋激烈，世界各国都把加速本国产业结构升级、提高产业的国际竞争力作为新经济条件下促进本国经济发展的主要手段。这种世界范围内的产业结构变动必然导致国际分工的变化，进而影响到今后我国产业结构格局的变动。

一、高低端产品“剪刀差”与产业结构

比较主流的观点认为：“‘剪刀差’所表现的是一种价格情形，它是以一定时间点为基期，当农产品价格上升速度低于工业品上升速度时，农产品价格相对越来越低，而工业品价格越来越高，在统计图里呈现张开的剪刀状”①。关于价格“剪刀差”现象的内涵，如果将其仅仅理解为一种价格现象或将其应用局限于工业品与农产品之间未免有失偏颇。我们认为，价格“剪刀差”不单纯是一种价格现象，其实质是国民经济中不同产业间由于技术进步的差异所导致的经济效率和效益增长的差异，以及由这种差异所引起的经济利益在不同产业间的调整。价格“剪刀差”不过是这种利益调整的表现形式。只要不同产业间的

* 纪玉山，吉林大学经济学院教授，博士生导师，吉林大学知识经济研究中心主任，研究方向为经济社会可持续发展、网络经济、比较经济体制；常忠诚，吉林省发展与改革委员会、经济学博士。

① 马洪，孙尚清：《现代中国经济大事典》，中国财政经济出版社 1993 年版，第 311 ~ 325 页。

技术进步速度和生产组织效率等存在差异，这种产业间产品价格的“剪刀状”离散过程就必然存在。由于不同产业部门的技术进步速度不同，生产组织效率有高有低，价格“剪刀差”现象不仅仅存在于工农两大产业的产品之间，而且普遍存在于国民经济任何两种不同的高低端产业之间。高端产品的相对价格不断走高，低端产品的相对价格不断走低，低端产业的资本不断地流入到高端产业，从而推动高新技术及其产业不断发展，并引发国民收入的分配向高新技术产业和地区倾斜。我们将这种经济现象称为“高低端产品价格剪刀差”规律。这里所说的高端产品泛指那些具有较高科技含量、较高附加值、资本或技术集约型产业的产品——高科技产品，而非我们平常意义上的高档品或奢侈品；相反，低端产品就是那些科技含量较低、低附加值、资源或劳动集约型产业的产品——初级产品。

高低端产品价格“剪刀差”规律是如何形成的呢？我们知道，复杂程度不同的劳动所生产的不同种类的商品价值量上是通过“各种劳动为当作它们的计量单位的简单劳动的不同比例”① 来实现的，即把一定量的复杂劳动化为多倍的简单劳动。少量的复杂劳动可以等于自乘的或多倍的简单劳动；少量复杂劳动创造的价值可以等于倍加的简单劳动创造的价值。资本或技术集约型产业由于科学技术含量高，因此它们的产品必然所含复杂劳动较多，与初级产品相比较而言，所含商品价值量也相对高。另外，由于资源或劳动集约型产业生产工艺相对简单，产业进入壁垒低，产品供给量往往大于市场需求量。“如果某种商品的产量超过了当时社会的需要，社会劳动时间的一部分就浪费掉了，这时，这个商品量在市场上代表的社会劳动量就比它实际包含的社会劳动量小得多。因此，这些商品必然要低于它们的市场价值出售，其中一部分甚至会根本卖不出去”②。这样，市场上的初级产品不但商品价值本身较低，且以低于其实际价值的价格出售，这就为高低端产品的价格“剪刀差”的存在提供了初始条件。

另外，劳动或资源密集型产业的进入壁垒（主要是技术壁垒）较低，导致价格供给弹性较大，而其产品的价格需求弹性较小；资本或技术集约型产业则恰恰相反，供给弹性较小，需求弹性较大。根据需求定理我们不难推断：低端产品的供给曲线不断向右偏移，导致均衡价格逐渐下降，而高端产品价格维持不变或上升。此外，由于低端产品的收入需求弹性小于高端产品，随着收入的增加，低端产品需求增长要小于高端产品需求的增长，由于需求增长速度的差异必然导致两类产品价格上升速度的差异，这样就进一步加剧了高低端产品的价格差距，形成高低端产品价格“剪刀差”。工农业产品价格“剪刀差”不过是这种规律的一个特例。

更为重要的是，在当今的信息时代，高低端产业间技术进步的差异越来越

---

① 《马克思恩格斯全集》第23卷，人民出版社1972年版，第58页。

② 《马克思恩格斯全集》第25卷，人民出版社1974年版，第208页。

明显，这为高低端产品价格“剪刀差”规律在现代经济中发挥作用提供了更为广阔的空间。以信息技术、生物技术、新材料技术等为代表的高新技术的产业化在全球蓬勃发展，并逐步成为推动世界经济增长的重要源泉。正如摩尔定律所述：微电子产业的CPU处理能力每18个月甚至更少的时间就会增加一倍，而集成度和成本却成等比例的递减。这就使得IT产业和以信息技术为主要技术支撑的其他产业的产品，在性能价格比上远远超出传统的农业、机械、建筑等产业。高端产品在刚刚推向市场时其价格往往很高，尽管随着市场的扩大，价格会逐渐走低，甚至会大幅下降，但价格下降的速度远远低于劳动生产率提高的速度。也就是说，在相同的劳动时间里生产出的高端产品的总价格会不断地大幅度提高。正是由于高低端产品在劳动生产率上不断扩大的差距，使两者之间经济收益的“剪刀差”日益扩大，最终导致传统产业利益被逐渐“侵蚀”，形成“强者恒强，弱者统吃”的竞争格局。

综上所述，正是由于不同产业部门在技术进步速度、生产组织形式和生产效率等方面有所差别，产业间的经济效率和效益的差异反映在价格上就形成价格“剪刀差”。科技含量较高的产业部门能够获得较好的经济效益，这些产业部门的增长速度就越来越快，在国民经济中的份额持续上升；相反，那些科技含量较低的产业部门增长就会减缓甚至萎缩，从而导致整个产业结构发生变化。

应当指出，高低端产品价格“剪刀差”是一把“双刃剑”。它能推动技术进步和产业结构升级。但是，它的日益扩大对任何一个国家或地区的经济发展也会产生不利的影响。首先，国民经济各产业部门按比例协调发展是经济发展的一条客观规律，很多传统产业部门都是基础行业，其过分落后势必会在诸如粮食、原料、资金、市场等许多方面限制高科技产业乃至国民经济的进一步发展；其次，在市场经济条件下，如果传统产业部门同高科技产业在技术和效率上的差距过分悬殊，势必会造成传统产业用越来越多的低附加值产品去换取少量高科技产业的高附加值产品的趋势，这不但不利于提高传统产业从业人员的生活水平，还会削弱传统产业的积累能力，陷入“马太效应”，阻碍经济的长期协调发展目标。从国际间经济竞争的视角看，如果发展中国不能尽快推进本国的产业高度化，长时间处于产业落后状态，就会沦落为发达国家的经济附庸和“信息殖民地”。充分认识到这一点，对我们今后研究产业结构升级战略具有重大的实际意义。

二、产业结构升级与经济发展

既然价格“剪刀差”反映了产业间经济效率和效益的差异，那么要平抑高低端产品价格“剪刀差”的过度扩张就必须从产业结构入手，通过产业结构的优化升级来克服过大的“剪刀差”对经济发展的不良影响。产业结构优化升级不仅是平衡高低端产品价格“剪刀差”和促进产业协调发展的重要手段，而且是新经济形势下经济发展的主要驱动力。

世界各国经济发展的实践表明，产业结构升级与经济发展是一个相辅相成、交织互动的过程。没有高水平或高层次的产业结构，就不会有高度发达的经济水平，经济的发展必然伴随着这一国家或地区产业结构的优化升级；同样地，如果没有高度发达的经济水平，也不会形成高水平或高层次的产业结构，产业结构的优化升级必然有力地促进这一国家或地区的经济发展。因此，深入研究产业结构演变规律，对于促进产业结构升级和经济发展都具有极其重要的理论意义和实践意义。

迄今为止，学术界已经从不同的角度对产业结构的演变规律进行了探索和研究。英国古典经济学的创始人威廉·配第在其《政治算术》中曾经指出：“工业的收益比农业多得多，而商业的收益又比工业多得多”。同时，配第还指出由于人们向趋向于获利更多的行业转移，其结果必然使产业结构发生变化。克拉克进一步发展了配第的理论，他把全部经济活动分成三次产业，并搜集和整理了二十几个国家总产出和部门劳动投入的时间数据，揭示了经济发展与劳动力变动之间的内在联系。美国经济学家库兹涅茨不仅验证了“配第—克拉克定理”的正确性，还进一步发现了国民收入在农业、工业和服务业三大产业部门之间相对比重的变化规律。第二次世界大战以后，科学技术的进步不断加速，各国的产业结构发生了更为深刻的变化，不仅第一产业的比重继续下降，而且第二产业在国民经济中的比重也不断下降，而第三产业的比重则上升迅速。产业结构的这种演变过程充分显示了产业结构升级与经济发展之间的内在联系：产业结构升级必然推动经济发展。特别是在现代，产业结构向更高层次的演进，即向深加工化、高附加值化、高科技化方向的发展，已经成为推动经济发展的最强大的动力。

三、新形势下我国的产业结构升级战略

改革开放以来，伴随着经济高速发展，我国的产业结构发生了明显的变化。从总体上看，中国的产业结构继续沿着“配第—克拉克定理”表示的方向演进，三次产业比重趋向协调，产业结构开始向深加工、高附加值、技术密集型方向演进，表现出良好的结构升级特征。然而，由于一系列原因，我国的经济结构失衡（包括部门失衡和地区失衡两方面）、主导产业技术升级缓慢、产业结构层次低、整体竞争力不强等问题依然突出，直接表现为产品结构性过剩、生产能力闲置、企业效益下降、失业人口增加等问题接踵而来。显而易见，上述问题都是由于我国目前的产业结构层次较低，产业高新科技含量不高，不能适应国际、国内市场需求变化造成的。只有进行深层次的结构调整，加速产业结构优

化升级步伐，才能从根本上摆脱这种局面。结合我国的具体实际，今后我国的产业结构升级必须依靠科技创新，充分发挥科学技术作为第一生产力的作用，在战略选择上坚持发展高新技术产业与加快传统产业改造并举的原则，最终形成以高新技术产业为先导、基础产业和制造业为支撑、服务业全面发展的全新格局。

大力发展高新科技产业，培育国民经济新的增长点。相当一部分学者从李嘉图的“比较优势”理论出发，坚持认为由于发展中国家普遍缺少资本和技术，而在劳动力和自然资源方面具有比较优势，因而发展中国家应专注于自己具有比较优势的产业，即劳动或资源密集型传统产业，然后逐步进入高科技产业领域，而不能直接跨越这个阶段。我们认为，这种理论未免有些狭隘。首先，如果发达国家将其发展重点放在高附加值的高新科技产业，而发展中国家只发展低附加值的传统产业，国际间的高低端产品价格“剪刀差”就会加剧，长期下去必然导致广大发展中国家贸易条件持续恶化和国民财富大量流失，最终只能陷入“比较优势的陷阱”。其次，由于科学技术进步步伐加快，技术对资本、劳动和其他生产要素的替代性越来越强，现今的发达国家把高新科技渗入到本国包括资源或劳动密集型传统产业在内的所有产业部门中，极大地提高了各个产业的生产效率和市场竞争力，这样下去必将威胁到发展中国家的原有“比较优势”；再次，如果发展中国家在一些关键高新科技领域不掌握核心技术，那么只能处于相关产业分工链条最末环节——成为发达国家的名副其实的“加工厂”或“受制于人”成为发达国家的“技术附庸”和“肢体国家”，这样大的代价是我们决不能接受的。最后，由资源依赖型产业占主导向技术依赖型产业占主导转变是世界经济发展的必然趋势。由于多数劳动或资源密集型传统产业的发展都是以高投入、高能耗为增长代价的，这种粗放型的发展方式从可持续发展的角度来看是资源和环境条件所不容许的，如果不尽快转变就必然陷入资源枯竭和环境恶化的深渊。

积极利用高新技术，加快传统产业改造步伐。首先，从国内范围来看，传统产业在整个国民经济体系中占相当大的比重，如果我们此时放弃传统产业的发展，使其发展速度减慢或产业萎缩，那么近期内势必要减缓我国的国民经济增长速度。况且我国几十年来在传统产业中投资形成的数以千亿计的资产既是无法收回的“沉没资本”，又具有“资产专用性”，弃之不用，无疑是巨大的浪费。其次，传统产业绝非“夕阳”产业，只是由于创新能力弱，技术装备落后，不能生产出适应市场需求变化的产品。没有夕阳产业，只有夕阳产品。如果我们在大力发展高新技术的同时，积极利用高新技术加速传统产业的改造升级，不仅可以解决传统工业化质量不高，工艺技术落后，市场需求强度不大的状况，还可以使传统产业升级对高新科技的强大需求和高新科技产业对其他传统产业的带动作用紧密结合起来，形成国民经济产业间的良性循环。再次，目前我国正处于工业化中后期阶段，工业化的任务远未完成，还必须依赖大量的传统基础产业为其提供大量的原材料、能源等物质保障，而基础产业的薄弱势必会许多方面阻碍我国工业化的进程。最后，高新科技产业和传统产业发展差距过大，势必引起高低端产品价格“剪刀差”的进一步扩大，加剧产业发展不平衡，既不利于提高传统产业从业人员的生活水平，也容易引发一系列社会问题。

当前，全球范围内新一轮产业结构的调整和重组正在进行，这为我们进行传统产业改造提供了难得的好机遇。应该看到，从国际产业结构调整和产业承接的客观趋势看，我国的一些支柱和主导产业仍是具有比较优势的，今后我国产业结构升级的方向不在于减少上述传统支柱和主导产业，而应依托原有的产业构架，以高新技术为辐射源，在充分利用传统产业原有生产要素的基础上，通过高新技术的注入，激活传统产业存量资本，促进传统产业技术升级，继续在国民经济发展中发挥重要作用。

社会生产三大部类划分与经济结构调整

郑志国*

马克思把物质资料生产划分为生产资料和消费资料两大部类，具有不可磨灭的科学意义，但是难以全面反映现代社会产品结构和生产结构，也应当结合现代经济实际予以拓展。本文拟在两大部类划分基础上进行三大部类划分，并结合中国实际探讨经济结构调整的一些问题。

一、马克思对两大部类划分的科学意义和局限

（一）两大部类划分的科学意义

马克思对两大部类划分实际上包含两次紧密联系的分类：一次是把社会总产品分为生产资料和消费资料，划分对象是物质资料；另一次是把社会总生产分为生产资料生产和消费资料生产，划分对象是物质资料生产部门或行业。无论各种商品多么复杂，其基本用途无非是两种：一是用来满足生产消费需要；二是用来满足生活消费需要，或为满足生活消费需要创造必要条件。这一划分标准是客观存在的，永远不会失效。马克思在两大部类划分基础上研究了简单再生产和扩大再生产的条件，说明了两大部类的实物补偿和价值补偿，揭示了生产与消费协调发展规律，这对认识现代社会生产结构仍然具有一定的指导意义。

（二）两大部类划分的局限：未涵盖非物质资料

两大部类划分的局限主要是划分对象只包括物质资料，非物质资料被排除

* 郑志国，中共广东省委党校中国特色社会主义研究所二级教授，国务院特殊津贴获得者，主要研究方向为马克思主义经济学。

在社会总产品之外。虽然马克思认为物质资料生产在社会总生产中具有决定性意义，但是他也充分肯定：交通运输等服务具有生产劳动性质，教育培训、科学技术研究和艺术创作都是具有重要作用的具体劳动形式。在马克思生活的时代，非物质资料在社会总产品中所占比例较小。为了便于分析社会再生产过程，马克思撇开了非物质资料，这是完全可以理解的。随着社会生产不断发展，在现代社会总产品和总生产中，非物质资料所占比重不断上升，种类也日益繁多，大体可以分为三种类型：一是各种知识性产品，包括科技产品、信息产品、艺术产品等。知识性产品内容主要是各种新思想、新观点、新技术、新方法和新艺术形象，其物质载体和传播媒介主要是各种试验模型和样品、书刊（论文、著作）、报章、电视广播、信息网络、学术报告和演出活动等。二是劳动力，特别是高素质劳动力，表现为经过教育培训所形成的劳动技能。三是各种服务或劳务，通常以活劳动形式提供，包括交通运输服务、商业服务、金融服务等。在市场经济中，这些非物质资料作为劳动成果参加交换，从而具有商品属性和价值。现代西方国家按价值计算的社会总产品中非物质资料所占比例大约在40%～50%。[①] 为了既坚持马克思关于两大部类的划分，又全面反映当代社会生产结构，所以在两大部类划分基础上引入第三部类概念，实行三大部类划分。

二、三大部类的划分对象和方法

（一）三大部类划分的产品对象和产业对象

一定时空范围内全体从业人员劳动生产的各种产品和服务称为社会总产品，除了包括各种物质资料之外，还应涵盖各种非物质资料，由此构成三大部类划分的产品对象。例如，一个国家全体从业人员一年内生产的各种产品和服务，就是这个国家的社会总产品。从物质形态上看，各种产品和服务千差万别，难以用统一单位来计量。但是在市场经济中，各种用于交换的产品和服务都具有价值，可以用统一的货币单位计量。目前国内外普遍采用的国内生产总值，能够从价值形态上近似反映社会总产品数量。

一定时空范围内所有产业的生产活动构成社会总生产，包括各种物质资料和非物质资料生产活动，即除了传统农业、工业、建筑业之外，还包括交通运输、邮电通信、商业、金融保险等服务业和科学技术、教育、文化艺术、新闻出版、医疗卫生等部门。这些部门的总和构成三大部类划分的产业对象。

由于现代社会生产分工非常复杂，各行各业的生产活动相互交织在一起，产品和产业分类往往不一致。一个产业或行业可以生产属于不同部类的产品，一种产品可以由不同产业或行业来生产。例如，种植业提供的绝大部分产品最

① 根据《2010国际统计年鉴》有关数据计算，中国统计出版社2010年版。

终是供人们消费的，从这些产品的产供销完整过程来看，最终表现为消费资料，因此可以把它们划入第二部类；当然，少数种植产品作为工业原材料使用，属于第一部类。又如，煤炭采掘业的产品大部分是作为能源和化工原料使用，属于第一部类；少量煤炭作为消费资料满足人们生活需要，属于第二部类。尽管产品和行业划分不一致，但是从理论上讲，各种产品的实际用途是有明显差异的，可以实行严格分类。在此基础上，可以对各种产品和服务的生产活动进行相应划分，这样就把生产各种产品的部门或行业纳入划分的产业对象。从价值形态上可以对不同产品和产业进行三大部类划分。

（二）三大部类的产品和行业构成

概括地说：第一部类是指进入生产消费的商品及其生产部门或行业，采掘、冶金、重型机器、石油化工、工业用电和建筑、农用生产资料等行业属于该部类；第二部类是指进入人们生活消费的商品及其生产部门或行业，种养殖业、食品加工、饮食业、纺织和服装业、民用电力和住宅建设、日用工业品等行业属于该部类；第三部类是指进入生产消费或生活消费的商品和服务及其生产部门或行业，交通运输、邮电通信、商业、金融保险等服务业和科学技术、教育、文化艺术、新闻出版、医疗卫生、体育等行业属于该部类。

三、三大部类与三次产业划分的比较

（一）三大部类与三次产业划分的区别

三次产业划分最早是由英国经济学家费希尔于 1935 年提出来的，他把人类生产活动分为三个阶段，分别以农牧业、工业、服务和科教文卫为主要标志，以此为依据划分三次产业。这种划分算不上严谨。如果说第一、第二产业在历史上出现次序有先后之分，产品加工深度有级别不同，那么第二、第三产业内部许多行业之间则没有这种差别。第三产业所包括的行业在历史上出现的先后顺序并不一致，其中有些行业如商业、饮食业在历史上出现比第二产业中的某些行业要早得多，也并不从事深度加工。因此，笼统地讲第三产业在历史上出现晚于第一、第二产业，或者加工度大于第一、第二产业，未必确切。

三大部类划分和三次产业划分的主要区别有两点：第一，两种划分的理论基础和根据不同。三大部类的划分以马克思关于两大部类的划分为基础，以现代社会总产品的用途和物质形态差别为划分根据。它首先是对社会总产品的划分，其次才是对国民经济部门的划分。与此不同，三次产业是西方经济学家根据社会经济各部门在历史上出现的先后顺序及其生产特点所进行的划分，它不需要以对产品的划分为前提。第二，两种划分的结果有明显不同。第一部类的少数行业属于第一产业，多数行业属于第二产业；第二部类的少数行业属于第一产业和第三产业，多数行业属于第二产业；第三部类和第三产业包括一些相同的行业，但二者在外延上也有差别。例如，餐饮业为消费者提供食品，按三大部类的划分应当属于第二部类，按三次产业划分属于第三产业。又如，房产业的主要产品是各种住房，应当属于第二部类，但是按照三次产业划分属于第三产业。

（二）三大部类划分的优点和意义

首先，三大部类是将社会总产品分为物质资料和非物质资料，进而将物质资料分为生产资料和消费资料。这样就保证涵盖全部社会产品——任何产品要么属于物质资料，要么属于非物质资料。划分对象没有任何遗漏，划分标准永远不会过时。

其次，三大部类划分将社会产品用途大体分为生产消费和生活消费，完全符合实际。社会产品主要是用来满足生产需要和生活需要，最终应当用来满足人民的正常生活需要。只有这样，生产才是合理的。如果一个社会投入大量资源生产某些产品，不是用来满足人民的正常生活需要，而是从事各种破坏活动乃至发动侵略战争，那么这个社会就不能持久发展；这样的活动不属于正常的生产活动，因而不属于经济学研究范围。

再次，三大部类划分根据各种产品的物质形态和用途的差别进行产业分类，把产品、产业和社会需要联系在一起，实际上确立了判断生产结构是否合理的基本标准。各行各业是在漫长的社会经济发展过程中自发地形成的，不可能像理论上对物质资料和非物质资料、生产消费和生活消费的划分那样泾渭分明。但社会生产必须和社会需要相适应。社会需要的是各种产品和服务，由此才产生相应的生产部门。判断社会生产结构究竟是否同社会需要相适应，最终要看社会产品结构状况。三大部类的划分是根据社会产品结构来划分社会生产结构，这有利于根据社会产品同社会需要相适应的程度来判断国民经济结构是否合理。

最后，三大部类的划分拓展了马克思对两大部类的划分，全面反映了社会产品和生产结构，有利于坚持、发展和应用马克思主义经济学，为研究国民经济结构演化规律，调整和优化产业结构奠定了更加完整的理论基础。

四、三大部类结构调整：以中国的情况为例

按照现行国民经济核算，国内生产总值可以反映社会总产品数量或社会生产总量。从目前的统计资料来看，第二部类的产品即消费资料可以由城乡居民消费支出中的主要项目之和来反映，包括食品类支出、衣着类支出、居住类支出和用品类支出等项目。虽然三次产业划分与三大部类划分不同，但是因为缺

乏三大部类统计资料，可以利用第三产业的某些统计资料来估算第三部类产出。根据第三部类与第三产业中多数行业相同的特点，从第三产业的产出中扣除不属于第三部类的产出，加上属于第三部类的产出，就是第三部类的产出。用国内生产总值减去第二三部类产品价值，剩余部分大体反映第一部类产品价值。2005～2011年，中国第一部类占国内生产总值的比例由37.66%下降到36.99%；第二部类由24.09%下降到21.60%；第三部类由38.24%上升到41.41%。[①] 三大部类结构是一种重要的经济结构，调整和优化三大部类结构是实现国民经济全面协调发展的内在要求。

（一）力求三大部类全面协调发展

在全面建成小康社会和加快推进社会主义现代化过程中，应当努力实现三大部类的协调发展。为此，要坚持、发展和创新马克思的社会再生产理论，深入研究三大部类演化规律，用于指导三大部类结构调整。在人类社会历史中，三大部类形成和发展壮大次序是有差异的。马克思把生产资料及其生产部门称为第一部类，并不意味着第一部类的形成早于第二部类，相反，前者形成壮大晚于后者。古代社会的生产活动极度分散，三大部类逐步发育，但是并不完整，其中第二部类所占比重大于第一部类。西方国家近代工业化期间，第一部类比重一度接近乃至在部分年份超过第二部类，但是绝大多数年份第二部类比重大于第一部类；随着工业化的完成，第三部类比重逐步上升，分别超过第一部类和第二部类。现代西方发达国家经济结构中第三部类比重最大，其次是第二部类，第一部类比重最小。目前中国处于工业化中后期，第一部类比重大于第二部类，第三部类比重大于第一部类。在现阶段，必须根据人民日益增长的物质文化需要来调整三大部类结构，理顺三大部类之间及其内部各行业之间的交换关系，保持协调均衡发展。

（二）第一部类要加快转型升级，建成现代新型工业化体系

目前中国第一部类比重大于第二部类比重，这是整个经济发展处于工业化中后期的表现。在保持数量适当扩张的同时，要更加注重提高第一部类发展质量。把传统工业化行业与新型信息化行业结合起来，不断提高生产资料的循环利用、综合利用和清洁化水平。加强各种新型装备自主研发，保证基本原材料供给，发展先进产能，淘汰落后产能，争取早日建成具有国际先进水平的新型工业化体系。

（三）第二部类要按照消费需求变化调整内部结构，更加注重发展质量

中国居民人均消费水平不高，特别是农村居民消费水平较低，这表现在第

---

① 根据国家统计局编2008～3012年《中国统计年鉴》有关资料估算。

二部类在整个国民经济中的比例偏低，因此其发展潜力巨大。要保证消费资料稳定供给，更加注重食品的安全和营养结构，讲究服装衣着的款式、质地和品牌，引导房地产业健康发展以满足人们对住房的需要。各种生活用品生产要注重提高质量，讲求经久耐用以利于节约资源和保护环境，尽量减少一次性用品。

（四）对第三部类各行业实行有差异的发展战略和策略

如前所述，第三部类不同行业的市场化和公益性有差异，因此应当实行有差异的发展战略和策略。提高交通运输、商业、金融等行业的市场化水平；加大对自然科学的基础学科和项目研究、义务教育的财政支持力度，对企业技术研发等应用研究和职业技术教育则应更多地利用市场手段来加快发展，综合利用市场手段和其他手段来促进高等教育、文化和医疗卫生等行业发展。优先发展科技、教育和文化产业，为现代化建设提供先进知识（科技）、高素质劳动力和优质服务。

科学导向下我国三次产业的经济结构调整态势

李欣广*

经济结构调整，是实践科学发展观，转变经济发展方式的重要方面。国家发展规划早已有经济结构调整的内容，这里的调整操作性、现实性强，但并不等于理论分析与前瞻预期已经穷尽。为此，本文需要遵循科学发展观进一步探讨经济结构调整。

一、科学导向总的原则

1. 经济结构调整的目的就是实施转变经济发展方式

转变经济发展方式的突破口是转变经济增长方式，即以集约型增长替代粗放型增长。本着这一原则，产业发展就要缩减科技含量低、只能依靠生产资源大量投入，产出效率低的行业与产品生产，通过产品创新开发、技术进步，配合以劳动者技能提高、管理增效来扩大经济规模。在此过程中，力争各部门生产的价值增值能力提升，推动更多的产品、产业生产走上研发高投入、产出高增值的循环中。为应对许多地方政府与企业习惯于“走捷径”，不愿走这条费力而有前景的路，急于扩大生产总值以谋取眼前利益，要有整整一套利益博弈的机制重塑。

转变经济增长方式的前沿阵地是转变外经贸增长方式。实现这一转变的支撑点是：（1）国民经济各产业的发展要以动态比较优势为主、静态比较优势为辅，利用现有比较优势，花大力气培育具备必要性与可行性的新比较优势，使我国参与国际分工地位更有利，处于国际产业链中有更高附加值的环节。（2）生产与出口都应当有利于我国利用国际资源弥补真正短缺的经济资源、发

* 李欣广，广西大学商学院国际经济贸易系教授，广西大学东南亚研究中心副主任。

挥我国更为高端的经济资源（如资金、技术、管理）优势。（3）人民币汇率升值压力是我国外经贸面临的客观状况，要靠增强新优势的出口竞争力来解决。

2. 生态约束与生态目标

中国的经济规模进一步增大，摆在我们面前的严峻问题就是生态约束。中国现有的矿产资源难以承受按照美国生活标准需要的制造业规模，中国的土地难以承受按照西方标准的城市化比例，中国的水资源供给难以按照现有生产生活方式的需求量，而中国经济发展对于上空的大气层降低碳排放的要求形成尖锐矛盾。处于上述生态约束，经济结构调整需要新的思维，一部分按照传统观念来看理所当然要发展的生产必须根据客观条件加以缩减。

生态约束警示我们的是要限制的生产，生态目标则对我们需要增加的生产提出呼唤。在国民经济和社会发展"十二五"规划纲要中，对于生态文明建设，除了提出相应的制度建设、生产方式、技术发展等规划目标之外，还有必须转化为具体的建设工程和投资项目的目标，包括新能源开发、植树造林、环保产业、江河治理、田间工程建设、节水灌溉工程、农村能源建设、海洋油气发展、三废处理工程、水土灾害防治等。这些建设，多数是针对多年来积累下来的人与自然矛盾恶化问题，它们的优先程度比一般提高人民物质文化生活水平还要紧迫。这些项目在我国建设所需财力物力的分配比例上提高，对经济结构产生很大的影响。

3. 社会约束与社会目标

中国的国情决定，经济结构调整只能以共同富裕为远大目标来进行。如果离开这个目标，容忍两极分化，所产生的畸形经济结构必然危及社会稳定与资源环境承受力。基尼系数是反映经济结构的重要指标，控制该系数上升就是中国经济的社会约束。缩小城乡发展差距是中国经济发展的社会目标。实现这个目标不是靠拉动消费来实现，而是靠正确的投资来实现。凡用于城乡建设一体化、农村生产生活基础设施现代化的投资，都要优先安排。

4. 经济结构当中，所有制结构与产业结构有相关性

坚持公有制经济为主体、国有经济为主导是我国社会主义的宪法原则。国有经济与民营经济（这里暂且撇开这一概念的解说）在产业上有分工。前者适合在自然垄断性行业、关系国计民生的行业（如航空、铁路、航海）、规模经济效应很强的行业（如飞机制造、汽车、海洋船舶、大型通讯器材、大型工业装备），必须让国有全资与国有控股的企业经营。战略性的高新技术投资项目优先给国有企业承担。民营经济更多地在规模经济效应不大、注重经营灵活性的领域。对外资经济的产业进入政策要改进，消除外资对中国国民经济各行业的垄断性，降低控制程度，以保证高新技术产业有自主知识产权。

5. 三次产业的比例

本着社会生产全面设计的原则，在未经严格测算的条件下，本文提出这样的三次产业比例变动：稳定第一产业（指农业）、缩减第二产业（包括采掘、制造、建筑业）、扩大第三产业（服务业）。

（1）中国处在工业化、城市化快速发展中，农业本应比例缩小，为何要稳定其比例？这是因为，中国现代化发展道路上的经济结构，一不能按照欧美发达国家的产业变动模式，一味地缩减农业；二不能按照欧美发达国家的城乡变动模式，一味地缩减乡村规模。无论从全面建设小康社会、实现农业现代化、建设社会主义新农村的需要，还是从生态文明下科技发展未来的远景，中国都需要有一个有规模的新兴农业。所谓稳定一产，无非是要努力发展新兴农业，而不是盲目降低农业规模，以求平衡由于工业化造成的农业比例相对缩小。至于具体比例数是否不变，那就有待统计数字了。

（2）中国处在工业化快速发展过程中，第二产业本应比例扩大，为何要缩减其比例？这是从两个“相对”来说的。第一个是相对于中国现在的“世界车间”来说，中国的制造业产品有相当部分是提供给国际市场的，曾经起到积极作用，但此后就越来越得不偿失。中国应当有更大比例的非制造产品提供给国际市场。即使是满足内需的工业品，也要科学对待生产规模，不宜盲目扩大。一切为拉动 GDP 而扩大产能、增加建筑物、不合理上项目的，都要清理。推广节能节材，抑制第二产业规模盲目增长。第二个是相对于第三产业的发展规模来说，只要第三产业发展速度更快，第二产业就自然缩减比例，比例缩减不等于规模缩减。而在第三产业发展中，有许多的生产服务就是从第二产业当中分化出来的，社会分工的发展将它们从第二产业变为第三产业，第二产业的比例自然趋向缩减。

（3）支持第三产业扩大的依据，一是经济的服务化，这是 20 世纪 80 年代国际上出现的趋势；二是信息化，这是 21 世纪以来国际上出现的趋势。综合起来造成第三产业的内容在扩展。

下面本文分别按三次产业展开经济结构调整的论证。

二、经济结构调整中的农村与农业发展

1. 农村与农业发展中的三个战略视点

西方国家经历过大规模推进城市化、导致城市畸形繁荣的同时使乡村经济衰落的阶段。尽管后来城市中的工业文明逐步传播到乡村，但是当前发达国家工业化所显示的工农业对比与城乡规模对比，深刻留下了乡村经济经受长期衰落的印记。为了不重蹈覆辙，中国经济结构调整必须有三个战略要点：一是力争城乡平衡发展，避免出现经济发展中有一个长时期的城市畸形繁荣、乡村经济衰落的过渡阶段；二是推动工业与农业基本同步的现代化进程；三是正确处理城镇化与保护耕地客观上存在矛盾。

在第一个战略要点上，各地方都要解决农村经济发展空壳化问题。大量青壮年进入城市打工，老人、小孩与部分妇女留守农村维持自给性低水平农业生产，这是当前经济发展中的大障碍，中国需要的是在城市化与工业化进程当中，重新使乡村与农业振兴发展。在第二个战略要点上，我们应当正确看待乡村与农业的地位。重新探讨产业发展经济规律，我们可以发现，农业产值比重过小的原因，不是工业化发展的必然性，而是市场经济下的消费需求拉动的产物。因为非农产业的产品可以满足消费需求多样化。如果由于科技发展造成生产需求拉动，农业成为可再生原料与可再生能源供给的主要领域，就可以不向产值比重大幅度下降的趋势发展。这也启发我们，用生产合理化来部分取代市场自发的需求拉动，这是市场机制的升华。在第三个战略要点上，只顾城镇化不顾保护耕地，这是盲目仿效西方工业化道路的表现。土地宽裕的西方与人多地少的中国有着完全不同的国情，保护耕地是中国特有的关键国策。耕地减少只能跟农业集约化发展程度一致，不能根据主观设计的城镇化进展速度一致。盲目推进城镇化规模而加快城镇化速度、由此早早就提前开展“圈地运动”、抢占土地升值的机缘，是一个重大的发展误区。

2. 社会主义新农村建设

新农村建设体现“社会主义”性质，必须要有土地集体所有、发展乡村社区公有制两个前提，避免家庭经营滑入小农经济或其他私有经济的境地。新农村建设必须有产业支撑，在一个乡的范围内，要有三次产业：（1）现代化农业；（2）对农产品与生物资源直接加工的工业；（3）为农民生产生活直接服务的第三产业。现代化农业是根本，第二、第三产业要根据地理分布的合理原则，发展在乡村比在城镇更有效益的第三产业。

现代化农业要有产业化支撑与科技发展支撑。（1）产业化支撑要着力提高农户的专业化水平，实现合理规模经营，发展合作经济，推广农工商一体化经营，发展农业社会化服务体系。（2）科技发展支撑要要放眼科技发展给农业带来的远大前景。所有生物（动物、植物、微生物）都将为人类所利用，为人类所种植、培育、饲养，农业的门类将以生物这个可再生资源为对象空前增多。从农产品用途看，农业将发展为食品农业、原料农业、生态环境农业和能源农业四大类。从事农业生产需要的劳动者应当具有越来越高的科学文化水平与专业技能。中国应率先迈开这一步，通过新农村建设、新农民成长，扶助新农业发展。

3. 农业综合开发

中国改革开放是伴随着农村商品生产的大力发展而兴起的，没有农村商品生产的繁荣，就没有改革开放事业。利用农村广阔天地的国土资源与生物资源来发展商品生产，这叫做农业综合开发。农业综合开发能够容纳大量农村劳动力就业。中国就业问题的解决，不仅是经济问题，而且是生态问题与社会问题。

中国的农业发展空间远远没有填满，还有许多事要做，是因为社会机制的弊病，造成大量农民离开土地、离开农村，到城市谋生。这一趋势，固然有城市化发展的客观需要，但也有人为的“比较利益”诱导。农民在农村不能安家立业的状态下，就会跑到已经没有多少就业市场的城市，争一口饭吃，却不在农村从事有意义的生产活动。

农业综合开发，在不同经济发展水平的地区有不同层次。在理论上可分为三个层次。

（1）经济发展水平较落后的部分地区尚有农业的外延扩大再生产的余地，主要是开发宜林宜牧宜农的荒山荒坡。生产项目对于当地来说是开发性的，由过去只有粮食自给生产转变为面向市场的农业商品生产，由祖辈传下的经验转变为在科学技术指导下由意识地进行高效生产。有的地方面临着改造中低产田、中低产果园、中低产水面、中低产草地的任务，可以容纳大量劳动，关键是农业劳动者要具备一定的生产技能。

（2）经济发展水平中等的地区，可在现有的农业生产项目中建立“精细农业”“立体农业”，在生产中密集使用包括生态技术在内的各种农业技术和农业工程建设。其中一部分项目可能在专业性不断增强的情况下从农业中分化出来。

（3）经济发展水平较先进的地区，可开辟新的农产品生产项目。一是在现有的农业生产中，更多地发展能够综合利用国土资源的生产行业，如木本食品（板栗、枣子、核桃、柿子－柿饼），能够利用各种坡地山地；节粮型畜牧业（能够充分利用青饲料资源的畜禽养殖，特别是产奶家畜），能够利用野生的、农作物带有的青饲料资源。这些都可以把农产品生产从过多依赖耕地的束缚中扩展出来。这些农产品的市场要扩大，同时要努力改变中国人的粮食消费结构，降低淀粉粮食的消费比重，提高奶制品、肉类、水产品、干鲜水果的消费比重。二是在扩大农业生产对象的基础上扩大农业门类。在种植业（即狭义的农业，产品主要出于草本植物）、林业（产品出于木本植物）、畜牧业（产品出于哺乳纲、鸟纲动物）、水产业（产品主要出于鱼纲、两栖纲、爬行纲、甲壳纲、软体纲等江海池溪环境中生长的动物）这四个原有的部门扩大生产品种之外，还要发展新的农业部门，如菌业，生产蘑菇一类的产品；藻业，我们熟悉的有海带、紫菜，不熟悉的不知的还有多少种；虫业，产品出于节肢动物及陆上的软体动物等，包括蜗牛、蚯蚓、蚂蚁、蜜蜂、蚕等。这些部门将开发出大量产品供社会生产、生活所用。于是，农业就摆脱了我们原来想象的只与田野、草原、森林相联系的景观，各种水域、人造的各种小天地，都是农业生产基地。大批废弃的木料、草、筛选过的垃圾、各种动植物的排泄物、遗留物，都是农业的产品生产资料。社会对自然物的利用与安排的物质循环，将跃上一个新水平。

农业综合开发，将会产生在土地资源供给与产品市场需求两方面都得到扩展的效果，还会推动新的农业生产服务行业的产生发展，由此容纳更多的劳动力资源、更多的技术资源。对促进农村可持续发展很有意义。

三、经济结构调整中的新型工业化道路

1. 新型工业化道路具有跨越式发展的特征

新型工业化的状态被确定为“科技含量高、经济效益好、资源消耗低、环境污染小、人力资源优势得到充分发挥”，要达到这个状态需要指明具体的途径。新型工业化道路有两个带动，一是信息化带动工业化，二是产业生态化带动工业化。这两个带动将分别产生两个跨越式发展：信息化带动工业化产生技术意义上的跨越式发展，产业生态化带动工业化产生生态意义上的跨越式发展。

新型工业化给我们的工业发展提出了高新技术产业化与传统产业高新化两大方向。处理好新兴产业与传统产业的关系需要遵循两个原则：一是总体上以传统产业为基础、新兴产业为导向，两类产业相互交融、协调发展；二是针对损耗资源、环境特别严重的部分传统产业，逐步放弃或者绕开，用新兴产业发展的绩效来弥补工业化发展。

无论是技术意义上的跨越式发展还是生态意义上的跨越式发展，都涉及对重化工业的发展规模要有新的认识。走传统工业化道路，从初级阶段到高级阶段，就要经历重化工业大发展的阶段。其中会有许多高耗能高污染的产业要发展到相当大的规模。跨越式发展战略，就是跨越工业化进程中经过的某些导致高耗能、高耗材、高污染结果的产业、产品高增长阶段，直接转向低耗能、低耗材、低污染的产业结构形成阶段，尽可能避免先发地区走过的非绿色发展弯路、尽可能抄可持续发展的捷径。相比跨越式发展，传统发展有如下优点：发展经济所需的技术应用是现成的，容易上规模，许多产品成本较低，发展顺利，市场开势较好，一段时期内容易达到生产总之较快上去、甚至使人均收入较高，但资源环境约束厉害，很难占领市场制高点，产业生命周期短。跨越式发展优点是，不会遭受很严厉的资源环境约束，推动技术人才资源的更新与高端，有希望在产业发展上处于领先地位，持续发展后劲强。很明显，选择前者是近视的，选择后者才是有远见的。

2. 生态约束下的工业发展

在生态约束下，中国工业发展有两个必须力争的目标，一是推进工业绿色转型，实际措施是改进相关的体制、机制、考核指标，调整要素价格，支持技术创新，严格实施环境标准；二是改进工业内部结构，最重要的是如何对待矿产资源耗费高、废弃物排放量大的重化工业，这个目标首先要论证。

限制重化工业的发展规模、尤其是抑制重化工业发展中的物耗与能耗规模，这是对中国经济的巨大挑战。大家形成共识的是：在重化工业中广泛应用节能节材技术，降低单位工业产值的能源消耗值与物质消耗值；在工业品出口中尽

量推出高附加值、低物耗的产品。尚未形成共识的是：能否不增长重化工业本身的产品需求？

笔者认为，抑制重化工业本身的产品需求是不可避免的，这是中国的生态约束客观决定的，是不以人的意志为转移的。但这样一来会妨碍GDP的增长，带来工业产业规模的增长停滞，难以被主流社会所接受。也许到生态约束使社会难以承受之时，才能迫使人们去认真考虑削减重化工业产品生产指标并加以落实。当前，有这样的设想还难以有这样的行动：（1）消除狂热的拆旧建新的建筑潮，拆旧建新只能用于替代多年陈旧破烂的建筑，而不能以地皮价值核算为依据。建筑没有二十年以上的房龄不能拆旧建新，从而减少钢筋水泥的生产量。（2）停止粗钢出口。（3）大力发展各类有机肥来替代化肥。（4）减少轿车生产。这是许多人心中有数、但不愿说出的问题。我们都知道，发展轿车工业是提升工业化水平的强有力产业发展措施，该产业带动作用很大，同时又是拉动内需的一个重要措施。全面建设小康社会，已经给中国各个家庭带来购置轿车的期望，就像每个家庭拥有彩色电视机、电脑一样。到那时，无论中国的大地还是中国的大气层，都会出现无法克服的生态危机。只要客观冷静地推想，都应当得出这个结论，中国无法靠轿车拥有量来体现小康水平。发展公交系统才是出路，这个目标确定，就应当有配套的制度、配套的政策、配套的产业规划。

带动工业化、拉动内需、体现小康水平的替代性发展项目，是国家“十二五”规划宣布的七大战略性新兴产业，其中现代装备产业和信息技术产品制造业是已经有一定基础的主导产业，中国经济在很大程度上要用它为其他产业提供先进的技术装备，为企业实现技术进步、提高国际竞争力提供条件。

四、经济结构调整中的服务化与信息化

1. 经济服务化继续推进的依据

服务产业的发展有社会需求的支撑。（1）物质生产的社会化程度越高，从第一、第二产业当中分化出来的服务环节就能扩大。中国发展市场经济的积极作用之一就是推进了物质生产的社会分工水平，这个趋势仍将继续，在这一点上，发达国家的经验值得借鉴。（2）只要新农村建设有成绩，农村居民的生活服务化必将发展起来，这一方面的城乡差别理应缩小。（3）为减少中国的碳排放，中国的服务出口，包括文化出口的比例要不断增大，逐步替代制成品出口，降低“世界车间”的规模。中国四种类型的服务贸易（跨境服务、消费者流动、人员流动、商业存在）大有发展潜力，服务外包的出口增幅将要超过生产外包。（4）在满足内需方面，增加服务业新内容。比如，降低社会成员对物质财富的盲目追求，引导人们从更多的文化活动中提高生活质量，由此而扩大文化产业

规模。再如，解决人类健康得从生活方式的改变来进行，单纯依靠医疗与药物不行。在人类社会福利指数的提高、工作职业与劳动方式的改进、对消费生活有理性认识的基础上，通过体育锻炼与身心保健的直接作用，来取得医疗与药物无法取得的保健效果。也就是用保健服务业来替代药品制造业。

2. 信息化催生第四产业

学术界早已提出，要在第三产业中分出一个新类——第四产业，即信息产业，以独立于一般的服务业。凡是不生产物质产品和提供直接满足人们物质文化生活的劳务，生产信息产品的经济活动，都归于第四产业。信息产业自身包括四个部分，其中信息技术硬件设备的制造（即信息产业Ⅰ）可划归第二产业，其他三部分为其他产业开展研究开发和提供生产性信息服务的产业（即信息产业Ⅱ）；从事信息的收集、传递、存储和加工处理的产业（即信息产业Ⅲ）；信息消费与信息密集型的个人服务，包括文化传播产业和各种咨询业（即信息产业Ⅳ）都属于应当分出第三产业的信息产业。由于这个提议还未被统计学界接受，我们就应当明白，第三产业中包含着信息产业这个急剧扩大的产业。由于无线通信、云计算、物联网技术的发展应用，互联网软件业的发展进入新阶段，新型的服务外包将在国内、国际分工中得到更大发展。中国要走新型工业化道路，以信息化带动工业化，就必须十分重视信息产业发展，将科教兴国战略落实到具体的产业发展规划当中。

加快经济结构调整与升级的有效路径探析

——以辽宁为例

胡丽华*

目前，辽宁已经进入经济社会发展的新阶段，经济总量持续增长，发展势头强劲有力。但是，随着全球经济社会发展格局发生深刻变革，世界经济结构和增长模式发生重大变化，特别是在国际金融危机的冲击下，经济发展的外部环境日趋复杂，传统的低成本竞争优势正在减弱，而辽宁长期形成的结构性矛盾和粗放型增长方式尚未根本改变，制约经济实现新的更大发展的矛盾和问题依然突出。在国内一些发达省市已率先调结构与促转型、全力打造经济竞争优势和主动权的情形下，辽宁加快调整经济结构的重要性和紧迫性日益凸显。为此，探索科学、创新的战略思路和完善、有效的政策体系，以加快推进经济结构的根本性调整与升级，努力实现老工业基地的全面振兴和可持续发展，是辽宁现阶段面临的重大课题。

一、现阶段经济结构存在的突出矛盾与问题

（一）三次产业结构不合理

我国的产业结构长期处于不平衡、不合理状态，特别是第三产业增长缓慢，占比偏低。就辽宁而言，改革开放三十多年来，三次产业比重虽呈现明显变化，但相较于发达国家和国内发达地区，辽宁的产业结构还不尽合理，存在较大的调整空间。一是包括新型服务业在内的第三产业不够发达。辽宁第三产业占地

* 胡丽华，辽宁社会科学院财政金融所研究员，研究方向为财政经济、区域经济。

区生产总值的比重仅为40%左右，不仅远未达到中等收入国家的水平（54%），更未达到发达国家的水平（70%），甚至低于全国平均水平。辽宁第三产业对经济增长的贡献率为37.3%，低于全国平均水平5.6个百分点，低于广东10.1个百分点。二是重化工业比重偏大。目前，辽宁规模以上工业总产值中轻重工业之比为19.3：80.7，重化工业比重明显高于全国平均水平，高于广东、江苏、山东10~20个百分点。三是新兴产业发展滞后。无论是全国还是辽宁的新兴产业在发展中都存在着经济规模小、结构不合理、创新能力低、缺乏核心竞争力等问题，与发达国家和地区存在较大差距。不合理的产业结构导致第三产业吸纳劳动力的能力不强，大批劳动力只能聚集于第一产业和第二产业，形成了过量的剩余劳动力供给，同时，新兴产业发展落后，产业多处于传统加工制造业的低端环节，导致缺乏竞争力，并造成能源消耗较大，加剧了资源环境的矛盾。

（二）投资与消费比例失调

为刺激经济快速增长，多年来我国投资增长速度一直持续明显高于消费增长速度，投资与消费的比例不协调。如辽宁，从2003年起，投资率以年均4个百分点的幅度不断攀升，2005年超过消费率；2007投资率为57.5%，比本轮经济增长周期低谷时期的1999年投资率高26.7个百分点；2009年投资率高达61.9%，高于全国平均水平14.4个百分点。而2003年消费率为55.5%，2009年消费率下降为41.2%，比1999年消费率低14.7个百分点。相对国外和国内一些地区的情况，辽宁投资与消费的比例存在失调现象。如发达国家在工业化进程中的消费率基本都在60%以上，投资率在30%以下。从国内看，在地区生产总值跨万亿元到超3万亿元的快速增长期，广东、江苏、山东的投资率分别为35%~38%、45%~53%、47%~50%，最高不超过53%；消费率分别为48%~55%、40%~45%、43%~48%，最低不低于40%。目前，在世界经济低迷、外部需求虚弱的情况下，靠高积累、高投资来支撑的经济发展模式难以为继，需要根据自身经济发展状况和国内外经济形势，适时适度降低投资、提高消费，构建投资与消费的合理比例关系，培育和强化经济持续稳定发展的内生动力。

（三）自主创新能力较弱

创新型国家科技进步对本国经济发展的贡献率一般都在70%以上，对外技术依存度一般在30%以下，美国和日本更是分别低为25%和20%。改革开放以来，我国通过大量引进国外先进技术和管理经验，促进了经济高速发展，同时也使我国对国外技术依存度达到50%以上，造成企业自主技术创新的压力、动力不足，技术装备相对落后，企业科技投入的主体地位薄弱，自主创新的能力不强。如辽宁开发新产品经费投入与产出水平都较低，2008年规模以上工业开发新产品经费占科技活动经费内部支出总额的53.1%；新产品销售收入占主营业务收入仅为7.9%。大中型企业本应是自主创新的领头羊，然而辽宁大中型企业的创新能力明显不足。2008年辽宁大中型工业企业仅有14.7%拥有科技机构，低于全国平均水平10个百分点；R&D经费占主营业务收入的1.6%，明显低于世界发达国家中小型企业2%～3%的比重，更低于世界500强企业平均5%～10%的水平；新产品销售收入占主营业务收入的12.5%，低于全国平均水平3.5个百分点。创新能力的不足导致多数企业的产品面临低端设计、虚弱品牌、微薄利润的困境。为获得较多利润，很多企业过度依赖廉价的劳动力成本投入，陷入比较优势陷阱和低端产业的恶性循环，加重在全球产业链和价值链中的弱势地位。

（四）资源消耗和环境压力问题加重

长期以来，我国的经济增长主要依靠廉价资源和低成本要素的高强度投入来推动，其结果是在保障经济高速增长的同时，也加剧了能源过度消耗、资源浪费和环境污染问题，致使资源、环境承受着巨大压力。近年来，我国资源能源消费和二氧化碳排放量持续增长。2009年我国国内生产总值占全球8.5%，而消耗的钢材占46%，煤炭占45%，水泥占48%，油气占10%。我国电力、钢铁、有色、石化、建材、化工、轻工、纺织等行业单位产品能耗平均比世界先进水平高47%。2000～2009年，全国平均每年新增能源消费量大约为1.7吨标准煤。目前我国的二氧化碳总排放量是31.2亿吨，成为世界上二氧化碳排放最多的国家；单位国内生产总值二氧化碳排放强度是发达国家的5倍；人均二氧化碳排放已超过4吨。辽宁作为老工业基地，多年积累形成了以资源消耗型重化工业为主的产业结构和以煤炭为主导的能源消费结构，从而决定了在经济快速发展的同时，付出更高的资源环境代价，面临着更大的资源环境压力。2009年，全省能源消费结构中，煤炭、石油、天然气和水电分别占能源消费总量的73.1%、22.7%、1.3%和0.4%，其中煤炭占能源消费总量比重高于全国平均水平（70.3%）2.8个百分点；全省万元地区生产总值综合能耗1.439吨标准煤，也高于全国平均水平（1.077吨标准煤）；全省亿元地区生产总值化学需氧量排放量和二氧化硫排放量分别在东部11个省市中居末位。总之，目前辽宁能源资源利用率和配置效率不高，单位产出的能源资源消耗量不仅明显高于世界平均水平，也高于国内很多地区的水平，过度依赖资源消耗和环境代价的粗放型经济增长方式必然会付出高昂的经济和社会成本，对能源安全供给和生态环境保护造成巨大压力，未来的经济增长越来越面临资源和环境两大“瓶颈”。

（五）区域、城乡发展差距突出

首先，区域经济增长中的非均衡性较为明显。改革开放以来，我国经济重心长期沿着东部海岸由南向北推进，东南沿海地区与中西部地区之间的发展差距持续扩大。目前，珠三角、长三角和环渤海湾三个经济带的核心省份的GDP占据了全国GDP的一半以上，人均GDP水平均远高于其他省份。同时，在省、市、自治区内部，也存在着区域发展严重不平衡的问题。如辽宁，地区间的经济增长存在着明显差异。1993年辽东南、辽中地区与辽西北地区的人均GDP绝对差距分别为3064.1元和3155.8元，而到了2003年，这一差距已分别达到了12724.8元和11070.8元。2007年，沈阳、大连两市GDP占全省的比重为50.1%；阜新、铁岭、朝阳三市GDP占全省的比重为7.3%。随着全省经济的发展，区域发展不平衡的状况更加明显。2009年，人均地区生产总值最低的市与最高的市之间的差距，已由2002年的2.1万元扩大到5.6万元；辽西北地区人均地区生产总值仅相当于辽宁沿海经济带、沈阳经济区2003年和2004年的水平；辽西北地区人均地区生产总值与辽宁沿海经济带的差距由2002年的1.1万元扩大到2.6万元，与沈阳经济区的差距由2002年的0.9万元扩大到2.4万元。2011年，全省14个市高低收入差距比仍达1.62:1，衡量地区间收入差距的以人口加权的14个市收入的变异系数仍达0.14。其次，城乡之间发展不平衡。总体而言，改革开放以来，我国农村居民收入的增长速度低于国民经济的增长速度和城镇居民人均可支配收入的增长速度。如2002年，城乡居民收入差距一直在3倍以上，2007年城乡居民收入比扩大到3.33:1，绝对差距达到9646元，是改革开放以来差距最大的一年。2008年城乡居民收入比扩大为3.36:1，绝对差距首次超过1万元。近年来城乡居民收入差距持续扩大趋势出现小幅回落，但2012年城乡居民收入比仍为3.10:1，城乡两级分化局面和二元特征仍很明显。在这方面，辽宁的情况也大致类似。地区、城乡经济发展的明显差距制约着经济一体化发展，影响资源的配置效率和市场的自发扩展，不利于提高整体经济效率和保持增长的持续性，同时，可能会对社会秩序产生负面效应，影响到社会福利水平及投资者的未来预期。如何缩小地区、城乡经济发展的差距，这将是目前我国经济结构调整中面临的一个难题。

二、加快经济结构调整与升级的有效路径选择

（一）促进产业结构优化升级，构建三次产业相互支撑、协同发展的格局

当前及今后一个时期，促进产业结构调整的重点在于努力构建农业产业化、工业新型化、服务现代化相互支撑、共同促进的产业发展格局，加快实现传统产业新型化、新兴产业规模化互动融合、协同发展的产业结构优化格局。一是加快发展先进装备制造业。运用加大财政投入、贷款贴息等政策鼓励发展现代装备制造业，通过大力培育特色产品、提高核心技术自主研发能力、优化产品和产业结构、发展专业化协作分工体系等，提高工业及产品竞争力，构筑国家重要的先进制造业基地。二是加快传统产业的技术改造和提升。运用财政补贴、

税收优惠等措施支持冶金、石化、建材等传统产业的技术改造和提升，鼓励其通过加快技术进步、调整产品结构，提高产品质量，延长产业链，增加技术含量和附加值，推动其向“高、精、深”的新型化方向发展。三是大力发展现代服务业。积极采取有利于第三产业发展的财政金融等政策措施，包括专项资金投入和税收优惠等，加快提高服务业在三次产业结构中的比重，推动商业餐饮、交通运输等传统服务业稳步发展，支持拓展邮电通讯、金融保险、信息咨询、科研开发、旅游、新闻出版、广播电视等新型服务领域，促进高技术服务业和文化产业发展，推动服务业与现代制造业的有机融合，全面提升服务业发展水平。四是大力发展战略性新兴产业。辽宁应结合自身的产业基础与优势、科技创新成果与潜力、资源配置效果与条件等多方面因素，重点发展新能源、新材料、新医药、信息产业、节能环保产业、海洋产业、生物育种产业等新兴产业及产业集群，力求在一个或若干个领域率先突破，抢占制高点，实现领跑格局。同时，要结合产业布局规划和区域经济发展战略，加强区域间协调，充分利用财政、金融等政策工具引导社会资源合理流动，支持规划和建设战略性新兴产业基地和工业园区，打造一批具有国际竞争力的战略性新兴产业基地。

（二）合理调整投资与消费的比例关系，形成投资、消费协同拉动经济增长的发展模式

加快调整经济结构，需要适当调整投资与消费的比例关系，促进经济增长向依靠消费、投资协调拉动转变。一是要着力抓好投资方向与效率。根据现阶段的经济特点和条件，首先应在一定时期内保持适度规模的投资，并在此基础上，重点围绕促进产业结构优化升级，引导投资的合理投向，努力形成结构科学的有效投资。目前，辽宁应围绕钢铁、有色、石化、装备制造等重点产业调整和振兴规划，把投资重点集中于优势产业、潜力产业和新兴产业，同时，要加大现代服务业、社会事业、生态环境等方面投资。在引导正确的投资方向的基础上，还要提高投资效率。一方面应以投资的增量带动存量，以优化投资结构带动产业结构的合理化、高级化。另一方面，要在宏观上进一步提高投资中体现技术进步的设备工器具购置所占比重，提高项目的投产率和固定资产交付使用率，特别要增大投资强度，提高土地利用率；在微观上要坚持和把握信息和科技的先导性、制造业的先进性和高加工度、产业发展的战略性和可持续性等，突出选好、选准建设项目，尤其是重点建设项目，使技术进步型、科技创新型、内涵效益型项目成为投资重点。二是要着力扩大居民消费需求，释放消费潜能。第一，应尽快制定并实施调整国民收入分配格局的政策措施，建立居民收入随经济发展稳定增长的机制，努力实现居民收入增长和经济发展同步、劳动报酬增长和劳动生产率提高同步、职工工资与物价水平挂钩，提高居民收入在国民收入中的比重和劳动报酬在初次分配中的比重，特别要努力提高中低收入群体的收入，增强广大居民的即期消费能力。第二，加大对养老、医疗、教育等有关民生部门的投入，建设惠及全民的基本公共服务体系，解除居民消费的后顾之忧。第三，完善刺激居民消费的税收政策，适时调整结构性减税政策的方向和重点，增加涉及居民的减税项目和减税幅度及重点消费领域的税收支持力度。第四，提高农村居民消费水平，扩大农村消费市场。一方面要增加对农村公共基础设施建设投入，改善农村生产生活条件，降低农民消费成本；支持农民增加收入，不断提高他们的购买能力。另一方面，建立和完善农资综合补贴动态调整机制，大幅度提高农民购买生产资料和生产性固定资产的补贴水平。同时，继续实行并扩大家电、汽车摩托车下乡等直接刺激农村居民消费的财政补贴政策。第五，优化创业致富的环境，大力扶持中小企业发展，让更多就业者变成创业者，培育更多的具有高消费能力的中产阶层群体。

（三）加快自主创新步伐，大幅度提升科技进步对经济增长的贡献

目前，应将加快自主创新步伐作为推进经济结构调整的中心环节。一是完善多元化的创新投入体系。首先，建立政府科技投入与地区经济同步增长的机制，不断扩大政府科技投入规模，推动政府科技投入总量大幅度提升，力争科技投入年均增长20%以上、R&D经费支出占地区生产总值的比重达到2%以上。同时，优化政府科技投入结构，把投入重点转移到基础研究、社会公益研究、关键技术研究、战略性项目研究上。其次，引导和激励企业不断加大科技投入，力争使企业R&D经费支出占主营业务收入的比重提高到3%以上，保持企业科技投入占科技经费筹集总额的比重在60%以上，突出企业的科技投入主体地位。此外，还要调动社会力量，引导、吸引外资和社会各类资金投入研发和创新活动。二是完善创新导向的财税、金融政策。不断增大政府对自主创新的财政补贴力度，完善和落实科技税收优惠政策，使其覆盖到开展研发和创新活动的各类企业。引导金融机构切实加强对企业研发、高新技术的引进、消化、吸收、再创新及其产业化的资金支持，加大对高技术风险企业和新兴科技企业融资的金融贷款等。三是加快完善支持创新的政府采购政策。应有计划地扩大政府对技术创新产品的采购额度，以增加对创新产品的市场需求来激励企业创新。政府采购对象应向有创新活力的中小企业倾斜，实行专门鼓励和扶持中小企业自主创新的政府采购政策。四是调整和完善相关政策体系，加快发展风险投资，促进创新成果和高新技术产业化。五是建立健全创新人才和社会化服务支撑体系。完善创新人才的培养和引进机制，为自主创新提供强大的人才支撑。重视和加强服务于创新的网络、信息、咨询、法律等平台建设，构建功能齐全、效果显著的创新社会化服务体系。

（四）构建资源节约和低碳环保的生产与消费模式，破除经济发展中的资源和环境制约

一是应围绕产业结构调整，以低耗能、高效益、高科技为方向，大力推进石油加工、炼焦及核燃料加工业、化学原料及化学制品制造业等行业的技术改造、产业重组和结构优化。二是抑制重化工业增长过快现象，逐步淘汰一些高能耗、高排放、低附加值的传统重化工业，加快发展低碳化、绿色化和智能化的产业。三是重视清洁、高效、绿色能源的研发创新和产业化，加快发展各种清洁能源、可再生能源、生物质能源等，逐步提高非化石能源占一次能源生产的比重。同时，引导企业自觉运用清洁能源和可再生能源，改善和优化能源消费结构。四是激励企业选择有利于节能减排和保护环境的生产经营方式，支持其发展循环经济过程中的关键技术研发及节能与循环经济新技术、新产品产业化、规模化推广项目，支持其淘汰落后的高耗能设备项目。五是促进绿色产品和技术的市场消费及推广应用。以财政补贴、税收奖罚、消费信贷、奖励以旧换新及扩大政府绿色采购等形式鼓励公众和社会团体倡导绿色经济生活，自觉消费和使用日常节能产品和低碳产品。六是探索构建完善的支持、促进资源节约的政策体系。如建立健全政府对资源节约的经常性投入制度，确保资源节约投资占财政预算投资的比重实现稳步提高，并切实发挥政府资金的政策导向作用，带动、激发社会和民间投资；创新和完善多样化、灵活性的投入方式，如支持资源节约的财政直接拨款、财政补贴、财政贷款贴息、担保、各种专项基金，以及政府对资源节约型产品的采购等；深化资源税制度改革，调整、整合与改造现行资源节约相关税种，切实增强资源税对资源节约、开发和有效利用的调节功能；完善相关法律法规、资源节约型产品和技术的认证、评价和监督体系等促进资源节约的相关配套政策措施。

（五）不断弱化区域、城乡的二元经济特征，推进区域、城乡经济统筹发展

缩小区域和城乡差距，推动区域和城乡平衡发展，这是加快经济结构调整的重要内容，也是必由之路。目前，辽宁应紧紧抓住辽宁沿海经济带开发建设上升为国家战略和沈阳经济区列入国家新型工业化综合配套改革试验区的政策性机遇，加快推进区域、城乡一体化进程。一是大力推进区域经济均衡发展，形成资源要素优化配置、地区优势充分发挥的协调发展格局。首先，加快发展沈阳经济区和辽宁沿海经济带，加快建设重点产业带和重点产业集群，打造世界级先进装备制造业基地、造船和海洋工程产业基地、大型石化产业基地，以及国际一流的超大规模集成电路产业基地，提升核心城市能量，增强城市服务功能、承载力和核心竞争力，充分发挥核心城市的辐射带动作用。同时，利用加大财政投入、财政补贴和税收优惠等政策，特别是进一步加大财政对欠发达地区的转移支付，尤其是一般性转移支付，支持欠发达地区依托区域资源和现

有基础，实施项目牵动，全面推进对外开放，积极承接沿海经济带、沈阳经济区和环渤海经济圈的产业转移，吸引资金、技术、人才等生产要素，实现错位发展，培育可持续发展能力，快速提升区域主要经济指标，逐步缩小地区发展差距。二是大力推进城乡经济发展一体化进程，弱化二元经济特征。加大对改善农村生产生活条件、生态环保、社会事业领域项目，以及农业基础设施项目建设的财政投入，不断提高城乡基础设施建设一体化水平。积极实施城镇化发展战略，进一步完善支持城镇化发展的公共财政制度，以城镇化带动农村生产生活条件的改善。不断促进公共财政用于城乡基本公共服务投入的均等化，均衡分配城乡之间的教育、卫生、文化、社会保障等公共投资。

中国产业结构调整：与巴西的比较及启示

赵瑾璐　郑婷予*

早在1940年，英国经济学家克拉克便在《经济进步的条件》一书中对40多个国家不同时期的三次产业的劳动技术和总产出进行了统计分析比较，他指出随着全社会人均国民收入水平的提高，劳动力首先由第一产业向第二产业转移，当人均国民收入水平进一步提高时，劳动力便向第三产业转移。考虑到中巴同为"金砖国家"的发展中国家，巴西的经济发展形势及产业结构都有可取之处，为了归纳总结巴西产业结构调整中的有益经验，有必要分析二者的产业结构调整变迁的历史，总结巴西在产业结构调整过程中可供我国参考、汲取的经验。

一、透过历史视角看中巴产业结构调整模式

目前，产业结构有以下三种含义：一是指社会再生产过程中，生产资料和生活资料的物质生产部门之间的生产联系和比例关系，主要是农业、轻工业、重工业三者之间的比例关系。二是指国民经济中各物质生产部门内部的组成及其相互间的生产联系和比例关系，如工业内部原料工业与加工工业之间的比例关系。三是指国民经济中各产业（包括非物质生产部门）的组成及其相互间的联系和比例关系。主要指第一、第二、第三产业之间的联系和数量比例关系。

表1　　**中巴各阶段产业结构对比**

年代 / 国家	1950～1980年	1981～1990年	1991年至今
中国	重工业倾斜发展	产业结构均衡化调整	产业结构高度化
巴西	合理产业结构形成	失去的十年	恢复合理产业结构

* 赵瑾璐，北京理工大学人文与社会科学学院理论经济学学科带头人，教授，主要研究方向为政治经济学和宏观经济。郑婷予，北京理工大学经济系硕士研究生，主要研究方向为产业经济学和社会主义经济理论。

解放战争后，中国经济在探索中前进处于工业化初期阶段，与国外经济体联系较少且相对封闭。该阶段，重工业取得了较快的发展，占国民收入比重较高，但重工业劳动力比重的上升不敌收入比重的上升。产业结构调整速度严重滞后于总量的增长。改革开放后到20世纪80年代末期，中国经济开始由工业化初期向工业化中期过度，开始由封闭经济向开放经济过度并进一步提高对外开放程度，结构失调的状况在不断被矫正的过程中趋于均衡，产业结构调整趋于良性循环，更有新兴产业如信息技术产业、电子业的结构地位得到提高，终端消费品的结构地位也逐步上升。20世纪90年代开始，工业化进入中期发展阶段，开放型经济基本形成，市场在资源配置中的基础性作用明显增强，产业结构调整向高级化迈进

巴西是拉丁美洲面积最大的国家，第二次世界大战后，巴西政府大力推进本国工业化进程，促进产业结构的调整升级，从一个落后的农业国迅速转变为先进的工业国，是战后经济发展速度最快的国家之一，有世界“经济奇迹”之称。在此分析巴西产业结构调整的趋势，以探寻对中国产业结构调整的借鉴及学习作用。

第二次世界大战结束前巴西建立了一系列基础工业部门，为其他工业的发展奠定基础。“二战”结束后巴西经济高速发展主要是由工业尤其是重工业的发展所带动的，逐步建立起较为完整的工业体系，工业和服务业在国民经济中逐步占据主导地位，实现从传统农业经济向工业—农业“二元经济”的转型。在1981~1990年“失去的十年”中，巴西经济发展基本处于停滞甚至后退的状态，推进工业化、调整产业结构的步伐也较为迟缓，主要原因在于国家制定的经济发展战略和政策出现了严重的问题——只注重经济发展速度，重外来资金轻国内积累，在取得经济发展奇迹的同时国民经济增长环境恶劣。之后进入了巴西经济的恢复性增长阶段，巴西经济中各产业的国际竞争力整体上有所提高，产业结构调整的步伐逐步加快。国民经济中农牧业所占比重持续下降，服务业在国民经济中地位日益提高，所占比重逐步增多。目前，巴西三次产业结构调整已接近发达国家水平。

二、中国与巴西产业结构现状的比较

（一）中国产业结构现状

改革开放以来，中国已经进入了工业化中期阶段，基本实现了产业结构的初次调整与合理化阶段的任务，在这一阶段中，初期的1978年三大产业比例分别为28.2%、47.9%和23.9%，其中第一产业所占比重还相对较高，而第二产业比例大约占1/2；到2011年三大产业比例分别为10.0%、46.4%和43.4%，第一产业严重下跌，第三产业逐步崛起。由表2所示数据可知，1978年至今，

中国第一产业比重下降，第二、第三产业比重逐步上升，第二产业所占比例于2006年到达峰值为47.9%后逐步回落，而第三产业与2002年到达峰值41.5%后至2004年处于回落状态，2004年以后随着经济的增长及第三产业在国民经济中占据越来越重要的作用，第三产业比重逐步上升，在2011年达到43.4%，而国民经济总量从主要由第一、第二产业带动转化为主要由第二、第三产业带动。

表2 改革开放以来中国产业结构 单位:%

年份	第一产业	第二产业	第三产业	年份	第一产业	第二产业	第三产业
1978	28.2	47.9	23.9	2004	13.4	46.2	40.4
1980	30.2	48.2	21.6	2005	12.1	47.4	40.5
1985	28.4	42.9	28.7	2006	11.1	47.9	40.9
1992	21.8	43.4	34.8	2007	10.8	47.3	41.9
2000	15.1	45.9	39.0	2008	10.7	47.4	41.8
2001	14.4	45.1	40.5	2009	10.3	46.3	43.4
2002	13.7	44.8	41.5	2010	10.1	46.7	43.2
2003	12.8	46.0	41.2	2011	10.0	46.6	43.4

资料来源：中华人民共和国国家统计局网站。

由此可以看出，第一产业和第三产业是个此消彼长的过程。从三大产业在国民经济中所占比重来看，中国三大产业结构分配还不甚合理，第二产业所占比重过大，而第三产业比重偏小，服务业相对落后。这就说明第二产业在经济发展中起着比较重要的作用，随着经济的发展，第一产业的比重应保持在一个稳定的水平上，而第三产业的比重也应逐步平稳上升。总体的产业结构与发达国家相比差距仍然很大，因此中国产业结构需在经济发展中不断调整，产业结构也有很大的优化空间。

（二）巴西产业结构现状

20世纪80年代以来，随着经济的发展，巴西的产业结构调整也经历了一个起伏过程。我们从表3知道，1980~1990年是巴西经济发展“消失的十年”，在此阶段中，巴西致力于扩大发展第二产业以拉动经济增长，第三产业所占比重下降到50%以下；1990年后，巴西经济恢复发展，服务业发展迅速，2003年第三产业比重达到峰值75.1%后，2004年大幅度回落跌至49.6%，后又迅速回调。

表3　巴西主要年份产业结构　单位：%

年份	第一产业	第二产业	第三产业	年份	第一产业	第二产业	第三产业
1980	11.0	43.8	45.2	2004	10.4	40.0	49.6
1985	11.5	45.3	43.1	2006	5.1	30.9	64.0
1990	10.4	38.5	51.1	2007	4.9	30.6	64.5
1995	7.9	29.7	62.4	2008	6.9	21.4	71.8
2000	7.3	28.0	64.7	2009	6.6	27.2	66.2
2003	5.8	19.1	75.1	2010	6.0	26.0	68.0

资料来源：中华人民共和国国家统计局网站。

巴西的第三产业一直在经济发展中占据重要地位，第三产业的快速发展既为巴西经济发展奠定了坚实的基础，同时更使巴西经济蕴含着极大的活力，有利于经济的进一步发展。

（三）中巴产业结构比较

由图1～图3数据[①]可知，中国第一产业比重一直高于巴西，巴西农业所占GDP比重相对较少且变化不大，而中国该比重正处于下滑趋势中，中国的农业经济增长对总体经济增长的贡献更大；同期比较，中国第二产业的比重相对远高于巴西，中国第二产业所占比重大概和巴西20世纪80年代相等，而巴西第二产业所占比重比较稳定，均接近于GDP的1/2；从图3明显可看出，第三产业上中国与巴西有较大的差距，中国产业结构中第三产业比重基本保持在1/3左右并逐步上升，而巴西第三产业所占比重远大于1/2，服务业对经济增长做出了重要的贡献。

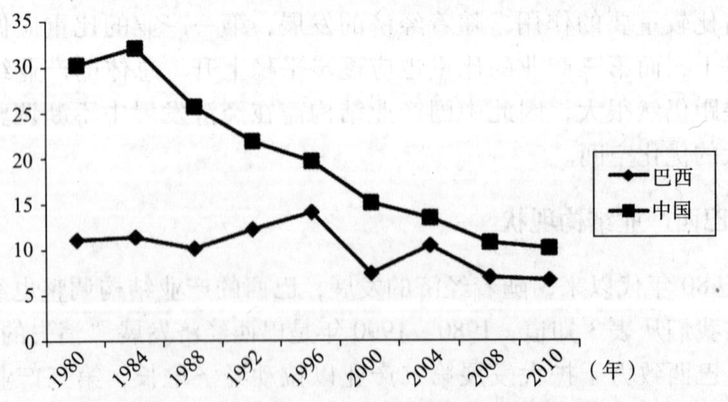

图1　中巴第一产业占国内生产总值比重比较

① 图1～图3中数据来自中华人民共和国国家统计局网站，由笔者整理。由于巴西1984年各项数据缺失，暂以1985年数据作为替代，加以研究。

在经济发展过程中，中国更多的是依靠第二产业的发展带动经济的增长，而巴西主要依赖的是第三产业并且第三产业在其国民经济中保持着绝对的优势，这样就使中国产业结构与巴西产业结构有着巨大的差异，对经济结构及经济的发展方向有着较大的影响。对中国而言，经济的可持续增长主要依赖第二产业高比重的大力促进，而从当前较为发达经济体的经济发展情况来看，产业仍应在一定时间内保持第二产业的优势地位，利用第二产业的发展为第三产业的发展奠定基础，与此同时努力发挥自身优势，把握世界经济契机，促进第三产业的快速发展，提升总体经济实力，推进国民经济的进一步发展。

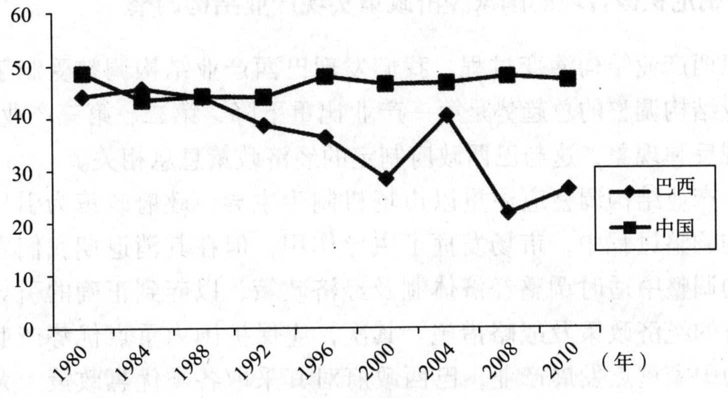

图2　中巴第二产业占国内生产总值比重比较

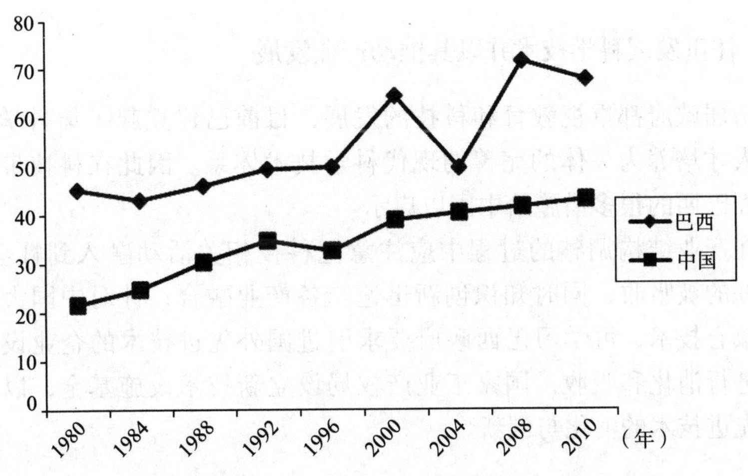

图3　中巴第三产业占国内生产总值比重比较

三、巴西产业结构调整对中国的启示

当今形势下，中国经济发展面临的国际及国内经济环境不断变化。国际方面，世界经济发展与能源、资源、环境之间的矛盾日益突出，全球金融危机导致世界各经济体经济急剧波动；国内方面，产能过剩、人口老龄化、生产要素成本不断上升、收入分配差距的持续扩大等各方面出现的问题都要求中国调整产业结构。

巴西作为一个传统的农业国到现在发展成为世界上中等发达水平的工业化国家，在其发展过程中历经经济奇迹与衰退，其产业结构由低级到高级的逐步调整经验，对同是初期为农业过的中国有着一定的借鉴意义。

（一）制定积极合理的国家经济政策实现产业结构调整

纵观巴西产业结构演变过程，我们发现巴西产业结构调整受制于国家经济政策。产业结构调整的总趋势是第一产业比重下降，第二、第三产业比重上升，但又会出现反弹现象，这与巴西政府制定的经济政策息息相关。

首先，产业结构调整应注重以市场机制为主导，政府政策为引导。在巴西的产业结构调整过程中，市场发挥了主导作用，但在其消退期我们发现，政府在产业结构调整中适时调整经济体制及经济政策，以起到正确的引导作用，选择切实有效的经济政策及战略措施。其次，应保护国内重点优势产业。巴西汽车工业作为国家重点发展产业，巴西政府对其采取各类优惠政策。大力引进外资及国外高级技术、利用高关税政策阻止汽车进口以使巴西国内汽车市场不收外国竞争威胁。

（二）注重发展科学技术并以其推动产业发展

巴西历届政府都重视教育和科技的发展，目前已建立起了集科学研究、技术开发和人才培养为一体的完善的现代科学技术体系。因此在科技带动产业结构发展方面巴西的很多措施给中国以启示。

中国在产业结构调整的过程中应注意把科技相关活动融入到社会生活中，使科技更好的被吸收，同时知识创新迅速与各产业融合；针对中国大部分企业不能掌握核心技术，可学习巴西政府要求引进国外先进技术的企业设立专门的研究机构进行消化和吸收，国家工业产权局设立新技术设施基金，以专门用于支持引进先进技术的消化与创新。

（三）大力发展服务业，规范服务业内部结构①

第三产业的结构升级在当今产业结构调整中占举足轻重的作用，在巴西的工业化历程中工业在国民经济中所占比重先是上升，在达到一定高度后又趋于下降，此时第三产业的增加值和就业人数都会逐步超过工业。

---

① 徐伟：《漫谈提高我国服务业国际竞争力对策》，载于《外资经贸》2011年第10期。

"十二五"规划中，关于服务业的产业结构调整着力点，指出"把推动服务业大发展作为产业结构优化升级的战略重点""第三产业在于以特大城市为主要载体带动生产性服务业的发展"，现在中国大多数的制造业企业依然处于封闭式自我服务阶段，占主导地位的仍然是劳动密集型产业，大多企业依旧采用传统与陈旧的生产模式，外包服务不多且涉及面窄，主要以产品生产为主；中国工业布局相对分散，难以形成生产性服务业的集聚效应制造业与服务业之间内在的产业关联度较低，产业链条较短，区域产业配套能力受限。因此在中国产业结构调整过程中应进一步转变经济发展理念，推进服务业体制和机制改革，改善服务业发展软环境，有效促进服务业的大力发展，规范服务业内部结构。

（四）坚持可持续发展战略①

在20世纪50年代至20世纪80年代的30年中，巴西产业结构三次调整使巴西经济创造了长足的发展，但接下来的10年中却成了巴西经济发展失去的10年，可知在经济奇迹的30年中巴西的发展必埋下了隐患。例如，政府采取"先增长后分配"的政策，造成巴西惊人的贫富差距；前期发展过程中只注重经济发展的速度而忽视了其效率和质量，导致巴西陷入债务危机、恶性通货膨胀的泥潭。

中国应注意制定合理的收入分配政策，尽可能地让社会绝大多数人分享发展与改革的成果；在经济发展过程中，注意保护生态环境，节约利用自然资源。且可通过提高科技创新，有计划分步骤地加强对传统产业的改造，并选择可充分发挥比较优势的产业作为主导产业；对于在一些领域传统生产要素对经济增长的贡献日益递减以及技术进步对经济增长的贡献明显上升的情形，要从根本上改变依赖高投入、高消耗、高污染来支持经济增长的发展方式，坚持走科技含量高、经济效益好、资源消耗低、环境污染少、人力资源优势得到充分发挥的新型工业化道路。

① 刘秀莲：《中国产业结构调整的难度及政策选择》，载于《经济研究参考》2012年第42期。

全球价值链中本土企业升级的"第三条路径"*

——基于全球价值链理论和马克思分工理论比较研究的对策选择

钱书法　周绍东**

改革开放三十多年来，中国本土企业已全面切入全球价值链，并在加工制造领域取得了举世瞩目的成就。然而，如何从全球价值链的加工制造节点上实现攀升，同时实现价值链整体的升级，以此推动经济发展方式的全面转型，本土企业尚未找到一条被实践证明为行之有效的路径。本文的研究表明，本土企业要寻找新的攀升路径，就必须跳出原有的"切入""融合"思路，在加强技术创新和提升国内需求的基础上自主构造价值链，实现"建构性升级"（Constructive Industrial Upgrading）。

一、基于全球价值链理论的本土企业攀升对策

全球价值链是伴随着战后全球化浪潮而出现的新经济现象。但是，直到20世纪80年代，全球价值链才有了理论上的提炼和概括。格里菲等（2003）在生产网络理论的基础上，结合交易成本经济学、企业学习理论等提出了一个较为完整的全球价值链理论，将全球价值链界定为：为实现商品或服务价值而连接生产、销售、回收处理等过程的全球性跨企业网络组织，涉及从原料采购、运

* 本文系国家社会科学基金一般项目"马克思经济学视阈下的全球价值网络演化及其对策研究"（12BJL004）和江苏省高校哲学社会科学研究重点项目"优化江苏经济布局的政策措施研究"（2012ZDIXM010）的阶段性成果。

** 钱书法，南京财经大学经济学院院长，教授；研究方向为理论经济学，企业与产业组织。周绍东，南京财经大学经济学院，讲师，经济学博士；研究方向为政治经济学，发展经济学。

输到半成品、成品的生产和分销，直至最终消费和回收处理的整个过程。

一般认为，企业攀升行为可以通过两种途径实现，如图1所示，路径1是指从加工制造环节向研发设计环节攀升的方案；路径2是指本土企业从加工制造环节向品牌营销环节攀升的路径。但实际上，由于这两条攀升路径直接对全球价值链链主的利益份额和市场地位构成影响，因而极有可能受到后者的强大抵制，出现升级阻滞。

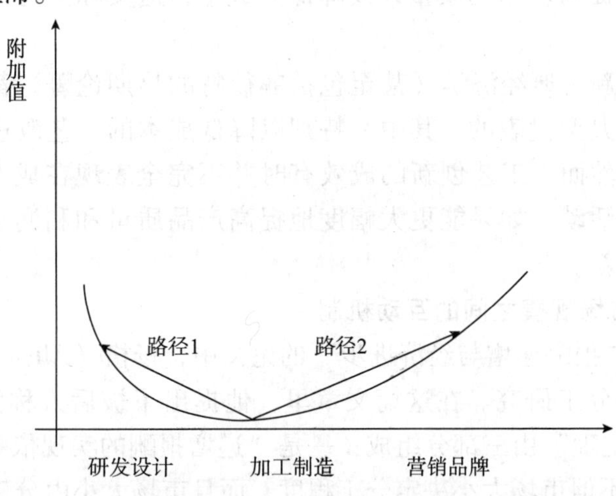

图1　传统视角下的本土企业在全球价值链中的攀升路径

二、马克思分工理论范式指导下的本土企业攀升路径

为了寻找本土企业在全球价值链上攀升的新路径，本文将研究目光投向了马克思主义分工理论。该理论的一个重要特点，就是将分工明晰地分解为社会分工和企业内部分工两种类型。在两种分工互动演进的过程中，又产生了介于社会分工和企业内部分工之间的"企业社会性分工"。运用分工广化、分工深化、企业社会性分工等分析范式，本文尝试构建一条发展中国家本土企业实现价值链上升级的新路径。

（一）分工、创新与市场的内生互动关系

1. 社会分工广化与产品创新

社会分工广化一般是指社会分工的内生拓展，具体表现为不断涌现的产品创新浪潮。专利申请和授权数量是测度产品创新的较好指标。世界知识产权组织（WIPO）公布的《2011年世界知识产权指标》显示，尽管近年来世界经济持续动荡，但全球范围内的专利和商标申请、授权量始终保持了较快增长。2010年，专利申请量和商标注册申请量分别比上年增长了7.2%和11.8%，远远高于同期全球国内生产总值（GDP）5.1%的增幅。从国内的情况看，2010年，中国在赶超日本成为世界第二大经济体的同时，其发明专利申请量也达到

391177件，同比增长24.3%，首次排名全球第二。

2. 企业内分工深化与工艺创新

在社会分工广化程度或社会分工程度不变的前提条件下，企业内分工深化一般是指企业内部某个特定产品生产的内部工序和组件数量增多，环节增加，同一个产品需要更多的异质劳动力共同参与其创造过程。企业内分工深化的目的是为了进一步提高产品的质量，或降低其成本，这实际上与工艺创新的概念不谋而合。

长期以来，新古典经济学（甚至包括熊彼特的早期论著）都是将工艺创新作为创新行为的典型代表的，其中又特别以降低成本的工艺改进作为工艺创新的最主要形式。然而，工艺创新的成效有时并不完全表现在成本节约上，提高成本的工艺改进活动，如果能更大幅度地提高产品质量和利润水平，也应被视为成功的工艺创新。

3. 分工与市场规模之间的互动机制

在1928年“报酬递增与经济进步”的论文中，杨格（Allyn Young）进行了当时最高水平的分工研究。在这篇文章里，他提出了被后人称为“杨格定理”的命题。“杨格定理”由三部分组成：一是“递增报酬的实现依赖于劳动分工的演进”；二是“不但市场大小决定分工程度，而且市场大小由分工程度所限制”；三是“需求和供给是分工的两个侧面”。这三个方面存在着紧密的逻辑关系。首先，伴随着劳动分工的深化和广化，不断提高的劳动专业化水平导致了递增报酬的实现。其次，市场容量的提高，一方面使产品价值链各个环节的分工深化；另一方面使不同环节相互独立成为可能，迂回生产的程度不断提高，进而又进一步加快了分工演进，这意味着分工和市场规模之间的动态机制会产生某种良性循环。最后，与生产率提升相伴随的是有效购买力的提高，二者共同构成决定市场容量的重要因素。

（二）建构性升级：基于分工、创新与市场内生互动的第三条路径

在全球价值链的“微笑曲线”中，技术创新和市场需求是本土企业实现产业升级的两大动力。技术创新主要是从供给方为经济发展提供推动力，而市场需求则主要是从需求方为经济发展提供拉动力。前面我们已经指出，产品创新对应的是社会分工的广化，而工艺创新则对应着企业内分工的深化，随着分工的深化和广化，市场规模得到扩张。一方面，企业内部分工深化使得产品生产的环节增多，工艺水平和产品质量提高，产品价值链延长，中间产品的数量增加。另一方面，社会分工广化增加了市场上的产品种类，在广度上直接扩大了市场规模。这就证实了“杨格定理”所述的分工与市场规模互动增进的精辟论断。通过分工广化和深化的中介环节，将技术创新和需求扩张联系起来，这实际上构成了本土企业在全球价值网络中实现建构性升级的新路径。

新的升级路径设计：(1) 构建基于国内需求的产品价值链（图2中的产品价值链1），由于面对国内市场，这条产品价值链的起始附加值水平一般要低于面向全球市场的产品价值链。(2) 从产品价值链1的加工制造环节做起，通过研究国内需求特点，开展有针对性的产品创新和工艺创新（图2步骤A）。(3) 通过创新活动，深化产品内分工，拓展产品间分工，实现市场规模扩张（图2步骤B）。(4) 在更大的市场容量基础上进一步深化产品内部分工，拓展加工制造规模，提高产品附加值水平，从而实现向更高层面的产品价值链2攀升（图2步骤C)。(5) 在产品价值链2上以更高水平重复以上步骤（图2步骤D和图2步骤E)，从而实现产品价值链的螺旋式上升。

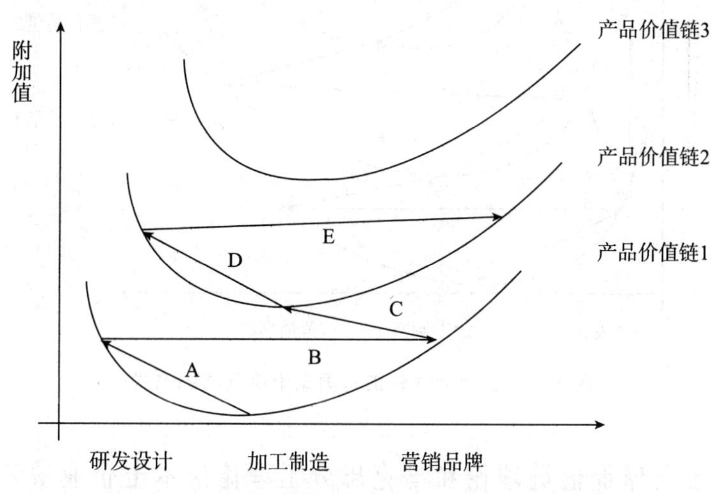

图2　基于分工与创新内生互动关系的攀升路径

（三）企业社会性分工与国家价值网络的自主建构

作为介于社会分工和企业内部分工之间的“中间型”分工形态，在一国范围内，企业社会性分工的形成过程实际上就是自主建构国家价值链进而自主构建国家价值网络（national value network，NVN）的过程。发展中国家国内需求的多层次性要求构建多条不同附加值的价值链，如图3中产品价值链1、产品价值链2和产品价值链3所示。但是，这些产品价值链之间需要通过特定机制将其联系起来，才能将孤立的价值链转变为价值网络，这一机制就是企业社会性分工机制。在这种机制下，企业与企业之间通过两种形式联系在一起。第一种形式，即基于产品价值链，研发设计、加工制造、品牌营销等不同价值环节的企业围绕着最终产品的价值创造和实现联系在一起，但是同时，不同企业为争夺高附加值环节而展开竞争，从而实现在同一价值链上的地位升迁。这是企业社会性分工中的社会分工机制，即企业之间的相互竞争机制。第二种形式，即同一个价值增值环节上处于不同水平层次企业之间的相互竞争。通过竞争，不同水平层次的企业定位于不同的细分市场和消费群体，低水平层次的企业努力向高水平层次攀升，从而实现价值链整体的地位攀升。这里内含着企业社会性分工所具有的企业之间分工和企业内部分工的双重机制，前者即“看不见的手”，后者即企业内部分工协作的“看得见的手”。如图 3 中 a、b、c 三条虚线所示。这样，由企业社会性分工衍生的价值链上不同环节之间的竞争和不同产品价值链之间的竞争，分别构成了国家价值网络的经线和纬线。

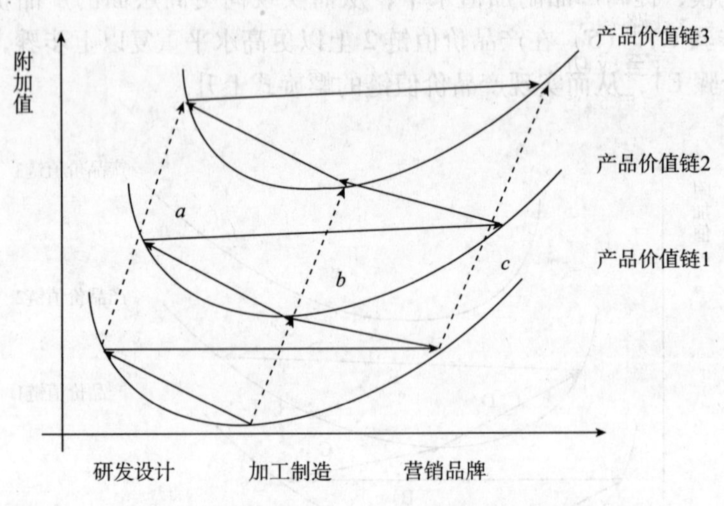

图 3　企业社会性分工与国家价值网络的形成

三、基于全球价值链理论和马克思分工理论的本土企业攀升对策比较

基于全球价值链理论和马克思分工理论的本土企业攀升对策具有以下方面的差异。

1. 两者的攀升起点不同

全球价值链理论下的本土企业攀升起点是业已存在的全球价值链，由于发达国家在工业化进程和新科技革命中的先发优势，全球价值链大多被跨国公司垄断。而基于马克思分工理论的本土企业攀升起点是自主建构的产业或产品价值链，这种价值链建立在国内需求基础之上，并充分考虑到国内需求在先进性、适用性、多样性等方面特点，因此是一条具有良好成长性的国家价值链（national value chain，NVC），其最终目标是升级为全球价值链。

2. 两者的动力机制不同

全球价值链理论下的本土企业攀升动力是单独发生作用的技术创新或全球化市场，两者之间不存在必然内在联系；而基于马克思分工理论的本土企业攀升动力是一种自觉联合动力，基于此，本土企业在自主创新推动作用和国内市场规模、需求拉动作用的共同作用下获得内生、可靠且更为强劲的攀升动力。

3. 两者的攀升路径不同

全球价值链理论下的本土企业攀升路径是国内企业直接进入跨国公司主导的全球价值链，恩斯特和金姆（Ernst and Kim，2002）首倡的从 OEM→ODM→OBM 的攀升路径是其典型代表，国内企业极易被低端锁定；而在基于马克思分工理论的本土企业攀升路径中，一方面，企业向上游技术环节和下游营销环节的跃升并不存在一个严格的时间顺序，而是交错推进、内生融合的；另一方面，本土企业的攀升行为遵循从国内价值链（NVC）到全球价值链（GVC）的阶梯式、螺旋式上升路径，国内价值链以有实力的旗舰企业为龙头，不断内生和累积市场势力，直至成功构建全球价值链，跨越产品内分工陷阱。

4. 两者的指导原则不同

基于全球价值链理论的本土企业攀升路径以“以市场换技术”和“外需导向”作为指导原则，处在价值链低端的本土企业普遍寄希望于以出让价值链高端市场换取跨国垄断企业的先进技术，而将国外需求作为主要的市场定位，以低廉价格作为市场竞争的主要手段。与之不同的是，基于马克思分工理论的本土企业攀升路径将“以技术争市场”和“内需导向”作为指导原则，也即以自主研发技术作为争夺国内市场的主要措施，同时以国内消费者需求为生产和销售的基本导向，以产品多样性、工艺适用性和服务本土化作为竞争手段。

5. 两者的升级目标不同

全球价值链理论下本土企业的升级目标是成为既有全球价值链上的模仿者和追赶者，亦步亦趋地追随跨国垄断巨头的脚步。基于马克思分工理论的本土企业攀升是一条自主建构性升级道路，其目标是国内企业在市场竞争中实现产品内分工与合作，共同构建国家价值链和全球价值链。在此基础上，实现价值链或价值网络的整体升级，以及企业在价值链上地位的持续攀升。

四、结语

本文的研究表明，一方面，利用我国第二大经济体的巨大市场容量，推动分工深化与广化，加大产品创新和工艺创新力度；另一方面，通过创新“内生”出可以与国际品牌相抗衡的本土产品，从而自主地构建国家价值链，掌握环保、能耗和技术标准上的主动权，寻求本土企业价值链升级的“第三条路径”。推动经济发展方式的全面转型升级，这充分体现了科学发展观实现经济发展方式转型的“三个转向”，即经济增长由主要依靠投资、出口拉动向依靠消费、投资、出口协调拉动转变。由主要依靠第二产业带动向依靠各产业协同带动转变；由主要依靠增加物质资源消耗向主要依靠科技进步、劳动者素质提高、管理创新转变。

制造业升级与重塑我国的实体经济

黄茂兴*

实体经济创造物质财富，是国民经济的根基。改革开放以来我国以制造业为代表的实体经济得到了快速发展，实现了国民经济平稳较快发展。尤其是2008年美国金融危机发生以后，我国政府采取了一系列振兴举措，集中力量发展实体经济，特别是扶持战略性新兴产业，使中国经济得到快速复苏，有效地减少了金融危机对我国的影响。党的十八大报告再次明确指出："牢牢把握发展实体经济这一坚实基础，实行更加有利于实体经济发展的政策措施……。"鉴于此，我国应以贯彻落实党的十八大精神为强大动力，加快传统产业转型升级，推动先进制造业健康发展，努力在新一轮经济发展中实现弯道超越、跨越发展。

一、传统制造业与我国实体经济的困境

以制造业为核心的实体经济是社会生产力的集中体现，是增强综合国力、创造社会财富、保障和改善民生的物质基础和重要支撑。"十八大"报告提出要"牢牢把握发展实体经济这一坚实基础……推动战略性新兴产业、先进制造业健康发展，加快传统产业转型升级"，充分说明了实体经济在国民经济中的基础地位，也是基于当前国际国内严峻复杂形势的冷静分析和科学判断。自国际金融危机爆发以来，西方主要发达国家都在重新审视发展实体经济、特别是制造业的积极意义，"实体经济是国民经济基础和重要支撑"又一次成为各国的共识。2011年美国总统奥巴马签署制造业促进法案，以降低税收负担等政策帮助制造业削减成本，恢复国际竞争力，创造更多的就业岗位，并于2012年制定了《先

* 黄茂兴，经济学博士，教授、博士生导师，现为福建师范大学经济学院副院长、全国经济综合竞争力研究中心福建师范大学分中心常务副主任，主要研究方向为区域经济学、技术经济学和竞争力问题。

进制造业国家战略计划》，推动美国重回制造业时代。欧债危机全面爆发后，欧洲各国也开始普遍把重归实体经济、推进“再工业化”战略提上产业结构调整和经济复苏的重要议事日程。

在世界范围内掀起制造业回归浪潮的背景下，我国传统制造业既面临着加快转型升级的重要战略机遇期，更面临着日益严峻的国际挑战。改革开放以来，以制造业为核心的实体经济快速崛起并成为“世界工厂”，显著带动了我国国民经济的持续快速增长，取得举世瞩目的成就。2010 年，中国制造业产值高达 1.955 万亿美元，占全球制造业产值的比重上升到 19.8%，超过美国的 19.4%，成为世界制造业第一大国。然而，从发展质量和发展环境来看，我国的实体经济还面临着一系列的难题。

一是尽管中国是制造业大国，但是创造的附加值很低。发达国家制造业增加值大大高于发展中国家，除了制造业规模较大的原因以外，还有一个根本的原因是其专业化于产品的研发、设计环节，附加值远远高于目前还仅停留在加工贸易阶段的包括中国在内的大多数发展中国家。虽然中国制造业的产值已经超过美国，但是其生产效率目前仍远低于美国。根据一项调查数据显示，中国制造业劳动生产率约为美国的 4.38%、日本的 4.37% 和德国的 5.56%。从制造业人均产值衡量看，中国目前仅为美国的 1/8。制造业大而不强，缺乏自主品牌与技术含量，核心技术由国外掌控，高端设备需要大量进口。这突显出中国的制造业主要集中在低附加值行业，而美国等发达国家的制造业则主要集中在高附加值行业。

二是制造业企业融资困难且成本较高，实体经济运行的货币供应不足。与实体经济相比，非实体经济的投资回报率较高，比较利益诱导大量资本投向房地产和金融等非实体经济领域，新增货币流向实体经济部门的比例持续降低，从而导致“去制造业”或“去工业化”的恶性循环倾向，不利于实体经济发展。中国人民银行发布的数据显示，到 2011 年年末，我国本外币存款余额达到 82.67 万亿元。商业银行理财业务发展迅猛，2011 年各商业银行共发行 2.24 万款理财产品，较 2010 年增长 97%。2011 年新增贷款各行业分布数据显示，制造业、个人贷款、批发和零售业新增贷款占比分别为 27.6%、23.5%、22.8%，而考虑到制造业增加值占 GDP 的比重超过 30%，且银行贷款融资是制造业企业获得资金的主要渠道，这在一定程度上说明制造业等实体经济部门的资金需求没有得到充分满足。由于通过正式金融渠道难以获取足够的资金，制造业企业只能从非正式金融市场寻找高成本资金。以广东省为例，广东有上百万家的民营与外资制造业企业，潜在的资金需求达 2 万多亿元，而仅有 40% 的资金需求可以由银行提供，95% 的制造业企业缺乏资金。此外，持续加息加重了企业的融资成本，过重的税费负担又加剧了企业的资金负担，挫伤了企业的积极性和主动性。

三是以较低生产要素成本为基础的中国传统制造业比较优势正在逐渐丧失。改革开放三十多年来我国制造业能够参与国际竞争的最大比较优势在于较低的要素成本，包括劳动力工资、原材料成本、土地价格和能源价格等，这是吸引大量外国直接投资、发展加工贸易，从而带来经济持续高速增长并形成举世瞩目的“中国奇迹”的重要原因。然而，随着经济发展水平的不断提高，我国传统制造业面临的资源环境压力越来越大，生产要素价格不断上涨，低成本的比较优势正在逐步丧失，人口结构的变化和刘易斯拐点的到来，导致我国低端劳动力工资进入持续上升期，“人口红利”趋于消失，用工难和用工贵愈演愈烈。2010 年，我国原材料、燃料、动力购进价格上涨 9.6%，制造业所需的大部分生产资料都有不同程度的上涨，此外，居高不下的公路收费和总体态势趋于上升的油价推动了运输费用的上升。国家对建设用地供应的严格控制使得土地价格和土地使用税大幅提高，用地成本不断上升。2008 年新《劳动法》的实施，对用工成本也造成了一定程度的影响。据国家统计局统计数据显示，2009 ~ 2011 年我国城镇单位工资总额同比分别上涨 14.16%、17.33% 和 26.83%。生产成本与用工成本的增加使制造业企业不堪重负，利润空间被大大压缩，部分难以消化成本上涨的企业不得不面临减产甚至破产的局面，或者有些企业只能改变策略，开始转战股市及房地产市场。随着中国劳动力成本优势的弱化，一些跨国公司开始将劳动密集型产品的加工制造基地转移至印度、越南、泰国等成本相对低廉的国家。

四是国际市场需求环境趋于恶化，人民币不断升值，进一步挤压了企业的利润空间。在国际金融危机和欧债危机的影响下，主要发达国家经济复苏步履维艰，刺激经济增长的政策手段有限，不少国家出于保护国内市场和增加就业的考虑，采取贸易保护措施，限制中国等发展中国家的进口，给我国实体经济带来了巨大的外部压力。而 2005 年以来人民币对美元的持续升值，对于日渐艰难的制造业出口企业来说无异于雪上加霜。这些因素又进一步挤压了制造业的利润空间，加剧制造业面临的窘境。

二、欧美制造业回归与我国实体经济的突围

发达国家在完成工业化后将经济发展的重心转向以服务业和虚拟经济为主的第三产业，过度强调“去工业化”和产业向外转移弱化了欧美等发达国家实体产业发展的基础，助长了投资与贸易“非理性的狂躁”，并在经济全球化浪潮的席卷下蔓延至全球。在全球经济因金融危机而陷入混沌和迷茫中，制造业回归成为引领欧美经济走出泥潭的“救命稻草”。美国先后启动了“先进制造业伙伴计划”“国家机器人计划”“选择美国倡议”“国家出口倡议”等一系列项目和计划，鼓励制造业回归，重启“再工业化”战略；欧盟委员会也提出了“新工

业革命”理念，强调通过技术创新和结构改革重振欧洲工业。

制造业回归成为发达国家重构实体经济竞争优势和重新布局全球产业主导权的“利器”，将对全球制造业的竞争格局产生深刻的影响。一是欧美制造业回归直指高端制造业。欧美国家制造业回归并不是简单地恢复“欧美制造”，而是把目标瞄准了高端制造业，通过技术创新率先发展新信息技术、新能源、新材料、高端装备制造等战略性新兴产业，抢占全球科技的制高点，打造新的工业化模式，继续掌控在制造业价值链上的高端位置和全球控制者的地位。据统计，2011 年美国在新能源领域的投资达到了 559 亿美元，增长了 1/3，已经超过中国再度成为全球在该领域投资最多的国家。欧盟致力于发展机器人、数字技术、先进材料、可循环能源等新兴产业，并且已经加大了 2013 财年预算方案对制造业研发的支持额度。二是欧美制造业回归掀起了新一轮科技与产业竞争浪潮。欧美制造业回归意在重振实体产业发展体系，进一步巩固全球制造业强国的核心地位，并凭借工业发展的基础和优势成为全球高端制造业发展的引领者。这一举动也成为了全球产业结构调整的“风向标”，广大发展中国家和新兴国家加快了创新的步伐，纷纷加紧布局和抢占战略性新兴产业的制高点，试图通过跻身于制造强国从全球高端制造业红利中分一杯羹。在高端制造业发展方面，各个国家几乎是站在同一起跑线上，在既合作又竞争的博弈与矛盾中拉开了新一轮全球科技与产业竞争的大幕。三是欧美制造业回归带领全球产业发展重返理性时代。金融危机凸显了发达国家完成工业化后患上了产业发展的“急躁症”，以及发展中国家工业化进程中一味模仿和跟随的“迷茫”。欧美制造业回归和“再工业化”战略强调了实体经济的重要地位，把欧美经济从虚拟经济的狂热躁动中拉回到现实经济的理性中，同时也唤醒了其他发达国家和发展中国家重新审视本国和本地区产业发展的定位。以制造业为核心的实体经济将再次成为全球产业发展的焦点。四是欧美制造业回归清晰地勾勒出未来全球产业发展的图谱。迄今为止，欧美仍然是先进制造技术和高端装备业水平最成熟的经济体，仍然领跑全球制造业的发展。欧美制造业的回归并明确提出制造业发展的重点行业领域、目标和方向，旨在进一步强化科技领域，把握高端和前沿性的技术，以达到继续引领全球制造业的目的。这一举措也是对一触即发的全球新一轮产业革命释放的信号，高端制造业必然成为新一轮产业革命的源头，欧美制造业回归清晰地描绘了全球产业结构调整升级的路线，展示了未来产业发展的图谱。

欧美制造业回归重塑了实体经济的地位，树立了全球产业发展的标杆，也敲响了我国实体经济发展的警钟。当前，工业仍然是我国实体经济的主体，强化制造业转型升级，向更加发达的工业体系发展，使各工业部门都进入世界先进水平是我国工业体系变革的迫切要务，考验着中国实体经济发展的未来。我国实体经济直面压力、突出重围、再造优势迫切需要化解以下几对矛盾。

第一，高端制造业回归欧美，低端制造业流向东南亚与中国制造业后劲不足的矛盾。一方面，欧美制造业回归战略使得阿迪达斯、卡特彼勒、福特等巨头陆续将其全部或部分产品制造从中国转回到美国，按照波士顿咨询集团的最新推测，未来5年将有15%的美国企业从中国“回流”到美国本土，而德国等欧洲国家也到中国积极招商引资完善全产业链。另一方面，东南亚邻国越南、印度尼西亚、泰国等，制造业要素中的土地成本、人力成本远低于中国，根据波士顿咨询公司的报告，越南的生产成本比中国低15%～30%，印度尼西亚比中国低40%，而劳动力成本最低的孟加拉国仅是中国的1/5，引发了服装鞋帽等低端制造业正加快向东南亚国家转移。高端制造业回归与低端制造业流出是对中国制造业发展的“双面夹击”，严重弱化了中国制造业的基础和后劲，如何保持我国制造业的竞争优势，巩固在世界制造业中的地位是中国实体经济突围的关键。

第二，实体经济利润空间不断缩小，虚拟经济持续较高利润与谨防产业空心化的矛盾。我国经济发展的现实是，实体经济利润率太低，而虚拟经济利润率过高，据调查，目前我国资本利润率为22%，房地产为28%，而工业为6.4%，纺织业仅为4.7%（庄聪生，2012）。投资虚拟经济的巨额回报率使广大企业家纷纷介入房地产、金融等领域，吸引着各项要素流向非实体经济，主业投资意愿明显下降，躁动与不安的情绪在我国实体经济领域逐渐蔓延，在大量资本非理性的狂热中，极有可能使我国重蹈西方国家那样的产业空心化的覆辙。因此，以欧美制造业回归为导向，加快产业结构调整步伐以及技术升级改造速度，为制造业寻求新的市场需求和利润空间，在实体经济与虚拟经济发展中寻求新的平衡是我国实体经济突围的必然路径。

第三，中国制造业的国际化地位指向与大而不强的竞争优势不足的矛盾。在欧美制造业回归引发的新一轮产业竞争中，中国作为全球最大规模的“世界工厂”，“中国制造”的地位不能削弱，应该借机向中高端产业结构升级过程中把握国际制造业发展的主动权。然而，欧美国家会利用其技术、产品等优势在竞争规则和国际贸易规则上做文章，制造贸易壁垒，向中国制造业的国际化频频发难。据统计，2012年前8个月，在外围经济体对中国发起的贸易救济调查案件创下历史记录高点的同时，发展中国家对华贸易摩擦案件数也从2002年占世界各国案发总数的17%急升到36%。加上在高端制造业领域可能遭遇到的阻碍，中国制造业的国际化道路更加坎坷，这也凸显了我国制造业大而不强的尴尬处境。积极发展高端制造业，培育核心竞争优势，主动参与国际高端竞争，争夺国际规则话语权是中国实体经济突围的重要抉择。

三、重塑我国实体经济的若干政策建议

实体经济是国民经济的基础，是国民财富的源泉，是增强综合国力的重要支撑，只有抓好，才能实现经济平稳较快发展。围绕我国在实体经济发展中面

临的问题，下文将分别从产业转型升级、企业自主创新、发展平台建设、发展环境保障，以及与虚拟经济的协调发展等角度提出相应的政策建议。

（一）推进产业转型升级，重塑实体经济地位

做大做强产业是壮大实体经济的关键，而推进产业转型升级是重塑我国实体经济的必由之路。当前，我国正处于转型升级的关键时期，进入了工业化和城市化发展的加速阶段，面对全球经济的衰退、西方发达资本主义国家的制造业回流政策、国内物价的上涨等问题的困扰，必须积极探讨产业转型升级路径，将实体经济发展与转变经济发展方式结合起来，充分发挥实体经济在稳增长和惠民生等方面的重要作用。

由于实体经济主要指农业、制造业和生产性服务业等领域，因此，在产业结构转型升级和转变经济发展方式中要统筹考虑农业、制造业和生产性服务业的产业特性，促进各实体经济的有序协调发展，优化资源配置。要做优农业，发展传统优势产业，把发展现代农业作为发展实体经济的基础，促进农业增产、农民增收，进一步推进农业现代化；要做强工业，培育发展战略性新兴产业，用先进实用技术改造和提升传统产业，坚持走新型工业化道路，形成以高新技术产业为先导，基础产业和制造业为支撑，加快产业转型升级，促进产业实力显著提升，构建具有较强竞争力的现代产业体系，推动制造业向“微笑曲线”的两端爬升，实现制造业的高级化转型发展；要做实服务业，优先发展现代服务业，在创新中促进服务业较快的发展，从而有助于制造业发展。

（二）大力推进企业自主创新，提升实体经济主体实力

企业是市场经济的微观主体，是发展实体经济的组织承载。没有各类企业尤其是中小型企业的发展，就没有实体经济的整体繁荣，因此，要加快培育一批规模优势明显、带动作用突出、市场竞争力强的规模实力型企业，是保持经济平稳较快增长的现实选择，更是增强经济发展动力，实现可持续发展的长远之计。在企业竞争力培育中，要支持小微企业特别是科技型小微企业的发展，要大力推进科技创新，强化创新驱动，推进企业加快产业转型升级，增强企业自主创新能力。创新是牢牢把握实体经济发展的灵魂，从我国企业的发展状况出发，现阶段推进自主创新需要着重关注三点：（1）不断提高企业的研发投入，充分发挥一些大型研发中心的作用，集聚和建设一批国内外一流的科研机构和科技服务机构；（2）注重原始自主创新能力，加强专利申报，注重知识产权的保护，不断增强企业的核心竞争力。（3）要完善成果转化机制，提高科技成果转化率，加强技术资源向技术能力和创新成果转化的能力。

（三）强化产业基地建设，搭建实体经济发展平台

平台是支撑实体经济长远发展的战略支点，是推动产业发展的重要载体。

平台的发展对于提升一个地区实体经济发展能级、推动区域长远发展、可持续发展有着重要的战略意义。通过增加有效投资发展壮大实体经济、保持经济平稳较快发展，加快产业转型升级和增强长远发展后劲。鼓励引导民间资本更多地投向实体经济，切实加大新兴产业培育，传统产业改造提升、现代服务业发展和重大技术改造等领域的投入力度，扶持中小企业回归实体经济，拓宽中小企业融资渠道，更加重视民间资本渠道的拓展，加快垄断行业改革和引导民间资本进入战略性新兴产业，拓宽实体企业的发展空间。要加快推进园区的各项筹备工作，切实为实体经济的发展搭建平台，更好地承接产业转移，从而不断发展和壮大实体经济的规模，打造区域发展增长极。

（四）营造良好的发展环境，提供实体经济发展保障

良好的发展环境是做大做强实体经济的重要保障，也是增强区域竞争力的重要因素。这里的环境包括政策环境、市场环境、技术环境、市场环境等。

政策的政策方面主要体现在财政政策、货币政策等经济杠杆的运用，通过实施积极的财政政策和稳健的货币政策调整扶持新兴产业的发展，优化工业结构水平和产业结构的调整优化升级，进一步落实和完善各项政策的实施和运用。政府要减少对企业的行政干预，清除各种乱收费、乱罚款、乱摊派现象。国家应制定和实施一系列的制度和政策鼓励并引导企业持续地进行技术研发和创新，增强企业的技术实力和核心竞争力。国家要构建一个有利于技术研发和创新的市场环境，打击假冒伪劣，保护知识产权。严格规范资本市场和金融市场的运作，坚决抑制其中的过度投机炒作，不给人们提供投机炒作、轻松暴富的诱惑，特别要防止虚拟经济的过度膨胀和泡沫化。政府要大力发展教育，完善人才培养创新机制，培养技工和高级技工，开展精细化生产，创造有利于人才引进的各项政策环境。

（五）健全资本市场，协调好实体经济与虚拟经济的关系

实体经济是虚拟经济发展的基础，是惠民生促和谐的关键。但从发展趋势来看，虚拟经济是世界经济发展的趋势，是市场经济与科学技术高度发展的产物，因此，不能因为它可能导致泡沫而否定它，应该协调好实体经济与虚拟经济的关系，在重视实体经济的同时要发展虚拟经济，使虚拟经济的发展规模与实体经济发展情况相匹配，更好地改造和提升实体经济。具体来说可以通过以下政策来发展虚拟经济：（1）通过政策的引导鼓励虚拟经济主体投向一些中小企业发展方面，努力把经济发展的活力调动起来。（2）将虚拟经济的发展与促进中国产业结构调整紧密结合，通过健全资本市场来促进产业结构的优化升级，大力发展创业投资来促进新兴产业的发展。（3）建立高效的虚拟经济监管制度。

甘肃省现代服务业发展现状、问题与对策

张存刚　卫静静*

现代服务业是一种需求收入弹性高的产业，它的投资少、经济效益高、对资源的依赖性低、污染小，但对智力要素要求较高。大力发展现代服务业有利于甘肃省在有限的资源约束条件下提高就业率，实现循环经济和可持续发展，完成经济转型跨越发展。甘肃省“十二五”服务业发展规划中指出加快服务业发展是加快经济发展方式转变、推进经济结构调整、提高经济整体素质的战略举措。甘肃省第十二次党代会也提出努力把现代服务业培育成国民经济支柱产业。本文重点研究甘肃现代服务业发展的现状与问题，并提出甘肃现代服务业又好又快发展的思路和政策建议。

一、现代服务业的内涵与内容

关于现代服务业的内涵在国内外学术界已有很多讨论，对其内涵和本质已基本达成共识。认为现代服务业是伴随着信息技术和知识经济的发展产生，用现代化的新技术、新业态和新服务方式改造传统服务业，创造需求，引导消息，向社会提供高附加值、高层次、知识型的生产服务业和生活服务的服务业。现代服务业的发展本质上来自于社会进步、经济发展、社会分工的专业化等需求。具有智力要素密集度高、产出附加值高、资源消耗少、环境污染少等特点，既包括新兴服务业，也包括对传统服务业的技术改造和升级，本质是实现服务业的现代化。

现代服务业大体相当于现代第三产业，但具体包括哪些行业，在国内还没

* 张存刚，兰州商学院经济学院院长，主要研究方向为政治经济学、资本论研究、中国特色社会主义经济理论与实践、金融理论与政策；卫静静，兰州商学院陇桥学院国际经济与贸易系。

有完全形成统一的认识。本文在研究现代服务业时，考虑到统计数据收集和口径一致问题，以及生产和生活的需要，对现代服务业的划分主要包括现代物流业、金融保险业、信息传输和计算机软件业、租赁和商务服务业、科研技术服务业、卫生体育教育文化业、广播电影电视和娱乐业、社会福利业、居民社区服务业和综合技术服务业。

二、甘肃省现代服务业发展现状

(一) 产业结构呈现出“二三一”的形态

根据发达国家产业结构变化趋势，经济从工业化向“后工业化”阶段过渡时，高技术产业和服务业日益成为国民经济发展的主导部门。世界上许多发达国家如美国、日本、英国的服务业产值已达到其GDP的60%以上。中国一些较发达地区的服务业发展水平也较高。2010年北京市服务业增加值占GDP的比重为75.1%、广东为45%、上海57.28%、浙江43.5%，与发达地区进行横向比较，甘肃省产业结构不尽合理。2000~2003年甘肃省产业结构呈现“三二一”的状态，但是随着甘肃省经济的快速发展，工业地位得到不断强化。从2004年开始产业结构就回归“二三一”形态（见图1），三次产业结构由2003年的40.86:42.14:17，逐步演变为为2010年的48.17:37.29:14.54。近几年来，甘肃省服务业对GDP的贡献迅速从2003最高位的42.14%下降至2010年的37.29%，由高于全国平均水平4.04个百分点，演变为低于全国平均水平1.21个百分点。虽然甘肃省服务业平均增长速度快于经济发展速度，但要实现以服务业为主导的产业结构，还需进一步的努力。

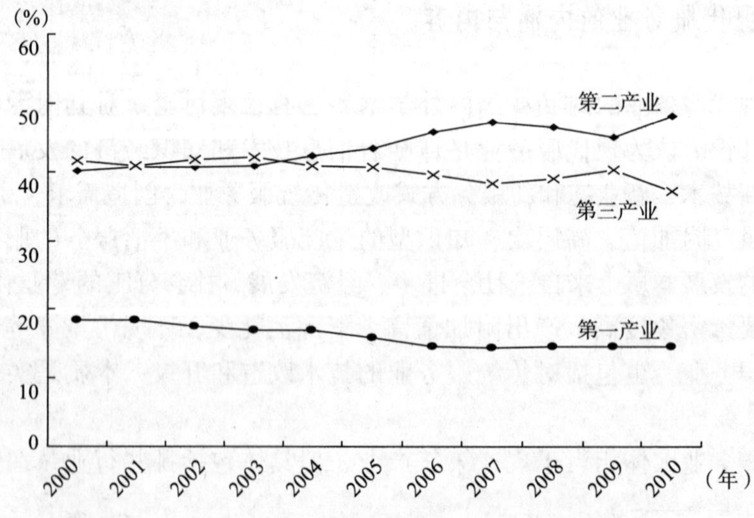

图1 2000~2010年甘肃三次产业比重

（二）服务业总规模平稳扩大

改革开放以来，甘肃第三产业取得了长足的发展，服务业总产值随国内生产总值的增长而稳定增长。1978 年甘肃服务业国内生产总值 12.48 亿元，占甘肃 GDP 的 19.28%。2003 年甘肃服务业生产总值 459.34 亿元，占 GDP 比重历史水平最高，为 42.14%。2010 年甘肃服务行业实现增加值 1536.5 亿元，占 GDP37.29%，是 1978 年的 123.12 倍，服务业对 GDP 的贡献率上升了 18.01%。从图 1 可以看出，甘肃服务业整体规模不断扩大。但是与国内其他地区进行横向比较，甘肃服务业在西部 12 地区中仅排第 9，在全国排第 27 位，可见，甘肃服务业与发达地区的规模差距还比较大。

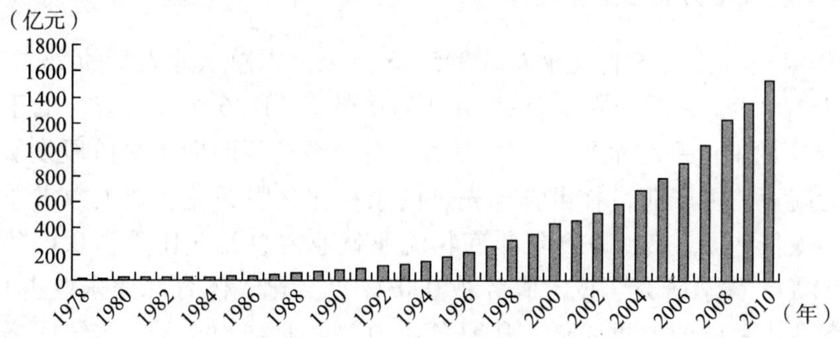

图 2　1978～2010 年甘肃省服务业增加值

资料来源：2011 年《甘肃发展年鉴》。

（三）现代服务业发展速度较慢

甘肃省现代服务业中发展较快的是金融业和旅游业。2010 年甘肃省金融机构本外币年末存款余额 7146.66 亿元，比上年年末增长 21.07%；贷款余额 4576.68 亿元，比上年年末增长 22.37%。整个金融业实现增加值 100.54 亿元，增长 13.9%，快于服务业 12.7% 的增速。2010 年甘肃省国内旅游收入 237 亿元，比 2009 年增长 22.8%；物流业增加值约 227.18 亿元，仅增长约 6.34%。与传统服务业比，甘肃省现代服务业增速缓慢。2010 年甘肃省批发、零售业实现增加值 97.4 亿元，增长 17.7%，快于金融业增速；住宿、餐饮业也实现 10.03% 的增幅，快于物流业的增速。另外，保险、信息传输和计算机服务、广告宣传、技术咨询、电影音像等高附加值、技术密集型现代服务业发展速度也较缓，说明甘肃省服务业增长仍以传统服务业为主导，现代服务业为辅。应该说服务业规模增长缓慢是由于内部结构的不合理造成的，也制约着甘肃省服务业的发展。因此，优化服务业内部结构是甘肃省继续发展服务业的一个重要挑战。

表1　　2005～2010年甘肃省第三产业内部构成　　单位：亿元

年份	第三产业	批发零售	住宿餐饮	房地产	物流业	金融
2005	787.36	130.78	53.53	63.78	144.70	44.73
2006	900.16	145.89	59.56	73.21	169.58	50.51
2007	1037.11	166.85	68.21	83.52	181.24	61.60
2008	1234.21	196.93	77.21	93.80	211.11	72.49
2009	1363.27	231.21	88.52	101.37	213.64	88.27
2010	1536.50	272.13	97.40	110.02	227.18	100.54

资料来源：2011年《甘肃发展年鉴》，关于物流业的数据，主要依据交通运输、仓储和邮政业的数据。

（四）现代服务业吸纳就业能力弱

2010年甘肃省服务业就业人口345.35万人，占总从业人员的23.03%，比2009年上升0.9%，低于服务业对GDP的贡献率14.26个百分点，低于全国服务业34.6%的就业平均水平。经验表明，随着经济不断向更高阶段发展，服务业将成为就业的主产业，甘肃省与先进国家相比，服务业从业人数占总就业人数比重仍太低。据表2，2010年年底物流业就业占总就业比重为0.05%，金融业占0.04%，科学研究、技术服务占0.03%；文化、体育和娱乐业占0.01%，现代服务业占总就业比重较低。从服务业内部就业结构来看，传统服务业吸纳就业的能力仍较强，现代服务业吸纳就业的能力并未明显高于传统服务业。仅就2010年就业情况而言，甘肃省现代服务业吸纳就业的能力有所下降，与经济发展水平不相适应。这与甘肃省正处于工业化中级阶段，工业快速发展有关，但从中也可看出甘肃省服务业发展滞后，吸纳就业能力没有充分发挥。

表2　　2009～2010年甘肃省第三产业按行业分部分行业年底在岗职工人数　　单位：万人

行业	2009年	2010年		
		人数	变动（%）	比重（%）
批发和零售业	5.50	5.59	↑1.64	0.03
住宿和餐饮业	1.94	1.82	↓6.19	0.01
房地产业	1.68	1.68	不变	0.01
物流业	10.10	9.93	↓1.68	0.05
金融业	6.33	6.59	↑4.11	0.04
科学研究、技术服务	4.88	5.01	↑2.66	0.03
文化、体育和娱乐业	2.43	2.76	↑13.58	0.01
信息传输、计算机服务和软件业	2.16	1.66	↓23.15	0.01
租赁和商务服务业	1.44	1.33	↓7.64	0.01
居民服务和其他服务业	0.34	0.22	↓35.3	0.00

资料来源：2011年《甘肃发展年鉴》。

（五）现代服务业固定资产投资增长较快

2010年甘肃省固定资产投资额为3378.1亿元，比2009年增长36.24%，其中服务业增速最快，2010年服务业固定资产投资总额为1642.5亿元，增长43.55%。从固定资产投资在三次产业的分配上看，第三产业的比重由2009年的46.14%增长为2010年的48.62%。其中批发和零售业3.67%，住宿和餐饮业占1.53%，房地产业占9.67%，传统服务业投资明显低于现代服务业投资比重。但具体来看，技术含量较高的现代服务业文化、体育和娱乐业占1.54%；科学研究、技术服务业占1.52%；信息传输、计算机服务和软件业占1.43%，合计仅为4.49%。说明甘肃省对科研投入和技术服务行业投资不够重视，这将直接影响现代服务业的持续快速发展。

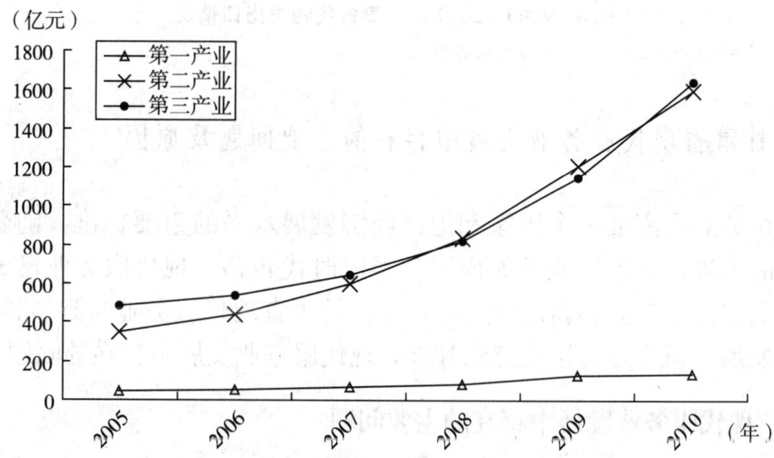

图3　2005～2010年甘肃省三次产业固定资产投资

资料来源：2011年《甘肃发展年鉴》。

（六）国际服务贸易止步不前

国际服务贸易是现代服务业不可分割的一部分，服务业的国际化和吸收国际服务业的转移也是提升甘肃省现代服务业水平的一种方式。甘肃省的文化艺术、旅游、对外工程承包、服务外包和技术进口等领域都参与到国际服务贸易中，但是由于甘肃省开放程度较低，许多行业的国际参与程度还不高，如银行业、保险业和信息服务业利用外资的规模仍较低。2010年甘肃省实际利用外资5.19亿美元，占全国实际利用外资比重不足百分之一。另外，甘肃省对外贸易发展属全国较低水平，一直处于缓慢发展阶段，基本能保持进出口差额为顺差。但是自2005年开始出现逆差，近几年逆差弱势不仅没有改善反而呈现迅速扩大的态势。这说明甘肃省服务业对外开放程度不足，省内服务企业未能很好地融入国际服务贸易市场，参与国际竞争的能力不足。这将影响甘肃省现代服务业更好地利用国际市场，妨碍甘肃省现代服务业的国际化发展。

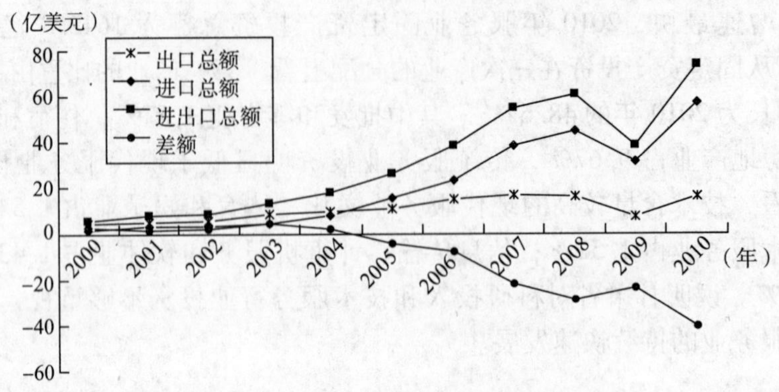

图4　2000～2010 年甘肃省货物进出口情况

资料来源：2011 年《甘肃发展年鉴》。

三、甘肃省现代服务业发展中存在的主要问题及原因

现代服务业是衡量一个国家和地区经济发展水平的重要标准。随着经济全球化的不断推进，世界产业开始向服务经济时代转移。现代服务业已成为许多发达城市的支柱性产业和新的经济增长点。甘肃省现代服务业也逐步得到重视，已有初步发展，但是还应该注意到甘肃省现代服务业发展中存在的问题。

（一）现代服务业发展中存在的主要问题

1. 地区差异显著

现代服务业的发展不可能各地区同步调的发展，但地区间应相互协调。甘肃省现代服务业资源高度集中于省会，导致服务业在城市和乡村、中部和南北部之间的非均衡差异非常明显。从总量上来看，2010 年省会兰州市服务业增加值排名第一为 537.42 亿元，占全省服务业增加比重达 34.98%。排名第二的酒泉市服务业增加值为 140.63 亿元，仅占 9.15%。最差的甘南州只有 35.76 亿元，占 2.3%，兰州市服务业增加值是甘南州的 15 倍多。排名前三的兰州、酒泉和天水市服务业增加值之和所占比重超过一半，且这三地区的服务业重心正在向现代服务业转移，如信息、咨询、商贸服务、计算机服务、现代金融业等新兴服务业增长较快。可见，甘肃省各地市服务业发展水平受整体经济发展不平衡的影响，同样呈现出地区差距较大的问题。

表 3　　2010 年甘肃省服务业增加值排前 6 名的地区

地　区	第三产业增加值（亿元）	占全省的比重（%）	排名
兰州市	537.42	34.98	1
酒泉市	140.63	9.15	2
天水市	126.78	8.25	3
白银市	102.42	6.67	4
庆阳市	91.74	5.97	5
武威市	76.78	5.00	6

2. 生产性服务业发展不足

生产性服务业能保障工业生产过程的连续性、促进工业技术进步、产业升级和提高生产效率。现代服务业发展的趋势是金融、保险、物流、通信、中介和咨询业等生产性服务业占据主导地位，比重逐渐上升。英美等发达国家生产性服务业已经成为经济发展的主要支撑力量，基本占到 50% 以上。与发达国家和国内较发达地区相比，甘肃省生产性服务业发展严重不足，服务业表现为消费性服务业占主导地位。2010 年甘肃省现代物流业、金融服务业、信息服务业和商务服务业等生产性服务业增加值占服务业增加值的比重约为 32.37%，占 GDP 的比重约仅为 12.07%，生产性服务业发展规模太小。从服务业的技术含量来看，信息、知识、技术密集度低，高科技手段应用较少，运作手段传统、效率低下，科学技术成果转化应用率较低，这就导致甘肃省现代服务业为工业发展提供科技支持的能力较弱，难以为工业技术进步、产业升级和提高生产效率提供有效保障。

3. 产业集聚水平较低

产业集聚有利于产业形成规模效应和正的外部效应。从世界各国中心城市的发展规律来看，在城市中心区域，现代服务业体现出高度集聚的特征，商务和金融业等现代服务业往往是推动城市发展的核心产业集群。如华尔街的金融业集聚区、班加罗尔的软件产业集聚区和上海陆家嘴金融服务业集聚区等都为其所在城市的经济发展做出了贡献。为了解甘肃省服务业集聚水平，有学者用能反映产业集中度的产业内区位基尼系数①对甘肃省服务业内部不同部门的地区发展平衡问题进行分析，其结果是交通邮电通信业、批发零售业、金融保险业、房地产业四大行业产业内区位基尼系数均小于 0.2，说明甘肃省服务业产业总量上不存在产业集聚现象，难以发挥集聚效应，进而产生规模经济和范围经济效益。与发达地区比，甘肃服务业产业内集聚水平还较低。2009 年上海市信息传

① 产业内区位基尼系数：用于刻画产业空间分布的不均匀程度。它的值越小，表明产业在空间的分布越不均匀，产业的区位基尼系数越大，产业的空间集聚程度越高。因此，若将服务业视为一个整体产业，计算服务业的区位基尼系数，通过观察这一系数的变动，便可观察到服务业的集聚情况。

输和软件业、金融业、房地产业、租赁和商务服务业、科研和技术服务业的区位熵分别为1.67、2.30、1.5、2.35、1.75，远大于1，产业集聚程度强。江苏、浙江主要是房地产业和金融业集聚水平较高。[①] 甘肃省交通运输业、教育和信息传输、计算机软件业区位熵大于1，但并不高。对现代服务业拉动效应较强的商贸服务业、金融业、房地产业和保险业的产业集聚水平还很低。[②]

表4　2009年甘肃省现代服务业部分行业区位熵

行　业	区位熵值
交通运输、仓储和邮政业	1.29
金融业	0.50
教　育	1.24
科学研究、技术服务和地质勘查业	1.14
卫生、社会保障和社会福利业	1.28
房地产业	0.55
信息传输、计算机服务和软件业	1.24

资料来源：根据2010年《甘肃发展年鉴》，2010年《中国统计年鉴》计算所得。

4. 市场化程度较低

长期以来，甘肃省服务业的增长主要依靠于劳动投入的增加，科技和知识含量偏低，导致服务业增加值较低。服务业的经营方式以粗放型为主、管理水平和服务质量不能适应市场变化，整体服务水平偏低。服务业市场化程度较高的主要是批发零售、住宿餐饮、交通运输等较传统的产业，众多现代服务业尤其是生产性服务业市场化、社会化程度都较低，市场的资源配置作用难以充分发挥，导致服务业辐射功能不强，以省内的企业和消费者为主要服务对象，发展空间严重受限。甘肃省在金融业、保险业、通信业等技术和知识含量较高的行业改革滞后，金融领域改革问题尤为突出，按行政区划和层级设计的区域网络、高度集中的金融配置权力、经营机制的僵化，都使金融资源难以优化配置。这种市场发展潜力较大的行业往往由国家垄断的现象直接导致行业公平性受到损失、资源利用率低。市场化不足使服务业内部无法形成良好的竞争格局，服务业企业竞争能力和抗风险能力弱，进而影响了服务业整体水平的提高。

① 傅坦：《长三角现代服务业集聚发展研究》，载于《东方企业文化》2012年第3期，第121页。

② 区位熵：熵指一个地区特定部门的产值在地区工业总产值中所占的比重与全国该部门产值在全国工业总产值中所占比重之间的比值。通常用来判断一个产业是否构成地区专业化部门。区位熵大于1，可以认为该产业是地区的专业化部门；区位熵越大，专业化水平越高。

（二）现代服务业发展滞后的原因

1. 竞争意识不强

甘肃省在思想认识方面对现代服务业竞争的激烈程度认识不够。现代服务业经过几十年的发展，总规模不断扩大，服务水平也有了较大改善，但总规模和综合实力与国内发达地区服务业相比还有较大差距。过去，甘肃省现代服务业受到政府和地方保护主义的影响，严重缺乏竞争意识，行业发展缓慢。随着全球经济一体化的到来和发展观念的转变、服务业市场逐步放开、市场化程度逐渐提高和行业保护持续减少，甘肃省现代服务业必然要与国际、国内市场上的对手竞争。随着市场的放开，很多大型跨国公司必然会陆续进驻甘肃省，如正在积极引进的零售业巨头沃尔玛，大型跨国公司的进驻必然会在一定程度上挤占甘肃本地服务业的市场空间，这就要求甘肃省现代服务业必须尽快形成自己的特色，打造强有力的竞争点，迎接挑战。目前，甘肃省服务企业在规模、管理和营销等方面与强大对手都有较大距离，若不能很快适应激烈的市场竞争，必然会被淘汰。

2. 发展战略未及时调整

甘肃省和许多西部其他省份一样，在发展初期以优先发展工业为主，这就造成资本、土地、人才等资源都向工业倾斜，整个服务业的基础十分薄弱。近几十年，甘肃省的发展战略仍是“工业强省”，现甘肃省基本处于工业化初期的中级阶段，工业正快速发展，各种民间投资和政府投资主要进入工业领域，使服务业的发展水平严重滞后于工业水平。如甘肃省交通运输业投资持续下降，金融保险、住宿、餐饮、租赁、教育培训、商务服务等投入不足。现代服务业长期得不到重视的原因是因为对现代服务业本质特征、发展规律、经济和社会功能认识不到位。随着现代服务业的发展优势逐步显现，甘肃省已开始重视服务业的发展，在甘肃省“十二五”服务业发展规划中提出要加快发展生产性服务业，促进产业结构优化升级；积极发展生活性服务业，满足城乡居民消费需求，甘肃省现代服务业有望得到快速发展。

3. 体制问题

体制性障碍和政策性限制等软环境的约束是现代服务业发展的一大弊病，不仅是甘肃省，很多发达地区的服务业存在同样的问题。由于体制的不健全和不健康，使很多现代服务业必须接受严格的管制，使行业竞争不够充分。体制原因形成的垄断现象直接导致部分现代服务行业出现市场独占和分配严重不公的现象，民间资本又因进入性障碍而无法得以很好地发展作用，服务业缺乏应有的活力。在某些服务性行业，垄断产生的高价和服务水平与服务技术的停滞同时存在，影响了整个服务经济的发展。随着甘肃省产业结构优化、升级的需要，甘肃省正逐步转变经济发展方式，提升产业整体竞争力，这就要求现代服务业必须为工业发展提供相应支撑，但是甘肃省现代服务业发展滞后的现实使服务业与工业发展不协调的深层次矛盾开始凸显，而体制方面的问题又不可能在短时间内得到解决，将继续影响服务业的发展。

4. 缺乏高端人才

甘肃省属西北地区欠发达省份，经济发展程度和环境对高端人才的吸引力不强。长期以来，由于观念上的歧视和薪酬制度的缺陷，导致现代服务业人才的培养不受重视，缺乏整体和长远规划。教育体系对人才的培养跟不上服务经济发展的需要，专业创新少，学生毕业后并不能很好地适应现代服务业的工作要求。知识、技能要求高的现代服务业由于缺乏管理型、创新型、领军型人才，管理、决策与服务质量得不到保证，专业性不强。受甘肃省现代服务业从业人员的整体素质的影响，使服务业升级困难，只能从事低附加值的传统服务业。与国外现代服务业相比，很多跨国公司吸引服务人才的力度越来越大，甘肃省现代服务业在人才方面的竞争将会更加激烈。另外，由于甘肃省所处的地理位置和总体经济水平与发达地区差距较大，每年各类人才流失本就相当严重，如不能采取有效措施，现代服务业人才缺乏状况将会更加严重。

四、促进甘肃省现代服务业快速发展的对策

为促进甘肃省现代服务业的发展，要有明确的思想认识，具体的发展方向和相应的发展措施，可从以下四个方面入手。

（一）提高对现代服务业的认识

要想加快甘肃省现代服务业的发展，必需对现代服务业有一个清楚的认知。

1. 发展现代服务业有利于经济结构的调整

甘肃省经济发展正处于工业化初期的中级阶段，经济结构是典型的偏重于工业，且甘肃省工业整体存在结构性障碍，优势行业主要集中在重工业，经济发展对资源的依赖性较强，呈现高投入、高消耗、低效益的特点。甘肃省虽是我国重要的有色金属和能源化工基地，境内铝、铜、镍、稀土资源十分丰富，但这些资源都是不可再生资源。因此，要调整现有不合理的经济结构，必须加快现代服务业的发展。

2. 发展现代服务业有利于转变经济发展方式

现代服务业具有资源依赖性小、投资少、污染小、经济效益高的特点，是一个典型的需求收入弹性高的产业，发展潜力巨大。甘肃省虽然因地理位置的特殊性在矿产资源方面占有一定的优势，但人均资源占有率较低，尤其是淡水、可用土地等资源方面十分紧张，现有的经济发展方式对资源的需求较多，影响经济的可持续发展。现代服务业的优势可以突破资源障碍。

3. 发展现代服务业有利于提升制造业竞争力

制造业的发展是国民经济的命脉，影响经济的总规模和总水平，但是随制

造业的发展，产业分工不断细化，与制造业直接相关的配套服务业，如技术研发、物流、信息技术、设计策划等生产性服务业从制造业内部独立出来，成为一门新兴产业。制造业的发展也越来越依赖现代服务业，特别是生产性服务业。发达国家的发展经验表明，发达的现代服务业能够对制造业起到明显的支撑作用，提高制造业的市场竞争力。甘肃省制造业正处于发展阶段，应积极发展现代服务业，为制造业快速发展提供保障。

4. 发展现代服务业有利于缓解就业压力

服务业门类繁多，就业空间大。三次产业比较而言，服务业对就业的带动作用最明显。很多发达国家和地区的服务业从业人员占到总就业人员的70%以上，成为吸纳就业的主渠道。2010年北京第三产业就业比重达74%以上，上海也有58%，而甘肃省目前服务业就业比重只有33.8%，还有很大的提升空间。2010年甘肃省毕业的大学生有近10万人，毕业的职业中学生有4万多人，现代服务业的发展有利于缓解就业压力。

（二）优化现代服务业空间结构布局

“中心带动、两翼齐飞、组团发展、整体推进”的区域发展战略是甘肃省委、省政府在“工业强省”战略基础上制定的，旨在促进甘肃省经济结构调整和发展方式的转变。甘肃省现代服务业的发展应围绕区域发展战略进行，重点规划建设“五大区域”。

1. 积极加快兰州市现代服务业核心区建设

兰州市作为甘肃省的中心城市，具有交通、物流、金融、信息等方面的优势，应以兰白经济区为依托，积极推进兰州市现代服务业核心区的规划建设，吸引资金、人才、技术等生产要素向兰州集聚。对兰州现有的资源进行整合，创新服务模式，突出发展科技信息、金融保险、文化创意、会展、现代物流、商贸流通、高技术农业服务等现代服务业，强化现代服务业在兰州经济发展中的地位，引领全省服务业加快发展。

2. 重点发展天水、酒泉和嘉峪关两大区域现代服务业

天水、酒（泉）嘉（峪关）作为地方性区域中心，与中心兰州一北一南相互呼应，应得到率先发展。天水在交通运输、文化旅游、展会方面的优势现已形成，应依托关中—天水经济区，构建完善的现代服务业产业结构，协调发展。酒泉和嘉峪关拥有重要的资源优势，应率先支持这两地区现代服务业的发展，重点培养对石油能源、钢铁的开采和利用、光电能源的利用、装备制造业的发展有突出支撑作用的现代物流、信息服务等产业。金（昌）武（威）、平（凉）庆（阳）、甘（南州）临（夏）三个区域的发展应依地区优势注重科技服务业和特色、文化旅游业等的优先发展。

（三）优先发展六大重点产业

面对资源的约束，甘肃省现代服务业发展要有所侧重，优先发展产业关联性强、经济拉动作用大的行业，如现代物流业、金融业、信息产业、商务服务、文化旅游等。

1. 现代物流业

充分发挥甘肃省位于西北地区中心地带，“座中连六”的地理优势，对省内物流园区进行合理布局，进一步提升和巩固兰州市区域性物流中心地位，积极推动酒嘉、天水、张掖、平庆、金武五个地区性物流中心建设，强化生产性物流发展，扩大流通性物流规模，推进第三方综合物流的发展，形成地区性物流、行业物流和城市配送物流共同发展，信息化、智能化融入现代现代物流业，形成高水平的现代物流体系。

2. 金融服务业

以兰州市为中心，合理规划全省金融业布局，加快推动兰州西部区域性金融中心建设，形成兰州金融聚集区，全方位拓展金融资源的聚集辐射能力。优化甘肃省金融服务体系，在允许范围内大胆进行金融改革，为现代服务业发展提供一个功能良好、效率高、经济效益好、安全性高的金融业体系。全方位支持地方性金融机构（如兰州银行）的发展，支持跨省区设立营业点，把地方性金融机构打造成全国品牌融资机构。

3. 信息服务业

依托科技、信息、软件、传输等现代信息技术，促进信息化和工业化发展的融合，推进工业信息化。持续推进“三网”融合、3G技术的广泛应用、新兴电子商务和物联网技术的发展，完善信息服务业的基础设施建设，加快培育第三方信息服务。搭建科技服务平台，努力培养具有特色的、功能强大的社会化、网络化新型中介服务体系。鼓励工业投计、技术推广和科技开发等信息技术应用较多的服务业发展，充分发挥服务业对工业的支持作用。

4. 商务服务业

按照专业化分工、市场化运作原则，积极推进兰州、天水商务服务聚集区的建设。以大型兰州投资贸易洽谈会、天水伏羲文化旅游节为依托，把兰州打造成产业化专业会展城市。引导中小企业聚集发展，重点发展咨询、评估、会计、广告、中介等商务服务业。加快农村商务服务业的发展进程，拓宽农村商务服务业市场，促进农村居民生活质量的进一步提高。

5. 旅游服务业

充分利用甘肃省内优秀的旅游文化资源，把旅游业打造成甘肃省现代服务业的龙头产业。发挥兰州、天（水）平（凉）、酒（泉）嘉（峪关）的地方性区域中心作用，加快旅游集散中心建设。加强对丝绸之路、华夏文明黄河旅游线、大香格里拉三条国家精品线路的应用和扩展，以红色旅游为突破点，加大对甘南、陇南、定西、白银、平凉、庆阳等地区的旅游开发力度。开发培养独具特色的森林旅游、生态旅游项目。

6. 文化产业

开发文化资源，建成文化大省，推动文化与经济、旅游、教育的融合与互动发展，创建新型文化业态，推动文化产业升级。充分挖掘敦煌文化、丝路文化、地域民族文化等特色资源优势，着力发展现代传媒、出版发行、文娱演艺、文化旅游等优势产业，培育特色文化品牌，支持省内文化企业做大做强。规划建设文化产业聚集区，实施文化数字化建设工程，加快广播电视网络整合、有线电视网络数字化双向化改造。要特别重视天水的文化建设，争取建成在全国有重要影响力的文化名城。

（四）宏观体制政策导向与支持

现代服务业的发展在很多层面需要政府的大力支持，比如在发展环境的改善、引导产业集聚、人才培养等方面就需要政府来进行。

1. 改革发展环境

北京、上海和辽宁都已被列为现代服务业综合试点，甘肃省也应积极申请，争取早日成为试点省，以促进现代服务业发展。在成为试点省之前，甘肃省可先行开展省级服务业改革，重点改革服务业中存在的体制机制、发展环境、政策“瓶颈”等一系列问题，建立服务业发展协调机制，建立公开、平等、规范的服务业准入制度，改革现有的服务业税费制度，扩大服务业的开放程度，拓宽现代服务业融资渠道，引导行业的良性有序竞争，为服务业的发展积累经验。

2. 引导产业集聚

依托现有的经济开发区、工业集中区、产业基地和服务业骨干企业等条件，创建服务业示范园区，形成合理的空间布局，发挥产业聚集效应和产业辐射效应，特别是引导生产性服务业集聚发展，带动现代服务业的综合发展，提高区域经济的综合竞争力。尤其要加快兰州新区的现代物流业、金融服务业、商务咨询服务业、信息服务业的发展，尽快实现兰州现代服务业的集聚效应，提高综合服务能力。

3. 培养专业人才

人才是现代服务业发展的关键，甘肃省应加快人才队伍建设。首先要完善人才培养、引进、使用机制，特别是要能长期留住人才。引导省内高等（职业）院校改革学科专业，重点培养现代金融、物流业、信息技术、商贸服务、文化旅游等重点发展产业所需专业性人才，形成人才培养基地，特别加紧对服务业紧缺人才的快速培育。积极与其他地区共建人才交流平台，共享人才资源，形成可持续的人才支持体系。

4. 壮大服务企业

甘肃省应在产业带动力大、关联度高、支撑力强的现代服务业中建立一批国内著名、国际知名的自主品牌，培育有竞争力的龙头企业。甘肃省要探索品牌建设渠道，可先从政府和行业协会入手，拉动企业主动参与行业标准和规范的建立，促进服务品牌的建设。对已有的服务企业品牌要加强推广力度，创新服务模式，扩大品牌效应。引导省内特色优势产业和现代服务业互动发展。

基于 S－EKC 理论的中国低碳服务业实证研究

王小平　张鹏*

一、引言

中共"十八大"报告作出了"支持节能低碳产业和新能源、可再生能源发展，确保国家能源安全"的重要部署。当前中国的高能耗、高碳排放产业主要在第二产业，因此相关政策重点也在第二次产业。但是，随着服务业大发展，服务业低碳问题日益突出。2013 年春季，中东部大部地区出现持续低能见度的雾霾天气；而其中，服务业碳排放也是环境污染重要原因。据报道，在北京，机动车、采暖和餐饮业油烟排放对雾霾形成的影响超过了 50%，由此可见服务行业发展低碳经济的重要性。早在 2009 年 5 月，世界经济论坛（WEF）在《走向低碳的旅行及旅游业》的报告中首先出现了低碳旅游的概念。国际零售商沃尔玛基于"碳足迹"规则，成为促进低碳流通经济发展的典范。随着低碳环保理念深入人心，低碳旅游、低碳物流、低碳餐饮等低碳服务业正在以高速发展的态势成为一种新型服务业发展方式，并逐渐成为服务业界关注和研究的热点。

从上述背景看，本文的研究具有重要的现实意义。本文的主要学术贡献在于：对服务业碳排放进行了测算；研究了服务业碳排放对环境的影响机制；特别是，本文在环境库茨涅茨曲线（environmental kuznets curve，EKC）的基础之上提出服务业环境库茨涅茨曲线（service－environmental kuznets curve，S－EKC），探讨服务业碳排放同服务业发展水平之间的动态关系，并基于中国数据资料对二者之间是否仍呈现倒 U 形特征进行了实证研究。

---

* 王小平，河北经贸大学商学院院长、教授、博士，研究方向为政治经济学。张鹏，河北经贸大学商学院研究生，研究方向为现代服务业理论与实践。

二、低碳服务业基本理论

（一）低碳服务业概念界定

关于低碳服务业，目前学者对低碳餐饮、低碳旅游、低碳金融等某些服务业行业领域的研究相对较多，而从整体上研究低碳服务业的文献很少，代表性的有曹莉萍等将低碳服务业概念界定为：促进低碳经济发展、服务低碳城市建设，为实现低碳目标的各种相关服务在市场机制运作下集聚形成的产业。徐玖平认为低碳服务业是被赋予低碳内涵的现代服务业，它不仅强调高科技高技术、高知识，还要求必须达到绿色环保的标准。李克国认为只有实现了尽可能少的碳排放的服务业才可以称为低碳服务业；低碳服务业指的是以低碳技术为支撑在充分合理开发、利用当地生态环境资源的基础上，实现最小的碳排放的现代化服务业。

由此可知对低碳服务业的概念国内学者并未统一，曹莉萍对低碳服务业的界定是从提供节能减排的服务方面进行的定义，这里的低碳服务业不仅包括第三产业，还包括为第一、第二产业提供节能减排的相关服务服务，而徐玖平、李克国则是从服务业本身所具有的的低碳性质来定义的低碳服务业。本文关于低碳服务业的概念主要是指实现较低碳排放的服务业。

（二）服务业环境库兹涅茨曲线（S－EKC）模型

在对低碳服务业概念界定的基础上，这里进一步研究服务业对环境动态影响关系。

1. 从KC到S－EKC

美国经济学家库兹涅茨在研究收入分配均衡程度与经济发展的关系时，提出了收入差距随经济发展变化的倒U形曲线，这就是库兹涅茨曲线（kuznets curve，KC），又称KC理论。

根据收入库兹涅茨曲线的分析原理，学者Grossman和Krueger在分析北美自由贸易区协议（NAFTA）的环境效应时，对经济活动与自然资源消耗和污染物排放之间的关系进行了分析，实证考察了环境—收入倒U形关系的存在，即在相对低收入情况下，资源的消耗和污染物的排放会随着收入的增加而加大，当收入达到一定水平时，二者则呈现相反的变动轨迹，又称为环境库兹涅茨曲线（environmental kuznets curve，EKC）或EKC理论。

众多学者对环境库茨涅茨曲线进项了验证，而这些研究主要是从第一、第二产业的污染物排放同经济发展的关系角度进行的。对于服务业的碳排放同其经济发展的关系却未曾关注。因此，借助于EKC理论，本文提出服务业环境库兹涅茨曲线（S－EKC）理论。

2. S－EKC 基本概念

从服务业的碳排放同其自身经济发展的关系分析入手，通过建立拟合模型，验证服务业环境库兹涅茨曲线（service－environment kuznets curve，S－EKC）的存在以及是否出现拐点。这种变动轨迹表现在图形上是一条先向上弯后向下弯曲的倒 U 形曲线。倒 U 形关系是最常见的一种实证研究结果。

3. S－EKC 基本解释

为什么服务业碳排放与服务业发展水平具有倒 U 形特征？可能的原因有如下几点。

（1）技术与产业结构。技术进步与产业结构的变化使环境压力在高收入时减小。社会经济发展带动了技术进步和产业结构转变。技术能提高资源利用率，减少生产污染。同时，服务业向具有新技术、新业态和新方式的“三新”，以及人力资本、高技术含量和高附加值的“三高”特征的现代服务业转变，相对的环境污染便会逐渐减少，环境质量随之改善，环境压力和经济增长便出现了分离。

（2）环境质量需求的收入弹性。环境质量需求的收入弹性是形成的原因之一。随经济收入的增加人们对环境质量的要求会逐渐提高，环境质量需求的收入弹性会逐渐变大。环境质量需求的收入弹性大于 1，人们会牺牲经济利益来改善环境质量，环境质量就会逐渐改善。

（3）市场机制。市场机制的转变可以减轻环境压力。自然资源和污染进入市场以后，市场的内生自调节功能会阻止环境恶化。随经济发展和市场机制的完善，资源和污染逐渐纳入市场，这样它们的外部成本会转化为内部成本。比如把能源消费作为内生变量，就可以得出 CO_2 排放和国家收入呈倒 U 形关系。这样不但能提高资源利用率而且可以把污染内部消化，导致环境质量改善。

（4）环境政策。随着服务业碳排放对环境影响的日益严重，逐步完善的环境政策及其有力的实施可以改善环境，减小环境压力。

4. S－EKC 模型表达式

对于 S－EKC 模型的线性方程表达式有一般型（level 式）和对数型（log 式），还分为二次式和三次式。一般而言，S－EKC 模型的简化 level 式表示为：

$$E = \beta_0 + \beta_1 Y + \beta_2 Y^2 + \varepsilon$$

其中，E 为服务业碳排放量；Y 为服务业发展水平指标（一般用人均服务业增加值）；ε 为误差项且服从正态分布。上述模型可以表示服务业碳排放与服务业发展水平的几种关系：

（1）若 $\beta_1 > 0$，$\beta_2 = 0$，则服务业碳排放随服务业发展水平呈现递增的线性关系，表示随着服务业发展水平的提升，服务业碳排放量不断增加。

（2）若 $\beta_1 < 0$，$\beta_2 = 0$，则服务业碳排放随服务业发展水平提升呈现递减的线性关系，表示随着服务业发展水平的提升，碳排放量逐渐减少，二者呈现和谐发展。

(3) 若 $\beta_1 < 0$, $\beta_2 > 0$,则服务业碳排放随服务业发展水平提升呈正 U 形的关系,服务业碳排放先减少后增加。

(4) 若 $\beta_1 > 0$, $\beta_2 < 0$,则服务业碳排放随着服务业发展水平提升呈倒 U 形关系,表示服务业碳排放量先增加随后又逐渐减少,这是典型的服务业碳排放库兹涅茨曲线。

(5) 若 $\beta_1 = 0$, $\beta_2 = 0$,则表示服务业碳排放与服务业发展水平之间没有明显联系。如果属于正 U 形关系或倒 U 形关系,则拐点的计算公式为 $-\beta_1/2\beta_2$。

三、中国低碳服务业发展的实证研究

中国服务业碳排放与服务业发展水平的提升是怎样的关系?具有怎样的变动特征?是否呈现为典型的倒 U 形?这里利用中国的经验数据进行实证分析。

(一) 数据来源与服务业碳排放测算

基于数据可得性,本文的样本期选 2000~2010 年,文中所有的基础数据来源于的《中国统计年鉴》、《新中国五十五年统计资料汇编》和《中国能源统计年鉴》。

由于国内目前尚未对碳排放量进行统计,必须对我国的碳排放量进行估算。国内外对碳排放的测算方法有物料衡算法和系数法。本文采用的是《IPCC 国家温室气体清单指南》中推荐的缺省方法对碳排放进行测算。该方法需要的数据不多,易于收集,计算量不大,是估算碳排放的最基本的方法。运用全国的能源数据考察煤炭、煤油、汽油、柴油、天然气和燃料油 6 种主要燃料的消耗量并将其转换为热量值,再乘以该能源的 CO_2 排放系数,最后加总得出全国年度 CO_2 排放量。即能源 CO_2 = 燃料消耗量 × 热值转化系数 × 碳排放系数 × 氧化率 × 44/12。其中热值转化系数和碳排放系数如表 1 和表 2 所示,氧化率根据 IPCC 一般采用 1。

表 1 能源转换系数

燃料类型	原煤	柴油	煤油	汽油	燃料油	天然气
净发热值 (TJ/Gg、Mm^3)	20.9	42.7	43.1	43.1	41.8	35.6

资料来源:《中国能源统计年鉴 2009》。

表 2 主要能源的碳排放系数

燃料类型	原煤	柴油	煤油	汽油	燃料油	天然气
碳排放系数 (kgC/GJ)	25.8	20.2	19.6	18.9	21.1	15.3

注:TJ = 10^{12} 焦耳;GJ = 10^9 焦耳;Gg = 10 万吨。

资料来源:《IPCC 国家温室气体清单指南》。

（二）实证研究

利用计量经济学软件 Eviews 对模型进行参数估计，得到的结果如下：

$$E = 157.803605688 + 0.100554388162Y - 3.44203554254e-06X^2$$

p =　（0.0069）　　（0.0001）　　（0.0034）　　$R^2 = 0.98$

对模型进行检验发现，三个参数值的相伴概率都小于 0.05，拒绝“变量不显著”的原假设，说明变量是显著的；对于序列相关性检验，由表 3 可知残差 LM 检验可在，两个统计量的相伴概率都大于 0.05，检验结果为不能拒绝原假设，即方程不存在序列相关性；可选系数为 0.98，说明拟合优度很好。总之，模型建立成功。

表 3　序列相关性 LM 检验结果

F－statistic	0.638794	Prob. F（1，7）	0.4504
Obs＊R－squared	0.919875	Prob. Chi－Square（1）	0.3375

由模型可见，我国存在服务业碳排放库兹涅茨曲线。$\beta_1 = 0.1 > 0$，$\beta_2 = -3.44e-06 < 0$，服务业碳排放与服务业发展水平呈倒 U 形关系，即随着服务业发展水平的提升，服务业的碳排放的变动轨迹为先增加后减少，见图 1。按照拐点计算公式可以测算出，我国人均服务业增加值为 14973.477 元时，碳排放强度达到最大值，而后不断减少。按照 2000～2010 年人均服务业增加值的年均增长速度计算，即在 2011 年，服务业碳排放强度就已经处于拐点处，而后其绝对量逐渐减少。需要说明的是，这一拐点预测是基于服务业库兹涅茨曲线理论（S－EKC）的研究结论；事实上，“拐点”问题不仅是理论界争论的难点，也受实践中多变因素的影响，但这都不影响本文基于服务业库兹涅茨曲线理论（S－EKC）对低碳服务业研究的尝试。

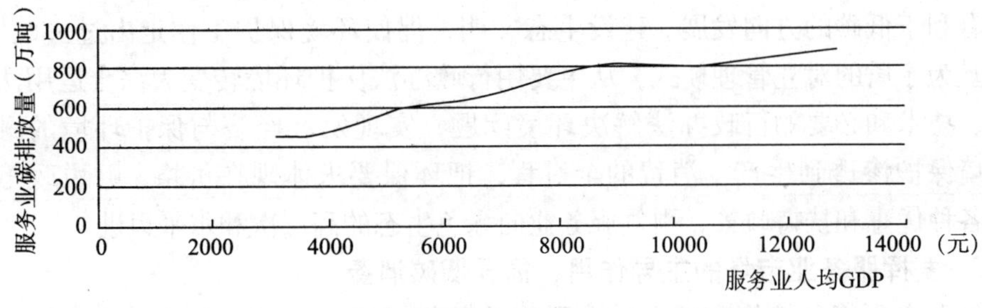

图 1　S－EKC 曲线

由图 1 可以看出，2010 年时，中国服务业的碳排放量仍然处于高位，尚未达到顶点。根据 S－EKC 模型理论，倒 U 形曲线关系说明随着人均服务业增加值的不断增加，服务业碳排放先增加后减少，环境污染先恶化后改善。表明服务业的发展与环境之间存在着不协调性，发展中不能同时兼顾经济效益和环境效益。二者尚未达到协同发展阶段，碳排放量还没有达到拐点，服务业面临一定的减排压力。同时到达拐点后，我国服务业的碳排放量同国外发达国家相比仍然有很大的差距。另外，S－EKC 还有这样一种变动特征，即 S－EKC 可能重复出现，碳排放随着收入水平的提高会出现新一轮的倒 U 形，因而节能减排仍要继续。

四、基本结论与建议

前文分析的重要结论是，我国服务业碳排放基本符合 S－EKC 理论，而且目前我国的服务业碳排放正处于高峰期。当然，处于高峰期并不意味着今后一定会下降，同时，即使下降了也还有可能再上升，呈现出 M 形特征的反复。因此，必须进一步完善措施，遏制服务业碳排放量的增加，加快碳排放量的下降。主要建议如下。

1. 优化服务业内部结构，大力发展低碳型现代服务业

我国虽已达到服务业碳排放的拐点，但是同发达国家仍然有很大的差距，同时国内区域性差异十分明显。因此，仍然需要大力发展低碳型服务业，必须降低碳强度，提高碳生产率。必须适应市场需求变化，根据科技进步新趋势，发展结构优化、技术先进、清洁安全、附加值高、吸纳就业能力强的现代服务业体系，从而为我国的低碳转型和绿色发展提供良好的国际发展环境和雄厚的国内发展基础。

2. 发挥政府的政策调控作用，引导服务业走低碳环保的发展道路，弘扬生态文明

生态文明以建立可持续的生产方式和消费方式为内涵，从重物轻人的发展观念，向以人的全面发展为核心的发展理念转变，引导人们走上和谐的可持续发展道路。通过建设生态文明，深刻影响人们的思想观念，推进生产、生活、消费等向着有利于低碳的方向发展。建设生态文明，促使环境保护工作走出过去政府与企业互为矛盾的对立管理模式，从主要用行政办法保护环境转变为综合运用法律，经济、技术和必要的行政办法解决环境问题，实现发展经济与保护环境的融合，将环境保护渗透到生产、消费的全过程，把环保要求体现在价格、财税政策中，制定各种优惠和扶持政策，引领服务业向绿色生态的高层次和水平迈进。

3. 发挥服务业市场的主导作用，倡导低碳消费

经营者要将环境管理理念融入到日常经营管理中，树立低碳、绿色价值观，严格控制能源使用和产品生产这两个重点环节，为公众提供高质量的绿色、低碳产品。二是在经营服务中要引导低碳消费，用环保、健康、安全理念，倡导低碳消费，进而提高企业的绿色形象，尽可能地增加顾客对其服务的忠诚度。

生产性服务业支撑制造业价值链升级问题的研究

周鹏　裴晓鹏*

一、问题提出

"十八大"报告指出，"牢牢把握发展实体经济这一坚实基础，实行更加有利于实体经济发展的政策措施，强化需求导向，推动战略性新兴产业、先进制造业健康发展，加快传统产业转型升级，推动服务业特别是现代服务业发展壮大。"面对美国的再工业化、面对欧洲债务危机的困扰、面对国际贸易保护主义的抬头，我国作为当今世界制造业大国，依靠低要素成本推动难以为继，转型升级形势迫切。为适应国内外经济形势新变化，应着力增强创新驱动发展新动力，实现制造业的转型升级。制造业转型升级的内容是多方面的，为此，本文将通过探讨生产性服务业与制造业价值链升级间的相关性，寻找促进制造业价值链升级的途径。

二、生产性服务业对制造业价值链升级的支撑作用

20 世纪 80 年代中期哈佛大学迈克尔·波特首次提出的"价值链"（value chain）的概念。企业的价值创造过程主要由基本活动（含生产、营销、运输和售后服务等）和支持性活动（含原材料供应、技术、人力资源和财务等）两部分完成，这些活动在企业价值创造过程中是相互联系的，由此构成企业价值创造的行为链条，这一链条就称为价值链。赵玉林和徐娟娟（2008）指出，生产性服务业的发展有利于制造业企业涉足价值链的高端，有利于提升制造业的知

* 周鹏，中共马鞍山市委党校副教授、教研室副主任，博士，主要研究方向为产业经济学；裴晓鹏，安徽省委党校副教授，安徽省委党校经济学教研部副主任，安徽省经济学会理事、副秘书长，研究方向为现代经济学基本理论与社会主义市场经济实践。

识技术含量和深化制造业分工。那么，生产性服务业对制造业价值链升级的支撑作用究竟有哪些呢?

（一）深化制造业价值链内的分工

生产性服务业的出现，既是分工的结果，同时，生产性服务业的发展又进一步促进分工的深化。分工的深化，就是指一个经济行为主体（一个人、一个企业或一个其他微观经济组织）趋向于只承担一种或较少几种经济活动、一种经济活动中的一种或较少几种操作这样一种生产方式的深化过程。美国经济学家布朗宁和辛格曼于1975年就指出，生产性服务业是从制造业内部生产服务部门而独立发展起来的新兴产业，它依附于制造业企业而存在，贯穿于企业生产的上游、中游和下游诸环节中。所以，生产性服务业促进分工深化的作用，在制造业价值链内体现得更明显。生产性服务业深化制造业价值链内分工的主要形式是服务外包。WTO的《服务贸易总协定》指出，服务外包是指企业将其非核心的业务外包出去，利用外部最优秀的专业化团队来承接其业务，从而使其专注核心业务，达到降低成本、提高效率、增强企业核心竞争力和对环境应变能力的一种模式。弗朗索瓦（Francois，1990）分析了生产性服务业促进制造业分工深化的原因与机理。通过研究指出，随着市场的扩张，厂商和生产规模会扩大，促使生产行为被细分为较清楚的生产步骤，从而提高生产的专业化程度。吕政、刘勇等（2006）认为生产性服务业的产生和发展就是建立在成本优势基础上的专业化分工的深化和企业外包活动的发展。

（二）降低制造业价值链内部的相关成本

生产性服务业在深化制造业价值链内分工的基础上，降低制造业价值链内部的有关成本，这里的有关成本包括生产成本和交易成本。刘志彪和吴福象（2007）研究指出，生产性服务业与制造业的分离，不仅有利于企业发挥比较优势，实现企业的战略转型，还有利于企业实施低成本战略和差别化战略，重塑企业的核心竞争力。

首先，生产性服务业降低制造业价值链内部的生产成本。制造业价值链内的企业，从专业化的角度出发将一些原来属于企业内部的职能部门转移出去，或者是取消使用原来由企业内部所提供的资源或服务，转向使用由企业外部更加专业化的企业单位所提供的资源或服务。这样做使得制造业价值链上的企业从三方面降低成本。一是取消使用原来由企业内部所提供的资源或服务，直接降低了企业本身的生产成本；二是专业机构因为经验丰富和存在外在竞争，收费较低，企业使用由外部更加专业化的企业单位所提供的资源或服务，又因此节省了费用，降低了生产成本；三是制造业价值链内的企业活动外置化，还可以使企业集中力量培养和提高自身的核心竞争力，从而进一步提高自身的专业化水平，生产效率也就越来越高，企业自身业务的生产成本也将降低。

其次，生产性服务业降低制造业价值链内部的交易成本。按照现代制度经济学的理论，制造业的生产成本包括物质转换成本（即制造成本）和交易成本两部分。从交易费用经济学的角度看，社会劳动分工的深化和泛化，必然导致生产者之间所交换的商品数目和规模的扩大，为此也会带来各种交易费用的直线上升，将分工提高效率的利益抵消了。因此，社会分工越细，交易成本就越高，就越需要生产性服务业中的中介组织提供生产性服务来帮助降低交易成本。中介组织为市场主体提供信息咨询、培训、经纪、法律等各种服务。因此，生产性服务最重要的一项功能就是降低交易成本，特别是降低信息成本。

（三）促进制造业价值链内的创新

纵观国内外专家学者的论述，制造业价值链内的创新主要是指，价值链内企业的企业家抓住市场潜在的盈利机会，或技术的潜在商业价值，以获取利润为目的，对生产要素和生产条件进行新的组合，建立效能更强、效率更高的新生产经营体系，从而推出新的产品、新的生产（工艺）方法、开辟新的市场，获得新的原材料或半成品供给来源或建立企业新的组织，它包括科技、组织、商业和金融等一系列活动的综合过程。生产性服务业是以人力资本和知识资本作为主要投入品，把日益专业化的人力资本和知识资本引进制造业，这说明生产性服务业是制造业价值链内推出新的产品、新的生产（工艺）方法、开辟新的市场，获得新的原材料或半成品供给来源或建立企业新的组织的动力源泉。格鲁伯和沃克（1993）指出，生产性服务业大部分以人力资本和知识资本作为主要投入，提高了迂回生产过程中不同阶段的产出价值和运行效率，是有形产品创造差异化竞争优势和增值的主要源泉。加拿大学者格鲁贝尔和沃克（Grubel and Walker，1998）认为，由于生产者服务的主要投入大部分是人力资本和知识资本，因而其产出中体现有大量的人力资本和知识资本服务。正是通过这些生产者服务，社会中日益专业化的知识资本、人力资本才得以释放出来，并源源不断地导入到商品和服务的生产过程，从而提高生产过程的运营效率、经营规模和其他投入要素的生产率，并增加其产出价值。生产性服务业外包本身就是制造业价值链内组织形式的创新，为制造业价值链内获得新的原材料或半成品供给添加新来源。马风华和李江帆（2008）利用波特的竞争优势理论分析指出，随着市场竞争的加剧，企业竞争优势对加工制造环节的依赖越来越少，生产服务活动的增加对提高产品附加值的意义越来越大。唐国兴和段杰（2009）指出，通过签订合约外购服务行为“半结合”式的非完全市场化组合形式（如企业联盟、分包等），可以使原生产单位既具有一定效率又能在竞争方面保持灵活性且更能专注于自身的核心竞争力形成和提升。位于“微笑曲线”一端的生产性服务业即研发，是制造业价值链内新的产品和新的生产（工艺）方法的摇篮。位于“微笑曲线”另一端的生产性服务业即营销，是制造业价值链内开辟新的市场的重要保障。总之，生产性服务业为保持制造业价值链内生产过程的连续性、促进工业技术进步、产业升级和提高生产效率提供保障服务，有力地促进了制造业价值链内的创新。

三、生产性服务业与制造业价值链升级间相关性分析

（一）生产性服务业与制造业间的关联效应分析

所谓关联效应，是指某一产业投入产出关系的变动，对其他产业投入产出水平的影响和波及。关联效应在产业间链接的链条上是双向的。如果我们把生产最终产品的部门规定为前向，把生产中间产品的部门规定为后向，又假设有三个产业部门A、B、C，它们之间的联锁关系如图1所示。B产业向A产业提供中间产品，A产业向C产业提供中间产品。这样，当A产业扩张（收缩）时，如果诱发了向其提供中间产品的B产业的扩张（收缩），则叫做A产业的后向关联效应；如果又诱发了A产业的产品作为中间投入的C产业的扩张（收缩），这就称为A产业的前向关联效应。

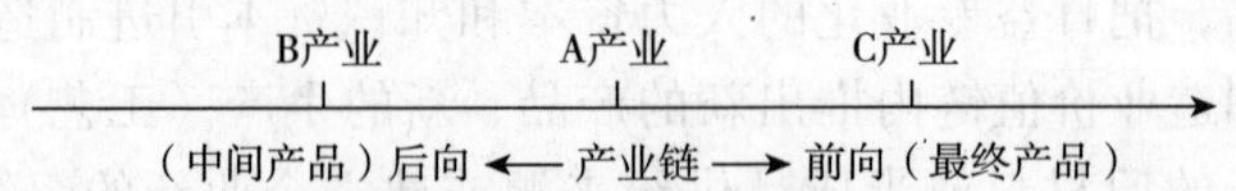

图1 产业链条上产业间的关系

1. 生产性服务业具有明显的前向关联效应

前向关联效应主要通过感应度系数来测量。感应度系数是反映国民经济各部门均增加一个单位最终使用时，某一部门由此而受到的需求感应程度。当感应度系数大于1时，表示该部门受到的感应程度高于社会平均感应度水平；当感应度系数小于1时，表示该部门受到的感应程度低于社会平均感应度水平。生产性服务业的前向关联效应如何呢？利用2007年的投入产出表，计算得到感应度系数位于前20位的部门如表1所示。

表1 感应度系数

顺序	投入产出部门	感应度系数	顺序	投入产出部门	感应度系数
1	电力、热力的生产和供应业	6.767	11	金属制品业	2.395
2	石油及核燃料加工业	4.171	12	金融业	2.349
3	石油和天然气开采业	4.042	13	其他通用设备制造业	2.335
4	农业	3.794	14	塑料制品业	2.250

续表

顺序	投入产出部门	感应度系数	顺序	投入产出部门	感应度系数
5	电子元器件制造业	3.731	15	汽车制造业	2.109
6	钢压延加工业	3.497	16	造纸及纸制品业	2.057
7	基础化学原料制造业	3.276	17	合成材料制造业	2.005
8	有色金属冶炼及合金制造业	2.611	18	专用化学产品制造业	1.978
9	批发零售业	2.590	19	有色金属压延加工业	1.876
10	煤炭开采和洗选业	2.423	20	道路运输业	1.650

资料来源：2007 年中国投入产出表。

从表 1 可以看出，感应度系数比较大行业除了能源和原材料行业之外，一些生产性服务业行业的感应度系数也比较高。如批发零售业的感应度系数达到了 2.590，金融业达到了 2.349，道路运输业达到了 1.650。生产性服务业如此高的感应度系数，说明其前向关联效应大，对这个经济的推动作用在增强。

2. 制造业具有突出的后向关联效应

后向关联效应主要通过影响力系数来测量。影响力系数是反映国民经济某一部门增加单位最终产品时，对国民经济各部门所产生的需求波及程度。当影响力系数大于 1 时，表明该部门的生产对其他部门所产生的波及影响程度超过社会平均影响水平；当影响力系数小于 1 时，表明该部门的生产对其他部门所产生的波及影响程度低于社会平均影响水平。制造业的后向关联效应如何呢？利用 2007 年的投入产出表，计算得到影响力系数位于前 20 位的部门如表 2 所示。

表 2　影响力系数

顺序	投入产出部门	影响力系数	顺序	投入产出部门	影响力系数
1	电子计算机制造业	1.368	11	塑料制品业	1.247
2	文化、办公用机械制造业	1.347	12	电机制造业	1.241
3	通信设备制造业	1.338	13	其他电气机械及器材制造业	1.240
4	雷达及广播设备制造业	1.330	14	其他交通运输设备制造业	1.238
5	家用视听设备制造业	1.299	15	起重运输设备制造业	1.238
6	汽车制造业	1.286	16	铁路运输设备制造业	1.220
7	家用电力和非电力器具制造业	1.276	17	专用化学产品制造业	1.218
8	输配电及控制设备制造业	1.275	18	农林牧渔专用机械制造业	1.211
9	电子元器件制造业	1.271	19	涂料、油墨、颜料及类似产品制造业	1.205
10	电线、电缆、光缆及电工器材制造业	1.265	20	化学纤维制造业	1.203

资料来源：2007 年中国投入产出表。

从表 2 可知，影响力系数位于前 20 位的部门都属于制造业，说明制造业具有相当高的后向关联效应，这与我国还处于业化中期的阶段性特征相适应，制造业的发展对社会生产具有较大的辐射作用。

3. 生产性服务业对制造业关联效应明显

通过上述分析可见，生产性服务业具有明显的前向关联效应，制造业具有突出的后向关联效应，这两大行业间的关联效应如何呢？在此，通过制造业对生产性服务业的直接消耗系数和完全消耗系数来判断。直接消耗系数，也称投入系数，记为 a_{ij}（i，j=1，2，…，n），它是指在生产经营过程中第 j 产品（或产业）部门的单位总产出直接消耗的第 i 产品部门货物或服务的价值量。将各产品（或产业）部门的直接消耗系数用表的形式表现就是直接消耗系数表或直接消耗系数矩阵，通常用字母 A 表示。直接消耗系数的计算方法为：用第 j 产品（或产业）部门的总投入 X_j 去除该产品（或产业）部门生产经营中直接消耗的第 i 产品部门的货物或服务的价值量 X_{ij}，用公式表示为：

$$a_{ij} = \frac{X_{ij}}{y_j} \qquad (i,j = 1,2,\cdots,n)$$

完全消耗系数，通常记为 b_{ij}，是指第 j 产品部门每提供一个单位最终使用时，对第 i 产品部门货物或服务的直接消耗和间接消耗之和。利用直接消耗系数矩阵 A 计算完全消耗系数矩阵 B 的公式为：

$$B = (I - A)^{-1} - I$$

通过制造业对生产性服务业的直接消耗系数和完全消耗系数，能够判断出制造业对生产性服务业的依赖程度。利用 2007 年的投入产出表，计算得到一些主要制造业对生产性服务业的直接消耗系数和完全消耗系数如表 3 所示。

表 3　制造业对生产性服务业的直接消耗系数

行　业	直接消耗系数	完全消耗系数
食品制造及烟草加工业	0. 078554	0. 226867
纺织业	0. 052699	0. 240757
纺织服装鞋帽皮革羽绒及其制品业	0. 068878	0. 259884
木材加工及家具制造业	0. 076524	0. 264876
造纸印刷及文教体育用品制造业	0. 068659	0. 254915
石油加工、炼焦及核燃料加工业	0. 057362	0. 213291
化学工业	0. 074381	0. 283345
非金属矿物制品业	0. 093340	0. 283809
金属冶炼及压延加工业	0. 063059	0. 262965
金属制品业	0. 056046	0. 264395
通用、专用设备制造业	0. 072288	0. 283102

续表

行　业	直接消耗系数	完全消耗系数
交通运输设备制造业	0. 074350	0. 309013
电气机械及器材制造业	0. 077922	0. 312012
通信设备、计算机及其他电子设备制造业	0. 087700	0. 365099
仪器仪表及文化办公用机械制造业	0. 067296	0. 312770
工艺品及其他制造业	0. 068250	0. 252322

资料来源：2007 年中国投入产出表。

从表 3 可知，对生产性服务业直接消耗系数排在前五位的制造业依次是：非金属矿物制品业（0. 093340）、通信设备、计算机及其他电子设备制造业（0. 087700）、电气机械及器材制造业（0. 077922）、食品制造及烟草加工业（0. 078554）和木材加工及家具制造业（0. 076524）；对生产性服务业完全消耗系数排在前五位的制造业依次是：通信设备、计算机及其他电子设备制造业（0. 365099）、仪器仪表及文化办公用机械制造业（0. 312770）、电气机械及器材制造业（0. 312012）、交通运输设备制造业（0. 309013）和非金属矿物制品业（0. 283809）。总体来说，我国制造业对生产性服务业的依赖较明显，特别是资本密集型和技术密集型行业更加突出。但是，同一些进入后工业化阶段国家相应的指标相比较，我国制造业对生产性服务业的直接消耗系数和完全消耗系数都偏低。究其原因，一方面，这与近年来我国制造业中来样加工、来料加工和贴牌生产的状况直接相关；另一方面，是因为生产性服务业在我国起步比较迟，发展速度比较慢。

（二）生产性服务业投入与制造业附加值间的相关性分析

通过上述分析可知，生产性服务业与制造业间存在明显关联效应，那么，生产性服务业与制造业价值链升级间的关系如何呢？按照“价值链”理论的基本观点，在一个企业众多的“价值活动”中，并不是每一个环节都创造价值。企业所创造的价值，实际上来自企业价值链上的某些特定的价值活动；这些真正创造价值的经营活动，就是企业价值链的“战略环节”，各企业应朝着这一“战略环节”进行价值链升级。这就说明制造业的价值链升级，就具体表现在其产品附加值的增长上。因此，接下来准备通过生产性服务业投入值和制造业附加值的关联程度，探讨生产性服务业支撑制造业价值链升级的相关性。由于只有 1992 年、1997 年、2002 年和 2007 年的投入产出表提供细分行业的具体数据，所以这里利用的数据只是来自上述 4 年。为保证可比性和准确性，这里的生产性服务业具体选择了交通运输及仓储业、邮政业、信息传输、计算机服务和软件业、批发和零售业、金融业、租赁和商务服务业、研究与试验发展业和综合技术服务业。为突出针对性，在这里选择 2007 年我国制造业对生产性服务业完全消耗系数排在前五位的行业代表整个制造业，即通信设备、计算机及其他电子设备制造业、仪器仪表及文化办公用机械制造业、电气机械及器材制造业、交通运输设备制造业和非金属矿物制品业。具体方法就是比较生产性服务业投入值和制造业附加值的发展趋势图。如图 2 所示

比较图 2 中两条折线的形状可以发现，生产性服务业的投入与制造业附加值走势极为相似，由此可以初步判断，它们之间的相关性是比较强的。为了进一步分析两者之间存在的关系，下面利用这些数据绘制出散点图进行分析，如图 3 所示。

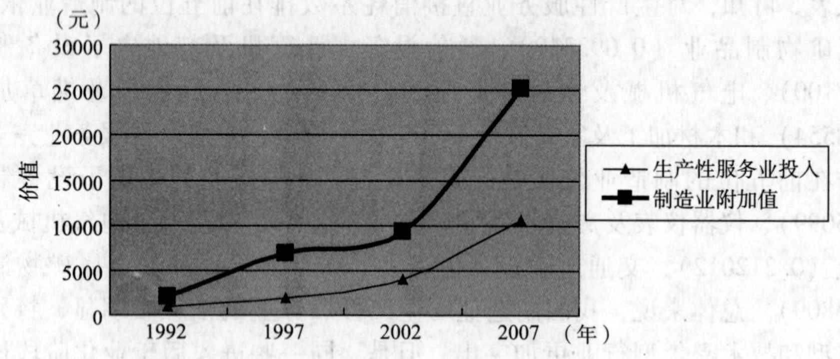

图 2　生产性服务业投入和制造业附加值趋势

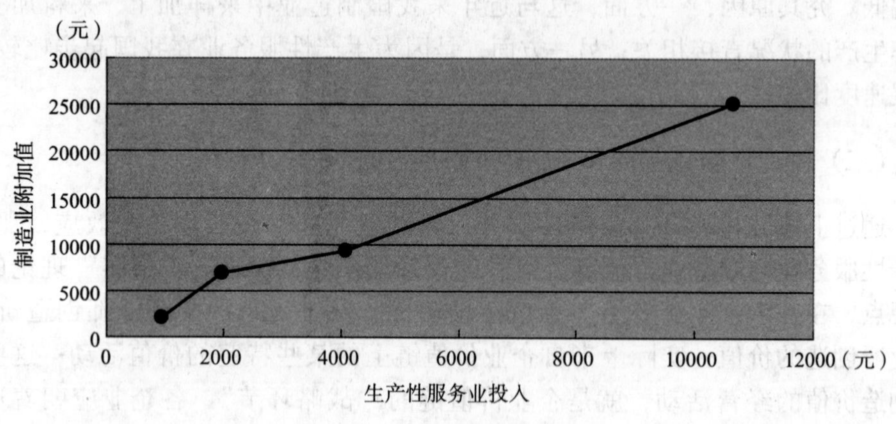

图 3　散点图

从散点图和趋势线可直观地看出生产性服务业增加值与制造业增加值之间呈现出较为明显的线性正相关关系。可见，生产性服务业与制造业价值链升级间的相关性很明显。

四、结论与启示

通过理论分析可知，生产性服务业有深化制造业价值链内的分工、降低制造业价值链内部的相关成本和促进制造业价值链内的创新三大支撑作用。

通过对我国最新的投入产出表（即2007年的投入产出表）进行分析，一方面得出，生产性服务业具有明显的前向关联效应、制造业具有突出的后向关联效应、生产性服务业与制造业间关联效应明显；另一方面明确了，生产性服务业投入与制造业附加值间的相关度很高。

这充分说明，生产性服务业是制造业价值链升级的有力支撑，通过发展生产性服务业促进制造业价值链升级、实现制造业转型升级、提升其竞争能力。为充分发挥生产性服务业的这一支撑作用，围绕其发展状况，应从以下几方面进行努力：首先，深化生产者服务业人力资本和知识资本实现制造业转型升级；其次，建立公平、规范、透明的市场准入标准，推进和深化垄断性行业改革，培育有效竞争，加强信用体系建设，降低生产性服务交易价格；最后，完善政策，推进制造企业服务外包，发挥比较优势，培育竞争优势。另外，研发、设计与创新是生产性服务业的重点行业，应完善科技创新体制机制，发挥其对制造业转型升级的作用。

基于完整产业链的多环节系统技术创新与产业升级

张伟娟*

一、技术创新是产业升级的决定性要素

技术创新的含义按照1999年中共中央、国务院《关于加强技术创新，发展高科技，实现产业化的决定》的解释是企业应用创新的知识和新技术、新工艺，采用新的生产方式和经营管理模式，提高产品质量，开发生产新的产品，提供新的服务，占据市场并实现市场价值。国内大多学者认为技术创新是决定产业升级的最重要的因素。① 傅家骥认为，在影响产业升级和结构转换的主要因素中，技术创新是核心因素，并断言："没有技术创新，就没有产业结构的演变；没有产业结构的演变就没有经济的持久增长"。② 高梁认为产业升级的关键在于技术创新。③ 2012年中共十八大报告中指出，科技创新是提升产业层次和素质的战略支撑。必须把科技创新摆在优化产业结构的核心位置。这里所说的"科技创新"就其对经济发展的意义而言就是指技术创新。④ 由此可见，没有技术创新就不可能真正实现产业升级，技术创新是产业升级的决定性要素。

二、产业链升级是现代产业升级的新特征

产业链是产业经济学中的一个概念，是各个产业部门之间基于一定的技术经济关联，并依据特定的逻辑关系和时空布局关系客观形成的链条式关联关系

---

* 张伟娟，硕士，福建师范大学马克思主义学院讲师，研究方向为辩证唯物主义。

① 唐晓云：《产业升级研究综述》，载于《科技进步与对策》2012年第4期，第156~160页。

② 傅家骥：《技术创新学》，清华大学出版社1998年版，第35页。

③ 高粱：《产业升级的关键是技术创新》，载于《绿叶》2008年第12期，第22~28页。

④ 王乃明：《论科技创新的内涵》，载于《青海师范大学学报（哲学社会科学版）》2005年第5期，第15~19页。

形态。全球经济一体化使各国和地区之间的经济联系日益紧密，国际分工也不断深化。中国在国际分工中也获得了自己的一席之位，大部分产业作为全球经济体的组成部分已深深地嵌入国际化的产业链条之中。但是令人遗憾的是，中国相关产业在国际化的产业链条中处于低层次、辅助性环节。

位于低层次、辅助性环节的相关产业，要想改善这种状况只有去努力实施产业升级。其途径可分为两种。其一是功能性升级，即通过工艺流程升级和产品升级提升所处产业链环节中的级别或端次，促使相关产业由低端向中端、高端发展。功能升级意味着相关产业的全球价值链领导者地位的确立。但是由于发达国家相关产业拥有大多数产品的关键核心技术和品牌，从而占据了价值链的核心环节，领导和控制着绝大多数的全球价值链，实施对嵌入低端产业的压榨，所以功能性升级之路异常艰难。其二是链条升级，即低端产业已完全脱离原有价值链条，转向附加值更高的产业、产业链。链条升级是对既有价值链组织形式结构的彻底颠覆，能从根本上改变中国相关产业在价值链中的从属地位。产业链升级才是一国产业升级的根本。千方百计地拓展产业链升级的渠道则是促进产业升级最现实的途径。①

三、产业链升级视阈下的技术创新是多环节系统创新

由于受到高端产业关键核心技术的封锁，全球产业链的嵌入并不能推动相关产业获得跨越性的技术进步、实现高层次的升级。中国相关产业向高价值增值环节转化并实现全面升级的努力往往遭受“狙击”。相关产业技术进步遭受“狙击”从而升级被“冻结”，使得中国相关产业依靠全球价值链嵌入带动升级的愿望不能实现。技术创新是决定产业升级的最重要的因素，因此中国各相关产业只有实施自主创新，通过自主创新掌握核心关键技术来推动较高层次的技术进步，促进产业向较高层次的升级。②

一般来说，如果在一条产业链中的某个产业的技术创新使生产率提高了，先升级产业会对上游或者下游产业产生压力以及技术创新的动力。市场的压力会不断促使产业链中的其他环节产生新的技术创新，然后通过前向、后向、辐射等作用，带动整个产业及相关产业的升级。但是事实上并非如此。

国际化的产业链条之中，处于高端优势地位的国外产业为了确保投资带来更多的利润，更倾向于将低端地位的产业的升级引导或限制在功能性升级阶段。并将低端地位的产业锁定在全球价值链的低附加值“狭窄”区域。在产业链中的国外优势产业即便是只掌握一项关键技术，也会竭尽全力地阻止这种产业升级。因此，处于全球化条件下的产业链升级不可能依靠某一个环节的技术创新

①② 王国平：《产业升级规律与中国特色的产业升级道路》，载于《上海行政学院学报》2013 年第 1 期，第 4 ~ 15 页。

而实现。只有通过基于完整产业链的系统的技术创新，掌握了整个产业链中的各个环节的关键技术，才可以实现整个产业、产业链的升级。[1] 从总体上看，在基于产业链的多环节系统创新中增强产业升级能力，这是现代产业升级的新特征。

四、基于完整产业链的多环节系统技术创新对产业升级的意义

技术创新是产业升级的决定性要素，但单一的技术升级并无法实现产业与产业链的升级。在产业链升级视阈下分析技术创新，不难得出这样的结论：只有通过基于完整产业链的多环节系统的技术创新，掌握了整个产业链中的各个环节的关键技术，才能突破国外产业链高端产业的封锁，从而实现整个产业、产业链的升级。其意义是基于完整产业链的多环节系统技术创新，可以避免产业升级陷阱。

单一的技术升级不但无法实现产业与产业链的升级，往往还会导致陷入产业升级陷阱。一个典型的例子是中国计算机产业的老大联想集团一直专注于计算机制造领域的技术创新，并通过跨国并购模式并购了 IBM 的笔记本业务。虽然并购使联想成为世界第三大 PC 厂商，加大了对英特尔、微软等软硬件巨头的讨价还价能力，得到了全球认知度非常高的 IBM 旗下 PC 品牌 Think 的五年品牌使用权，得到了 IBM 关于台式机与笔记本电脑的所有专利和位于美国罗利、日本大和的两个研发中心。但是，由于计算机产业链中上游的硬件产业和下游的软件产业均在外国计算机产业的掌控之中，联想的产业升级道路，处处受到产业链中国外高端产业的“狙击”，始终不能摆脱低附加值的低端产业阴影。

与联想集团不同的是，航天产业多年来特别注重基于完整产业链的多环节系统技术创新，在产业链的各个环节不断夯实创新基础，构筑了拥有自主知识产权的较完整的技术链条，成功地实现了产业链升级，并形成了航天产业的高端优势。尽管在整体水平上与发达国家有不小的差距，但是依然形成了持久不衰的市场竞争能力。

基于完整产业链的多环节系统技术创新支撑产业链升级，从而实现产业升级是当下中国产业升级应该重视的一个选择。这既是国际经济一体化背景下的必然选择，也是走中国特色自主创新的必由之路。

---

① 梁军：《全球价值链框架下发展中国家产业升级研究》，载于《理论经济学研究》2007 年第 7 期，第 86 ~ 92 页。

新增长周期、产业链竞争与新兴产业成长模式创新

吕永刚*

当今世界新技术、新产业迅猛发展，孕育着新一轮产业革命，新兴产业正在成为引领未来经济社会发展的重要力量，发展战略性新兴产业成为各国的共识。如何选择适宜的产业成长模式是我国抢占战略性新兴产业发展制高点的关键。[①] 对于中国来说，发展战略性新兴产业不能重复传统产业发展模式，必须探索适合国情、符合规律的独特成长模式。首先，战略性新兴产业尚未形成稳定的“技术经济范式”，主导技术不成熟，发达国家的领先优势不显著甚至没有优势，这决定了我国发展战略性新兴无法采取传统产业发展所采取的“跟随——模仿”模式；其次，面对日益严峻的资源环境“瓶颈”制约，传统产业“高消耗、高污染、低技术、低利润”的成长模式难以为继；最后，进入后危机时代，国际分工体系和全球产业格局正面临历史性重塑，中国能否改变嵌入全球产业价值链低端环节的传统产业发展路径，构建更富效率、更加合理的新兴产业成长模式，将在很大程度上决定未来中国在国际分工体系中的地位和未来发展前景。本文从世界和中国经济进入新一轮增长周期为切入点，通过分析塑造产业链竞争优势的变化趋势，提出中国战略性新兴产业成长模式的创新思路。从世界和中国经济进入新一轮增长周期为切入点，通过分析塑造产业链竞争优势的变化趋势，提出中国战略性新兴产业成长模式的创新思路。

一、新增长周期：新科技革命与新兴产业的耦合

经济周期性波动是现代经济的客观规律和常态现象。本轮国际金融危机的

---

* 吕永刚，经济学博士，江苏省社会科学院经济研究所副研究员，研究方向为产业经济与区域经济。

① 王利政：《我国战略性新兴产业发展模式分析》，载于《中国科技论坛》2011 年第 1 期。

爆发标志着世界经济周期进入了新旧交替的过渡阶段。根据以熊彼特（Joseph A. Schumpeter）为代表的技术创新理论，经济周期本质上由创新周期决定，每一轮增长周期的增长都有新兴产业支持，而新兴产业建立在技术创新集群式涌现的基础之上。在经济长波中，具有世界影响的集群式创新的出现与消退构成经济波动的内在原因。本轮国际金融危机从表面看由核心国家的次贷危机引发，根源则在于以信息网络技术为核心的新一轮科技革命的红利消退及对经济增长的支撑力下降。当前，世界经济进入恢复增长期，虽然复苏进程缓慢，但正在孕育的新一轮科技革命及其推动的新产业革命，正推动世界经济进入新一轮增长周期。

从全球经济周期看，全球经济正进入新"技术经济范式"的转换期，新一轮科技和产业革命处在从导入期到拓展期的转折点。如果顺利渡过这个关键的转折点，全球经济将迎来新一轮增长周期。在这一阶段，战略性新兴产业在很大程度上决定着世界新增长周期的发展态势和未来国际分工格局走势，将成为引领全球经济走向新一轮黄金增长期的根本途径。正如演化经济学家卡罗塔·佩雷斯（Carlota Perez）所言，本次金融危机是虚拟经济泡沫与产业泡沫的双重体现，经济的发展必须要回到实体经济中，必须重新审视目前全球的技术经济状况和产业结构，对一些新兴产业进行测度和评价，寻求新的战略性新兴产业作为未来经济发展的动力。① 伴随科技发展正孕育着新的革命性突破，推动和培育战略性新兴产业的成长，抢占新一轮经济和科技发展制高点，掌握新一轮"技术经济范式"转换的主导权，成为世界主要国家的重大战略。

从中国经济周期看，中国经济正进入增长阶段结构性转换期，新兴产业将决定中国在新增长周期中的发展态势和国际竞争地位。中国过去主要嵌入全球产业链中的加工制造环节和全球价值链中的低附加值环节，在全球分工体系深刻改变的新形势下难以为继。一方面，中国劳动力等要素资源价格低廉且供给充分的既有比较优势已发生深刻改变，出口产品"低价格竞争优势"正在削弱；另一方面，中国出口产品的技术含量迅速提升，中国正开始从发达国家的"追赶者"变为"赶超者"。在出口、投资等传统增长引擎受损的情况下，中国需要积极培育新增长点，但当前的"保增长"已不是在原有的增长轨道中进行，而将在结构调整中进行，其中一个着力点就是发展战略性新兴产业，并以此构筑未来中国新的竞争优势和增长源泉。

二、产业竞争重心：从产业链嵌入到产业链控制

20世纪末，在以产业内和产品内分工为主要特征的新国际分工推动下，传

① Carlotz Perez. The Double Bubble at the Turn of the Century: Technological Roots and Structural Implications. Cambridge Journal of Economics, 2009, 33 (4): 779 - 805.

统分工的国家边界逐渐式微，过去受政治制度和地理位置制约的市场变成了一个统一体，跨国公司在历史演进过程中成为新国际分工的主导机制和全球经济发展的主流，推动和促进生产要素在全球价值链中配置和组织生产的能量得到加强。[①] 产品内国际分工的核心内涵是特定产品生产过程不同工序或区段通过空间分散化开展成跨区或跨国性的生产链条，其形成和发展本质上是跨国公司利用规模经济，施行跨国界的高度专业化分工的结果，目的是最大限度地追求全球资源整合效率。跨国公司从多国独立、分散经营向区域一体化乃至全球一体化经营策略的转变，为全球生产网络的形成奠定了微观基础。通过产品工序的分解，跨国公司把产品不同环节分布到不同国家的不同地区来完成，而跨国公司通过掌控技术开发与产品设计、高端渠道整合和战略资源等价值链的战略环节，把其他环节外包到成本较低而效率更高的地区的企业来完成。这在保持跨国公司对全球产业链控制权的前提下，为后发国家嵌入全球产业链的低端环节创造了条件。

改革开放以后，中国充分发挥了自身比较优势，凭借良好的产业配套基础、数量充沛且具有价格竞争力的劳动力等要素供给优势，积极嵌入全球产业链，使“中国制造”成为全球产业链中的重要环节，整体工业化水平和综合国力实现质的飞跃。当然，基于全球价值链分工的各个链节之间的地位并不是平等的，由此利润分配也不是平等的，在价值链分工中占据主导地位的链节往往在利润分配上拥有绝对控制权（Gereffi，1994）[②]。在新的国际分工体系中，包括中国在内的广大发展中国家，由于无法占领国际价值链体系的高端而被锁定体系底层，并引发“丰裕中的贫困”、增长不可持续等一系列问题。西方跨国公司凭借技术优势、资本和市场优势、规模经济及产品特异优势等条件，大规模地进行海外直接投资（如绿地投资、收购、兼并、合并等），在全球范围内进行生产经营布局，不断扩展产业链，建立了“霸权主义国际分工体系”，并成为该分工体系的控制者，从而奠定了西方发达国家在全球价值链分工体系中的主导地位。[③]

西方跨国公司主导的经济全球化是资本主义进入“国际垄断资本主义”阶段的内在体现，在“西强东弱”的国际格局之下，社会主义中国面临来自跨国公司在经济上的“结构封锁”[④]。所谓“结构封锁”是指在发达国家与部分新兴国家（地区）控制了包括大多数传统产业和新兴产业的核心技术研发环节和全球需求市场销售终端渠道情形下，中国的代工企业近年来普遍出现被“俘获”

① 范黎波、吴勇志：《新国际分工体系中“中国制造”的地位与战略选择》，发表于《光明日报》2010年3月2日。

② Gereffi G. The organization of buyerdriven global commodity chains：how U. S. retailers shape overseas production networks［M］. //Commodity Chains and Global Capitalism. London：Prae2ger，1994.

③ 唐志良：《跨国公司在国际分工演化中的作用》，载于《社会科学家》2009年第6期。

④ 刘志彪、张杰：《全球代工体系下发展中国家俘获型网络的形成、突破与对策：基于GVC和NVC的比较视角》，载于《中国工业经济》2007年第5期。

的“结构封锁”现象，准确地讲，就是中国大陆参与GVC（全球价值链）的本土企业或网络，在实现由低附加值价值链环节向高附加值价值链环节攀升过程中，在培育本土企业的自主研发能力、自创品牌、构建国际市场销售终端等高级要素活动中，遇到发达国家和部分新兴国家（地区）的国际大购买商（购买者驱动）或跨国公司（生产者驱动）的双重阻击和控制，进而被限制在低附加值、微利化的价值链低端生产制造环节，最终有可能形成“代工=微利化=自主创新能力缺失”的恶性循环路径。

显然，嵌入全球产业链只是参与国际分工的初级阶段，只有掌握全球产业链控制权，才能在新国际分工中保障产业安全，塑造竞争优势。产业链控制权的本质是对产业链核心环节的控制，包括市场控制、品牌控制、股权控制、技术控制、经营决策权控制环节。首先，在高端的研发设计环节上，发达国家的跨国公司通过资本和技术的融合，掌控产品研发和核心部件生产等高附加值环节。其次，在高端的渠道整合环节上，发达国家的跨国公司通过资本优势整合营销渠道，建立全球采购、运输、营销网络、销售与售后服务体系，整合全球供应链来获得高附加值。再次，在战略性资源的控制环节上，发达国家的跨国公司利用投资、合资、并购等手段，从纵向和横向两个方面掌控石油、铁矿石、有色金属等整个供应源、贸易渠道和运输物流，从而获得了全球战略资源的话语权和定价权。[①] 这样，跨国公司根据每个地区的要素禀赋差异将具有不同要素禀赋的国家和地区纳入全球生产体系中。以跨国公司为载体，资金、人才、技术的全球流动正深刻地改变着世界经济格局。跨国公司的发展促使国际产业分工进入新的阶段，各国在全球产业链中所处的地位也随着跨国公司作用的日益显著而发生剧烈变化，导致各国的经济地位和国际竞争力也随之而变。

三、产业链控制：新兴产业成长的致胜之道

改革开放以后，中国充分发挥了自身比较优势，积极嵌入全球产业链，使“中国制造”成为全球产业链中的重要环节，整体工业化水平和综合国力实现质的飞跃。但是，嵌入全球产业链只是参与国际分工的初级阶段，只有掌握全球产业链控制权，才能在新国际分工中保障产业安全，塑造竞争优势。

（一）产业链控制权：产业链竞争的战略取向

在新的国际分工体系中，包括中国在内的广大发展中国家，由于无法占领国际价值链体系的高端而被锁定体系底层。西方跨国公司凭借技术优势、资本和市场优势、规模经济及产品特异优势等条件，大规模地进行海外直接投资

① 李毅学、汪寿阳：《基于全球价值链的中国产业升级风险管理战略》，载于《中国科学基金》2010年第2期。

（如绿地投资、收购、兼并、合并等），在全球范围内进行生产经营布局，不断扩展产业链，并成为该分工体系的控制者，从而奠定了西方发达国家在全球价值链分工体系中的主导地位。① 对于本土企业如何突破来自西方跨国公司为“链主”的“结构封锁”，学界的主流观点是，本土企业要建立完整的产品价值链，从产业上游的技术研发到产业下游的销售网络，这样才能在跨国“链主”的竞争中占据主动地位。② 该观点的合理性在于：当前全球范围的产业竞争，已经从原有的企业对企业之间的竞争转化为产业链对产业链、价值链对价值链的竞争，竞争力不是体现为低成本、低价格而是体现为对全产业链的控制和对价值链高端的占据。

全产业链集纵向一体化和多元化双重特性于一体，具有系统优势。在产业链中，不同的行业有不同的重要环节，所谓“全”，并不意味着企业必须要涉足产业链、价值链的所有环节，而在于保持对产业链中各环节的控制力。美国苹果公司近年来迅速崛起，正是得益于其强大的产业链整合能力。iPhone 手机的产业链涉及美国、韩国、中国台湾、中国内地等诸多国家和地区，在苹果的整体管理下，iPhone 的设计、生产、营销处于高效的运作之中。在一定程度上，苹果的创新能力更体现为对整体产业链的整合能力而非全新的创造上。

（二）打造创新产业链：控制全产业链的优选策略

对于后发国家而言，要想在追赶“领先型”国家实现对全产业链的控制绝非易事。如图 1 所示，路径一：强化已嵌入产业链环节的专属优势及规模程度，以形成进入障碍，提升产品附加值，则微笑曲线的弧度将可大幅趋平，进而分享更为合理的利润。路径二：逐步抬拉微笑曲线两端的竞争力，从低附加值的制造等环节向附加值高的环节延伸，实现从 OEM 到 ODM 再到 OBM 的产业升级，以逐步渐进方式将苦笑曲线转换为微笑曲线。③ 路径三：创造新的产业链并获取先发优势。前两种路径都是在原有的全球产业链中，通过改变自身在全球产业链中的位置来实现，本路径则通过培育战略性新兴产业，即构建新行业的产业链，来实现对产业链和价值链的控制。

相对于在传统产业链上向价值链高端攀升，发展中国家通过发展战略性新兴产业掌握产业链控制权要容易得多。因为，过去“蒸汽机革命”“电力革命”“信息技术革命”等科技革命均发轫于西方发达国家，发展中国家不仅输在起点，同时还面临发达国家的“结构封锁”，很难实现经济赶超；但由于全球新一轮科技革命仍在孕育过程中，中国等发展中国家和西方发达国家处在大致相同的起跑线上，如能抓住此次产业和科技变革的机遇，就有可能在有基础、有条

---

① 唐志良：《跨国公司在国际分工演化中的作用》，载于《社会科学家》2009 年第 6 期。

② 周绍东：《新国际分工体系中的产业链治理模式选择》，载于《财经科学》2011 年第 1 期。

③ 郑胜利：《产业链的全球延展与我国地区产业发展分析》，载于《当代经济科学》2005 年第 1 期。

件的领域率先突破，增强在全球产业链中的控制力，抢占未来竞争的战略制高点，支撑和引领经济社会走上创新驱动、内生增长的发展轨道。

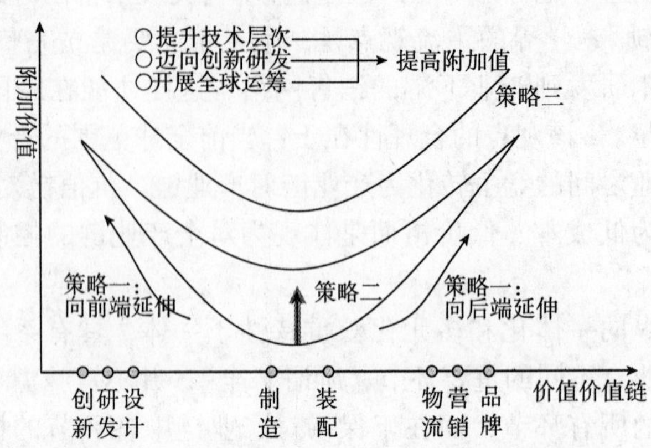

图1　追赶型国家控制全产业价值链的三种策略

资料来源：根据施振荣《再造宏碁》，中信出版社2005年版改制。

（三）获取产业链控制权：中国新兴产业成长模式的创新取向

近年来，中国自主创新能力持续走强，高居全国首位。但与国际先进水平相比，中国新兴产业在国际产业链条和价值链分工体系中的位置并不高。未来，中国新兴产业向产业链高端环节的迈进还存在内、外两方面的障碍：从自身实力看，长期实行的“市场换技术”战略导致高技术产业的发展对外来技术存在较大依赖，企业缺少自主创新的积极性和主动性，一些企业长期被锁定在低水平的加工环节，新兴产业的发展缺乏自主技术的支持；从外部环境看，中国新兴产业的发展还将面临跨国公司全球战略的压制。随着经济全球化程度的提高，大型跨国公司不仅通过海外直接投资、离岸外包、战略联盟等方式在全球范围扩展业务，不断加大对全球市场的控制力度，同时还借助在技术和创新成果上的积累，牢牢控制产业价值链的高附加值环节，并采取技术转移、专利控制等手段对中国新兴产业向高端发展形成阻碍。

可见，中国新兴战略性产业的发展路径和传统产业没有根本区别，仍然在走产业链中端，价值链低端的老路，没有形成对全产业链的控制力；在产业链、价值链的各分工环节，存在发展速度的“失同步化”和生产能力分布的不均衡；在某些环节上存在能力过剩和无序竞争，在另一些核心环节上则又缺少掌控力，因而制约着全产业链整体能力的提升。如此长期发展下去，很可能导致的后果是：已过度拥挤的环节更加恶性竞争，已显脆弱的环节因缺少市场竞争力而被淘汰出局，从而造成新兴产业的“虚胖”与“断环”，无论哪一种情形都将影响和制约整个战略性新兴产业的健康发展。因此，中国要从长期熟悉的、以引进外资、技术模仿、接受产业转移，专注低端制造的经济活动，转变为主要依靠自主技术来源、主要依靠本国资本和主要以自己的力量将创新的技术发展为先进的产品，实现产业化，完善产业链，发展成为一个新兴产业。实现这一变革的核心要素是要着眼于培育创新能力，掌握核心技术，形成对产业链中最具附加值和影响力环节的控制力。

三、新时期中国新兴产业竞争模式的优化策略

作为一个大国经济体，面对全球各主要国家全力制成新兴产业发展的态势和对新兴产业主导权的争夺，中国既要遵循新兴产业成长的一般规律，也要努力发掘自身优势，积极探索一条提升新兴产业竞争优势的有效路径。

（一）借鉴国际先进经验，锻造新兴产业成长的中国模式

尽管培育发展新兴产业是各国共同面临的重大战略任务，依靠历史的积淀与传承以及别国的实践与经验，各国在发展模式和路径选择上具有较大的相似性。但是，无论是模式，还是路径，突出点和细节方面都存在着差别。一方面，由于国情的不同，美国更注重发展模式和路径的全面兼顾，日本更注重市场需求环节的刺激与引导，欧盟则更注重新兴产业的社会效应比如增加就业的路径延伸。另一方面，就是同一个国家，在新兴产业培育发展的不同阶段，对发展模式和路径的各个环节的强调也会有所不同。中国新兴产业的发展道路，需要在借鉴国际先进经验的基础上，改变技术和市场两头在外的产业发展路径，构建外需和内需相结合的国内外产业分工体系和价值链体系，实现对全产业链和全价值链的控制。全产业链全价值链发展，关键不在于“求全”，而在于“理顺”，形成真正的“链”乃至“网”上的整体协同。对中国新兴产业而言，就是要沿产业链、价值链进行整体布局和统筹规划，使“链”上的各个环节都有专长与配合，使“网”上的各个节点都能协调与合力。

（二）推进产业链有机整合，培育新兴产业的协同竞争优势

新兴产业以重大技术突破为先导，决定了其组织培育方式不同于传统产业。首先，加强产业链整合，推动集聚化发展。只有建立新兴产业链，并将其进一步延伸，才能将某一领域发展壮大，形成规模优势，才能使新兴产业获得持久生命力，从而使整个经济向多元化良性发展。其次，建立开放式产业与研发联盟。联盟可分为横向和纵向的联盟。横向联盟是让有竞争性的企业联合成立的联盟，主要解决共性技术问题；纵向联盟是通过同行业企业在基础与应用研究阶段密切合作、共享信息和知识来分担不确定性和财务风险，共享研发收益的必要性。最后，促进新兴产业协调发展，防范投资潮涌现象的泛滥。新兴产业

本身就是一套精密的“技术经济范式”，产业创新涉及多个战略模块、战略技术的研发和生产，任何一个模块或技术的研发不同步，都可能影响最终产品的市场推广和抢占先机。所以，同步性和均衡性是新兴产业实现跨越式发展的必要条件。现实中，我国在新兴产业投资中存在严重的投资不均衡现象。某个产业内的某个模块被大量资金一波一波地涌入，出现“潮涌现象”，导致投资不均衡性和部分领域生产过度，将使产业创新回报被大量稀释，从而造成创新效率的缺失。[①] 为克服潮涌现象弊端，政府有必要在投资机制上进行完善，通过新兴产业引导资金的合理流向来促进产品各模块的共同发展，协调各模块的创新步伐，为主导设计的确定创造良好条件。

（三）强化产业链风险管理，培育新兴产业的稳健成长优势

新兴产业作为新生事物，由于各种环境因素的不确定性，发展本身的难度及复杂性，以及创新企业自身能力与实力的有限性，与较为成熟的产业相比，更易面临政策调整、技术更新、专利保护、质量安全、产品替代、体制束缚、贸易壁垒、过度竞争、资源“瓶颈”等内外风险。一般来说，风险是由不确定性引起的，而不确定性经常被定义为一种无法预知未来事件的现象、事件起因和造成的结果之间信息的缺乏，以及决策结构的不可预测性能够准确识别并有效化解新兴产业成长过程中出现的种种风险，是保障新兴产业顺利健康发展的基本条件。新兴产业成长风险既具有发生不确定性，也具有客观性。对于风险这样可能发生而尚未发生的事件，虽然不能完全避免，但可以通过建立一定的防范机制，减少风险带来的危害。一要建立新兴产业成长风险的预警和评估机制。例如，加强对新兴产业技术创新方案的可行性研究与评估，减少技术开发和选择的盲目；建立新兴产业发展的早期预警体系、预警指标体系、预警评判体系和预警体系等，以增强及早识别危机或判断危机程度的能力；通过改善组织结构体系建立风险监控机制，用合理有效的方法进行防范和控制，以尽早地确认风险的发生源，防止风险的扩散和后果的恶化。二要建立风险转移机制，比如企业通过参与保险和吸收风险投资的方式实现部分财务转移；通过技术转让、委托开发、合作和联盟开发等方式实现部分客体转移。三要建立风险分散机制，例如企业通过选择合适的项目组合，进行组合开发创新，使整体风险得到降低。从理论上讲，创新项目组合中不同项目间的相互独立性越强或具有负相关时，将有利于项目组合整体风险的降低。

（四）引导产业链空间集聚，培育新兴产业的集群竞争优势

由于世界经济的发展与产业组织的变革，产业主导权的博弈从公司的个体

① 刘志阳：《战略性新兴主导设计形成机理与竞争策略研究》，载于《经济社会体制比较》2010年第5期。

行为逐步演变为区域性产业行为，产业集群发展尤其是新兴产业的集群发展是获取产业主导权、使新兴产业能顺利诞生的关键。产业集群是指在特定区域中，具有竞争与合作关系，且在地理上集中，有交互关联性的企业、专业化供应商、服务供应商、金融机构、相关产业的厂商及其他相关机构等组成的群体。多年来，东部沿海地区在发展产业集群方面积累了丰富的经验。在发展新兴产业方面，中国也应继续鼓励各地区大胆探索，充分发挥各自优势，在区域层面发展新兴产业，要在新兴产业中形成充分而广泛的区域竞争，根据各区域产业发展基础、资源禀赋现状、生态环境承载能力和基础设施配套等条件，加快布局调整，优化空间结构，合理布局产业与各项配套功能，发挥集聚效应，在各重点领域形成若干规模产业集群，培育骨干企业集团，推进产业集群化、规模化发展。

（五）把产业成长与扩大内需相结合，培育新兴产业的市场整合优势

当前，世界经济的典型特点是资源短缺和产能过剩，需求不足以成为各国经济发展的共同难题，市场需求已成为决定产业生存和发展的第一原动力。这意味着低劳动力成本对转移产业的吸引力将下降，优惠政策的作用也将逐渐减弱，而日益广阔的市场发展前景和高回报率正成为产业转移的决定性因素。长三角地区是中国消费能力最强的地区之一，可以依托巨大的市场空间及辐射纵深，推动战略性新兴产业完整产业链的生成。鉴于新兴产业虽然潜在市场巨大但实际市场需求却需培育的现实，政府需重点在新兴产业发展的初期帮助企业创造市场需求。一要针对产品的产业化初期技术不成熟、稳定性差、价格高、认知度低，市场需求有限的状况，政府应对消费品的购买者进行补贴，对新兴产业的产业化成果政府优先购买。① 二要引导企业拓展市场。促进企业由生产制造向营销服务延伸，从产品经营向品牌经营扩大，鼓励企业运用电子商务等新型商业模式。三要围绕缓解环境资源制约等紧迫需求，选择尚处于产业化初期、社会效益大、市场机制难以有效发挥作用的重大技术和产品，组织实施绿色发展、惠民服务等新兴产业产品应用示范工程，引导消费模式改变，培育市场，拉动产业发展。

---

① 李晓华、吕铁：《战略性新兴产业的特征与政策导向研究》，载于《宏观经济研究》2010 年第 9 期，第 20 ~ 26 页。

国有经济要在推进农业现代化中发挥主导作用

谭劲松　姚菲菲*

农业是国民经济的基础，是人类社会的衣食之源，生存之本，是工业等其他物质生产部门与一切非物质生产部门存在与发展的必要条件，是支撑整个国民经济不断发展与进步的保证。但是，近年来，我国第二、第三产业获得快速发展，作为第一产业的农业发展相对滞后，在国民经济中的比重持续下降，农民种地积极性明显下降，农田撂荒现象逐年增加，农业现代化进展缓慢，农业在国民经济中的基础地位大大减弱。为了巩固农业在国民经济中的基础地位，加快推进农业现代化进程，发展壮大农业经济，必须坚持公有制在农业中的主体地位，发挥国有经济在推进农业现代化进程中的主导作用。

一、发挥国有经济在农业中的主导作用是我国基本经济制度的必然要求

适度发展国有农业经济，发挥国有经济在推进农业现代化中的主导作用，既是公有制主体地位的内在要求，也是保障农业在国民经济中的基础地位和三次产业协调发展的需要。

基本经济制度所要求的以公有制为主体包括两层含义：一是公有资产在社会总资产中占优势；二是国有经济控制国民经济命脉，在经济发展中起主导作用。农业是国民经济的基础，是保民生、安天下的重要产业。按照基本经济制度的要求，国有经济应控制农业经济命脉，在推进农业现代化中发挥主导作用。而我国的现状是国有经济在农业中所占比重极低，国有经济主导作用严重缺位，这对于解决“三农”问题，推进农业现代化建设非常不利。

---

* 谭劲松，浙江理工大学马克思主义学院教授、硕士生导师，中国经济规律研究会理事、全国科学社会主义学会理事、浙江省科学社会主义学会副会长等。姚菲菲，浙江理工大学马克思主义学院硕士研究生。

一个国家在加速推进工业化进程中，农业在国民经济中所占比例下降是必然的，但这并不意味着农业地位下降，农业是国民经济的基础并没有改变。国务院发展研究中心农村经济研究部韩俊明确指出：农业是13亿人吃饭的基本保障，为农民提供近一半的收入来源，因此，推进农业现代化，是“十二五”时期的一项重大任务。改革开放以来，我国第二、第三产业得到长足发展，而第一产业发展严重滞后，“三农”问题尤为突出。农业和农村发展滞后，不仅不利于农民增加收入，实现全面小康目标，而且会成为制约第二、第三产业发展的“瓶颈”。

解决“三农”问题，根本出路在于同步推进农业现代化。而实现农业现代化光靠市场调节、光靠农民个体和集体经济的力量是远不够的，必须适度发展农业国有经济，充分发挥国有经济在农业中的主导作用。为此，一方面，要增加中央和地方政府对农业的财政投入，有选择地创办农业国有骨干企业，适度发展农业国有经济。各级政府应适度投资创办以保障省长“米袋子”工程和市长“菜篮子”工程的国有农、林、牧、副、渔等企业，使之在保障农副产品供给中发挥示范保障作用。同时要加大中央和地方政府对农业政策性补贴的力度，改革传统补贴结构与方式，健全和完善包括国家投资在内的多元农业投资体制。另一方面，要鼓励国有企业“上山下乡”，投资农业。以利用国有企业资本实力强、人才队伍雄厚、营销网络发达，现代管理理念先进等优势，推进农业现代化社会化建设，提高农业现代化水平。

二、发挥国有经济在农业中的主导作用是发展现代大农业的需要

党中央明确指出：“用现代物质条件装备农业，用现代科学技术改造农业，用现代产业体系提升农业，用现代经营形式推进农业，用现代发展理念引领农业，用培养新型农民发展农业，提高农业水利化、机械化和信息化水平，提高土地产出率、资源利用率和农业劳动生产率，提高农业素质、效益和竞争力”[①]。建设现代农业，实现从传统农业向现代农业的提升和转型，必须适度发展国有农业经济，发挥国有经济在农业中的主导作用。

一是国有经济要推动农业从小农经济向现代农业经济提升和转型。目前我国农业主要是农户分散经营，生产规模小，经济效益低，生产力水平不高，无法与现代市场经济相适应，无法满足现代农业的发展需求。应适度发展国有农场和国有农业社会化服务体系，推动农业现代化的发展进程。

二是国有经济要推动农业从人畜动力、手工劳动向农业机械化生产提升和转型。目前我国农业机械化水平低，农业劳作依旧停留在人畜动力、手工劳动

① 2007年中央1号文件《中共中央国务院关于促进农民增加收入若干政策意见》。

和小农机具水平，不仅导致农业劳动生产率低下，更束缚了农业劳动力的转移。国有经济应适度投资机械化大农业，在提高农业机械化水平上做出贡献。

三是国有经济要推动农业从分散经营向规模化、集约化提升和转型。目前我国农业基本上是以家庭为单位分散经营，农业组织化、社会化程度低，迫切需要国有经济在农业集约化、集团化、规模化和社会化上做出榜样，促进农业由分散经营向规模化、集约化经营提升。

四是国有经济要推动农业从自产自销、自给自足的自然经济向商品化、市场化提升和转型。目前我国农业市场化、农产品商品率不高，不少地区仍还是传统农业。这对于提高农业生产率和农民收入极为不利，国有经济可适度投资建立大型农副产品生产基地，增加农副产品供应，提高农业市场化、商品化程度。

五是国有经济要推动农业从靠天吃饭、受制于自然条件向工厂化农业提升和转型。我国是世界上自然灾害最为严重的国家之一，农业生产在相当程度上仍然靠天吃饭，防灾抗灾能力弱。发展现代农业需要提升工厂化农业的利用率和普及率。工厂化农业是一种全循环的生产模式、以时间换空间、以立体换水平、从田间到车间，形成一个个农业工厂化的生产车间，降低自然条件对农业生产的影响。国有经济应适度投资发展工厂化农业，提高农业抵御自然灾害的能力。

三、发挥国有经济在农业中的主导作用是提升农业科技水平的需要

我国现阶段的农业科学技术的创新研发还比较薄弱，科学技术在农业生产中利用率较低。发展高科技农业是解决农业资源短缺，提高农业防灾抗灾能力，提升农业劳动生产率，实现农业可持续发展根本之策。国有经济应在建设现代科技农业、提升农业科技水平上发挥主导作用。

一是国有经济要在利用现代科学技术提高农业劳动生产率上发挥主导作用。我国目前的农业劳动生产率仅为发达国家的2%。在土地面积、劳动力资源有限的情况下，农业劳动生产率的提高有利于增加单位面积产出，有利于增加社会财富，提高农民生活质量。农业劳动生产率的提高，需要通过发展国有高科技农业企业，建设农业创新体系，以提高农业的科技水平，发展现代化农业。

二是国有经济要在利用现代科学技术改良品种上发挥主导作用。改良品种是提升农产品产量、改善农产品质量的先决条件和重要因素。长期以来，我国致力于优质品种的培育，但由于起步较晚，能与袁隆平院士杂交水稻齐名的科研成果稀少，难以满足日益发展的现代农业的需求。加快农业品种改良步伐，多研发和培育生产力高和抗灾力强的新品种，需要国有经济发挥主导作用。

三是国有经济要在利用现代科学技术改进种植方法上发挥主导作用。提高

农产品产量、提升农产品质量，不仅需要优质品种，更需要科学的种植方法。目前我国农业种植技术科技含量不高，农业生产机械化程度低，种植过程对自然环境存在程度不同的破坏。国有农业经济应在推动农业种植方法改进，提高农业现代水平发挥主导作用。

为了提高农业现代科学技术水平，中央和地方政府、有条件的国有企业应加大对高端农业、农业教育、农业科研等的投入。其一，中央和地方政府、有条件的国有企业应适当投资科技含量高的高端农业，以提高农业的科技水平和综合生产能力。其二，中央和地方政府、有条件的国有企业应适当投资农业基础科学研究，以推动和创新农业科学技术、提高农业的科学技术水平。其三，中央和地方政府、有条件的国有企业应加大对农业教育的投入。我国现阶段不论是对农业专业人才的教育还是对农民农业知识的培训的重视度都较低。加大对农业教育的投资，增加农业教育资源，扩大农业受教育者范围，重视现代农业科技教育，培养大批农业专业人才和现代农民，中央和地方政府、有条件的国有企业责无旁贷。

四、发挥国有经济在农业中的主导作用是加大对农业公共产品投资和供给的需要

农田水利基础设施是建设现代化农业的基本条件，是农业公共产品投资的重点，现代农业生产的发展，在很大程度上取决于农业基础设备和设施的配套。农业公共产品的投资对农业的发展至关重要，但我国目前农业公共产品投资与供给还存在诸多问题。

我国虽然是农业大国，但由于历史发展原因，农田水利基础设施建设滞后。农田水利基础设施建设不是一劳永逸的工程，随着经济社会的发展，原有基础设置将逐渐变得不适应甚至制约现代农业的发展，这就要求不断更新改造旧的基础设施，增加和完善新的设施。近年来，国家虽已逐年加大农业基础设备设施建设投入，但还远不能满足农业现代化的需求。国有经济应在农业基础设施建设上发挥主导作用，一方面，要注重规划设计，让基础设施建设适当超前发展；另一方面，要组织好大型基础设施工程建设，确保农田水利基础设施工程建设质量。

农田水利基础设施是为农村和农民从事农业生产活动提供服务的公共产品，具有公益性和高投资性，不能完全依靠农民个人或集体的投资。这就要求中央和各级政府，一方面，要加大对农田水利基础设施的投入，以满足农业现代化的需要；另一方面，要重视农田水利基础设施的管理，做到开发与管理并重，延长基础设施使用年限，更好地服务当地的农业生产，为农业现代化做贡献。在农田水利设施建设上，国有经济不仅不能缺位，而且要发挥主导作用。

五、发挥国有经济在农业中的主导作用是保障国家农副产品供应和价格稳定的需要

农副产品的供应、价格和安全，关系国计民生，涉及社会和谐稳定。由于农副产品生产与经营要面临自然灾害和市场竞争双重风险，因此，保障农副产品安全、充足供给和价格稳定难度极大，单靠市场调节，农民个体、集体和私营经济的力量是远远不够的，国有经济应发挥主导作用。

中央指出：稳定发展农业生产，确保农产品有效供给，对推动全局工作、赢得战略主动至关重要。我们要始终保持清醒的认识，绝不能因为连续多年增产增收而思想麻痹。当前，全球气候变化影响加深，国际经济形势复杂严峻，我国在面临耕地和淡水资源短缺压力加大的同时，也面临着国际农副产品交易风险。必须适度发展国有农业经济，促进农业现代化转型升级，确保国有经济在保障农产品安全和供给上发挥主导作用。[①]

稳定农副产品的价格，对于农业的健康发展，农民生活质量的保障，国家经济的持续增长和社会治安的稳定有着重要意义。当前，我国农副产品价格持续走高，在市场竞争和农副产品流通成本攀升的影响下，农民增收困难，经销商利润降低，消费者负担加重，对于稳定物价，保障供应和维护社会稳定极为不利。农副产品的充分供应、价格的稳定仅靠市场调节是不行的，需要国家强有力的宏观调控。国有经济要渗透到农业产业链的重要环节之中，加大国有资本在农业产前、产中、产后的投入，减小农副产品供给和物价方面的风险，发挥国有经济在发展生产、保障供应、稳定物价等方面的主导作用。

六、发挥国有经济在农业中的主导作用是提升农业国际竞争力的需要

当今国际农业和农产品市场上，农产品出口竞争激烈，我国依靠劳动密集型优势生产的农产品相对于发达国家依靠技术优势生产的农产品，在国际市场竞争中明显处于劣势。迫切需要国家增加对农业的扶持，发挥国有农业经济在应对国际竞争中的骨干作用。

一是国有经济要在维护国家农业安全上发挥骨干作用。农业是国民经济的基础，农业安全也是国家安全的基础。我国的农业安全是指采取有效的国家行动，避免内部和外在因素的变化危及我国农业在国民经济中的基础产业地位，确保农业可持续发展。国有农业经济控制农业经济命脉，在全局上引导着农业经济的总体发展方向，对于维护国家农业安全，提高农业的国际竞争力责无旁贷责。

① 2012 年中央 1 号文件《关于加快推进农业科技创新　持续增强农产品供给保障能力的若干意见》。

二是国有经济要在提高农产品质量安全问题上发挥骨干作用。当今世界各国对于农产品质量安全，尤其是农副产品安全尤为重视。农副产品安全覆盖自然科学和生命科学等多种学科，涉及农产品的生产方式以及相应的质量管理，不仅对提高农业科研水平提出了高要求，更对政府管理提出了更高要求。保障农副产品质量和安全，不仅要加强政府宏观调控和监管，而且要发挥国有经济的示范与榜样作用。

三是国有经济要在保护本国农业上发挥骨干作用。加入 WTO 对我国本土农业的发展既面临机遇，也存在挑战和风险。国外农副产品和农业企业的涌入，对我国农业造成强烈冲击，程度不同地影响到我国农业的发展。这就要求政府加大对农业投资力度，适度发展国有农业大企业，发挥国有经济在保护本国农业中的主导作用。

以文化产业助推我国制造业转型升级[*]

吴明来　李碧珍[**]

一、金融危机背景下中国制造业发展面临的挑战

（一）金融危机以来中国制造业的表现

1. PMI 指数：中国当前制造业经济经历小幅度的扩张之后又开始呈现收缩的趋势，经济回升阻力大

制造业采购经理指数（PMI），是通过对企业采购经理的月度调查结果统计汇总、编制而成的指数，它涵盖了企业采购、生产、流通等各个环节，是国际上通用的监测宏观经济走势的先行性指数之一，具有较强的预测、预警作用。PMI 指数通常以 50% 作为经济强弱的分界点，PMI 高于 50% 时，反映制造业经济扩张；低于 50%，则反映制造业经济收缩①。

从表 1 可以看出，受金融危机的影响，中国制造业采购经理指数从 2008 年 4 月最高的 59.2% 跌落至 11 月的 38.8%，比临界点 50% 低近 9 个百分点，制造业出现明显的收缩，该状况一直延续到 2009 年 2 月。受全球各国一揽子救市计划出台的影响，中国 PMI 指数 3 月开始回升。除了 2011 年 11 月的 49%，从 2009 年 3 月到 2012 年 7 月，PMI 指数均位于临界线 50% 以上，其中，2010 年 4 ~7 月和 2011 年 3 ~7 月出现了小幅度下降。但从 2012 年 5 月开始，PMI 又开始

* 福建省社会科学规划重点项目（项目批准号：2012A032）、福建省委统战部人文社科项目（项目批准号：TB120006S）、福建师范大学《产业经济学》校级重点学科建设项目、福建师范大学工商管理人才培养模式创新省级实验区项目的阶段性成果。

** 吴明来，福建师范大学经济学院 2011 级硕士研究生，研究方向为产业经济学；李碧珍，福建师范大学经济学院教授、硕士生导师，研究方向为产业经济学、民营经济研究。

① 中华人民共和国国家统计局．中国制造业 PMI（2012 年 11 月）http：//www.stats.gov.cn/tjsj/jdsj/t20121214_402860645.htm。

下滑，由50.4%降到8月的49.2%，低于临界值。制造业收缩局面的再次出现，表明后危机时期给中国制造业发展带来一定阻力。

表1　制造业采购经理指数　单位:%

年＼月	1	2	3	4	5	6	7	8	9	10	11	12
2008	53.0	53.4	58.4	59.2	53.3	52.0	48.4	48.4	51.2	44.6	38.8	41.2
2009	45.3	49.0	52.4	53.5	53.1	53.2	53.3	54.0	55.3	55.2	55.2	56.6
2010	55.8	52.0	55.1	55.7	53.9	52.1	51.2	51.7	53.8	54.7	55.2	53.9
2011	50.5	52.2	53.4	52.9	52.0	50.9	50.7	50.9	51.2	50.4	49.0	50.3
2012	50.5	51.0	53.1	53.3	50.4	50.2	50.1	49.2	49.8	50.2	50.6	50.6

资料来源：中国人民共和国统计局（http://www.stats.gov.cn/tjsj/）。

2. BCI指数：中国当前制造业经济呈现非平稳状态

BCI（大宗商品供需指数）是由生意社创建的大宗商品供需指数，主要是通过监测国民经济上游、数量大、用途广的八大行业最具代表性的100种基础原材料的价格波动而形成的，BCI指数作为PMI指数的一个补充，共同反映制造业发展的情况，BCI指数的值域为-1~1，0为其供需平衡点。当BCI>0，反映制造业经济呈扩张状态；当BCI<0，反映制造业经济呈收缩状态；当BCI=0，反映制造业经济呈平稳状态[①]。

从图1中可以看出，2011年10~12月，BCI指数都是处于均衡点0以下，表明制造业经济呈现收缩状态，经济回升受阻。2012年1~9月BCI指数一直在均衡值上下波动，波动幅度较大，从5月的最低值-0.71到9月的最高值0.33，10、11月又低于均衡值0，这表明制造业经济在金融危机后期发展呈现不稳定的状态，经济发展仍然面临压力。

从PMI和BCI这两个重要指标可以看出，在遭遇全球性金融海啸冲击之后，从2008年开始中国制造业经济开始收缩。在国家4万亿元经济刺激计划的支持下，制造业经济暂时保持在一个平稳的发展水平，且很快又出现了波动和一定程度的收缩。从两个指标综合看出，中国制造业经济发展缓慢并呈收缩的趋势，制造业未来的发展道路将充满挑战。

（二）竞争优势逐渐弱化

1. 劳动力成本不断上涨

中国为全球制造大国，被称为“世界加工厂”，其中主要原因是相对低廉的劳动力成本。但自改革开放以来，随着经济的发展和人们生活水平的不断提高，

① 生意社，2012年10月大宗商品供需指数BCI为-0.2。http://www.100ppi.com/bci/

劳动力这一优势在不断弱化。"十二五"规划期间最低工资将年涨13%，这表明了中国工资将迎来一个快速增长的时期，劳动力成本上升成为一种必然趋势①。

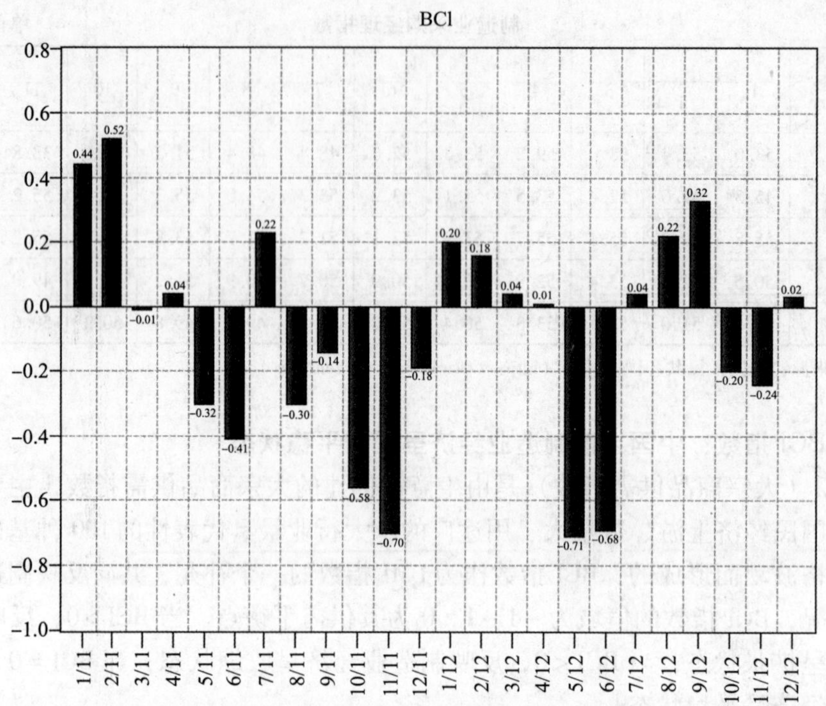

图1　BCI指数（2011年1月至2012年12月）

资料来源：生意社网站（http：//www. 100ppi. com/bci/）。

从图2可以看出，中国制造业职工年平均工资从改革开放以来发生了巨大的变化，由1978年的597元上升到2008年的24192元，增长了将近41倍。特别是从1997年开始，实际工资年均增长了12.3%，制造业职工年均工资保持着两位数的增长势头。从表2与亚洲国家制造业就业人员小时报酬比较中，我们可以看出：中国制造业劳动力成本已经高于了泰国、菲律宾、越南等国，劳动力的比较竞争优势相对于周边发达国家正在逐渐弱化。

表2　中国与亚洲国家制造业就业人员小时报酬比较　　单位：美元

年份	泰国	菲律宾	越南	马来西亚	中国
2000	1.26	1.18	0.33	2.13	0.61
2001	1.2	1.11	0.35	2.16	0.68

① 罗来军，史蕊，陈衍泰，罗雨泽：《工资水平、劳动力成本与我国产业升级》，载于《当代经济研究》2012年第5期，第36~42页。

续表

年份	泰国	菲律宾	越南	马来西亚	中国
2002	1.22	1.14	0.37	2.29	0.74
2003	1.3	1.17	0.41	2.35	0.84
2004	1.34	1.2	0.48	2.46	0.93
2005	1.43	1.3	0.53	2.42	0.97
2006	1.56	1.52	0.61	2.59	1.15
2007	1.76	1.78	0.68	2.91	1.43
2008	2.05	1.91	0.81	3.29	1.87
2009	1.96	—	0.89	3.23	2.04

资料来源：ILO 数据库、CEIC 数据库和美国劳工部数据库。

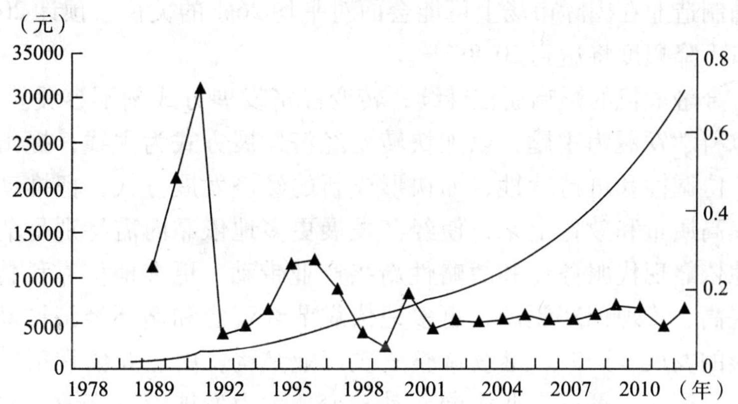

注：由于统计口径的变化，2008 年以后制造业职工平均工资数据为城镇单位就业人员制造业平均工资。

图 2　中国制造业职工年平均工资增长变化情况（1978～2010 年）

资料来源：根据中国统计年鉴计算整理得到。

根据罗来军、史蕊等（2012）的分析①，中国的工资水平虽然只有美国的 2.1%、日本的 3.35%、韩国的 7.78%，但劳动生产率是分别为这些国家的 2.7%、3.39%、6.15%。经计算，中国的相对劳动力成本是美国的 76.9%、日本的 83.8%、韩国的 125%。也就是说，中国制造业劳动生产率处于低水平阶段，相对成本不占优势。

2. 陷入低附加值的代工路径依赖

改革开放以来，借助发达国家产业转移的机遇，中国制造业获得了突发猛进的发展，成为名副其实的“世界制造工厂”。但纵观其发展历程，不难看出：国内企业利用低成本优势进行代工生产，使得企业缺乏自主研发设计和品牌推

① 罗来军，史蕊，陈衍泰，罗雨泽：《工资水平、劳动力成本与我国产业升级．当代经济研究》2012 年第 5 期，第 36～42 页。

广的能力。对外出口产品一直以加工组装等劳动密集型产品为主，产品附加值低。企业长期从事全球价值链的低端生产，致使我国制造业陷入了代工的路径依赖。例如，美国苹果公司的iphone，产品大部分零部件均由中国企业代工生产，若iphone手机的高端售价为750美元，代工企业获得微不足道的25美元，仅占其售价的不到4%①。

3. 经济发展方式和产业结构面临重要挑战

2009年12月在首都哥本哈根会议上，温家宝总理代表中国承诺到2020年将万元GDP碳排放减少40%~45%，这一承诺对于建立在高投资、高能耗、高碳排放等基础之上的中国制造产业来说无疑是个巨大的挑战。此外，由于2008年全球金融危机的冲击和影响，国外许多发达国家提出"绿色贸易"的"碳关税"的征收。而据世界银行（2009）研究报告统计分析，如果"碳关税"全面实施，中国制造业在国际市场上可能会面对平均26%的关税，预计2020年中国制造业出口下降幅度将达到20.8%②。

目前，金融危机的影响还在继续，转变经济发展方式刻不容缓。"十八大"再次指出以科学发展为主题，以加快转变经济发展方式为主线，提出经济发展的平衡性、协调性和可持续性，加快形成新的经济发展方式，把推动发展的立足点转到提高质量和效益上来，使经济发展更多地依靠内需特别是消费需求拉动，更多地依靠现代服务业和战略性新兴产业带动，更多地依靠科技进步、劳动者素质提高、管理创新驱动，更多地依靠节约资源和循环经济推动，实现经济持续健康的发展。同时，继续调整三次产业结构，由主要依靠第二产业带动向依靠第一、第二、第三产业协同带动转变，大力发展第三产业，向较高经济形态不断转变。

经济发展方式的转变和结构的调整对中国传统制造业的发展模式提出了挑战，并在一定程度上指出了产业升级的方向。

二、制造业与文化产业融合发展的趋势及其机理分析

（一）制造业发展趋势分析

随着经济全球化和区域经济一体化的深化，为了适应新的经济形势，我国制造业必须从资源、劳动密集型产业向技术或资本密集型产业升级。在产业升级发展的过程中，制造业应努力寻求更多与其他产业相融合的机会，以提升自身产业的附加值。

---

① 熊芙蓉：《"中国制造"的发展困境及转型》，载于《商业经济评论》2011年第3期，第38~39页。

② 张沛：《碳关税对我国制造业长期影响效应分析》，载于《宏观经济研究》2011年第10期，第52页。

1. 向技术、资本密集度较高的绿色产业升级

改革开放以来，中国制造业依靠资源和劳动优势在国际贸易中取得了长足的发展，产业的整体实力不断增强，但此次金融危机的爆发，凸显了制造业发展中长期存在的缺陷和弊端。经济增长主要依靠组装加工出口贸易和国外市场，这种发展模式已经不能适应新的国际大环境下制造业的发展。因此，按照国际产业发展规律和当前经济发展形式，我国制造业在未来发展中应逐步转向技术或资本密集型等集约式发展方式，大力发展低碳、绿色制造业，改变制造业在以往发展过程中高能耗、高污染的发展模式。

2. 产业附加值的提升从注重产品的实体价值到同时兼顾实体价值和虚拟价值

实体价值包括产品的物质载体所应具有的基本功能属性，虚拟价值是凝结在实体价值之中看不见的、由消费者在消费产品中所感受到的价值。随着社会的进步，人们对产品的需求已不再仅仅停留于产品的物理属性这一层面上，而开始更多地追求精神和心理的满足。如消费者购买一件由巴黎著名时装设计师所设计的时装，它所代表的价值远不止其实体价值。然而，传统的制造业提供的产品以功能性需求为主，产品同质化严重，已不能满足消费者多样化和个性化的要求。为了适应市场需求的变化，中国制造业产品必须转向注重其实体价值的同时更多的兼顾虚拟价值。

3. 制造业趋于服务化

中国传统的制造业是以劳动密集型为主要特征的行业，产品的加工是其中心环节，因此，对于产品的研发和设计等服务化的环节较少关注。但制造业的产品附加值更多来自研发和设计环节，而不是加工环节。随着产业结构的不断优化和制造业的不断升级发展，制造业的服务性趋势越来越明显，已不在仅仅局限于循环加工单一产品的生产环节，而逐渐向研发、设计、品牌和营销等环节延伸，逐步转向集成服务提供商。

（二）制造业与文化产业融合机理分析

1. 产业融合理论

国内外对产业融合理论的研究较多，有关产业融合的研究成果涉及产业融合的概念、识别、动因、过程、影响等多个方面。根据国内学者马健（2002）对产业融合理论含义的论述，我们将产业融合定义为：由于技术进步和放松管制，发生在产业边界和交叉处的技术融合，改变了原有产业产品的特征和市场需求，导致了产业的企业之间竞争合作关系发生改变，从而导致了产业界限的模糊化甚至重划产业界限①。关于产业融合的原因，多数学者认为是由多因素相互作用、相互影响而产生的结果，这些因素包括内在的技术创新、管理创新或者战略联盟、企

①② 马健：《产业融合理论研究评述》，载于《经济学动态》2002年第5期，第78～81页。

业基本组织原则的变革等，也包含外在的全球化与自由化，产业管制政策的放松，消费需求的变化等因素。同时，将产业融合过程分为技术融合、产品融合、企业融合、市场融合等阶段。并对产业融合所产生的经济效应进行分析，总体来看，产业融合能够提升产业绩效，达到 $1+1>2$ 的经济效应。

2. 制造业和文化产业融合的基础

（1）文化产业和制造业具有相似的工业属性。文化产业的英文翻译是“Culture Industry”，是在20世纪40年代由法兰克福学派主要代表阿多诺和霍克海默在其合著的《启蒙的辩证法》一书中提出来的，首次被提出时被译为“文化工业”，强调文化与工业社会在技术上的联系，批判由于机械化的批量复制和传播手段导致文化的堕落。所以文化产业在其诞生之日起就具有了工业的性质，制造业作为工业经济的主体，对国民经济的发展发挥重大的贡献，因此文化产业与制造业首先在性质上具有相似性，这为两业的融合提供了基础。

（2）技术革新给两业的融合提供支撑平台。根据产业融合理论，产业之间融合的主要原因之一是技术创新。阿方索和塞尔瓦托（Alfonoso and Salvatore）指出产业融合一般经过技术融合、业务与管理融合和市场融合三个阶段[②]。随着经济的发展和技术的进步，数字化、网络化技术不断发展的变革，特别是以数字技术为主导的“三网融合”，为文化产业和制造业的融合提供了强大的技术支撑平台。同时，技术的进步也丰富了原有产业经营的内容和形式，改变了原有的消费特征和需求特征。文化产业在把握技术变革的前提下大力发展内容产业，改变以实体媒介为主的产品形式，为制造业终端便携电子产品提供内容产品的支撑，符合了当前新的市场需求。

（3）交叉的市场需求为两业融合提供了市场基础。在市场供给方面，文化产业和制造业在某些产品供给上存在交叉。中国制造业以劳动密集型产业为主，如农副产品加工、纺织服装、鞋、帽制造业、皮革皮毛羽毛（绒）和家具制造业等，以及煤炭采选业、有色金属矿采选业和医药制造业等行业，这些行业多数生产与人们日常生活紧密相关的最终产品，而这些产品也属于中国文化产业的衍生品范畴。因此，相似的市场需求为两业的成功融合提供了市场基础。

三、制造业与文化产业融合的路径分析

（一）文化产业向制造业两端延伸的融合

微笑曲线本质上就是附加价值曲线，处于曲线两端的研发设计和品牌、渠道和营销具有较高的附加价值，而处于中间的加工组装环节附加价值低[①]。制造

① 刘奕：《创意产业与制造业融合发展：产业升级的重要途径》，载于《中国经贸导刊》2011年第8期，第22~24页。

业发展的目标应该锁定在微笑曲线的两端（见图3），这是制造业的战略环节，是提升制造业产业附加值的关键点。产业附加值包括物理附加值和心理附加值，在战略环节的技术创新可以提高产品的技术附加值，而融入文化则提高了产品的心理附加值。文化产业与制造业的延伸融合原理就是在制造业的研发设计和品牌营销等战略环节注入文化产业的文化符号价值、文化理念、创意思想等，通过文化产业的渗透来实现制造业价值链的提升。

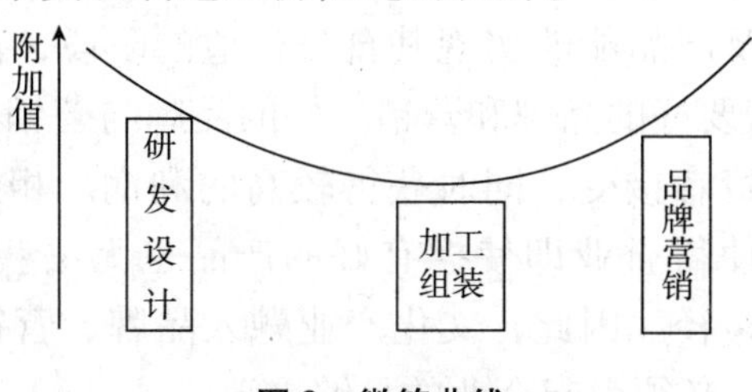

图3　微笑曲线

1. 文化产业融入制造业的研发设计环节

创意产业主要是指那些出自个人的创造性、技能及智慧和通过对知识产权的开发生产创造潜在财富和就业机会的活动①。创意是创新和文化的融合，创意元素是由创作者根据自己的所学和在认识事物的过程中不断总结出来所拥有的一种独特的资源。按照哲学大师波兰尼对知识的分类，我们可以将创作者所拥有的这种独特的资源划归为隐性知识②。这种资源是嵌入到创作者生命载体之中，不能通过简单的学习就可获得。创意产业融入到制造业的研发设计环节，就是将这些独有的资源要素注入到新产品之中，为新产品提供新的价值元素，从而提高新产品的市场竞争力，增加产品的附加价值。

当前中国制造业结构同质化突出，产品差异化程度低③，在竞争残酷的红海区域中，企业之间依靠同质化的产品进行低价竞争，在竞争中企业只能获得微薄的利润，这不仅不利于企业的发展，更不利于中国制造业在新的国际背景下的转型与升级，而制造业和文化产业的融合能够改善和缓解这种不正常的竞争关系。

与传统的技术创新不同的是，技术创新引发的是成本竞争，而创意所带来的是产品的产异化竞争。创意产业与制造业的融合发展虽然不是技术性的创新，但是创意所带来的改良型创新能够使原有的产业边界逐渐模糊并重新建立起新的市场和产业边界，使企业获得附加值和竞争力。根据欧洲工商管理学院莫博涅教授提出的“蓝海战略”理论，文化产业与制造业融合，从顾客需求的角度即买方效用出发，研究开发新的产品和市场，所开辟出来的新的市场空间是与

①③　刘奕：《创意产业与制造业融合发展：产业升级的重要途径》，载于《中国经贸导刊》2011年第8期，第22~24页。

②　吕乃基：《兰霞．微笑曲线的知识释义》，载于《东南大学学报（哲学社会版）》2010年第3期，第18~19页。

竞争激烈的红海相对的蓝海市场，在一定程度上重塑了企业的市场边界，企业既创造了一片蓝海，也获得了充分的产业附加价值①。这种在基本技术同构，产品同质化的背景下，将文化产业中的文化元素、创意思想融入到制造业的产品开发中，不仅能够增加产品的多样化，同时也利于制造业向柔性化方向发展。

2. 文化产业融入制造业的品牌、营销环节

处于产业链终端的品牌、营销环节是决定企业产品在进入市场之后能否被市场接受的关键，以及产品能够实现其自身价值的阶段，俗话说“酒香也怕巷子深”，好的产品也需要好的品牌和营销。好的品牌与营销能够使企业的产品顺利地进入市场并被消费者接受，同时获得较高的利润。相反，品牌、营销环节的缺失或者不完善，使得企业即使拥有好的产品也无法获得较高的利润回报，或者直接陷入代工的路径。因此，文化产业融入品牌、营销环节是中国制造业升级的重要环节之一，必须引起企业的足够重视。

文化产品真正的价值在于蕴含其中的符号和虚拟价值，所以文化产业向制造业业品牌、营销环节的渗透融合主要是指文化产业的符号价值、品牌价值向制造业渗透。我们可以充分利用文化产品价值的虚拟性和符号特征，将其转移、嫁接或者附加到制造业产品之上，使其成为制造业产品的造型、工艺、品牌等产品的产异性的标识。如耐克品牌飞扬的一勾，它代表着希腊胜利女神翅膀上的羽毛，象征着速度和胜利，也象征着轻柔和动感，符合运动服装的文化含义，这简简单单的一勾和其极具个性化的广告口号“Just do it”勾住了世界体育的灵魂，为其巨大的成功带来了一定的神秘感。

（二）文化产业的实体价值和虚拟价值与制造业实体价值的融合

本文认为，文化产业的价值包含两个部分：一部分以符号等为特征的象征意义的价值，这部分价值较多地偏向虚拟经济成分，另一部分为文化产业的实体部分的价值，包括实实在在的由物质载体承载的文化产品（见图4）。

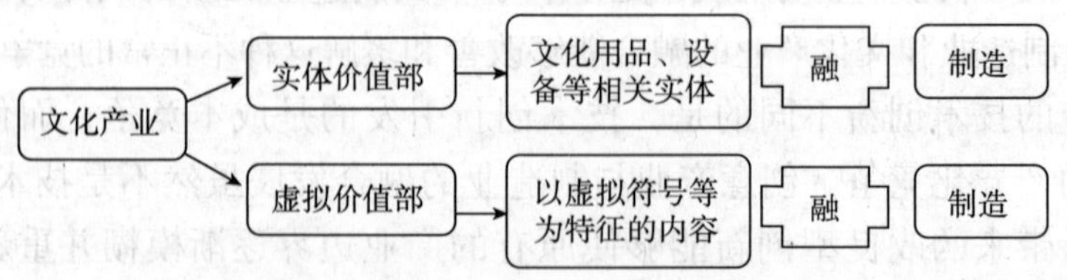

图4 文化产业与制造业融合路径分析

1. 文化产业实体价值与制造业融合

文化产业涉及的范围很广，根据国家统计局2004年3月发布的《文化产业

① 刘奕：《创意产业与制造业融合发展：产业升级的重要途径》，载于《中国经贸导刊》2011年第8期，第22～24页。

及相关产业的分类》，大致将文化产业分为三个层级：文化产业核心层、外围层、相关层。其中，外围层以第二产业为主，包括文化用品、设备、文化产业道具以及相关文化产品的生产，属于实体经济部分。所以，文化产业的实体价值与制造业的融合就变得更容易理解，即文化产业的实体经济部分与制造业的实体经济部分直接融合，将文化元素附加于制造业产品中，突出文化产业的实体价值，以此带动制造业整体价值的提升，促进文化用品、文化器材、设备等制造业的升级发展。

2. 文化产业虚拟价值与制造业的融合

文化产业虚拟价值和制造业的融合是两业融合的关键环节和步骤（见图5），特别体现在内容产业对制造业升级的作用上。两业融合将以文化内容为驱动，技术手段为支撑，文化产业融入电子、数字制造业，从而带动便携式通信设备、计算机和其他电子设备等技术密集型制造业的发展与全面升级。

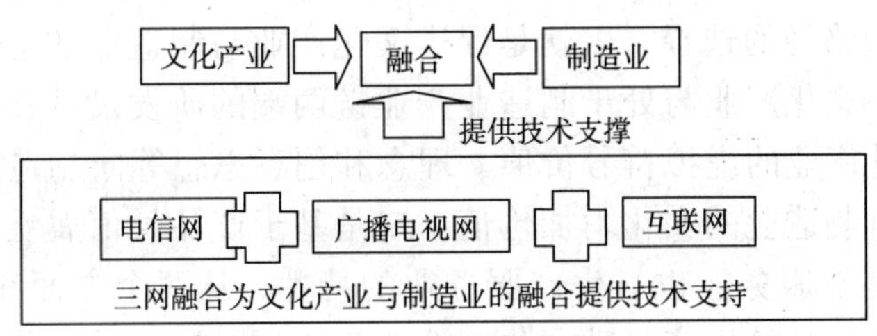

图5　文化产业虚拟价值与制造业的融合路径分析

随着互联网、电信网和广播电视网的融合，三大网络通过技术改造，其技术功能趋于一致，业务范围趋于相同，网络互联互通，资源共享，能为用户提供语音、数据和广播电视等多种服务①。三网合一并不是简单的物理合并，而主要是指高层业务应用的融合，文化产业因此也获得了与制造业融合的强大技术支撑。但是随着国家“三网融合”的实施，便携式通信设备的不断发展，传媒汇流和产业弥合，目前已出现了传媒手段冗余，而内容不足的现象，导致了终端产品不能完全实现其自身的价值功能，文化产业融入制造业增加了终端产品的内容含量，从而能够最大限度地发挥手机等便携式终端产品的价值，并能够提升消费者对产品的价值感知。以通信工具手机为例，以前人们购买手机的主要目的是以便捷的方式满足交流的需要，手机的主要功能也只有打电话和发短信。但是随着技术的不断发展，现在的手机功能已经远远超越了以前手机。在三网融合提供的技术支撑之下，现在的手机成为继报纸、杂志、书籍、广播影视和互联网之后，满足消费者生活、娱乐、资讯等需求的“第五媒体”。人们选

① 周凯：《三网融合背景下的传统纸媒的移动客户端发展路径研究——以〈现代快报〉客户端“掌上快报”为例》，载于《中国出版》2012年第15期，第46~49页。

购手机的动机不仅仅是单纯的满足通信功能的需求，而更多的在于手机能够提供更多的有关生活、娱乐、资讯等方面的需求，手机的原始功能甚至成了现在手机的一个附加。文化产业与制造业的融合，能够通过现代的电子信息和数字技术，提升终端电子产品的价值附加值，使得消费者购买手机所获得不仅仅是手机的价值和传统的功能，更多的在于通过手机终端所提供的文化产品和服务。

因此，文化产业与制造业的融合，通过提高制造业终端产品的价值附加值来吸引消费者增加制造业终端电子产品的购买，从而带动实体制造业的发展和升级。

四、结论与建议

2008 年爆发的金融海啸暴露出了中国制造业长期以来发展模式所存在的弊端，也促使制造业急需在新的背景下进行产业升级。而对于制造业升级路径的选择上，应该坚持以传统的技术创新、提高产品技术附加值升级的基础之上，还应该重视新型路径的选择，也就是促进文化产业与制造业的融合，一是基于微笑曲线原理，文化产业与处于制造业产业链两端的研发设计和品牌、营销融合。通过将文化产业的虚拟符号价值、理念和创意思想等向制造业的战略环节渗透，从而提升制造业的文化附加价值。二是基于产品价值属性的视角，发挥文化产业即使消费服务业也是生产服务业的特性，从两个方面和制造业融合：一种是通过文化产品的生产带动文化制造业实体的发展，另一种是以文化内容为驱动，三网融合为技术支撑，文化产业以内容产业的形式融入到电子、数字终端制造业，全面提升电子等制造业终端产品的附加值。

为了引导制造业与文化产业的融合，提升制造业的产业附加值，促进制造业在国际大环境下的升级，我们还需要注意：

1. 促进文化产业与制造业在关键领域的融合

中国文化产业包括的范围广泛，涵盖的行业之多，超过了任何一个国家。因此在选择融合的产业时，应该按照“国际代工型制造业价值链重构”的原则，以制造业基础带来的巨大市场需求为支撑，重点选择为生产者服务的文化产业生产，发挥文化产业的创意符号价值、思想和理念等对制造业的提升作用。

2. 为制造业与文化产业的融合提供政策支持

国家应该明确创新，特别是创意产业对中国经济发展的带动和提升作用，并积极地促进文化产业与制造业的融合，解决中国国际代工型制造业转型升级所面临的困难和挑战。加大金融对关键领域的扶持力度，健全人才管理体系和知识产权的法律保障体系。

总之，积极促进文化产业与制造融合，从新的视角来探析中国制造业的升级之路，将促使制造业经济在新的环境下获得新的发展空间和动力。

第四篇

其他经济理论与现实问题

要重视唯物史观的宏观经济分析方法*

何干强**

西方资产阶级宏观经济学是凯恩斯创立的。虽然马克思没有使用过“宏观经济”这个概念，但是如果把宏观经济理解为国民经济总体，那么可以说他在《资本论》中，用唯物史观系统地揭示了商品生产社会的宏观经济运动一般规律和资本主义宏观经济运动的特殊规律。应当说，科学的宏观经济学是马克思创立的，与凯恩斯主义宏观经济学相比，两者具有科学与不科学这种质的区别。

推进社会主义市场经济实践，本应继承和发展《资本论》唯物史观的宏观经济理论与方法，然而经济学界目前却存在搬用凯恩斯主义的严重倾向，这种倾向只会对实践起误导作用。近年来，我国出现内需不足、结构失衡、环境污染等问题，不能不说与这种倾向有关。现状表明，要建立适应社会主义市场经济的宏观调控机制，必须高度重视《资本论》的唯物史观宏观经济分析方法。本文拟就此谈些意见，向读者请教。

一、破除对凯恩斯主义的迷信

凯恩斯主义用总量分析方法研究市场经济运动，它作为一种经济学科知识以及付诸实践的经验教训，值得我们研究和借鉴。但是，把它当作科学真理并用以指导社会主义市场经济的宏观调控实践，却很不妥当。

应当看到，凯恩斯的理论对缓和资本主义经济矛盾能起一定作用。为此，在第二次世界大战之后，西方经济学界不少人推崇它，形成主张国家干预经济的凯恩斯主义。先后出现“新古典综合”、货币主义、新古典宏观经济学、实际

* 本文是作者主持的国家社科基金一般项目“《资本论》宏观经济分析方法及其中国化研究”（项目批准号：11BJL007）的中间成果之一。

** 何干强，南京财经大学教授，研究方向为《资本论》与当代中国经济。

经济周期理论、新凯恩斯主义、后凯恩斯主义和奥地利学派等新流派，这些流派尽管有所差别，但是都建立在凯恩斯原创理论的基础之上。[①] 然而，在20世纪70年代初资本主义世界出现“滞涨”经济危机后，凯恩斯主义在西方学界已受到质疑，反对国家干预的新自由主义经济学由此抬了头。

研究凯恩斯的《就业、利息和货币通论》可以得知，他的分析方法是不科学的。表现在：不懂劳动二重性这个分析市场经济的最基本的观点，未能揭示宏观经济产业部门之间实物补偿和价值补偿的内部联系；停留在经济现象层面，混淆一般流通（W—G—W）与资本流通（G—W…P…W—G），分不清商品流通和货币流通的因果关系，分不清货币与货币资本；贯彻斯密教条，丢掉了生产资料部类中不变资本这一部分（第Ⅰ部类中的Ⅰc）的内部交换，看不到消费需求内部差别对宏观经济运行的影响，把宏观经济平衡建立在“投资等于储蓄”这一片面、含糊的恒等式上；把资本主义经济当作永恒合理的经济形态，混淆市场经济的一般性生产过剩和资本主义特有的生产过剩，无视资本主义经济危机的根本原因是生产社会化和资本主义私有制这个基本矛盾，不能解释经济周期的物质基础和私有制原因；用自利的“生意人眼光”认识经济关系，无视生产资料所有制关系与宏观经济运动的内在联系，只是在资本主义经济允许的限度内提出调控宏观经济的主张，等等。[②] 概言之，凯恩斯的分析方法渗透着唯心史观，因此难以做到公正无私地、科学地分析和解决宏观经济问题。

还可以看出，凯恩斯是把维护资本家的私人利益作为既定分析前提的。例如，有效需求是凯恩斯主义的基本范畴，凯恩斯解释，它是“总需求函数上的一点；在该点，需求是有效的，因为，把总供给的情况考虑在内，该点相当于能使企业家的预期利润最大的就业量。”[③] 可见，凯恩斯主义以资本家利润最大化为分析前提，背离了宏观经济调控应从国民经济整体利益出发这个基本点，也充分体现出理论的资产阶级性质。这并不奇怪，凯恩斯毫不隐瞒自己的阶级立场，“在阶级斗争中会发现，我是站在有教养的资产阶级一边的。”[④]

由此可见，凯恩斯主义宏观经济学并不是科学理论，在阶级立场上与广大劳动人民整体和长远利益是根本对立的。20世纪70年代资本主义经济“滞胀”大危机的爆发，已证明凯恩斯主义绝不能消除资本主义经济固有的基本矛盾，只能起掩盖这个矛盾、拖延这个对抗性矛盾爆发的作用。而在2007年由美国“次贷”危机为发端，至今仍未出现转机的世界金融经济危机中，发达资本主义

---

① ［英］布莱恩·斯诺登，霍华德·R·文：《现代宏观经济学：起源、发展和现状》，凤凰出版传媒集团、江苏人民出版社2009年版，第13页、第27页。

② 何干强：《论马克思宏观经济分析方法的科学特征——兼与凯恩斯主义比较》，载于《经济纵横》2010年第10期。

③ ［英］约翰·梅纳德·凯恩斯：《就业、利息和货币通论》（重译本），高鸿业译，商务印书馆2002年版，第65页。

④ ［英］约翰·M·凯恩斯：《劝说集》，蔡受百译，商务印书馆1962年版，第245页。

国家纷纷采用凯恩斯主义的财政、货币政策“救市”，也并未见效。2011 年，美国出现“占领华尔街运动”，抗议者提出“我们代表社会的 99%，我们不再忍受那 1% 的贪婪与腐败”的口号，[①] 反映出凯恩斯主义根本不能解决当代资本主义经济的严重两极分化。可见它经不起社会实践的检验，不应当迷信它！

值得注意的是，随着马克思主义在理论和实践上的胜利，20 世纪 30 年代以来，西方资产阶级学界出现了“把凯恩斯马克思化”或“把马克思凯恩斯化”的动向，试图把马克思主义和凯恩斯主义混淆起来。[②] 在这种情况下，重视研究《资本论》的唯物史观宏观经济分析方法，与凯恩斯主义划清界限，就显得格外重要。

二、深入研究《资本论》的宏观经济分析方法

本文提出要重视研究唯物史观的宏观经济分析方法，这是因为经济学界目前对此的研究是不够全面、深入的。毫无疑问，我国老一辈经济学者曾结合新中国的社会主义经济建设实践，对《资本论》的社会再生产理论进行过认真研究，在这个理论的假设前提和原理的概括、生产资料和消费资料这两大生产部类相互补偿的辩证关系、生产资料生产优先增长是否是社会再生产的客观规律、社会简单再生产和扩大再生产的关系、社会扩大再生产的类型、社会固定资本的再生产规律、社会扩大再生产的条件、内含扩大再生产和外延扩大再生产的关系、短期投资项目和长期投资项目的关系、社会再生产积累的源泉和积累率的确定、农业轻工业和重工业三者的关系、生产与消费的关系、基本建设和人民生活保证的关系等多方面，都取得丰硕研究成果，为我们今天深化研究唯物史观的宏观经济分析方法，打下了较好的基础。

但是，也要看到，在计划产品经济体制下，这些研究难免受到把社会主义经济与市场经济对立起来这种观念的束缚。这表现在，研究视野集中在《资本论》第 2 卷第 3 篇“社会总资本的再生产和流通”，而在这一理论区间，主要是研究生产领域内的“再生产”，却撇开了商品流通、资本流通与社会再生产的关系；换句话说，就是重视各产业部门之间的平衡关系，而忽视这些关系是怎样通过货币、货币资本、固定资本价值、剩余价值的流通实现的。尽管当时已有人主张重视流通一般关系，如孙冶方曾提出，把计划和统计建立在价值规律基础上；[③] 我们党的领导人陈云提出了“社会主义的统一市场”这个重视流通的概

① 中国青年报：《透析“占领华尔街”：99% 为什么反对 1%》，http：//news. xinhuanet. com/world/2011 –10/11/c_ 122139249. htm。

② 参见吴易风：《西方经济学家论马克思经济学——写于马克思诞辰 190 周年》，载于《经济学动态》2008 年第 1 期。

③ 孙冶方：《把计划和统计放在价值规律的基础上》，载于《经济研究》1956 年 6 期。

念，并指出财政收支、银行信贷、社会购买力和物资供应、基本建设规模和财力物力等各方面要实现综合平衡；[①] 但是，这些主张在当时的经济体制下没有受到应有的重视。

今天，进一步研究《资本论》，不难发现马克思是相当重视商品流通、资本流通与社会再生产的内在联系的。值得高度关注的是，他在论述社会再生产实现过程时，引入了货币流回规律，“按照这个规律，商品生产者预付在流通中的货币，在商品流通正常进行的情况下，会回到他自己手里。”[②] 它是联系这个规律，来阐释社会再生产实现条件的。而一旦注意到社会再生产与流通的内在联系，就可以发现，《资本论》的唯物史观宏观经济分析方法绝不是局限于第二卷第3篇，而是涵盖从第一卷到第三卷的。第一卷关于商品流通、货币流通、相对剩余价值、工资、社会再生产等方面的分析，第二卷的第1篇和第2篇，尤其是第三卷关于剩余价值的分配、生息资本、银行资本、信用制度、货币资本的运动、地租等论述，都有大量宏观经济分析的内容。

显然，不应当把过去在研究视角上的局限性，误判为《资本论》本身的弊端，以为马克思的宏观经济分析方法只能用以指导计划产品经济，而不能用以指导社会主义市场经济。今天，我们应当在已有研究成果的基础上，深入研究《资本论》的唯物史观宏观经济分析方法，至少应重视下述方面：

1. 全面科学地把握宏观经济分析的对象

比较马克思与凯恩斯关于宏观经济分析的对象，可以发现：其一，前者把生产资料所有制关系纳入宏观经济分析对象，深刻揭示所有制关系对收入分配关系的决定作用，从而对市场供求关系的决定性影响；而后者以资本主义私有制为既定前提，不考虑所有制关系在宏观经济运动中的作用。其二，前者既重视商品流通关系，又重视资本流通关系，不但分析企业（即资本家）与居民之间的交换关系（如Ⅰ（v+m）与Ⅱc、Ⅱ（v+m）内部的交换），而且揭示生产资料生产部类中企业与企业之间的交换关系（Ⅰc内部的交换）；而后者则沿袭斯密教条，丢掉了Ⅰc内部的交换，只着眼于企业与居民之间的商品流通或简单流通，凯恩斯的《就业、利息和货币通论》中关于宏观经济总量的基本流程图，清楚地表明了这种片面性。[③] 显然，应用唯物史观的宏观经济分析方法，应当自觉地分析宏观经济的所有制关系现状，并结合其变化来分析生产资料生产领域的产业结构。但是目前经济舆论界恰恰忽视这种分析。

---

① 何干强：《陈云同志的综合平衡观及其现实意义》，引自《陈云百周年纪念——全国陈云生平和思想研讨会论文集（上）》，中央文献出版社2006年版。

② 《资本论》第二卷，人民出版社1975年版，第459页；关于货币流回规律，《资本论》第二卷第3篇多处提到，读者还可以阅读人民出版社1975年版的第446页、508页、512页、534页。

③ 有关流程图示可参见高鸿业：《译者导读》，［英］约翰·梅纳德·凯恩斯：《就业、利息和货币通论》（重译本），高鸿业译，商务印书馆2002年版，第19页。

2. 用辩证方法分析宏观经济关系

《资本论》深刻阐释了对立与统一、量变与质变、否定之否定这些辩证法的一般规律在资本主义经济运动中的表现形式；并运用现象与本质、特殊与一般、原因与结果、形式与内容、可能性与现实性、偶然性与必然性等辩证法的一般范畴或要素，揭示宏观经济内部多层关系的来龙去脉和相互作用。马克思关于商品流通、货币流通和资本流通的关系，社会再生产各部类之间的价值补偿和实物补偿的关系，社会再生产与货币流通的关系，外贸与社会再生产的关系、商业信用与银行信用的关系，虚拟经济与现实经济的关系，地租与宏观经济运动的关系，社会生产力与社会消费力之间的关系，人与自然之间对立统一的物质循环关系，物质生产和人口生产的关系，特别是生产力的物质技术基础、所有制、收入分配、阶级关系与市场供求这些经济环节之间的因果联系的分析，都值得结合社会主义市场经济的宏观调控实践，深入领会。

3. 科学地进行宏观经济数理分析

《资本论》的宏观经济数理分析是贯彻全卷的，并始终贯彻唯物史观，把经济数量分析建立在经济性质分析的基础上。有的直接提出了数学公式，有的用语言做出了阐释。可以发现：(1) 在相同经济问题的分析上，《资本论》的数理分析比西方经济学有关的数理分析更为科学、全面。例如，弗里德曼的货币数量分析公式是恒等式，不分商品流通与货币流通的因果关系；马克思的有关公式则明确商品流通是因，货币流通是果，并揭示了通货膨胀的发生机理。[①] 又如，凯恩斯主义从国内生产总值（GDP，相当于社会总产品的新创造价值量 $\sum(V+M)$）出发，马克思则尊重价值规律，从社会总产品的全部价值量 $\sum(C+V+M)$ 出发，这就更为全面。(2) 马克思分析了凯恩斯主义没有涉及的许多经济数量关系，例如他在劳动价值论的基础上，深入分析了关于商品相对价值形式的数量变动规律，由此全面揭示出引起市场价格变动的各种经济因素的作用；用劳动二重性的观点分析了社会扩大再生产实现货币积累和实际积累的数量平衡关系；在剩余价值规律基础上，揭示了资本有机构成对劳动力变动及其工资变动的影响、平均利润率下降规律，等等。《资本论》的宏观经济数理分析方法，为我们研究社会主义市场经济宏观运动的数量关系，提供了科学指导。

4. 科学地分析国际经济关系

《资本论》阐释了国际经济关系的一系列具有宏观经济分析方法功能的范畴和原理。在一般商品流通关系方面，有世界市场、国际分工、世界劳动平均单位、国际价值、世界货币、货币的相对价值、国际信用制度等范畴或原理；在一国内部社会总资本流通关系方面，有国定资本补偿与对外贸易、国际资本流

---

① 陈其人著：《货币理论与物价理论研究》，上海人民出版社2002年版，第142~147页。

动与国内货币流通等关系的原理；在国家和民族经济利益关系方面，提出了“国家实力和国家优势”① 的概念，阐释了国民工资差异的比较方法、资本主义生产方式与殖民制度的关系、生产力先进国家与落后国家之间的国际贸易关系等原理，揭示了在资本主义占主导的国际经济关系中，一般流通关系背后的不合理国际分工和不平等国际经济利益关系等。这些重要的思想和方法，应成为指导我们分析当代国际经济关系，推进社会主义市场经济的对外开放，维护民族经济利益和国家经济安全的理论基础。

5. 遵循人与土地之间的物质循环规律

《资本论》对资本主义生产方式破坏“人和土地之间的物质循环”进行了深刻揭露和批判，把这种循环称为“调节社会生产的规律”②，即宏观经济运动应遵循的客观规律。遵循这个规律，才能维护作为人类生存和生产基本条件的生态环境（清洁的空气、饮用水等），才能实现今天人们所说的人口、资源和环境的可持续发展。在唯物史观看来，土地是“人类劳动的一般对象”，也是劳动者“原始的食物仓”和“原始的劳动资料库”，③ 而只有遵循人与土地之间的物质循环规律，才能使土地始终能为人类提供基本生产要素。因此，这个规律是比生产力发展规律更基本的规律，要进行科学地宏观经济分析，必须把它纳入重要的分析视野。

以上列举的方面可以说明，唯物史观的宏观分析方法具有丰富的内容和重要指导价值，确实应当高度重视。

三、努力拓展和创新宏观经济分析方法

我们重视《资本论》唯物史观的宏观经济分析方法，目的全在于应用。从增强应用性的研究目的看，一要在深入研究原著的基础上，推进马克思宏观经济理论与方法的具体化；二要探索一套适应社会主义市场经济宏观运动的科学分析方法，也就是要创新。

从推进马克思宏观经济理论与方法具体化的要求看，我们应当重视研究马克思尚未来得及论述或者根据《资本论》的写作目的不打算论述、但是属于宏观经济比较具体的问题。例如：

——他在第三卷第6章“价格变动的影响”中指出，“我们在这一章中研究的各种现象要得到充分阐明，必须以信用制度和世界市场上的竞争为前提，因为一般来说，世界市场是资本主义生产方式的基础和生活条件。但资本主义生

① 《资本论》第三卷，人民出版社1975年版，第885页。

② 《资本论》（中共中央编译局根据马克思修订的法文版第一卷翻译），中国社会科学出版社1983年版，第517页。

③ 《资本论》第一卷，人民出版社1975年版，第203页。

产的这些比较具体的形式，只有在理解了资本的一般性质以后，才能得到全面的说明；不过这样的说明不在本书计划之内，而属于本书一个可能的续篇的内容。”①

——他在第三卷第25章“信用和虚拟资本”中指出，“我们不打算详细分析信用制度和它为自己所创造的工具（信用货币等）。我们在这里只着重指出为说明资本主义生产方式的特征所必要的少数几点。因此，在这里，我们只研究商业信用和银行信用。这种信用的发展和公共信用的发展之间的联系，不属于我们考察的范围。”②

——他在第三卷第45章“绝对地租”中指出，“对垄断价格的考察属于竞争学说的范围，在那里，将研究市场价格的现实运动。”③

——他在第三卷第48章“三位一体的公式”中指出，“在描述生产关系的物化和生产关系对生产当事人的独立化时，我们没有谈到，这些联系由于世界市场，世界市场行情，市场价格的变动，信用的期限，工商业的周期，繁荣和危机的交替，会按怎样的方式对生产当事人表现为不可抗拒的、自发的统治着他们的自然规律，并且作为盲目的必然性对他们发生作用。我们没有谈到这些问题，是因为竞争的实际运动不在我们的研究计划之内，我们只需要把资本主义生产方式的内部组织，在它可说是理想的平均形式中表现出来。”④

这些引证说明，宏观经济运动中比较具体的经济形式和经济现象，诸如公共信用、市场价格的现实运动、世界市场和市场竞争的实际运动、工商业的周期等等，并没有纳入《资本论》的写作计划，这显然是马克思从抽象到具体叙述资本主义复杂经济形态的需要。因为只有首先撇开比较具体的经济形式和现象，才有可能科学地揭示资本主义经济的本质联系；也只有弄清这些本质联系，才能科学地理解浮在表面的经济现象，弄清它们的来龙去脉。马克思本人没有纳入研究计划或未来得及做的事，后人理应沿着他追求真理的道路继续前进。那种所谓马克思的分析过于抽象、缺乏实用性的看法，是肤浅的、不科学的。

从创新社会主义市场经济宏观经济分析方法的要求来看，目前有必要强调：

其一，要努力创建唯物史观宏观经济分析方法的话语体系。目前，国内舆论界搬用凯恩斯主义似无顾忌。翻阅报刊，“流动性”之类的凯恩斯主义术语比比皆是，几乎都在投资、消费、外贸所谓“三驾马车”上做文章。要改变这种偏离科学原理和用语的倾向，必须在继承《资本论》的范畴、原理的基础上，创立一套能从经济本质到经济现象，分析社会主义市场经济宏观运动的科学话语体系。例如，要坚持以社会总产品价值Σ（C + V + M）作为分析的出发点；

① 《资本论》第三卷，人民出版社1975年版，第126～127页。

② 同上，第450页。

③ 同上，第861页。

④ 同上，第939页。

在概念上，要严格区分纸币与货币、货币与货币资本、货币贷放与货币资本贷放；在原理上，要说清所有制结构和产业结构的区别和联系、现实资本和虚拟资本的联系和区别、分清市场经济的一般性生产过剩和资本主义性质的生产过剩；在政策主张上，要说明调整好公有制为主体的所有制结构才能理顺产业结构和分配关系，要用理顺产业结构和分配关系来疏导商品流通，用理顺商品流通来疏导货币流通、解除通胀压力；在国际经济关系上，要强调建立既对外开放又独立自主的国民经济体系，等等。

其二，注重维护公有制的主体地位对宏观经济协调运行的决定性作用。马克思指出："任何时候，我们总是要在生产条件的所有者同直接生产者的直接关系——这种关系的任何当时的形式必然总是同劳动方式和劳动社会生产力的一定的发展阶段相适应——当中，为整个社会结构，从而也为主权关系和依附关系的政治形式，总之为任何当时的独特的国家形式，发现最隐蔽的秘密，发现隐藏着的基础。"① 这是唯物史观的基本观点，强调所有制是整个社会结构的基础。我们知道，私有制经济基础必然造成两极分化，从而必然形成高档和中、低档消费。大资本家为追求利润，必定着眼于高档消费品生产，由此使社会形成以高档消费品生产带动产业链的经济结构。但是，高档消费品的销售会遇到富人人数少的限制，两极分化更会造成市场有购买力的需求与私人生产者为追求利润而无限增长生产供给的矛盾；为缓和矛盾，国家增发纸币，由此又必然导致通货膨胀。所以，总供给持续大于总需求的矛盾、通货膨胀等问题，深层原因在于资本主义私有制。目前，我国居民收入差距拉大、经济结构失衡和通货膨胀压力增大，可是在宏观经济调控的政策主张上，舆论主流却不提调整所有制结构，相反有人还主张把国有企业产出占GDP的比重，从2010年的27%减至2030年的10%。② 其实，只有维护公有制的主体地位，尽快振兴公有制经济，才能从根本上解决宏观经济运行中出现的这些新问题。③

其三，自觉应用唯物史观宏观经济分析方法解决实际问题。要坚持理论联系实际的优良学风，把唯物史观的宏观经济分析方法转化为具体操作方法，努力解决中国宏观经济运行中的重大实际问题。例如：如何完善社会主义基本经济制度，促进经济结构合理化；如何调节相互联系的地市、股市、房市、汇市、贷市（金融市场）和超市等市场关系；如何标本兼治地预防、治理通货膨胀；

---

① 《资本论》第三卷，人民出版社2004年版，第894~895页。

② 见世界银行和国务院发展研究中心合著的《2030年的中国：建设现代、和谐、有创造力的高收入社会》报告英文版，第110页：The World Bank, Development Research Center of the State Council, the People's Republic of China;《China 2030 : Building a Modern, Harmonious, and Creative High - Income Society》P, 110: "The share of SOEs in industrial output would decline from the current 27% in 2010 to around 10% in 2030." (http://www - wds.worldbank.org/external/default/WDSContentServer/WDSP/IB/2012/02/28/000356161_20120228001303/Rendered/PDF/671790WP0P127500China020300complete.pdf)

③ 何干强：《必须坚持马克思主义和不搞私有化》，载于《现代经济探讨》2012年第7期。

如何发挥国有经济在宏观调控中的主导作用；如何把握基本建设投资限度；如何控制利用外资、外贸和外汇储备的限度；如何坚持经济独立自主与对外开放关系；等等。

综上所述，经济学界有责任把《资本论》唯物史观宏观经济分析方法的研究，提高到适应社会主义市场经济的新水平。这对贯彻落实党中央提出的科学发展观，实践“统筹兼顾”的根本方法，将有重大的现实意义。

论马克思生产力理论的两个维度：要素生产力和协作生产力*

——兼论马克思主义经济学在当代的发展与借鉴

程启智**

虽然马克思创立的政治经济学强调生产关系研究对象，但是马克思从不抽象地研究生产关系，而总是把它放在具体的社会经济环境中来研究，因此他在《资本论》中用了大量的笔墨研究了生产力。所以，生产力虽然不是马克思政治经济学的研究对象，但却构成它十分重要的研究内容，则是无疑的。基于以上认识，下文首先探讨马克思是如何从两个维度上分析人类的生产活动的；然后，循此思路，分析马克思的二维生产力理论；接着，分析二维生产力之间的关系即要素生产力与协作生产力如何互动演进，从而内在地推动生产力发展；最后，讨论马克思主义经济学在当代的重大发展问题，并着重分析作为“纯经济学”的马克思主义经济学如何积极地借鉴新古典主义经济学的研究成果。

一、人类生产活动的两个维度：要素与协作

对生产力两个维度的分析，应该从生产出发，因为马克思认为，生产即物质资料生产活动既是历史唯物主义的出发点①，也是其政治经济学的出发点②。

---

* 本文系教育部人文社科研究一般项目（批准号：11YJA790017）阶段性研究的一个成果。

** 程启智，经济学博士，中南财经政法大学经济学院教授，博士生导师，马克思主义当代发展研究院副院长，生态文明与可持续经济研究中心主任，中国经济规律研究会常务理事，研究方向为马克思主义经济学。

① 《马克思恩格斯选集》第一卷，人民出版社1972年版，第32页。

② 《马克思恩格斯全集》第30卷，人民出版社1995年版，第22页。

（一）要素维度的生产

周知，在《资本论》第一卷第五章里，马克思一开始考察的“劳动过程”即生产活动，就是从生产要素的维度进行分析的。他说：“在劳动过程中，人的活动借助劳动资料使劳动对象发生预定的变化”①，所以，“劳动过程的简单要素是：有目的的活动或劳动本身，劳动对象和劳动资料”②。随后，马克思对劳动、劳动资料和劳动对象这三个概念展开了深入分析，从而形成了一个较完整的要素维度的生产理论。他还认为，如果从劳动过程的结果即产品看，这一劳动过程就表现为生产过程，从而劳动对象和劳动资料则可统称为生产资料③。所以，人类生产活动的基本要素，也可简称为人和物即劳动者和生产资料的两个要素。马克思明确说过：“不论生产的社会形式如何，劳动者和生产资料始终是生产的因素，但是，二者在彼此分离的情况下只在可能性上是生产因素。凡要进行生产，就必须使它们结合起来。”④

实际上，马克思这一要素维度的生产理论，在理论界是有共识的，没有大的分歧，虽然在要素的种类上还有分歧和争论，例如除三要素外，生产中的管理、科学技术、制度等等是否也是独立的要素？但这些争论无关要素生产理论的根本和宏旨。所以，关于马克思的生产理论，剩下的问题就是：是否还有另一维度即协作维度的生产理论？而这在理论界很可能有不同看法，因而下文将用较多的笔墨于此。

（二）协作维度的生产

按照马克思的观点，“孤立的一个人在社会之外进行生产……就像许多个人不在一起生活和彼此交谈而竟有语言发展一样，是不可思议的。”⑤ 所以，人类的任何生产活动都是社会性生产，即使自给自足的小农生产，也是社会性的：男耕女织。其次，人类的生产活动必须既有劳动对象也有劳动资料，否则生产活动就变成安徒生童话里的“皇帝的新衣”。所以，考察人们的生产活动可以把生产资料当作既定的前提，存而不论，而仅从生产的社会性角度即人们的协作维度，来考察人们在生产中的分工与合作。

例如：数人抬一重物这种最简单的生产活动，虽然从要素的角度看，它需要有劳动对象即重物，也需要劳动资料如抬的工具，但是我们可以把抬的重物和工具当作既定的前提，存而不论，单从抬的活动进行考察，立刻就会发现，人们之间必须进行适当的分工与合作，即需要人们以某种形式的协作生产才可

①③ 《资本论》第一卷，引自《马克思恩格斯全集》第23卷，人民出版社1972年版，第205页。

② 同上，第202页。

④ 《资本论》第二卷，引自《马克思恩格斯全集》第24卷，人民出版社1972年版，第44页。

⑤ 《马克思恩格斯全集》第30卷，人民出版社1995年版，第25页。

实现。比如把几个人均衡地分配在重物的不同地方使力，并且选出一人喊号子即统一指挥，那么这一抬重物的生产活动才可实现，否则重物就不可能抬走。即使有了汽车和起重机，人们在生产中仍然需要协作，即进行适当的分工与合作，比如：要有人把车开到适当的地方，有人按要求把重物缚牢，有人起吊，有人指挥，等等，抬重物的生产活动才可实现。

所以，人类的生产活动不仅可以从要素的维度进行分析，还可以从协作的维度进行分析。而马克思在《资本论》第一卷第四篇中就用了三章的篇幅，即在第十一到第十三章中，从协作的维度分析了人类生产活动的三种形式。为了不至于引起歧义和争论，下面将较多地引用原文，来证明马克思还从协作维度构建了他的生产理论。

马克思首先定义："许多人在同一生产过程中，或在不同的但互相联系的生产过程中，有计划地一起协同劳动，这种劳动形式叫做协作。"① 但是，在资本主义初期只能是简单协作，因为它除了人数较多外，"和行会手工业几乎没有什么区别。行会师傅的作坊只是扩大而已"。② 所以，简单协作并非资本家发明，古已有之，例如"古代亚洲人、埃及人、伊特剌斯坎人等等的庞大建筑，显示了简单协作的巨大的作用"③。

在第十一章中，马克思还分析了简单协作的两种基本形式。第一种形式，是把不同的人分工在同一工作连续的不同阶段或环节。他举例说："瓦匠站成一排，把砖从脚手架的下面传到上面，虽然每个人都做同一件事情，但是这些单个操作构成一个总操作的连续部分，成为每块砖在劳动过程中必须通过的各个特殊阶段。"④ 第二种形式，是把不同人分工在同一工作的不同方面同时劳动。"例如，如果一座建筑物同时从各个方面动工兴建，尽管协作的人做的是同一或同种工作，那也会发生劳动的结合"，于是，"产品的不同空间部分同时成长。"⑤上文列举的数人抬重物事例，就是第二种形式的简单协作。马克思把简单协作，即"许多互相补充的劳动者做同一或同种工作"，也称为"最简单的共同劳动的形式"。⑥

接着，马克思在第十二章中，进一步考察了"以分工为基础的协作"生产，并认为，"这种协作……在真正的工场手工业时期占统治地位"。这种以分工为基础的协作，也有两种基本形式。第一种形式是："不同种的独立手工业的工人……联合在一个工场里，产品必须经过这些工人之手才能最后制成。"马克思举例说："马车过去是很多独立手工业者，如马车匠、马具匠、裁缝、钳工、铜

① 《资本论》第一卷，引自《马克思恩格斯全集》第23卷，人民出版社1972年版，第362页。

② 同上，第358页。

③ 同上，第370页。

④ 同上，第363页。

⑤ 同上，第363～364页。

⑥ 同上，第364页。

匠……劳动的总产品。马车工场手工业把所有这些不同的手工业者联合在一个工场内，他们在那里协力地同时进行劳动。”① 实际上工场手工业最初的“立足点还是简单协作”，“但是很快就发生了本质的变化。专门从事马车制造的裁缝、钳工、铜匠等等，逐渐失去了全面地从事原有手工业的习惯和能力。另外，他们的片面活动现在取得了一种最适合于狭隘活动范围的形式。”② 第二种形式是：“许多从事同一个或同一类工作（例如造纸、铸字或制针）的手工业者，同时在同一个工场里”工作，即“每个这样的手工业者……都制造整个商品，因而顺序地完成制造这一商品所需要的各种操作。”③ 例如：“纽伦堡的一个制针匠可能要依次完成20种操作，而在英国，将近20种操作根据经验又进一步划分、孤立，并独立化为各个工人的专门职能。”④ 第二种形式的工场手工业生产，最初也是“最简单形式的协作”，同样是由于“劳动有了分工”，“各种操作不再由同一个手工业者按照时间的先后顺序完成，而是分离开来，孤立起来，在空间上并列在一起，每种操作分配给一个手工业者，全部操作由协作工人同时进行。”于是，它在本质上已不同于作坊中的简单协作了。⑤ 由上述两种基本形式的协作生产，构成了工场手工业的“两种基本形式——混成的工场手工业和有机的工场手工业”。⑥

最后，马克思在第十三章中分析了以机器为基础的大工业协作生产。他说：“在工厂内，即在以机器生产为基础的工场内，总有简单协作重新出现，这种协作首先表现为同种并同时共同发生作用的工作机在空间上的集结（这里撇开工人不说）。例如，许多机械织机集结在同一厂房内便组成织布工厂，许多缝纫机集结在同一厂房内便组成缝纫厂。”⑦ 为什么这里可以“撇开工人不说”而分析协作？是因为以机器为基础的分工与合作，在技术上已完全不同于以手工业为基础的分工与合作：“在这里，整个过程是客观地按其本身的性质分解为各个组成阶段，每个局部过程如何完成和各个局部过程如何结合问题，由力学、化学等等在技术上的应用来解决”，⑧ “因此，劳动过程的协作性质，现在成了由劳动资料本身的性质所决定的技术上的必要了。”⑨ 这就是说，工人的分工与合作现在不再是取决于人类器官即手工技艺的性质和要求，而是取决于机器的科学技术性质和要求，因此这里协作的生产过程，可以撇开工人不说。由此，我们不

① 《资本论》第一卷，引自《马克思恩格斯全集》第23卷，人民出版社1972年版，第373页。

② 同上，第373～374页。

③ 同上，第374页。

④ 同上，第375页。

⑤ 同上，第374～375页。

⑥ 同上，第379页。

⑦ 同上，第416页。

⑧ 同上，第417页。

⑨ 同上，第423页。

得不赞叹马克思思想的超前性，例如在现代“丰田生产方式”的自动化过程中，我们看到的就是机器之间的协作。

至此，我们可以看出，马克思从协作维度，即分工与合作的角度十分详尽地考察了三种前后相继演化的生产活动类型：简单协作、以分工为基础的手工业协作、以机器为基础的大工业协作，从而构建了不同于要素维度的另一维度即协作维度的生产理论。这时可能有人争辩地说：马克思在这里论述的不是生产理论，而是生产力理论。也对，也不对！因为二者并不矛盾而且具有同一性。这正是下文首先要讨论的。

二、生产力的两个维度：要素生产力和协作生产力

辨别生产和生产力，涉及另一相关的重要概念：生产方式。由于前苏联教科书把生产方式定义为生产力和生产关系的统一，而在马克思文本中却找不到这一定义的出处，且马克思又在不同语境中使用了生产方式概念，于是改革开放以来出现了众多的批评前苏联定义的文章。

我认为，生产方式实质上就是生产本身，即人们从事生产活动的不同形式、方法和方式，按照马克思的观点，它自然就包括人与自然、人与人两个方面的关系。所以，说生产方式是生产力和生产关系的统一，这并没有什么错，例如简单协作、工场手工业和机器大工业这三种生产方式，马克思在前述的三章中就是从生产力和生产关系两个方面进行考察的。当然，如果单方面考察生产或生产方式，即撇开了生产关系的生产，马克思更多的是从生产力上来说的，在这一意义上，生产或生产方式可等同于生产力。因为单方面地从生产关系角度考察的生产，一般不叫生产方式，而称为生产的社会形式。基于上述认识，本文在传统的要素生产力理论基础上提出，马克思生产力理论是一个由要素生产力和协作生产力构成的二维理论体系。

（一）要素生产力即要素维度的生产力

由于不满意前苏联教科书对生产力的传统定义，即生产力是人类征服自然、改造自然的能力，一些批评文章在否定这一定义时，把传统的生产力三要素论也否定了。例如：段忠桥先生在否定生产力传统定义，并强调马克思所说的“生产力当然始终是有用的具体的劳动的生产力”[①] 时，先把“劳动的生产力”等同于“劳动力”，然后又从劳动力定义引申出，“生产力是由劳动者的体力和智力构成的”[②] 结论。我认为，这就是“连同婴儿一起倒掉了”。

---

① 《资本论》第一卷，引自《马克思恩格斯全集》第23卷，人民出版社1972年版，第59页。

② 段忠桥：《对生产力，生产方式和生产关系概念的再考察》，载于《马克思主义研究》1995年第3期，第52～61页。

强调生产力是劳动的生产力没有错，但是“劳动的生产力”并不等于“劳动力”！它们是两个完全不同的概念：劳动力是指劳动者的劳动能力和力量本身，如他在劳动时所体现出来的体力的大小、智力的高下等；而劳动的生产力是指劳动者通过发挥其体力和智力而创造劳动成果，即使用价值的能力和力量。我们知道，劳动力是可以成为商品的，而生产力是不可以的；能成为商品进行买卖的不是生产力本身，而恰恰是生产力的要素，如劳动资料、劳动对象、劳动力等。如果劳动者的智力能够独立出来，它也是构成生产力的一个要素，如“点子”，而成为商品出售。

其次，强调生产力是劳动的生产力，我认为是为了突出和强调生产力的主体性和能动性，而不是为了否定生产力的其他要素如劳动资料、劳动对象。也就是说，这是把生产力的其他要素当作既定前提存而不论而已。因为劳动的生产力的“劳动”二字，无需明言，指的就是劳动者通过劳动资料把其活动传导到劳动对象上的活动，进而才可以在其结果即创造的使用价值上体现出生产的能力和力量，这就是所谓“有用的具体的劳动的”生产力。而把生产力说成是“劳动者的体力和智力”，难免让人联想到《皇帝的新衣》中两个骗子的“生产力”。所以，我们虽然也不同意生产力的传统定义，但仍坚持传统的生产力要素理论。当然，关于生产力要素的内涵和外延是可以争论的。

我们认为，马克思在《资本论》第一卷第五章分析“劳动过程”的三要素，换个角度看就是生产力的三要素。虽然劳动过程不等于生产力，但按照马克思的观点，它在结果上则表现为生产，因而这种撇开了生产社会形式的、借助劳动资料作用于劳动对象的、有用而具体的劳动的力量（或能力），就是创造使用价值的生产力，它自然就是由劳动者（劳动力）、劳动资料和劳动对象等要素构成。所以，从劳动过程的三要素推导出生产力三要素，实在看不出有什么逻辑上的错误。马克思本人也说过：“劳动生产力是由多种情况决定的，其中包括：工人的平均熟练程度，科学的发展水平和它在工艺上应用的程度，生产过程的社会结合，生产资料的规模和效能，以及自然条件。”① 这里所说的多种情况，除去“生产过程的社会结合”，不就是构成生产力的多种要素吗！可见，马克思本人并不否定从要素维度分析生产力，虽然在要素的理解、构成、分类、多寡等问题上，我们后人可以不断地争论下去，但是无法否定马克思生产力理论体系中存在要素维度的理论。

而且，我们知道，马克思尤其在两种意义上突出和强调生产力要素中劳动资料的重要地位和意义：第一，考察早期历史尤其缺少文字记载历史的社会经济形态时，劳动资料如同“动物的遗骸对于认识已经绝迹的动物机体有重要意义”一样，“对于判断已经消亡的社会经济形态也有同样重要的意义。”② 所以，

---

① 《资本论》第一卷，引自《马克思恩格斯全集》第23卷，人民出版社1972年版，第53页。

② 同上，第204页。

马克思在《资本论》第一卷这一自然段末加注说："史前时期是在自然科学研究的基础上……按照制造工具和武器的材料，划分为石器朝代、青铜时代和铁器时代。"① 第二，劳动资料的革命，即劳动资料在性质、形态和效能上的根本性变革，对于生产方式和社会经济形态变革的重大意义。我们知道，马克思特别看重大工业革命对于资本主义生产方式发展的意义，但他认为，"大工业的起点是劳动资料的革命"②。

（二）协作生产力即协作维度的生产力

应该说，改革开放以来众多批评传统的生产力要素理论的文章，同时也发展了马克思协作维度的生产力理论。但是，他们显然都没有把它视为与要素维度不同的另一维度的生产力理论，即协作生产力理论。因此我们在这里以《资本论》第一卷第十一到第十三章的论述为据，试图从以下四个方面归纳马克思的协作生产力理论。

第一，协作生产力，是在既定的生产力诸要素质量不变条件下，也就是"人和物方面的材料都是现成的"条件下③，仅仅由于生产要素数量的某种形式的集合，即由于"许多人在同一生产过程中，或在不同的但互相联系的生产过程中，有计划地一起协同劳动"，就可以"不仅……提高了个人的生产力，而且是创造了一种生产力"。④ 所以，马克思说："这种生产力是由协作本身产生的。"⑤ 为此，马克思还以"一个骑兵连的进攻力量或一个步兵团的抵抗力量，与单个骑兵展开的进攻力量的总和或单个步兵分散展开的抵抗力量的总和有本质的差别"为例，说明这种总和的力量是一种"社会力量"或"新力量"⑥ 的生产力。

第二，马克思归纳了协作本身导致生产力提高的9种原因或途径："是由于提高劳动的机械力，是由于扩大这种力量在空间上的作用范围，是由于与生产规模相比相对地在空间上缩小生产场所，是由于在紧急时期短时间内运用大量劳动，是由于激发个人的竞争心和集中他们的精力，是由于使许多人的同种作业具有连续性和多面性，是由于同时进行不同的操作，是由于共同使用生产资料而达到节约，是由于使个人劳动具有社会平均劳动的性质"。⑦

上述9种原因，我理解：前例数人抬一重物的协作，就是提高了劳动的机械

① 《资本论》第一卷，引自《马克思恩格斯全集》第23卷，人民出版社1972年版，第204页，脚注(5a)。

② 同上，第432页。

③ 同上，第373页。

④ 同上，第362页。

⑤ 同上，第366页。

⑥ 同上，第362页。

⑦ 同上，第366页。

力，因为数个单个人的机械力的简单加总是抬不动这个重物的，只有他们协作才可克服地球对重物的引力，即提高其“劳动的机械力”；“一座建筑同时从各个方面动工兴建”，就是扩大了这种力量的空间范围，所以马克思说：“144 小时结合工作日完成总产品，比只能比较单方面地对劳动对象进行加工的、多少是单干的劳动的 12 个十二小时工作日要快”①；因协作而相对地缩小生产场所和共同使用生产资料，这两种途径所取得的功效是一样的，即节约了生产资料，从而提高了生产力；对于在较短时期完成既定的大量作业，“例如……收割若干摩尔根的谷物”，就是通过协作在短时间内运用大量劳动而产生的协作生产力，否则，“由于缺少这样的协作，美国西部每年都要损失大量的粮食”②；在协作中因激发个人的竞争心和集中他们的精力而提高每个人劳动的生产力，无需多言；协作中由同种作业的连续性和多面性而提高生产力，马克思曾以传砖的协作方式为例，说明“24 只手传砖，比单个劳动者每人都用两只手搬着砖上下脚手架要快”③；工场手工业中分工制造一辆马车，就是同时进行不同的操作，其生产力肯定比单干要高；至于协作“使个人劳动具有社会平均劳动的性质”，我理解，在商品经济社会，作为具体的创造使用价值的劳动的生产力，必须具有市场竞争力，而协作则可以把个人劳动社会平均化，于是协作创造的劳动生产力就比个人单干的劳动生产力在市场上更强大，从而更具有竞争力。

第三，以分工为基础的协作，由于分工和专门化，必须构造某种协作劳动的组织形式，从而便创造了新的社会劳动生产力。马克思说：“工场手工业分工通过手工业活动的分解，劳动工具的专门化，局部工人的形成以及局部工人在一个总机构中的分组和结合，造成了社会生产过程的质的划分和量的比例，从而创立了社会劳动的一定组织，这样就同时发展了新的、社会的劳动生产力。”④实际上，即使规模较大的简单协作，也必须有严密的组织，否则埃及金字塔和中国万里长城是建不起来的，更不用说以分工为基础的手工业工场或大机器工厂，更是需要有复杂的生产组织形式，才可创造出更强大的生产力。

第四，由于大工业的协作变成了劳动资料之间的协作，因而在自然科学的自觉应用下，社会生产力获得了巨大的发展空间。马克思认为，由于“劳动过程的协作性质，现在成了由劳动资料本身的性质所决定的技术上的必要”，它必然“要求以自然力来代替人力，以自觉应用自然科学来代替从经验中得出的成规”。所以，大工业的协作“把巨大的自然力和自然科学并入生产过程，必然大大提高劳动生产率”。⑤ 这一点，我们在现代的自动化生产过程中看得更明显。

---

① 《资本论》第一卷，引自《马克思恩格斯全集》第 23 卷，人民出版社 1972 年版，第 364 页。

② 同上，第 364 ~ 365 页。

③ 同上，第 363 页。

④ 同上，第 403 页。

⑤ 同上，第 423、424 页。

综上所述，马克思在《资本论》第一卷第四篇中明白无误地论述了协作维度的生产力。实际上，协作生产力早在他创立历史唯物主义时就已形成，他们在《德意志意识形态》中曾说过：“一定的生产方式或一定的工业阶段始终是与一定的共同活动的方式……联系着的，而这种共同活动方式本身就是‘生产力’”。因此，“一个民族的生产力发展水平，最明显地表现在该民族分工的发展程度上。”①

三、要素生产力和协作生产力的互动演化机制

诚然，在现实生活中生产及其生产力是一个统一的整体，它们并没有一面是要素在发生作用，一面是协作在发生作用；另外，马克思也没有明确地把自己的生产及其生产力理论划分为两个维度的理论。虽然如此，但上述研究表明，马克思在剖析这个统一整体时明确地是从要素和协作两个方面展开对生产及其生产力论述的。而且，问题不仅仅如此，更重要的还在于：我们现在把马克思的生产及其生产力理论体系划分为这样两个维度的理论有什么意义？或者说我们现在这样做有进一步的理论价值吗？对此，我们的回答是：首要的意义在于，它有助于揭示生产力自身如何内在地演化和发展规律，即有助于分析生产力发展过程中要素生产力和协作生产力的互动演化机制。

为便于认清问题，我们先仍以数人抬一重物为案例来剖析二维生产力如何互动演化，以推动生产力的变革和发展。由人手抬重物的生产方式变革到用肩抬的生产方式，显然是由于要素生产力的变革，即人手工具变革到扁担和绳子（当然劳动工具的改变，本身就提高了要素生产力），才导致协作方式的变革，进而提高了协作生产力。例如由三人以上协作抬的生产力，提高到两人抬同一重物的协作生产力。而协作方式的变革，则会进一步引起生产工具即要素生产力的演进。例如，由于抬的协作方式，引起人们对其工具的改进；比如由木棍改进为扁担，就会进一步提高要素生产力。协作不仅会引起生产工具的变革，还会引起劳动者的智力和体力，即劳动力这一人的要素的生产力提高和改进。例如，他将学如何与其他人相配合的抬的技能，而不再是过去单干“举”或“背”的技能。不仅如此，协作还引起分工和专业化，比如专业化用肩抬的技能，从而退化了用手抬的技能。同时，由于协作本身的需要，还会分工和专门化出一个作为生产力要素的管理职能，如前述的喊号子职能，以组织和协调他们的分工与合作，而这又会进一步提高协作生产力。

上述要素生产力和协作生产力的互动演化过程，实际上马克思在《资本论》第一卷分析资本主义协作的三章中，也作了大致相同的论述。下面我们从以下7

① 《马克思恩格斯选集》第一卷，人民出版社1972年版，第34、25页。

个方面归纳马克思关于协作生产力和要素生产力的互动演进思想。

1. 简单协作导致生产资料的节约和规模扩大，从而提高了作为物的要素的生产力

我们知道，简单协作，就是在生产要素和劳动方式不变的条件下，仅由于较多的生产要素集中在同一个空间范围内，人们共同劳动而产生的协作。但是，即便如此，由于“同时使用较多的工人，也会在劳动过程的物质条件上引起革命。……一方面……生产资料的交换价值，丝毫不会因为它们的使用价值得到某种更有效的利用而有所增加。另一方面，共同使用的生产资料的规模会增大”。① 由于劳动生产力始终是创造使用价值的能力和力量，因此生产资料的节约，即意味着创造相同的使用价值量，现在仅需要更少的生产资料，所以要素生产力提高了。而生产资料的规模增大即产生规模经济的生产力。

2. 简单协作会刺激劳动者的竞争心和好胜心，从而提高作为人的要素的生产力

马克思说：“且不说由于许多力量融合为一个总的力量而产生的新力量……单是社会接触就会引起竞争心和特有的精力振奋，从而提高每个人的个人工作效率。”② 上述两点分析说明，即使简单协作，也会使要素生产力得到提高。

3. 简单协作推进分工和专业化，进而使协作生产力自身获得进一步发展

马克思认为，工场手工业的起点虽然是简单协作，但是很快就会发生分工和专业化的本质转变。他说：“我们的立足点还是简单协作，它在人和物方面的材料都是现成的。但是很快就发生了本质变化”，即专门从事某件产品生产的手工业者，“逐渐地失去了全面地从事原有手工业的习惯和能力。另一方面，他们的片面活动现在取得了一种最适合于狭隘活动范围的形式”。③ 于是，这种分工的优越性，就会“渐渐地固定为系统的分工”，“成为特殊工人的专门职能”，所以，工场手工业不仅引进了分工，而且还“进一步发展了分工”。④ 而我们知道，以分工为基础的工场手工业，其生产力水平高于早期简单协作的工场手工业。

4. 协作导致作为要素生产力的管理职能的产生，而管理有助于提高协作生产力

马克思说：“一切规模较大的直接社会劳动或共同劳动，都或多或少地需要指挥，以协调个人的活动，并执行生产总体的运动……所产生的各种一般职能”，即对协作劳动进行“管理、监督和调节的职能”。⑤ 有专职的对协作劳动进行管理、监督和协调和没有专职管理的协作劳动相比，显然前者的协作生产力比后者更高。所以，马克思接着以一个乐队需要指挥、一个军队需要军官为例证，说明管理职能的分工，对提高协作劳动生产力的意义。

---

① 《资本论》第一卷，引自《马克思恩格斯全集》第23卷，人民出版社1972年版，第360~361页。

② 同上，第362~363页。

③ 同上，第373~374页。

④ 同上，第375页。

⑤ 同上，第367页。

5. **分工和专业化导致要素生产力的改进和提高**

首先，分工和专业化会促进劳动者技能的改进和完善，从而提高作为劳动力要素的生产力。马克思说："在局部劳动独立化为一个人的专门职能之后，局部劳动的方法也就完善起来。"因为"经常重复做同一种有限的动作，……就能够从经验中学会消耗最少的力量达到预期的效果。"① 这就是说，即使在其他生产要素不变的条件下，由于劳动者改进了工作的方法和技艺，就可提高其劳动生产力。

其次，分工和专业化还导致劳动资料的改进和变革，从而提高作为物的要素生产力。马克思认为，"一旦劳动过程的不同操作彼此分离，……过去用于不同目的的工具就必然要发生变化"，即出现"劳动工具的分化和劳动工具的专门化"。② 显然，这种分化出来的专门用于特殊项目操作的工具，其生产效能比通用工具的效能更高。不仅如此，正是由于分工和专业化导致的"劳动工具的简化、改进和多样化"，才为大工业机器生产力的产生创造了物质条件③。因为，大工业的机器，"大体上还是手工业者和工场手工业工人所使用的那些器具和工具"④。

6. **要素生产力的改进和提高导致协作方式的改变，即由劳动力的协作转变为劳动资料的协作，从而使协作生产力获得了巨大的发展空间**

马克思认为，手工工具一旦被机器代替，人力必然被自然力取代，生产过程中凭经验的协作也必然被自然科学的应用及其劳动资料的协作代替，即"劳动过程的协作性质现在成了由劳动资料本身的性质所决定的技术上的必要了"。所以，大工业通过机器把巨大的自然力和自然科学并入协作生产过程，大大提高了劳动生产力。⑤

7. **工场手工业分工和社会分工的相互促进，导致产业集聚和专业化扩展，从而促进整个社会的生产力发展**

马克思在《资本论》第一卷第十二章分析工场手工业内部分工时，还专辟一节分析它与社会内部分工的互动关系。马克思认为，社会分工是在自然分工的基础上产生的，即由于"不同的家庭、民族、公社互相"的产品交换而把这些不同的生产领域"变成社会总生产的多少互相依赖的部门"；而社会分工发展到一定程度，产生了工场手工业的分工，后者又会进一步推动社会分工的发展，尤其是"随着劳动工具的分化，生产这些工具的行业也日益分化"；而且，"一旦工场手工业的生产扩展到某种商品的一个特殊阶段，该商品的各个生产阶段

---

① 《资本论》第一卷，引自《马克思恩格斯全集》第23卷，人民出版社1972年版，第376页。

② 同上，第378页。

③ 同上，第379页。

④ 同上，第410页。

⑤ 同上，第423~424页。

就变成各种独立的行业”。[①] 可见，工场内部分工和社会内部分工的这种相互促进，将导致社会分工的专业化发展。不仅如此，马克思还注意到这种分工和专业化的互动过程，将导致产业集聚现象的产生和社会其他领域的分工和专业化发展。他说，“把一定生产部门固定在国家一定地区的地域分工，由于利用各种特点的工场手工业生产的出现，获得了新的推动力”；而这种分工不仅“扩展到社会的其他一切领域”，还“为专业化、专门化的发展……奠定基础”。[②]

上述研究表明，马克思在《资本论》第一卷第十一章至第十三章中，为我们勾画了一幅协作生产力和要素生产力相互促进、共生演化而推动生产力发展的图景。所以，把生产力系统分为要素生产力和协作生产力两个方面，有助于我们认识和研究生产力系统自身是如何内在地变革和演进的，而无需求助于外在的生产关系反作用[③]；而且，马克思本人也是持如此观点的。另外，把生产及其生产力分为两个维度进行研究，还有利于马克思主义经济学的发展，这是下节将要展开讨论的。

四、二维生产及其生产力理论与马克思主义经济学的发展

实际上，马克思创立的政治经济学，就像其他古典政治经济学家如亚当·斯密等人所做工作一样，是包含了现在所谓的“经济科学”几乎所有的内容；即使单从理论经济学来说，虽然它的研究对象或者说主体理论是生产关系，即生产的资本主义社会形式，但也重笔研究了撇开生产关系的生产及其生产力问题，例如体现在前述的《资本论》第一卷第五章和第十一至第十三章中关于生产和生产力的论述。基于此，我们便可以在这里提出一个关于马克思主义的经济科学发展的重大问题：即对于撇开了生产社会形式的生产及其生产力问题，是否可以从以生产关系为研究对象的政治经济学中独立出来进行研究，以形成一个所谓“纯经济学”的马克思主义经济学？我们的回答是肯定的。

第一，毋庸置疑，马克思创立的政治经济学，或者用现代术语讲可称为马克思创立的“经济科学”，需要发展。而根据近现代以来知识分工细化的发展规律和路径来说，它需要分立出不同的经济学科群，才能获得更大、更广泛的发展，如同现代经济科学的分门别类一样。当然，作为马克思主义的“经济科学”，其硬核与新古典主义的经济科学的硬核不同，它的硬核是历史唯物主义的。而把生产及其生产力独立出来研究，也体现了历史唯物主义特色，因为生产是经济科学的出发点，而生产力在经济和社会系统中是第一性的。

---

① 《资本论》第一卷，引自《马克思恩格斯全集》第23卷，人民出版社1972年版，第390～391页。

② 同上，第392页。

③ 当然，这并不是否定生产关系对生产力的反作用，而是强调生产力的发展首先要从自身的内在因素找原因。

第二，把撇开了生产关系或社会形式的生产及生产力独立出来研究，难免让人联想到新古典主义经济学和马克思曾批判过的庸俗经济学，因为它们的理论特点就是抽掉了经济范畴特定的生产关系或社会属性。但是在这个问题上，我认为要把马克思批判的“庸俗”内容，与它们的可借鉴的、具有科学成分的内容区别开来。由于这里不是专文评价庸俗经济学或新古典主义经济学，因此我们只想说明，从马克思的观点来看，庸俗经济学或新古典主义经济学的主要错误，并不在于它们研究了生产一般，而在于把这种一般当作资本主义经济规律并永恒存在，或者把资本主义社会的经济范畴当作过去乃至永恒的范畴。例如，马克思在《政治经济学批判导言》中批评斯密和李嘉图的庸俗成分（而就是这些内容，被后来的庸俗经济学发扬光大了）时说：“在社会进行生产的个人……当然是出发点。被斯密和李嘉图当作出发点的单个的孤立的猎人和渔夫，属于18世纪的缺乏想象力的虚构。这是鲁滨逊一类的故事……所造成的美学上的假象，其实，这是对于……‘市民社会’的预感”。① 可见，马克思在这里批评的，不是作为生产一般的抽象的个人生产，而是把特定社会即市民社会中只在表面上看起来好像孤立的个人生产，当作永恒的范畴和实质上的内容。所以，马克思才在这篇导言中既批评了他们“庸俗”的个人生产概念，也详细地研究了生产一般。这就是说，研究生产一般本身非但没错，而且是必须的。因为他认为，“说到生产，总是指……社会个人的生产。……可是，生产的一切时代有某些共同标志，共同规定。生产一般是一个抽象，但是只要它真正把共同点提出来，定下来……它就是一个合理的抽象”。② 可见，对撇开了生产关系和特殊社会形式的生产及其生产力进行研究，与“庸俗”无涉，也是马克思政治经济学的一项重要研究内容。

第三，在我国，通常把经济科学分为两大类：理论经济学和应用经济学，前者是后者的理论基础。理论经济学，在我国分为政治经济学和西方经济学，两个具有不同研究纲领和硬核的学科。20世纪80年代，可以说是由政治经济学独领风骚，但从90年代以来，政治经济学日渐式微，而西方经济学或新古典范式经济学则流行开来，几为主流，这尤其体现在众多的中青年学者中。如此结局，虽有多种原因，但从经济科学的发展规律来讲，与政治经济学的发展不够显著有关。例如，虽然新古典主义经济学研究的，是撇开了生产关系的生产，或撇开了社会属性的经济问题，但60年代以来以其为范式的新制度经济学因重视生产关系及其制度的研究而异军突起，这一发展显然弥补了新古典范式经济学即所谓主流经济学的不足。相反，政治经济学仍然固守在传统的所有制范式内发展，这无疑极大地限制了它在经济和社会转型及其制度变迁中的应用，这是其一。其二，从应用经济学来看，可以说基本上是以新古典主义经济学即所

① 《马克思恩格斯全集》第30卷，人民出版社1995年版，第22页。

② 同上，第26页。

谓的“西方经济学”作为其理论基础的，这或许与应用经济学较多的非生产关系特点有关，如区域经济学、产业经济学等。相反，马克思主义理论经济学在应用经济学中体现极少，这显然是因为马克思主义经济科学中缺少独立一支的以研究生产和生产力等内容为对象的纯经济学。所以，把纯粹的生产及其生产力独立出来进行专门研究，是马克思主义理论经济学当前发展的重大任务。

为此，我们在这里提出，马克思主义经济科学中的理论经济学三个重大发展方向课题，即当前它面临三个独立学科的发展：一是传统的以生产关系所有制理论为范式的政治经济学发展；二是以生产关系依赖理论为范式的制度经济学发展①；三是以马克思的生产和生产力理论为范式的马克思主义经济学的发展。显然，后者借鉴了现代经济科学中的“纯经济学”的概念和含义，即表明它是以撇开或抽象了生产关系的、因而是“纯粹”的生产及其生产力为研究对象和内容的经济学。如此一来，“马克思主义经济学”这一概念，就有两个方面的含义：一是指马克思主义的经济科学，它包括上述理论经济学的三个分支学科，以及以它们为理论基础的马克思主义应用经济学；二是指马克思主义的纯经济学，下文即在此意义上使用。

传统的劳动力产权理论，劳动力产权主要包括所有权、支配权、使用权和收益权等，其中劳动力的所有权属于不可交易的基本权利。按照产权权利结构模型，劳动力产权也存在着三元权利结构，即现期的接受权——行为权——预期的接受权。其中，行为权包括对劳动力的支配权、使用权和发展权等，劳动力发展权是劳动力财富产权区别于其他财产权利的主要特征；由于劳动力天然地与其主体不可分离的特征，使得劳动力无论是在现期还是在预期均表现为永远只能归其主体劳动者所有，在这个意义上，现期和预期的接受权重合，并表现为劳动力的所有权，当然劳动力的所有权也可为现期的接受权，劳动力的所有权在当前和未来的法制社会是不能交换的。劳动者对劳动力产权中任何一项行为权交易的结果均享有现期和预期的接受权，在价值形态上，现期的接受权实现形式对应于月工资、奖金、年薪等，预期的接受权实现形式对应于股票期权和劳力股等。这就在法学权利理论逻辑上没有排除劳动力成为资本的可能性，关键在于劳动者所在的文化制度环境去不去维护和保护这种权利的实现。

马克思认为在商品生产过程中，资本家从市场上购买到劳动力商品后，资本家就开始着手消费他所购买的商品——劳动力；也就是说，让劳动力的承担者——工人，通过自己的劳动来消费生产资料。社会发展到今天，社会分工日益复杂，生产力水平越来越高，市场竞争日趋激烈，相应地对劳动力要求也更高了。市场上劳动者的劳动能力不能完全满足企业的需要，于是企业特别是现

① 这是我自2007年以来就提出来的。见程启智：《物的依赖关系与马克思主义产权经济学之当代重建》，载于《马克思主义研究》2007年第4期，第28～34页；《论马克思生产关系二维理论：所有制和依赖理论》，载于《当代经济研究》2009年第6期，第7～12页。

代企业，在购买到劳动力以后，消费劳动力的过程就分裂为培训和使用。这里的使用，是指工人消费生产资料；培训就是发展劳动者的劳动力（劳动能力）的过程。劳动力的使用不仅能够转移旧价值，而且可以创造新价值；而劳动力的培训，则可以创造未来更多的新价值，同时也可能给劳动者带来了物质和精神上的收益。由此看来，从现代企业“消费劳动力”的过程来看，马克思的“只有把生产资料加到劳动力上才能消费劳动力”的含义已经扩充为两个内容，一是发展劳动力，二是使用劳动力创造新价值。对应于此，从产权界定的意义上来讲，则可以分别把获得这两种用途的财富资源权利称为劳动力的发展权与使用权。从广义上来讲，企业既可以用培训的方法，也可以用改善作业条件和管理的方法来提高和发展劳动力。因此，经济学上劳动力的发展权可以定义为：开发和提高劳动能力的权利①。

劳动力发展权理论是马克思关于劳动力产权的思想在现代市场经济条件下的逻辑延伸。首先，沿着时间进展的方向（纵向），劳动力的素质是发展的。他说：“要改变一般的人的本性，使它获得一定劳动部门的技能和技巧，成为发达的和专门的劳动力，就要有一定的教育或训练，而这就得花费或多或少的商品等价物”，② 接着他又强调指出：“这种教育费用——对于普通劳动力来说是微乎其微的”。马克思在论述“劳动力价格和剩余价值的量的变化”一章中，也提到了劳动力的发展费用影响劳动力的价值，但他没有把它放在研究的范围之内，他特别指明：“在下面的研究中，是撇开这两个因素的”，③其中的一个因素就是劳动力的发展费用。社会生产力的不断发展，对劳动力的素质要求越来越高，其内在的逻辑必然要求劳动力的智力组成部分越来越复杂，越来越高级。资本在无止境地追求剩余价值的驱动下，不得不调整和加强劳动力的教育和训练，不得不调整和增加劳动力的教育和培训费用，从而逐步完成了由古典资本主义企业向发达的资本主义企业的过渡。在这个过渡的过程中，劳动力商品价值中的教育和训练费用有不断增加的趋势，劳动力的智力发展潜力无穷，其费用增加的趋势也越来越大，劳动力价值也就有不断上升的趋势。改革开放打开国门以来，我们就看到了：在发达资本主义市场经济的国家里，劳动力价值不断增长的事实；因此劳动力发展权理论也是客观的经济规律，在自然人体和实体经济意义上，社会主义与资本主义市场经济规律区别不大，有共同之处；不同点在于历史文化传统与基本经济制度上不一样。交易的本质是权利的交换，马克思认为劳动过程从产权交易的角度来说，主要是劳动力的支配、使用权发生了交换。马克思说：“劳动力的所有者和货币所有者在市场上相遇，彼此作为身份平等的商品所有者发生关系”，“必须始终让买者在一定期限内暂时支配他的劳

---

① 王玉敏：《坚持和发展马克思劳动力产权思想》，载于《经济评论》1998年第4期。

②③ 《资本论》第一卷，引自《马克思恩格斯全集》第23卷，人民出版社1972年版，第299页。

动力，使用他的劳动力，就是说，他在让渡自己的劳动力时不放弃对它的所有权”。① 可见，在马克思所处的古典资本主义时代，劳动过程在产权分析的视角下，其实质是在一定时间限度内，劳动力的所有者让渡了劳动力产权中支配权和使用权。但是随着社会经济过程的历史推进，特别是当今信息社会和知识经济的到来，劳动力的发展特点越来越重要，有时起着决定性的作用；事实上，现代企业消费劳动力的真实过程已经是一个劳动力在不断发展中被消费的过程。这个动态过程被分裂为支配、使用与发展两个子过程，二者交错进行，或者同时叠加。劳动力的发展特点进入了交易过程，从而进入了劳动力产权理论的视野，按照马克思产权理论的思想逻辑，我们引入劳动力发展权概念，就更完整地表达了劳动力产权交易的过程。

当前，人们谈论得比较多的是人力资本产权，我们认为人力资本产权是劳动力产权里的一种，它特别强调了当下知识或有熟练技能阶层的利益，它没有给还正在发展中的一般劳动力提供理论与观念上的良好预期，因而不具有普遍性，所以难以大众化。这样的产权制度既不能保证社会主义“共同富裕”的最终目的，又与中华文化的终极指向“世界大同”格格不入。经济是社会一切活动的基础，在经济制度上如何保障由“差别富裕”到最后的“共同富裕”，劳动力的产权制度，特别是发展权逐步渐进地充分实现程度，是能够确保这一最终目的的。从社会主义市场经济理论探索的角度来说，我们是初步实现了“社会主义原始积累”的后发展国家，还要在经济体制和发展模式上继续探索和进行理论提炼。与资本主义市场经济相比，还要加上“社会主义”的定语。因为我们要尊重本民族前人的历史实践与理论传承，坚持中国革命的合法性；没有历史传统的民族是不受人尊重的民族，也是没有独立思想和前途的民族。这既是维持当前政治与社会生活稳定的基础，也是继续进行经济领域改革探索的必要前提。劳动力发展权理论就是我们传承传统理论，从传统里创新的理论提炼，从前瞻性与广泛性来说，都要高于西方人力资本理论。劳动力发展权，从哲学层面上来讲，还体现了经济道德观，也就是说关于经济活动的世界观②。权利总是与义务相伴生的，存在着一种权利，必然有其相应的义务。劳动者享有发展其劳动能力的权利，则要求劳动者的环境（包括用工单位、政府、制度等）必须提供这种义务，至少不应该去妨碍他或他们去发展自己的劳动能力。这样，劳动者的个体权利扩展了，国家和社会在教育，卫生与劳动保障等公共领域的服务也被要求扩大；其政策含义必然是政府在公共领域的职能必须扩展，而不是西方新自由主义经济学的简单政策：“小政府，大市场”。此外，劳动力的发展权内在的逻辑必然会产生一种经济道德观来加以约束，要求有一种全面协调的科学发展观，企业的社会责任理论也就顺理成章了。

① 《资本论》第一卷，引自《马克思恩格斯全集》第23卷，人民出版社1972年版，第299页。

② 王玉敏，杨先华：《哲学对劳动价值理论研究的关注》，载于《现代哲学》2002年第4期，第48页。

劳动力发展权的主体在行使自己的发展权后，对于已经提高了的劳动能力客体，主体必须无选择地接受，这与其他物质财富客体不一样，因为劳动力发展权既是行为权，同时又是一种不可选择的接受权。这种权利是天然造成的，在现实还不发达的经济运行中，显然主要是强调前者。但是，后者的哲学意义还在于它将一种全面、协调的发展观内化于人类经济活动之中，有助于人们把目光从只是追求抽象的价值财富慢慢转移并投向人类，关注人类自身，从而推进人类社会由“对物的依赖”向“个人全面发展”的时代过渡①。从现实经济社会产权权利运行的复杂化与多样化的趋势看，未来的社会将是一个人们充分享有各项权利的社会，人类社会正在走向权利经济社会。

五、结论

产权的三元权利结构模型是认识理解劳动力发展权理论的重要工具。

现实经济社会中的任一财富客体的产权均存在着三元权利结构模型，即现期的接受权——行为权——预期的接受权。劳动力产权中的发展权是行为权，它是劳动力财富产权区别于其他财产权利的主要特征；由于劳动力天然地与其主体不可分离的特征，使得劳动力无论是在现期还是在预期均表现为永远只能归其主体劳动者所有，在这个意义上，现期和预期的接受权重合，并表现为劳动力的所有权。产权的三元权利结构模型是按马克思产权思想发展而来的，因此它是马克思经济学话语体系在当代科学化、时代化、大众化探索的初步成果，它有别于西方“二元对立”的思维方式，符合中华文化“一生二，二生三，三生万物”的思维结构，为我们更好地理解和分析各类产权问题提供了科学的思路和方法。

① 王玉敏：《劳动还能致富吗》，引自王珏：《分配制度十人谈》，广西人民出版社1998年版，第194页。

经济学研究的若干问题反思

王晓林*

20世纪90年代关于中国经济学的大讨论中所涌现的四种观点①，如今虽然仍有争论，但现实中调整、整合、独创等观点似乎逐渐被边缘化。然而，同社会主义初级阶段的基本国情和中华民族复兴的需要相比照，中国经济学研究的诸多问题仍未解决。若基于一种“横向整合的宏观世界历史”（horizontally integrative macrohistory of the world）的整体视野②，就中国经济学研究的某些带有方向性的问题，至少有以下方面值得人们认真反思。

一、中国经济学研究是否必须植根于中国历史与现实

中国近现代的社会历史实践业已证明，任何先进思想如不实现与中国实际的有机结合，均不可能取得成功。因此，植根于中国实际是不二的选择。表面看起来，这似乎不是问题。然而，伴随市场经济大潮的冲击和“普世价值”的滥觞，片面强调西方市场经济的共性而抹杀中国历史与现实的特性之思潮越演越烈，且在现实中大行其道。与此同时，植根于中国历史与现实的理念与实践，也逐渐被边缘化或空洞化。究其思想根源，19~20世纪流行的“欧洲中心论”，以及20世纪中叶后兴起的“美国中心论”难辞其咎。鉴于此，中国经济学研究是否必须植根于本国历史与现实，就与祛魅欧洲中心论或美国中心论有无必要联系起来，成为一个问题的两个方面。该问题涉及面极广，限于篇幅，本文只能择其关键而简略提及。

---

* 王晓林，天津财经大学现代经济学研究中心主任，学科首席教授，博士生导师，主要从事经济学范式和中国科学发展经济理论研究。

① 于光远、董辅礽主编：《中国经济学向何处去》，经济科学出版社1997年版，第35页。

② 费尔南·布罗代尔：《15至18世纪的物质文明、经济和资本主义》，三联出版社2002年版，第118页。

譬如，自1500～1800年，欧洲真的已经执世界经济之牛耳了吗？布罗代尔①、阿里吉②和彭慕兰③等学者的诸多研究表明，在这三百年期间，欧洲在世界经济中只处于边缘地带。“过去确实有一个包容全球的世界范围的贸易体系和劳动分工。它把各个农业内陆和边陲地带与它们各自的地区商业中心、海港或内陆商业城市都连接在一起。……而这一切也反映了亚洲经济、特别是中国的相对——和绝对——分量和支配地位。这种以中国为中心的全球多边贸易因欧洲输入了美洲金钱而得以扩张。实际上，这才使欧洲人越来越多地参与到世界经济中，但是直到18世纪前，甚至在18世纪，这个世界经济一直被亚洲的生产、竞争力和贸易支配着。”④ 在当时的世界经济结构中，美洲、日本、非洲和欧洲这四个主要地区长期处于贸易逆差境地。美洲和日本靠生产出口的白银，非洲靠出口黄金和奴隶来弥补它们的赤字，欧洲则主要靠“经营”（倒手）这三个贸易逆差地区的“出口”，即从非洲出口黄金和奴隶到美洲，从美洲出口白银到亚洲，从亚洲出口商品到非洲和美洲，来弥补其贸易赤字，因为“欧洲本身几乎不能生产任何可以出口来弥补其长期贸易赤字的商品”。印度和中国是当时世界经济中最“核心”的重要地区，这主要依赖于它们在制造业方面所拥有的无与伦比的生产力。较之于印度，“另一个甚至更为核心的经济体是中国。它的这种更为核心的地位是基于它在工业、农业、（水路）运输和贸易方面所拥有的绝对与相对的更大的生产力。中国的这种更大的、实际上是世界经济中最大的生产力、竞争力及中心地位表现为，它的贸易保持着最大的顺差。……世界白银流向中国，以平衡中国几乎永远保持着的出口顺差。当然，中国完全有能力满足自身对白银的无厌的需求，因为对于世界经济中其他地方始终需要的进口商品，中国也有一个永不枯竭的供给来源。”⑤

又如，市场经济只有一个欧洲模式（或英国模式、荷兰模式抑或美国模式）么？在《国富论》第三篇第1章“论财富的自然增长”中，斯密认为中华帝国代表了“财富增长的自然方式”，即首先是农业的发展，随后，农业的剩余促进了城市手工业和制造业的发展，最后则是国内贸易和对外贸易的发展和扩大。而欧洲发展走上的，乃是被罗马帝国的崩溃和持续战乱所打断了的“非自然”的、“变态”的道路。他还明确指出：“中华帝国幅员辽阔，人口众多，物产丰富，大部分地区水陆交通方便。因而，其国内的广大市场就足以支持大规模的制造业，并允许很可观的分工程度。中国的国内市场不逊于欧洲各国市场的总和。”当代中外学者如彭慕兰⑤和韩毓海⑥的研究也表明，自宋代以降，中国的自

① 贡德·弗兰克：《白银资本：重视经济全球化中的东方》，中央编译出版社2011年版。
② 乔万尼·阿里吉：《亚当·斯密在北京——21世纪的谱系》，社科文献出版社2009年版。
③ 彭慕兰：《大分流：欧洲、中国及现代世界经济的发展》，江苏人民出版社2009年版。
④⑤ 费尔南·布罗代尔：《15至18世纪的物质文明、经济和资本主义》，三联出版社2002年版，第118页。
⑤ 彭慕兰：《大分流：欧洲、中国及现代世界经济的发展》，江苏人民出版社2009年版。
⑥ 韩毓海：《五百年来谁著史——1500年来的中国与世界》，九州出版社2011年版。

发生成的“斯密式市场经济”就逐渐发展起来，明清之际，业已达到相当水平。其实，早在1609年，顾炎武就曾这样描述：“经商者日益增多，占有土地者不再被尊重。人们较量经营金钱的智慧，商海沉浮难以预料。……经商致富的居多，务农致富的很少。富者愈富，穷者愈穷。成功者独霸一切，失败者只能流亡。有钱则可买通权势，土地不再成为保障。……百人中富人占一，十人中九个是穷人。穷人虽多却无力抗拒富人，富人少却能控制多数。金神驾驭苍天，钱神统治大地。”① 顾炎武所描绘的，正是一幅惟妙惟肖的16～17世纪中国市场经济图景。所以，布鲁克（1998）在其研究中国明代经济与社会之专著的“导言”中指出：“中国，而不是欧洲，是当时世界的中心。”② 难怪1975年纪念诺贝尔经济学奖得主康德洛维奇（苏）和库普曼（美），均以市场经济机制与社会基本制度无涉为前提来构建其市场经济“资源优化配置”学说。更难怪阿里吉敢于断言，卡尔·马克思在底特律，亚当·斯密在北京。

世界著名中国史学权威费正清，在临终前完成了他最重要的著作《中国：一部新的历史》(1994)。哲人的序辞发人深省：“19世纪90年代，中国思想终于开始现代革命。人们很快就明白：没有任何外部的发展模式符合中国的现实，的确有许多模式可供中国借鉴，却不会有哪一个适合中国。富有创造性的中国人民只能依照自己的方式，为自己寻找救赎之路。中国人民拥有自己独特的过去，也必将拥有自己独特的未来。然而，令无数人深感不安的是，当我们就中国之命运得到上述结论之时，人们突然意识到：整个人类（我们一直自以为高明的人类）却正在跌入危机深渊。20世纪里，人类自作自受的各种灾难、死亡、对环境肆无忌惮的攻击和破坏，业已超越以往一切世纪之总和。或许，中国此时加入外部宏大世界的毁灭竞赛，正好加速人类自身的彻底崩溃。当然，有少数不那么悲观的观察者，相信最终只有中国可以挽救人类。因为，过去三千多年来，中国人民证明自己具有独特的生存能力。”文艺复兴时，欧洲资产阶级学者首先关注的是自己历史上“古代”辉煌时期的希腊文明、罗马法律，从中发掘其原生文明基因中的瑰宝，进而促使欧洲的崛起。中国人缘何还要一而再、再而三地“舍本逐末”？回顾中国历史，大禹治水以后，夏商周中的商朝，就是由参与治水且长于贸易的殷商氏族主导的国家。春秋、战国和秦帝国时代，中华民族曾经创建世界由青铜时代向铁器时代转型的最先进的文明形态。当时华夏诸子的“百家争鸣”，其成果绝不逊于实际上远超于“古”希腊罗马文明。世界四大文明古国，绵延五千年至今未断的唯有中华文明。秦帝国集中华远古文

---

① 顾炎武的《天下郡国利病书》（四部丛刊本）第二函第十一册“凤宁徽歙风土论”的原文是：“出贾既多，土田不重。操资交捷，起落不常。……末富居多，本富尽少。富者愈富，贫者愈贫。起者独雄，落者辟易。资爰有属，产自无恒。……富者百人而一，贫者十人而九。贫者既不能敌富，少者反可以制多。金令司天，钱神卓地。”

② 费尔南·布罗代尔：《15至18世纪的物质文明、经济和资本主义》，三联出版社2002年版，第109页。

明之大成，不仅统一了中国疆域，更重要的是统一了中华文明，即书同文，车同轨、统一度量衡，确立郡县制等。① 以致即便在“罢黜百家，独尊儒术”后，人们斥骂秦朝两千年，但在实践中仍不得不“百代都行秦政法”，实因“祖龙魂死秦犹在，孔学名高实秕糠。”邓小平在中共十二大《开幕词》中语重心长地指出：中国的事情要按照中国的情况来办，要依靠中国人自己的力量来办。独立自主，自力更生，无论过去、现在和将来，都是我们的立足点。中国人民珍惜其他国家和人民的友谊和合作，更加珍惜自己经过长期奋斗而得来的独立自主权利。马克思主义经济学毕竟也是地道的西方经济学，它与任何其他的“西方经济学”一样，若不植根于中国实际，终归只能是空中楼阁，而认真发掘中国原典文明基因之瑰宝，进而使之现代化，不失为中国经济学研究路径选择的重要思路。

二、如何区分市场经济与资本主义

市场经济偏好社会分工、交换和竞争，资本主义则利用市场经济的表象致力于军事、金融扩张和战争。法国历史年鉴学派代表人物费尔南·布罗代尔②曾专门区分“世界经济”与“现代资本主义世界体系”，以及“市场交换、大工业生产与资本主义”等范畴。在他看来，市场经济以分工和交换及竞争的扩大为标志，而资本主义则以军事和金融扩张为标志。不是资本主义的发展成为工业生产和市场经济的前提，而是工业生产和市场交换形成了资本主义发生的基础。他列举大量史料证明：欧洲的近代兴起，并不是它独自发展的结果，更不是它的思想、宗教和社会独特性、先进性的结果，而是抢掠他洲资源的结果。特别是1492年美洲大陆“被发现”以后，从“世界经济”获利最大的就是欧洲，但它采用的不是市场交换的方式，而是在市场的幌子下主要通过军事手段掠夺非洲人口、美洲白银和亚洲资源的途径。当代社会经济史的研究，如“加州史学派”和“京都史学派”都对此有所佐证。彭慕兰列举大量事实证明，英国工业革命的资源（棉花）和市场（棉布）主要在美洲和亚洲，绝非其国内市场，其工业革命持续性投资的来源是英国的军事财政制度。“英国1689～1815年超过其国力数倍的额外资金是从伦敦资本市场筹借的；1840年之后，英国的财政赤字则由中国的赔款所填充。”③ 诚如马克思所言：“鸦片战争才是英国经济的血液。”对于市场经济与资本主义的区别，马克思和列宁均有论述。马克思认为资本家阶级是“反市场的力量”，“他们没有意识到这一点，但他们这样做了。”列宁更认为，资本家即银行家或赚钱家，资本主义一开始就是帝国主义，

① 孙皓晖：《中国文明正源新论》，上海人民出版社2012年版。

② 费尔南·布罗代尔：《15至18世纪的物质文明、经济和资本主义》，三联出版社2002年版。

③ 彭慕兰：《大分流：欧洲、中国及现代世界经济的发展》，江苏人民出版社2009年版，第126页。

是垄断，是掠夺、无偿占有。乔万尼·阿里吉也指出："你可以随意向一个市场经济中增添许多资本家，但是除非国家以这些人的阶级利益为出发点，否则这个市场经济仍是非资本主义的。布罗代尔本人将中华帝国作为恰好最能支持其坚持将市场经济和资本主义区分开的例子。"① 这是一个历史的洞见。若需要再明确一点的话，那就是国家必须以军事和金融扩张为国策，即不是通过分工和交换或竞争来发展经济，而是以或明（侵略战争）或暗（金融创新）的掠夺为主要手段，这才是"地道的资本主义"。

沿此思路还可以进一步区分二者：市场经济主要是实体经济，其主导者是产业资本和商业资本；资本主义则主要是虚拟经济，其主导者是金融资本。倘若前者的偏好是分工与交换的扩大，因此不得不"用商品生产商品"，而生产、交换、消费、分配均离不开实体经济的发展，那么，后者的"真谛"乃"利益最大化"偏好，显然，军事扩张只要成功，无疑是"低成本高收益"的捷径（甲午海战后的战争赔款就是日本当年财政收入的4倍），而"用货币生产货币"，如果策划得当（如让"草根经济人"陷入云山雾罩的各种"金融创新"）甚至比战争更划算。君不见，连克林顿的劳工部长罗伯特·赖克（2010）也承认，有赖于"金融是经济的重要核心"之政策，"最终华尔街用了不到一年的时间缓过来。幸存的6家最大的银行规模变得更大，高管和卷商的收入没有受到影响，资金甚至比以前更加充裕。他们的策略是用别人的钱进行博弈，这种胆识较2008年9月彻底崩溃前有过之而无不及。"克鲁格曼或许对此中奥秘揭示的更透彻：世界各国负责生产可以用美元购买的商品，美联储则负责生产美元。

确实，近代西方市场经济的生成发展与资本主义的生成发展具有千丝万缕的联系。但是，市场经济可被资本主义利用，资本主义却可无视市场原则。在"资本主义集团"处于绝对强势地位时，它既可以打着"比较优势"的大旗充分利用分工、交换和竞争等手段，又可以打着"自由民主人权"的大旗进行军事与金融的扩张。最近的利比亚之变就是明证。中国诚心诚意地按照分工、交换与竞争的原则去那里通过援建来交换石油，却被谤为"扰乱世界能源市场"、"榨取兼灭族"；某些国家则是依靠极不对称的空中和地面军事力量来获取石油，却被誉为"自由民主的典范"。把市场经济完全等同于资本主义，实在是误读历史！许多西方学者已经指出这一点，中国人对此应该有清醒的认识。

三、维护货币主权有无必要

该问题貌似经济学中局部或次要的问题，实则不然，在市场经济全球化的条件下，尤其如此。开拓了现代经济学的半壁江山——宏观经济学的鼻祖梅纳

---

① 乔万尼·阿里吉：《亚当·斯密在北京——21世纪的谱系》，社科文献出版社2009年版，第335页。

德·凯恩斯，最具代表性的专著就是他的货币理论三部曲：《货币改革论》(1922)、《货币论》(1930）和《就业、利息与货币通论》(1936)。显然，凯恩斯的宏观经济学理论视野的焦点，始终没有忽视或偏离货币这个主线。在马克思主义经济学教科书中，货币被界定为具有价值尺度、流通手段、贮藏手段、支付手段和世界货币五种职能，其中价值尺度和流通手段是货币两种基本职能。这显然与马克思关注的更多是市场经济的实体运行内在相关。据布罗代尔考证，马克思生前甚至不知道自然也没有使用过“资本主义”概念①。然而，从近现代世界经济体系发展的实践来看，人们更需关注货币的最后一种职能即“世界货币”。从13~15世纪威尼斯时代的美地奇银行家族开始到现代，犹太系、拉丁系以及盎格鲁撒克逊系金融集团一直私下里深深影响着欧美和世界历史进程。近现代资本主义绝非自发生成、自然演进之结果。依靠大发战争横财，特别是借鉴英国政府战争财政的经验，国际金融寡头集团在数百年间通过军事扩张和金融扩张的实践，积累了丰富的“用货币生产货币”的手段和路径。不过，万变不离其宗，千方百计控制货币主权，乃是其中的关键。日不落帝国死保死撑英镑的统治地位，山姆大叔通过布雷顿森林协议和世界银行、国际货币基金组织确立美元霸权，无不如此。1971年，美国断然剥下“皇帝的新衣”，掀翻黄金的“虚君”地位后，美元霸权之本相方才大显峥嵘，美联储终于获得阿克顿勋爵所说的“绝对权力”。基辛格曾坦言：“如果你控制了石油，你就控制了所有国家；如果你控制了粮食，你就控制了所有的人；如果你控制了货币，你就控制了整个世界。”在这里，倘若有人还在奢谈“人权（美联储说到底是私人股份有限公司，归几个金融寡头世家所有）高于主权”的“普世价值”，其用意何在，岂非司马昭之心乎？套用马克思在《资本论》第三卷中所言：我们在这里得到了一个像数学一样精确的证明，为什么金融寡头在他们的竞争中表现出彼此都是虚伪的兄弟，但面对整个世界的市场经济体系却结成真正的共济会团体。

弗兰克将后来获得1999年世界历史学会图书奖头奖的专著，命名为ReOrient：Global Economy in the Asian Age（1998），直译是《重新面向东方：亚洲时代的世界经济》，个中含义令人回味。其中文版（2011）书面广告写道：“西方最初在亚洲经济列车上买了一个三等厢座位，然后包租了整整一个车厢，只是到了19世纪才设法取代了亚洲在火车头的位置。名副其实贫穷可怜的欧洲人怎么能买得起亚洲经济列车上哪怕是三等车厢的车票呢？欧洲人想法找到了钱，或者是偷窃，或者是勒索，或者是挣到了钱。”实际上，欧洲人主要是在美洲抢

① 布罗代尔考证道，“资本主义”一词最早出现在1753年的《百科全书》；1842年又出现在《法语新辞典》。蒲鲁东曾用过几次。“但在十年后即1867年，马克思还从未使用过资本主义一词。”“直到20世纪初，该词才作为社会主义的天然反义词，在政治争论中猛然冒出来。”“尽管马克思自己从未使用过，该词却相当自然地被纳入马克思主义的模式，以至于人们常说，奴隶制、封建制、资本主义制是《资本论》的作者为社会划分的几个重大阶段。”其实，就近现代世界经济的实际情况而言，“资本主义”一词所指谓的，恰恰是列宁所说的“帝国主义”概念。

到了白银。1567年即隆庆元年，明朝政府“解海禁”，开启以商品的大规模出口换取美洲白银之先河，最终确立了银本位货币。结果，一方面，白银的大量流入，刺激了货币的流通，扩大了生产和市场的规模，巩固了中国在世界经济体系中的核心地位；另一方面，也导致“买办商人”的出现，并与外国金融垄断者合流，且二者逐渐取代了大地主阶级而支配了中国的政治、经济。弗兰克的研究表明，从1500~1800年，在世界经济整个多边贸易平衡体系中，包括印度和东南亚因逊于中国的产业优势而扮演的辅助角色，发挥了一种磁石的作用，使中国成为世界白银的终极“密窖”。“直到18世纪，这些商业交易的白银结算，这种中国与朝鲜、日本、东南亚、印度、西亚、欧洲及欧洲经济殖民地之间的中心-边陲关系，在世界经济中起了一种决定性作用。”据弗兰克估算，16~18世纪，曾经流入中国的白银约6万吨，达世界白银总量的50%。但1840年后，曾经源源不断地从西方流向东方和中国的巨量白银，又通过鸦片贸易或战争赔款迅速流出中国回归西方。

明清两代王朝，均因无力且无法掌控白银的货币主权而最终陷入崩溃。辛亥革命之后，活跃在近现代中国历史舞台上的风云人物，无不从历史上汲取了经验教训。无论毛泽东还是蒋介石，都明白“一手抓枪杆子，一手抓钱袋子”的真理。二者的区别在于，历史的教训不可忘记。近500年来，货币主权问题一直是中国国运兴衰的关键问题之一。对于这个关乎国家能否自主自立、民族可否实现复兴的重大问题，在中国经济学的研究中，理应予以高度关注。

中国经济学的发展

周文　谭芝灵*

经济学是一门历史发展的科学，它是一定经济社会背景下产生并随着经济社会变迁而发展。对于中国经济学来说，它一方面直接来源于马克思主义经济学，这一本质属性决定了中国经济学发展必须坚持马克思主义理论和方法，研究新问题，提出新理论，从而发展马克思主义经济学，实现马克思主义经济学的中国化；另一方面，中国经济学又是中国化的经济学。因此，中国经济学必须植根于中国实践，回答中国问题，并且伴随中国经济社会发展而发展。为了能够展开讨论，按照上面两条逻辑线索，本文仅就新中国成立后我国理论经济学的历史性发展以及这种发展与我国经济制度变革的相互作用，试着梳理其要点，厘清其脉络，以期引发更深入的研究和讨论。

一、50年代至70年代末：马克思主义经济学的奠基起步阶段

随着中国革命的胜利，马克思主义经济学在中国取得主导地位。这一时期，在国民经济得到全面恢复和发展的基础上，中国开始探索一系列以生产资料私有制的社会主义改造为前提的计划经济体制的制度实施条件。中国经济体制自1953年第一个五年计划开始，实行重工业优先发展战略，全面向计划经济转轨。毛泽东同志基于当时社会经济生活中出现的诸多新情况、新问题、新矛盾，提出了党在过渡时期的总路线，形成了“一化三改、一体两翼”的理论。中国经济学的任务也发生了根本转向，即从中国实际出发，探索一条快速实现从落后的农业国转变为先进的工业化国家的社会主义经济发展道路。

---

* 周文，云南财经大学政治经济学研究中心主任、教授，主要研究方向为政治经济学、中国经济改革与发展；谭芝灵，南京航天航空大学马克思主义学院副教授，研究方向为政治经济学。

除了继续翻译出版和普及马克思主义经济学说，围绕总路线开展的社会主义改造和计划经济体制下的工业化成为经济理论界研究的核心内容。这一时期，经济学研究主要分为两大块，一是普及和学习马克思主义经典作家的著作；二是从经典作家的著作中寻找支持现行路线、方针和政策的理论根据，并对后者加以诠释，增强其在理论上的合法性。如在社会主义基本经济规律、社会主义制度下商品生产和价值规律作用以及按劳分配等问题的研究方面形成了一系列以马克思主义理论为指导的研究成果。与此同时，不断探索计划经济体制下的宏观与微观运行机制。在宏观体制方面，探讨重工业与轻工业的关系等；在微观经济运行层次，在农业领域主要探讨农村生产队的运行机制，在工业领域研究国有企业的运行机制。

应当注意到，首先在传统计划经济时代，整个社会生活泛政治化，经济学研究也不例外。以毛泽东同志为代表的中国共产党第一代领导人试图从本国实际出发，依据对马列主义的理解并参照苏联社会主义实践，建立中国的社会主义计划经济体制及与之相应的产品型按劳分配模式。进入20世纪50年代后期，这一模式的实践特点尤其偏重于经济活动中劳动者在政治思想上的主体性，并且把这种主体性归于思想认识问题，即主体意识问题成了这一时期经济利益实现的要害与核心。这就意味着经济问题政治伦理化了，经济活动政治化的结果自然导致劳动者和生产企业没有独立的利益主体而言。因此，这一时期的社会主义经济理论与实践常常把马克思的一些具体设想当成不可违逆的圭臬，而把马克思重视生产力发展从而重视人在劳动中的主体性解放这个更重要的思想丢在了一边。

其次，在社会主义经济建设初期，中国十分重视苏联的经验，特别强调高度集中统一。但很快毛泽东就发现苏联的一些经验并不完全适合中国国情，强调在学习苏联和别国经验的同时，一定要结合自己的实际情况。1955年年底，他在党内首先提出了如何以苏联经验为借鉴，探索适合中国情况的社会主义建设道路的重大问题，并开始组织大规模的调查研究。1956年4月，毛泽东发表了《论十大关系》的讲话指出：要独立自主，调查研究，摸清本国国情，把马克思列宁主义的基本原理同我国革命和建设的具体实际结合起来，制定我们的路线、方针、政策。在民主革命时期，并不是一开始就认识到这一点，而是走过了一段弯路，经过不断的探索和总结经验教训才成功地实现了这种结合，并取得革命的胜利。在社会主义革命和建设时期，提出进行第二次结合并找到在中国进行社会主义革命和建设的正确道路。但在整个计划经济时期，我国政治经济学的体系结构主要来源于由斯大林组织、苏联科学院经济研究所编写的《苏联政治经济学教科书》（1954年出版，中文版于1955年在中国出版），它的体系结构对我国政治经济学教材产生了重要影响，形成了难以摆脱的“苏联范式”。斯大林有关计划经济的理论和实践，作为一种政治标签，计划经济一开始就被当作由以区别社会主义经济制度和资本主义经济制度的本质特征。从此，社会主义就不再是亿万人民群众生动活泼的实践，相反地，它完全蜕变成了一种抽象的制度公式——社会主义 = 公有制 + 计划经济 + 按劳分配；并且，在这个公式中，所谓公有制也僵化地被理解为仅仅是唯一的、纯而又纯的全民所有制特别是国家所有制。

这一时期经济学界比较著名的理论争论有三起，即50年代后期围绕马寅初"新人口论"的争论；50年代末、60年代初围绕李平心"生产力理论"的争论；50年代后期、60年代初围绕价值规律和孙冶方对价值规律论展开的争论。马寅初的"新人口论"核心观点是主张人口增长要与社会经济发展相协调，反对人口盲目增长。本来马克思主义经济学完全能推出这一结论，但是，由于政治上的原因，马寅初及其"新人口论"受到批判。李平心的"生产力理论"核心是在马克思主义经济学的框架内强调生产力的重要性，将生产力的"社会联系"看成生产力的社会属性，这一点在那个特别强调生产关系的年代被批判为将生产关系当成生产力的附庸。至于围绕商品生产和价值规律引发的争论，实际上是计划经济理论和意识与不能取消商品和货币关系的社会经济现实之间矛盾冲突在学术领域的反映。从学术上讲，五六十年代发生的三大理论争论基本上都属于在马克思主义经典理论诠释上的分歧，却被赋予了强烈的政治色彩。

不可否认，中国经济学在这一时期的发展正是马克思列宁主义在中国全面推广以及探索马克思主义中国化的重要展开时期。早在新民主主义理论的创建过程中，毛泽东就正式提出"马克思主义的历史主义"，并通过中国历史国情深刻认识现实国情，提出中国社会发展的方向和社会革命的任务。1938年毛泽东在党的六届六中全会上指出："共产党员是国际主义的马克思主义者，但是马克思主义必须和我国的具体特点相结合并通过一定的民族形式才能实现。"此后，毛泽东陆续发表了《〈共产党人〉发刊词》《中国革命和中国共产党》《新民主主义论》等著作，用马克思主义基本原理对中国封建社会经济历史和近代以来的社会经济历史做了精辟的论述，在此基础上创立了新民主主义理论。毛泽东指出："明白了中国社会的性质，亦即中国的特殊的国情，这是解决中国一切问题的最基本的根据。"新民主主义革命是社会主义革命的必要准备，社会主义革命是新民主主义革命的必然趋势。新民主主义社会的前途必然是社会主义，而不是资本主义。这是马克思主义经济学在中国发展的重要成就。

二、70年代末至90年代初：马克思主义经济学得以发展

中国共产党具有实事求是、群众路线、独立自主的传统是中国率先突破苏联模式的一个根本原因。正是由于这个传统，"四人帮"垮台不久以后就发生了真理标准的大讨论，重新确立了解放思想、实事求是的思想路线。这是建设中

国特色社会主义的历史起点和逻辑起点。如果不是实事求是、群众路线、独立自主在中国共产党内深深扎根，也不可能在1982年召开的党的十二大上就提出建设有中国特色的社会主义这个主题，强调不能照抄照搬苏联模式。

中国共产党秉承党的传统“事实求是 群众路线 独立自主”成功突破苏联模式。一方面苏联教科书式的马克思主义经济学无法解释中国的经济体制改革；另一方面中国经济进入国际市场需要熟知市场经济规则和国际市场惯例。中国经济学界在这一时期大量引入西方主流经济学理论，经济学者尝试用西方经济学术语来阐释中国新的经济现象和变革趋势，为中国经济体制转轨和经济发展提供指导。同时，形成于50年代的东欧经济学也对改革开放初期我国的经济体制改革产生了一定的影响。80年代，由匈牙利、波兰、捷克等东欧国家开始，蔓延到苏联的“市场社会主义”改革，与社会主义市场经济不完全相同。东欧国家的改革，实行国家所有制并发展市场，取消命令经济。改革产生了一些变化，但是不彻底。总之，偏离中国“问题意识”和中国“国情意识”的“拿来主义”毕竟无法真正解决中国经济问题。

1978年党的十一届三中全会提出以经济建设为中心，开始了改革开放的历程。在改革的实践摸索中，以邓小平为首的有远见的、坚定的领导核心坚持和发展了党的实事求是、群众路线、独立自主的优良作风，极大地发展了社会主义理论，不仅提出了社会主义初级阶段理论，还突破了传统计划经济体制的前提，提出社会主义初级阶段是建立在公有制基础上的有计划商品经济，推动了城市经济体制改革的全面展开。

邓小平理论指导下的中国改革的功绩就在于它对经济主体活力的强调上，这个“活力”正是改革初期马克思主义经济学中国化发展的精髓，它在一定意义上讲，就是要增强劳动者在劳动中的自主性和能动性。

社会主义国家里长期以来形成的一种观念认为，只要保障了劳动者在政治上的主体地位，并使他们自觉意识到这种主体地位，那么他们在生产劳动中的主体能力的发挥、发展就是自然而然的；正是在这种观念指导下，社会主义国家中在劳动生产率和劳动主体性上存在的大量问题极少有人去研究。中国改革在初期的突破，就是强调了功能效用，而不囿于所谓的“姓社姓资”问题。事实上，强调功能效用，不是不要本质，而是从功能效用的角度看待本质，马克思对资本主义不合理性的批判，就是从它阻止和破坏生产力的继续发展、扼杀人在劳动中自主性、能动性和创造性这个角度入手的。在批判中，马克思从发展生产力，解放人在劳动中的主体性的角度出发，基于未来发达生产力的情况对成熟社会主义的生产关系及其相适应的交换关系做了精辟的设想和论证。

与此同时，在反思苏联模式的基础上中国产生了一系列具有中国特色的经济学思想和观点，并形成了有效的经济政策。如社会主义商品生产的理论和政策、农村家庭联产承包责任制的理论和政策、价格改革和价格双轨制的理论与政策，等等。这些理论和政策都是马克思主义基本理论与中国社会主义改革和发展具体实践相结合的成果，大大促进了中国经济体制转轨和经济的增长与发展。

这一时期，学术界主要研究有计划商品经济理论，肯定了商品经济存在的合理性。同时围绕有计划商品经济理论研究，在经济运行机制上形成了国家调节市场、市场引导企业的理论，在价格体制方面提出了价格双轨制理论，在国有企业改革方面提出两权分离的理论等。一部分经济学者秉承马克思主义经典理论，有相当长一段时间仍然以论证和诠释现行的路线、方针、政策为职志，努力从马克思主义经典著作中为改革开放寻求理论支持，起到了从理论上证明改革开放合法性的作用。另外还有一部分经济学者，特别是改革开放以后成长起来的年轻一代经济学者，知识结构发生了巨大变化，眼界大大拓宽，且随着现代西方经济学文献逐渐流入中国，纯粹以传统的马克思主义经典著作为圭臬的年轻学者已不太多，现代西方经济学理论和方法逐渐被新生代年轻学者接受并传播。

这一时期学术界的研究路径大致有两条：第一条路径，主要表现为在经济理论上拨乱反正，澄清理论是非，准确理解马克思经济理论著作所阐述观点的含义，对马克思主义基本经济理论进行深入研究并在继续坚持马克思主义政治经济学基本结论的基础上，对其进行谨慎发展。第二条路径，通过大量介绍现代西方经济，来影响我国理论经济学的建设。开始是由国家教委牵头组织专家办讲习班，由经济学家进行专题讲座，向国人介绍西方经济学基础知识。这种讲座先后搞了十几个专题，产生了较大影响。后来又将这些讲座编辑成册出版，散发于社会，成为现代西方经济理论对我国经济学界的第一次推动。

三、1992 年至 2005 年：马克思主义经济学受到西方经济学的冲击，逐渐被边缘化

20 世纪 90 年代初期开始，中国加快了由计划经济体制向市场经济体制转变的步伐。邓小平同志在 1992 年春视察南方时的重要谈话中讲的三个“是否有利于”，即是否有利于发展社会主义社会的生产力，是否有利于增强社会主义国家的综合国力，是否有利于提高人民的生活水平，就是对囿于本质问题陈旧观念的否定，体现了马克思主义经济学重视生产力发展从而重视人在劳动中的主体性解放这个重要思想。中国率先成功地走向市场取向改革，从主观条件说，最根本的一条是形成了以邓小平为首的有远见的、坚定的领导核心。党的十四大报告明确提出，我国经济体制改革的目标是建立社会主义市场经济体制。至此，理论界对社会主义的认识最终从传统的计划经济思想中彻底摆脱出来，比较一致地认识到市场经济与社会主义基本制度相结合，建立社会主义市场经济体制是中国经济改革的基本目标。

在这一阶段，中国经济体制改革的重要内容是理顺社会主义初级阶段的利

益分配关系，尤其是针对社会主义市场经济体制背景下，国家、企业、个人之间的利益调整，而利益调整的目的主要在于增强企业和职工发展生产的动力与活力。无论是利改税、还是承包制或股份制，都在相当程度上以利益要素作为主要内驱力来发挥、发展企业和职工的劳动主体性，大力促进了社会生产力的发展。允许一部分人先富起来的政策，更加强化了这种利益驱动机制，外资企业、民营企业、“三资”企业等大量涌现，它们对国有企业造成的利益压力又反过来促使国有企业加快改革、深化管理，使整个中国经济呈现出勃勃生机。这一阶段学术界围绕发展市场经济这一中心，在理论上进一步研究了计划与市场的关系，进一步明确了社会主义为什么搞市场经济以及怎样搞市场经济的问题，研究成果集中表现为多种所有制并存理论的提出与社会主义市场经济理论雏形的形成。

老一辈经济学家对传统马克思主义政治经济学进行理论创新，深入到政治经济学的基本范畴和基本理论，对价值、资本、剩余价值等基本范畴和劳动价值理论、资本积累等基本理论作了重新解释，适应了社会主义市场经济发展的要求；进而对农村体制改革、国有企业改革、分配体制改革等问题从社会主义初级阶段利益分配关系的角度进行了深入探讨，从而为马克思主义经济学的中国化发展和创立中国特色的社会主义市场经济理论奠定了基础。

同时，对市场经济运作机制方面的理论需求也使西方经济学理论和应用经济学理论得到了迅速发展。在这种情况下，现代西方经济学在中国重新开始普及，并在年轻一代取得主流地位。从中国的经济学发展历史来看，最早进入中国的现代经济理论是西方经济学，其影响尽管历经跌宕起伏，但始终蔓延不绝，而且在改革开放后适应中国市场经济体制建设需要而日益扩大。西方经济学为我们提供了经济学的现代方法，大大推进了中国的经济学发展。但在这一阶段，西方经济学特别是新自由主义经济学在中国经济学界处于强势地位，对中国经济学以及中国经济政策产生了十分重要的影响，甚至在某种程度上掌握了话语权。

我们必须看到，西方经济学这种非历史主义的和高度抽象的理论并不能彻底解决中国经济发展的现实问题，对中国经济学发展也会产生某些不良影响。西方经济学以其理性主义和普世价值为主要武器，试图消除历史差别和民族差别，全面整合各种不同的市场游戏规则和不同国家的经济利益，其负面影响越来越不容忽视。马克思主义方法论是马克思主义中国化所遵循的重要路径。这是因为马克思主义方法论既主张人类社会发展存在共同规律，同时也承认不同民族的不同历史，主张普遍真理与具体实际的结合，而在学术建构上采用逻辑与历史一致的方法。马克思主义方法论在经济学上的体现更主要在于马克思主义基本原理与中国具体实践的结合。从中国经济学学术建构角度看，一方面要避免西方经济学“非历史主义”倾向，发挥其现代研究方法和工具优势，为中国经济学的当代建构提供现代性工具；另一方面要挖掘中国传统资源，立足中国国情，为中国式道路的形成、演化和发展提供历史唯物主义阐释。早在1994年年初，程恩富教授在《21世纪：重建中国经济学》一文中就以此为逻辑起点对中国经济学的发展阶段和前景作了开创性的总体判断，之后引起连锁反响。

1995年开始中国经济学界出现了持续的关于中国经济学发展方向的争论，有些学者提出要用新的范式取代传统政治经济学，并应致力于经济理论研究的国际化、规范化和本土化。他们讲的是西方经济学的国际化与本土化，是用西方非马克思主义理论来代表放之四海而皆准的一般理论，代表普遍规律。这些人不反对西方经济学的本土化，也不反对联系中国的实际，其中也有些人主张应该有中国经济学。但主流是主张按照西方的模式来建立中国经济学。

面对这一时期中国马克思主义经济学被边缘化的危险。在2005年刘国光教授指出，对中国经济学教学和研究中出现的问题要引起高度重视。刘国光教授提出，中国经济的改革、开放与发展，必须坚持马克思主义经济学的指导地位，而绝不能依赖西方资产阶级经济学，这反映了我国经济学教学与研究领域实现科学发展的客观要求，这方面需要我们深入领会。

这一时期经济理论界有两条研究路径：一是运用马克思主义的基本经济理论指导和解释中国的经济体制改革和经济发展，如通过对马克思所有制理论、计划与市场理论、按劳分配理论等的深入探讨，为中国市场取向的经济改革提供了理论基础和政策解释。二是试图按照西方的思维模式和逻辑进行经济理论的再创造。但由于这种思维模式和逻辑脱离了我国实际，甚至经常用一些复杂的语言和范式来描述一个极其简单的现象和问题，洋洋万言、结论简单，因此，往往“好看不中用”，至今未形成任何有价值的成果。

四、2005年至今：马克思主义经济学的中国化与发展

这一时期，围绕和谐发展这一主线，我国经济体制改革在理论和实践上取得了重大进展。我国的社会主义市场经济体制初步建立，公有制为主体、多种所有制经济共同发展的基本经济制度已经确立，全方位、宽领域、多层次的对外开放格局基本形成。在此基础上党的政策又有了新突破，全面系统阐释了科学发展观，首次提出转变经济发展方式等新理论。党的政策的新突破标志着中国特色社会主义经济制度和经济理论体系已经基本形成。这一阶段，学术界围绕市场经济体制的完善、国有企业改革、非公有制经济发展、自主创新能力培育、社会主义新农村建设等问题进行研究。同时对改革与发展中出现的收入分配问题、区域差距拉大问题、宏观调控体系不完善、农业发展滞后等问题进行研究。总之，这一时期中国经济学围绕和谐发展问题全方位、多视角地研究完善社会主义市场经济体制，推动了中国特色社会主义经济理论的发展。

中国经济体制改革创造了一种生产力发展的新模式，这是对经济学的一次巨大挑战，同时也对经济学的创新提出新的要求。中国经济体制改革后的生产力发展呈现出一些新的特点。生产关系调整，并没有呈现西方主流经济学强调的私有制主体地位，不过，社会主义的公有制经济也与计划经济体制时期大相径庭。结果出现了公有制经济为主体，多种所有制经济共同发展的格局。这样的所有制结构是所有取得经济成功的国家都不曾见到的。但是，就是在这样的所有制结构下，中国经济实现了历史性的增长。对此，西方经济学的生产力发展理论不能解释，马克思主义经典文本也没有现成的答案。

从近代以来影响中国社会和变革的思潮来看，存在着三条源流，即中国传统思想、马克思社会主义思想和西方资本主义思想。由于经济学的现代性特征，中国传统经济思想对中国经济学建构隐匿在经济学主张的政策理念之中，如平等思想、重农思想，调控思想等。马克思主义在中国化的历史过程中一直主导着中国共产党的经济社会政策，也主导着中国马克思主义经济学的发展。

从认识中国社会发展和确认中国历史发展阶段开始，到明确中国社会革命和经济发展的历史任务；从中国革命性质和中国共产党历史使命的认识，到提出中国新民主主义经济政策纲领；从社会主义过渡时期总路线的提出和三大改造的完成，到社会主义计划经济和建设的实践；一直到改革开放、确立社会主义初级阶段和社会主义市场经济体制的建立、公有制的实现形式和社会主义初级阶段的基本经济制度理论以及科学发展观的提出；总之，从研究中国历史国情开始到把握现实国情，一直到确认不同历史阶段的方针政策，都体现了中国人民对民族历史与民族利益的尊重和现实中国社会发展道路选择之间的承继和递进关系。这正是马克思主义与中国经济学当代建构之间的本质联系。

从我国制度变革60余年的发展路径来看，经济发展方式的最大变化，是确立了公有制为主体、多种所有制经济共同发展的基本经济制度；社会主义市场经济体制取代了传统计划经济体制，财富的利益分配驱动机制使得个人、企业的付出与其回报紧密相联，从而发挥与发展了亿万劳动者的主体性与创新精神，释放出传统计划经济时代从未有过的巨大生产力。

然而单方面追求财富最大化的利益分配驱动机制是把双刃剑：一方面激励了财富的生产，另一方面强化了财富的权力；从而导致财富生产的目的不是为了满足消费者的需求，而是为了满足握有生产资料所有权的人积累财富的欲望。当前我国出现的种种危机与问题恰恰是这一矛盾的集中体现。

要走出中国发展的困境，关键是改变单方面追求财富最大化的利益分配驱动机制。马克思主义经济学认为，分配的实质是利益分配，尽管利益分配往往通过财富的收入分配制度来体现，但利益分配的本质却在于利益主体的确立及其相应的分配结构。而利益主体的确立不仅是物质利益的确立，更关键地在于利益主体在生产经营活动中体现出来的主体性权利即主体所有权及其相应权能的实现。然而，无论从我国现阶段的国情来看还是从已有的社会主义实践来看，缺乏某种外在压力的环境条件决不是现阶段主体性权利，尤其是劳动者主体性权利发挥发展的可能性条件，更何况这种压力就来自于我们不得不面对的现实——社会主义市场经济体制。

中国体制改革的启动直接同文化大革命造成的危机相联系。东西方的经验都表明，危机的发生、忧患意识的形成是社会主义国家体制变迁、完善及其相应理论发展的必要条件。正是面临这样的关键性历史大背景下，中国经济学迫切需要积极实现马克思主义经济学的中国化，用中国发展的经验丰富和发展马克思主义经济学。

这一时期代表性的标志就是中国社会科学院马克思主义研究院的成立及中国各高校马克思主义学院的成立。

怎么理解马克思主义经济学的中国化？程恩富教授提出“马学为体，西学为用，国学为根，世情为鉴，国情为据，综合创新”，是一种很好的表述。也就是说，要以马克思主义经济学为根本，以西方非马克思主义经济学知识和合理元素为借用，以古近代的经济思想资料为弄清中国国情特征的历史源头，进行可持续的综合创新和理论超越。近年来，中国马克思主义经济学在遵循“马学为体、西学为用、国学为根、世情为鉴、国情为据、综合创新”方面，做了大量学术工作，反映在国际化、应用化、数学化和学派化这四个学术走向上，进展较快，成果丰硕。具体来说，中国马克思主义经济学研究除继续关注中国的发展外，也逐步扩大了国际视野，加强了其在世界马克思主义经济学界的平等交流和“话语权”，得益于与西方主流经济学界的对话和论争，增强了对整个国际知识界的影响力。此外，中国马克思主义经济学也出现了被运用、拓展到部门经济、应用经济和专题经济的学科中去的情势；同时中国马克思主义经济学的数学化，更加有利于弥补现阶段政治经济学研究中的部分缺憾，促进其理论的传承和创新，真正体现中国经济学的时代特征。目前国内政治经济学研究领域已开始形成一些影响程度不同的学派，如以中国社会科学院和上海财经大学为研究基地的新马克思主义经济学综合学派等。

五、中国经济学的使命和未来展望

从发展的角度看，目前中国经济学的建设仍然存在着诸多不足与缺陷：

第一，研究方法与思维方式的缺陷。历史惰性使得社会既得利益集团的行为准则在对于抽象思维与现象描述的关系上，往往选择“双重标准”：在人与自然的关系上，既研究抽象思维又研究现象描述；既接受实证哲学又不排斥唯物辩证法；既承认科学也承认技术。但在人与人的利益关系上，只研究现象描述而不研究抽象思维，只接受实证哲学而不接受历史唯物观，只承认技术而不承认科学。简单来说，他们只承认事物现象之间的联系，而不承认现象背后事物间的本质联系。被大陆新闻媒体炒得炙手可热的香港的张五常教授认为，“天下间怎会有那样高深的学问？所以我认为马克思是最蠢的。”① 这就是证明。

这方面尤其体现在经济学的规范化与学术化上。中国经济学的进步之一是引入了西方经济学的某些理论与技术，推动了经济学研究的规范化。但是又出现了过度工具化和数学化问题，现在是矫枉过正的时候。数学工具作为一种研究方法，其本身并没有问题，且新的经济学理论如能被数学模型解释和检验则更具有说服力，更容易被学界所认同。数学模型作为一种研究工具本身并没有问题，问题在于照搬西方经济学的分析模式与方法，常常把一个简单的社会经济现象搞得过于复杂，掩埋了真相与本质；甚至用西洋化的方式、逻辑和语言进行“洋八股”式的现象描述，而这正是中国经济学界目前“流行”的怪象。因此，在提倡“中国现实问题的学术化”这一最高境界的同时，不仅需要甄别数理光环下隐身的单纯描述性现象解释，还需要不再拒绝当前还无法用数学模型验证的根植于本土现实世界的具有高度创新性的思想萌芽。

第二，研究对象与路径的缺陷。不是将研究对象定位为实实在在的经济实践，从实际出发开展研究，而是强调本本（包括传统的马克思主义本本和当代西方经济学本本），首先从本本出发。这种对象选择和路径定位是与经济学的本质要求相抵触的，因此很难形成什么有价值的成果。进一步看，在全球化中获得利益的国家，往往赞同自由化，而在全球化中受损的国家，往往抵制自由化。这实则是一场利益之争。跌宕起伏的经济学潮流实为不同时期的国别经济学理论所左右，反映了占主导的国家的利益。中国经济学的构建同样要体现中国经验、中国利益。

中国当前的现实问题本质上是发展问题。国际主流的经济学理论主要是以西方发达国家的市场经济为其研究环境，而这必然限制其对发展中国家的解释力。事实上，在浩如烟海的经济学文献中，有关的研究通常是零散而不成系统的，而且也还没有进入国际学术界的主要研究领域，现代经济学的许多研究方法更没有很好地被用于研究发展问题。因此，“发展中国家经济学”亟待发展，这对于发展中国家经济现象和发展战略的研究具有重要意义。全球的发展中国家共有 148 个，占全世界人口的 82%，但是它们的经济现实却无情地被现代主流经济学忽视。对发展中国家经济现象和发展战略的研究必然会拓宽现代主流经济学的视野，推动经济学研究迈上一个更高的层次。因此，以中国经济为素材，融入发展现象和发展战略的经济学研究必然成为未来世界经济学发展的主流。

第三，研究目标的缺陷。无论是过去，还是现在，我国经济理论界一直是

① 程恩富等主编：《11 位知名经济学家批判张五常》，中国经济出版社 2003 年版，第 8 页。

喜欢从建立完整的理论体系入手，“贪大求全”地开展经济理论研究。实践证明在经济发展还不充分，从而还不具备开展系统研究的条件下，要搞出一个完整的理论体系，是不现实的。这样做，不是使理论研究工作陷入空想，就是使研究结论脱离实际。正确的选择只能是从实际出发，从目前已经具备的条件与可能出发，通过深入的社会经济调查，发现和抓住问题，由此展开个案分析和专题研究，并通过这些个案的分析和专题研究，找出各种现象间的内在的和普遍的联系，再从中抽象出带规律性的结论，最后才能用这些结论来指导实践（包括理论实践和经济实践）。

要解决这三大问题，不能企望“毕其一役”。可以不妨从我国当前发展理论研究中出现的典型性新动态寻找个案分析和专题研究为突破口。一是以人的发展为中心的多目标多方面的科学发展观，取代了以物为中心的增长观。最初，社会发展被等同于经济增长或资源优化配置，发展主体的非人化倾向强烈。现在，强调发展主体的人性化，把人的发展和改善作为社会是否发展或现代化的衡量标准。二是发展从对进步的关注，扩大到对发展引起的问题和代价的重视。最初，人们不仅把发展等同于经济增长，而且也把发展作为社会进步的同义语。现在，人们看到，发展实践所伴随着还有巨大的灾难，发展带来的问题与我们提供的机会是一样大，发展既包括着进步，也包括代价和问题。三是从单一的地域性发展模式到作为世界性现象的发展观的转变。最初，发展被设想为各个民族、国家内部的区域性过程，现在，人们看到，社会发展形成于一种特定的世界体系之中，发展应当作为世界性现象去理解。

世界著名中国史学权威费正清，在临终前完成了他最重要的著作《中国新史》(1994)。其序言发人深省：“19 世纪 90 年代，中国思想终于开始现代革命。人们很快就会明白：没有任何外部的发展模式符合中国的现实，的确有许多模式可供中国借鉴，却不会有哪一个适合中国。富有创造性的中国人民只能依照自己的方式，为自己寻找救赎之路。中国人民拥有自己独特的过去，也必将拥有自己独特的未来。然而，令无数人深感不安的是，当我们就中国之命运得到上述结论之时，人们突然意识到：整个人类（我们一直自以为高明的人类）却正在跌入危机深渊。20 世纪里，人类自作自受的各种灾难、死亡、对环境肆无忌惮的攻击和破坏，业已超越以往一切世纪之总和。或许，中国此时加入外部宏大世界的毁灭竞赛，正好加速人类自身的彻底崩溃。……文艺复兴时，欧洲资产阶级学者首先关注的是自己历史上‘古代’辉煌时期的希腊文明、罗马法律，从中发掘其原生文明基因中的瑰宝，进而促使欧洲的崛起。中国人缘何还要一而再、再而三地‘舍本逐末’？”①

邓小平在中共十二大《开幕词》中曾语重心长地指出：“中国的事情要按照

① John King Fairbank, *China*: *A New History*. The Belknap press of Harvard University Press, 1992.

中国的情况来办，要依靠中国人自己的力量来办。独立自主，自力更生，无论过去、现在和将来，都是我们的立足点。”① 中国经济学毕竟是致用之学，它与任何其他的社会科学一样，尚若不植根于中国实际，终归只能是空中楼阁。因此，中国经济学必须认真发掘中国原典文明基因之瑰宝，立足中国实践，回答中国问题，增强自信自觉，进而使之现代化，形成中国特色、中国气派、中国风格的中国经济学。这正是中国经济学家们当下所面临的极其迫切的历史任务。

① 《中国共产党第十二次全国代表大会开幕词》（1982 年 9 月 1 日），选自《邓小平文选》第三卷，人民出版社 1993 年版，第 3 页。

“中等收入陷阱”经济学基础再发现*

杜曙光　刘刚**

关于“中等收入陷阱”的存在性、概念的逻辑性及具体表现等基本问题仍存在较大争议，但是不可否认，“中等收入陷阱”已经成为近年来国内最重要的经济学热点主题之一。越来越多的知名学者参与到“中等收入陷阱”问题的讨论甚至争论之中，密集地发表了数量众多、层次较高的论著。这在很大程度上推进了经济学界对于当前经济增长和经济发展问题的深入探讨。同时，这些讨论已经将“中等收入陷阱”研究从现象判断、经验分析和战略推演推进至理论研讨层面。探寻“中等收入陷阱”的经济学基础，成为研究进一步深化的关键结点。

因此，探寻“中等收入陷阱”的经济学基础，是研究的必然趋势，学者们也在这一方面进行了很多卓有成效的努力。但是我们发现，就现有文献而言，当前学者们为“中等收入陷阱”所“探明”的经济学基础，尚存在很多不如人意的地方，依然存在很多不明之处。如果能够进行更为深入的探寻，将为“中等收入陷阱”研究展示一个更为可观的理论图景。通过初步研究，我们发现“中等收入陷阱”还存在一些更具理论深度经济学基础尚未引起学界的广泛重视。

一、问题的提出：现有成果评析及“再发现”的必要和方向

世界银行重提“中等收入陷阱”概念之前，国内围绕这一问题已经有了较

* 本文为我们主持的国家社科基金项目（编号：11BJL004）：“中国跨越‘中等收入陷阱’的产业升级战略研究”、教育部人文社科项目（编号：11YJC790100）“跨越‘中等收入陷阱’产业升级战略的政治经济学研究”的阶段性成果。

** 杜曙光，曲阜师范大学经济学院教授，研究方向是马克思主义经济学；刘刚，曲阜师范大学经济学院副教授，研究方向是马克思主义经济学。

为系统的讨论。世界银行"重提"这一问题，具有新背景和新指向，有较为深刻的理论意义。同时，关于"中等收入陷阱"经济学基础的现有文献，存在一些不足之处，明晰这些不足之处，有助于明确"再发现"的必要性和努力方向。

（一）前奏、共识和理论思考

虽然明确的"中等收入陷阱"一词，最早出现于2007年世界银行在北京发布的报告《东亚的复兴：关于经济增长的思考》①，但是其基本观点却出现得要再早一些。2002年开始，国内关于"拉美化"和"拉美病"的讨论②，可视为当前"中等收入陷阱"研究的重要"前奏"。2004年，时任国家发展与改革委员会主任马凯在两会期间概括了"拉美现象"。他认为"人均GDP达到1000美元以上，迈上重要历史台阶，但是要警惕'拉美现象'"，即"登上这个台阶以后，经济在一段时间内停滞不前，社会矛盾突出，甚至加剧两极分化和社会震荡"③。人均收入1000美元正是世界银行所划定的"中等收入国家"的界定标准④，马凯的概括已经是与"中等收入陷阱"相一致的比较清晰的表述了。当然，据此认为在世界银行提出"中等收入陷阱"概念之前，"中等收入陷阱"就已经获得全面系统的研究，甚至认为世界银行"炒冷饭"也是不恰当的。首先，由于关注的焦点集中于"拉美现象"与自由主义之间的关系，国内关于"拉美化"和"拉美病"的讨论，未能挺进至经济增长和经济发展研究领域，"拉美化"和"拉美病"也被视为"参照性案例"和"个案现象"，并未引发学者们对中国经济增长和经济发展问题的深入探讨。其次，世界银行将在此之前国际上已经广泛讨论的现象重新以"中等收入陷阱"的概念提出，具有重要的新背景和新指向。这个新背景就是世界银行关于东亚经济发展现状的基本判断和预见：2006年，东亚地区已经"有越来越多的国家进入中等收入国家的行列。一旦越南达到了中等收入国家水平（很可能在2010左右实现），那么东亚地区将有超过95%的国家成为中等收入国家。东亚地区的未来将主要取决于中等收入国家的发展和表现"⑤。基于这一背景，如果东亚诸国也在"中等收入阶段"陷入经济增长停滞的困境，那么，就全球范围而言，中等收入阶段可能遭遇经济增长困境的现象就不再是"拉美个案"，而是全球多数进入中等收入阶段的发展中国家都可能遭遇的普遍性问题。在这一背景下，"中等收入陷阱"已经演变为

---

① 也有观点认为《东亚经济半年报2006》已经提出了"中等收入陷阱"，但未见明确的原文献支撑，2006年11月的《东亚及太平洋地区经济报告》中的确涉及了东亚的"中等收入陷阱"问题，但是报告也指出，其观点引自吉尔和卡拉斯的《东亚的复兴：关于经济增长的思考》报告，即2007年在北京发布的报告。

② 张熙：《我们会重蹈拉美化陷阱吗?》，载于《中国改革》2002年第10期。

③ 程凯：《防止经济大起大落 马凯提醒警惕"拉美现象"》，载于《中国信息报》2004年3月9日，http://news.163.com/2004w03/12486/2004w03_1078795649300.html。

④ 人均收入与人均GDP之间还存在较小幅度的差异，但基本水平相仿。

⑤ 世界银行：《东亚的复兴：关于经济增长的思考》报告摘要。

一个需要认真审视的东亚问题，以及需要深入讨论的可能具有普遍意义的阶段性问题和理论性问题。

随着东亚诸国全面步入“中等收入国家”行列，全球范围内的主要发展中国家的经济增长和经济发展问题，也将逐步从“低收入国家”的经济增长起步问题，转变为“中等收入国家”的经济增长和经济发展问题。在这一背景下提出“中等收入陷阱”问题，不仅具有全局性的战略意义，也会引发深入的理论思考：经济增长和经济发展的困难和麻烦，不仅仅出现在经济的低收入阶段和经济发展的起步阶段。

经济增长和经济发展的问题集中在“低收入阶段”，解决了低收入阶段的资本积累问题，经济增长和经济发展就会“一帆风顺”，这一观点，并不是经济学家明确坚持的观点，但是至少可以视为发展经济学和经济阶段论学者习惯的“话外音”。在此我们可以简单试举两例。在罗斯托的《经济成长的阶段》中将经济发展分为六个阶段：“传统社会阶段”、“为‘起飞’创造前提的阶段”、“‘起飞’阶段”、“向‘成熟’推进阶段”、“民众的高消费阶段”和“追求生活质量阶段”。虽然罗斯托也认为从“‘起飞’阶段”到“向‘成熟’推进阶段”大约需要60年的时间，但是关于“起飞”的比喻还是容易将人们引入“起飞”前艰难积累与“起飞”后腾空跃进的联想。因此，提到罗斯托的“阶段论”，困难集中在“起飞”之前，起飞之后会顺利实现增长的观念，几乎成为“题中应有之意”。如果这一观念在罗斯托的表述中尚属“联想”范畴，那么，发展经济学代表人物刘易斯的表述就更加明确：“经济发展理论的中心问题是去理解一个由原先的储蓄和投资占不到国民收入4%或5%的社会本身变为一个自愿储蓄增加到国民收入12%~15%以上的经济的过程。它之所以成为中心问题，是因为经济发展的中心事实是迅速的资本积累（包括用资本的知识和技术）”①。刘易斯的表述很容易让人们认为，只要解决了收入和资本积累问题，或者只要渡过了最为艰难的积累阶段，有了收入和资本，经济增长就不会再出现什么大的问题。像“贫困的恶性循环”、“低收入陷阱”等理论，也主要在低收入水平上讨论经济增长的困难，在解决了低收入阶段的生计问题和资本积累问题之后，经济增长和经济发展的困难则很少被提及。从这个意义上讲，世界银行提出“中等收入陷阱”问题，警示世界多数发展中国家可能在度过“低收入阶段”的困难之后，将遇到的新的困难，既有全局性的战略意义也有重要的理论价值。其实，也已经有学者开始讨论进入“高收入阶段”之后的欧洲出现的“高福利病”或“欧洲病”②。

将经济增长理论和经济发展理论引入不同收入阶段都可能出现的阶段性的困难，消除传统上“有了收入和资本积累就会一帆风顺”的习惯认识，正是

---

① 阿瑟·刘易斯：《二元经济论》（施炜等译），北京经济学院出版社1989年版，第15页。

② 严运楼：《欧洲债务危机“爆”高福利病》，载于《中国社会保障》2010年第7期。

"中等收入陷阱"研究所能引发的理论思考。

（二）阶段论和陷阱论：传统提法，仍需明确方法论源头和基本模型

虽然部分学者对"中等收入陷阱"的提法有些看法，但是对于发展经济学而言，"中等收入陷阱"的说法，并非无源之水，它只是发展经济学习惯称谓的自然延续。"中等收入"标识了一个经济发展阶段，对于经济发展水平划分不同的阶段，是发展经济学的基本理论传统之一，而"陷阱"和"低水平均衡"则是发展经济学描述经济增长和经济发展困境的习惯称谓。

除了罗斯托的经济发展阶段论，亚当·斯密的经济社会阶段划分、李斯特的经济阶段、钱纳里的工业化进程阶段论、霍夫曼工业化阶段、库兹涅茨的经济增长阶段论等，都是经济发展理论的习惯划分方法。世界银行提出的"低等收入国家"到"高等收入国家"的阶段划分，是这一传统的延续和规范化。随着"中等收入陷阱"研究的展开，日本学者大野健一就从产业升级的阶段划分入手，阐述了"中等收入陷阱"问题，重视国际直接投资（FDI）的作用，以人力资本提升不足形成的"玻璃天花板"解释"中等收入陷阱"①。青木昌彦对于东亚经济发展"五阶段"的重新划分②，也被用于阐释东亚诸国面临的"中等收入陷阱"问题。

以"陷阱"和"均衡"表述经济增长和经济发展的停滞和困境也是发展经济学的习惯做法。例如，马尔萨斯人口模型所强调的经济增长困境，在发展经济学中通常被称为"马尔萨斯陷阱"或"马尔萨斯人口陷阱"；纳克斯"贫困的恶性循环"也被称为"低水平均衡陷阱"③；舒尔茨所描述的落后地区的"一个便士的资本主义"，也将落后的停滞状态视为一种低收入水平的"均衡状态"。Mark. Elvin针对中国经济史的"李约瑟之迷"，提出了"高水平陷阱"假说④，姚洋通过动态均衡模型证明了中国土地投资回报高于工业回报的"均衡状态"导致中国错过了科技革命⑤。

综上所述，国内外关于"中等收入陷阱"经济学基础的探寻还是卓有成效的。就现阶段形成的基本共识而言，"中等收入陷阱"界定的是在中等收入阶段所面临的经济增长和经济发展停滞现象，将这种可能的困境描述为"陷阱"也只是发展经济学的学术习惯使然。发展经济学的常见的"阶段论"和"陷阱

---

① Ohno, Kenichi. "Avoiding the middle - income trap: renovating industrial policy formulation in Vietnam." *ASEAN Economic Bulletin* 26.1(2009):25 -43.

② Aoki, Masahiko. "The five = phases of economic development and institutional evolution in China and Japan." (2012).

③ 速水佑次郎、神门善久：《发展经济学：从贫困到富裕》，社会科学文献出版社2009年版，转引自蔡昉：《"中等收入陷阱"的理论、经验与针对性》，载于《经济学动态》2011年第12期。

④ Elvin, Mark. "The pattern of the Chinese past". Stanford University Press, 1973.

⑤ 姚洋：《高水平陷阱——"李约瑟之迷"再考察》，载于《经济研究》2003年第1期。

论”，可视为“中等收入陷阱”的经济学基础。

但是，把探寻“中等收入陷阱”经济学基础的努力停留在这个层面上，还存在明显的不足。在理论上至少有两个问题需要解决。

第一，是什么方法论工具和经济学思想，能够为“阶段划分”提供一个坚实的方法论源头？换言之，“阶段论”的经济学基础又是什么呢？我们所看到的发展经济学“阶段论”，通常是学者依据其关注的经济问题，从某个视角结合历史经验所做的“阶段性分割”，将这种划分与“阶段性出现的经济发展困境”相联系，明确相应的划分标准，并将这些划分标准纳入经济学基础理论进行解释，进而形成可供操作的规范的经济学模型。这一切都需要一个坚实的理论基础和方法论源头，中等收入陷阱的“阶段论”划分，同样需要一个与之匹配的方法论源头。

第二，既然经济增长的困难不仅出现在“低收入水平”上，那么，构建一个能够兼容不同阶段的周期性困难的经济学模型是必要的。在“低水平均衡陷阱”的基础上讨论“中等收入阶段”所面临的“陷阱”或“均衡”，研究框架就不能是仅停在某个收入水平上的“个别分析”，一个既能区别不同收入阶段的“阶段性特征”，又能将不同阶段的“均衡”纳入统一分析框架的规范的经济学模型，是“中等收入陷阱”经济学基础探寻的最终目标。

（三）比较优势论：应纳入开放条件下的重要理论支撑

通过比较优势，或“动态比较优势”解析“中等收入陷阱”是探寻“中等收入陷阱”经济学基础的另一个卓有成效的成果。埃克霍特和博易安（Jan. Eeckhout and Jovanovic. Boyan）认为经济增长率按人均收入水平由低到高呈现U形分布：中等收入水平国家的经济增长率低于低收入水平和高收入水平。其原因是高收入国家具有人力资源和技术等比较优势，能够保障经济的高速增长，低收入国家则具有更为廉价的劳动力可以支撑高速的规模扩张，但是中等收入国家的比较优势则相对不足①。在国内，张其仔通过动态比较优势的“H－K”模型指出了我国“比较优势断档风险”②，成为“中等收入陷阱”研究的重要支撑。蔡昉也认为基于比较优势和动态比较优势的研究“暗示了一个关于‘中等收入陷阱’的一般性理论解释”③。

然而，以“比较优势缺失”来作为“中等收入陷阱”的经济学基础，也存在明显的不足。在逻辑上一国经济的“比较优势”是相对于其他国家和地区而言的，其意义在于参与国际分工和国际交换。如果说一个国家在国际分工和国

① Eeckhout, Jan, and Boyan Jovanovic. “Occupational sorting and Development.” *NBER working paper w*13686 (2007).

② 张其仔：《比较优势的演化与中国产业升级路径的选择》，载于《中国工业经济》2008 年第9 期。

③ 蔡昉：《“中等收入陷阱”的理论、经验与针对性》，载于《经济学动态》2011 年第12 期。

际交易中的状态和地位，能够左右这个国家经济增长，那么，这种"外在于"国家经济增长"内在规律"的因素，是如何影响一国的经济增长和经济发展的？显然，从"外在因素"到经济增长和经济发展的"内在规律"，两者之间还存在一个有待添补的逻辑环节：为什么一个国家的经济增长需要依赖对外开放和比较优势？对外贸易和国际市场等"外在因素"是如何发挥作用的？这也说明，在"中等收入陷阱"问题的经济学基础方面，"比较优势论"只能充当开放条件下的一个必要的理论支撑，是经济增长和经济发展理论相关模型在开放条件下需要纳入和统一到"内在规律"分析框架中的一个重要因素，而不能独立充当"中等收入陷阱"的经济学基础。

（四）"再发现"的方向：源头、模型和开放性

综上所述，要对"中等收入陷阱"的经济学基础进行"再发现"，其努力的方向需要包括以下三个方向。

第一，一个能够解释经济发展阶段性差别和阶段性特征的基础性的方法论源头。

第二，一个基于上述方法论源头能够兼容"低收入均衡陷阱"和"中等收入陷阱"的统一的，同时又能标明阶段性差异的规范的经济学模型。

第三，上述方法论源头和规范的模型最好能够就"比较优势"和"对外开放"的重要性，以及其作用机理进行较为清晰的解释。

显然，这三个方面的"努力方向"和"工作要求"，都具有较大的难度，也这也是"中等收入陷阱"研究难以深入下去的症结所在。

二、方法论源头：金融外部经济

比较发展经济学的经济发展阶段论和宏观经济学的经济增长、经济周期理论可以发现："中等收入陷阱"的阶段论划分，其关键在于"结构重要"命题，以及产业关联机制。将"结构约束"和"经济效率"相统一的金融外部经济，是解决这一问题的重要的方法论源头。

（一）结构重要：从阶段论与周期论的比较研究开始

"发展阶段"理论和"经济周期"理论有很多共同之处。但是，如果关注点集中于不同发展阶段的"阶段性特征"，以及相邻发展阶段之间的过渡等问题，那么，仅仅关注"波动规律"的"经济周期"理论分析工具，是明显不足的。因此，那些在"经济周期理论"和"经济增长理论"中被抽象掉的"结构性差异"则显得非常重要。本部分从"阶段论"和"周期论"的差别开始进行讨论，将阐明：由于抽象掉了结构性差异，"经济周期理论"对于经济增长和经济

发展长期规律的分析可能忽略了非常关键的内容。过度依赖“经济周期理论”，忽略结构性问题，可能是经济学基础理论在“中等收入陷阱”等问题上解释力不足的重要缘由。这为我们探求“中等收入陷阱”研究的方法论源头确定一条较为清晰的理论指向。

我们的分析可以从这样一个“总产出”公式开始：$Y = A \cdot F(L,K)$，其中Y表示产出量；A表示技术水平；L和K分别表示劳动和资本数量。

这一公式是经济增长理论和经济周期理论所普遍采用的“生产函数”模型。在这个模型中国民经济各部门的“产出规模”，被抽象为一个统一的加总的指标“Y”。相应的，经济增长理论所讨论的“经济总量”和“经济规模”的增长和波动，也是这个“总产出”的增长和波动。这种处理方式已经成为“经济增长理论”和“经济周期理论”的基本共识。很明显，这种处理已经将产业之间的结构比例抽象掉了。

然而，经济增长和经济发展的历史现实却表明，结构比例并非是一成不变的，在不同的经济发展阶段，国民经济各部门之间结构比例的变化，不仅是存在的，而且是显著的，这一差别一直被视为比“人均收入”更为重要的划分经济发展阶段的“关键指标”[①]。可以说，“经济增长理论”和“经济周期理论”抽象掉了经济增长和经济发展过程中的关键性内容之一，也导致经济学基础模型难以有效地标识不同经济发展的阶段性差异。

当然，任何一个理论都没有必要囊括经济增长和经济发展的所有特征。“经济增长理论”和“经济周期理论”也完全可以做出类似的辩解。但是，当我们关心经济增长和经济发展过程中的“阶段性困难”时，即以“中等收入陷阱”等问题作为解释对象时，这种“抽象”将是不可接受的，因为同时被“抽象”掉的正是经济增长过程中的“关键动力”或“关键困难”：产业之间的结构约束和供求关联机制。

当学者只关注一个抽象的“总产出规模”时，其假定的不仅仅是“对不同产业的结构比例不再关注”，还包括“生产出的东西都能够找到相应的交易对象进行交换”。回顾一下凯恩斯主义的宏观经济总量分析不难发现，“国内生产总值”，即“总产出”在市场上可能遭遇的销售困难，只来自于总支出和总需求方面，只有支出总量和需求总量的不足，才构成这些“总产出规模”在市场上的销售困难。换言之，“只要货币和收入是充足的”，不同商品之间的市场交换将不会出问题。因此，以此为基础的分析框架，必然将经济周期波动、就业不足、物价波动和经济政策的关注点集中于“货币总量”等指标上。

如果我们将各产业之间的“结构比例”纳入视野，我们将发现经济增长的另一个关键问题：并不是所有的产品都能够在市场上顺利地找到它的交易对象。

---

① 受购买力平价等因素的影响，“人均收入”水平的可比性存在局限性，但是“比例”和“结构”等相对性指标则可以在一定程度上克服这种局限性。

这就是产业之间的“供求关联”。任何一个产业的产品，都需要与其他产业部门相交换。在一定时期内，或者说在一定的经济发展水平上，各产业之间彼此的“供求关联”是相对稳定的。因此，某一个产业规模的扩充，必然要求其他产业规模的相应扩充，否则，“单独扩充”其规模的产业，将由于“交易对象”的不足，而面临更高的生产成本（上游产业生产的原料和中间品的不足）或更低的销售价格（购买其产品的部门生产的“交易物”不足）。我们可以将这种“关键困难”表述为：任何产业部门的扩张，都依赖于那些与之相关联的产业部门的“协同扩张”，否则“单独的扩张”将受到惩罚。相应的，这一机制也会形成经济增长的“关键动力”，当与某一产业相关联的多数部门或者主要部门已经实现了扩张，那么，这一产业的扩张将是“自然的”“顺畅的”，甚至是“强制的”。这一原理意味着，从“经济结构”视角对经济总量波动、就业量变动和经济政策等基本问题，提供一个具有普遍意义的根本性解释，这是“宏观经济学”和“货币经济这”长期忽略的一个根本性解释。

其实，在马克思主义经济学中，这种“结构因素”和“关联机制”的重要性是非常明确的。经济增长问题，在马克思主义经济学中被视为“扩大再生产”问题。扩大再生产的实现，不仅仅是总体产出的问题，不同产业之间的结构和关联问题，必须被纳入统一的分析框架之中。以下是马克思关于这一问题的著名论断：

“当我们从单个资本的角度来考察资本的价值生产和产品价值时，商品产品的实物形式，对于分析是完全无关的，例如，不论它是机器，是谷物，还是镜子都行。……说到资本的再生产，我们只要假定，代表资本价值的那部分商品产品，会在流通领域内找到机会再转化为它的生产要素，从而再转化为它的生产资本的形式。同样，我们只要假定，工人和资本家会在市场上找到他们用工资和剩余价值购买的商品。但是，当我们考察社会总资本及其产品价值时，这种仅仅从形式上来说明的方法，就不够用了。产品价值的一部分再转化为资本，另一部分进入资本家阶级和工人阶级的个人消费，这在表现出总资本执行职能的结果的产品价值本身内形成一个运动。这个运动不仅是价值补偿，而且是物质补偿，因而既要受社会产品的价值组成部分相互之间的比例的制约，又要受它们的使用价值，它们的物质形式的制约”①。

因此“社会总产品”不再被视为一个整体的 $C+V+M$，而是区别为两个不同部类的 $I\ (C+V+M)$ 和 $II\ (C+V+M)$，无论是简单再生产还是扩大再生产，两个部类之间在结构和比例上都要服从相应的等式要求：简单再生产条件下 $I\ (V+M)\ =IIC$，扩大再生产条件下 $I\ (V+\triangle V+M/X)\ =II\ (C+\triangle C)$。违反这些比例结构将会形成“价值革命”，导致经济危机。在马克思那里，这种“结

① 《马克思恩格斯全集》第24卷，人民出版社1972年版，第437～438页。

构约束”是引发危机、阻滞经济增长的关键因素，而在西方经济学宏观经济理论中，货币和总需求政策问题，才是导致经济波动的关键因素。

总之，抽象掉了各产业之间的结构比例，不仅难以有效地标识不同的经济发展阶段，而且忽略掉了经济增长和经济发展中的“关键动力”或“关键困难”。因此，要研究“中等收入陷阱”等特定经济发展阶段的“困难”，经济结构显得尤为重要，一个能够兼容结构性问题和产业关联机制的方法论工具，才是“中等收入陷阱”研究的方法论源头。

（二）金融外部经济：结构与效率相统一的方法论源头

虽然在古典经济学和马克思主义经济学中包含了可以处理结构问题和产业关联机制的大量有价值的经济学思想和分析框架，但是考虑到“中等收入陷阱”与发展经济学、经济发展理论之间的特殊的关系。我们还是从发展经济学的理论脉络中明确“中等收入陷阱”的方法论源头。

金融外部经济就是这个能够兼容结构性问题和产业关联机制的方法论源头。实际上，金融外部经济也一直充当着发展经济学的方法论基础。1943 年，罗森斯坦·罗丹的“大推进”理论①，以“不可分性”表述了各产业部门之间的交互依赖。1954 年，西托夫斯基②系统论述了“技术外部经济”和“金融外部经济”概念，并将罗丹的研究视为对金融外部经济的应用。自此，金融外部经济成为讨论不同产业、不同区域结构性依赖的关键方法论基础。西托夫斯基也被视为金融外部经济的主要代表人物。其实，正如西托夫斯基在其文章中所指出的，金融外部经济概念，是经济学家维纳于 1931 年提出的。

我们认为，金融外部经济是操作结构性差异、产业关联机制的关键的方法论源头。要阐明金融外部经济的方法论特性，有必要回到其原点，对金融外部经济进行剖析。

1931 年，作为对经济学界 20 年代“成本大争论”的总结，经济学家维纳在《经济学》期刊发表了著名论文《成本曲线和供给曲线》，系统阐述了现在经济学教科书中常见的成本曲线，同时也在分析中明确提出了“金融外部经济”(pecuniary external economies）概念。金融外部经济可以表述为，“由于对服务和物质产品整个产业的购买量增长所导致的服务和物质产品价格的下降。A 产业的金融外部经济可能是其他产业 B 的内部经济或外部经济，如果产业 A 购买了更多的服务或物质产品，它们的价格将下降，因为产业 B 可以用更低的单位产

① Rosenstein - Rodan, P. , Problems of industrialization in eastern and south - eastern Europe, Economic Journal, 1943 (53), P. 202 - 211.

② Scitovsky, Tibor. “Two concepts of external economies.” *The Journal of Political Economy* 62. 2 (1954): 143 - 151.

品生产出这些产品"[①]。这是金融外部经济提出的最原始的表述。从这个表述中不难看出，金融外部经济实际上是外部经济的报酬递增机制在产业关联领域的延伸和应用，是报酬递增机制与关联机制的结合体。

产业关联是各产业产出规模之间的交互依赖。而报酬递增机制则是规模与效率之间的密切关联，是指生产规模越大，生产的平均成本越低。导致这一机制的原因包括：规模扩大为更为专业化的分工提供条件，促进了技术进步和劳动技能的提升；更大的生产规模提高了对固定资本的利用效率，使单位产品分摊的固定成本减少，等等。所谓金融外部经济就是指，一个部门的生产效率，受到与之存在供求关联的部门的生产规模的影响。因此，金融外部经济将"产业关联机制"所描述的"规模联系"和"结构依赖"，推进至"效率联系"和"技术联动"。在金融外部经济的视角下，由于各产业规模之间的必然联系，各产业以规模扩张为基础的效率提升和技术进步，相互关联、相辅相成。

这一原理的最为清晰和著名的表述，是发展经济学的重要理论基础"杨格定理"[②]，金融外经济的表述更为贴近本文所关注的"结构因素""产业关联""技术进步"等内容，其模型化成果也广泛分布于高级发展经济学和空间经济学领域，因此本文选择"金融外部经济"来指代这一原理。关于这种依赖和关联机制，克鲁格曼将其表述为："这种循环关系意味着一国可能会经历自我强化的工业化（或者无法实现工业化）"[③]。

三、基本模型："多重均衡"破解"自我强化"和"锁定效应"

金融外部经济只是描述了各产业之间相互关联的"结构依赖"和"效率依赖"。那么，如何将这一思想模型化，使之兼容经济发展不同阶段的"发展障碍"呢？

实际上，发展经济学的"平衡增长"理论，例如"大推进"理论、"贫困的恶性循环"等理论，都是从不同角度模型化了"金融外部经济"的思想，同时也是对"发展障碍"问题的模型化解析。但是，这种解析并不完善，或者说并不完全符合经济学模型所要求的严谨的学术规范。由赫希曼发起的对"平衡

---

① Viner, Jacob. "Cost curves and supply curves." *Journal of Economics* 3.1(1932):23–46. Pecuniary 的英文释义为 relating to or involving money，与货币有关的，引涉货币的，从维纳的表述中也可以判断，金融外部经济所讨论的实际上是涉及货币对商品和劳务购买的，产业间的供求关联。因此金融外部经济在有些场合也被译为"货币外部经济"，笔者认为也可译为"供求外部经济"或"购销外部经"。

② Young, Allyn A. "Increasing returns and economic progress." *The Economic Journal* 38.152(1928):527–542. 这里使用"金融外部经济"概括这一原理，而不是"杨格定理"主要考虑到"金融外部经济"与主流经济学的关联更为密切，其原理表述更接近"结构"和"产业关联"的核心思想，且以"金融外部经济"为主题的模型化努力相对较多。

③ 克鲁格曼：《发展、地理学与经济理论》（蔡荣译），北京大学出版社 2000 年版，第 4 页。

增长”理论的批判，在很大程度上宣布了这一理论的失败。其实，赫希曼的“产业关联”机制、“关联效用”和“主导产业”等理论的表述，只是金融外部经济基本思想的另一个表达方式而已。基于相同的核心思想，却陷于批判和否定之中①，这也在一定程度上说明，当时的“模型化”表述，并未能够真正清晰地表述其核心观点。这也是金融外部经济理论在后来需要被重新发现的原因。

（一）“多重均衡”重振金融外部经济

20世纪80年代末，以金融外部经济为基础的“大推进”理论等“超发展理论”重新被相起关注，完善的模型化成果是墨菲等人对“大推进”理论的模型化②。克鲁格曼将这种模型化的成果称为：“多重均衡”模型，并提出了较为简化的数理表述。限于篇幅限制，我们可以基于金融外部经济的核心思想，提供一个更为简洁的文字概括。

第一，要素弹性供给假定。将我们讨论的范围限定于效率普遍高于其他部门的城镇的工业化部门，除了这些部门之外，还存在一些能够为这些部门提供弹性要素供给的低效率地区或低效率部门。这一假定并非要求以“二元经济”为前提讨论“中等收入陷阱”问题，只要一国经济仍存在城乡差异、区域差异，存在一部分部门为另一部分部门提供具有供给弹性的生产要素，我们的分析就可以进行。由于未进入高收入国家行列的发展中国家往往无法实现完全的市场化，部门之间和区域之间的效率差异普遍存在，且整体经济增长的表现主要依赖于效率较高的工业化部门，所以，这一假定对于“中等收入陷阱”的相关研究还是可以接受的。在欧盟，其劳动力、资本流动及大量移民的事实也表明，即使是高收入国家，这样的弹性要素供给也是普遍存在的。

第二，存在产业关联机制。国民经济存在众多部门，一个部门能够获得到的“回报”，取决于这个部门与其他部门之间的“交换”。因此只有其他各部门产业规模都相应提高后，这个部门所获得到的回报，即收益，才能相应提升。

第三，存在规模报酬递增机制和离散的技术分布。随着规模的提高，每一个产业在不同的生产规模上单位要素的产出效率提高，促进企业采用新技术，即更高的生产规模意味着高技术水平的人均产出会提高。但是，技术是离散分布的。同时，更高的技术也意味着单位要素的更高的成本，我们可以假设，要素成本的上升幅度不会高于技术所取得的产出的增长幅度，即只有在经济方面“合算的”③ 技术才会被采纳。

---

① 赫希曼认为，罗森斯坦和纳克斯的关键思想是“平均的增长”，赫希曼通过“关联机制”论证了“非平均增长”，其实罗斯斯坦和纳克斯以及其先驱杨格的论述中，关联机制也是支持“平衡增长”的关键因素。

② Murphy, Kevin M., Andrei Shleifer, and Robert W. Vishny. “Industrialization and the big push.” (1988).

③ 至少在“生产效果”上是合算的，当然，更多的产品能否获得与之相匹配的回报，还要看市场交易的结果。

如图 1 所示，生产规模从小到大，要素使用量分别为 FA、FB 和 FC，其中生产规模越大，技术水平越高，例如生产规模的要素使用量达到 FB 时，可以采用更高的技术，从而 QB/FB > QA/FA，同样 QC/FC > QB/FB，但是，更高的技术往往需要更高的要素成本价格，单位要素价格计为 W，其成本计为 C。

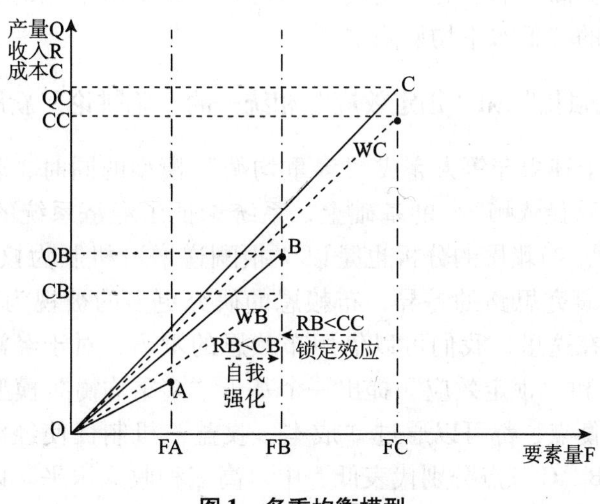

图 1　多重均衡模型

由于存在"要素弹性供给假定"，我们可以将分析限定在各产业部门的规模持续扩大的规模扩张式的"经济增长"背景之下。在这一背景下，依据传统的经济增长理论，似乎经济增长会"一帆风顺"地进行下去：各产业的生产规模越大，单位要素的产出越高，同时产出的规模的提高幅度大于要素报酬的提高幅度，工业化部门会持续扩张下去，其效率水平会越来越高，人均收入也会越来越高。但是，由于存在"产业关联机制"，模型的结果将不是"一帆风顺"，而是"多重均衡"的。由于产业间存在相互依存的供求关联机制，一个产业部门在相互关联的市场交易关系中能够"换得"的产品，取决于其他产业的生产规模，这些在交易中所换得的产品，就是这个部门的"实际收入"。这个"实际收入"并非取决于这个产业自己的生产规模，而是取决于那些与之交换的各部门的产出规模。在这种情况下，虽然企业采用的"新技术"后"要素成本"的上涨幅度低于生产规模的上涨幅度，但是，如果其他产业部门的生产规模未出现扩张，那么，产业的"实际收入"将不会增长，因此，扩大生产规模、采用新的生产技术，反而是不合算的。只有所有产业的生产规模都相应扩张到新的水平上，新技术才是合算的。所以，经济系统并不会自然的持续扩张，绝大多数产业的规模被确定在某一个水平上时，各产业最优选择的均衡点，并不是朝向更大的生产规模和更高的技术，而是保持在原有技术水平上。

因此，随着各产业部门生产规模由小到大，经济系统"均衡机制"的结果不是生产规模的持续扩大，而是会存在多个离散的均衡点，越大的生产规模，对应着更高的均衡点、更先进的技术和更高的人均收入水平。但是，从一个均衡点到另一个均衡点，必须所有产业部门的生产规模都相应扩张，才是“合算”的，任何一个产业部门单独扩张，将会因为“实际收入”增长滞后于要素成本的增长而变得“不合算”，保持原有的生产规模才是符合“均衡机制”要求的最优选择。相对于更高水平上的“均衡点”而言，较低水平上的均衡点，就是发展经济学中所说的“低水平均衡陷阱”。

（二）“自我强化”和“锁定效应”相统一的“陷阱论”新解

有趣的是，上述墨菲等人完成“多重均衡”模型的同时，著名经济学家阿瑟·布赖恩在“路径依赖”① 的基础上，系统论证了经济系统的“自我强化”②和“锁定效应”③。布赖恩的分析也是以“报酬递增”机制为核心的④。但是由于分析方法论和研究思路的差异，布赖恩的研究更多的被视为“演化经济学”等理论的代表。在这里，我们可以借用布赖恩的术语，对于经济系统交易出现的“自我强化”和“锁定效应”提出一个基于“多重均衡”模型的解释。

任何一个均衡点，都可以通过“成本—收益”机制促使经济系统向均衡点移动。如果 A、B、C 三点分别代表低、中、高三种收入水平。以 B 点为例，当经济系统从低于 B 点的收入水平接近 B 点时，各产业之间以 QB 为基础的交易关系逐步形成“均衡机制”。这时，各产业所面临的市场交易规模接近于 QB，其收入水平也接近 QB，收益高于成本，产业规模的扩大形成“正向激励”，各产业的生产规模和技术水平会受到均衡机制的“吸引”进入 B 点。这种情况下“均衡机制”的动态作用形成的“吸力”，表现为经济系统“规模扩张—技术进步—收入提高”的良性互动，形成良性循环，构成经济增长和经济发展的“自我强化”机制。

但是，一旦经济系统进入 B 点，各产业部门以 QB 为交易量的市场供求关联最终形成，当经济系统试图继续扩大生产、改进技术、提高收入时，以 B 点为中心的“均衡机制”同样会发挥其“吸力”，在某些产业部门扩大生产的时，需要面临其他产业部门较小的生产规模和交易量的限制，导致收入增长滞后于成本不涨，甚至收入无法增长。产业规模扩张面临“均衡机制”的“惩罚”。这种情况下，同样是市场“均衡机制”的动态作用形成的“吸力”，却表现为经济系统难以实现“规模扩张—技术进步—收入提高”的“锁定效应”。

---

① Arthur, W. Brian. , Ermoliev, Yu M. and Kaniovski, Yu M. . “Path – dependent processes and the emergence of macro – structure.” *European journal of operational research* 30. 3 (1987): 294 – 30 3.

② Arthur, W. Brian. “Self – reinforcing mechanisms in economics.” *The economy as an evolving complex system* 5 (1988): 9 – 31.

③ Arthur, W. Brian. “Competing technologies, increasing returns, and lock – in by historical events.” *The economic journal* 99. 394 (1989): 116 – 131.

④ Arthur, W. Brian. *Increasing returns and path dependence in the economy*. University of Michigan Press, 1994.

因此,"多重均衡"模型的动态机制可以表述为:经济系统"规模扩张—技术进步—收入提高"的动态过程,随着人均收入由低到高,技术水平由低到高,经济系统将在经过不同的"均衡点"时,交替出现"自我强化"的良性互动和"锁定效应"的恶性循环。这是对中长期经济周期,尤其是伴随着技术进步的经济周期的另一个"结构性"表述。在不同的收入水平下,进入均衡状态的经济系统所面临的"锁定效应",就是各种"陷阱说"的经济学基础。

(三)"多重均衡"新模型为阶段性特性提供的理论支撑

上述分析还未在模型中引入阶段性的"结构性差异"。实际上,技术变革本身,就具有明显的"结构性差异"特征,不同的技术水平,往往对应着生产部门之间不同的分工关系,不同的中间产品链条和产业间不同比例结构的差别。

最为典型的"结构性差异"模型莫过于马克思的"再生产图式模型",在这一模型中,技术进步被处理为"资本有机构成"即 C/V 的提高,而这一比例的提升必然对应着生产资料生产部门,即第一部类在总产品中所占比重的提高。需要进一步指出的是,虽然"产业关联"可以将这种"结构性差异"的因素引入模型之中,但是"结构差异"的引入本身,也会形成对经济发展障碍的另一种有力的解释——由于产业之间从一个均衡点到另一个均衡点,经济系统需要适应产业之间"结构比例"的变化,那么,调整的困难还将进一步增加:各产业之间的交换数量需要发生相应的调整,调整的过程中必然需要部分产业承担收益与成本变动,某些产业可能会因此而受益,另一些产业则会因此而受损。"新结构"的形成,会比原有的结构约束面临更多的风险和困难。当然,这一要素的引入也说明:技术进步与结构调整,具有统一性。

四、对策悖论与开放条件:"比较优势重要"的模型解释

在"多重均衡"模型中,一旦经济系统进入某一个均衡点,固守于"均衡点"就是市场机制自发作用的结果,这种情况下,经济发展对策往往会陷入"左右为难"的"对策悖论"。但是如果将封闭条件下的"均衡状态"推广到开放条件下,发挥比较优势参与国际分工,"均衡机制"所形成的"锁定效应"将获得缓解。这也部分地解释了"比较优势重要"命题。

(一)"锁定效应"下的对策悖论

"锁定效应"下的对策悖论就是"市场"与"计划"之间的悖论,换言之,就是政府干预与否的悖论。按照"大推进"理论的逻辑,各产业在结构约束下的发展,需要产业规模"协同扩张"。然而市场机制则很难实现"有计划的协同",完全依托自发的市场均衡机制,其作用将不是"推进",而是"锁定"。

因此，政府干预下的投资和“推进政策”成为发展经济学重要的政策主张。

然而政府的推进并非是单独对某一个产业领域的支持，而是对各产业协同扩张的“大推进”，即对整体国民经济的系统干预。实践证明，这种干预在推进经济增长的同时，往往会形成对市场价格机制的破坏。除一系列“寻租”和“腐败”问题外，更为严重的负面因素在于市场机制的运行规则可能因为政府的过度参与而受到损坏，这在很大程度上会导致经济增长和经济发展的“活力”下降。基于市场机制进行政府干预，利用“税收杠杆”等手段，通过市场机制施加政府的影响，也许是最佳选择。但是，在具体实施过程中，要求政府既施加干预，又防止市场损害市场活力，其“分寸”是很难把握的。通常，这种“最佳选择”只是一种理论上的“理想状态”。

（二）对外开放克服“对策悖论”

对外开放是克服上述“锁定效应”的，更具可操作性的对策。在“多重均衡”模型中，对于“独自扩张”部门进行惩罚的，正是封闭的经济系统中产业之间的关联机制。实际上，要克服这种“锁定效应”，除了要求各产业部门在生产规模上实施“协同扩张”的“平衡增长”外，还可以在一定程度上弱化甚至暂时的突破这种“关联机制”的约束。对外开放，参与国际分工，发展国际贸易，引进外资，就是突破这种“关联机制”的有效选择。

在开放条件下，具有出口潜力的部门的“独自扩张”将不再受到“关联机制”的约束和“锁定效应”的限制。生产规模扩大后，可以将更多的产品销往国外，而不必再受制于国内市场各部门所提供的“交易规模”的限制。同时，“出口部门”生产规模的扩大还会通过“关联机制”的作用，带动其他相关部门的扩张，从而拉动经济系统逐步脱离“均衡点”。

当然，这种“开放政策”也是有条件的，那就是一国需要具备能够参与“国际分工”和“国际贸易”的比较优势。而且这种比较优势，需要一国在脱离“均衡点”之前持续存在，或者不同“比较优势”之间的衔接不会出现“断档”。否则，如果“比较优势”在经济系统进入到下一阶段的“自我强化”之前就被耗尽，或者其力度严重削弱，都有可能使得一国经济在脱离“均衡点”的过程中，面临重新回归“均衡点”的“锁定效应”，从而导致经济增长出现“倒退”。另外，利用国际市场和国际分工也要受到国际市场风险的影响。全球范围内的系统性风险将导致一国以“比较优势”为基础的经济增长，难以为继。

最后，需要强调的是，经济增长的根本规律依然根植于一国经济自身的条件，国际贸易和国际分工所提供的仅是部分产业部门生产规模的“调整”，使国民经济的“结构约束”出现一定范围的“伸缩性”。但是最终的经济发展动力必须源于国民经济自身的经济实力和市场活力。因此，过度依赖国际市场，放弃合理的国内经济结构的“重建”和“回归”，无异于放弃了经济发展的独立性，最终会因“比较优势”的耗尽或国际市场的动荡而遭遇打击。

五、结论与展望：“中等收入陷阱”研究的理论价值和未来图景

综上所述，我们可以这样概括“中等收入陷阱”的经济学基础：将经济发展划分为不同阶段，将某一阶段上的经济发展困境描述为“陷阱”是经济发展理论的习惯用法。“中等收入陷阱”是发展经济学各类“陷阱论”在“中等收入阶段”的延伸。但是，“中等收入陷阱”也对现有的经济学理论提出了新的要求：需要构建一个能够标识不同经济发展阶段“结构性差异”的，兼容不同经济发展阶段“陷阱”因素的，统一的经济学模型。将理论源头回溯到各类“陷阱论”的方法论基础，即“金融外部经济”，同时将重振金融外部经济的高级发展经济学“多重均衡”模型应用于解释经济系统周期性出现的“自我强化”和“锁定效应”，将为“中等收入陷阱”研究提供较为规范的基础模型。在这方面，马克思主义经济学所表现出的潜力和方法论优势也值得关注。

另外，这种分析也揭示了另一个重要的理论发展图景：以马克思主义政治经济学再生产图式理论为代表的古典经济学“结构论”，是解释经济增长、就业和相关经济政策等宏观经济学根经济周期和经济波动现象的理论基础。构建以“结构论”为基础的动态的经济周期理论和宏观经济理论，可以将长期分离的宏观经济学、发展经济学和空间经济学等理论实现有效的综合，对于各类经济发展问题提供坚实的基础理论模型，是一个具有良好前景的研究方向。

欧债危机：当代资本主义一体化异化噩梦及思考*

蒋永穆　杨少垒**

一、欧债危机的爆发及影响

2009年10月，希腊新任首相乔治·帕潘德里欧揭露了希腊长期以来掩盖的政府债务黑洞，承认2009年财政赤字占GDP的比重达到12.7%，政府公共债务占GDP的比重达到113%，两项指标远远超过《稳定与增长公约》规定的3%和60%的上限。鉴于希腊政府财政状况的显著恶化，2009年12月，国际三大评级机构惠誉、标准普尔、穆迪相继下调希腊主权信用评级，并将其评级展望定位为负面。随着希腊主权信用评价被国际著名机构降低，希腊乃至整个欧洲的债务危机由此拉开序幕。

2010年4月底，希腊的债务危机迅速向欧洲其他国家蔓延，“多米诺骨牌”效应逐步显现。爱尔兰、葡萄牙、意大利以及欧元区内经济实力较强的西班牙都相继陷入主权信用危机，再加上希腊，形成了欧债危机的“欧猪五国”（PIIGS）。此后，法国和德国两个欧元区的核心国家也受到了危机的影响。2012年新年伊始，标准普尔宣布将法国等9国主权信用评级下调，法国主权信用被踢出AAA级。至此，由希腊开始的主权债务危机已演变成一场席卷整个欧洲的主权债务危机。

欧债危机的全面爆发，对整个欧洲和世界经济的发展产生了严重的影响。

首先，直接重创了欧元在国际货币体系中的地位。由于欧盟各国的主权信用受到质疑，导致欧元汇率受到重创，欧元的地位和稳定性受到严峻考验。

---

* 本文受到四川大学“985”三期建设“经济研究与管理研究创新基地”以及2011年度中央高校基本科研业务费研究专项——高水平学术团队建设项目（skgt201103）的资助。

** 蒋永穆，四川大学马克思主义学院教授，经济学博士，博士生导师，主要研究方向为马克思主义经济学；杨少垒，四川大学马克思主义学院讲师，经济学博士，主要研究方向为马克思主义经济学。

2009 年年底，欧元对美元的汇率一直处于低位，其作为第二大国际货币的地位受到强烈冲击。瑞士信贷银行甚至发布研究报告指出，由于目前债务危机有向更大规模经济体蔓延的趋势，欧元已经到了“最后的紧要关头”。①

其次，对欧洲经济产生了重大不利影响。主权债务危机的爆发，打乱了欧盟希望通过经济扩张政策刺激经济复苏的计划，欧洲主要国家将不得不延缓或退出经济刺激政策，转而通过压缩财政开支来减少政府债务，这将会使欧洲的经济复苏进程变得更加坎坷。② 有学者指出，虽然债务危机不会使欧元垮台，但的确可能使欧洲经济复苏夭折，使欧洲经济再次下滑。③ 同时，最新公布的经济数据也显现出很多有关欧元区经济萎缩的迹象。数据显示，欧元区法、德两大经济体 2011 年 12 月消费者支出大幅下降，欧元区整体失业率依然较高。④ 德国央行发布月报，将 2012 年德国经济增长预期下调至 0.5% ~1%，并警告称，如果欧洲主权债务危机严重恶化，不排除其经济进入“明显疲软”的可能性。⑤

最后，对世界经济的影响也不容忽视。从国际市场来看，信贷市场上，危机国家的国债 CDS 息差大幅上升，导致欧元区违约预期攀升；资本市场上，由于担心主权债务危机会进一步扩散和蔓延，大量资金陆续撤离股市和商品市场，导致股市严重下挫，农产品、能源等大宗商品出现不同程度下跌，国际油价起伏不定，金融市场的波动性也不断增加。⑥ 同时，欧债危机的出现也使世界各国的经济复苏计划受到一定影响，世界经济的恢复再一次面临严峻挑战。一些学者甚至担心全球经济将陷入二次衰退，如纽约大学教授鲁比尼就认为：“欧元区债务问题可能会恶化，一些欧洲国家可能突然脱离欧元区，这将决定世界经济是否会陷入比 2008 年更为严重的衰退”。⑦

二、对欧债危机爆发原因的另一种解释：“一体化异化”的分析框架

（一）既有文献综述及评价

欧债危机发生后，社会各界立即给予了高度关注，并对其爆发的原因进行了研究和分析。目前，学术界对欧债危机原因的解释主要可以梳理成以下四个方面。

一是经济失衡论。这种观点认为欧元区内各国之间经济发展不平衡是诱发

---

① 周逢民：《欧债危机最新进展及未来走向》，载于《银行家》2012 年第 1 期。

② 徐明棋：《欧元区国家主权债务危机、欧元及欧盟经济》，载于《世界经济研究》2010 年第 9 期。

③ Martin Feldstein. A Double Dip is a Price Worth Paying ［N］. Financial Times，2010 -7 -22.

④ Ilona Billington. Contraction Threat Clouds Euro Zone ［N］. Wall Street Journal，2012 -2 -1.

⑤ 周逢民：《欧债危机最新进展及未来走向》，载于《银行家》2012 年第 1 期。

⑥ 周茂荣，杨继梅：《“欧猪五国”主权债务危机及欧元发展前景》，载于《世界经济研究》2010 年第 11 期。

⑦ Diana Kinch. Nouriel Roubini Sees Double - dip Recession ［N］. Wall Street Journal，2011 -11 -8.

债务危机的重要原因（韩志国，2010；王燕等，2010；陈志昂等，2011）。

二是制度缺陷论。该观点认为当前欧元区在制度设计方面存在诸多缺陷，从而引起了债务危机的爆发。这些缺陷主要表现在：统一的货币政策与分散的财政政策之间的矛盾（周茂荣等，2010）；缺乏相应的金融稳定和危机防范机制（陈艺云等，2010）；缺乏严格财政监管和约束机制（徐明棋，2010；赵宗博，2011）。

三是政治因素论。该观点认为欧元区统一政治联盟的缺乏（刘元春等，2010），资本主义代议制选举民主制（应霄燕，2011）等政治因素与欧债危机爆发密切相关。此外，还有学者提出，欧债危机在一定程度上是一次政治危机，是欧洲过快一体化的结果（程炼，2010）。

四是基本矛盾论。这种观点认为欧债危机是资本主义基本矛盾的集中表现。持该观点的学者往往将金融危机与欧洲债务危机联系起来，认为欧债危机是全球金融危机的延续和深化，都是资本主义制度固有的基本矛盾——生产社会化和资本主义生产资料私人占有之间矛盾激化的集中体现（刘厚俊等，2011；应霄燕，2011）

纵观学术界对欧债危机爆发原因的分析，应该说还是比较深刻和科学的。但是仔细分析这些研究成果，我们可以发现，其中还是存在一些不足：经济失衡论、制度缺陷论和政治因素论更多地局限于欧债危机表面的分析，对其深层次根源剖析不足；而基本矛盾论虽然解释了欧债危机爆发的内在根源，但是无法将经济失衡、制度缺陷、政治因素三大原因有机地衔接起来，使得以上四大因素之间缺乏合理的逻辑联系。基于这样的分析和判断，我们认为，有必要构建一个新的理论框架，通过对学术界以上研究成果的有机整合来形成四大因素之间的逻辑体系，从而对欧债危机的爆发原因进行更为合理的解释。而新的理论框架的建立，必须在深入研究马克思恩格斯一体化思想的基础上才能进行。

（二）马克思恩格斯的一体化思想

马克思恩格斯虽然没有对一体化做出专门论述，但是他们的很多著作都或多或少地涉及了这一问题。马克思恩格斯不仅设想了一体化的三个条件，即生产发展、制度协调和意识认同，而且还深刻阐释了一体化和资本主义基本矛盾之间的关系。

1. 一体化的三个条件

第一，生产力的发展是一体化的基础条件。从资本主义的发展历程看，一体化是生产力进步的必然结果，尤其是大工业的建立，更是促进了世界市场的开发，使资本主义一体化的前进步伐加快。马克思在《德意志意识形态》中指出："大工业创造了交通工具和现代的世界市场，……它首次开创了世界历史，因为它使每个文明国家以及这些国家中的每一个人的需要的满足都依赖于整个世界，因为它消灭了各国以往自然形成的闭关自守的状态。”[①] 在《共产党宣言》中，马克思恩格斯指出：“大工业建立了由美洲的发现所准备好的世界市场。世界市场引起了商业、航海业和陆路交通工具的大规模的发展。这种发展又反转过来促进了工业范围的扩大。”[②] 需要指出的是，资本主义条件下的一体化仍是低级阶段的一体化，这种一体化不仅在地域范围上较为有限，在内容上较为狭窄，而且带有较强的剥削和掠夺性质。

在马克思恩格斯的视野中，真正的一体化也就是说高级阶段的一体化只能在共产主义社会阶段，生产力高度发达的情况下才能实现。只有在生产力高度发达的情况下，全世界才能真正融合在一起，实现全球化生产和全球化消费。“生产力的这种发展之所以是绝对必需的实际前提，……还因为：只有随着生产力的这种普遍发展，人们之间的普遍交往才能建立起来；……而这是以生产力的普遍发展和与此有关的世界交往的普遍发展为前提的。”[③] “仅仅因为这个缘故，各个单独的个人才能摆脱各种不同的民族局限和地域局限，而同整个世界的生产（也包括精神的生产）发生实际联系，并且可能有力量来利用全球的这种全面生产（人们所创造的一切）。”[④]

第二，经济、政治和社会制度的高度协调是一体化的内在要求。在资本主义社会中，虽然一体化在一定程度上得以实现，但是由于受国家、阶级的限制，以及经济、政治和社会制度差异的影响，这种一体化并不能完全实现。马克思恩格斯指出，在未来社会中，生产资料私有制、阶级和阶级斗争都将不复存在。“废除私有制甚至是工业发展所必然引起的改造整个社会制度的最简明扼要的说法。”[⑤] “共产党人可以把自己的理论用一句话表示出来：消灭私有制。”[⑥] 而随着阶级差别在发展过程中消失且全部生产集中在联合起来的个人的手里的时候，公共权力也就失去了政治性质，作为阶级统治工具的国家自然也将最终消亡。也就是说，未来社会消除了阶级差别、脑体差别和城乡差别，将形成自由人联合体，全世界人民没有了国家、阶级、民族，以及各种制度的限制，从而真正实现联合劳动，联合生产和联合管理。“代替那存在着各种阶级以及阶级对立的资产阶级旧社会的，将是一个以各个人自由发展为一切人自由发展的条件的联合体。”[⑦]

第三，思想意识的趋同是一体化的重要条件。在马克思恩格斯看来，一体化过程不仅包括经济、政治、社会的一体化，同时人们的思想认识也必须有一

---

① 《马克思恩格斯全集》第1卷，人民出版社1995年版，第114页。

② 《马克思恩格斯全集》第4卷，人民出版社1958年版，第467页。

③ 《马克思恩格斯全集》第3卷，人民出版社1960年版，第40页。

④ 同上，第42页。

⑤ 《马克思恩格斯全集》第4卷，人民出版社1958年版，第365页。

⑥ 同上，第480页。

⑦ 同上，第491页。

致性的趋向。在未来社会中，由于消除了主权、阶级、民族等阻碍一体化实现的因素，这就使得个人和集体、个人和社会的利益逐渐变得一致，从而在行为、思想上逐渐趋向一致，即个人作为联合体的一员，个人利益和集体利益是统一的，个人的思想意识总是朝着推动集体发展的方向前进，而不是分裂集体或者阻碍集体的发展。“只有在集体中，个人才能获得全面发展其才能的手段，也就是说，只有在集体中才可能有个人自由。”① “在这个集体中个人是作为个人参加的。它是个人的这样一种联合（自然是以当时已经发达的生产力为基础的），这种联合把个人的自由发展和运动的条件置于他们的控制之下。”②

2. 一体化与资本主义基本矛盾

马克思恩格斯认为，资本主义跨越国界的一体化甚至全球化扩张，是资本主义制度为了克服自身危机所采取的一种手段，其根源在于资本主义矛盾。基本矛盾的存在使得资本主义制度一方面表现为资本生产无限扩大的趋势，但是另一方面全社会又存在支付能力不断缩小趋势，这两种趋势之间的矛盾发展到一定程度时，就必然引起资本主义相对过剩的危机。那么，“资产阶级是用什么办法来克服这种危机呢？一方面是破坏大量生产力，另一方面是夺取新的市场。”③ “资本一方面要……夺得整个地球作为它的市场，另一方面，它又力求……把商品从一个地方转移到另一个地方所花费的时间缩减到最低限度。资本越发展，……也就越是力求在空间上更加扩大市场，力求用时间去更多地消灭空间。”④ 这就是说，资产阶级要打破一切地域和国家的界限去开拓、争夺国外市场，扩张资本生产，把矛盾转移到更广泛的世界市场上去，通过将矛盾“普遍化”来消除矛盾。⑤ 而这个转移矛盾的过程，实质上就是资本主义一体化甚至全球化的过程。由此可见，一体化是资本主义为了解决自身矛盾所必然采取的手段。

但是这种一体化的手段是否彻底消除了资本主义的基本矛盾呢？在马克思恩格斯看来，这种一体化或者全球化的扩张不仅不能彻底消除资本主义的基本矛盾，反而还会使这种矛盾不断向全球范围扩散，进一步加剧和激化矛盾，其最明显的表现就是：资产阶级和无产阶级之间的贫富差距越来越大，经济危机仍然会周期性爆发。但是，这种一体化或者全球化的趋势最终会为新制度的诞生创造物质基础和条件。正如马克思所言：“无产阶级解放所必需的物质条件是在资本主义生产发展过程中自发地产生的”，⑥ 资产阶级负有为新世界创造物质基础的使命。

---

① 《马克思恩格斯全集》第3卷，人民出版社1956年版，第84页。

② 同上，第85页。

③ 《马克思恩格斯全集》第4卷，人民出版社1958年版，第472页。

④ 《马克思恩格斯全集》第46卷（下），人民出版社1980年版，第33页。

⑤ 马腾：《从资本主义基本矛盾看经济全球化的根源和实质》，载于《哲学研究》2003年第9期。

⑥ 《马克思恩格斯全集》第34卷，人民出版社1972年版，第358页。

此外，马克思恩格斯还在一定程度上揭示了一体化异化和资本主义基本矛盾之间的关系。对于“异化”①，马克思曾在“《人民报》创刊纪念会上的演说”中表达了自己的看法，他指出：“在我们这个时代，每一种事物好像都包含有自己的反面。……新发现的财富的源泉，由于某种奇怪的、不可思议的魔力而变成贫困的根源。技术的胜利，似乎是以道德的败坏为代价换来的。随着人类愈益控制自然，个人却似乎愈益成为别人的奴隶或自身的卑劣行为的奴隶。甚至科学的纯洁光辉仿佛也只能在愚昧无知的黑暗背景上闪耀”。② 这段话告诉我们，在资本主义生产方式和生活方式下，财富、技术等作为人们创造出来并为人们服务的工具，但是最后却成为了给人们带来不利的东西，成为人们贫困的根源。也就是说，财富、技术等这些工具都被“异化”。马克思进一步说到：“我们的一切发现和进步，似乎结果是使物质力量具有理智生命，而人的生命则化为愚钝的物质力量。现代工业、科学与现代贫困、衰颓之间的这种对抗，我们时代的生产力与社会关系之间的这种对抗，是显而易见的、不可避免的和无庸争辩的事实。”③ 这实际上进一步说明，在资本主义制度框架下，一切进步和发现，包括财富、技术、劳动甚至一体化和全球化这些人们创造出来的工具，最终都必然被“异化”。因此，在资本主义社会，这种异化的一体化④必然会进一步加重资本主义基本矛盾，使资本主义危机以更快的速度在全球扩散。

（三）欧债危机爆发原因的总体判断：资本主义一体化异化噩梦

通过以上对马克思恩格斯一体化思想的总结和梳理，我们可以看出，如果资本主义一体化不满足生产发展、制度协调和意识认同三个条件，那么这种一体化就是异化的一体化，也就是说，一体化本来是可以缓解资本主义危机的手段，是可以给人们带来福祉的一种方式，但是反而加剧了资本主义危机，给人们带来了不利和损失。目前学术界提出的“经济失衡、制度缺陷和政治因素”论很好地解释了欧元区一体化异化的原因，并有力地说明：欧元区一体化并不满足马克思恩格斯所设想的“生产——制度——意识”三大条件。同时，我们还看到，资本主义基本矛盾虽然在每个资本主义国家都不同程度存在，并且有

① “异化”一词来源于拉丁文 alienatio，表示脱离、出卖、转让、疏远、受异己力量统治、让别人支配等含义。它在早期是一个政治学和哲学用语，后来马克思通过相关理论将这一词语拓展到经济学的研究中。在马克思的异化理论中，其基本含义是人创造出来的物不受人支配，反而转过来成为支配人奴役人的力量。也就是说，异化实际上包含了一种价值评价，即人创造出来的东西应该为人所用，与人相统一，至少不应与人对立，敌视人甚至奴役人。参见皮海兵：《试析网络空间里的主体异化类型》，载于《人民论坛》，2011 年第 20 期；陈刚：《马克思的异化劳动理论及其现实意义》，载于《东岳论丛》2005 年第 1 期。

② 《马克思恩格斯全集》第 12 卷，人民出版社 1962 年版，第 4 页。

③ 《马克思恩格斯全集》第 12 卷，人民出版社 1962 年版，第 4 页。

④ 需要说明的是：从严格意义上讲，“一体化异化”和“异化一体化”之间是有区别的。但是本文由于篇幅的限制，对这两个词不加以严格区分，而是作为同一个词语使用。两者之间的具体区别，有待于下一步的深入研究和专门论证。

周期性爆发的可能，如次贷危机和欧债危机就是资本主义基本矛盾爆发的产物。但正是因为一体化的异化，又使得本来在希腊这一个较小国家出现的危机却以极快的速度，大范围的波及到其他国家，形成连锁反应，造成整个欧元区的债务危机。因此，从“生产——制度——意识——矛盾”的分析框架来看（如图1所示)，欧债危机实质上是资本主义一体化异化的噩梦。

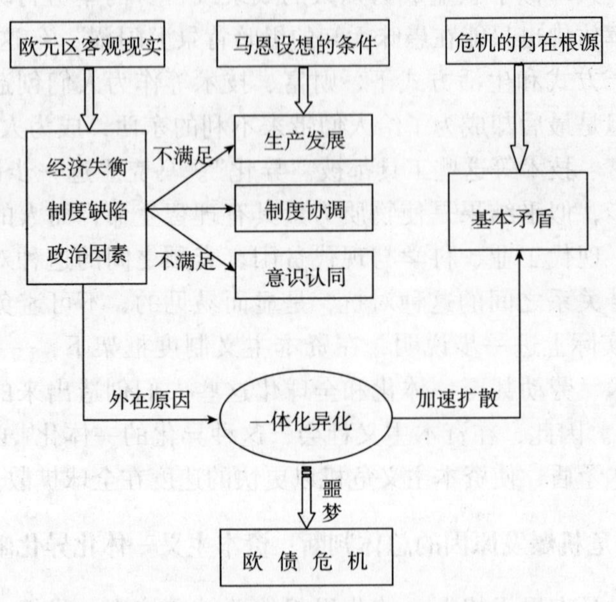

图1　“生产—制度—意识—矛盾”分析框架

三、“一体化异化”框架对欧债危机爆发原因的具体解释

在上面的分析中，我们构建了“生产——制度——意识——矛盾”的理论分析框架，并从总体上对欧债危机爆发的原因进行了阐释。在接下来的分析中，我们将尝试着运用这一理论框架，结合欧元区的具体实际，对欧债危机爆发的原因做一个详细解释。

（一）生产发展与欧债危机

从生产发展的角度看，一体化的推进程度必须和一定的生产力水平相适应，这是经济社会发展的一般规律。纵观当前欧元区各国的生产力水平和经济发展程度，不仅总体上无法达到马克思恩格斯所设想的高度发达的状态，而且各国之间的差距也十分悬殊。在这样的情况下，快速推进一体化进程尤其是欧元的出台就容易带来很多问题。实际上，早在20世纪90年代，欧洲在关于“欧盟是否是一个最优货币区”的问题上就发生过激烈的争论。1992年6月，60位德国经济学家发表了《欧洲货币联盟——对欧洲决定性的考验》一文，文章认为：

欧洲货币联盟（EMU）要正常运行，其前提条件在于成员国经济趋同，而这是一个长期渐进的过程，不应该设立具体条件，设立日期只会使为达到要求而作假，影响后续发展。也就是说，欧盟尚不具备引入共同货币的条件，贸然行事将带来经济与政治的双重灾难。①

就现阶段的情况而言，在欧元区的成员国中，希腊、葡萄牙、西班牙等国属于欧共体内的"南方国家"，他们既没有特殊的地缘优势，也没有明显的资源优势，更没有领先的创新优势，经济发展只能长期依赖于劳动密集型制造业以及旅游业、房地产业等，产业结构单调。随着它们加入欧元区，生产要素升本上升，劳动力优势不复存在，而这些国家又未能及时调整产业结构，使得它们的经济国际竞争力不断下降，在竞争中一直处于弱势地位，欧元区的对外出口实际上在很大程度上被德、法等强国所垄断，强国的发展优势与弱国的发展劣势表现得越来越突出。强国带不动弱国，弱国拖延了强国，欧元区的经济发展优势与市场竞争优势不但没能得到体现，反而呈现出逐步弱化的趋势，使得整个欧元区的经济增长乏力。② 再加之金融危机带来的冲击，部分国家的财政收入锐减，债务危机随之爆发。以希腊为例，2010 年服务业在其 GDP 中占比达到 52.57%，而工业占 GDP 的比重仅有 14.62%。希腊的支柱产业如海运、旅游也等属于典型依靠外需拉动的产业，这些产业过度依赖外部需求，很容易受到外在因素的影响。在次贷危机爆发后，希腊海运市场急剧萎缩，航运业 2009 年的年收入下降 27.6%，航运业对经济的贡献率由原来的 7% 下降到 1.2%。旅游业收入也快速下滑，2009 年赴希腊旅游的美国游客减少 24.2%，同时欧盟成员国进入希腊的游客也锐减 19.3%，来自两地的旅游业收入分别减少 16.2% 和 14%。③ 支柱产业的萎缩直接导致了希腊政府财政收入的减少。在这样的窘境下，为了拉动经济快速发展，希腊反而加大了对旅游业及其相关的房地产业的投资力度，投资规模很快就超过了自身承受能力，导致负债提高。④

（二）制度协调与欧债危机

从制度协调的角度看，一体化的推进需要适当的制度和生产关系作保障。而现阶段的欧元区，在这方面还存在诸多障碍。

第一，财政政策和货币政策分离。财政政策和货币政策是一个国家对经济实行宏观调控的两大重要工具。宏观经济学理论告诉我们，财政政策和货币政策具有各自不同的政策目标，财政政策一般服务于经济增长、充分就业等目标，

① 姜波克，罗得志：《最优货币区理论综述——兼述欧元、亚元问题》，载于《世界经济文汇》2002 年第 1 期。

② 韩志国：《欧洲主权债务危机的四种演绎方式》，发表于《光明日报》2010 年 5 月 25 日。

③ 张锐：《希腊主权债务危机的成因与影响》，载于《中国货币市场》2010 年第 3 期。

④ 周逢民：《 欧债危机最新进展及未来走向》，载于《银行家》2012 年第 1 期。

而货币政策则通常服务于物价与币值稳定等目标。通常情况下，要调控宏观经济，需要把两个变量搭配在一起进行使用。从欧元区的情况看，财政政策分散掌握在不同的成员国手里，而货币政策统一掌握在欧洲中央银行手里。当经济危机来临时，货币政策的采用则只能交给欧洲中央银行来决定，其后果也由所有成员国共同承担。各成员国自己只能充分运用财政政策这一工具来调节本国经济。为了促进经济增长和就业，各国具有采取扩张性财政政策的倾向。由于欧元区缺乏对成员国财政状况的有效监管机制和惩罚机制，导致很多国家的财政赤字和公共债务远远超过《稳定与增长公约》的上限，进而出现债务累积和主权信用危机。因此，统一的货币政策和分散的财政政策之间的矛盾是本次债务危机出现的重要原因。对此，索罗斯指出："欧元区成员国成立了一家共同的中央银行，但却拒绝对本国公民的征税权交予一个共同的结构。这一准则被写进了《马斯特里赫特条约》，并在后来得到了德国宪法法院的严格解释。欧元结构独特，其可行性面临考验"。① "欧盟缺少一个统一的财政部。发生债务危机时，一个统一的财政部本可以成为最后一根救命稻草。"② 英国《金融时报》专栏作家沃尔夫冈·明肖也指出：欧元区面临三大当务之急，其中重要的一条就是建立财政联盟。"这意味着欧元区国家将丧失部分国家主权，以及创立一个可信的机构框架来处理财政政策（但愿还有更广泛的经济政策事宜）。欧元区需要的是一个配备适当人员的财政部，而不是欧洲理事会茶歇期间商定的临时性协作。"③

第二，缺乏统一的政治联盟。政治一体化是财政和货币一体化的重要基础和保障。

有学者指出，政治一体化的意愿可以推进有共同承诺的联盟形成，维持对话、合作与交流，加强国家间的制度化联系。从一体化的推进情况来看，统一的政治联盟有助于协调国家之间的利益冲突和分化，提高决策效率。但是现阶段的欧洲，在经济一体化快速推进的过程中，政治一体化却没有相应地跟进，④使得成员国之间在协调上总是出现矛盾。在希腊刚刚发生危机时，法德等国家在救助计划的制定上迟迟不能达成一致，最终导致危机的全面爆发。其实，对于这一问题，60位德国经济学家联名发表的文章也进行了质疑，他们认为，在政治联盟建设很不完备、市场一体化尚未成熟的情况下，欧盟并非一个最优货币区。在此条件下推行货币联盟，无助于提高货币政策的有效性，而且很有可

① George Soros. The Euro Will Face Bigger Tests than Greece [N]. Financial Times, 2010-2-21.

② Veronika Gulyas. Soros: Euro Crisis Has the Potential to Destroy the Cohesion of the European Union [N]. Wall Street Journal, 2011-11-4.

③ Wolfgang Münchau. The Eurozone Really Has Only Days to Avoid Collapse [N]. Financial Times, 2011-11-27.

④ 刘元春，蔡彤娟：《论欧元区主权债务危机的根源与救助机制》，载于《经济学动态》2010年第6期。

能破坏“价格稳定”的终极目标。[①] 对此，欧元创始人之一奥特马尔·伊辛也有类似的看法。2006 年他曾说，没有一个成熟的政治联盟，货币联盟也能运行和存续。但是现在他承认，在尚未建立一个政治联盟的情况下就创立货币联盟，是一种本末倒置的行为。[②]

（三）意识认同与欧债危机

从意识认同的角度看，不同国家不同利益取向和政策目标影响了对危机的救助。在存在主权国家的情况下，不同国家看法和意识的趋同是推进一体化的重要保证。但从欧元区的情况来看，各成员国由于具有不同的利益倾向和政策目标，使得他们对危机救助的看法表现出了很大的差异性。实际上，在最初推行欧元的时候，英国就拒绝加入欧元区，其中一个重要的原因就在于英国对欧元这一新生事物的前景不确定，担心一旦欧元失败，会引发巨大的金融危机和全球经济风暴。1992 年，60 位德国经济学家的文章中也指出：欧洲在经济、社会和政治利益上未能达成足够的统一性，没有证据支持欧洲应该实行单一货币；此外，各国在政策目标上也存在分歧，比如德国把稳定物价作为压倒一切的目标，但是在其他国家可能无法达成共识，从而影响货币政策效果。[③]

在此次欧债危机的应对和救助希腊的问题上，欧元区各国尤其是法德之间出于各国利益考虑，迟迟无法达成一致意见，一度形成两大互相对立的阵营。如德国在荷兰和芬兰支持下，一直坚持让持有希腊国债的私人投资者参与新一轮救助希腊计划，而法国立场则与欧洲中央银行一致，反对希腊出现任何形式的债务违约或重组；在欧洲金融稳定工具作用问题上，法国主张放松有关限制，加强并扩大这一工具，但德国对这一主张表现冷淡，对出资救助其他国家并不热情。对此，法国《世界报》指出，法德两国之间的诸多分歧源于双方对欧元区经济治理主导权的争夺，进而为各自内政需要服务。[④] 正是由于不同国家之间的态度和看法不同，导致救助计划无法及时出台，从而多次错过对希腊进行救助的有利时机，最终使得危机全面爆发。

（四）基本矛盾与欧债危机

从资本主义基本矛盾的角度看，欧债危机和次贷危机一样，都是新的发展阶段下资本主义固有矛盾的集中表现。“二战”以来，资本主义国家出现了很多新的变化，其中非常显著的一点就是经济的金融化、金融的全球化趋势不断加

---

① 姜波克，罗得志：《最优货币区理论综述　兼述欧元、亚元问题》，载于《世界经济文汇》2002 年第 1 期。

② 赵伯英：《欧洲债务危机与欧元的命运》，载于《当代世界》2010 年第 9 期。

③ 姜波克，罗得志：《最优货币区理论综述——兼述欧元、亚元问题》，载于《世界经济文汇》2002 年第 1 期。

④ 李明，应强：《欧债危机背后的法德博弈》，新华网，2011 - 7 - 22.

强，逐步进入金融资本主义阶段。在新的发展阶段下，资本主义基本矛盾更为突出地表现为生产无限扩大趋势和劳动者支付能力相对缩小的矛盾。为了应对整个社会有效需求不足的难题，美国采取的办法是降低信贷门槛，采取低利率政策以刺激信贷消费，从而导致个人和政府债务迅猛增长，形成一种债务型经济增长模式。[①] 而在金融自由化的背景下，金融机构创造出既能转移风险又能带来丰厚利润的金融衍生品。当金融资产泡沫破灭，危机爆发时，各国政府只能竭力救助金融机构。而为了实施救援，大量的美元被印制出来，联邦赤字剧增。为了减轻危机对自身的危害，美国利用其在国际金融体系中的垄断地位，通过发行债券、迫使别国货币升值、对外投机、操纵利率等手段无偿占有别国财富，[②] 并向其他发展中国家以及冰岛、希腊等资本主义外围国家转移危机。当其他国家的资本被掠夺得无利可图时，危机最终向美、英等核心国家自身转移和蔓延，这是国际金融垄断资本逐利和转嫁危机的必然路径，也是资本主义基本矛盾不可调和性的突出表现。[③] 当然，在资本主义转嫁危机的过程中，全球一体化的不断推进在客观上为他们转移危机提供了更为有利的条件，而欧元区脱离"生产——制度——意识"条件的异化一体化又在一定程度上加速了这一危机转嫁的过程，从而使得债务危机迅速席卷欧洲。

四、欧债危机带来的思考：防止全球一体化异化的噩梦

欧洲主权债务危机的爆发，使我们对当代资本主义的发展有了新的认识，同时也对我国经济发展也提出了新的启示。

（一）对当代资本主义的认识

生产力决定生产关系，生产关系反作用于生产力是人类社会的基本规律。资本主义作为人类历史上的一种社会制度，从它诞生之日起，不可否认是具有巨大进步性的。但是，随着生产力的发展，资本主义固有的基本矛盾必然要更为尖锐地体现出来，而且这种基本矛盾是资本主义自身无法消除的，这种矛盾的存在也决定了资本主义经济危机的周期性爆发以及资本主义制度自身的消亡。如同马克思所说："生产资料的集中和劳动的社会化，达到了同它们的资本主义外壳不能相容的地步。这个外壳就要炸毁了。"[④] 从欧洲一体化的推进过程来看，欧共体的成立确实推动了欧洲经济的巨大发展，也数次将资本主义自身的危机损失予以减少甚至很好地缓和了危机，这不得不说是顺应生产力发展趋势的一大进步。但是如同上文我们指出的，一定的生产关系必须和一定的生产力发展

---

①③ 应霄燕：《主权债务危机是金融资本主义的主要危机形态》，载于《马克思主义研究》2011年第7期。

② 张俊山：《资本主义基本矛盾的发展与当前资本主义金融危机》，载于《教学与研究》2009年第10期。

④ 《马克思恩格斯全集》第23卷，人民出版社1972年版，第831页。

相适应。就当前的发展局势而言，欧元的推行使得欧洲一体化的程度快速提高，但是正如1992年60位德国经济学家集体质疑的那样，在当时欧洲的经济发展条件下，欧盟不具备引入共同货币的条件，过快的一体化步伐尤其是欧元的推行，会将欧洲推向危险的境地，并带来经济与政治的灾难。① 也就是说，欧元的推行在某种程度上超越了当时欧洲的生产力和经济发展的水平，使得这种本来希望通过更为高级的一体化来消除资本主义自身矛盾和经济危机的做法，却适得其反，将希腊一个国家出现的债务危机迅速传递到其他国家，并逐渐波及法德两大核心国家，最终给欧洲带来了更大的噩梦和危机。

不过，我们需要清醒地看到，这场危机并不会使资本主义立即灭亡，只是更为深刻地暴露了资本主义自身的矛盾和弊病。在下一步的发展过程中，资本主义会通过一系列手段来修复自身的漏洞，以延续资本主义制度的生命力。当然，在以后一体化推进的过程中，资本主义必然更加注重马克思恩格斯所讲的“生产——制度——意识”三大一体化的条件，进一步发展区域经济，加强国家之间的经济合作与交流，消除区域之间的离心化趋势；推进政治一体化进程，改革政治和经济体制，将财政政策和货币政策进行有效的结合；强调区域一体化的最大利益，尽力协调不同国家之间的利益冲突和利益分化，实现国家之间意识和看法的高度趋同。

（二）对中国经济发展的启示

全球经济一体化是不可逆转的大趋势。近年来，世界各国在生产、贸易、金融及企业经营方面均实现了较高的一体化。作为发展中的中国，积极顺应历史潮流，主动融入世界经济一体化的大潮是大势所驱。在此过程中，我们应积极采取相应策略，将比较优势、分散布局、分割经济转化为竞争优势、集中布局和整体经济，不断提高国家竞争力，在世界竞争中取得应有的地位。但同时，欧洲危机的爆发也警示我们，一体化程度并不是越高越好，而是要与国家、区域经济的发展程度相适应。就当前我国的经济发展状况看，推行一体化必须要掌握好尺度，否则有可能引发欧债危机类似的问题，使一个国家出现的危机迅速传递到我国和其他国家，从而影响我国经济的发展。尤其需要指出的是，近几年，建立东亚自由贸易区和亚元的问题议论较多，我们认为，就当前亚洲的发展水平看，亚洲各国甚至东亚各国之间不仅在技术发展上存在巨大差距，同时经济、社会发展水平的差距，以及要素流动的障碍也是显而易见的，同时在政治上也存在很多问题，因此，这两大构想的落实在当前时机尚不成熟，需要谨慎加以对待，否则可能会引发巨大的经济和政治风险。

---

① 姜波克、罗得志：《最优货币区理论综述——兼述欧元、亚元问题》，载于《世界经济文汇》2002年第1期。

当代金融和经济危机与资本主义发展的历史趋势*

张作云**

19 世纪 20 年代，资本主义脱离了幼年的稚气，开启了大工业现代生活的周期循环。自此，以过剩为本质特征的金融和经济危机便差不多每隔十年一次，络绎不绝，连绵不断。此次源自美国的国际金融和经济危机，完全是 19 世纪 20 年代以来资本主义周期性危机在 21 世纪今天的再现，虽经世界各国共同应对，协同治理，但至今仍未走出低谷。回顾近 200 年的资本主义危机史，瞻观当代而尤其是此次危机发生、运行及其造成的灾难，人们不禁要问：资本主义的生命力何在？资本主义发展的前景如何？马克思主义经典作家当年对资本主义历史趋势的分析和结论是否过时？本文拟沿着马克思当年的分析思路，结合资本主义金融和经济危机以往的历史和当代现实，对上述问题进行研究。

一、资本主义与金融和经济危机的不解之缘

对资本主义与金融和经济危机的关系，马克思从不同角度在理论上作了阐述和分析。

第一，马克思认为，资本主义以前没有以过剩为本质特征的危机。他指出："在人们为自己而生产的社会条件下，确实没有危机，但是也没有资本主义生产。"①"我们从来也没有听说过，古代人在他们以奴隶制为基础的生产中见过什么危机，虽然在古代人中也有个别生产者遭到破产。"②马克思还分析了资本主义

* 本文系国家社科基金项目《〈资本论〉与当代资本主义金融危机研究》的阶段性成果，项目批准号：09BKS035。

** 张作云，淮北师范大学当代经济研究所所长、教授、硕士生导师 。主要研究方向为《资本论》与社会主义经济理论。

①② 《马克思恩格斯全集》第 26 卷（第二册），人民出版社 1973 年版，第 573 页。

以前社会不存在以过剩为特征的危机的原因，他说："在简单交换中实际上不可能有生产过剩，因为那里的问题事实上与交换价值无关，""生产过剩的发生是同价值增殖联系在一起的"。① "如果资本主义生产方式不是社会生产的一个特殊发展的独特形式，那么，资本主义生产方式所固有的对抗、矛盾，因而对抗、矛盾在危机中的爆发，也就不存在。"②

第二，马克思认为，资本主义幼年时期也不存在生产过剩的危机。他指出："在工业发展的初期，这种停滞现象只限于个别的工业部门或个别的市场"。③ "现代工业这种独特的生活过程，我们在人类任何过去时代都是看不到的，即使在资本主义生产的幼年时期也不可能出现。"④ "在19世纪20年代，大工业刚刚脱离幼年时期"；"只是从1825年的危机才开始它的现代生活的周期循环"。⑤

第三，马克思认为，危机是资本主义发展到大工业时期的特有现象。他指出："过去，工业也同（农业的）秋收一样，有好年景和坏年景。但是，延续多年的、本身分为一些各具特点的时期或时代的工业周期却是大工业所固有的。"⑥ 在《反杜林论》中，恩格斯进一步指出："消费水平低是数千年来的历史现象，而由生产过剩所引起的爆发于危机中的普遍的商业滞销，只是近50年才变得明显。"⑦

第四，马克思还认为，资本主义再生产是靠危机来维持的。他指出："在每次地震中，商业界只是由于埋葬一部分财富、产品以至生产力才维持下去。"⑧ 这是因为，"危机永远只是现有矛盾的暂时的暴力的解决，永远只是使已经破坏的的平衡得到瞬间恢复的暴力的爆发。"⑨ 恩格斯在《共产主义原理》中说得更加明确："大工业只要还是按照现今的原则经营，就只有依靠每七年出现一次的普遍危机才能维持生存。"⑩

最后，马克思得出结论说："在资本主义社会，社会的理智总是事后才起作用，因此可能并且必然会不断发生巨大的紊乱。"⑪ "只要这个制度还存在，危机就必然会由它产生出来，就好像一年四季的自然更迭一样。"⑫

马克思不仅从理论上阐述了资本主义与危机的关系，而且还通过从实践上

---

① 《马克思恩格斯全集》第46卷（上册），人民出版社1979年版，第412页。
② 《马克思恩格斯全集》第26卷（第二册），人民出版社1973年版，第571页。
③ 《马克思恩格斯全集》第2卷，人民出版社1957年版，第367页。
④ 《马克思恩格斯全集》第23卷，人民出版社1972年版，第694页。
⑤ 《马克思恩格斯全集》第23卷，人民出版社1972年版，第16~17页
⑥ 《马克思恩格斯全集》第46卷（下册），人民出版社1980年版，第235页。
⑦ 《马克思恩格斯全集》第20卷，人民出版社1971年版，第31页。
⑧ 《马克思恩格斯全集》第6卷，人民出版社1961年版，第506页。
⑨ 《马克思恩格斯全集》第25卷，人民出版社1974年版，第277~278页。
⑩ 《马克思恩格斯全集》第4卷，人民出版社1958年版，第364页。
⑪ 《马克思恩格斯全集》第24卷，人民出版社1962年版，第350页。
⑫ 《马克思恩格斯全集》第12卷，人民出版社1962年版，第607页。

对自己生活的那个年代发生的危机诸如1825年、1836～1837年、1856～1857年、1866年四次较为典型的普遍性危机和1861～1865年棉纺织业危机、1873年至19世纪70年代末的世界性危机的较为详细的论述，证明了危机的普遍性及其与资本主义结成的紧密关系。[①] 并且认为，“这种周期的延续时间是十年或十一年，但绝不应该把这个数字看作是固定不变的。相反，根据我们以上阐述的资本主义生产的各个规律，必须得出这样的结论：这个数字是可变的，而且周期的时间将逐渐缩短。”[②]“这种时间的缩短正在露出如此明显的迹象；这是资产阶级世界的寿命的不祥之兆。”[③]

有人以1868年以后的30年间资本主义世界没有出现较大的危机为由，怀疑马克思、恩格斯所揭示的金融和经济危机的普遍性、以及与资本主义的亲缘关系。对此，恩格斯依据这一时间资本主义经济运行的实际情况作了解释和说明。在1883年5月10～11日给倍倍尔的复信中，他说：“你对经济情况的判断正为英国、法国和美国发生的事实所证实。现在是中间危机，和1841～1842年的危机相似，但是规模要大得多。”“现在，当美国、法国和德国开始打破英国在世界市场上的垄断地位，并由此像1847年以前那样又开始更迅速地出现生产过剩时，又产生了为期五年的中间危机。”[④] 在《关于英国的经济和政治发展的若干特点》中，恩格斯又说：“1868年以来之所以没有出现危机，世界市场的扩大也是一个原因。由于世界市场的扩大，英国的，从而欧洲的过剩资本，就以交通工具投资等等的形式分配于全世界，分配于许许多多的投资场所。因此，在铁路、银行等等方面，在纯属美国的投资场所，在印度贸易方面的过分兴旺的投机活动，就使得危机没有可能发生，而同时小的危机却是可能的，例如，已历时三年的阿根廷危机。但是，所有这一切都证明，特大的危机在酝酿中。”[⑤] 总之，马克思、恩格斯认为，虽然1878年开始的危机持续不断，但没有一次像样的经济危机，只是一次次为期五年的中间危机。中间危机的频繁不断，并不否定反而更加证明金融和经济危机的普遍性及其与资本主义生产方式的密切关系。

不仅如此，危机在资本主义生产方式中的普遍性也为马克思逝世后一百多年的资本主义经济史所证明。从20世纪初期到20世纪30年代第二次世界大战爆发前夕的40年间，资本主义世界至少发生了1900～1903年、1907～1909年、1913～1918年、1919～1921年、1925～1926年、1929～1933年以及始于1937

① 于光远主编：《马克思、恩格斯、列宁、斯大林论资本主义经济危机》，人民出版社，1978年版，第736～829页。

② 《马克思恩格斯全集》第23卷，人民出版社1972年版，第695页。

③ 《马克思恩格斯全集》第34卷，人民出版社1972年版，第139页。

④ 《马克思恩格斯全集》第36卷，人民出版社1974年版，第26页。

⑤ 《马克思恩格斯全集》第22卷，人民出版社1965年版，第384～385页。

年的危机等七次重大而典型的金融和经济危机。[①] 第二次世界大战后的30年间，资本主义经济虽然处于平衡发展的黄金时期，但也先后发生过四次世界性的危机，即1948～1949年、1957～1958年、1969～1971年、1973～1975年的危机。[②] 进入80年代以后，由于新自由主义经济学的兴起和“华盛顿共识”在全世界的推行，危机更是频繁出现。进入21世纪之后，2008年又爆发了被世人称之为“百年一遇的危机”。由于文章篇幅所限且在其他论文中已有论述和分析，在此就不再赘述。

马克思和恩格斯对他们生活的那些年代的资本主义历次危机所作的理论和实践分析以及以后资本主义世界发生的接连不断的危机表明，以过剩为本质特征的金融和经济危机，是资本主义发展到大工业时期以来的特殊历史现象，是资本主义制度的必然产物。将近200年的资本主义经济史，就是一部周期循环的金融和经济危机史。资本主义生产靠危机来维持，危机与资本主义互为条件，相互依存，结成无法解脱的伴侣。

二、危机是资本主义社会的瘟疫

自金融和经济危机随资本主义进入大工业时期而产生以来，每次发作都给资本主义社会带来“在过去一切时代看来都好像是荒唐现象的社会瘟疫，即生产过剩的瘟疫。”[③] 这些瘟疫对资本主义社会及其制度产生了极其深远的影响，马克思和恩格斯从不同角度对危机这一资本主义社会瘟疫的景况作了较为具体的分析。

第一，揭示了危机造成的许多可怕的社会现象。在《共产党宣言》中，马克思和恩格斯写道：在危机期间，“社会突然发现自己回到了一时的野蛮状态；仿佛是一次饥荒、一场普遍的毁灭性战争，吞噬了社会的全部生活资料，仿佛是工业和商业全被毁灭了”。[④] 在《剩余价值理论》一书中，马克思写道：“没有什么东西能阻止这样一些现象发生：一部分货币资本闲置不用，生活资料由于相对生产过剩而跌价，而被排挤的工人却活活饿死。”[⑤] 在《社会主义从空想到科学的发展》中，恩格斯也写道：“在危机时间，商业停顿，市场盈溢，产品滞销，银根奇紧，信用停止，工厂关门，工人群众因为他们生产的生活资料过多而缺乏生活资料，破产相继发生，拍卖纷至沓来。”[⑥]

---

① 参见于光远主编：《马克思恩格斯列宁斯大林论资本主义经济危机》，人民出版社1978年版，第845～878页；樊亢、宋则行编：《主要资本主义国家经济简史》，人民出版社1973年版，第345～371页。

② 《世界经济》编写组：《世界经济》第3册，人民出版社1981年版，第234～282页。

③ 《马克思恩格斯全集》第4卷，人民出版社1958年版，第427页。

④ 同上，第472页。

⑤ 《马克思恩格斯全集》第26卷（第二册），人民出版社1973年版，第699页。

⑥ 《马克思恩格斯全集》第19卷，人民出版社1963年版，第237页。

第二，揭示了危机引起的商业的崩溃。马克思说道："原料需求增长和市场商品充斥，二者自然是齐头并进的。"① 在危机中出现的正是这样的情况，他卖不出去"②。恩格斯在《美国的10小时工作制法案》中，也说道："在危机期间，由于生产资料和产品的过剩，经济机制中的流通便突然停止；在多余的产品没有找到新出路以前，工业和商业几乎完全停顿"。③

第三，揭示了危机引起的商品价格的下跌和大量资本的毁灭。马克思说道："商业危机的最普遍和最显著的现象，就是商品价格在长期普遍上涨之后突然普遍跌落。"④ "在危机中，——在普遍的价格下跌中，——到一定的时刻就会同时出现资本的普遍价格丧失或者说资本的消灭。"⑤

第四，揭示了危机造成的工人失业。对此，马克思在《资本论》中作了较为具体的论述。他说："相对过剩人口的最低层陷于需要救济的赤贫的境地。""他们的人数每当危机发生时就增大。"⑥ "1866年的危机使伦敦遭到了最沉重的打击，在这个居民比苏格兰王国还要多的世界市场中心，这种贫民的人数1866年比1865年增加了19.5%，比1864年增加了24.4%，而在1867年的头几个月比1866年增加得还多。"⑦ 恩格斯在《英国工人阶级状况》中尖锐地指出："任何危机，主人的任何逞性，都能使他失业，—— 这个无产者已经被置于人们所能想象的最令人愤怒的非人的地位了。"⑧

第五，揭示了危机给工人阶级造成的贫困和灾难。马克思在《雇佣劳动与资本》中："资本不光靠剥削劳动来生活""也要他的奴隶们陪葬，即在危机时期要使大批的工人死亡。"⑨ 对危机给工人阶级造成的贫困和灾难，恩格斯。他在《英国工人阶级状况》中作了更加具体的揭示："正是在最迫切地需求营养的时候只能吃个半饱的孩子们（这样的孩子在每一次危机期间真不知有多少！甚至在工业繁荣时期也是很多的!）是不能不极度衰弱，不能不患瘰疬和佝偻病的。而他们也正是这样，这从他们的外表就可以看出来。大批工人的孩子所遭遇到的缺乏照顾的命运，留下了不可磨灭的痕迹，使整个工人阶级都衰弱了。"⑩ 危机"给某一些工人带来严重的后果，即匮乏、贫穷和犯罪。"⑪ "每一次危机都

① 《马克思恩格斯全集》第25卷，人民出版社1974年版，第142页。

② 《马克思恩格斯全集》第26卷（第二册），人民出版社1973年版，第573页。

③ 《马克思恩格斯全集》第7卷，人民出版社1959年版，第281页。

④ 《马克思恩格斯全集》第25卷，人民出版社1974年版，第620页。

⑤ 《马克思恩格斯全集》第46卷（上册），人民出版社1979年版，第441页。

⑥ 《马克思恩格斯全集》第23卷，人民出版社1972年版，第706页。

⑦ 同上，第717页。

⑧ 《马克思恩格斯全集》第2卷，人民出版社1957年版，第401页。

⑨ 《马克思恩格斯全集》第6卷，人民出版社1961年版，第506页。

⑩ 《马克思恩格斯全集》第2卷，人民出版社1957年版，第386页。

⑪ 同上，第421页。

会使大批‘多余的人’饿死。”[①]

马克思和恩格斯所揭露的危机给资本主义带来的社会瘟疫和悲惨现象，在人类社会进入21世纪的今天，依然在危机中重现。就拿这次源自美国并迅速蔓延全球的国际金融和经济危机来说吧！仅2008年，全球股市暴跌中就蒸发掉17万亿美元市值，其中新兴市场指数下跌54.72%，发达市场指数下跌42.72%。[②]在美国，问题银行2008年第四季度为252家，2009年底上升到702家。银行倒闭数量，2007年为3家，2008年为27家，2009年为140家。[③]2008年12月底，欧洲主要国家的贷款损失，英国为682亿美元，德国为679亿美元，瑞士为634亿美元，法国为298亿美元，荷兰为253亿美元，其他欧洲银行的亏损和资产减计总额为85亿美元。[④] 在2008年，全球金融资产缩水达50万亿美元，其中亚洲为9.6万亿美元，相当于亚洲一年的GDP。[⑤] 2009年，世界贸易总量下滑12%，为1945年以来最大跌幅。[⑥] 2009年，全球人均GDP增长率为-3.68%，工业生产增长率为-6.23%。[⑦] 2010年11月，美国的失业率升至9.8%，希望就业但找不到工作的人数超过1500万人。[⑧] 2012年3月底，欧盟失业率为10.2%，失业人数为2455万；欧元区17国，失业率为10.8%，25岁以下年轻人失业率高达21.6%；西班牙和希腊，青年人失业率分别达50.5%和50.4%，意大利也有31.9%的青年人找不到工作[⑨]；2008年，亚洲失业人口为8980万人，2009年为9700万人，2009全年，失业人数将达到1.13亿人[⑩]。2010年，美国贫困率为15.1%，贫困人口达4620万人，收入在贫困线以下的深度贫困人口达2050万人[⑪]；在大洛杉机地区1000万人口中，无家可归者达7.3万人；2008年6月到8月，接受政府救济的人口增加了20%；37%的家庭生活在官方规定的贫困线以下，而洛杉机地区这一比例则高达43%[⑫]。在全美，大约有3620万人吃不饱，其中有1/3的人有时会挨饿[⑬]。2009年5月7日，联合国粮农组织公布，在经济危机和粮食价格上涨的双重作用下，全球饥民增幅达11%，其中发达国家饥民

① 《马克思恩格斯全集》第2卷，人民出版社1957年版，第373页。

②③ 李慎明：《世界在反思》，社会科学文献出版社2010年版，第9页。

④ 参见次货危机课题组：《次贷正在改变世界》，中国金融出版社2009年版，第220~222页。

⑤ 吴易风：《当前金融危机和经济危机背景下西方经济思潮的新动向》，中国经济出版社2010年版，第4页。

⑥ 李慎明：《世界在反思》，社会科学文献出版社2010年版，第9~10页。

⑦ 参见甄炳喜：《当前世界经济新特点、新格局、新趋向》，《国际问题研究》2010年第1期，第37页。

⑧ 李慎明：《世界在反思》，社会科学文献出版社2010年版，第29页。

⑨ 参见《光明日报》，2012年4月5日第8版《欧盟下一步往哪儿走》。

⑩ 参见《光明日报》，2009年2月20日第8版《国际劳工组织亚洲今年或增720万失业者》。

⑪ 参见《光明日报》，2011年11月25日第11版《经济观察》。

⑫ 参见《光明日报》，2008年10月27日第8版《金融危机使洛杉机无家可归者大幅增加》。

⑬ 参见吴易风：《当前金融危机和经济危机背景下西方经济思潮的新动向》，中国经济出版社2010年版，第4页。

增15%，全世界饥民总数已达10.2亿人，6个人中就有1人挨饿[①]。危机给人们带来极大精神压力。美国有1.02亿人因危机而失眠[②]，全球患失眠症的多达几亿人[③]。在危机中，广大劳动者不得不忍受各种不公正待遇，甚至是人格上的羞辱。在澳洲，有高达62%的人在工作中受到欺压，29%的女工受到性骚扰，其中高达74%的工人选择默默忍受[④]。

同时，马克思和恩格斯还揭示了金融和经济危机暴露出来的许多荒谬现象。在《共产党宣言》中，马克思和恩格斯说："在商业危机期间，总是不仅有很大一部分制成的产品被毁灭掉，而且有很大一部分已经造成的生产力被毁灭掉。"[⑤]恩格斯在《在爱北斐特的演说》中指出："在经济方面，当前的社会结构无疑是难以想象地不合理和不切实际的，由于人们的利益彼此对立，大量劳动力就白白地消耗掉了，社会没有从里面得到任何好处，相当多的资本完全浪费掉了，并且没有再生产出来。在发生商业危机的时候，我们就看到这种情形。我们看到：人们怎样不顾血本地抛售自己辛辛苦苦地生产出来的大批产品；我们看到处心积虑地积累起来的大批资本怎样由于所有主的破产而从他们手中飞掉了。"[⑥]在《路德维希·费尔巴哈和德国古典哲学的终结》中，恩格斯说道："被资本主义生产方式的狭隘范围所束缚的大工业，一方面使全体广大人民群众越来越无产阶级化；另一方面生产出来越来越多的没有销路的产品。生产过剩和大众的贫困，两者互为因果，这就是大工业所陷入的荒谬的矛盾。"[⑦] 在《反杜林论》中，他还指出："在每次危机中，社会在属于它自己而又不能在它自己所利用的生产力和产品的重压下奄奄一息，面对着生产者没有什么可以消费是因为缺乏消费者这种荒谬的矛盾而束手无策。"[⑧]

危机所造成的这些荒谬现象在马克思和恩格逝世后的每次危机中都会重复发生过。例如，20世纪30年代的大危机，一方面，使大量生产资料闲置，生产能力得不到发挥，大量消费资料堆积在仓库而找不到销路，甚至被人为地销毁；另一方面，又使大批劳动力找不到工作，严重缺乏生活资料的劳动群众眼看着大量社会财富被销毁而不能拿来御寒充饥。据统计，在这次危机中，毁坏的炼铁炉，美国92座，英国72座，德国28座，法国10座。在美国，有1040万英亩棉花被毁坏，有640万头猪被杀死后抛入密西西比河，另有大量的小麦被投进

---

① 参见吴易风：《当前金融危机和经济危机背景下西方经济思潮的新动向》，中国经济出版社2010年版，第5页。

② 同上，第4页。

③ 同上，第5页。

④ 陈小芳：《经济危机阴影下的澳洲人》，载于《光明日报》2009年4月19日第8版。

⑤ 《马克思恩格斯全集》第4卷，人民出版社1958年版，第472页。

⑥ 《马克思恩格斯全集》第2卷，人民出版社1957年版，第606页。

⑦ 《马克思恩格斯全集》第21卷，人民出版社1965年版，第345页。

⑧ 《马克思恩格斯全集》第20卷，人民出版社1971年版，第307页。

机车炉被焚烧①。时间到了21世纪，在此次国际金融和经济危机中，荒谬现象仍犹增无减。例如，美国金融危机，债台高筑，损失惨重，但却借实行量化宽松政策，推动美元大幅贬值，转嫁危机，令全球买单；美国次贷流产，主权债务缠身，濒临破产边缘，而发展中国家外汇储备大增，不得不购买美国国债，成为债主；广大中小投资者因危机导致倾家荡产，而少数金融大鳄却借机推波助澜，大发横财；美国政府忙于注资救市，而华尔街金融大亨们却动用国家救助资金发放高额奖金；穷人因失业而贫困交加，靠政府救助度日，而富人直至退任总统，儿女婚嫁却挥金如土；危机时劳动者为避免失业而忍辱负重，企业老板却以就业为诱饵，对男职工百般打压，对女职工进行性骚扰；美国数百万房奴被赶出家门、流落街头，而同时住房空置率却达半个世纪的以来最高水平；全球10亿人生活必需品奇缺，甚至在挨饿，而一些国家却因国际贸易萎缩、出口不振，大量商品找不到销路而苦脑；美国等一些西方国家财政困难，靠借债度日，但却把大钱用于国防科技及军工企业，扩充和更新军备，到处发动战争，侵略扩张，粗暴干涉别国内政……斯大林尖锐地指出："如果一种经济制度竟不知道怎样来处置自己生产出来的'多余'产品，而在群众普遍遭到贫困、失业、饥饿和破产的时候却不得不把它们焚毁掉，那末这种经济制度本身就给自己宣判了死刑。"②

最后，马克思和恩格斯还从许多方面揭示和分析了危机对资本主义制度的威胁。他们认为，危机给资本主义制度带来的威胁，首先表现为资本主义基本矛盾的深化和发展。马克思在《政治经济学批判》中指出："资本不可遏止地追求的普遍性，在资本本身的性质上遇到了界限，这些界限在资本发展到一定阶段时，会使人们认识到资本本身就是这种趋势的最大限制，因而驱使人们利用资本本身来消灭资本"，"李嘉图及其整个学派始终不了解实际的现代危机，在这种危机中，资本的这种矛盾暴风雨般地突然爆发出来，日益严重地威胁到作为社会基础和生产基础的资本本身。"③"社会的生产发展同它的现存的生产关系之间日益增长的不相适应，通过尖锐的矛盾、危机、痉挛表现出来。用暴力消灭资本，——这不是通过资本的外部关系，而是被当作资本自我保存的条件，——这是忠告资本退位并让位于更高级的社会生产状态的最令人信服的形式。"④ 在《给维·伊·查苏利奇的复信草搞——初稿》中，他又写道："资本主义生产一方面神奇地发展了社会的生产力，但是另一方面，也表现出它同自己所产生的社会生产力本身是不相容的。它的历史今后只是对抗、危机、冲突

---

① 参见宋涛主编：《政治经济学》，上卷第二分册，人民出版社1983年版，第644～645页。

② 《斯大林全集》第12卷，人民出版社1995年版，第282页。

③ 《马克思恩格斯全集》第46卷（上册），人民出版社1979年版，第393～394页。

④ 《马克思恩格斯全集》第46卷（下册），人民出版社1980年版，第268～269页。

和灾难的历史。"[①] 恩格斯在《社会主义从空想到科学的发展》中也指出：资本主义的生产形式不允许生产力发挥作用和产品进行流通，而阻碍这种转变的正是生产力和产品的过剩。这种矛盾发展到荒谬的程度：生产方式起来反对交换形式。资产阶级已经暴露出自己无能继续管理自己的生产力。"[②]"资本主义生产方式的全部机构在它自己创造的生产力的压力下失灵了。"[③] 危机给资本主义制度带来的威胁还表现在阶级矛盾的尖锐化上。马克思在《不列颠宪法》中指出："一旦工人阶级自己充分感觉到危机的影响"，"工业无产阶级同资产阶级的冲突又会开始。"[④] 在《国际述评》中，他写道：在危机中，"工人阶级因消费品不足而激怒愤懑"。[⑤] 在《法国的经济危机中》中，他又写道："农业的这种困苦状况，加上商业的萧条，工业的停滞以及仍然在威胁着的财政灾难，必定会使法国人民处于他们通常起来进行新的政治试验时的思想状况。"[⑥] 恩格斯也具体分析了危机引起的阶级矛盾的深化发展对资本主义制度的威胁。他指出："危机时期，工会在很大的程度上加强了工人对有产阶级的仇恨和愤怒。"[⑦] 危机"总是给工人带来可怕的灾难，激起普遍的革命义愤，并给整个现存制度造成极大的危险。"[⑧] 另外，危机还促进了工人运动的发展。马克思、恩格斯在《国际评述（二）》中指出："这次英国的双重危机由于大陆即将发生动荡而将会来得更快，更广泛和更危险，而大陆的革命由于英国危机对世界市场的影响而将会具有比以前更鲜明得多的社会主义性质。"[⑨]

从马克思恩格斯逝世到现在，金融和经济危机仍在不断地和周期地发生。危机给资本主义带来的威胁，虽然不断变换新的形式，但仍然有增无减。从经济上看，在资本主义进入垄断阶段，并由私人垄断经过国家垄断向国际垄断发展的进程中，资本主义的基本矛盾也由国内走向国际，目前已发展为生产的全球性与占有制的私有性的矛盾，并派生出了一系列的国际性矛盾。从政治上看，资本主义世界的阶级矛盾，经过不断演变和发展，在私人垄断向国家垄断阶段的过渡时期，形成了世界的三大基本矛盾，即资本主义国家内资产阶级与无产阶级的矛盾、资本主义国家与殖民地半殖民地国家人民的矛盾以及资本主义国家间的矛盾。这三大基本矛盾的尖锐化，导致了两次世界大战，呼出了人类历史上第一个社会主义国家的诞生和一个庞大的社会主义阵营，不仅开创了人类

① 《马克思恩格斯全集》第19卷，人民出版社1963年版，第443~444页。
② 同上，第246~247页。
③ 同上，第237~248页。
④ 《马克思恩格斯全集》第11卷，人民出版社1962年版，第111页。
⑤ 《马克思恩格斯全集》第7卷，人民出版社1959年版，第345页。
⑥ 《马克思恩格斯全集》第12卷，人民出版社1962年版，第427页。
⑦ 《马克思恩格斯全集》第2卷，人民出版社1957年版，第507页。
⑧ 《马克思恩格斯全集》第4卷，人民出版社1958年版，第363页。
⑨ 《马克思恩格斯全集》第7卷，人民出版社1959年版，第345页。

历史的新纪元，而且改变了世界各种力量的对比，一度使资本主义濒临崩溃的边缘。第二次世界大战以后，国家垄断资本主义急速转变为国际垄断资本主义，世界的三大基本矛盾演变为资本主义国家内资产阶级与无产阶级的矛盾、资本主义国家与殖民地半殖民地国家的矛盾、资本主义国家间的矛盾以及资本主义阵营和社会主义阵营的矛盾等四大基本矛盾。在这些矛盾的推动下，亚洲非洲拉丁美洲反对帝国主义殖民统治的民主民族独立运动蓬勃高涨，社会主义国家的各项建设事业和综合国力蓬勃发展，以美国为首的资本主义阵营到处挨打，陷于革命浪潮的重重包围之中。

20世纪80年代之后，苏联解体、东欧巨变，社会主义运动处于低谷，世界基本矛盾又采取了新的形式，并得到进一步演化和发展。这些新的矛盾形式是：资本主义国家内金融垄断资产阶级与广大劳动群众的矛盾、西方发达国家与新兴经济体国家的矛盾、西方发达国家与广大发展中国家的矛盾、以美国为首的西方发达国家与目前尚存的中国等社会主义国家的矛盾，以及西方发达国家之间的矛盾等等。进入21世纪之后，由于连绵不断的金融和经济危机，上述矛盾，又派生出一系列新的矛盾，产生了一系列新的经济、政治、思想文化、宗教等方面的问题。这些矛盾和问题，相互交错，相互作用，不断深化和发展。经济上的恶性竞争，政治上的分化和改组，军事上的包围和反包围，由西方发动的以维护人权为旗号、粗暴干涉别国内政的、大大小小的局部战争，频频出现的社会动乱和政权更迭，分裂主义、极端民族主义和恐怖主义泛滥等，像一部部连续剧轮番在世界各地上演。这些乱象和纷争，虽然都由资本主义的本性所引起，由金融和经济危机所推动，使新生的革命力量受到牵制和打压，给世界人民带来极大的苦难，但并不表明资本主义制度的强大和无限生机，只能说明资本主义制度无法掌控世界经济政治发展的态势和走向。只能说明，危机以及由危机所推动的当代世界的各种矛盾，这些矛盾所引发的各种混乱现象和后果，使资本主义制度衰败和没落的命运无可避免，导致这一趋势的各种因素及其规律，正在与资产阶级政客和卫道士们的意愿相反的轨道上，发挥着作用。危机不是资本主义制度的福音，而是资本主义无法摆脱并与之纠缠不休的灾难和恶梦。马克思和恩格斯把危机比作“瘟疫”，甚至比瘟疫更为严重的灾难，真是恰如其分！

三、危机是资本主义的不治之症

将近二百年来，西方资产阶级学者和历届政要，无不在濒于奔命，去治理一次又一次威胁着资本主义制度生存、给人类社会带来灾难的金融和经济危机。

资产阶级早期实行的治理危机的措施不外有以下几种，即制订并实施银行法、征收济贫捐、设立贫民习艺所、兴办国家工厂、举办公共工程等等。客观地说，这些措施当时在抵御金融和经济危机等方面，也起到一定作用。但由于未触及资本主义的基本矛盾以及由此派生的一系列矛盾，离拔除危机的根源距离甚远，因而都不能从根本上解决问题。对于制定和实施银行法，马克思指出：1844 年的银行法，“由于在决定性时刻人为地增加了对贷款的需求，即增加对支付手段的需求，同时又限制它的供给，就促使利息率在危机时期上升到空前的高度；所以这个银行法并没有消除危机，却反而使危机加剧了，以致达到了不是使整个产业界必然破产，就是银行法必然破产的程度。”① 马克思还指出：“在危机期间，支付手段感到不足，这是不言而喻的。汇票能否兑现，取代了商品本身的形态变化，并且单靠信用来进行交易的厂商越多，这个时期的情形就越是这样。像 1844～1845 年那样不明智的和错误的银行立法，只会加深这种货币危机。”② 马克思强调说：“任何银行立法也不能消除危机。”③ 对于用征收济贫捐、救济贫民来消除危机的办法，恩格斯写道：“在 1842 年这次危机时期，济贫捐在一切城市中都高到前所未有的程度。”“但济贫捐是不够用的，是远不够用的。阔老们的慈善救济不过是杯水车薪，它的作用一瞬间就用完了，因为在乞丐很多的地方，施舍只能帮助很少的人。”④ 至于设立习艺所即把失业工人安置在习艺所里，马克思在《资本论》第一卷，引证了大量当时报界关于贫民习艺所实况的报道，来证明这种办法的矛盾性：在贫民习艺所工作的工人，包括工人阶级中原来技术最熟练、报酬最优厚的失业者，从事的工作生产率低、单调而且累人，当时人民都称习艺所为“穷人的巴士底狱”。⑤ 许多穷人只要还有一点东西可以典当，也绝不会乞求教区救济，如果没有这种情况，接受救济的人数还要增加一倍。⑥ 把因危机而失业的工人编进所谓“国家工厂”的措施，则因其实施效果的双重作用而遭到资产者的反对而夭折。资产者认为，国家工厂是露天的习艺所，这会创立一支暴动大军而严重威胁资本主义制度。他们还认为，此项措施原是当时法国社会主义者、巴黎工人运动领袖路易·勃朗提出的，如果实施，有可能成为实现社会主义的第一步。⑦ 德国曾在 1856～1857 年危机期间举办公共工程以缓解失业人数增加的压力，但这种举措又由于政府缺乏资金而流产。⑧ 总之，在马克思、恩格斯生活的那个年代，资产阶级政府防止或消除危机的措施是蹩脚的和不现实的，只是资本主义毒瘤的止痛剂，危机仍按照自己固有的规律一次次重演，并且，程度不断加深，其灾难也不断得到延续和

① 《马克思恩格斯全集》第 25 卷，人民出版社 1974 年版，第 629 页。
② 同上，第 554 页。
③ 同上，第 554 页。
④ 《马克思恩格斯全集》第 2 卷，人民出版社 1957 年版，第 372 页。
⑤ 参见林振淦：《马克思恩格斯论述金融危机和经济危机》，社会科学文献出版社 2011 年版，第 438 页。
⑥ 参见《马克思恩格斯全集》第 23 卷，人民出版社 1972 年版，第 733～735 页（引文）。
⑦ 参见《马克思恩格斯全集》第 7 卷，人民出版社 1959 年版，第 29～30 页。
⑧ 参见《马克思恩格斯全集》第 13 卷，人民出版社 1962 年版，第 393～394 页。

扩展。

在资本主义进入垄断阶段以后，有人又鼓吹用垄断来消除危机。其实，这种主张不仅背离资本主义发展的实际，而且还带有一种辩护的性质。1893 年 7 月 19 日，恩格斯在给鲁·迈耶尔的信中指出："地产随着时间的推移不断产生小生产，而小生产又同样不可避免地要产生大地产。正如无限制的竞争产生垄断，而垄断又产生竞争一样。这一循环必然同危机、同尖锐的长期的苦难以及整个阶层的居民的周期性破产联系在一起，也同生产资料和成品的大量浪费联系在一起。"① 列宁在《马克思主义和修正主义》一文中指出："卡特尔和托拉斯把生产统一起来了，但是大家都看到，它们同时又使生产的无政府状态变本加厉"。② 在《修改党纲的材料》中，他又指出："帝国主义使资本主义的矛盾复杂尖锐起来，使垄断和自由竞争'搅在一起'，而不能消除交换、市场、竞争、危机等"。帝国主义是垄断的资本主义，但"不是纯粹的垄断，而是垄断和交换、市场、竞争、危机并存。"③"资本打击着小生产，同时使劳动生产率不断提高，造成大资本同盟的垄断地位。""生产的无政府状态愈来愈严重，危机日益加深"。④ 在《帝国主义是资本主义的最高阶段》这部著作中，列宁更指出："在几个工业部门中形成的垄断，使整个资本主义所特有的混乱现象更加紧张，更加剧烈。""所谓用卡特尔消灭危机，这完全是拼命替资本主义粉饰的资产阶级经济学家的谎话。"⑤

时间到了 20 世纪 30 年代，面对资本主义世界罕见的大危机，凯恩斯主义应运而生。这种理论主张对内扩大政府预算支出，由政府投资举办公共事业，实行赤字财政和信用扩张政策；对外扩大商品和资本输出，实行经济扩张政策，以缓和生产过剩；总之，是要通过国家干预，来调节资本主义经济运行中的各种矛盾，恢复经济，消除危机。这套理论政策的实施，在治理危机、实现经济振兴方面确实起到很大作用，并迎来长达数十年的资本主义发展的黄金时期。但由于这些理论措施只是在资本主义制度许可的范围内对社会再生产过程所作的调节和干预，因而，它只是缓解而不能根除资本主义固有的各种矛盾，以至于在 20 世纪 70 年代以后屡次发生的以滞胀为特征的金融和经济危机面前束手无策，导致了新自由主义经济理论的诞生。然而，由于新自由主义经济理论是以恢复、稳固和强化资本主义自由市场经济制度为宗旨的，其理论主张和政策安排无不带有古典自由放任市场经济的色彩，因而，在已经变化了的以金融垄断为特征、国际垄断为主导的世界经济运行中水土不服。这套政策设计的实施，

① 《马克思恩格斯全集》第 39 卷，人民出版社 1974 年版，第 101 页。

② 《列宁全集》第 15 卷，人民出版社 1988 年版，第 17 ~ 18 页。

③ 《列宁全集》第 24 卷，人民出版社 1990 年版，第 431 页。

④ 《列宁全集》第 19 卷，人民出版社 1989 年版，第 6 页。

⑤ 《列宁全集》第 22 卷，人民出版社 1990 年版，第 200 页。

不仅没有消除危机，反而使危机更加频繁、更加深重。结果，在新的21世纪，在这次被人称作百年一遇的国际金融和经济危机所引发的一片讨伐声中而黯然失宠。

历史和现实证明，由资本主义的本性所决定，资产阶级政府所采取的治理危机的理论、政策和措施，不能也不会从根本上解决和根除资本主义的基本矛盾及其所派生的一系列矛盾，不能也不会拔除引发危机的根源。资产阶级政客过去和现在所采取的治理危机的办法，不过是准备更全面、更猛烈的危机的办法。这些办法实施的结果，不是摆脱了危机，而是更加深了危机；不是消除了危机的根源和前提，而是更积累了引起更加猛烈的新的危机的新前提。危机是资本主义的不治之症。

四、社会主义是金融和经济危机的克星

对于人类社会摆脱以至于消除危机的前途，马克思和恩格斯依据资本主义经济社会发展的实际，也作了大量的分析和论证。

首先，他们认为，不消灭资本主义制度，就不能摆脱和消除危机。马克思在《评阿·瓦格纳的〈政治经济学教科书〉》中指出“如果现在的国民经济组织及其法的基础（!），土地的私有制和资本等等被看作是基本上不应变化的‘制度’，那就没（……）任何办法来消除……｛那些由此产生的灾祸，如销售方面的阻碍、危机、解雇工人、减少工资，等等的｝原因，从而消除‘这个祸害本身’”。[①] 恩格斯在《保护关税制度和自由贸易》一文中指出：“生产过剩造成的广大人民群众的贫困；这种生产过剩所引起的周期性的市场充斥和伴随着恐慌或者生产和贸易方面的经常停滞；社会划分成人数很少的大资本家阶级和人数众多的实际是世袭的雇佣奴隶——无产阶级，这些无产者的人数在不断增长，但同时却受到节约劳动的新机器的排挤；一句话，社会走进了死胡同，除了彻底改造构成这个社会的基础的经济制度以外，没有别的出路。”[②] 在《路德维希·费尔巴哈和德国古典哲学的终结》一书中，他又指出：“生产过剩和大众的贫困，两者互为因果，这就是大工业所陷入的荒谬的矛盾，这个矛盾必然地要求通过改变生产方式来使生产力摆脱桎梏。”[③] 斯大林说得更加明确：“要消灭危机，就必须消灭资本主义。”[④]

其次，他们认为，只有社会主义代替资本主义，才能消除危机。马克思指出：“资本主义制度正在经历着危机，这种危机只能随着资本主义的消灭，现代

① 《马克思恩格斯全集》第19卷，人民出版社1963年版，第425页。

② 《马克思恩格斯全集》第21卷，人民出版社1965年版，第429～430页。

③ 同上，第345页。

④ 《斯大林全集》第12卷，人民出版社1955年版，第215页。

社会的回复到‘古典’类型的集体所有制和集体生产的最高形式而结束。”① 恩格斯在《自然辩证法》一书中更明确指出：“十年一次的危机不但毁灭生产出来的生活资料、享受资料和发展资料，而且毁灭生产力本身的一大部分，来求得平衡的恢复；因此，所谓生存斗争就采取了如下的形式：必须保护资产阶级的资本主义社会所生产出来的产品和生产力，使它们不受这个资本主义社会制度本身的毁灭性的破坏作用的影响，办法是从不能办到这一点的资本家统治阶级中夺取社会生产和社会分配的领导权，并把它转交给生产者群众——而这就是社会主义革命。”② 恩格斯还指出了社会主义能够消除危机的条件和原因。他说：在社会主义社会，“人和人的利益并不是彼此对立的，而是一致的，因而竞争就消失了。”“在生产和分配必要的生活资料的时候，就不会再发生私人占有的情形，每一个人都不必再单枪匹马地冒着风险企求发财致富，同样也就自然而然地不会再有商业危机了。”③“由于社会将剥夺私人资本家对一切生产力和交通工具的支配权，也将剥夺他们对产品的交换和分配权，由于社会将按照根据实有资源和整个社会需要而制定的计划来支配这一切东西，所以同现在实行的大工业制度相联系的一切有害的后果，将首先被消灭。经济危机将终止，”“同时也不会因此（象过去那样）而造成整个社会秩序的周期性混乱。”④

有人可能以社会主义建设史上有过不止一次的危机、我国被卷入此次国际性的金融和经济危机为由，而对马克思主义经典作家上述论断的真理性表示怀疑。笔者认为，这种怀疑在方法论上是错误的，在实践上也有失偏颇的。首先，前苏联和我国前30年社会主义建设中确实发生过危机。但无论是前苏联还是我国前30年社会主义建设中的危机都是短缺性危机，而不是过剩的危机，这与马克思等经典作家论及的危机有着本质的区别，并且在危机发生的原因、条件和表现上也有根本上的不同。⑤ 不能把两种不同性质的危机相互混淆。至于我国也被卷入此次国际金融和经济危机，那是由我国目前所面临的国际环境和国内条件造成的。大家知道，当今世界是以西方发达国家为主导的全球经济一体化的国际垄断资本主义占统治地位的世界，导致危机的国际基本矛盾以及由此派生的一系列矛盾一个也没有解决，并且还有所深化和发展。同时，我国实行的是社会主义市场经济，这种经济虽然以公有制为主体，但多种所有制经济共同发展；虽然以按劳分配为主体，但多种分配方式并存；虽然有政府的宏观调控，但市场调节对资源配置起基础性作用；同时，我国实行的还是以出口为导向、对外依存度很高、全方位开放的外向型经济。鉴于此，导致危机具有可能

---

① 《马克思恩格斯全集》第19卷，人民出版社1963年版，第437页。

② 《马克思恩格斯全集》第20卷，人民出版社1971年版，第653页。

③ 《马克思恩格斯全集》第2卷，人民出版社1957年版，第605页。

④ 《马克思恩格斯全集》第4卷，人民出版社1958年版，第369页。

⑤ 参见张作云：《社会主义经济也有可能发生金融危机和经济危机》，载于《江汉论坛》2012年第4期。

性和现实性的我国市场经济的基本矛盾即生产的社会性和占有制的多样性的矛盾以及由此派生出来的一系列具体矛盾就必然会发挥着作用。并且，这种作用还会随着我国改革的进行和市场化程度的提高而进一步深化和发展。在这样的国际经济环境和国内条件下，如果西方经济有事，我国经济怎能独善其身，得以幸免不而受一点影响？大家同样也可以看到，此次国际金融和经济危机发生以后，由于我们处在以公有制为主体和以按劳分配为主体的社会主义初级阶段的基本经济制度下，而且有政府果断、及时而有力的宏观调控，一声令下，八方呼应，上下齐力。结果，在世界经济的舞台上，我国经济率先摆脱危机的纠缠，实现复苏，继续保持平衡较快发展的好势头，并超越日本，成为世界上第二大经济体。试想，如果没有社会主义的基本经济制度，没有社会主义制度优越性的作用，能够做到这一点吗？再看西方世界，目前，这场危机仍在进行中，各种不确定性仍然存在并且还在进一步发展。美国金融经济困难重重，国债越积越多；实体经济萎靡不振，失业严重，复苏乏力。欧洲各国债台高筑，债务锁链缠身而得不到解脱。欧元区国家，主权债务危机一波未平，一波又起，劳动者社会保障和社会福利一减再减，人民群众强烈不满，街头抗议活动接连不断，酗酒、吸毒、自杀、恐怖活动等社会突发事件不断出现，国家财政赤字越来越大，一些国家甚至濒临破产的边缘。这种境况，与我国在危机中的表现两相对照，两种社会制度，两种发展模式，孰优孰劣，不是显而易见的吗？事实已经证明，以公有制为基础的社会主义市场经济，虽然存在危机的可能性和现实性，但通过我们的谨慎努力，坚持改革的正确方向，充分发挥以公有制为基础的社会主义制度的优势，充分发挥政府强有力的宏观调控作用和全国上下协调的一盘棋精神，不仅可以避免危机的发生，或者即使发生危机，也可在深度和广度上，减轻危机带来的损失，降低危机的破坏性，从而使经济很快得到复苏，并走向新的更高程度的繁荣。事实已经证明，只有社会主义才能防止以致消除金融和经济危机，社会主义制度是以过剩为特征的金融和经济危机的克星。

五、结论和启示

回顾历史，综观当代，面对此次灾难深重、令人谈虎色变的国际金融和经济危机，世界上不同国家、不同党派、不同阶级和阶层、持有不同立场的各界人士都在开动脑筋，进行反思。一种观点认为，资本主义的生命力需要重新评估。虽然这次重创了世界资本主义体系的经济危机不等于资本主义的终结，虽然美国、日本、欧洲在采取自我调节措施，资本主义仍然可以在可能的范围内进行自我调节，虽然尚不能对资本主义能否继续存在和发展下去的问题遽下断语，但是金融危机表明资本主义暴露出自身的局限性，表明它的寄生性、腐朽性日益严重。[①] 另一种观点认为，资本主义不会灭亡，它只会更加强大。全球经济虽然遭遇了重大挫折，但资本主义已经再度证明是有可能采取的最糟糕的经济管理制度。[②] 资本主义的未来，肯定是“高地并非万里无云，然而肯定阳光灿烂。[③] 还有一种观点认为，“目前的经济危机是以资本主义经济为基础的经济体系即将瓦解的深度表现。[④] 上述观点，面对资本主义发展的前程，虽然有所分歧，但有一点是再清楚不过的，即他们都认为资本主义制度不是完美无缺的，还存在着许多弊端和局限性，这些弊端和局限性必将不断打乱资本主义社会再生产的秩序而通过危机表现出来，资本主义的生命力正在递减，资本主义并非像资产阶级的文人和政客所鼓吹的那样，具有天经地义和永恒性。

在危机发生以后，西方国家一方面百般掩盖危机的真相，鼓吹黑暗即将过去，光明正在前头，安抚民心，提振人们的所谓“信心”；另一方面，又频繁召开各种国内的和由各国首脑参加的国际性会议，商讨对策，联合救市。一方面，在国内采取各种紧急措施，收拾了经济残局；另一方面，在国际上，又推动本国货币贬值，重启贸易保护，以转嫁危机。同时，还动用军事机器，打着保护人权和反恐的旗号，到处侵略和扩张，粗暴干涉别国内政。以图继续维护自己的霸权地位，挽救资本主义的颓势，防止资本主义大厦的倾覆。西方国家在危机中的种种表现说明，此次金融和经济危机，已经打乱了他们的阵脚，他们已经感受到了资本主义面临的巨大威胁和严重挑战。他们的方寸已乱，急火攻心，有病乱投医，甚至不惜采取国家资本主义的具有浓厚“社会主义”色彩的国家干预和国有化政策。这说明，资本主义的风光已经不再，尽管还有回光返照的可能，但逐渐衰落、日薄西山的趋势却不可避免。

金融和经济危机发生以后，在西方世界，一种“反资本主义的情绪”徒然兴起。在美国，占领华尔街运动此起彼伏，波及全国各地。在英国，邮件发出死亡威胁，一名高管的住宅遭到袭击，抗议者走上街头。在法国，发生了八大工会联合发起的200余次、参与者达250万之众的大罢工。这种看涨的反资本主义情绪，导致比利时、冰岛、立陶宛政府下台，整个欧美大陆，反资本主义的潮流风起云涌。[⑤] 另外，这次危机再度掀起了人们对马克思的兴趣，其著作越来越受到世人欢迎。《资本论》在全球的销量一路飙升，连法国总统萨科齐也让人特地给他拍摄了一张翻阅马克思《资本论》的照片，[⑥] 社会主义成为各界的金字招牌。针对金融危机爆发之后，世界各国尤其是世界资本主义体系中心的美国推出一系列加强政府干预的救市措施，曾在美国财政部担任高级顾问的纽约大

---

① 参见李慎明：《世界在反思》，社会科学文献出版社2010年版，第15页。

② 同上，第18页。

③ 同上，第19页。

④ 同上，第7页。

⑤ 同上，第15页。

⑥ 同上，第19页。

学特恩商学院经济学教授努里尔·鲁比尼说："这是自苏联和共产主义中国成立以来，在经济事务上，最大的和最社会主义化的政府干预"，"社会主义实际上已经在美国诞生。"① 奥巴马入住白宫以后，共和党和一些媒体总是利用"社会主义"对其大肆攻击。② 受英国广播公司（BBC）委托，加拿大著名民调机构"全球扫描"和美国马里兰大学在2009年6月19日至10月13日对27国2.9万人所做的调查披露，"仅有11%的人认为资本主义在正常运行，而有23%的受访者认为资本主义存在致命弱点，世界需要新的经济制度。另有51%的受访者认为自由市场经济的资本主义系统需要规范和改革。而最悲观的是法国人，有43%表示对资本主义经济制度完全失去信心，认为需要彻底抛弃③。美国拉斯马森民意调查机构的调查人员发现："20%的受访者更偏爱社会主义，而不是资本主义"，"30岁以下的年轻人两种选择各占一半。这也许预示着，那些疯狂的电台主持人的子孙后代也终有一天会迎来真正的社会主义。"④ 西方资本主义世界发生的上述两种截然相反的社会动向表明，金融和经济危机，是一部教科书，它唤起了西方世界广大人民群众的觉醒，尽管这种觉醒还处在自发阶段，然而，"自发"却是"自觉"的起点、前提和基础，"自发"运动发展到一定程度，必然走上"自觉"，这是群众运动发展的必然趋势和不可抗拒的规律。两种社会动向还表明，金融和经济危机是社会变革的最强有力的杠杆之一。它不仅推动西方国家国内关系某种程度的调整，而且还推动了以美国为主导的各种国际经济组织及其机构进行某种程度的改革，同时还将促进正在处于低潮的社会主义运动的复兴。

总之，金融和经济危机的历史与当代现实告诉我们，资本主义和世界上其他任何事物一样，不仅有其存在的必然性，而且还有其历史性、暂时性和过渡性。由人类社会发展的普遍规律和资本主义发展的特殊规律所决定，它的灭亡和社会主义的胜利是同样不可避免的。虽然实现社会主义的道路是曲折的，但这个历史的趋势是任何人也改变不了的。社会主义的明天必将是风和日丽，千帆竞发，万物竞生，一片欣欣向荣的景象。

---

① 参见李慎明：《世界在反思》，社会科学文献出版社2010年版，第16页。
② 同上，第17页。
③ 同上，第16页。
④ 同上，第17页。

新自由主义三大悖论与经济危机[*]

黄瑾[**]

自2007年以来，资本主义经济危机越演越烈，学者们对危机爆发的原因进行了大量的研究。西方主流学者认为这场危机缘起于政府放松监管、信息不充分和银行高管贪婪或民众恐慌等因素，这种就事论事的分析只能产生头痛医头、脚痛医脚的效果，未能触及问题的本质。国外马克思主义学者则将危机的原因归结为20世纪70年代中期以来新自由主义的发展，特别是在此背景下金融业的过度扩张。托马斯·帕利（Thomas Palley，2009）反对房贷泡沫破裂说，坚持认为美国政府在过去25年间执行的宏观经济政策是导致危机的直接原因，他尤其强调如下三个重要事项，第一，工资增长与劳动生产率增长的脱钩政策导致工资在收入份额中的比重下降；第二，公共、个人和商业债务史无前例地增长，与之相伴随的是金融部门地位的上升，甚至相对独立化；第三，以1999年废除格拉斯－斯蒂格尔法案（Glass－Steagall Act）为标志的放松管制政策。他认为，如果说金融市场的失败对于危机的爆发难辞其咎，那么宏观经济政策的失败才是根本性的原因。大卫·科茨（David Kotz，2009）同样指出此次金融和经济危机是一场新自由主义体制的危机。本文也探讨新自由主义与经济危机的关系，侧重分析新自由主义三大悖论如何引发经济危机，即自由贸易引致发达国家就业市场和产业的空心化、自由竞争带来金融市场寡头垄断的出现、自由经营实现了资本原始积累的时空穿越但加剧了资本主义基本矛盾，导致了经济危机的爆发。

* 国家社科基金青年项目（09CJL002）。

** 黄瑾，福建师范大学经济学院教授，主要研究方向为《资本论》与社会主义经济。

一、自由贸易的悖论

新自由主义向发展中国家不断贩卖“贸易自由化”主张，宣称自由贸易有助于包括消费者和生产者在内的整体福利提高；各国开放国内市场并参与国际贸易，能够实现经济的发展。但2007年经济危机的爆发表明自由贸易的好处并不是如新自由主义者所宣称的那样，倡导自由贸易的全球化导致美国就业市场和产业空心化，劳动者大量失业，收入分配两极分化，国内消费需求不足。

美国就业市场的“空心化”（hollow - out）或“两极分化”（polarization）表现为高技能职业（high skill and high wage jobs）（如工程师、法律、金融专家等技术、专业性职业及管理行业）和低技能职业（low skill and low wage jobs）（如餐饮、保健看护、建筑、保洁等职业）的就业机会增长，而构成中产阶级主体的中等技能职业（medium skill and medium wage jobs）（如销售、文书、生产、操作员等职业）就业机会的缩小。① 根据全球化论点，中国全力融入世界贸易体系，不仅提供了广阔的消费市场，而且供应了大量的低工资劳动力资源。由于发达国家与发展中国家之间存在着巨大的工资差距，资本家为了追求更高利润，纷纷把制造业转移到劳动力成本较低的发展中国家，或者加快部分生产环节外包的进程，实现全球的工资套利。在这种情况下，更加关心个体私利而不是就业这样公共利益的跨国公司缺乏动力去推动可以节约劳动力的技术进步，也缺乏动力去提高劳动力密集型生产环节的竞争力。产业转移和国际外包导致产业空心化和就业市场空心化的出现，对制造业工人的需求下降，中下层收入停滞不前。2001年诺贝尔奖得主斯宾塞（Michael Spence，2011）在《外交》杂志上撰文称，全球化的影响除了表现为以中国和印度为代表的新兴经济体在全球价值链中的地位不断攀升，并在半导体的设计和制造、制药、信息技术服务等美国传统优势领域拥有越来越大的竞争优势以外，还体现为通过国际供应链的重新配置来影响产品的价格、工作的方式和工资的水平，美国制造业生产环节的工人由于遭遇发展中国家工人的竞争，不可避免地遭受失业及收入增长缓慢的命运。② 据统计，1990~2008年美国就业工人人数从1.22亿增长到1.49亿，在增加的2700万个就业岗位中，98%来源于非贸易部门，该部门生产的商品和提供的服务只能在国内消费，包括政府机构、医疗保健、批发、建筑、餐饮部门等。同一时期，可贸易部门（包括制造业、工程师行业、咨询行业等）仅仅提供了微不足道的60万个就业岗位。更为糟糕的是，在经济危机的背景下，非贸

---

① David H. Autor. *The Polarization of Job Opportunities in the U. S. Labor Market: Implications for Employment and Earnings*. Center for American Progress and The Hamilton Project, May, 2010

② Michael Spence. Globalization and Unemployment: the Downside of Integrating Markets. Foreign Affairs. June 2, 2011

易部门的就业增长前景不容乐观，如果可贸易部门不能成为就业增长的引擎，那么美国将面临长期的高失业局面。

曾几何时，自由贸易仅仅威胁到制造业生产工人的就业机会，而今日，计算机技术的发展使长期以来缺乏可贸易性的服务实现了贸易国际化，这进一步加剧了美国就业市场的“空洞化”问题。根据传统技术进步论点，受教育程度和技能水平决定了工作机会和薪酬水平，信息技术的进步和交易的自动化将大大减少低技能劳动者的工作机会。2008 年诺贝尔奖得主克鲁格曼（Paul Krugman，2011）则指出，现代技术并没有为受过良好教育的工人提供更多就业机会，相反，那些手工劳动（如卡车司机、大楼门卫）由于指令无法明确化而难以实现自动化，因此他们并不受到技术进步的威胁。另外，计算机智能化水平的提高却使那些例行化的工作易于实现自动化。① 以律师行业为例，电脑软件可以高效低价地处理成千上万的法律文书和任务，从而取代了律师业无数文员的工作。同样的情况也发生在芯片设计业等行业。因特网技术使这些需要受过良好教育的工作——相比于低工资低技能的工作——由于更易于“外包”因而难逃失业的命运。麻省理工学院经济学教授戴维·奥特（David H. Autor，2010）的研究发现，在经济金字塔中，低技能岗位的就业机会正在增长，中等技能的白领和蓝领的就业机会因为产业转移和外包正在失去，20 世纪 90 年代曾快速增长的高技能岗位的就业机会因为外包也正在减缓。②

在马克思看来，即使自由贸易扩大了生产力，降低了消费品的价格，增加了对劳动的需求，但工人的处境不但难以改观，反而更加恶化。这一方面是由于自由贸易加速了资本的积累和集中，促进了分工的扩大和机器的更大规模使用，从而加剧了工人之间的竞争，工人劳动报酬日益减少、劳动强度日趋增加。另一方面，随着自由贸易的实现，工人所得恰好就是最低工资。在消除了妨碍自由贸易的羁绊之后，竞争越来越具有把每一种商品的价格都降低到该商品的最低生产费用的作用，劳动这种商品也不例外。最低工资是劳动的自然价格，是要维持工人使他能勉强养活自己并在某种程度上延续自己的后代所必要的支出。由于不断地找到以更廉价的食品来维持劳动的新方法，最低工资也就不断降低。即使由于工业接连地经过繁荣、过剩、停滞、危机诸阶段而形成一种反复循环的周期，工人的所得有时会多于这种最低工资，但这种多余部分不过是补充了他在工业停滞时期所得低于最低工资的不足部分而已。在历史上，由于实行以罗斯福新政为代表的资本主义改良措施，一方面对富人和企业增加税收，提高工人工资；另一方面加强社会福利保障体系的建设，工人的整体状况因此得到改善。由此产生了一种流行的观点，即大多数劳动者都步入“中产阶级”

① Paul Krugman. Education's Not the Answer, After All. New York Times, March 8, 2011

② David H. Autor. *The Polarization of Job Opportunities in the U. S. Labor Market: Implications for Employment and Earnings.* Center for American Progress and The Hamilton Project, May, 2010

的行列，工人阶级正逐渐消失。对于以收入高低划分阶级的观点，马克思曾尖锐地指出："所谓资本迅速增加对工人有好处的论点，实际上不过是说：工人把他人的财富增殖得越迅速，落到工人口里的残羹剩饭就越多，能够获得工作和生活下去的工人就越多，依附资本的奴隶人数就增加得越多。""这样我们就看出：即使最有利于工人阶级的情势，即使资本的尽快增加如何改善了工人的物质生活状况，也不能消灭工人的利益和资产者即资本家的利益之间的对立状态。"① 正如上文所分析的，新自由主义所倡导的全球化不仅让发达国家的制造业劳动者承受发展中国家的竞争压力，而且也降低了对某些可以为计算机取代的较高技能劳动者的需要，由此导致发达国家失业率高居不下，工人收入增长停滞甚至下降。那么，劳动生产率增长所创造的财富流向了何处？答案是富人，尤其是金融界的巨富。

二、自由竞争的悖论

新自由主义经济学告诉人们，自由竞争是一切经济活动和经济进步的原动力，只要让自由竞争市场发挥自发的作用，就能够自动实现生产的均衡，国家只需充当创造良好外部条件的"守夜人"角色。但2007年经济危机的爆发表明自由竞争的好处并不是如新自由主义者所宣称的那样，自由竞争的必然结果，是金融市场金融寡头垄断的出现，并促使金融资本与寡头政治相互勾结，危及经济与社会繁荣。

华尔街虽然发源于自由金融市场体系，自由竞争带来效率是华尔街取得成功的原因，但"赢者通吃"的无干预自由市场机制也导致华尔街垄断的出现。1994年，美国最大六家银行的总资产占GDP的比重为17%，2009年，达到63%。与此同时，银行业集中度不断提高。1990年，前10大银行资产占有24%的银行总资产份额，2000年为44%，2008年为58%。② 马克思指出，正是自由竞争规律决定了生产和资本集中的趋势和机制，"竞争斗争是通过使商品便宜来进行的。在其他条件不变时，商品的便宜取决于劳动生产率，而劳动生产率又取决于生产规模。因此，较大的资本战胜较小的资本。……竞争的结果总是许多较小的资本家垮台，他们的资本一部分转入胜利者手中，一部分归于消灭。"③ 当生产和资本集中发展到一定程度就必然产生垄断。与此同时，"一种崭新的力量——信用事业，随同资本主义的生产而发展起来。起初，它作为积累的小小的助手不声不响地挤了进来，通过一根根无形的线把那些分散在社会表面上的大大小小的货币资金吸引到单个的或联合的资本家手中；但是很快它就成了竞

① 《马克思恩格斯全集》第6卷，人民出版社1961年版，第497页。

② Financial Debate Renews Scrutiny on Banks' Size. New York Times. April 21, 2010

③ 《资本论》第一卷，人民出版社2004年版，第722页。

争斗争中的一个新的可怕的武器；最后，它转化为一个实现资本集中的庞大的社会机构。”①随着工业资本集中和垄断的形成，银行资本也在激烈的竞争中走向垄断，形成了金融资本与金融寡头的统治。

面对自由竞争造成的市场垄断，以及资源的不合理配置，经济面临一种抉择：如何保证市场竞争和规模经济之间实现合理的均衡？这个“合理”如何把握？是通过市场自律、公众监督，抑或是政府监管？显然，人性的贪婪与激励机制的不足表明市场自律与公众监督是难以奏效的。对于金融市场，政府监管无疑必不可少，但华尔街的例子证明，政府并没有承担监管职责，新自由主义所倡导的自由化、反对任何形式的国家干预反而对于金融市场的迅速膨胀发挥了推波助澜的作用。卡洛塔·佩萝茨（Carlota Perez，2010）从纵向经济周期的角度分析了金融监管缺失导致的金融化问题。②每次技术革命都可以保证发达国家持续约五六十年的经济增长，其间经历“镀金年代”和“黄金年代”两个阶段。前一阶段由金融资本主导的投资促成新产业和新基础设施的形成，以及原有产业的现代化。在后一个阶段，投资由生产资本主导，并通常获得国家政策以及监管更为完善的金融体系的支持。生产资本和金融资本是市场经济中相互区别但相互依赖的两个主体。前者是财富的创造者，后者是财富的分配者。当一项技术革命趋于成熟时，生产资本也趋于保守，这时金融资本粉墨登场，在支持新企业的同时，也往往诱发金融投机。随着泡沫破裂，人们开始重新管制金融领域。这时偏重应用的生产性投资加大，经济增长率和就业率就随之上升。但在美国，预期中的经济繁荣并没有出现，其体制性原因在于，20世纪90年代，金融行业在高科技泡沫破灭之后，并未受到严厉监管，大量资金在监管缺失的情况下转入非生产性领域。总之，市场失败造就了经济的普遍“繁荣”，但以经济结构的严重失衡为代价；而政府失败则表现为较少执行有关再分配的社会政策，1%人口收入急剧增加的同时，整个社会贫富差距日益悬殊。

与21世纪初美国1%与99%的尖锐对立相比，美国民众十分怀念1947年到70年代中期形成的资本主义经济黄金时代。当时的实际工资和生产率同步增长，人民生活水平持续提高，由此造就了让无数人想往的“美国梦”。但如今，“美国梦”只是个神话，过去的十年对于中产阶级来说是“失去的十年”。收入最高的人群正享用着更大的一块蛋糕；位于贫困线以下的人群正在扩大。中等收入和最高收入人群之间的差距也在拉大。③ 2010年，1%最富有家庭收入占总收入比重为19.8%，这是自20世纪20年代末期以来仅次于2007年和2000年的最高

① 《资本论》第一卷，人民出版社2004年版，第722页。

② Carlota Perez. The Advance of Technology and Major Bubble Collapse：Historical Regularities and Lessons for Today. Engelsberg Seminar on “The Future of Capitalism Axson Foundation，Sweden，June 2010 http：//www. carlotaperez. org/download/PEREZTechnologyandbubblesforEngelsbergseminar. pdf

③ Joseph Stiglitz. America is no longer a land of opportunity. Financial Times. June 25，2012.

值。2009~2010年，0.01%最富有家庭收入增长了21.5%，平均收入达到2380万美元（见图1）。

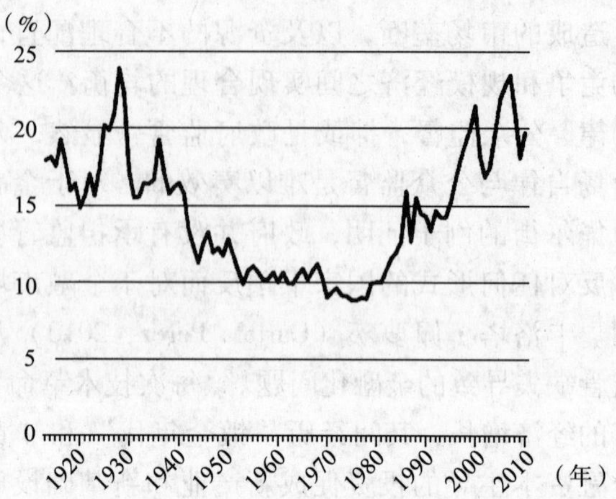

图1 1920~2010年美国1%最富有家庭收入占总收入比重

资料来源：Hannah Shaw and Chad Stone. Incomes at the top rebounded in first full year of recovery, new analysis of tax data shows http://www.cbpp.org/cms/index.cfm fa = view&id = 3697。

克鲁格曼提出，美国贫富差距加剧的主要原因则在于"政治文化"，即20世纪70年代里根执政以来，共和党的"向右转"，而背后的"原因也许是：精英虽然人数不多，但有能力也有意愿捐助大笔竞选资金。"① 马萨诸塞大学阿默斯特分校的阿林德拉吉特·杜伯（Arindrajit Dube）和斯德哥尔摩大学的艾森·考普兰（Ethan Kaplan）强调所谓的精英是那些首席执行官、金融高管和华尔街的律师们。他们掌控着资本和金融部门，并且利用这种金融资本权力俘获了美国政治，用来为自身谋求最大利益。② 正如"华尔街观察"（Wall Street Watch）在一份《华尔街与华盛顿如何出卖了美国》报告中所指出的，1998~2008年华尔街（包括金融、保险和地产行业）用于获得政治影响力的投资超过50亿美元，其中17亿美元为政治捐款，33亿美元用于职业游说。2008年政治捐款和职业游说的金额分别比1998年增长了175%和114%。③

在马克思看来，资本主义条件下自由的实质是资本的自由。在对外关系上，自由是排除一些仍然阻碍着资本前进的民族障碍，让拥有垄断优势的工业资本更充分地自由活动。当时的英国之所以主张自由贸易政策，因为它是一切最重要工业部门的世界贸易的实际垄断者。当在自由竞争下已经再没有别的国家能

① 克鲁格曼：《美国怎么了》，中信出版社2008年版。

② Arindrajit Dube and Ethan Kaplan. Occupy Wall Street and the Political Economy of Inequality. The Economists' Voice. March, 2012

③ Robert Weissman and James Donahue. Sold out: How Wall Street and Washington Betrayed America. http://www.wallstreetwatch.org/reports/sold_out.pdf

同它相抗时，“最聪明的办法莫过于把它爬上高枝时所用的梯子扔掉，然后向别的国家苦口宣传自由贸易的好处。”① 从而保证英国在新的国际分工体系内能够长期垄断工业生产。在对内关系上，自由是资本榨取工人最后脂膏的自由，当发展到垄断资本主义阶段时，所谓的自由就是金融资本的自由，大银行家的自由，是华尔街的自由。作为职业经理，他们即使在自己所服务机构出现严重亏损时，也可以拿到丰厚的离职“补偿金”。作为美国政治的后台老板，他们极尽保护自己之能事，最为显著的根据就是“太大而不能倒”（Too big to fall）——那些占据市场主导地位的金融机构一旦倒闭，有可能引发全面的系统性风险。因此，2007 年经济危机以来，美国政府拿出上万亿美元援助那些陷入危机的华尔街金融公司。这再一次证明，所谓的自由仅仅是资本极尽所能剥削劳动者的自由，所谓反对政府不干预，仅仅是反对对资本不利，而鼓励对资本有利的干预。

三、自由经营的悖论

新自由主义经济学告诉人们，每个人在追求自身利益最大化的同时，“看不见的手”会引导实现社会利益的最大化，自由经营能够实现资源的有效配置，资本是实现效率的唯一手段。但 2007 年经济危机的爆发表明，资本家对利益的追求仅仅是资本人格化的外在表现，对剩余价值的追求导致后福特主义生产方式的形成，而适应国际垄断资本主义要求的自由化、私有化和市场化主张加剧了资本主义基本矛盾，导致经济危机的爆发。

以上两点的分析似乎告诉人们，如果现实经济生活中不发生新自由主义政策的逆转——工资增长的步伐跟上劳动生产率的增长、没有放松对金融部门的监管、也没有出现公共和私人债务的激增——那么危机是可以避免的。但在马克思看来，资本主义危机是制度的危机，资本对剩余价值的追求必然恶化资本主义的基本矛盾，导致危机的爆发。

资本主义生产的目的不是为了使用价值，即用某种商品交换货币以换取另一种商品，而是为了剩余价值，即用货币购买劳动力商品以获得更多货币。全球化的形成和发展主要是由资本追逐剩余价值的本性决定的。“创造世界市场的趋势已经直接包含在资本的概念本身中。”② 不断扩大生产规模和产品销路的需要，驱使资产阶级奔走于全球各地，到处落户，到处开发，到处建立联系。资本表现出对以前各生产阶段所固有的种种界限和限制的否定，最终形成了一个全球普遍联系的世界市场。与此同时，为了加速积累，资本力求用时间去消灭空间，使商品从一个地方转移到另一个地方所花费的时间缩短到最低限度，使

① 弗里德里希·李斯特：《政治经济学的国民体系》，商务印书馆 1961 年版，第 307 页。

② 《马克思恩格斯全集》第 46 卷（上册），人民出版社 1979 年版，第 391 页。

商品从一种款式更新到另一种款式所需要的时间压缩到最短限度。生产和流通时间的缩短提高了资本的生产效率，增强了竞争力。但是，生产总是要遇到消费的界限，“工人的消费能力一方面受工资规律的限制，另一方面受以下事实的限制，就是他们只有在他们能够为资本家阶级带来利润的时候才能被雇用。一切现实的危机的最后原因，总是群众的贫困和他们的消费受到限制，而与之相对比的是，资本主义生产竭力发展生产力，好像只有社会的绝对的消费能力才是生产力发展的界限。”[①] 资本主义制度下生产无限扩大的趋势与劳动人民购买力相对缩小的基本矛盾并没有因为全球化的到来而消失。在马克思看来，正是资本在全球的自由流动，才使市场机制在世界范围内自由起作用，在周期性生产过剩的危机中达到顶峰，从而导致资本家和生产者之间极端的对抗，加速了社会革命化过程。“因为在实行自由贸易以后，政治经济学的全部规律及其最惊人的矛盾将在更大的范围内，在更广的区域里，在全世界的土地上发生作用；因为所有这些矛盾一旦拧在一起，互相冲突起来，就会引起一场斗争，而这场斗争的结局则将是无产阶级解放。”[②]

第二次世界大战后，资本主义的发展实际遵循着马克思洞察的资本主义发展轨迹。福特主义生产方式通过大规模生产来降低产品价格，推动了大众消费，从而把雇佣劳动纳入社会再生产的大循环之中，资本主义经历了一个30年的黄金时期。但是，20世纪70年代以来，凯恩斯主义的反危机措施不仅没有解决反而加重了资本主义的基本矛盾，资本主义普遍出现了滞胀。为了寻求出路，资本主义生产方式进行了调整，后福特主义弹性专业化生产方式开始建立。它一方面以全球模块化生产网络为基础，全球化空间距离的压缩使资本在发展中国家实现了原始积累的穿越。与此同时，产生核心劳动力与边缘劳动力的分化以及资本权力的集中，从而导致工会力量的衰退和收入差距的扩大。[③] 在美国，工会覆盖率从1973年的26.7%下降到2011年的13%。[④] 另一方面，跨国公司主宰着产业资本在世界范围内的自由转移，加速世界市场成为世界工厂，而网络技术的发展实现了服务产业的可贸易化，使资本对全球经济实现了全产业控制。80年代以来，适应国家垄断资本主义向国际垄断资本主义转变的要求，新自由主义喧嚣尘上[⑤]，自由化、私有化和市场化的主张为资本控制全球经济扫清了制度上的障碍，一个以资本主义生产方式为主导的全球化开始形成，一个以国际垄断资本主义与新自由主义相结合的美国模式风靡世界。它们在全球范围追逐剩余价值的生产与实现，但以发展中国家工人受剥削程度加深和发达国家工人

① 《资本论》第三卷，人民出版社2004年版，第548页。

② 《马克思恩格斯全集》第4卷，人民出版社1958年版，第295~296页。

③ 陈硕颖：《模块化生产网络背景下的劳资关系研究》，载于《教学与研究》2011年第5期。

④ Lawrence Mishel, Gosh Bivens, Elise Gould, and Heidi Shierholz. *The State of Working America 12th Edition* http://stateofworkingamerica.org/subjects/overview/ reader

⑤ 何秉孟、戎殿新：《新自由主义研究》，载于《马克思主义研究》2003年第6期。

失业加剧为代价。因此，在发达国家内部呈现出工资增长落后于劳动生产率增长、工资不升反降而利润却不断上涨的图景（见表1）。

表1　　小时工资与劳动生产率（1967～2010年）

时期	劳动生产率增长率（%）	小时工资增长率（%）	劳动生产率增长率与小时工资增长率的差额
1967～1973	2.40	2.93	-0.53
1973～1979	1.08	-0.13	1.21
1979～1989	1.30	0.38	0.92
1989～1999	1.65	0.94	0.71
1999～2006	2.28	-0.03	2.31
2006～2010	1.78	0.69	1.09

资料来源：Lawrence Mishel，Gosh Bivens，Elise Gould，and Heidi Shierholz. *The State of Working America 12th Edition* http：//stateofworkingamerica. org/subjects/overview/reader

在内需不足的约束下，资本家不是通过提高工资水平，而是以贷款的方式（房地产贷款、汽车贷款、学生助学贷款、信用卡透支等）来提高工人的购买力。而技术进步体现出的资本有机构成不断提高导致了资本利润率的下降，过剩的资本也在寻求出路。因此，自20世纪70年代以来，资本主义世界出现了“巨大金融化”现象。[①] 在金融越来越成为现代经济命脉的情况下，金融自由化使资本有了一个控制实际经济的最重要的杠杆，从而通过金融“扼制”牢牢掌握着整个经济体系。尽管古典政治经济学自创立以来一直坚持生产性活动与非生产性活动、实体经济和虚拟经济的区分，但新自由主义完全否定这一区分，甚至假装金融资本就是产业资本增长的一部分。美国密苏里大学的迈克尔·赫德森（Michael Hudson，2009）强调指出，对于实体经济而言，金融部门被称为“寄生虫”更合适。它的危害不仅仅是吸干主体营养那么简单，而是取代主体的大脑，让主体相信它就是主体身体不可缺少的一部分，并且像幼童一样需要保护。当奥巴马宣布“为了拯救实体经济，必须拯救银行业”的时候，人们不得不相信，金融部门已经成功地掩盖了其“寄生性”，金融资本已经发挥了对实体经济的支配性作用。[②]

四、结语

分析经济危机产生的根源就要探究：为什么生产过剩而有效需求不足？为

① 裘白莲、刘仁营：《资本积累的金融化：金融帝国主义新阶段》，载于《国外理论动态》2011年第9期。

② Financial Parasites Have Killed the American Economy：A Review of Economist Michael Hudson. Global Research，August 27，2009 http：//www. globalresearch. ca/index. phpcontext = va&aid = 14922

什么金融资本家能够操作虚拟资本市场？为什么美国政府要纵容、袒护、包庇这种行为？本文认为，资本主义经济危机的直接原因是生产过剩而有效需求不足，由此引发了信用泛滥、金融机构操纵和政府监管缺失。新自由主义适应于资本主义生产方式的转变，适应于国际垄断资本主义的需要而产生，加剧并且加速了经济危机的爆发。拜新自由主义的自由贸易所赐，美国的就业市场和产业都出现空心化特征，国内有效需求不足；拜自由竞争所赐，美国金融寡头势力不断扩张，金融资本与寡头政治相互勾结统治国家；拜自由经营所赐，资本实现了原始积累的时空穿越，在一定程度上缓解了生产与剩余价值实现的矛盾，但也进一步激化了资本主义的基本矛盾。随着危机的爆发，美国民众于2011年9月17日发起了名为“占领华尔街（Occupy Wall Street）”的运动。该运动宣称：我们共同的特点是占总人口99%的普罗大众再也无法忍受仅占总数1%人的贪婪。愤怒的民众将矛头直指华尔街，但实际是对新自由主义的直接反抗。可以预计，在未来几年中，新自由主义思潮将在人们的深刻反思中得到某种程度的遏制，有利于缓解贫富悬殊的社会福利保障措施将得到一定程度的恢复。

随着中国日益融入全球化进程，新自由主义也影响着中国社会的发展。追求效率第一，必然忽略社会平等；强调纯粹竞争，必然反对政府干预；崇尚绝对自由，必然强化资本至上。由此导致社会生活中贫富悬殊、两极分化等社会不稳定状态、自然环境和社会道德等人类社会赖以生存的基础被破坏。因此，我们必须清醒地认识到新自由主义的欺骗性，以及无节制地发展资本和市场的危害性。

危机后世界贸易恢复增长的主要原因探析

张国红*

2008年年末国际金融危机爆发以来，全球经济遭遇重创，经济增长放缓导致主要经济体进口需求下降，目前，世界贸易正在经历曲折的恢复性增长。2009~2012年，世界货物贸易出口增长分别为-12.2%（70年来最大负增长）、13.8%、5%、2.3%①。在金融危机大背景下，全球贸易保护主义盛行，但在各国政府特别是国际组织的共同努力下，采取经济刺激、促进贸易融资和反对贸易保护主义等政策措施，最终推动了世界贸易的恢复性增长，尽管在增长幅度上尚无法与危机之前相比。本文旨在探求2009~2012年世界贸易恢复增长的主要动因及基本特征。

一、贸易保护主义对世界贸易增长影响探析

在解释2008年以来世界贸易实现恢复性增长的主要动因之前，有必要分析贸易保护主义及其对当今世界贸易增长构成的负面影响，这有助于认识2009~2012年世界贸易恢复性增长的原因。

2008年年末国际金融危机爆发，贸易保护主义的重新抬头。国际金融危机引发全球经济增长突然停滞、世界贸易急剧萎缩、经济增长放缓及失业率走高等棘手问题，进而全球政治和经济的不稳定，致使全球范围内贸易保护主义再度盛行。这种现象在20世纪30年代“大萧条”、1989年亚洲金融危机等时期都曾出现过②。美国国会于2009年2月通过经济刺激方案时暗含“购买美国货”

* 张国红，上海海关学院经济与工商管理系教授；研究方向为教学科研领域：经济学、宏观经济政策。

① 2012年增长数为WTO的预测数。

② K. Michael Finger and Ludger Schuknecht. (1999), “Trade, Finance and financial crises”, Geneva: World Trade Organization.

条款，将全球贸易保护主义推向新高潮。此后，贸易保护主义一直存在，世界各国高度关注其是否会危及开放的世界贸易体系。

贸易保护主义的重新抬头，反映出世界部分国家的贸易政策出现“反对自由市场和崇尚政府干预”的新变化。自国际金融危机爆发以来，利用关税作为贸易保护手段，同时为了保护本国某些产业或产品，动用反倾销和反补贴等措施提高进口商品关税的事件频繁发生；特别是一些国家采取了一揽子援助措施，试图通过促进出口增加需求和就业，贸易保护主义在世界各国受到了欢迎。这一政策行为变化的背后，凸显各国贸易政策转向于“有管理的贸易政策”。战略性贸易政策理论为理解这种贸易政策的转向提供了重要理论依据。该理论认为，通过战略性进口关税及出口补贴政策，扶持本国战略性产业成长，增强其国际市场竞争能力，使其获得规模经济的额外效益。由此，鼓励出口和限制进口的贸易政策就转化为利用进出口促进战略性产业优先发展的产业政策。这一贸易政策的转变，显示政治因素可以左右贸易政策，利益集团（如劳工组织等）的诉求、政治选情等因素对一国贸易政策影响日益增强①。但是，当不同国家相继采用这种“以邻为壑”（beggar - thy - neighbor）的贸易政策时，必然引起更多的贸易争端甚至贸易战。

根据英国经济政策研究中心（Centre for Economic Policy Research）的第十一份“全球贸易预警”报告（2012 年 6 月），2008 年年末至 2012 年 2 季度，各国政府采取了国家援助、竞争性贬值、消费补贴、出口补贴、出口税或限制、进口禁止、进口补贴、知识产权保护、投资措施、移民措施、非关税壁垒、公共采购、配额（包括关税配额）、卫生检疫措施、关税壁垒、贸易技术关税、贸易保护措施（包括反倾销、反补贴和救济）及贸易融资等 22 个种类的贸易保护主义措施。其中，各国政府最常使用的 10 种贸易保护措施，包括政府援助措施、贸易救济措施、提高关税、非关税壁垒、出口征税或限制、投资和移民措施、出口补贴和公共采购、禁止进口、其他措施等。其中，国家援助措施、贸易救济和提高关税为各国政府使用最多或所占比重最大的前三项贸易保护主义措施（见表 1）。

表 1　世界各国广泛适应的 10 种贸易歧视性措施（2008 年 Q4 ~ 2012 年 Q2）

	保护措施类型	占比（%）
1	政府援助措施	27
2	贸易救济措施	23
3	提高关税	13

① J. 大卫. 理查森：《贸易政策的新政治经济学》；保罗·克鲁格曼主编：《战略性贸易政策与新国际经济学》，中国人民大学出版社 2000 年版，第 376 页。

续表

	保护措施类型	占比（%）
4	非关税壁垒	9
5	出口征税或限制	7
6	投资措施	4
7	限制移民措施	4
8	出口补贴	3
9	公共采购	3
10	禁止进口	2
11	其　他	6
12	合　计	100

资料来源：http：//www. globaltradealert. org。

尽管贸易保护措施繁多，但各国政府在2008年四季度至2012年二季度期间采取的贸易保护主义措施数量增长却呈递减趋势，英国经济政策研究中心提供的数据显示，深受2008年年末国际金融危机影响，2009年全球范围内贸易保护措施呈突发性上升态势，一度达到170项贸易保护措施；2010～2011年，下降为100～120项；2011～2012年二季度，继续下降为20～40项，但仍未恢复至国际金融危机爆发前水平，表明贸易保护主义在当今世界中影响仍然存在。其中，关税提高和贸易救济等传统贸易保护形式所占比重仅为37%，非传统的贸易保护主义形式占据主导地位，特别是G20国家近年来采取的贸易保护主义措施在全球范围内所占比重从60%上升至75%①。

由于贸易保护主义政策的核心是“鼓励出口和限制进口”，分析“进口限制”对全球进口贸易影响，可以从一个侧面评估当前贸易保护主义对世界贸易增长的具体影响。据WTO相关数据显示，2009年世界各国政府实施限制贸易措施对全球进口的负面影响为0.8%②；2010年10月～2011年10月，新增进口限制贸易措施对全球进口贸易的影响仅为0.9%。另外，由于G20国家在世界贸易中占很大比重，这些国家在2008年10月～2010年10月期间引入新的“进口限制政策”对世界贸易中进口贸易的实际影响仅分别为0.8%、0.4%和0.2%③。可见，贸易保护主义对世界贸易增长的负面影响弱于市场预期。

① Evenett，Simon（ed.），The Unrelenting Pressure of Protectionism：The 11rd GTA Report. London：CEPR/Global Trade Alert，June 2012. Accessed at http：//globaltradealert. org/sites/default/files/GTA_report_11. pdf.

② WTO Annual Report 2010，P10.

③ Report on G20 Trade Measures（May 2010 to October 2010），www. wto. org/english/news_e/…e/g20_wto_report_nov_e. doc.

另外，尽管国际金融危机期间印度、阿根廷和印度尼西亚等国纷纷采取提高关税等保护措施，但由于中国、美国和欧盟的平均实施关税与约束关税之间相差较小，其中中国、美国和欧盟的平均实施关税与约束关税分别为9.9%和10.0%、3.5%和3.5%、5.2%和5.4%；OECD和中国所占世界贸易进口价值比重超过2/3。所以，全球范围内贸易保护主义对世界贸易增长构成的负面影响比预期要小①。

上述分析说明，国际金融危机背景下贸易保护主义在全球范围内有所抬头，但已经认同WTO规则与义务的世界各国政府及国际组织，绝不会因为国际金融危机而过度放任贸易保护主义。更值得关注的是，目前世界各国政府采取的大部分贸易保护主义措施都与WTO的规则与义务并不相互冲突，或者准确地说，是在符合WTO规则与义务的前提下予以实施的，所以这些“合规”的贸易保护主义措施最终并未对世界贸易的恢复性增长产生什么抑制作用或显著的负面影响。那么，影响2009~2012年世界贸易增长波动的因素还有哪些呢?

二、区域贸易协定对世界贸易恢复性增长影响日益突出

国际金融危机导致全球经济衰退，经济增长乏力、失业率高企等问题给世界各国带来巨大社会经济压力。在此背景下，鉴于短期内难以通过刺激政策拉动国内需求，各国政府特别是发达国家政府纷纷尝试实施促进出口战略推动本国经济的复苏与增长，贸易因此成为经济复苏与增长的“发动机”。区域贸易协定（Regional Trade Agreements，RTAs）也成为危机时期各国政府实现促进出口战略推动经济复苏的次优选择，对世界贸易的恢复性增长影响显著。

所谓“区域贸易协定”是指政府之间为了达到区域贸易自由化或区域贸易便利化的目标所签署的贸易协定。区域贸易协定追求的自由贸易对多边贸易体系具有互补性，这种做法也为WTO所容许，但仍需符合WTO的相关规定。依贸易自由化的深化程度，RTAs可以区分为五种基本类型：优惠贸易协定（preferential trade agreements，PTAs）、自由贸易协定（free trade agreements，FTAs）、关税联盟（customs unions，CUs）、共同市场（common markets）和经济共同体（economic unions）②。目前，多数国家最常采用的RTAs形式为PTAs和FTAs，其中，PTAs的主要支撑是FTAs，但在内涵上，PTAs可以涵盖FTAs，或者说，FTAs只是PTAs的一个特例。

由于RTAs特别是FTAs可以减少贸易和投资壁垒，使成员国尽量降低关税

① WTO：World Tariff Profiles 2008（Switzerland：2008），http://www.wto.org/english/tratop_e/tariffs_e/tariffs_e.htm.

② Parthapratim Pal：Regional Trade Agreements in a Multilateral Trade Regime：An Overview，P2 May 5，2004. http://www.networkideas.org/feathm/may2004/ft05_survey_paper_RTA.htm.

税率或实施优惠关税，因而有利于促进区域贸易自由化。另外，RTAs 内容丰富，包括投资保护、知识产权保护、贸易便利化、政府采购、电子商务、劳动和环境标准，等等，所以，RTAs 的内容超越 WTO 的相关规定，成为促进近年来 RTAs 迅速发展的重要原因。

2009 年以来 RTA 特别是 FTA 快速增加。WTO 的统计数据显示，2008 年 RTAs 增加 35 个；2009 年包括双边贸易协定和区域间自由贸易协定在内的 RTAs 增加了 37 个，为 WTO 建立以来 RTAs 数量增加最多的年份；2010 年，RTAs 增加了 18 个；2011 年，全球范围内 RTAs 数量已增加至 509 个，其中生效的有 213 个。① 这表明，2009 ~ 2011 年 RTAs 数量呈现快速增加态势，其中亚太地区经济快速融合发展，成为全球范围内 FTAs 和 PTAs 成长速度最快的地区。

据 WTO “国际贸易统计年报”“2009 年国际贸易统计年报”，亚洲、欧洲和北美的区域内商品贸易一直占各自整体贸易的较大比重，即使在金融危机爆发及其后，该比重也一直相对稳定。而这三大区域内贸易占世界贸易比重很大（见表 2），如 2011 年亚洲、欧洲和北美的区域内贸易所占全球贸易比重为 48.8%②，在世界贸易中具有举足轻重的地位。当今世界贸易已形成这三大“块状”的区域性贸易。

表 2　区域内商品贸易占各自整体贸易比重　　单位：%

地区 / 比重 / 年份	亚洲	欧洲	北美
2008	50.10	72.82	49.80
2009	51.60	72.10	48.00
2010	53.10	70.90	48.60
2011	52.80	70.50	48.30

资料来源：WTO International Trade Statistics.

在“块状”贸易区域形成中，一个重要特征是 RTAs 的快速增长。在国际金融危机背景下，多边贸易谈判陷入停滞时，区域贸易协定数量快速增长成为促进世界贸易的重要补充，对 2009 ~ 2012 年世界贸易的恢复性增长具有重要推动作用。如果将跨区域贸易协定如 APEC 等市场影响也考虑其中，估计区域贸易协定对世界贸易增长的影响会更大（见表 3）。

① WTO：Annual Report 2009，P9；2010，P8.

② WTO：International Trade Statistics 2012，P62.

表 3　　2011 年区域与区域间商品贸易　　单位：10 亿美元

原产地	目的地							
	北美	南美	欧洲	独联体	非洲	中东	亚洲	世界
世界	2923	749	6881	530	538	672	5133	17816
北美	1103	201	382	15	37	63	476	2282
南美	181	200	138	8	21	18	169	750
欧洲	480	119	4667	234	199	194	639	6612
独联体	43	11	409	154	12	34	117	789
非洲	102	19	205	2	77	21	146	594
中东	107	10	158	6	38	110	660	61251
亚洲	906	189	922	110	152	242	2926	5538

资料来源：International Trade Statistics 2012.

三、影响世界贸易恢复性增长的主要原因

除了区域贸易协定（RTAs）对促进国际金融危机爆发以来世界贸易的恢复性增长有显著影响外，经济复苏、贸易融资恢复及世界贸易计价货币美元贬值等因素，成为推动 2009～2012 年世界贸易恢复性增长的主要动因。

第一，国际金融危机以来全球经济逐步复苏，为 2009～2012 年世界贸易的恢复性增长奠定基础。

WTO 的相关数据显示，2009 年全球 GDP 增长下降 2. 2%，当年世界货物贸易出口增长为 -12. 2%，出现了 70 年来最大负增长；2010 年全球 GDP 增长 3. 6%，当年世界货物贸易出口增长为 13. 8%；2011 年全球 GDP 增长 2. 4%，当年世界货物贸易出口增长为 5%。另据 WTO 的预计，2012 年全球 GDP 增长 2. 1%，当年世界货物贸易出口增长为 2. 3%。可见，全球 GDP 增长与世界贸易增长密切相关，经济增长是世界贸易增长的重要基础。

因为，全球经济复苏增加了世界各国的基本需求，特别是大大增加了对大宗商品和初级产品需求，如钢铁、食品、初级农产品及能源等需求从 2009 年的负增长到 2010～2011 年转为正增长，也修复并促进全球制造业供应产业链的恢复性增长。

全球经济复苏还得益于世界各国为应对国际金融危机采取的规模各异的经济刺激计划。其中，中国、印度、巴西和俄罗斯等“金砖国家”、亚洲国家及其他发展中国家相继推出了经济刺激计划，如中国推出 4 万亿人民币的经济刺激计划，主要通过扩大投资拉动内需而促进经济增长。同时，发达国家也先后实施经济刺激计划，如美国国会于 2009 年 2 月通过总额为 7870 亿美元的一揽子经济刺激计划，这是美国历史上最庞大的经济刺激方案。OECD 国家采取财政刺激

政策涉及资金规模接近 OECD 国家 2009 年度 GDP 的 10%①，约为 4.05 万亿美元②。另据 2009 年 4 月 2 日召开的 G20 伦敦峰会，为刺激经济增长，G20 成员国承诺的财政刺激措施涉及资金规模估计超过 5 万亿美元③。世界各国推行的强劲经济刺激计划对全球经济复苏影响非常显著，2010 年全球 GDP 增长 3.6%，比 2009 年增长 -2.2% 增加了 5.8 个百分点，快速带动了世界贸易的恢复性增长。

但是，受到欧债危机不断深化、美国经济复苏步伐缓慢、日本海啸、泰国自然灾害及阿拉伯国家政治动荡等影响，全球制造业供应链遭遇挫折，2011 年全球 GDP 增长 2.4%，比 2010 年同比大幅下降 1.2 个百分点，导致 2011 年世界贸易增长比上年下降。数据显示，2011 年世界货物贸易出口增长由 2010 年的 13.8% 下降至 5%，进口增长由 2010 年的 13.7% 下降至 4.9%。同样，伴随 2012 年欧债危机的持续发酵，中国等新兴经济体对欧洲出口增长减速，受各国各地区外需低迷影响，全球经济增长继续放缓，世界贸易增长受此影响而日趋缓慢。根据 WTO 的初步预测，2012 年全球 GDP 增长 2.3%，世界货物贸易出口增长预计仅为 2.3%，主要是受到中国等亚洲国家出口大幅萎缩，出口增长率较 2011 年的 12.1% 下滑至 2.6%（见图 1）。

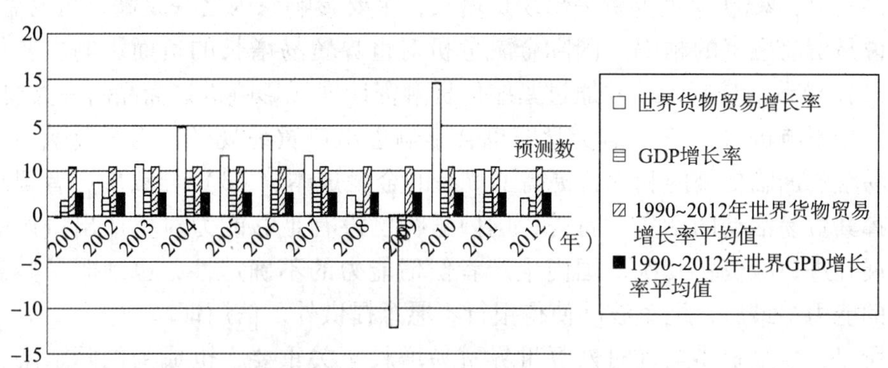

图 1　世界货物贸易量增长与 GDP 增长：2001 ~ 2012（年变化 %）

资料来源：WTO 秘书处。

可见，全球经济复苏步伐快慢对世界贸易的恢复性增长影响巨大。反过来看，国际金融危机时期国内需求大幅萎缩，使各国政府尝试实施促进出口战略拉动经济增长，贸易作为一国经济增长重要“驱动力”的重要性更加突出，世界贸易也成为推动全球经济增长的发动机之一。伴随 2013 年美国经济复苏步入

① Fredrik Erixon and Razeen Sally，“TRADE，GLOBALISATION AND EMERGING PROTECTIONISM SINCE THE CRISIS”，ECIPE WORKING PAPER. N0. 02/2010，P7.

② http：//www. oecd - ilibrary. org/economics/gross - domestic - product - in - us - dollars_ 2074384x - table3.

③ Formation of the G20，http：//www. dfat. gov. au/trade/g20/index. html#dates.

正轨，趋于缓和的欧债危机有利于欧洲经济增长，日本进一步采取量化宽松政策刺激经济增长，以及“金砖国家”经济增长动力不减，这些因素都将推动2013年全球GDP增长或超预期，2013年世界贸易增长幅度将可能超过2012年。

第二，提高贸易融资（trade finance）能力，为2009~2012年世界贸易的恢复性增长提供了重要市场基础。

根据OECD《经济展望报告》（2010年5月），导致2009年世界贸易快速下降的主要原因之一是贸易融资的干枯。因为，当前80%~90%比重的世界贸易都是以贸易融资为基础的[①]，贸易活动的充分展开需要得到贸易融资的强力支持。所谓“贸易融资”是指银行对进口商或出口商提供与进出口贸易结算相关的短期融资或信用便利。目前，金融部门对世界贸易的支撑主要有四种形式：（1）帮助生产和运输方提供进口支付所需要的资金需求；（2）帮助出口方提供支付；（3）为投资者或贸易者提供有价值的信息；（4）为进出口方提供保险服务。可见，贸易融资是世界贸易的“润滑剂”，危机后世界贸易的恢复性增长，离不开获得与贸易相关的金融服务支撑。从这个角度看，贸易融资的有序恢复有利于促进世界贸易的更好发展，进而促进全球经济的复苏与增长。

事实上，2009年世界贸易出现负增长，主要影响原因之一是缺乏贸易融资，或者说是贸易融资的枯竭。国际金融危机对世界贸易增长的负面影响主要体现在：（1）导致信贷紧缩，并通过紧缩信贷融资计划（影响进口商品的一大要素）而进一步影响进口；（2）信贷紧缩也会影响进出口贸易规模，因为金融危机时期贸易融资面临更高的利率，提高了贸易的金融成本；（3）导致生产者很难找到支撑其贸易活动的融资。首先，国内银行已没有足够能力对生产出口产品的厂商展开进口融资；其次，国内生产者偿债能力的不确定性，也削弱了其获得贷款的能力；最后，汇率波动使得银行不愿意提供外币信用证。

所以，恢复贸易融资对恢复世界贸易增长至关重要，也成为国际金融组织和很多国家在贸易方面进行双边和多边合作的重要载体之一。根据世界银行（2009）的预计，2009年4月，世界贸易融资的缺口高达3000亿美元。2009年4月召开的G20伦敦峰会为贸易融资提供了额外的资助——提供2500亿美元并通过出口信贷机构和多边发展银行来支撑贸易融资。同时，作为G20提出2500亿美元贸易融资计划的一部分，世界银行还提出了《全球贸易融资服务计划》（Global Trade Finance Program，GTFP），计划在贸易融资方面提供500亿美元的流动资金[②]。另外，贯彻多哈回合谈判对全球经济复苏也是关键的，这轮谈判将为全球经济复苏注入3000亿~4000亿美元。[③] 这些举措旨在拓展和提高银行在

① WTO：WTO Annual Report 2010，P10.

② Financial Markets and Access to Finance Advisory Services（2009），http：//www.ifc.org/ifcext/globalfm.nsf/Content/GTFP.

③ WTO：WTO Annual Report 2010，P10

国际金融危机条件下提供贸易融资的能力，阻止贸易活动的下滑态势，打破世界贸易发展面临的贸易限制，也为恢复世界贸易增长注入了强劲动力。2009年下半年世界范围内贸易融资趋于逐步恢复与增长，对2010年世界贸易的快速增长影响重大，足见贸易融资对2009~2012年世界贸易的恢复性增长的重要性。

第三，主要经济体货币的汇率波动，对2009~2012年世界贸易恢复增长的影响相当显著。

这是因为，目前世界贸易的计价和结算货币主要是美元，如果美元兑其他主要货币汇率趋于贬值，会相应增加以美元计价和结算单位的世界贸易总额。所以，对世界贸易增长影响而言，除了贸易融资的强劲支撑外，2009~2012年美元贬值对刺激世界贸易的恢复增长影响较大（见图2）。

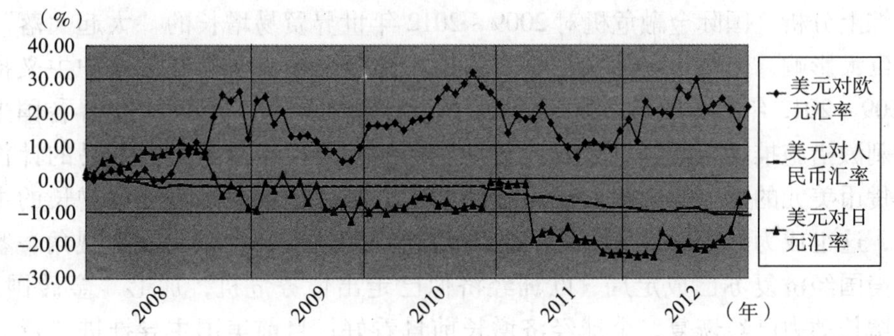

图2　名义美元对主要货币汇率，2008.10~2012.12

资料来源：Eichengreen，B. and Masson，P. （1998）Exit strategies：policy options for countries seeking greater exchange rate flexibility. IMF Occasional Paper No. 168. Washington，DC：IMF. http：//www. google. com/finance

自国际金融危机爆发以来，主要货币兑美元汇率经历了大幅波动，除了中国钉住美元汇率、日元作为套利货币外，2009年欧元兑美元汇率升值了17%，但其在2008年却贬值了20%，其他主要货币兑美元汇率都出现了贬值，国际金融危机的不确定性使得美元成为一种安全货币，这是导致2009年美元升值的重要原因之一。2010年，据美联储的名义/实际汇率统计显示，美元兑主要货币平均贬值幅度约为3.5%。其中，除2010年年中因欧债危机导致美元兑欧元、英镑升值幅度较大外，美元兑其他主要货币汇率在2010年基本保持贬值趋势，特别是美元兑日元、人民币及加拿大元等汇率的贬值趋势更为明显。2011年，按照美联储的名义/实际汇率统计显示，美元兑一揽子货币贬值幅度约为4.6%；按国际货币基金组织（IMF）的估计，美元的贬值幅度约为4.9%；2012年，美元兑主要货币汇率波动较为平稳，总体上仍然呈现小幅贬值趋势。结合2009~2012年世界贸易增长情况可见，美元贬值会促进以美元计价的世界贸易额增长，反之美元升值则会对世界贸易额增长产生一定的不利影响。

实际上，美元升值对世界贸易额增长的不利影响较为显著。例如，2009 年以美元计价的货物商品价值由 2008 年的 16.1 万亿美元下降至 12.1 万亿美元，下降幅度约为 23%。相反，美元贬值对 2010 年和 2011 年世界贸易额增长的促进作用尤为突出。2010 年，世界货物出口额从 12.5 万亿美元增加到 15.2 万亿美元（增长 22%），世界商业服务出口额从 3.4 万亿美元增加到 3.7 万亿美元（增长 8%）；2011 年，世界货物贸易额为 18.2 万亿美元（增长 19%），一举超过 2008 年时高点 16.1 万亿美元，当年世界商业服务出口额为 4.2 万亿美元（增长 11%）。

四、结论

综上分析，国际金融危机对 2009 ~ 2012 年世界贸易增长的“大起大落”构成了巨大影响。但与市场的预期略有不同，国际金融危机下贸易保护主义抬头对 2009 ~ 2012 年世界贸易恢复性增长的不利影响弱于市场预期。世界各国采取经济刺激措施推动全球经济增长、贸易融资的实质性恢复及世界贸易的计价和结算货币美元的贬值等因素，成为推动金融危机后世界贸易恢复性增长的主要动因，这也成为分析世界贸易增长的波动趋势提供了一个重要观察视角。鉴于目前美国经济复苏已成定局，欧洲经济似已走出债务危机，加上“金砖国家”经济增长动力已经恢复，全球经济增长前景看好；目前美国主导推进“泛太平洋自由贸易协定”（简称 TPP），美国和欧洲双边自由贸易谈判加速，中国、韩国和日本三国启动自由贸易协定谈判，表明当前区域贸易协定发展趋势明显加快，也预示着未来世界贸易增长的确定性更为明确。但是，美国、欧洲和日本等主要发达国家采取量化宽松货币政策，对世界商品价格上涨和贸易增长都将带来一定的不确定性，特别是美元将可能进入升值周期，这些问题需要密切关注。

资本主义信用消费周期性研究

——基于马克思“第二级剥削”理论视角

朱奎　王丽娟*

一、引言

在《资本论》第三卷中，马克思重点论述了与生产过剩相对的“消费不足”，即生产与市场的矛盾，并认为两者之间存在结构性的矛盾。马克思指出：“一切现实的危机的最后原因，总是群众的贫穷和他们的消费受到限制，而与此相对比的是，资本主义生产竭力发展生产力，好像只有社会的绝对的消费能力才是生产力发展的界限。”① 资本主义经济制度是以雇佣劳动制度为基础的。在这一制度中，资本与劳动存在着根本对立。资本家对剩余价值的追求形成了生产的扩大和劳动者购买力相对不足的矛盾，需求增长经常赶不上生产增长，从而导致生产过剩的经济危机。

马克思清晰地论证了劳动者的贫穷与受限制的消费是经济危机产生的根源，而且明确指出贫穷与受限制的消费源于资本在生产过程中对劳动的剥削。剥削的存在使得社会总产品的供给与需求之间存在结构性的矛盾，进而产生产品的相对过剩。低廉的劳动力迫使劳动者产生借贷的需求，生息资本逐利的需要及产业资本家迫切需要剩余价值的实现，促使资本家要把购买力“转移支付”给工人，以消化过剩的产品，这些因素促成了信用消费的产生，不过工人获得“转移支付”是需要付出代价的，即利息。

---

* 朱奎，经济学博士，上海财经大学马克思主义研究院副研究员、博士生导师；王丽娟，经济学博士，上海理工大学管理学院讲师。

① 《资本论》第三卷，人民出版社 2004 年版，第 548 页。

“预付的价值额要作为资本回流，就必须在运动中不仅保存自己，而且增殖自己，增大自己的价值量，也就是必须带着一个剩余价值，作为 G + ΔG 流回。”① 银行资本借贷给产业资本家，利息是银行资本和产业资本对剩余价值的一种分享。然而，劳动者由于消费借贷而支付给银行的利息则直接来自于对劳动报酬的扣除。因此，利息或利率并非只是一个调节宏观经济运行的技术变量，而且是一个调节资本家和工人之间分配关系的分配变量。“这是伴随着在生产过程本身中直接进行的原有剥削的一种第二级剥削。”② 马克思认为，这种“第二级剥削”与生产过程中的“原有剥削”同等重要。

资本主义所有制的存在使得劳动要素的付出和所得具有不对称性，资本主义也通过各种政策工具来调节分配关系，使其向有利于资本的方向发展，20 世纪 70 年代以来新自由主义也形成了“利润挤压”和“工资崩溃”的趋势，这一系列因素促使劳动者的实际工资不断下降。③ 因此，信用消费及“第二级剥削”的产生有其内在动力，当然资本主义产品相对过剩的吸纳也是资本所有者促进信用消费发展的必然要求。毫无疑问，信用消费刺激了经济增长，但在投资转移、实际工资下降、资本家非基本品不断增长及利率上调的情况下，这些因素在抑制经济增长、降低就业率和实际工资的同时，也导致信用消费萎缩甚至信用链条断裂，进而经济扩张必然走向衰退，乃至爆发资本主义经济危机。因此，信用消费在资本主义经济周期中扮演了重要的角色，这或许就是马克思“第二级剥削”理论的重大意义之所在。

本文试图基于马克思的“第二级剥削”理论，阐明信用消费产生的根源及其影响因素，分析信用消费在资本主义经济周期不同阶段中所扮演的角色，进而建立起信用消费与资本主义经济周期相互作用关系的一般性分析框架。第二部分探讨了资本主义信用消费的产生根源及影响因素；第三部分分析了信用消费与工资、投资、利率等市场参数的相互关系及其对经济周期的影响机理；最后得出结论性评述。

二、信用消费的产生及其影响因素

马克思认为，劳动者的贫穷及其受限制的消费是资本主义经济危机的根本原因。在由资本主义所有制所决定的对抗性的分配关系中，如果从总量上来看，不存在产品实现的困难问题。④ 然而，资本与劳动之间对抗性的分配关系，导致了资本主义生产目的与实现这种目的的手段之间存在尖锐的对立。资本主义生

① 《资本论》第三卷，人民出版社 2004 年版，第 392 页。

② 同上，第 689 页。

③ 程恩富，马艳主编：《高级现代政治经济学》，上海财经大学出版社 2012 年版，第 288 页。

④ 参见杜冈 – 巴拉诺夫斯基：《周期性工业危机》，商务印书馆 1982 年版，第四章《市场问题的解决》。

产的目的毫无疑问是利润（剩余价值），而实现这种目的的手段只能是与利润量相匹配的有效需求。有效需求不取决于工人，因为他们已经花费了他们所得到的，而资本收入的边际支出倾向要远低于工人的支出倾向（包括消费倾向和投资倾向）。① 因此，供给和需求必然是不相匹配的，这种矛盾必然导致资本积累存在难以调和的矛盾，其典型特征就是存在通货紧缩缺口，资本正常循环必须以存在弥补这种缺口的渠道为前提。

消除或缩小通货紧缩缺口的手段常常包括减税、增加转移支付、增加政府支出、降低利率、促进出口和扩大消费等。扩大消费一般有两种办法：一是提高劳动者收入在初次分配中的占比，而这是资本家不愿意看到的，违背了资本主义生产的目的；另一是把购买力“暂借”给劳动者，即所谓的信用消费，这是以还本付息为前提的。为了缓解资本主义的基本矛盾，在金融垄断资本的主导和推动下，近二十年来，资本主义发达国家逐渐形成了一种“负债消费模式”。这种模式不但可以暂时缓解工人贫困化导致的产品相对过剩，从而弥补通货紧缩缺口，还可以实现“第二级剥削”。针对资本家的信用付息直接来自于对剩余价值的分享，这意味着产业资本家获得的利润率下降；而针对劳动者的信用消费付息则只能来自于对劳动者的进一步剥削，即对工资的扣除，这意味着剩余价值率的进一步上升。1971～2007年，美国民众的消费信贷从1200亿美元激增至2.5万亿美元，增加了近20倍，这还不包括11.5万亿美元的住房债务，如果两者相加则超过了美国当年的GDP。美国民众的工资40%用来偿还住房贷款，15%偿还上学贷款，11%用于缴纳社会保障基金，剩下用于日常生活消费的不足19%。②

从资本家的主观角度来说，通货紧缩缺口的大小是决定信用消费规模的一个关键因素，当然这还受到其他吸纳商品剩余手段及金融制度的客观条件限制；从劳动者的角度来说，信用消费规模受当期收入、目标消费水平及预期还债能力的多重限制。预期还债能力主要受预期收入、利率及负债规模等因素影响。达万扎蒂（G. F. Davanzati，2011）曾在未考虑预期还债能力这一因素的基础上指出，信用消费即个人负债，其大小由劳动者目标消费水平与现实消费水平之间的差额决定。如果假定目标消费水平、现实消费水平和个人负债分别为 C_t、C_r、D，则：

$$D = C_t - C_r \tag{1}$$

式（1）表明，两种消费水平差额越大，工人借债水平越高，还债付息的压力也就越大。更为重要的是，这样资本家不但在生产领域无偿占有了工人所创造的剩余价值，在流通领域中也再次无偿占有了工人所创造的价值。如果把目

① 凯恩斯等西方经济学家对此也从另一个角度作过详尽的理论与实证分析。

② 朱炳元：《资本主义发达国家的经济正在加速金融化和虚拟化》，载于《红旗文稿》2012年第4期，第6页。

标消费水平 C_t 看成是既定的，那么个人负债 D 则由 C_t 决定，二者呈负相关关系，显然 C_t 又由实际工资$\frac{w}{P}$决定，其中 w 为名义工资，P 为消费品价格水平。

仿照马克思的两大部类划分方法，假定两部门经济：部门一生产消费品，部门二生产投资品。消费品市场价格可依据总供给等于总需求计算出：

$$PQ_1 = C + G$$

其中，Q_1 为消费品产量；C 为工人的消费量（假定消费倾向为1）；G 为公共支出。因此，可获得：

$$P = \frac{C + G}{aN_1} = \frac{wN_1 + wN_2}{aN_1} + \frac{G}{aN_1} = \frac{w}{a} + \frac{wN_2}{aN_1} + \frac{G}{aN_1} \tag{2}$$

式（2）中，N_1 和 N_2 分别为部门一和部门二的工人就业水平，a 为劳动生产率。该式表明，公共支出越高、消费品部门雇佣人数越少，消费品价格越高。如果其他变量保持不变，价格取决于两个部门之间雇佣人数的分配。

如果利率为 i，资本家的融资额为 F，则其融资成本为 iF，实际工资进而可表示为：

$$\frac{w}{P} = \frac{a}{[1 + (G + wN_2 - iF)/wN_1]} \tag{3}$$

同时，资本家的利润率可表示为：

$$r = \frac{G + wN_2 - iF}{wN_1}$$

由此可见，实际工资$\frac{w}{P}$与利率 i 同向变化，利润率 r 则与利率 i 反向变化。马克思曾指出："因为利息只是利润的一部分，按照我们以上的前提，这个部分要由产业资本家支付给货币资本家，所以，利润本身表现为利息的最高界限，达到这个最高界限，归执行职能的资本家的部分就会 = 0。"① 从马克思的分析中可以看出，利率并非只是一个技术变量，而是一个分配变量。然而，式（3）表明利率的分配属性具有更深一层的含义，因为在式（3）中，如果其他变量不变，实际工资$\frac{w}{P}$与利率 i 呈正相关关系。也就是说，利率的变化不但影响产业资本家和货币资本家之间的关系，而且还影响资本家和工人之间的分配关系。因此，在式（3）中，如果利率 i 上升，实际工资$\frac{w}{P}$则上升，结合式（1），现期消费水平 C_t 随之上升，工人借债水平 D 则下降。反之，如果利率 i 下降，工人借债水平 D 则上升。应该注意的是，工人负债水平的提高，在微观、短期层面上增加了其可支配收入，但在提高的工人负债水平刺激经济增长的同时，也在一

① 《资本论》第三卷，人民出版社 2004 年版，第 401 页。

定程度上提高了商品的价格的水平，因此，在宏观、长期层面上负债扩大却降低了实际工资水平，因为工人负债水平 D 的变化通过价格的变动影响了实际工资$\frac{w}{P}$水平，两者呈反向变化关系。

另外，在名义工资预付的前提下，资本家都有一种事后提高产品价格的冲动，因为价格的提高可以导致实际工资下降，从而提高资本家的利润率和剩余价值率，这样会提高工人借债水平。不过，个别的资本家并不能独立决定产品的价格，提高的价格的任务只能由政府采取通货膨胀的手段来实现。在这种情况下，如果名义工资有所增加，“通货膨胀税”也会降低实际工资和提高工人借债水平水平。因此，通货膨胀导致的价格水平上升也是促使信用消费水平提高的一个重要因素。

综上所述，资本主义的基本矛盾决定了信用消费的产生，同时信用消费和利率及通货膨胀等因素还存在内在的联系，那么信用消费是如何通过这些经济变量影响资本主义经济周期运行的呢？

三、信用消费与经济周期的相互作用机理

为了分析信用消费与经济扩张及经济衰退之间的相互作用机理，我们仍仿照马克思的两大部类划分方法，假定两部门经济：部门一生产消费品，部门二生产投资品。这样，部门一的总产出表示为：

$$\sum_{i=1}^{n} Q_i = \sum_{i=1}^{n} a_i(K/\lambda)_i \tag{4}$$

在式（4）中，n 为部门一企业的数量；Q_i 为第 i 个企业的产量；K 为固定资本存量；λ 为技术系数；第 i 个企业的雇佣水平则为 $N_i=(K/\lambda)_i$；a_i 为第 i 个企业的劳动生产率。结合式（1），部门一的企业利润可表示为：

$$\prod\nolimits_1 = C_r + D - wN_1 - iF$$

进而可得：

$$\prod\nolimits_1 = wN_2 + D - iF \tag{5}$$

在式（4）中，在技术系数既定的前提下，资本存量和劳动生产率的上升意味着经济扩张的到来，相反经济则走向衰退。从式（5）中可以看出，利率下降和工人负债的上升导致资本家的利润增长。值得注意的是，式（5）进一步表明了资本家和工人之间的矛盾。工人负债水平越高，资本家的利润便越高，这表明了资本家和工人之间的分配冲突。另外，利率越低，货币资本家得到的收入就越少，而产业资本家的利润越高，这表明了产业资本家和货币资本家之间的冲突。从另外一个角度来看，工人工资的减少是有利于产业资本家的，而这必然涉及到货币资本家收入的减少（iF），这也表明了货币资本家和产业资本家之

间的矛盾。①

在经济扩张期，产出和总需求同向增加，较低的利率伴随着价格上升一起促使工人负债上升，信用消费的规模不断扩大，信用消费规模的扩大进一步刺激了经济持续增长。然而这种增长是不可持续的，经济的扩张必然蕴含着投资逐步下降和转移，因为这是由资本的逐利本性决定的。首先，经济扩张导致就业和工资率上升，工资上升导致劳动力成本上升。同时，为防止经济过热，利率逐步上调，这两种因素结合起来势必提高资本家的生产成本，资本向非实体经济转移不可避免。其次，资本家更关注资本周转速度，金融领域资本周转速度快有利于实现更多的利润，20 世纪后期以来的金融化浪潮也加速了这种趋势，图 1 显示，20 世纪 70 年代至 21 世纪初，随着美国资本主义经济体系的转型，金融利润占利润总额的百分比几乎翻了一番。再次，广大发展中低廉的劳动力成本，也为发达资本主义国家提供了资本转移的场所。最后，资本家的非基本品消费也大幅增加。资本家的边际消费倾向一般被假设为较低的水平甚至是零，这和现实存在很大出入。2010 年的《胡润财富报告》显示，过去几十年来，全球范围内的奢侈品消费大幅增加，尤其在美国，这导致了奢侈品价格上升比以消费品价格指数为基础的通货膨胀率高 5%。所有这些因素都导致了实体经济投资率的下降，这一方面导致了资本主义虚拟经济的膨胀，另一方面导致了实体经济就业率的急剧下滑。

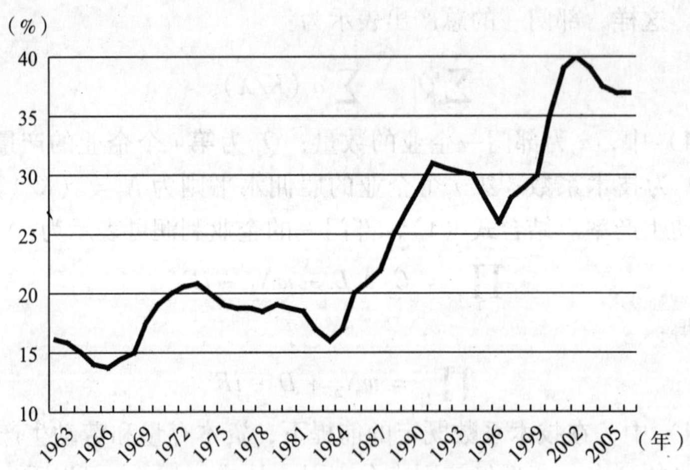

图 1　金融业利润占利润总额的百分比

资料来源：美国总统经济报告，2008，行业公司利润：1959 ~ 2007，表 B - 91。

20 世纪后期至 21 世纪初，以信用消费为代表的资本主义信用经济不断发

① Davanzati, G. (2011). Income distribution and crisis in a Marxian schema of the monetary circuit, International Journal of Political Economy, Vol. 40, no. 3, Fall, pp41 - 42.

展，资本主义虚拟经济不断膨胀，虚拟经济逐渐背离为实体经济服务之本位而产生了广泛而深远的消极影响。① 如表1所示，美国的实体经济创造的GDP的比重从1970年的49.96%一直下降到2007年的33.99%，而同期虚拟经济占全部GDP的比重却从14.64%一直上升到20.67%。

表1　　美国实体经济与虚拟经济占GDP的比重　　单位：10亿美元

年份	1970	1980	1990	2000	2002	2004	2006	2007
GDP	1038.5	2789.5	5803.1	9817	10469.6	11685.9	13194.7	13841.3
实体经济	518.8	1332.1	2293.4	3637.1	3676.4	4088.8	4563.1	4704.7
虚拟经济	152	442.4	1042.1	1931	2141.9	2378.8	2756.5	2860.7
实体/GDP	49.96%	74.75%	39.52%	37.05%	35.11%	34.99%	34.58%	33.99%
虚拟/GDP	14.64%	15.86%	17.96%	19.67%	20.46%	20.36%	20.89%	20.67%

资料来源：武文超、汪洋、范志清：《产业空心化和美国金融危机的探讨》，载于《未来与发展》2010年第11期，第111页。

实体经济的衰退大幅降低了就业率，图2中的数据显示，从1997年到资本主义金融危机爆发的2008年，美国制造业的就业率下降了近4个百分点。

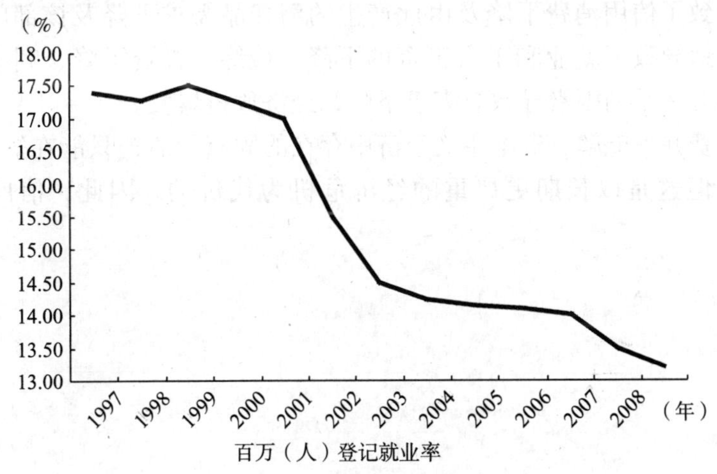

图2　美国制造业的就业

资料来源：格雷厄姆·特纳，龚东风译：《经济危机——自由市场的末路》，浙江文艺出版社2009年版，第82页。

实体经济投资下降，存量资本也随之下降，因此就业压力必然上升，工人工资下降的趋势不可避免，工资下降一方面刺激了工人的借债消费需求；另一

① 杨慧玲：《现代资本主义发展轨迹与美国金融危机——全球化与金融化的角度》，载于《海派经济学》2009年第4期，第152页。

方面预期工资的下降又削弱了工人的偿债能力。为防止发生经济过热的利率上调会进一步加大工人还债压力，信用消费的链条很可能就此断裂。2008 年爆发的资本主义金融危机在很大程度上便源于此。虚拟经济的过度发展本来就压缩了实体经济的发展空间，一旦金融危机爆发，银行更不愿意向产业资本家贷款或提高利率，使实体经济的运行规模不可避免地会出现进一步萎缩。另外，失业率上升导致消费支出减少，而在利率上升和信用链条断裂的情况下，为了维持目标消费水平的信用消费更难实现，同时工人的还债压力也不断上升。因此，实体经济和虚拟经济危机恶性循环。

四、结论

根据上述的分析，信用消费产生的多重矛盾是产生资本主义经济危机的一个重要原因。首先，资本和劳动间的分配冲突导致了工资削减和工人负债，进而产生信用消费，结果需求提升，利润率也随之也上升。其次，为追逐更高的利润，资本家减少了对实体经济的投资，进而导致就业和实际工资的下降，利率的上升又进一步减少了利润和投资，同时加大了工人的还债压力。再次，利率的上升减少了产业资本家的利润，从而产生了货币和产业资本家间的冲突，这直接地导致了信用消费下降及由此产生的消费品需求下降及该部门利润率的下降，间接地导致了就业和工人工资的下降。最终，投资下降、利率上升和信用消费萎缩等一系列因素导致总需求下降，经济危机爆发。

信用消费并不能解决资本主义经济中存在的固有矛盾，只能在短期“熨平”经济波动，但这是以长期更严重的经济危机为代价的，因此，信用消费是把“双刃剑”。

改革以来我国城镇化进程中的“缺口”与弥补

丁任重　李标*

一、引言

城镇化是一个人类社会的经济转型、社会变迁和文化重构过程，是工业化发展和经济增长的客观要求，是促进工业化发展和经济增长的主要力量（顾朝林，2004），对我国乃至世界的经济社会发展均具有重大的战略意义。正如诺贝尔经济学奖得主斯蒂格利茨所说的那样：未来对世界经济起重大影响的两大因素是美国的高技术产业和中国的城镇化。

2011年年底，我国的人口城市化率已达到51.27%，处于诺瑟姆城市化“S形”生长曲线（Ray M · North am，1975）的中期阶段，是由成长期向成熟期（城市化率70%以上）过渡的重要时期。2012年12月，在北京召开的中央经济工作会议部署了“积极稳妥推进城镇化，着力提高城镇化质量”的经济任务，表明我国已将城镇化的重心由“加快推进”向“质量提升”转移。

因此，本文旨在探讨改革开放三十多年来我国城镇化的发展阶段和城镇化进程中存在的“四个缺口”及其弥补方法。后续章节安排如下：本文的第二部分从城镇化的含义特征、道路选择、动力机制等方面回顾城镇化的相关研究成果；第三部分以诺瑟姆城市化“S形”生长曲线为基础分析改革开放以来我国城镇化的发展阶段及其推动力量；第四部分从工业化、土地城镇化、公共事业和公共服务四个角度分析我国城镇化进程中的“四缺口”；第五部分主要针对我国城镇化进程中的“四缺口”提出有针对性的弥补路径。

---

* 丁任重，西南财经大学经济学院教授，研究方向是政治经济学；李标，西南财经大学，研究方向是政治经济学。

二、文献回顾

英文词汇“urbanization”在国外一般表示“城市化”，意指“城市和乡村之间的人口分布发生变化”（西蒙·库兹涅兹，1989）或“人口和经济活动在地理上的大规模集中”（K. J. 巴顿，1984）。然而，国内学者对“urbanization”的译文和内涵并没有达成一致。如辜胜阻（1991）将其译为“城镇化”，并从人口流动的角度将城镇化定义为在经济发展过程中人口不断由农村向城镇地区集中的过程；赵新平、周一星（2002）将其译为“城市化”，并认为城市化是落后的农业国在工业化、现代化过程中全面制度创新的结果，是一个国家内部人口、资源与产业在市场机制作用下以城市为主导重新进行空间配置的过程，其间伴随着全社会生产、生活方式的根本性变化。事实上，在一个连续的国民经济体中，“市和镇在经济结构和生活方式方面十分接近，在很多情况下，二者统称为城市，与农村或乡村相对，因而对城市化的研究中包含了市和镇”（刘传江，1999）。我们认为“城镇化”或“城市化”的译法并没有本质区别，是可以通用的，只不过城镇化的表述更具有针对性，更符合我国的实际。城镇化或城市化是生产要素大规模集聚，人口结构、生产结构以及生活方式渐次变迁，城市与农村人口共享现代文明的过程。在这个过程中，“第二、第三次产业在城市聚集，农村人口不断向非农产业和城市转移，城市生产方式和生活方式向农村扩散，城市物质文明和精神文明向农村普及”（简新华、黄锟，2010）。城镇化的内涵说明城镇化是一个系统复杂的转变过程，其动力也应是多元的。如刘传江（1999）认为产业结构转换是城市化的动力机制，经济要素流动与集聚是城市化的实现机制，制度安排和变迁是城市化的推阻机制；孙中和（2001）进一步的分析说明我国城镇化进程的加快得益于：农村工业化经济要素的吸引，比较利于对劳动力转移的双重作用，农业剩余对农业资源转移的驱动以及制度变迁对要素流动效率的提升。

城镇化的多元动力机制已得到了多数学者的认可，但是我国城镇化发展水平的高低仍是学者们辩论的焦点之一。在城镇化水平高低之争的过程中，逐渐形成了三种代表性的观点：一是我国城镇化水平严重滞后于工业化和经济发展水平。如辜胜阻（1991）、简新华等（2010）使用工业化率与城镇化率的偏差系数研究了工业化与城镇化的关系，并通过国际比较得出我国城镇化水平明显滞后于工业化水平的结论；白南生（2003）的研究结果也支撑了此观点，认为我国的城市化与工业化发展存在结构偏差，违背了城市化水平高于工业化水平的普遍规律。二是我国城镇化水平与工业化经济社会发展水平基本一致，并不存在明显的滞后。周淑莲、郭克莎（2002）运用钱纳里和塞尔昆的世界发展模型，并通过不同收入组国家的比较研究发现，我国的问题在于工业化的偏差而不在于城镇化偏差，应当以非农产业的就业比重来衡量工业化与城镇化的关系；安虎森、陈明（2005）则认为人均GNP是衡量国家工业化水平的最佳标准，且以该指标进行衡量我国工业化水平发现，我国的城镇化水平并不滞后于工业化，但存在城镇化进程中就业结构滞后和质量不高的问题。三是我国的城镇化不是滞后的，也不是同步的，而是隐性的超城镇化或过度的城镇化。邓宇鹏（1999）认为我国城市化统计忽视了由“流动人口”和“乡镇企业就业人员”构成的大量隐性城镇人口，加上此部分人口的城镇化率高于平均发展水平国家的城镇化率，因而形成超城市化的现象；陆大道、宋林飞、任平（2007）的研究表明我国城镇化进程速度过快，超越了工业化速度，缺乏产业支撑，经济基础薄弱，具有“跃进式”特征，由此导致了城镇化的过度和膨胀。

选择何种道路推进城镇化是我国学界的另一热议话题，而城镇的规模结构和空间布局又是争论的核心。在理论之争和客观实践过程中，逐渐形成了四种具有代表性的观点：一是区别于西方城市化经典模式的，主张以小城镇为重点的“小城镇论”。持该论点的学者认为，小城镇是城市与乡村的节点，是农村的经济中心、服务中心、文化中心和教育中心（费孝通，1984），积极发展小城镇是繁荣乡镇经济、就地转移人口、避免“城市病”蔓延、实现农村现代化的捷径（徐更生，1987）。二是与“小城镇论”针锋相对的，主张以大城市为重点的“大城市论”。该论点的支持者认为，我国的小城镇道路是不得已而为之，小城镇难当城市化主角（张正河、谭向勇，1998），城市特别是规模较大的城市，会产生明显的聚集效应，从而带来较高的规模收益、较多的就业机会、较强的科技进步动力和较大的外部扩散效应（王小鲁、夏小林，1999）。因此，要推进我国的城市化，需要彻底放弃小城镇有限发展战略、大力发展我国的大都市区、推动城市间的分工与合作以及整合城市间的关系（安虎森、陈明，2005）。三是具有综合平衡特点的，主张以中等城市为城镇化重点的“中等城市论”。该论点的倡导者认为，小城镇具有浪费土地、浪费能源等弊端，大城市由于人口众多等因素导致的“城市病”降低了经济效益，而中等城市则明显优于小城镇，某些经济指标与大城市比也毫不逊色（刘纯彬，1988）。因而，以中等城市为发展重心的城市化道路有利于节约资金，有利于新经济增长点培养，有利于普及现代文明，有利于经济发展中的环境治理（吕颖慧，1997）。四是否定城市规模单一取向的，以大中小城市和小城镇并举为城镇化重心的“多元论”。该论点的探索者和追随者认为，国家城镇体系是由大量的不同规模的城镇组成的，城镇发展具有不对称特征，不存在实际的最佳城市规模和国家统一的适宜规模或规模级（周一星，1992）。因此，在科层城镇体系下（小集市—小城镇—小城市—中等城市—大城市—特大城市—都市圈），不能片面强调重点发展小城镇，或者主要发展大中城市（周天勇，2003），而应采用多元化的城镇化道路，即实现大中小城镇并举，使大中小城镇结构合理、搭配适当（简新华，1997）。

需要说明的是，我们视“城镇化”与“城市化”等同，行文过程中多使用“城镇化”，当谈及国外或原作者的观点时使用“城市化”。同时需要指出的是，本文主要使用历年《中华人民共和国统计年鉴》和《新中国六十年统计资料汇编》的相关数据，对我国改革开放以来的城镇化路径以及城镇化进程中存在的问题展开系统分析。

三、改革开放以来我国城镇化的发展阶段

鉴于改革开放之前，计划经济体制下的我国城镇化进程具有显著的“政治命令”色彩和反复特征，如1958~1960年，在我国领导人“赶超英美”的政治命令刺激下，工业化的“爆发性”推进引起了城镇化的高速发展；1966~1976年，受“文化大革命”的影响，大量的知识青年和干部“上山下乡”的大量城镇人口外迁，“逆城镇化”现象严重。因而，此部分主要阐述改革以来（1979~2011年）我国城镇化进程的发展路径。

（一）改革以来我国城镇化的概况

1. 我国城镇数量逐渐增加

1979年，我国拥有城市203个，建制镇2361个。此后，我国市镇数量不断增加，2011年我国城市数量大约是1979年的3.2倍，达到653个，建制镇的数量约是1979年的30.1倍，达到19683个。

2. 我国城镇人口规模不断扩大

1979年，我国城镇人口为18495万人。此后，我国城镇人口的规模不断扩大，至2011年我国城镇人口达到69079万人，较1979年增加了50584万人，年均增长4.2个百分点。

3. 我国城镇化进程不断加快

1979年，我国总人口为97542万人，城镇人口占总人口的比重（即城市化率）仅为18.96%。至2011年我国总人口高达134735万人，城镇人口占总人口的比重达到了51.27%，已迈入城市化进程的中后期。

（二）改革以来我国城镇化的发展路径

1978年12月中共十一届三中全会以来拉开了我国改革开放的序幕，伴随着社会经济的变革，我国的城镇化也呈现出明显的阶段性特征。有学者将改革以来我国的城镇化看作一个稳定发展阶段（国家统计局课题组，2002），也有学者将改革以来我国的城镇化分为恢复发展、稳步发展和加快发展三个阶段（简新华等，2010）。前者的划分过于笼统，后者的划分主要以体制变迁路径为依据，而城镇化是多种因素共同推动的，这一划分方法也有待商榷。

1975年，诺瑟姆对世界各国城市化进程的研究，发现城市化有其自身的发展规律，其轨迹并非呈直线上升，而是呈近似“S”形的曲线，此即生长理论曲线，也称为诺瑟姆曲线或逻辑斯谛曲线。按照该曲线城市化分为三个阶段：初期（城市化率小于30%）、中期（城市化率在30%~70%）、后期或成熟期（城市化率大于70%）。因此，我们借鉴具有一般意义的诺瑟姆“S”形城镇化三阶段生长曲线，以城市化率的大小为依据，将改革以来我国城镇化的发展划分为两个阶段，即城镇化初期的平稳发展阶段和中期的加速发展阶段。

1. 城镇化初期的平稳发展阶段（1979~1995年）

1979~1995年，我国人口总量由97542万人上升至121121万人，年均增长1474万人；与此同时，城市数量由213个增加到637个，建制镇的数量也有2361个增加到17532个，城镇人口也由改革之初的18495万人上升至35174万人，年均增加1042万人；在此期间，城镇人口占总人口的比重（即城市化率）以年均提高0.59个百分点的速度，由1979年的18.96%缓慢爬升至1995年的29.04%，处于城镇化发展的初期平稳发展阶段（见图1）。

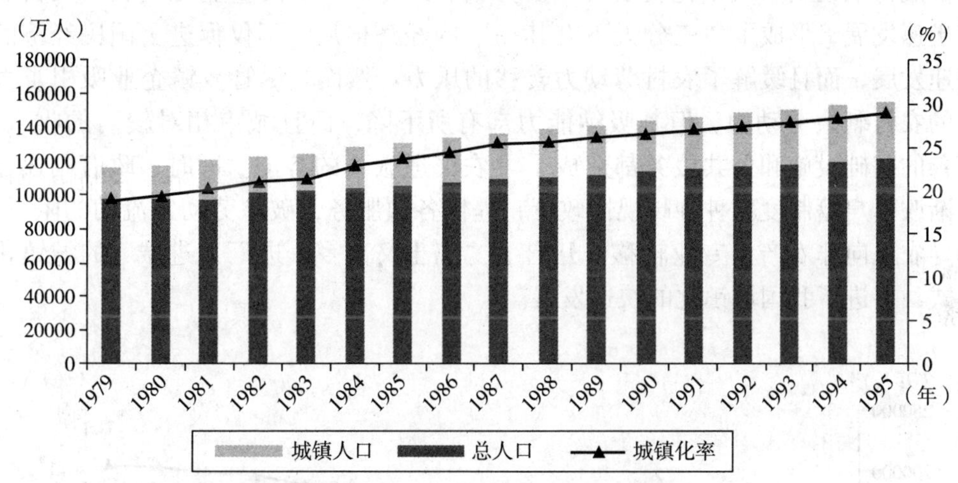

图1　改革开放以来我国城镇化的初期阶段

这一阶段城镇化的平稳发展主要得益于经济体制变革、农村工业化和城市制造业的刺激。改革开放之初，家庭联产承包责任制的实施，大大刺激了农民的生产积极性，农业劳动生产率快速提高，农村由此产生了大量的剩余劳动力。然而，党中央为避免农村人口大量涌入城市，抑制城市过度膨胀，加大城市经济体制改革难度，国务院于1980年批转了《全国城市规划工作会议纪要》，确立了城镇化的指导方针——控制大城市规模，合理发展中等城市，积极发展小城市，1990年《城市规划法》的实施则进一步强化了该方针。与此同时，流通领域改革、要素市场改革、户籍管理放宽等政策恢复了城市与农村之间联系的经济和社会纽带，刺激了农村非农产业（主要是乡镇企业）的崛起和城市制造业的发展，劳动密集型的乡镇企业和城市制造业成为吸纳农村富余劳动力的主角，由此创造了“离土不离乡，进厂不进城”的农村工业化模式，推动了我国城镇化的稳步发展。

2. 城镇化中期的快速发展阶段（1996～2011年）

1996～2011年，我国的人口规模由122389万人增加到134735万人，年均增长823万人；城市数量不增反降，由1996年的663个下降至2011年的653个，城镇数量则由1996年的18171个增加至2011年的19683个，城镇人口由37304万人攀升至69079万人，年均增长4.5个百分点，快于总人口0.64%的年均增速；城镇化率由30.48%上升至51.27%，年均提高1.4个百分点，高于上一阶段0.8个百分点，达到了城镇化加速发展的中期水平。

这一阶段城镇化的快速发展主要源于社会主义市场经济体制的建立、民营经济的快速发展和劳动力流动体制的变革。20世纪90年代中后期，我国进入全面建立社会主义市场经济体制的时期，农民已成为不可或缺的市场主体，农民进城成为推动我国城镇化发展的重要力量。此时，以乡镇企业为代表的民营经济迅速发展，形成了“三分天下有其一”的经济格局，不仅促进了国民经济的快速发展，而且缓解了农村劳动力转移的压力。然而，尽管乡镇企业吸引了大量的农村剩余劳动力，但其吸纳能力却有所下降，而且城市相对较高的收入、完善的基础设施和公共服务都形成了“农民进城”的势能。同时，政府则通过逐渐改革户籍制度和种种歧视性政策，提供各项服务，破除劳动力流动的阻碍，引导农民向非农产业专业转移，开启了“离土又离乡，进厂又进城”的城镇化模式，促进了我国城镇化的快速发展。

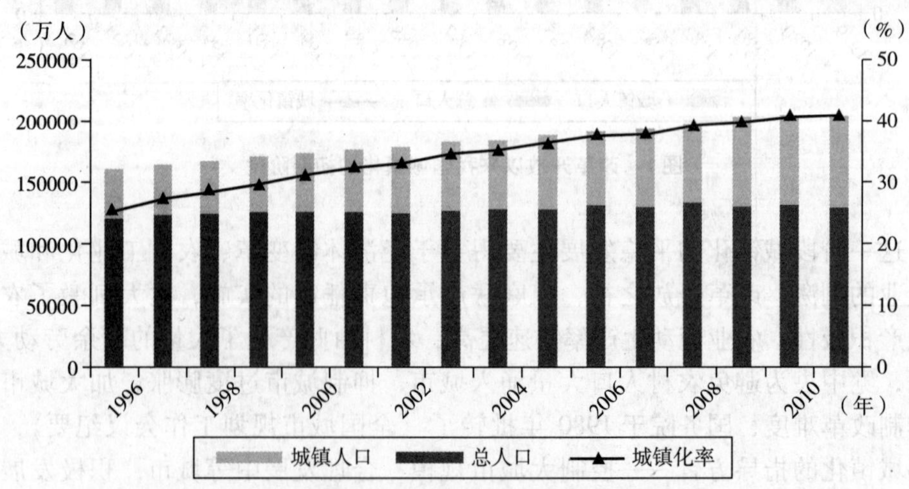

图2　改革开放以来我国城镇化的中期阶段

四、改革开放以来我国城镇化进程中的“四缺口”

改革以来，在体制改革、工业化加速等多因素的刺激下，我国城镇化水平迅速提高。1979年我国的城镇化率仅为18.97%，至2011年我国的城镇化率已达到51.27%，年均提高约1个百分点。然而，在城镇化高速发展的同时，城镇化的质量却没有随之快速提升，城镇化速度与城镇化质量的不协调主要体现在城镇化进程中的“四缺口”。

（一）缺口一：城镇化滞后于工业化

钱纳里和赛尔昆通过对一百多个国家和地区经济发展过程的研究，发现了人均国民收入水平、生产结构、就业结构和城市化率之间存在着规律性的变化（如表1所示）。钱纳里—赛尔昆模式说明，当工业化进入中后期以后，城市化的演进更多地表现为整个非农产业比重上升的拉动，而且此过程中就业结构的工业化和非农化直接带动了人口向城市的迁移和集中（周淑莲、郭克莎，2002），非农产业的产值结构和就业结构能更好的反映我国的工业化进程。

表1　城市化与工业化的钱纳里—赛尔昆发展模式

级次	人均GNP		GNP结构（%）		就业结构（%）		城市化率（%）
	1964年美元	1997年美元	工业	非农产业	工业	非农产业	
1	70	350	12.5	47.8	7.8	28.8	12.8
2	100	500	14.9	54.8	9.1	34.2	22.0
3	200	1000	21.5	67.3	16.4	44.3	36.2
4	300	1500	25.5	73.4	20.6	51.1	43.9
5	400	2000	27.6	77.2	23.5	56.2	49.0
6	500	2500	29.4	79.8	25.8	60.5	52.7
7	800	4000	33.1	84.4	30.3	70.0	60.1
8	1000	5000	34.7	86.2	32.5	74.8	63.4
9	1500	7500	37.9	87.3	36.8	84.1	65.8

注：使用1964～1997年美国GDP的平减指数换算不同年份的美元，换算因子设定为5；非农产业对应的数据为原书中工业、公共产业、服务业对应数据之和。

资料来源：钱纳里、赛尔昆著，李小青等译：《发展的格局》，中国财政经济出版社1989年版，第22～23页。

2011年，我国人均国民收入达到35040.3亿元（按平均汇率折算为5424.2美元，处于钱纳里—赛尔昆发展模式的8～9级），工业增加值占GDP比重为39.9%，非农产业增加值占GDP比重高达90%，工业就业比重为29.5%，非农产业就业比重为65.2%，而城镇化率却仅为51.3%（接近钱纳里—赛尔昆发展模式的第 6 级)。[①] 因此，不论从经济发展水平，还是从非农产业的产值和就业结构所处的级次看，我国的城镇化水平仍滞后于经济发展水平和工业化水平。

另外，由工业化与城镇化的偏差系数看[②]，我国城镇化与工业化的缺口正逐渐缩小。1979 年，我国城镇化与工业化的产值结构和就业结构偏差系数分别为 3.6 和 1.6，偏差程度较大。此后，随着城镇化的加速推进，两者的偏差程度有所缩小，至 2011 年，我国城镇化与工业化的产值结构和就业结构偏差系数分别下降至 1.8 和 1.3（见图3）。

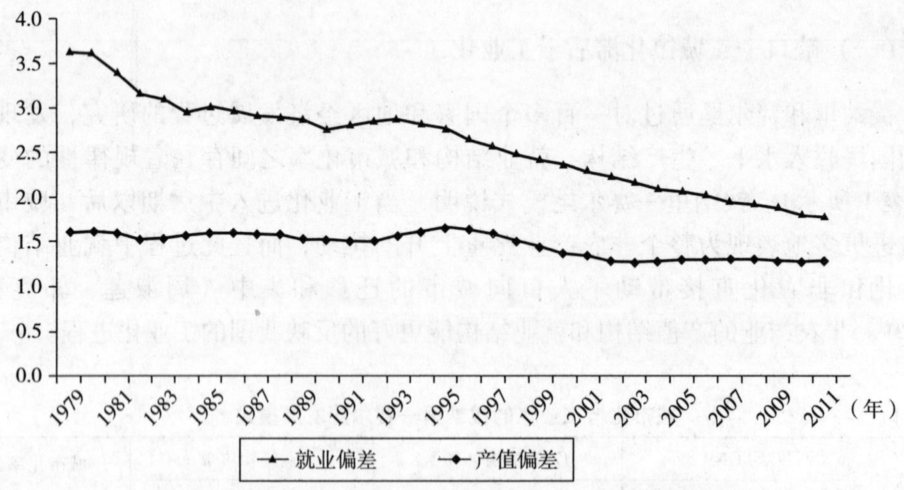

图 3　改革开放以来我国工业化与城镇化的产值、就业偏差

（二）缺口二：土地城镇化快于人口城镇化

所谓人口城镇化是指城镇化进程中，农村人口不断向城镇集中，农业劳动力不断向非农产业转移，城镇人口和非农产业就业人员比重不断增加。土地城镇化是指城镇化进程中，农业和农村用地逐渐减少，城镇建设用地逐次增加，城镇规模和建成区面积不断扩大。改革开放以来，我国城镇化取得了长足的进展，但不容忽视的是人口城镇化与土地城镇化间的不协调现象。

二十七年来，我国土地城镇化略微快于人口城镇化，城镇用地集约程度需进一步提高。1985 年，我国城镇建成区面积为 9386 平方公里，至 2011 年达到 43603 平方公里，年均增长约 6.09 个百分点，高于此期间人口城镇化和城镇人口增速 3.01 和 3.97 个百分点。

另外，非农产业吸纳人口的能力依然不高。非农产业就业人员规模由 1985

① 由 2012 年《中国统计年鉴》相关数据计算得来，其中人均国民收入由国民总收入除以总人口，并采用当年人民币兑美元的平均汇率（6.46）折算而来。

② 工业化与城镇化的偏差系数使用工业化水平与城镇化水平的比值加以测算。此处，使用非农产业的产值和就业比重两个指标测算工业化水平，使用城镇化率测算城镇化水平。

年的18743万人上升至2011年的49826万人，其占就业人员总量的比重也由1985年的37.6%，攀升至2011年的65.2%，年均增长3.83个百分点，低于土地城镇化和人口城镇化的速度。

表2　土地城镇化与人口城镇化水平比较

年份	建成区面积（平方公里）	人口城镇化（%）	城镇人口（万人）	非农产业就业比重（%）
1985	9386	23.7	25094	37.6
2011	43603	51.3	69079	65.2
年均增速	6.09	3.01	3.97	3.83

资料来源：《中华人民共和国统计年鉴》。

（三）缺口三：城镇公共事业水平滞后于人口城镇化

城镇化的目标不仅应包含以城镇人口比重衡量的城镇化水平的上升，还应涵盖城镇公共事业水平的提高。从本质上说，城镇化的质量应与公共事业同步提高。然而，我国快速推进的城镇化却出现了与城镇化初衷相悖的现象，即我国城镇公共事业的发展与人口城镇化水平不协调。

1980～2011年，我国城镇人口由19140万人上升至69079万人，年均增长1.04个百分点。在城镇人口规模强力扩张的带动下，我国的城镇化率也由19.39%攀升至51.27%，年均增长3.19%。然而，城镇居民生活（人均生活用水、用水普及率和燃气普及率）、公共交通（人均拥有道路面积、每万人拥有的道路长度和公交车辆）、环境（人均公共绿地面积）和卫生（生活垃圾清理和每万人拥有公厕）四个一级指标和九个二级指标衡量的城镇公共事业水平表明，1980～2011年我国城镇公共事业的整体水平略微滞后于人口城镇化水平。

表3　我国城镇公共事业水平

主要公共事业类别	1980年	2011年	年均增速（%）
人均生活用水（吨）	46.8	62.4	0.93
用水普及率（%）	81.4	97	0.57
燃气普及率（%）	16.8	92.4	5.65
每万人拥有道路长度（公里）	3.3	7.6	2.71
人均拥有道路面积（平方米）	2.8	13.8	5.27
每万人拥有公交车辆（标台）	1.7	11.8	6.45
人均公共绿地面积（平方米）	9.6	11.8	0.67
生活垃圾清运量（万吨）	3132	16395	5.49
每万人拥有公厕（座）	6.6	2.9	-2.57

资料来源：《中华人民共和国统计年鉴》和《中华人民共和国六十年统计资料汇编》。城镇的公共事业主要包括水、燃气、道路、交通、环境和卫生公共产品的供应。

（四）缺口四：基本公共服务水平滞后于城镇化水平

公共服务涉及的领域较广泛，而与居民生活息息相关的教育、医疗卫生、社会保障和就业服务是人们最为关心的基本公共服务。在大量资源向城镇集中的同时，基本公共服务水平也应随之提升。然而，过于重视城镇面积和城镇人口扩张、忽视基本公共服务供给的城镇化，已使得基本公共服务供给水平不能满足城镇化的要求，降低了城镇化质量。尽管，近些年中央在公共领域的财政支出比重逐渐加大，着力提升我国基本公共服务的供给能力，努力扩大基本公共服务的覆盖面，但是与快速推进的城镇化相比，我国基本公共服务水平仍稍显滞后。

公共教育服务水平滞后于城镇化水平：1980～2011年，学均初等院校、学均初等院校教师、学均中等院校、学均中等院校教师、学均高等院校、学均高等院校教师的年均增速分别为2.64%、1.34%、7.48%、0.79%、-1.23%、3.91%。只有学均中等院校数量和学均高等院校教师数量的年均增速高于城镇化的推进速度（3.19%），因此，公共教育服务的整体水平滞后于城镇化水平。①

公共文化服务水平滞后于城镇化水平：1980～2011年，公共图书馆、博物馆、艺术表演团体、艺术表演场馆、图书和期刊、报纸数量的年均增速分别为1.73%、6.6%、2.26%、0.98%、2.13%、3.96%。整体看，公共文化服务水平与城镇化水平存在缺口。②

公共医疗卫生服务水平提升速度慢于城镇化推进速度：医院总数、每万人口医院床位数、每万人口执业（助理）医师、卫生总费用占GDP比重、个人卫生支出占卫生总费用比重、财政卫生支出占卫生总费用比重的年均增速分别为1.12%、1.69%、1.44%、1.6%、1.62%、-0.57%，均低于城镇化的推进速度。因此，公共医疗卫生服务水平与城镇化水平存在较大的缺口。③

社会保障服务水平滞后于城镇化水平：1985年，我国社会保障支出（社会福利救济和保险福利费用之和）占GDP比重为3.76%，2011年国家财政社会保障和就业支出占GDP比重却下降至2.35%，远低于欧美发达国家的社会保障水平。与此同时，我国的城镇化率由1985年的23.71%上升至2011年的51.27%，每年上升1.1个百分点。④

五、我国城镇化“四缺口”的弥补路径

当前，我国城镇化率已经超过50%，这表明我国的社会形态已由“乡村主导型”向“城镇主导型”社会迈进。积极稳妥地推进城镇化，全面提升城镇化

①②③④ 数据由《中华人民共和国统计年鉴》的相关数据计算而来。

的质量，促进城镇化的健康发展，将是今后一段时期的重要任务。针对我国城镇化进程中存在的“四缺口”，应从以下几方面予以弥补，走出一条特色的，速度与质量并重的新型城镇化发展道路。

（一）进一步强化体制创新，破除城镇化质量提升的制度障碍

制度障碍是提升我国城镇化质量的最大“瓶颈”，因而应把深化体制改革创新放在重要位置。为此，一要统筹推进户籍制度改革，适时适度地降低农民进城落户的门槛，引导有条件的农民向城镇转移、向市民转化；二要深化土地制度改革，促进土地要素在城乡间的自由流动，引导农民持“证”或持“股”进城；三要加快市镇体制改革，适度发展中小城市和特大乡镇，承接产业和农村人口转移，促进新经济增长点（区）的形成，促进工农、城乡的统筹发展。

（二）走多元化、集约型城镇化道路，提升城镇化的空间效益

在“土地财政”的巨大利益驱动下，我国土地城镇化速度长期高于人口城镇化速度，土地资源大量浪费，城镇空间开发成本不断提高，而空间开发的强度却不高，粗放式城镇化发展模式引致的问题日益突出。因此，一要积极构建合理的城市布局，引导大中小城市、小城镇和城市群多元协调发展，不断优化科层城镇体系；二要坚持集约型发展模式，控制土体出让规模，提高土地的开发强度和投资密度，以提升城镇化的空间效益。

（三）推进政府与市场相互融合，推进包容性城镇化发展

长期以来，我国城镇化的推进过于重视乡村人口的转移，忽视了城镇公共事业建设、公共服务发展以及外来人口的融入难题，缺乏公平性和包容性，大大降低了城镇化质量。为此，借助多方力量着力提升公共事业和公共服务水平，建设包容性城镇化，为城镇各种群体提供平等的发展机会将是城镇化的努力方向。因此，我们要坚持城乡一体化的发展思路，着力实施基本公共服务均等化的战略举措。具体来说，一方面要加大公共事业和公共服务的投入力度，尤其是加大中央财政对公共领域的支出比例，缓解中央和地方政府“财权和事权”不匹配的矛盾；另一方面要借助市场的力量，创新公共领域投资方式，广泛吸收社会资本用于发展公共事业和公共服务。

（四）把握“四化”联动的契机，稳妥推进城镇化向成熟期迈进

我国正处于城镇化的成长阶段，同时也是新型工业化、新型城镇化、信息化和农业现代化联动建设的重要阶段。因而，应以“四化”联动为契机，努力实现新型城镇化与新型工业化、信息化、农业现代化的同步协调发展，积极稳妥地推进城镇化向成熟期迈进。在加快城镇化发展的同时，一要加快新型工业化发展，不断优化产业结构，为新型城镇化提供良好的产业支撑；二要加快城镇信息化建设，努力提高信息服务的水平，逐渐提升新型城镇化的综合竞争力；三要加快农业现代化建设，提高农业规模经营效益，为新型城镇化提供坚实的农业基础。

福建省城镇化影响因素的实证分析

陈晖涛*

一、引言

党的十八大报告指出，城乡发展一体化是解决“三农”问题的根本途径，而大力推进城镇化是实现城乡一体化的必由之路。城镇化是指农村人口向城镇转移、集中，由此引起的产业结构和就业结构非农化重组的一系列制度变迁的过程。据统计，2007～2012 年，我国转移农村人口 8463 万人，城镇化率由 45.9% 提高到 52.6%，城乡结构发生了历史性变化①。2012 年 12 月中央经济工作会议指出城镇化是我国现代化建设的历史任务，也是扩大内需的最大潜力所在，要围绕提高城镇化质量，因势利导、趋利避害，积极引导城镇化健康发展。

城镇化是一个复杂的系统化过程，受到众多因素的影响。我国学者对城镇化的影响因素展开了深入的研究。吴江、申丽娟运用主成分回归分析方法，对重庆新型城镇化路径选择的主要影响因素进行研究，实证分析结果表明，经济发展、城乡居民收入、劳动力素质和城乡基础设施与重庆城镇化相关密切，产业提升和非农产业就业机会增加是重庆城镇化的主要推动力；而城乡分离的户籍制度、就业政策、市场体制和经济社会失衡发展等在一定程度上阻碍了重庆城镇化进程②。张贺龙利用 EVIEWS 对农村城镇化影响因素的指标体系进行 VAR 模型定量分析得知陕西省农村城镇化水平受到经济发展水平、社会发展水平和居民生活水平的影响，且用脉冲响应分析和方差分解对 VAR 进行进一步深入分析得知进一步加强经济发展水平、社会发展水平和居民生活水平对农村城镇化水平都有着长期的促进

* 陈晖涛，福建师范大学马克思主义学院副教授，研究方向为中国特色社会主义经济理论。

① 温家宝在十二届全国人大一次会议上的政府工作报告［EB/OL］. http://news.xinhuanet.com/mrdx/2013-03/06/c_132211069.htm,2013-03-06.

② 吴江，申丽娟：《重庆新型城镇化路径选择影响因素的实证分析》，载于《西南大学学报（社会科学版）》，2012 年第 3 期，第 151～155 页。

作用①。李秀荣把影响城镇化的因素分为经济因素、社会因素、资源因素、技术因素四类，通过一元回归、多元回归和因子分析方法对内蒙古城镇化影响因素进行定量分析，最终确定影响内蒙古城镇化的直接因素是经济社会因素，间接因素是制度因素②。孙涛把宏观经济发展、区域商品经济的发展及农业产业化、产业支撑、乡镇企业的发展、城市功能的扩散等归结为影响农村城镇化的内在因素；把城镇化政策和制度因素归结为影响农村城镇化的外在因素③。

福建省地处东南沿海，良好的资源禀赋条件、优越的地理区位和人力资本优势，加之受益于改革开放的政策，城镇化发展动力较为强劲，20世纪80年代以来，福建沿海农村地区开始进行有益的探索，形成以中小城镇为依托，通过发展生产和增加收入，完善基础设施，提高农民素质，改变生产生活方式，加速了农村人口非农化过程，实现了综合利益最大化。那么影响福建城镇化的主要因素有哪些？这些因素对福建城镇化影响程度多大？这些问题值得我们深入研究讨论。本文采用主成分分析方法，对影响福建省城镇化的因素进行分析，以期为加快福建省城镇化发展进程提供参考依据。

二、模型构建及研究方法

结合现在文献研究成果，考虑到科学性、完整性、可获得性等原则，本文考察经济、人口、资源及基础设施等因素对福建省城镇化的影响（见表1）。

表1　影响福建省城镇化的主要因素

影响因素	描述指标	代　码
经济因素	人均GDP	X1
	农民人均纯收入	X2
	第三产业比重	X3
人口因素	农村人口非农业就业比重	X4
	初中以上文化程度人口比重	X5
资源因素	人均耕地面积	X6
	人均水资源量	X7
	森林覆盖率	X8
基础设施	公路里程	X9
	人均社会固定资产投资	X10
	城镇人均住房面积	X11

① 张贺龙：《陕西省农村城镇化影响因素及其发展途径分析》，西安工业大学2012论文。

② 李秀荣：《内蒙古城镇化发展影响因素研究》，西安电子科技大学2011论文。

③ 孙涛：《我国农村城镇化影响因素分析》，载于《农业经济问题》2004年第6期，第63~66页。

考虑到影响福建城镇化水平因素的单位不统一，为了消除回归变量不同单位的影响，使各因素对福建城镇化的作用具有可比性。本文采用对数线性模型：

$$\ln y_t = \beta_0 + \sum_{j=1}^{11} \beta_j \cdot \ln X_{jt} + \varepsilon \tag{1}$$

其中，y_t 代表不同年份福建省城镇化水平，用城镇人口占常住人口的比重来衡量。β_0 是常数项，β_j（$j=1，2，\cdots 11$）代表因素 X_j（$j=1，2，\cdots 11$）对城镇化的弹性系数，即 X_j 每增长 1% 所引起的城镇化增长率为 $\beta_j\%$，ε 为随机误差项，表示模型未能考虑的其他随机因素影响。

本文采用的原始数据来源于《福建统计年鉴》，以 1997～2011 年为时间范围。由于考察的影响福建省城镇化水平的因素多达 11 个，这些影响因素之间具有一定的联系，如人均 GDP 与农民人均纯收入之间本身就具有相关性，最好能够用较少的指标代替原来较多的指标，同时这些较少的指标能够包含原来较多指标的大部分信息，以达到用少数指标来解释福建省城镇化影响因素的目的。因子分析是一种把多个变量化为少数几个综合变量的多元分析方法，因子分析的目的是用有限个不可观测的隐变量来解释原始变量之间的关系。本文运用因子分析法对影响福建省城镇化的因素进行分析。

根据因子分析原理，在做因子分析之前要先进行巴特利特球形检验，看研究数据是否适合用于做因子分析。所谓巴特利特球形检验，是以变量的相关系数造成矩阵为出发点，即相关系数矩阵对角线上的所有元素都是 1，所有非对角线上的元素都为零。巴特利特球形检验的统计量是根据相关系数矩阵的行列式得到的，如果该值较大，且其对应的相伴概率值小于用户心中的显著性水平，那表明原始变量之间存在相关性，适合于作因子分析，相反不适合作因子分析。根据此原理对以上数据进行适用性检验，通过计算得到 KMO 值为 0.691，巴特利特球形检验统计量对应的 P 值为 0.00，说明满足因子分析的前提条件（见表 2）。根据因子分析原理，建立相关系数矩阵并计算其特征根和特征向量，前两个公因子的累积方差贡献率为 80.75%，能够代表原始数据的大部分信息，故提取两个因子加以分析（见表 3）。为使提取的因子更具命名可解释性，采取方差最大法进行因子旋转，简化因子载荷矩阵的结构，经旋转之后的因子载荷矩阵（见表 4）。从表 4 可见，第一公共因子在 X_1、X_2、X_3、X_4、X_5、X_8、X_9、X_{10}、X_{11} 上有较大的负载，且这一因子解释了总体信息的 70.076%。第二个因子解释了总体信息的 10.674%。

表 2 KMO and Bartlett's Test

Kaiser – Meyer – Olkin Measure of Sampling Adequacy.		0.691
Bartlett's Test of Sphericity	Approx. Chi – Square	276.118
	df	55
	Sig.	0.000

表 3 方差分解主成分分析提取表

Component	Initial Eigenvalues			Extraction Sums of Squared Loadings		
	Total	% of Variance	Cumulative %	Total	% of Variance	Cumulative %
1	7.708	70.076	70.076	7.708	70.076	70.076
2	1.174	10.674	80.750	1.174	10.674	80.750
3	0.838	7.615	88.365			
4	0.706	6.422	94.786			
5	0.343	3.117	97.903			
6	0.162	1.470	99.373			
7	0.036	0.325	99.698			
8	0.021	0.195	99.893			
9	0.011	0.101	99.994			
10	0.000	0.004	99.998			
11	0.000	0.002	100.00			

表 4 旋转后的因子载荷矩阵

	Component	
	1	2
Zscore (lnX_1)	0.976	0.157
Zscore (lnX_2)	0.969	0.178
Zscore (lnX_3)	0.632	-0.052
Zscore (lnX_4)	0.887	0.131
Zscore (lnX_5)	0.856	0.051
Zscore (lnX_6)	-0.112	0.943
Zscore (lnX_7)	-0.452	-0.457
Zscore (lnX_8)	0.900	-0.153
Zscore (lnX_9)	0.957	0.000
Zscore (lnX_{10})	0.960	0.181
Zscore (lnX_{11})	0.972	0.170

表 5 因子得分系数矩阵

	Component	
	1	2
Zscore (lnX_1)	0.123	0.050
Zscore (lnX_2)	0.120	0.069
Zscore (lnX_3)	0.092	-0.096
Zscore (lnX_4)	0.113	0.037
Zscore (lnX_5)	0.115	-0.029
Zscore (lnX_6)	-0.094	0.804
Zscore (lnX_7)	-0.025	-0.347
Zscore (lnX_8)	0.138	-0.204
Zscore (lnX_9)	0.133	-0.080
Zscore (lnX_{10})	0.119	0.072
Zscore (lnX_{11})	0.121	0.062

三、实证研究结果分析

要分析各个因子对福建省城镇化的弹性大小，得求出各个因子得分系数：

$F_1 = 0.123ZlnX_1 + 0.12ZlnX_2 + 0.092ZlnX_3 + 0.113ZlnX_4 + 0.115ZlnX_5 - 0.094ZlnX_6 - 0.025ZlnX_7 + 0.138ZlnX_8 + 0.133ZlnX_9 + 0.119ZlnX_{10} + 0.121ZlnX_{11}$

$F_2 = 0.05ZlnX_1 + 0.069ZlnX_2 + 0.096ZlnX_3 + 0.037ZlnX_4 - 0.029ZlnX_5 + 0.804ZlnX_6 - 0.347ZlnX_7 + 0.204ZlnX_8 + 0.08ZlnX_9 + 0.072ZlnX_{10} + 0.062ZlnX_{11}$

根据各个因子得分系数（见表5）计算 F_1、F_2 的值，用之与 $\ln y_t$ 回归，估计得到以下结果：

$\ln Y = 3.866 + 0.35F_1 + 0.098F_2$

t　（218.59）（3.754）（4.94）

$R^2 = 0.969$，F 值为 8.904

以上实证分析结果均通过检验，将 F_1、F_2 代入上述回归结果见表6。

表6　　福建城镇化各影响因素的弹性估计值

回归系数	β_1	β_2	β_3	β_4	β_5	β_6	β_7	β_8	β_9	β_{10}	β_{11}
β_j 估计值	0.0481	0.0502	0.0464	0.0436	0.0171	0.0466	-0.0423	0.0081	0.0396	0.0493	0.0472
$\|\beta_j\|$ 排序	3	1	5	7	10	6	8	11	9	2	4

根据表6估计值，我们对影响福建省城镇化因素的弹性系数绝对值进行排序，从弹性系数大小及排序结果可以发现：（1）各因素对福建省城镇化影响程度明显不同，从大至小分别为农民人均纯收入、人均社会固定资产投资、人均GDP、城镇人均住房面积、第三产业比重、人均耕地面积、农村人口非农业就业比重、人均水资源量、公路里程、初中以上文化程度人口比重、森林覆盖率。除了人均水资源量外，其他因素与福建城镇化水平都成正向关系。（2）从各因素对福建省城镇化影响程度看，农民人均纯收入是影响城镇化水平的最重要因素，它对城镇化的弹性系数为0.05，即农民人均纯收入提高一个百分点，福建省城镇化水平将提高5%；对福建省城镇化影响最小的森林覆盖率，其对城镇化的弹性系数仅为0.008，表明森林覆盖率提高一个百分点，福建省城镇化水平仅提高0.8%。（3）经济因素和基础设施是福建省城镇化水平的决定性因素，经济因素中的人均GDP、农民人均纯收入、第三产业比重对福建城镇化率的弹性系数排位分别列第三、第一和第五位，基础设施中人均社会固定资产投资和城镇人均住房面积列第二和第四位，表明加快经济发展和基础设施建设是提高福建

省城镇化水平的基本途径。

四、政策建议

（一）增加农民收入，为提升福建省城镇化质量提供坚实基础

增加农民收入是“三农”问题的核心问题，只有收入增加，才能从根本上提高农民的生活质量，实现城镇化。在推进福建省城镇化进程中要正确认识和处理城镇化发展与农民收入增长之间关系的重要性，绝对不能为追求城镇化发展的速度和规模而牺牲农民的利益，要把创造稳定的就业机会，保持农民收入持续较快增长作为城镇化发展的主要任务，通过城镇化质量的提高来带动农民收入水平的增长。实践证明，始终高度重视农民收入的有效增长，城镇化与农业、农村就能协调发展；城镇化的发展如果不考虑农民的利益，则不仅无益于农民收入的增长，而且城镇化的发展也会受到阻碍。

（二）提高农村工业化发展水平，为提升福建省城镇化质量提供根本动力

工业是城镇经济的核心产业，工业化是城镇化的根本动力。农村工业化可以让农民从回报相对较低的农业，过渡到报酬相对较高的工业或服务业，把数量庞大的农村劳动力转移到工业生产和城镇中来。福建省各地农村的基础条件、资源环境、劳动力素质等差距较大，其中落后地区的工业化程度大大低于全省平均水平，严重限制了城镇化的质量。因此，要持续推动城镇化的发展，必须打破传统的二元经济结构，以加快工业化为先导，构筑工业主导型经济增长格局，面向国内外市场和自身优势，发展诸如农产品深加工，超市的绿色蔬菜保鲜、加工等，通过产业结构优化与升级，发展精深加工业、延长农业产业链，提高农民组织协作化水平，提高农业生产力，加快农村工业化进程，从而促进农村与城镇统一协调发展。

（三）推进农业产业化，为提升福建省城镇化质量提供产业基础

农业产业化发展方式通过集结分散的农户，引入先进的生产技术和管理方式统一管理生产与销售，有助于提高农业产业的市场竞争力。它也是农村剩余劳动力的就业载体，可扩大农村居民的就业方向，同时为第三产业在农村的快速发展提供广阔空间。所以提高农业产业化水平是促进城镇化发展的有效途径，要大力提升福建省农业产业化龙头企业的规模和品位，提高农产品精深加工水平和市场竞争力。通过发展商贸流通、交通运输、信息咨询等服务业，以及各类综合性或专业性商品批发市场，抓好农产品的流通，显著提高第三产业的增加值和就业比重。同时支持发展高产、优质、高效、生态、安全农业，促进优质、特色农产品向优势产区集中，形成一批优势农产品的产业带和产业区。

（四）加强农村基础设施建设，为提升福建省城镇化质量提供物质载体

基础设施是城镇化的物质载体，是城镇居民生活质量提高，进而增加非生活必需品消费的重要条件，同时也可为非农经济的发展创造良好的投资环境。提高城镇化质量，必须加强农村基础设施建设。因其投资规模大、回收期长、效益低的特点，政府一直是农村基础设施投资的主角，福建省地处东南沿海，经济发展水平较高，但区域差异却十分显著，经济落后地区，由于政府财政所限，不能满足城镇化发展的需求。因此，必须借鉴发达地区或国外的经验，相关各级政府加大对农村农业的投入和政策的优惠的同时，发挥市场作用，拓宽融资渠道，鼓励民资与外资参与基础设施建设。应按照国家相关金融政策的要求，积极管理和灵活放宽资金的准入，做到多元化投资、一体化管理。农村基础设施建设要以集体利益最大化为最终目标，公开对社会招标，且做到公平与公正。

（五）择优发展中心城镇，为提升福建省城镇化质量提供现实支撑

小城镇建设是城镇化的起点，是当前我国城镇化发展的战略重点。我国人口众多，把大部分农民集中到城市是不现实的，并且浓厚的乡土观念和相互之间浓厚的血缘、亲缘、地缘关系，使他们更愿意在家乡创业就业，而小城镇因其接近农村便于吸纳农村劳动力，从而为促进小城镇的发展提供了最有力、最具可能性的依据。福建省应通过科学规划、合理布局，以现有的建制镇为基础，根据区位条件、人口规模、经济实力等条件，依托农业产业化的发展带动周边的乡村，择优发展中心城镇，不断完善现有小城镇的功能和发展新的小城镇，建成具有特色的海峡西岸经济区新型城镇群。

（六）创新相关体制机制，为提升福建省城镇化质量提供制度保障

城镇化的重大标志是推进农村劳动力向城镇转移并实现市民化，因此打破城乡二元结构，保障农村居民享受与城市市民平等的权益和待遇成为城镇化的核心内容。这就需要通过制度创新，积极推动包括户籍制度、土地制度、社会保障制度、财税体制等多项改革，按照“分类指导，因城而异”的原则，采取不同程度的户籍迁移管制，逐步建立稳定的劳动力转移渠道和机制，积极探索城乡劳动力相互对流的新思路，降低劳动力供需双方相互寻找的交易费用，让农业转移人口更好更快地融入城市，保障其平等享有市民的各项基本权利，从而实现城镇化这一内需“最大潜力”与改革“最大红利”有机结合。

提高劳动报酬问题研究述评*

王云中　沈建国**

一、目前我国劳动报酬占比是否偏低

绝大多数学者认为近年来我国劳动报酬占国民收入的比重偏低。

近年来我国劳动报酬占比呈下降趋势。李稻葵等人（2009）的研究表明，我国初次分配中劳动份额从1992年开始到1996年略有上升，然后逐步下降。1999年我国劳动收入份额比重约为54%，但到2006年时已经下降到了50%以下。中国社科院《社会蓝皮书》（2008）披露的数据表明，2003年以前我国的劳动报酬一直在50%以上，但到2006年降低至40.6%。白重恩和钱震杰（2009）的研究表明，1978年我国劳动收入份额约为50%，此后10年略有上升，但自1990年以来缓慢下降，2004年以来下降趋势尤为明显，2006年这一数值已降至47.31%。这些研究数据都表明，我国劳动收入份额已经下降到了历史最低水平。张车伟（2012）的研究同样证明了自2003年以来我国工薪劳动者的实际工资水平下降，劳动者分享经济增长的程度不足。

我国劳动报酬低于劳动贡献。荀关玉和白妍（2010）根据国家统计局1986～2008年的国民收入、全社会固定资产投资、就业人数的有关统计进行测算提出，1986～2008年我国的劳动贡献比在国民收入分配中的比重逐渐下降，劳动收入占国民收入的比重也在一个较低的水平上持续下降，劳动收入比远远低于劳动贡献比，如1986年，我国劳动对国民收入的贡献为77.8%，而劳动收入占国民收入的比重只为50.2%；2008年，我国劳动对国民收入的贡献为42.48%，而

---

* 本文系国家社会科学基金项目“我国劳动者报酬的基础理论、社会功能和规范、提高途径研究”（11BJL023）的阶段性成果。

** 王云中，南京财经大学经济学院，教授，研究方向是马克思主义经济学；沈建国，河套大学经管系博士、副教授，研究方向是政治经济学。

劳动收入占国民收入的比重只为36.2%。由此可以看出我国的国民收入分配不合理，劳动收入远远低于劳动贡献。

中国的劳动报酬低于世界大多数国家。罗长远和张军（2009）通过《中国国内生产总值核算历史资料1952—2004》所提供的数据，研究发现劳动报酬占GDP的份额已从1995年51.4%的峰值下降至2003年的46.2%，并在2004年加速下降至41.6%。他们指出，与世界大多数国家的55%~65%劳动收入占比相比，中国的这一比重太低。荀关玉和白妍（2010）通过国际比较指出，中国的劳动者报酬低于其他国家。例如美国在1870~1984年，劳动在国民收入分配格局中始终处于主导地位：劳动收入所占比重为50%（1870年和1880年）至74.3%（1980~1984年）；资本要素收入所占比重为16.6%（1970~1974年）至24.5%（1880年和1890年）。在美国上述114年中的国民收入分配格局中，不仅资本要素收入比例始终较小，而且劳动所占比重呈稳步上升趋势，而资本要素恰恰相反。英国在1860~1984年，劳动在国民收入分配格局中始终处于主导地位：劳动收入所占比重为45.2%（1860~1869年）至68.8%（1975~1979年）；资本要素所占比重为36.5%（1910~1914年）至21.9%（1975~1979年）。就是说，在英国的国民收入分配格局中，资本要素收入也始终占小份额。

也有研究认为当前我国劳动者（雇员）薪酬比重并不低。国家财政部财政科学研究所课题组（2012）以国内和国际统计资料为依据，选出人均GDP、经济开放程度、城镇化水平、投资率、经济增长率、政府教育投入占GDP的比重这6个对雇员薪酬比重有重大影响的因素，作为解释雇员薪酬水平的变量并以此来确定我国雇员薪酬水平的期望值。他们根据对18个国家的实证分析认为，这6个变量中，人均GDP与雇员薪酬比重呈正向相关，新增投资、经济开放度和经济增长与雇员薪酬比重呈负向相关，而政府教育投入占GDP比重与雇员薪酬的影响在统计上则不显著。他们把依据这6个变量计算出来的雇员薪酬期望值与根据收入法计算出来的雇员薪酬比重的实际值进行比较，得出的结论是，我国当前雇员薪酬比重的实际值高于期望值，实证结论不支持当前流行的我国雇员薪酬比重偏低的观点。1992 ~ 2007年，我国雇员薪酬比重的期望值处在35.12% ~ 39.29%，16年中的期望值低于实际值平均9.34个百分点。即便从差异最小的2007年来看，该年的期望值为35.17%，实际值为39.74%，期望值也低于实际值达4.57个百分点。

二、劳动报酬偏低或持续走低的原因

劳动报酬偏低或持续走低的原因，受到了学者们的广泛关注和深入探讨。有的学者用一种主要原因解释，有的学者用几种原因解释；多数学者认为是几种或多种因素共同作用的结果。这些因素包括制度因素、技术和结构因素、我国发展现阶段的二元经济结构和劳动力的供求因素、政策因素等。

（一）从制度因素解释

刘国光等（2007，2011）从所有制结构的演变来解释劳动报酬走低的原因。指出，最近十几年来的公有制经济比重的持续减少和非公有制经济比重持续增加，是近年来劳动者报酬持续走低的主要原因或根本原因。他们认为，按照马克思主义观点，所有制决定分配制；财产关系决定分配关系。财产占有上的差别才是收入分配差别最大的影响因素。最近十几年，公有制经济的持续相对减少，非公有制经济的持续相对增加，与此同时，在分配方式上按劳分配的比重相对减少，按要素分配（主要是按资本和按劳动力市场价格分配）的比重相对增加。这一分配方式的变化所带来的后果，就是随着私人产权的相对扩大，资本的收入份额的相对扩大，劳动收入份额则相对缩小。齐昊（2011）通过相关统计数据的实证分析也提出，20世纪90年代以来的我国生产资料所有制格局的演变，即国有经济规模的减少和非公有制经济规模的扩张是劳动者报酬下降的根源。

白暴力等（2011）提出，企业古典产权制度下的工资市场定价是劳动者报酬偏低的核心机制。古典产权制度的特点是单一的所有权制度，即生产资料所有权决定其他所有经济权利，由生产资料所有权单一地决定经济过程的决策。这时，产权与所有权是统一的，统一在所有权中。当前，我国私营企业的产权制度基本上是古典产权制度，由生产资料所有权单一地决定企业决策。这种决策机制的目标是单一追求利润最大化，在劳动力市场上就表现为尽可能压低工人的工资。在这种古典产权制度的决策机制下，再加上我国劳动力市场的长期供过于求和劳资力量对比的不平衡这两个特点导致了劳动者实际工资水平长期定位在低点上。

刘润芳和杨建飞（2011）提出我国的劳动者权益保障制度不完善是我国近年来劳动者报酬持续走低的不可忽视的原因。在我国，企业内部缺少工资议价机制，企业所有者处于强势地位，很多企业与员工并未签订劳动合同，或者劳动合同的内容都是些霸王条款。虽然我国目前颁布了劳动保护法，但由于企业方的原因，执行起来非常困难。这种情况也为企业压低工资留下缺口。

（二）从技术和结构因素解释

这种解释是基于新古典经济学的观点，这种观点认为，劳动等要素的回报率主要取决于生产技术。从微观企业层面来看，劳动所得占国民收入的份额取决于企业生产技术决定的劳动的产出弹性，而企业技术构成的变化则会引起劳动所得份额的变化；从宏观经济层面来看，由于不同产业的技术构成的不相同，不同产业部门的劳动所得份额也是不相同的，因此，劳动所得占国民收入的比重取决于该经济的产业结构，并随着该结构的变化而变化。

赵俊康（2006）研究认为，节约劳动的技术的开发使用和资本对劳动的相对价格持续走低导致的近年来的技术构成的提高和资本的深化是劳动报酬下降的主要原因。他指出，长期以来，无论政府还是企业在技术路线上重视节约劳动的技术，忽视节约资本的技术。1996 年以后，特别是 2000 年以后，资本和劳动的比率大幅度提高，导致劳动需求曲线更陡直。同时，在我国经济由卖方市场转向买方市场以后，国内市场长期呈现疲软迹象。为了扩大资本市场需求，维持经济的高速增长，政府一直采取鼓励投资的金融政策，表现在利率方面，从 1996 ~ 2003 年，连续 8 次降息，一直到 2004 年才首次上调利率。而同期，随着国民经济的增长，工资水平逐年提高。这些因素导致了企业采取节约劳动的技术，导致了资本有机构成的提高或资本的深化，从而提高了资本所得的比重，降低了劳动报酬的比重。刘润芳和杨建飞（2011）也提出资本深化速度过快是我国近年来劳动者报酬持续走低的原因。他们指出，我国现阶段生产要素投入中资本快于劳动增长。1991 ~ 2007 年，我国资本形成总额年均增长 18. 44%，而劳动力就业年均增长仅为 1. 02%，这样在要素边际报酬不变的条件下，劳动所得收入份额必然下降 。

罗长远和张军（2009）从产业结构演变的角度对中国劳动收入占比变化进行了实证研究。提出，三次产业中的不同产业的劳动收入占比是不相同的，一般来说第一产业和第三产业的劳动收入占比相对较高，第二产业的劳动收入占比相对较低；而同一产业在不同时期由于使用的劳动和资本的比例不同也会导致劳动收入占比的不同。我国近年来的劳动收入占比走低是与我国近年来的三次产业演进情况和第二产业中使用的劳动和资本的比例的变化密切相关的。近年来我国第一产业的持续减少，第二产业不断向资本密集型演变是我国近年来劳动占比持续走低的重要原因。白重恩和钱震杰（2010）研究发现，产业结构转型会影响劳动收入份额，劳动收入份额的变化既与各产业部门劳动收入份额的高低有关，也与产业结构转型的阶段有关。改革开放以来中国的农业部门在经济中的比重下降，工业部门的劳动收入份额的走低是导致了中国近年来劳动收入份额的下。

（三）从二元经济结构和劳动力供求关系解释

李稻葵、刘霖林、王红领（2009）以刘易斯的二元经济理论为分析框架，以新古典经济学的边际生产力递减规律为分析工具，建立了劳动报酬演变模型。他们认为，我国城乡二元经济结构使农村存在大量的剩余劳动力，以城市化和工业化为特征的经济发展伴随着劳动力从农业部门向工业部门大量转移。在劳动力转移过程中，劳动收入份额的变动可分为三个阶段。在劳动力转移初期，总产出的上升速度要大于工资的上升速度，因此，劳动份额占总产出的比重呈下降趋势。在劳动力转移中期，随着农业劳动力不断转移，农业劳动力的际产出不断上升，工资的上升速度加快，总产出的上升速度减慢，当两者逐渐趋于一致时，劳动份额达到最低点。在劳动力转移末期，随着工业劳动力的边际产出继续下降导致工业产出的上升速度减慢，而农业劳动力的边际产出上升速度加快带来工资的上升速度加快，这使产值增长率小于工资增长率，引起劳动份额不断上升，直到工业劳动力的边际产出与农业劳动力的边际产出相等时为止。因此，劳动收入份额在这一过程中呈先下降后上升的正U形曲线。

龚刚和杨光（2010）认为我国二元经济结构下劳动力的无限供给是导致劳动收入份额下降的主要原因。在二元经济结构下，劳动力的无限供给不仅使得工资不随劳动力需求增长而增长，同时也使劳动生产率和物价的变化对工资的影响不够敏感。这意味着，当存在着劳动生产率的提高或物价上涨时，工资的提高不够显著，从而由经济增长和劳动生产力的提高所带来的利益大部分转化为利润而非工资，从而使经济增长的成果不能由劳动者分享。

姜磊（2008）分析了我国劳动分配比例的变动趋势与影响因素，提出，我国劳动分配比例下降的根本原因是二元经济条件下的由农村庞大剩余劳动力形成的巨大就业压力和工会在保护劳动者权益方面的缺位。

刘润芳和杨建飞（2011）提出劳动力市场上严重的供大于求的现象是劳动者报酬偏低的原因之一。通常大量的劳动力是经验缺乏或技术较为低端的劳动力，他们主要由三部分构成：流入到城市的农村剩余劳动力；高等院校开始扩招后毕业的大学生及各类民办院校的培养的学生；以前下岗且技术相对落后的工人。而用工单位则可以凭借优势地位随意压低他们的工资。

（四）从国际资本的挤压来解释

哈里森（Harrison，2002）指出，在外商直接投资过程中，资本的流动性和投资国度及地区的选择性，增强了资本的谈判地位，弱化了劳动对资本的谈判能力，起到了打压劳动报酬的作用。德克勒和马雷克（Decreuse and Maarek，2008）指出，外资企业往往比内资企业拥有较先进的技术设备和生产效率，但所雇用劳动者的工资却以内资企业的较低工资水平为标准，使经济增长快于劳动报酬的增长，从而拉低了劳动报酬的比例。郑志国（2011）的研究也印证了德克勒和马雷克的观点。他指出，随着中国经济对外开放程度不断提高，国际资本大量进入，外资企业迅速发展。1979～2010年，中国实际使用外资12504.43亿美元，其中外商直接投资10483.81亿美元。2010年年底，登记外资企业共有44.52万户，外商企业达到了影响中国经济的举足轻重的规模。1998～2010年，中国工业部门外资企业（包括外商投资企业和港澳台投资企业）的净产值分割状况，工资占净产值比例由49.11%下降为33.80%，下降15.31个百分点；税金所占比例由30.37%下降为20.23%，下降10.14个百分点；利润所占比例由20.52%上升为45.97%，上升25.45个百分点。一些外资企业通过压低工资，规避税收，形成对中方收入的挤压，使中方应得的劳动报酬和税收占企业总收入的比例逐年下降，而外商获得的利润比例则逐年提高。他还提出，国际资本对民营资本的挤压也是我国民营经济中劳动报酬偏低的重要原因。在企业外部，外商凭借自己的先进技术和知名品牌，对中国企业发展自主品牌实行市场封锁，内资企业尤其是民营企业创造自主品牌非常困难。一些民营企业为此投入和消耗了数百万、数千万甚至数亿元资金，试图创造自己的品牌，建立自己的销售网络，但都常常遭到国际资本的排挤，难以成功，由此便打压了中资企业的收入空间和劳动报酬份额。另外，也有学者指出，我国处于世界产业链的低端加工环节，跨国公司凭借掌握的品牌、技术和销售网络等高端链条并获得了绝大部分利益，也是我国劳动者报酬占比不高的重要原因。

（五）从政策因素解释

有学者认为，政府的招商引资政策和投资刺激经济政策导致了劳动者报酬的下降。

周明海等（2010）、罗长远和张军（2009）提出，政府间的引资竞争是劳动者收入下降的原因之一。他们认为，地区间在招商引资中的竞争，地方政府将低劳动力成本和低劳动保护作为招揽投资者的必要手段，增强了资本谈判能力，弱化了劳动力的谈判地位，导致了劳动报酬占比不高。

方文全（2011）通过实证研究提出，政府财政收支对劳动收入份额具有显著的间接的负面影响。为了扩大收入来源和保证经济增长，政府倾向于推动高投入高产出的资本密集型项目，这种政府财政收入的资本依赖和财政支出的资本偏向，在扩张产出规模和提高资本产出效率的同时，间接地导致了劳动收入份额的下降趋势，呈现出政府财政对劳动所得的排斥。因此，政府的生产税收入口径越宽，对劳动收入的负面作用越明显，政府的生产性支出口径越大，对劳动收入的负面影响也就越显著。

白重恩和钱震杰（2010）提出，税负水平上升是导致近年来劳动收入份额下降的重要原因之一。他们认为，在中国，税负归属并不是由各种要素平均地承担，税负水平对劳动收入份额的影响显著为负，税率上升一个百分点，按要素成本法计算的劳动收入份额就降低约0.8个百分点。

三、提高劳动报酬的必要性和紧迫性

程恩富等（2010）、杜社建等（2010）、白暴力等（2011）提出，过低的劳动收入份额导致收入差距拉大，内需不足和外贸依存度过高。

他们认为，劳动收入份额和收入差距存在密切的关系。资本收入增长过快，劳动收入增长缓慢是造成国民收入分配差距的主要原因。他们指出，收入分配差距拉大与社会财富的分布差距拉大问题互相伴随。收入考察的是某一个时点上的流量，财富考察的是某一个时点之前所有收入流量的积累，是一个存量。收入之间的差距会逐年地积累下来，导致财富分布之间的差距加大；而且，财富分配之间差距的拉大会大于收入分配之间的差距。收入分配差距是财富分配差距的源头，财富分配差距是收入分配差距累积的结果。同时，社会财富的分布差距偏大，会进一步加大收入分配的差距。1995～2005年，我国收入最高20%的家庭或个人收入约占总收入的50%，而最低收入的20%只占总收入的5%左右。据财政部2009年的一项调查显示，我国10%的富裕家庭占城市居民全部财产的45%，而最低收入10%的家庭其财产总额占全部居民财产的1.4%。根据2009年的胡润富豪榜，浙江某主营建筑业的集团，其董事会主席的财富为85亿元人民币；而同年，浙江建筑业城镇就业人员平均年收入仅为2.658万元人民币，两者差距甚大；再如，北京某房地产集团董事长，其财富为290亿元人民币，而同年北京市房地产就业人员平均工资为4.4265万元，前者是后者的65万倍以上。综合可以看到，近年来，我国出现的收入分配差距偏大的主要原因是劳动收入偏低。

他们提出，劳动者报酬份额下降导致居民消费能力不足影响到最终消费需求。劳动者报酬份额是衡量城乡居民消费能力的重要指标，近年来劳动者报酬份额持续下降导致城乡居民消费能力不足，这虽然并不是决定最终消费率持续下降的唯一原因但却是最重要原因。尽管以绝对数衡量的城乡居民收入水平每年度均有不同程度地增长，但这种增长并不能完全反映城乡居民的消费能力，以劳动者报酬在国内生产总值中的变动状况以及劳动者报酬份额相对于国家与企业所得的比较，才能更加全面地反映城乡居民消费能力。他们还提出，劳动收入份额过低，内需相对不足，还是导致外贸依存度过高的主要原因。中国劳动收入份额低，与我国出口导向型的外贸战略有重要关系。在改革开放过程中，沿海地区的招商引资过于偏重对外加工产业。由于我国有大量的农村剩余劳动力，国外企业纷纷把附加值低的加工业转入中国。这些产业对劳动技能要求也低。中国企业利用我国廉价的劳动力，进行对外加工，创业风险小，获利容易，因此外向型加工企业迅速发展。在改革开放初期，发展低技术、低工资的加工业并没有错。但很多企业在发展过程中没有长远眼光，不重视技术更新，不重视人才培养，不重视品牌创新，迷恋于低技术、低成本带来的利润。这种发展模式导致中国加工企业在国际产业链中只占据了非常低的附加值份额。这种低附加值产业的发展造成我国劳动收入份额过低，进而导致国内消费需求对经济增长贡献率低。由于国内市场对经济增长贡献有限，我国企业不得不依赖对外贸易，这大大提高了我国的外贸依存度，增加了我国经济发展的国际风险。2003年，全球平均外贸依存度为0.45，发达国家均值为0.38，发展中国家均值为0.51，而我国2004年外贸依存度为0.68，远远高出世界平均水平。

赵俊康（2006）提出，我国劳动报酬份额偏低，在扩大收入差距的同时，还扩大了社会保障的供需矛盾，加剧了劳资冲突。我国目前部分资本所得，尤其是非公经济资本所得在使用方面存在严重不合理的现象。有相当一部分非公经济资本所得既没有用于社会保险，也没有用于生产性投资。从社会保险方面看，非公经济企业的参保比例远远低于国有和集体企业。由于初次分配中劳动分配比例持续降低，导致劳动人口贫困面加大，社会保障财政负担增加。同时也使劳资冲突加剧。从1996~2003年，全国受理劳动争议案件从47951件上升到225391件，增加了近4倍，远远高于GDP的增长速度。

王佳菲（2010）提出，劳动者报酬偏低阻滞了我国产业结构优化升级。企业在面临不同类型的生产技术选择时，工资水平是决定这种技术选择标准的关键因素。企业一旦形成对低劳动力成本的依赖，便会寄希望于压低工资而求得生存而丧失产业升级的动力，陷入“低技术陷阱”。劳动者报酬长期徘徊在偏低水平，将抬高企业采用先进技术设备的临界点，妨碍行业内和行业间的有序竞争，从而使微观主体难以走出“低技术陷阱”。这一消极效应是造成我国产业结构调整滞后的症结所在。同时，当全行业工资水平偏低时，生产条件落后的企业无须改善技术工艺也能获得较为可观的利润，而大量的低素质劳动力由于无法获取发展资料而难以提升自身的素质去适应先进生产条件的需要，于是，行业内优胜劣汰的有序竞争被大大削弱，整个行业也停留在低工资—低素质劳动力—低端产业和产品—低附加值和低利润—低工资的恶性循环之中。

四、提高劳动报酬的措施

（一）从制度上解决劳动报酬偏低问题

第一，坚持公有制和按劳分配为主体是扭转目前劳动者报酬持续走低，缩小收入差距，实现共同富裕的根本措施。刘国光等（2007，2011）认为，在调整收入分配关系，提高劳动者报酬，缩小贫富差距时，人们往往从分配领域本身着手，特别是从财政税收、转移支付等再分配领域着手，完善社会保障公共福利，改善低收入者的民生状况。这些措施是完全必要的。但是，仅仅就分配谈分配，仅仅从分配再分配领域着手，还是远远不够的，不能从根本上扭转贫富收入差距扩大的问题。还需要从所有制结构，从财产制度上直面这一问题，需要从基本生产关系，从基本经济制度来接触这个问题；需要从强化公有制为主体地位来解决这个问题，才能最终地阻止贫富差距扩大，实现共同富裕。因此，分配上的状况改善是以所有制中公有制经济的壮大为前提条件的。所有制发展上要扭转“公”降“私”升的趋势。只有这样，才能最终避免贫富的两极分化。

第二，建立现代产权制度，提高劳动在确定工资中的谈判地位，克服劳动者报酬走低的趋势。白暴力等（2011）提出，必须改变民营企业的古典产权制度，建立现代产权制度，厂商的决策权不应仅仅集中在生产资料所有权拥有者手中，而是与劳动者、社会、政府和知识共同参与企业决策，厂商的决策权由诸多力量共同掌握，这样可以从内在机制上克服将工资定位在劳动力价格水平甚至更低的行为。

第三，实行最低工资标准制度和政府指导下的工资市场定价，制定工资增长指导线。荀关玉和白妍（2010）、白暴力等、刘润芳和杨建飞（2011）提出，政府介入劳动者工资水平确定的一个重要方法就是制定工资增长确定工资增长指导线。政府以国民收入增长率和企业利润增长率为指数，确定工资增长率，实现工资增长指数化，保证工资增长率不低于国民收入增长率和企业利润增长率。同时，要发挥工会的作用，加大对劳动者权益的保护，实行工资集体谈判制度，提高劳动者在工资决定中的话语权。

（二）从技术和结构的视角解决劳动报酬偏低问题

赵俊康（2006）、王德文（2007）等学者从扩大就业量的视角研究解决劳动者报酬走低问题。他们提出：（1）鼓励开发和使用节约资本的技术。在引进国外技术的时候，要进行充分论证，对于资本过渡替代劳动的技术，要进行适当控制。同时，要加强自主创新和开发的力度，大力鼓励研发适合我国国情的节约资本的技术。与此相适应，要转变经济增长方式，把促进就业放在重要位置。在企业组织方面，鼓励发展中、小型企业；在经济性质方面，加大民营经济的支持力度；在技术性质方面，发展劳动密集型企业；在产业性质方面，大力发展第三产业。（2）调整生产要素的相对价格降低劳动对资本的相对价格，促使企业采用劳动替代资本的策略，使国民收入分配通过劳动力市场的调节自动向劳动者倾斜，提高劳动分配的比例。主要措施包括：控制高收入者的工资水平，国家要根据经济社会发展的实际，制定科学的工资指导线，并引导企业实施；增加对企业的公共工资补贴，特别是劳动密集型的中小企业实行工资补贴政策。同时，逐步减少对资本使用上的各种优惠政策，特别是对引进资本的优惠政策，是使资本价格回归到正常水平；要研究工资和利率的合理比例关系，实行工资和利率联动政策，确保工资和利率保持在合理的比例关系范围内。（3）产业结构的调整要充分体现我国劳动力资源过程和禀赋结构偏低的要求，通过大力发展劳动密集型行业和产业，鼓励支持中小企业和民营企业发展，创造出更多的就业机会，从而实现充分就业的目标。

（三）从提高劳动者素质解决提高劳动报酬问题

王德文（2007）、杜社建和李振明等（2010）、刘润芳和杨建飞（2011）认为，加强发展教育，协调发展高等教育与职业教育，加大人力资本投资，提高劳动者的就业技能和就业能力，是提高劳动收入份额的极其重要的途径。伴随着我国工业化和城市化的发展，大量农村富余劳动力不断流向城市第二、第三产业就业。在这个过程中，只有素质较高、有能力终生学习的劳动者才能适应产业结构动态调整的需要。相比之下，农民工的受教育程度较低，这使得他们通过非农就业所获得工资收入也较低。大多数城市低收入家庭和贫困家庭的劳动者受教育水平也较低。通过保障教育经费投入和全面实行免费的义务教育制度，加强职业教育、在职教育和高等教育，提高各个阶段的教育质量，将有助于通过提高劳动者的素质和就业能力来增加其劳动收入。

（四）实行税制改革，适度降低政府税收份额，为工资上升留下空间

郭飞和王飞（2011）、刘润芳和杨建飞等（2011）提出：深化财税制度改革，降低生产税特别是中小企业和新建企业的税收，减少企业的税收负担，有利于企业提高效益，增加就业，减少利润对工资的侵蚀，为企业提高职工工资提供较大空间。当前我国生产税占政府税收总额的80%，占政府可支配收入的20%，已经远远高于发达国家和大部分发展中国家的水平 。可以在“十二五”时期将我国企业所得税税率下调至23%，为企业提高职工工资提供较大空间。

五、评价与展望

（一）关于劳动报酬水平期望值的确定

劳动报酬占比是否偏低，取决于期望值的确定及其与劳动报酬实际值的比较。而选择好这个期望值的决定因素，则是确定好这个期望值的关键。国家财政部课题组以人均 GDP、经济开放程度、城镇化水平、投资率、经济增长率、政府教育投入占 GDP 的比重6个因素作为确定期望值的标准，我们认为是有偏颇的。人均 GDP、经济开放程度、城镇化水平、投资率、经济增长率、政府教育投入占 GDP 的比重这些因素虽然能够对劳动报酬构成一定的影响，但他们并不能决定劳动报酬的最直接的因素，决定劳动报酬的最直接因素，也是衡量劳动报酬的最直接尺度应该是劳动者的劳动贡献，同时，劳动报酬水平的评价，还应该结合劳动报酬的社会功能，即劳动报酬水平的高低在微观上直接影响到企业的利润水平，从而影响到企业的生存和发展，在宏观上影响到劳动者生活水平的提高和收入差距的大小，影响到社会消费水平和国内需求水平，影响到经济增长方式的选择和产业结构的演变，影响到经济的正常运行和社会的稳定和谐等。因此，我们认为，劳动报酬水平的期望值，首先应该以劳动者的劳动贡献为依据，同时参考劳动报酬的社会功能等因素综合确定，而不是选取一些影响劳动报酬的间接因素确定。当前所以提出要提高劳动报酬的比重，就是因

为一个时期以来过低的劳动报酬水平已经影响到劳动报酬社会功能的正常发挥。实际上，从政治经济学来看，私有制经济中决定劳动报酬水平的最直接因素劳动力价值或劳动者生活资料的价值，从我国的现实来看也是如此。由于我国长期以来的劳动力供大于求，私有制经济中的产业工人的劳动力工资只相当于中国农村人口生活资料的价值水平。但问题是我们是社会主义国家，我们不但不能认同这个现实，而且还要改变这个现实。所以我们说，我们不能简单地用一些影响劳动报酬的因素来确定我国劳动报酬的期望值。

（二）以上对劳动者报酬走低原因的解释，可以划归两个视角，即工资率的视角和就业率的视角

从制度、二元经济和劳动力供求关系和国际资本打压等因素解释劳动者报酬走低的原因属于工资率的视角，即认为这些因素压低了工资水平，所以劳动报酬持续走低；从生产技术和产业结构等因素属于就业率的视角，即认为这些因素减少了就业率或就业量，从而降低了劳动报酬的份额。

我们认为，把工资率的视角和就业率的视角结合起来，才能更全面地观察和说明问题。例如，虽然所有制结构调整中公有制比重的减少对于劳动报酬比重具有不利的影响，但是，大量非公经济包括私营经济和外资经济的发展也解决了大量人口就业的问题，这些非公经济中的劳动报酬虽然低于公有制经济中劳动报酬水平，具有拉低劳动报酬比重的作用，但却增加了国民经济经济总量和劳动报酬总量，因此，它的积极作用是主要的。同时，我们也要巩固和发展公有制经济，有效防止收入差距的进一步拉大。

（三）关于对劳动报酬走低原因的解释

多数学者认为原因是多种的，是多数原因共同作用的结果，这点上基本取得共识。但对于多种原因中，哪一种原因或哪几种原因起到主要作用，却存在着明显的分歧。同时，由于对导致劳动报酬走低的主要原因的看法不同，也导致对于解决问题的措施即提高劳动报酬的措施不相一致。例如认为所有制结构的演变，即最近十几年来的改革中，公有制经济的比重持续减少和非公有制经济比重持续增加是导致劳动报酬持续走低的原因的学者认为，坚持公有制经济和按劳分配的分配制度为主体，在实践中扩大公有制经济的份额是提高劳动者报酬的根本措施。再如，认为技术和结构等因素是导致近年来劳动报酬走低的主要原因的学者认为，在技术进步和产业结构演变中，要注重采用劳动偏向型技术和加快发展第三产业以提高劳动报酬的比重。再如，认为二元经济结构和劳动力供大于求是我国近年来劳动报酬走低的主要原因的学者认为，随着我国进入工业化中后期和劳动力供求关系拐点的到来，政府应该通过制定有效的法律政策以促进劳动报酬的提高。

（四）由于对劳动报酬走低的原因的看法不同和解决问题的措施不同，上述学者中对于提高劳动者报酬的难度看法不同

其中，认为二元经济和劳动力供求关系是劳动者报酬走低的原因的学者，对于提高劳动者报酬的前景持乐观态度。这些学者根据发展中国家劳动份额在初次分配中演变的一般规律做出推论，认为随着刘易斯拐点的到来，只要采取相应措施，中国经济未来两年左右劳动份额在初次分配中的比重便会进入上升通道。认为技术和结构因素是劳动报酬走低的主要原因的学者，对提高劳动者报酬持比较乐观态度。这些学者提出，随着经济发展水平的提高，产业结构的演进，劳动收入占比便会发生变化。在工业化完成之后，经济逐步向现代化迈进，以服务业务为代表的第三产业成为经济发展的新引擎，劳动收入占比便会进入一个上升的通道。而认为所有制演变是劳动者报酬走低的主要原因的学者，对于提高劳动者报酬则持悲观态度。这些学者的根据是目前我国的所有制结构演变中呈现出公有制经济比重逐渐减少的趋势，而这种趋势并没有得到遏制，甚至可能会进一步恶化，因此，提高劳动报酬比重自然也就成为一个难以解决的问题。

（五）进一步研究的方向

目前对于提高劳动报酬问题的研究，对于有关劳动报酬走低的原因的研究，对于提高劳动报酬的必要性和紧迫性的研究，以及对于提高劳动报酬的措施的研究的文献已经很多，基本上处于完成状态。

但对于提高劳动者报酬的制约因素的研究显得不够。难以改变的劳动力供大于求的既定事实决定了提高劳动收入份额的长期性和复杂性；难以打破的低工资制度的路径依赖使工资水平难以在短期内大幅提高。

对提高劳动报酬的理论依据和实践标准还缺乏必要的理论研究和实证研究。目前政府制定的最低工资制度和工资指导线还缺乏必要的理论依据方面的研究，例如，既然工资水平是由市场或企业自主决定的，那么政府干预工资的理由是什么等问题，目前还没有深入的研究。关于提高劳动报酬的实践标准，可以从微观企业运行和宏观经济运行两个方面来考虑。从企业微观层面上看，劳动者的报酬的水平，不应影响到企业的正常利润和企业的生存发展；从宏观层面上来看，从缩小贫富差距，扩大内需，保持正常的外贸出口这些相关因素来说，劳动报酬提高的余地到底有多大，这方面需要有具体的实证研究，目前这方面的研究还明显缺乏。

居民收入比重和收入构成的国际差异*

梁峰　刘扬**

一、引言

居民在国民收入分配中所占份额的多少直接影响到居民消费能力的大小。居民收入比重是度量居民收入在国民收入分配中所占份额的宏观指标。居民在初次分配中获得的收入主要包括：营业盈余、劳动报酬、财产收入等项目，经过社会再分配，形成居民的可支配收入。根据收入项目以及收入阶段的不同，居民收入比重指标具有不同层次和内涵。

早在20世纪50年代，要素收入分配（劳动和资本）比重保持不变被认为是一个“典型化事实”，此观点在相当长时间内被新古典经济学家们认同。20世纪80年代末以来，一些国家要素收入分配比重的变化引起经济学家们的兴趣。有人认为，劳动收入份额在空间上具有稳定性①。有的人并不认同，劳动份额并不为常数。在最近30多年，劳动份额在穷国下降，在富国上升②。在我国20世纪90年代，研究普遍认为中国居民收入占国民收入比重保持稳定或者略有上升③。但是最近10多年，研究结论比较一致：中国居民收入占国民收入比重在

* 本文系教育部哲学社会科学研究重大课题攻关项目“居民收入占国民收入比重统计指标体系研究”（12JZD026），北京市教委共建项目“民生感知系列调查”的阶段性成果。

** 梁峰，中央财经大学博士研究生，北京石油化工学院讲师，研究方向为宏观经济统计分析；刘扬，中央财经大学统计学院院长，教授，研究方向为收入分配、经济统计。

① Gollin, D. Getting Income Shares Right[J]. Journal of Political Economy, 2002, 110(2): 458－474.

② Harrison, A. E. Has Globalization Eroded Labors Share? Some Cross Country Evidence[C]. UC Berkeley and NBER working paper, 2002.; Kristal, T. Good Times, Bad Times: Postwar Labor's Share of National Income in Capitalist Democracies[J]. American Sociological Review, 2010, 75(5): 729－763.

③ 国家计委综合司课题组：《90年代我国宏观收入分配的实证研究》，载于《经济研究》1999年第11期，第3～12页。

下降[①]。分歧仅存在于下降的幅度有多大。

现有文献对中国居民收入比重和收入构成的研究视角主要基于时间维度，没有把中国的收入分配格局上升到更为开阔的国际视野进行考察，从空间角度研究得不够。鉴于此，本文对中国和美国居民的收入比重和收入构成进行全面的测算、比较和分析，同时将法国、德国等4个国家居民的收入构成与中国居民的收入构成进行对比分析。为我国的收入分配体制改革提供参考。

二、居民收入比重差异的比较方法

根据国民收入主体分配理论，新创造的价值主要在居民部门、企业部门、政府部门之间分配。居民初次分配收入可以用公式（1）表示。

居民初次分配收入=劳动者报酬 + 财产收入 + 营业盈余 （1）

居民的可支配收入使用公式（2）表示。

居民可支配收入=居民初次分配总收入 + 社会福利和转移收入 - 社会缴款和转移支出 - 所得税 （2）

居民部门营业盈余、财产收入、社会福利和转移收入、社会缴款和转移支出的计算方法如公式（3）～公式（6）所示。

营业盈余=增加值-运用方的劳动者报酬-运用方的生产税净额 （3）

财产收入=来源方的财产收入-运用方的财产收入 （4）

社会福利和转移收入=社会保险福利收入+社会补助+其他经常转移收入 （5）

社会缴款和转移支出=社会保险缴款支出+其他经常转移支出 （6）

居民劳动报酬和所得税分别根据资金流量表相应核算项目的来源方和运用方计算。公式（1）～公式（6）左边各项与国内生产总值（GDP）的比值为居民各阶段收入或者收支项目在国民收入分配中所处的位置。美国居民各收入项目的计算方法与中国相近。各个收入项目的比重均以当年价格计算。

三、中美居民收入比重差异及分析

中美两国居民收入占国民收入比重以及居民各项收入和支出占国民收入比重的测算结果如表1和表2所示。

① 白重恩，钱震杰：《谁在挤占居民的收入：中国国民收入分配格局分析》，载于《中国社会科学》2009年第5期，第99～115页。

表1　　中国居民收入占国民收入比重　　单位:%

项目＼年份	1992	1995	2000	2005	2008
初次分配收入总比重	66.10	64.19	62.62	59.65	57.63
营业盈余比重	7.11	6.55	9.09	7.34	7.34
劳动收入比重	54.59	52.78	50.42	50.37	47.93
财产收入比重	4.40	4.86	3.11	1.94	2.36
可支配收入比重	68.54	66.28	63.75	60.15	58.09
所得税比重	-0.02	-0.22	-0.67	-1.13	-1.19
社会福利和转移收入	4.90	4.50	4.55	5.70	6.30
社会缴款和转移支出	-2.44	-2.20	-2.75	-4.06	-4.65
人均 GDP（美元）	363	604	949	1731	3414

资料来源：居民收入数据来源于《中国资金流量表历史资料：1992~2004》、《中国统计年鉴（2010）》；人均 GDP 数据来源于世界银行，按当年价格计算。负值表示该项目为居民的支出项目。

表2　　美国居民收入占国民收入比重　　单位:%

项目＼年份	1960	1970	1980	1992	2000	2008
初次分配收入总比重	76.36	78.39	79.89	80.66	80.76	81.26
营业盈余比重	4.76	4.35	4.93	5.87	6.32	6.94
劳动收入比重	56.20	59.84	60.07	58.27	57.40	56.45
财产收入比重	15.40	14.19	14.89	16.53	17.05	17.87
可支配收入比重	69.23	70.89	72.88	74.90	71.45	76.38
所得税等比重	-8.74	-10.00	-10.90	-9.80	-12.22	-10.04
社会福利和转移收入	4.87	7.23	10.19	11.97	10.74	13.15
社会缴款和转移支出	-3.26	-4.74	-6.30	-7.93	-7.83	-7.99
人均 GDP（美元）	2919	5030	12045	24260	35715	46945

资料来源：美国商务部经济分析局对外公布的报表：S.1.A—S.9.A；人均 GDP 数据来源于世界银行，按当年价格计算。

通过中美两国居民收入比重和收入构成的计算结果，结合其他经济环境变量，可以得到以下结论。

1. 相比美国，中国居民收入占国民收入比重出现了较明显的下降趋势

对居民最终的储蓄和消费产生影响的是居民的可支配收入。中国居民的可支配收入份额从 1992 年的 68.5% 下降到 2008 年的 58.1%，下降幅度超过 10 个百分点。从收入构成比重变动趋势看，居民可支配收入比重的下降主要来源于劳动报酬收入比例下降，劳动报酬比重在 16 年内下降了约 6.7%，解释了居民可支配收入比重下降幅度的约 2/3。在此期间，居民财产收入比重下降了约 2%，个人所得税比重上升了约1%，这两项比重的变动解释了居民可支配收入比重下降幅度的约1/3。

2. 财政收入和企业利润在一定程度上挤占了中国居民的收入份额

图1绘制了中国1992~2008年财政收入增长率、工业企业利润的增长率和GDP增长率曲线，以工业企业利润增长率代表中国企业部门的利润增长率。增长率均按当年价格计算。中国财政收入的增长速度在多数年份高于GDP的增长速度。1992~2008年，中国GDP的年平均名义增速约为16.6%，而财政收入的年平均名义增速约为19.6%，比GDP增速高约3个百分点。相比之下，美国1990~2008年名义GDP年平均增长速度约为5.2%①，在此期间，联邦政府的财政收入名义年平均增速约为5.1%，低于GDP的增长速度，这也是美国政府的财政赤字较高的原因之一。

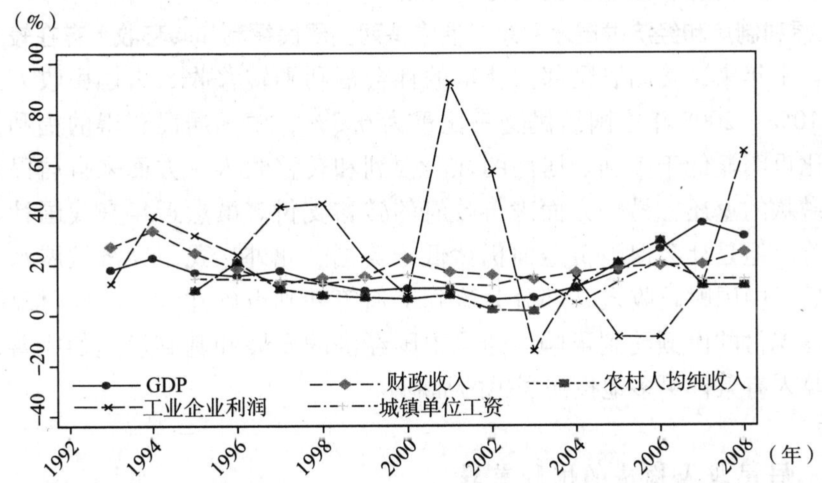

注：增速按当年价格计算。

图1 中国不同类型收入的名义增长速度

资料来源：工业企业利润数据来源于《中国工业经济统计年鉴（2011）》，城镇单位平均工资数据来源于《中国劳动统计年鉴（2005）》、《中国人口和就业统计年鉴（2010）》，其他数据来源于WIND数据库。

中国工业企业的利润增速在不同年度存在较大的波动，但是平均增速较高。1992~2008年工业企业利润年均名义增速约为24.0%，比1994~2008年农村居民人均纯收入和城镇单位平均工资增速分别高12.4%和9.9%，比GDP的年均增速高约7.3%。企业利润在某种程度上侵蚀了居民的收入。美国1990~2008年企业利润年均名义增速约为7.0%，比其GDP年均增速高约1.8%。可见，中国企业利润增速与GDP增速差距的幅度明显大于美国。

① 美国财政收入和企业利润数据来源于 *Statistical abstract of the United States*. Government Printing Office, 2010.

3. 税收制度差异是造成中国居民的初次分配收入比重低于美国的原因之一

1992 年，中国居民的初次分配收入比重低于美国约 14.6%，2008 年低于美国 23.6%。从表 1 和表 2 的比较可以看出，中国居民部门营业盈余收入所占比重与美国相当，但是劳动收入比重和财产收入比重与美国相差较大，这直接造成了中国居民初次分配收入比重较低。但是，还有一个原因值得注意，中美两国税收制度差异影响到两国居民初次收入比重的差异。

间接税是中国税收的主要组成部分。而美国间接税在税收总收入中的比重相对较小，美国以直接税为主，表 2 中美国个人所得税、财产税等合计占国民收入的比重在 10% 上下，相比之下，中国的个人所得税比重在 1% 上下。美国政府参与社会化生产成果的分配主要在再分配阶段，而不是初次分配阶段。而中国政府在初次分配阶段参与了收入分配，收入主要来自初次分配。这是中国居民初次分配收入比重明显低于美国的原因之一。

4. 福利制度和经济发展水平差异使中美两国居民福利和转移收入存在较大差异

近三十年来，美国居民部门获得的社会福利和转移收入占国民收入的比重超过了 10%，2008 年中国居民这一比重为 6.3%，中国居民获得的福利及转移收入的比重明显低于美国。居民的社会福利和转移收入一方面来自居民自身社会保险缴款的返还，另一方面来自政府的转移支付。虽然近年来我国社保体系逐步完善，但是社会保险覆盖面仍然低于美国。此外，我国经济发展水平相对美国滞后，中国财政收入一部分分流到交通等基础设施建设，政府财政收入向居民转移支付的份额受到影响。随着中国经济的发展和基础设施的完善，政府的财政收入有条件更多地投向居民的福利。

四、居民收入构成的国际差异

居民收入比重主要从国民收入分配主体格局的角度来看待居民的收入，而居民收入构成是基于居民收入来源的角度。

1. 中国居民收入构成计算

世界劳工组织没有发布关于中国居民收入构成的数据。本文参考世界劳工组织公布的居民收入构成项目，使用资金流量表数据对中国居民收入构成进行计算。居民初次分配收入的核算内容如公式（1）所示。将居民部门的营业盈余作为居民的个体经营收入。对于居民的再分配收入，将资金流量表中居民的社会保险福利收入、其他经常转移收入、社会补助核算项目的来源方进行了加总，作为居民转移总收入（再分配收入总额）。将资金流量表“经常转移”项目的来源方和使用方的净额作为居民转移净收入（再分配收入净额）。将居民初次分配收入总额与居民转移总收入的和作为居民总收入，进而计算居民每一项收入构成占居民总收入的比重。

2. 不同国家居民收入构成差异

世界劳工组织对部分国家居民收入结构的微观调查结果和本文对中国居民收入构成的计算结果如表3所示。

表3　　部分国家居民收入构成　　单位:%

国家	收入类别	劳动收入	个体收入	财产收入	转移收入				其他收入	调查年度
					社会保险福利	国外汇寄	其他转移	转移总收入		
韩国	总体	62.6	23.0	2.2	2.2		4.7	7.0	5.2	2004
韩国	P10[①]	33.5	15.7	5.8	13.5		21.3	34.8	10.2	2004
韩国	P50	62.7	25.1	1.7	2.7		4.3	7.0	3.5	2004
韩国	P90	65.7	24.0	1.9	1.0		3.8	4.8	3.6	2004
墨西哥	总体	51.2	8.6	23.1	4.5	1.4	2.0	7.9	9.2	2002
墨西哥	P10	27.8	16.7	16.7	11.1	5.6	5.6	22.2	16.7	2002
墨西哥	P50	54.1	11.5	14.8	3.3	3.3	1.6	8.2	11.5	2002
墨西哥	P90	54.9	7.3	21.3	4.9	1.2	1.8	7.9	8.5	2002
法国	总体	53.1	4.5	2.6	39.7	0.1		39.8		2001
法国	P10	23.5	2.8	2.0	71.7	0.0		71.7		2001
法国	P50	51.3	2.9	2.0	43.7	0.1		43.8		2001
法国	P90	73.3	5.4	2.6	18.5	0.2		18.7		2001
德国	总体	42.1	4.8	9.0	20.5		4.1	24.6	19.5	2003
德国	1.3～1.5[②]	36.9	1.4	4.8	34.5		5.1	39.6	17.2	2003
德国	2.0～2.6	37.3	2.6	7.9	29.1		3.5	32.6	19.7	2003
德国	3.6～5.0	48.4	4.1	10.4	15.1		3.4	18.5	18.6	2003
中国	总体	78.1	10.2	6.3				5.5 (3.6)[③]		1992
中国	总体	77.5	9.6	7.1				5.7 (3.1)		1995
中国	总体	75.3	13.6	4.7				6.4 (1.8)		2000
中国	总体	77.4	11.3	3.0				8.3 (0.8)		2005
中国	总体	75.3	11.5	3.7				9.4 (0.8)		2008

注：①P10、P50、P90分别表示收入的10分位数、50分位数、90分位数；②单位为千欧元；③号的数字表示居民转移收入净额（收入减去支出）占居民收入比重。

资料来源：原始数据来源同表1，国家数据来源于国际劳工组织。

发达国家居民的劳动收入占家庭总收入的比重低于发展中国家。法国居民劳动收入比重约为53.1%，德国居民劳动收入占其家庭总收入的比例不到一半。相比之下，韩国居民劳动收入约占家庭总收入的2/3，而中国居民劳动收入占家庭总收入的比重超过了3/4。中国居民劳动收入占国民收入比重下降，但是居民劳动收入占家庭总收入的比重比较稳定，从1992年的78.1%下降到2008年的75.3%，变动的幅度不大。

个体经营收入在西方居民收入中所占的比重很小。法国和德国居民当中，个体经营收入占居民总收入的比重很低，在5%以下。西方国家的市场经济体系相对成熟，城镇居民所占的比重很高，大部分城镇居民受雇于企业或者单位，个体经营的居民比例不高。相比之下，韩国、墨西哥和中国居民个体经营收入占居民总收入的比重较高。

法国和德国居民的再分配收入比重明显高于发展中国家。西方发达国家人口自然增长率很低，社会老龄化程度高于发展中国家，领取社会养老保险的人口比例高，这是西方社会转移收入占居民收入比重较高的原因之一。

社会转移收入是西方国家居民重要的收入来源，福利体制差异是造成各国居民收入结构差异的另一个原因。安德森（Esping - Andersen）将西方的福利体制分为三大类：自由福利体制，以美国和英国为代表；保守社团福利体制，以德国为代表；社会民主福利体制，典型代表是瑞典，三种福利制度的福利水平由低到高排列①。东亚国家（主要指中国、韩国、日本等）的福利体制与西方国家差异较大。从历史的角度看，东亚国家早期的福利体制被称为儒家福利体制②。随着经济的发展和社会家庭结构的变化，东亚国家的福利制度逐步完善。以中国为例，福利体系处于从无到有、覆盖面从小到大，但是总体上福利水平仍然较低。有学者将中国、韩国的福利体制称为发展国家福利体制或者生产主义（productivist）福利体制③。在生产主义福利体制当中，社会政策依附于经济政策，社会福利方案是为经济和生产目标服务的，福利方案与就业紧密相连④。

高福利国家社会再分配具有“劫富济贫”特征。从收入类别的分位数可以看出，随着居民收入的提高，家庭收入构成当中转移收入所占的比重减少。转移收入的重点是面向社会的低收入阶层。随着家庭收入水平的提高，劳动收入在家庭总收入当中的比重增大。

---

① Esping - Andersen, G. The Three Worlds of Welfare Capitalism. Cambridge: Polity Press. 1990.

② Jones C. The pacific challenge: Confucian welfare states[G]. New perspectives on the welfare state in Europe [M], London, Routledge. 1993: 198 - 217.

③ Holliday, I. Productivist welfare capitalism: social policy in East Asia[J]. Political Studies. 2000, 48(4): 706 - 723.

④ Aspalter C. The East Asian welfare model[J]. International Journal of Social Welfare, 2006, 15(4): 290 - 301.

五、小结

本文测算了中国以及美国居民总收入占国民收入比重、居民各项收入构成比重，对中国和美国等六国居民收入比重、收入构成差异进行了比较分析。研究表明，1992 年以来中国居民收入比重下降。过去 50 年里，美国居民的可支配收入比重增加，而劳动收入比重相对稳定。中国的财政收入和企业利润在不同程度上挤占了居民的收入份额。税收制度差异是造成中美两国居民初次分配收入比重差异的原因之一。国家之间居民的收入构成差异主要缘于经济发展水平和福利制度差异。

扩大内需是经济转型的重要战略基点

——扩大内需与转方式问题研究新进展综述

冷兆松*

内需与外需失衡、投资与消费失衡、经济增长过度依靠外需和投资拉动，是改革开放三十多年以来我国经济发展过程中一直存在的主要问题。破解这一难题，使经济发展建立在内需与外需、投资与消费基本相互协调的基础之上，更多依靠内需特别是消费需求拉动，是加快转变经济发展方式的基本内容和重要任务。党的十八大提出，要加快形成新的经济发展方式，“使经济发展更多依靠内需特别是消费需求拉动”，“牢牢把握扩大内需这一战略基点，加快建立扩大消费需求长效机制”。① 本文对最近几年关于扩大内需与转变经济发展方式、调整经济结构问题研究的新进展综述如下。

一、扩大内需战略方针的提出、内涵和实施效果评估

1998 年中央正式提出扩大内需的战略方针。1998 年 2 月，中共中央、国务院发出《关于转发〈国家计划委员会关于应对东南亚金融危机，保持国民经济持续快速健康发展的意见〉的通知》，强调立足扩大国内需求，加强基础设施建设。把扩大国内需求作为中央政策明确地提出来，这在中共中央和国务院的文件中还是第一次。1998 年 2 月，在中共十五届二中全会上江泽民说，应对亚洲金融危机，最根本的是要做好国内经济工作，“要努力扩大内需，发挥国内市场

---

* 冷兆松，博士，中国社会科学院当代中国研究所研究员、中国社会科学院研究生院教授，主要研究方向是当代中国经济、国有企业改革和工业经济。

① 胡锦涛：《坚定不移沿着中国特色社会主义道路前进，为全面建成小康社会而奋斗》，选自《中国共产党第十八次全国代表大会文件汇编》，人民出版社 2012 年版，第 18、20 页。

的巨大潜力”。中央领导同志在正式讲话中使用扩大内需的概念，这是第一次。1998 年 2 月的这“两个第一次”，标志扩大内需战略方针的正式提出。

经过将近一年的实践，到 1998 年年底，扩大内需被明确为经济发展的基本立足点和长期战略方针。1998 年 12 月 7 日，在中央经济工作会议上江泽民说：“扩大国内需求、开拓国内市场，是我国经济发展的基本立足点和长期战略方针。”从 1998 ~ 2002 年的历次中央经济工作会议，都将扩大内需作为一项长期的战略方针加以确认和强调。2002 年 11 月 8 日，党的十六大报告重申，扩大内需是我国经济发展长期的、基本的立足点。

扩大内需是一项大的建设方针，包含着丰富的政策内涵。作为一项具体政策，扩大内需要通过一定的财政政策和货币政策来实现；作为长期战略方针，扩大内需则包含了更丰富的政策内容。调整经济结构、形成新的经济增长点，高度重视“三农”问题、大力开拓农村市场，加快中西部开发步伐、启动新的生产资料和消费资料市场，调整国民收入分配格局、高度重视消费对经济的拉动作用，高度重视就业和社会保障等民生问题，这些都是扩大内需战略方针的政策内容。概括起来说，扩大内需战略方针的精神实质和政策内涵就是，立足国内市场，着眼和着力于解决经济发展和运行中的薄弱环节、突出矛盾、主要问题而采取一系列政策措施，保持国民经济持续快速健康发展。扩大内需的战略方针，是面向实际的开放体系，在实践中还需要不断丰富、充实和完善。①

关于扩大内需战略方针实施效果的基本评估。姚景源说，十几年来在扩大内需、调整增长方式、转变增长方式和调整结构上，我们确实是有成就和进步的，但是，缺少实质性的进步，缺少根本性的成就。所以，中国经济现在还是那个样子，从 1997 年亚洲金融危机到 2008 年世界金融危机、再到现在，还是一个发达国家出问题我们这里就有反应，它要衰退我们的工厂就要减产甚至要倒闭；还是发达国家一有病，我们就咳嗽发烧。其中的根本原因，就是我们的经济发展方式转变、经济结构调整等方面缺少实质性的进步。② 经济发展主要依赖外需拉动的基本格局，至今没有破解。

二、扩大内需关系转方式、调结构的成败

在 2012 年全国政协会议上一些委员指出，扩内需是转方式、调结构的成败所在。迟福林委员认为，消费是经济持续发展的内生动力，能否走向以消费主导，是转变经济的发展方式成败所在。厉以宁委员认为，扩大内需要求调整收

① 戚义明：《改革开放以来扩大内需战略方针的形成和发展》，载于《党的文献》2009 年第 4 期。

② 姚景源：《经济发展一定要扩内需转方式调结构》（http://finance.sina.com.cn/money/bank/bank_hydt/20121202/093313867153.shtml）、《把握转变经济增长方式和结构调整主线》（http://finance.sina.com.cn/money/fund/20130301/112014689851.shtml）。

入分配结构，提高中等收入比重。大家有钱了，才敢消费，才能消费。百姓能生活得更好，经济才有进一步发展的动力。①

中国必须把扩大消费定位于经济发展的第一拉动力，应将消费总量的扩大和消费结构的升级打造成经济发展方式转变的主要推动力量。② 有效扩大居民消费，是调整经济结构、转变经济发展方式的关键所在。③

由储蓄大国、投资大国向消费大国转变，将成为我国经济持续健康发展的第一边际推动力。改变投资和出口占比过高、消费占比过低的失衡状况，必须提高消费率。目前发达国家的家庭消费率高于80%，印度的家庭消费率也高于60%，我国的家庭消费率不足40%。因此，我国提升消费率空间巨大。我国消费率每提高1%，将带动GDP增速提高1.5%～2.7%。④ 成思危认为，依靠内需，特别是依靠消费，是“十二五”期间转变经济发展方式的重中之重。⑤

近十年来我国国内投资快速增长，但消费需求始终难以有显著的增加，随着国内外经济形势的变化，扩大国内消费需求已成为调整经济结构、转变经济的发展方式、促进经济步入良性循环的根本途径。经济发展方式转变的核心，是转变投资和出口主导的经济增长方式，尽快走向消费主导，使消费成为经济增长的内生动力，以保持中长期经济增长的稳定性和协调性。从我国的实践看，只有消费主导有实质性进展，才有可能破解转变经济发展方式的难题。⑥

在经济转型过程中，必须改变过去那种出口依赖型的经济增长状况。怎么改？一要靠自主创新；二要靠扩大内需。自主创新和扩大内需不仅有助于中国经济摆脱对出口高度依赖的轨道，更重要的，这是促使中国经济走上良性循环的运行轨道。通过自主创新和产业升级，资源节约了，环境清洁了，经济和社会的可持续发展也就可以实现了。通过扩大内需和国内市场潜力的不断挖掘，经济增长不仅不再主要依靠投资，还会制造出更多的就业机会，使就业压力逐渐缓解，这样，中国经济就不一定非维持高增长率不可，中国的经济增长率也就会维持在适度增长的水平上。⑦ 摆脱了对高速经济增长率的依赖，就可以极大地减缓对环境资源的压力，促进经济发展与环境资源相协调，有利于实现可持续发展和永续发展。

---

① 王天界：《扩内需是转方式、调结构的成败所在》，发表于《人民政协报》2012年3月8日。

② 葛兆强：《消费增长、分配制度改革与经济发展方式转变》，载于《南都学坛（人文社会科学学报）》2012年第2期。

③ 余斌：《扩大消费需求：“十二五”的一项战略任务》，载于《政策瞭望》2010年第12期；余斌、陈昌盛：《扩大消费需求与推进发展方式实质性转变》，载于《中共中央党校学报》2010年第6期。

④ 杨瑞龙：《收入分配改革与经济发展方式转变》，发表于《人民日报》2013年2月21日。

⑤ 梁敏：《转变经济方式 扩内需是重中之重》，发表于《上海证券报》2011年1月13日。

⑥ 迟福林：《推进消费主导的经济转型与改革》，载于《当代经济》2012年2月（下）。

⑦ 厉以宁：《自主创新、扩大内需和转变经济发展方式》，载于《第一财经日报》2010年11月15日。

三、扩大内需促进转方式、调结构的对策思路

迟福林主张，从三个方面推进和走向消费主导的转型与改革。绕开“低消费陷阱”，走向消费主导的经济转型；绕开“低福利陷阱”，走向消费主导的社会转型；绕开“增长主义陷阱”，走向消费主导的政府转型。①

辜胜阻等认为，城镇化是扩大内需推动中国经济可持续发展的重大战略。诺贝尔经济学奖得主斯蒂格利茨指出，中国的城市化与美国的高科技发展，将是影响21世纪人类社会发展进程的两件大事。如果说工业化主要是创造供给，那么城镇化主要是创造需求，将扩大内需与推进中国城镇化进程紧密结合起来，可以实现经济发展与内需持续扩大的良性互动，城镇化发展可以引发消费需求、提高消费水平，可以刺激投资需求、扩大民间投资，有利于实现产业结构的转型升级。②

扩大内需、转变发展方式，一个重要的切入点是理顺收入分配关系。李德水说，近十年，增长倍数最低的是城乡居民收入，其次是最终消费，这说明在社会财富的分配中，比较多的以利润的形式流向了企业，以税收的形式流向了财政。居民收入本来增长不多，由于社保体制还不完善，居民消费有后顾之忧，所以又把很多钱存在银行，储蓄的增长倍数也是很高的。企业和政府就利用利润、税收和居民的储蓄存款大量增加投资和发展生产，增加出口，这成为长期以来我国经济保持强劲增长的一个重要特点，或者说是一个重要的动力。也可以说，这是我们发展方式的一个基本特点。“十二五”规划纲要中提出了“两个提高”“两个同步”，即努力提高劳动者报酬在初次分配中的比重、居民收入在国民收入分配中的比重，努力实现居民收入增长和经济发展同步、劳动报酬增长与劳动生产率提高同步。这“两个提高”“两个同步”非常重要，是“十二五”期间转变经济发展方式的重大举措。在政策设计上要做好低收入群体的保障，调节过高收入者的收入，按照国外的话来说，就是要做大做强中产阶级。这样，居民消费能力就会大大提高，扩大消费就有了坚实的基础。③ 杨瑞龙说，当前我国消费率低、消费不足的主要原因，是国民收入分配结构不合理。调整收入分配结构、提高居民收入水平、缩小收入差距是扩大消费的基础。④

寿险业具有“经济助推器”和“社会稳定器”的功能，通过寿险业的发展，可以消除居民面临的不确定性，使得居民在进行消费决策时对未来有稳定的预

---

① 迟福林：《推进消费主导的经济转型与改革》，载于《当代经济》2012年2月（下）。

② 辜胜阻、李华、易善策：《城镇化是扩大内需实现经济可持续发展的引擎》，载于《中国人口科学》2010年第3期。

③ 李德水：《从九个方面来扩大内需 转变经济发展方式》（http：//www. caijing. com. cn/2011－03－06/110657951. html）。

④ 杨瑞龙：《收入分配改革与经济发展方式转变》，发表于《人民日报》2013年2月21日。

期，激发居民的消费需求，是破解低消费困境的有效手段。①

四、扩大内需是经济转型的重要战略基点

西方经济学认为，经济增长是由“短边法则”决定的，也就是说，在供给不足时经济增长的实现主要取决于供给，在需求不足时经济增长的实现主要取决于需求。马克思主义政治经济学认为，满足人民群众日益增长的物质、文化、精神需要是社会主义生产的根本目的，这就决定了立足国内应该是社会主义经济发展的根基所在。无论从西方经济学基本原理，还是从马克思主义政治经济学的基本原理来看，我国都应当立足国内，走内需主导型经济发展道路。

世界著名经济学家钱纳里研究发现，大国的发展模式和小国不一样，小国由于资源有限而必须依靠对外贸易，大国则主要依靠内需。国际经验也表明，以扩大内需为主是当今世界大国经济发展的普遍规律，迄今无一例外。我国作为最大的发展中国家，更应当立足国内，走内需主导型经济发展道路。

但是，经过改革开放三十多年的发展，我国却形成了生产大国、消费小国的基本格局——许多产品的产量跃居世界第一，消费率却由1979年的64.4%降至2008年的48.6%②，不仅低于世界平均消费率，也低于低收入国家和中等发达国家的平均消费率，在亚洲国家中也是偏低的。

因此，对我国来说，加快增强内需特别是消费需求对经济发展的拉动作用，加快转变经济发展方式，是当务之急。国务院在近期转发的《关于深化收入分配制度改革的若干意见》中也明确指出，构建扩大消费需求的长效机制，是加快转变经济发展方式的迫切需要。

扩大内需应坚持两手都要硬，必须从根本上改变投资比较硬、消费比较软这种延续了六十多年的主要依赖投资拉动内需的基本格局。因为在投资、消费和净出口三大需求中，消费需求是主导，消费需求作为最终需求对总需求的增长速度具有决定性作用；从社会生产和再生产的进程看，投资需求只是中间需求，消费才是社会再生产的终点和新的起点，并在某种意义上决定着投资需求和总需求。通过扩大内需特别是消费需求，来维持宏观经济总供求的平衡，才能促进国民经济持续平稳较快增长。我们应该看到，经过新中国六十多年的发展、特别是改革开放三十多年的发展，我国已经具备了充足的经济实力，可以痛下决心从根本上改变投资比较硬、消费比较软的主要依赖投资拉动内需的基本格局。

扩大内需与转变经济发展方式、调整经济结构问题，既是值得重视和长期研究的重大学术问题，也是具有紧迫现实意义的重大应用问题。我们认为，近

① 李心愉、吴逸、张越昕：《寿险对消费内需的作用机制研究》，载于《保险研究》2012年第6期。

② 何锦义主编：《数量评价标准手册》，中国统计出版社2011年版，第15页。

期应着重从以下两个方面加强研究，一是扩大内需与转方式、调结构之间良性互动的顶层设计的基本思路和政策框架如何？二是扩大内需政策方针实施的主要障碍是什么？如何破解？当然，从中长期看，值得从多个视角、多个层面、多个学科展开深入细致的研究。

欠发达地区公共财政问题的国际经验及其启示

余斌*

地区发展不平衡是经济社会发展过程中的一种普遍现象，在世界各国都普遍存在。造成地区发展不平衡的原因有很多，既有地理环境的差异和自然资源分布的不平衡，也有历史的因素以及各国政府以往的政策和行为的原因，还有一些偶然的因素。地区发展不平衡尤其是极度的不平衡会带来一系列的社会问题，不利于一个国家的社会稳定和长远发展。因此，世界各国政府都非常重视对欠发达地区的开发，以促进国民经济协调发展。

一、欠发达地区公共财政问题的国际经验

（一）美国的经验

美国的资本主义经济发展是以东北海岸为起点的，南部和西部曾以奴隶制的农业为主。内战结束后，南方的奴隶制被废除，但其经济的发展仍然比较缓慢。第二次世界大战结束后，美国联邦政府积极帮助和扶持西南部和山地诸州的经济发展，开发利用这一欠发达地区的丰富的自然资源，扩大其市场容量，各地的经济逐渐实现了均衡化。美国解决地区发展不平衡的基本做法如下。

1. 制定区域经济发展战略，提供计划指导和法律保障

美国政府成立专门机构，加强对欠发达地区的干预力度，并制定一系列有利于西南部经济发展的区域经济发展战略，其中，“综合战略”即通过广泛的财政、货币政策等综合措施，从发达地区征集大量税收以转移支付的方式用于西南地区的发展，使西南部地区的经济保持较高的增长率；“减缓痛苦战略”即通

* 余斌，中国社会科学院马克思主义研究院研究员，原理部副主任，研究方向是马克思主义经济学。

过失业津贴、医疗保健方案、公共援助等长短期援助，减缓西南部地区财政压力；“根治战略”即通过地区开发计划，职业训练和扶持教育，从根本上促进西南部的发展。

美国还根据欠发达地区不同的自然资源和经济基础，确定各地区的发展重点。为了提高效率，美国联邦政府依据共同的地理文化、经济关系和所存在的问题，划定跨越州界的经济开发区，把各种有关的联邦援助方案和援助事项与地方政府所采取的治理措施协调起来，对区域经济实行综合开发。

为了加快西南部的发展，美国政府颁布了一系列法律，如1961年的《地区再开发法》、1962年的《加速公共工程法》和《人力训练与发展法》、1964年的《经济机会均等法》、1965年的《阿巴拉契亚地区开发法》等，这些法律确定了援助重点、步骤和目标，保证了西南部经济开发的长期性和稳定性。①

2. 提供财力和政策上的支持

美国联邦政府从整体利益出发，通过各种渠道向西南部倾注了大量财力和物力；同时，还在欠发达地区实行税收优惠和低税率政策，以吸引资金。②为了加速欠发达地区的经济发展，美国联邦政府将欠发达地区划分为若干开发专区，并补助专区所需要的大部分行政费用。

农业补贴也是美国联邦政府扶持欠发达地区的一个重要手段。美国农业法规定联邦政府通过价格支持，将一大笔农业补贴付给玉米、小麦、棉花、菸草、稻米和花生等“基本商品”的种植者。由于南部几乎垄断了后四种作物的生产，在玉米、小麦的种植中也占了相当大的比重，因此，这一地区就获得了美国联邦政府最大量的农业补贴。

需要指出的是，联邦财政援助，不是采取一包到底的做法，而是要地方政府参与一定的资助。联邦各种援助都强调依靠地方的投资建立新企业，增加就业机会。地区经济开发署要求专区和开发区域委员会制订本地区的总体经济开发方案，并要求根据实际情况不断加以修改，否则联邦不予赠款或贷款。这样就使中央和地方两个积极性都发挥出来。③

3. 以军费开支的形式将中央公共财政支出注入西南地区

军费开支是美国中央公共财政支出的重要构成部分。为了直接提供财力扶持西南地区经济发展，美国联邦政府优先考虑将军事工业建设在西南部，并将中央公共财政支出以军费开支的形式注入这一地区。庞大的军事拨款以及五花八门的军事庇护和财政补贴为欠发达地区的工业发展提供了充足可靠的资金来源和就业机会。同时，军工产业的发展带来了更多的财政投入，因此大大地改变了当地的基础设施建设，为新兴产业的成长提供了良好的发展条件，提高了

①② 王锋：《从美国解决地区发展不平衡问题的经验谈我国的西部大开发战略》，载于《理论观察》2001年第1期。

③ 崔维：《美国财政对经济地区发展不平衡的调控》，载于《财政研究》1995年第8期。

私人投资的积极性。[①]

4. 由中央财政兴办水利和交通运输及电信等基础设施

美国联邦政府对欠发达地区的巨大水利工程进行统一规划、设计、施工与经营管理；还采取优惠政策，把大批国有土地授予各铁路公司，在西部相继建成了六大干线，加速了西南部的开发。近几十年来，美国政府特别重视信息高速公路的建设，各地区在经济、科技等信息的获取和处理应用上没有什么差距，这使得一些欠发达地区和老工业基地能及时掌握市场、科技信息，发展高新技术产业而后来居上。[②]

5. 扶持私人资本，资助教育和鼓励人口南移

美国联邦政府规定，对在经济欠发达地区开办的私人公司，政府通过经济开发署等机构向它们提供长期低息或无息贷款，对固定资本提供的直接贷款可达到该项资本总额的65%，对流动资本可提供100%的直接贷款，同时，联邦政府还规定，对向欠发达地区投资提供贷款的私人金融机构给予高达90%的信贷保险。

开发欠发达地区的人力资源是解决地区经济发展不平衡的关键问题。为此，一方面，美国联邦政府大力加强欠发达地区的教育事业。另一方面，美国联邦政府采取一系列措施，促进北部人口向西南部地区移动。如给迁移户发放迁移补贴费、补贴住房费、提供就业信息和机会等。人口的南移极大地推动了南部经济，特别是新兴工业的发展。[③]

6. 特殊的石油政策扶持欠发达地区的石油产业

欠发达的西南部一些州早在20世纪三四十年代就已成为美国最重要的石油和天然气生产基地。因此，对国内石油工业的支持，主要是对原来经济欠发达地区的支持。美国联邦政府给予石油公司名目繁多的补贴，每年多达四五十亿美元，并对石油公司实施优惠税制。当国外廉价石油威胁到国内石油业的生存时，美国联邦政府又对石油进口实行强制性限额制，从而对南部地区石油生产起了重要的保护和推动作用。在石油和天然气工业带动下，一系列有关工业也在该地区蓬勃发展起来。[④]

（二）日本的经验

在20世纪60年代中期以前，日本偏重于太平洋沿岸的经济开发，而忽视了对日本海沿岸的开发，结果造成地区差异曾一度扩大。但是，60年代中期以后，

---

① 郭朝蕾：《二十世纪美国国防工业区域转移的形成、发展与影响研究》，南京航空航天大学人文与社会科学学院硕士学位论文，2005。

② 王锋：《从美国解决地区发展不平衡问题的经验谈我国的西部大开发战略》，载于《理论观察》2001年第1期。

③④ 崔维：《美国财政对经济地区发展不平衡的调控》，载于《财政研究》1995年第8期。

日本开始注意到地区间的平衡发展，加强对欠发达地区的支援，采取了一系列措施，致力于缩小地区差别，取得了显著成效。日本开发欠发达地区的主要做法是：

1. 立法与计划相结合

在日本经济发展的各个阶段，对欠发达地区的开发都首先始于立法。在法律的规制下，日本进一步制订了欠发达地区的开发振兴计划。这些计划按照开发对象不同，分为全国综合开发计划、都道府县综合开发计划、地方综合开发计划和特定地域综合开发计划四种类型。在这些计划中，对欠发达地区每一时期经济发展的目标都做了明确的规定。以北海道开发为例，其第一期计划的重点是开发资源和振兴产业；第二期计划是实现产业结构现代化；第三期计划是提高生产水平和进行社会福利设施建设；第四期计划是促进社会经济稳定和综合环境的形成；第五期计划是使北海道经济在国内外具有更强的竞争力，能够为日本的长期发展做出更大贡献。

在制订全国性开发计划和地方性开发计划的过程中，日本中央直辖部门与地方辅助部门之间的意见分歧，在计划制订前就做好协调，并将协调结果体现在计划之中，这样在计划的实施过程中，只有分工负责，不会发生扯皮现象，从而既做到了通过计划反映政府的意向，又调动了地方的积极性，而且颁布的法律又为计划的实施提供了保证。①

2. 提供公共财政与金融支持

一是中央政府和地方政府率先在欠发达地区投资兴建道路、港湾、工业用地、工业用水道等基础设施。二是对欠发达地区实施各种倾斜政策。在中央政府对地方政府的补贴中，欠发达地区相关项目的补贴比重高于其他地区。三是加强对欠发达地区的文教、医疗、福利设施投资，改善文化生活环境。四是为欠发达地区开发发行特别公债。五是对欠发达地区的企业事业单位实行优惠税收和贷款政策。六是为开发欠发达地区设立专门金融机构。

3. 设立专门的行政管理机构

日本为促进欠发达地区的开发设立了专门的行政管理机构，即在首相府内设立了三个开发厅——北海道开发厅、冲绳开发厅、国土开发厅。开发厅负责制订开发计划、政策和措施，对开发工作给予行政上的指导。②

4. 发展特色经济，增强自我发展能力

日本根据欠发达地区的特点，在进行深入调查的基础上，注重发挥地方优势，做到扬长避短，不强求一律，因地制宜制定适合各地经济发展的措施，其中包括振兴农林牧业的措施、振兴传统产业的措施、大力发展特色经济的措施、发展旅游业的措施等，这些具体措施为欠发达地区振兴经济，增强自我发展能

---

①② 马文秀等：《日本开发落后地区的经验与启示》，载于《日本问题研究》1998 年第 1 期。

力，缩小地区经济差别起了非常重要的作用。①

5. 大力振兴欠发达地区的科教事业

为了提高欠发达地区的科技水平，日本政府在每个地区分别设立了一个国立的工业开发试验所和一个农业试验场。除此之外，日本采取了为中小企业设立"技术银行"等措施，对大企业的技术人员和专家、国立研究机构的研究人员、社会上的技术人才进行登记，根据中小企业的需要，派遣技术人员到委托企业进行有关质量管理、产品的设计和标准化、市场情报等方面的技术指导，以提高中小企业的技术水平。

为了振兴欠发达地区的教育，日本制定了《偏僻地区教育振兴法》，《振兴落后地区特别措施法》等法规，明文规定了各级政府在振兴欠发达地区教育方面的任务。通过制定与实施这些有关法规，不仅保证了教育方针政策的连贯性，而且使广大教职员工有法可依，有章可循，便于发挥其积极性，有利于振兴欠发达地区的教育。②

（三）英国的经验

作为传统发达资本主义国家，英国在采取适当的经济政策去开发欠发达地区，尽可能缩小地区间的经济差距方面，也取得了一些经验。

1. 地区发展政策

第二次世界大战以后，政府开始制订立法以影响工业的布局。新建工厂必须取得工业开发证书，如果所建工厂不符合工业分布政策，政府就拒发开发证书。英国政府希望，在伦敦或伯明翰等地得不到开发证书的公司能到开发区去建厂。这种限制性的措施是为了阻止那些已得到充分发展的地区继续发展，从而为欠发达地区创造发展的机会。

20 世纪 70 年代，英国的地区发展政策随着英国保守党和工党轮流上台执政时而放松时而加强。其鼓励欠发达的传统工业地区扩大就业机会的财政支持从主要局限于制造业部门，扩展到对迁入欠发达地区的服务业公司，按雇员人数给予固定补贴，并在规定期内免交新办公场所的房租。

除了直接鼓励欠发达地区的工业之外，英国政府还对私营部门不愿投资的工厂和车间进行补贴；对改善欠发达地区的基础结构和清理废弃的土地提供特殊补贴。③ 近年来，英国政府还设立专项基金鼓励投资者到欠发达地区去投资创业。1999 年 11 月，英国贸工大臣宣布：贸工部拨付 3000 万英镑设立"凤凰基金"，鼓励人们到欠发达地区办厂创业。④

①② 马文秀等：《日本开发落后地区的经验与启示》，载于《日本问题研究》1998 年第 1 期。

③ 唐雪葆：《英国的地区发展政策》，载于《世界经济》1986 年第 5 期。

④ 赵永冰：《英国开发落后地区的财政政策及启示》，载于《上海财税》2001 年第 5 期。

2. 地区选择援助政策

为利用中小企业平衡地区经济发展，英国政府推出了选择性地区援助政策来缓解欠发达地区的就业压力。其做法是：（1）到欠发达地区发展的中小企业，不但可以获得政府提供的赠款、地区发展补贴，还可免税3年，且产品进出口也不受政策限制。到特定的企业区内投资办厂的企业，还可以获得优先审批和税收减免等特权。（2）英国政府有关部门在互联网络上开通了“直接通向政府”的主页，提供包括1100多个文件的企业监管指导甚至各种报表，从而大大简化了行政程序。（3）为其中小企业提供涉及市场营销、设计、质量控制、企业计划和财务信息系统等各方面的咨询服务。（4）中小企业可以免税聘请由政府支薪的技术经验丰富的专家、工程技术人员担任教员、顾问，可以免费参加全国定期举办的短期培训等。（5）为了让中小企业有一个良好的成长环境，英国政府还从中小企业监管部门的设置、相关法律法规的制定等方面为中小企业在财务、融资、信用体系等各方面提供了一个良好的孵化环境。①

根据1999年英国工业发展法案年度报告显示：1998～1999年度，政府在经济协助区“地区选择援助”上共资助了2.5亿英镑，项目平均资助20.8万英镑，平均约占项目总费用的10.9%。②

3. “企业特区”的税收优惠政策

目前，英国境内共有40个企业特区，在这些经济较萧条的企业特区中，政府往往给予比较优惠的减税待遇，其具体内容是：每个企业区的优惠期限为10年；在每个企业区内，免除工业和商业房地产开发投资税，而且相关的机械设备和厂房设施也可纳入免税范围；免除工业和商业房地产地皮税；通过简化各项行政手续积极吸引投资；免除企业用于职业培训开支的有关税收。③

4. 科技创新政策

2000年7月与2001年2月和8月，英国政府相继发表了《科技与创新》、《企业、技能与创新》和《科学与创新战略》白皮书，提出了一整套保持优势、减小劣势的政策。英国政府在制定促进地区（尤其是欠发达地区）的创新活动、提高竞争力、推动经济发展的各项政策措施时，奉守以下原则：发现地区的强项，并通过有效途径和方式把地区强项发展为促进经济增长的强大动力；赋予地区充分的资源和政策灵活性，保证其有广阔的施展舞台，而不是越俎代庖。在地区事务及项目管理方面，推行公—私伙伴关系，借以把私营部门的管理理念和技能引进公共事务管理，提高公共服务的质量。④

5. 新经济政策

对欠发达地区而言，发展新经济有许多意想不到的困难，但也有发达地区

---

① 刘峥、牟红彬：《英国政府利用中小企业平衡地区发展的经验对我国西部大开发的启示》，载于《经济师》2004年第11期。

②③ 赵永冰：《英国开发落后地区的财政政策及启示》，载于《上海地税》2001年第5期。

④ 范光：《英国欠发达地区发展政策及模式》，载于《全球科技经济瞭望》2002年第5期。

无法比拟的优势条件：政府对投资的财政补贴、劳动力价格和房地产价格相对低廉等。例如，苏格兰高地和岛屿区政府，根据地区经济环境，选择了优先发展以电子产品为代表的新经济。为了克服远离中心城市、交通不便等发展的制约因素，从改善通信设施入手，消除发展“瓶颈”，采用申请中央政府补贴一点，地方政府筹措一点，英国电信出大头的办法集资1600万英镑，对该地区原本没有列入中期计划的线路实施升级改造。明确的政策信息和持续配套的措施使该地区成为英国最大的IT产品生产基地之一。

再如，20世纪90年代金融行业的服务方式开始改变，人对人的服务逐渐萎缩，取而代之的是电子媒介（如电话、数据传输网络等）方式的顾客递送服务。原来遍布英伦三岛的各家银行的支行，逐渐关门大吉，其服务由屈指可数的几家呼叫中心完成。英格兰的西北地区发展署预见并把握了这个发展机遇，其培训的劳动力大军充分满足了呼叫中心对熟悉多种语言、掌握IT基本技能的需求。发展署营造的其他如房地产价格、配套服务公司发展等方面的优势，使呼叫中心成为英国最大的呼叫中心基地。①

6. 设立专门行政机构

20世纪70年代中期，英国工党政府资助建立了苏格兰发展局和威尔士发展局，让它们负责带动本地区的工业发展，并在这两地的经济结构改革中起核心作用。同时，通过工业法创立的国家企业局的地区办公机构则在较小规模上负责促进英格兰欠发达地区的工业。而且这些发展局和地区机构都能够购买公司的股份。20世纪70年代末期，英国保守党政府保留了苏格兰发展局和威尔士发展局，但减少了基金供给。这两个发展局分别在本地鼓励海外公司的投资、同私营部门合作投资，提供厂房，援助小企业和开拓土地，为促进本地的工业发展起了重要的作用。②

二、对促进我国欠发达地区发展的几点启示

综上所述，从西方国家的经验来看，运用公共财政手段加强对欠发达地区的开发，主要是：将开发欠发达地区、解决地区发展的不平衡问题提升到关系国家整体发展的战略高度进行全局考虑，并以此为依据制定相关的法律法规；政府采取宏观调控手段，因地制宜地制定适合各地经济发展的措施，综合利用财政、税收、市场和产业转移等手段，为欠发达地区的发展提供原始积累和基本条件等。这些经验对于发挥公共财政的作用促进我国欠发达地区发展的具有一定的借鉴意义。

---

① 范光：《英国欠发达地区发展政策及模式》，载于《全球科技经济瞭望》2002年第5期。

② 唐雪葆：《英国的地区发展政策》，载于《世界经济》1986年第5期。

（一）支持欠发达地区发展应以立法为前提，设置专门的负责机构

我国对欠发达地区进行开发和向欠发达地区政府进行转移支付，应该制定相关的法律，通过专门立法，以法律的严肃性、规范性、稳定性保证欠发达地区的开发工作和向欠发达地区转移支付的顺利进行和可持续发展，使之不受个别行政官员的个人偏好和个别中央部委的随意性所左右。目前，我国已经制定了一些关于开发欠发达地区的政策和计划，比如西部大开发和振兴东北老工业基地等。但是，时时变动的政策不是法律，政策也不能代替法律。

在立法的基础上，还要设置专门的负责机构来协调欠发达地区的发展。目前，我国中央政府也成立了一些办公室来负责西部大开发和振兴东北老工业基地的事务。但是，这些办公室与国外相关机构相比，还需要进一步提升职权，并依法获得更多的可以支配的用于欠发达地区开发的资源。

（二）欠发达地区开发计划应当目标明确

目前，从中央到地方，针对我国一些欠发达地区的开发计划的目标过于笼统，没有明确的目标，结果使有限的力量用不到刀刃上，影响了开发的效果。而且各个开发计划和援助计划之间缺乏协调，存在扶持资金分配不平衡，不足与浪费现象并存。我国的地区开发，尤其是欠发达地区的开发，不是单纯的扶贫，也不是单纯的引资，而是综合性、创造性的经济建设，必须做到开发目标明确。要多一些像海南国际旅游岛这样的明确目标，只有开发目标明确，欠发达地区的开发才能成功。

随着世界性经济危机的爆发及其对中国经济尤其是东部沿海地区经济的冲击，以及中央政府扩大内需应对危机的精神的出台，我们更应当明确，开发欠发达地区不仅仅是一个扶贫的问题，也是扩大国内市场规模，促进内需，保证中国经济长期可持续发展的长远利益之所在。应当站在中国经济长期可持续发展的高度，统一规划、推动我国欠发达地区的经济开发。

（三）中央和地方的开发计划应协调一致

目前，我国地区开发上存在着一个严重的问题，即作计划时中央作中央的，地方作地方的，等到实施计划时就相互冲突，解决不了冲突就相互扯皮，结果是计划不能有效实施，地方的积极性受到损伤。其中一个比较重要的问题是，中央各部委对地方的一些扶持计划在地方政府做预算时并不知晓，而中央部委的扶持资金又常常要求地方政府予以配套，打乱了地方政府已经通过地方人大批准并依法已成为法律文件的预算案，让地方政府无所适从。

因此，应当明确，除非遇到紧急情况，必须透明地制订开发计划。要先让中央和地方各级政府把想要做些什么以及从何处筹措资金都摆在桌面上，彼此

加深了解，中央与地方政府的意见分歧部分，要在计划制订前加以协调，协调好了再定下计划，同时确定保证计划实施的资金来源。这样既能保证开发计划的可行性、权威性，大大减少实际工作中的扯皮现象，又能提高地方的积极性，从而提高工作效率。

（四）中央财政向欠发达地区倾斜

改革开放初期，中央提出了让一部分人和一部分地区先富起来的政策。中央财政向东部沿海地区倾斜，使这些地区迅速增长为我国较为发达的地区。现在改革开放已经走过了第三十个年头。中国居民的两极分化和地区发展的不平衡已经达到了比较严重的程度，严重制约了有中国特色的社会主义事业的发展，并使得改革开放难以深入进行。而东部外向型的发展过于依赖国际市场，也使得这些地区的经济发展受到美国金融危机的极大影响，并妨碍了扩大内需。

因此，无论从转入共同富裕阶段，还是从借鉴世界其他国家的经验教训来看，平衡地区经济的发展都是中国的当务之急。而要实行可持续的、科学的、平衡的地区发展，中央财政就必须向欠发达地区倾斜。

（五）中央财政支出的建设项目向欠发达地区倾斜

欠发达地区的经济发展离不开经济建设。而要发展欠发达地区的经济单靠欠发达地区自身的投资或吸引外来投资是不够的。中央财政支出的建设项目如美国那样的军事工业等可以考虑适当向欠发达地区倾斜。

实际上，改革开放前，出于备战的考虑，中央政府曾将一些军工产业迁至欠发达的三线地区。尽管这些产业后来经济效益不佳，但却是欠发达地区经济发展的一个起点。如今除了航天航空等军事工业外，还可以考虑一些大型企业投资项目，包括制造业等设在或转移到欠发达地区。在这里，社会主义公有制的优越性应当有所体现。事实上，重庆市通过发展公有制经济，降低了政府的税收负担，进而降低了当地企业的税费，从而促进了当地民营经济的发展，也吸引了大量的外来资本的进入。

此外，中央财政还应当为欠发达地区的基础设施建设，尤其是交通和通信建设承担全部的责任。

（六）优惠政策向欠发达地区倾斜

改革开放之初，我国在东部沿海地区实行各种优惠倾斜政策，不仅吸引众多的国外资本到这些地区投资，也吸引了大量的国内资本到这些地区投资。如今要将企业吸引到欠发达地区去，中央政府就需要授予欠发达地区远比东部发达地区更为优惠的政策。同时这也有利于东部地区腾笼换鸟，将部分产业转移到欠发达地区。在开发欠发达地区的过程中，应在全国一盘棋、科学地统一安排产业布局的原则下，对欠发达地区具有优势和潜力的产业、部门和企业，采取财政补贴、提供贷款和政府提供贷款担保等政策。

（七）财政补助与多种筹资渠道相结合

中央财政在对欠发达地区财政进行补助时，可以采用无条件补助和有条件补助两种办法。一般应以无条件补助为主。为了监督欠发达地区的财政支出，提高欠发达地区使用中央财政无条件补助的效率，财政部可以设立专门的审查机构，审查欠发达地区的预算草案。在使用有条件补助时，中央有关部委在指定专款专用的同时，尽量不去要求欠发达地区提供配套资金。

对于资金极度缺乏的欠发达地区，可以由中央财政设立专门的欠发达地区开发基金予以支持。所需资金可以来源于中央政府的税收收入，也可以由中央政府代欠发达地区政府发行特定的债券来筹集。但不宜由地方政府直接发行债券，以免刺激资本市场的恶性竞争。

（八）大力发展科教事业，就地解决就业问题

扶贫先扶志，治贫先治愚。为此，中央财政和地方财政在教育经费方面要有足够的保证；要大力发展教育和普及科技知识，努力提高欠发达地区的科技和教育水平。对于贫困地区的少年儿童上学，除了免除学杂费外，还要给予少量经济补助，以避免这些少年儿童为了弥补家庭经济支出，而从事劳动导致的辍学。在教育内容上，要加大可直接作用于当地经济发展的职业教育的份额，以便大多数最终没有上大学的孩子能够更好地服务于当地经济。

为了避免欠发达地区培养的人才脱离欠发达地区到相对发达地区寻找工作，各级财政还要采取各种方式就地提供就业机会，解决就业问题，包括重新创办各种地方公有制企业。这样既可以就地培养企业人才，还可以改善欠发达地区经济，提升市场容量，增加对外来企业的吸引力。

除了就地培养和使用人才外，中央财政还应当支持欠发达地区从发达地区引进人才。在继续搞好志愿者服务西部欠发达地区的活动同时，中央财政还可以资助发达地区的非志愿服务的科研技术人员和专家不定期地服务于欠发达地区，以及在东部发达地区为欠发达地区培训一定数量的懂技术、会管理的人才。

同时，还要通过发展科教事业，为欠发达地区寻求发展新兴高科技经济产业的机会，推动欠发达地区实行跨越式发展。

（九）保持欠发达地区成本低廉优势

随着经济的发展，发达地区的人工成本和以用地用房成本为主的经营成本逐渐提高，低成本的竞争优势在逐渐失去。欠发达地区要加快发展速度，赶超发达地区，就要吸取发达地区的教训，避免走发达地区的弯路。特别是在房地

产方面，要将房地产分为基本生活用房、企业经营用房和享乐型用房三类。除了后一类用房直接交给市场来调节外，欠发达地区政府要有效地抑制前两类用房的房价，以减少企业的经营用房成本，并避免基本生活用房的高价推高了企业的人工成本，从而保持欠发达地区企业的低成本竞争优势，吸引旨在降低成本的企业进入欠发达地区，促进欠发达地区的经济增长。

（十）资源开发与环境保护相结合

我国欠发达的西部地区具有一定的资源、能源优势，农牧业比较发达。在开发过程中，一方面，要采取切实有效的政策措施，增强其自我发展能力。通过发展精细农牧业，调整种植业、养殖业结构，不断挖掘农业的潜力；发展以多种经营、非耕地资源利用和区域化、专业化、贸工农一体化为特点的农业综合开发。充分利用欠发达地区现有的经济技术基础，发挥资源优势，大力发展农村牧业及其加工业，开发能源和矿产资源，积极发展优势产业和产品，提高加工深度，使资源优势逐步变为经济优势。另一方面，我国欠发达的西部地区生态环境较为脆弱。由于我国西高东低的地势走向，欠发达的西部地区位于发达的东部地区的上游，西部地区生态环境的优劣直接影响着东部的生产和生活质量。因此，在开发西部欠发达地区经济时，要注意将资源开发与环境保护相结合，落实科学发展观，做到可持续发展。

城乡基本公共卫生服务非均等化的水平测度及对策分析

尹栾玉*

一、基本范畴界定和相关理论综述

基本公共卫生服务与医疗服务是截然不同而又息息相关的两个研究范畴，医疗服务重点在于治疗，公共卫生服务则主要在于预防，与医疗服务相比，公共卫生服务具有更为明显的公益性。公共卫生服务的内容一般可以归结为"3P"，即疾病防御（Prevention）、健康保护（Protection）和健康促进（Promotion）。在我国，公共卫生服务的具体内容经历了一个不断调整的过程，最新颁布的《国家基本公共卫生服务规范（2011）》规定，现阶段我国基本公共卫生服务主要包括以下11项内容：城乡居民健康档案管理、健康教育、预防接种、0～6岁儿童健康管理、孕产妇健康管理、老年人健康管理、高血压患者健康管理、Ⅱ型糖尿病患者健康管理、重性精神疾病患者管理、传染病及突发公共卫生事件报告和处理、卫生监督协管服务规范。

关于目前我国城乡基本公共卫生服务方面存在着严重的非均等化问题，学界已基本达成共识。王雍君等通过对比城乡人均享有的医疗卫生资源以及城乡居民人均可支配收入得出结论认为："城乡间公共服务的差距比城乡经济差距更大"。路冠军的研究也表明，农村公共卫生机构存在着经费紧张、人才短缺等问题，这与市场化改革背景下的政府职责缺失有关。

在基本公共卫生服务均等化的界定、评价以及衡量方法上，多数研究都沿用了卫生服务公平性测量方法。李顺平、孟庆跃认为，卫生服务公平包括健康公平性、卫生服务利用公平性、卫生筹资公平性和卫生资源分布的公平性，并

---

* 尹栾玉，北京师范大学中国社会管理研究院教授，博士生导师，主要研究方向为公共经济政策，马克思主义经济理论。

且提出了公平性的测量方法：级差法、洛伦茨曲线法和集中指数法等。应晓华等通过对卫生筹资公平性指数（IFFC）的计算，得出结论认为我国卫生服务筹资公平性较低，卫生筹资政策对低收入群体非常不利，加剧了城乡居民卫生服务现有的差距。王晓洁等在测量公共卫生服务空间公平性时，运用了泰尔指数这一衡量指标。

关于导致城乡基本公共卫生服务不均等的原因，很多学者认为应该归结为城乡之间巨大的财力差距。由此造成的公共卫生支出的不均等，严重影响了城乡卫生服务享有的均等性。崔惠玲等认为，城乡二元经济结构的存在是导致城乡基本公共卫生服务非均等化的根本原因，政府政策上的倾斜直接导致了城乡水平的拉大。王绍光认为，基本公共卫生服务是公共物品，过度的市场化导致了扭曲的市场效应，虚高的价格将低收入人群排挤出该服务的受益群体之外。也有一些学者从制度层面进行了解析，认为我国目前的财政体制和税收制度安排，进一步加剧了城乡公共卫生服务差距的扩大。比如安体富提出：转移支付制度本身总体设计存在缺陷，形式过多，结构不合理，转移支付资金分配办法不规范、不公开、不透明导致公共服务地区间不均等。张恒龙、解垩等也认为税收返还强化了财政不均等，而财力性转移支付和专项转移支付的均等化效果比较有限。

由于政府在保证公共卫生公平性方面的决定性作用，政府公共卫生支出结构和规模也成为学界研究的焦点之一。关于基本公共卫生支出与医疗支出的比例关系，以及它们对经济增长的影响，国外很多学者展开了深入研究并得出了比较有解释力的结论。Zou（1996）采用了横截面——时间序列数据，包含了43个国家从1970～1990年的资料，其中既有中央政府开支总额，也有用于国防、教育、医疗、卫生以及交通和通信的分类数据。实际上，采用横截面——时间序列数据得到的结果与仅仅采用横截面数据大不相同，后者可能无法避开共同内生性和因果倒置等陷阱。Zou认为，公共卫生医疗开支总额和人均健康支出都与人均经济增长负相关，虽然前者并不显著。在医疗开支的子类中，用于医院与诊所的开支与人均经济增长率的关系都不显著，虽然系数都为正值：只有其他医疗卫生开支一项显著地与人均经济增长率正相关。根据这个研究结果来看，疾病预防、医学应用研究及新型保健网络的开发更多地具有正外部性，对经济增长具有某些促进作用。而通常看病就医更接近于一种私人经济的运行方式。因此，政府应当把更多的资源用于诸如全国性免疫与防疫、病理研究、新药开发等基础性公共卫生领域，而不是公费医疗。①

① 龚六堂：《公共财政理论》，北京大学出版社2009年版，第323页。

二、城乡基本公共卫生服务非均等化水平的测度

对城乡基本公共卫生服务非均等化水平进行具体测度，需要一个完整的评价体系。笔者主要从健康公平性、卫生筹资公平性、卫生服务利用公平性和卫生资源分布公平性四个方面，考查目前我国城乡基本公共卫生服务的非均等化程度。

1. 城乡居民健康消费水平非均等化——基于泰尔指数的测度

居民健康水平是衡量基本公共卫生服务供给绩效的最佳指标，而居民的健康水平与居民的健康消费能力直接相关，只有较高的健康消费能力才有可能带来较高的健康水平，因此，笔者选用了城乡居民健康消费能力差异这一指标，来考量城乡居民健康消费水平的差异以及由此而导致的健康水平的巨大差异。

如前所述，衡量公共卫生均等化水平的指标和计算方式有多个选择，如基尼系数、洛伦茨曲线、集中指数法等。笔者在这里选用了泰尔指数。泰尔指数是经济学家泰尔（Henri Theil）在1967年提出的一种衡量收入不平等的指标，由信息理论中的熵概念计算得出。泰尔指数的优势在于能够将总体的不公平性分解为各部分之间的差异性和各部分内部的差异性，并测量出这些差异分别对整体差异所造成的影响。如在本文中，泰尔指数能够很好地反映城乡内部和城乡之间的差异，以及究竟哪种差异最终导致了城乡健康水平的巨大差异。而基尼系数只能反映居民健康消费能力总体的差异程度，却无法描述这种差异来自于城市内部、乡村内部还是城乡之间。有时可能会出现卫生资源配置的基尼系数变化并不大，而泰尔指数变化则较为明显的情况。因此，泰尔指数在分析公共卫生资源公平性方面有特殊的优势。

单参数的泰尔熵概念指数体系的公式如下：

$$E_c(y)=\begin{cases}\dfrac{1}{c(c-1)}\sum\limits_{i\in N}\left\{\left(\dfrac{y_i}{\mu}^{e}-1\right),c\neq 0,1\right\}\\ \dfrac{1}{n}\sum\limits_{i\in N}\dfrac{y_i}{\mu}\ln\dfrac{y_i}{\mu},c=1\\ \dfrac{1}{n}\sum\limits_{i\in N}\dfrac{y_i}{\mu},c=0\end{cases}\tag{1}$$

公式（1）中n代表样本数量，y_i代表第i个样本的具体数值，μ代表样本的平均数。当$c=1$时，该指数以收入为权重，主要反映的是收入较高的那部分群体的变化敏感程度；当$c=0$时，该指数以人口为权重，主要反映的是收入较低的那部分群体的变化敏感程度。这里，笔者采用的是后者，该指数又称MLD（the mean log deviation）指数，用此来反映城乡居民医疗卫生消费的差异，具体计算公式如下：

$$T_U = P_u \cdot \sum_{i=1}^{n} \frac{P_{ui}}{P_u} \cdot \ln\left(\frac{P_{ui}}{P_u} \Big/ \frac{X_{ui}}{X_u}\right) \tag{2}$$

$$T_R = P_r \cdot \sum_{i=1}^{n} \frac{P_{ri}}{P_r} \cdot \ln\left(\frac{P_{ri}}{P_r} \Big/ \frac{X_{ri}}{X_r}\right) \tag{3}$$

$$T_B = P_u \cdot \ln \frac{P_u}{X_u} + P_r \cdot \ln \frac{P_r}{X_r} \tag{4}$$

$$T = T_U + T_R + T_B \tag{5}$$

T_U、T_R、T_B 和 T 分别表示城市内、农村内、城乡间和总的卫生消费差异的泰尔指数；P_u 和 P_r 分别表示城市和农村人口数量占全国人口总数的比例；X_u 和 X_r 分别表示城市和农村卫生消费金额占全国卫生消费金额的比例；P_{ui} 和 X_{ui} 分别表示第 i 个省农村人口数量和农村卫生消费金额；P_{ri} 和 X_{ri} 分别表示第 i 个省城市人口数量和城市卫生消费金额。

由公式（5）可知，等式两端同时除以 T，得到下式：

$$1 = \frac{T_U}{T} + \frac{T_R}{T} + \frac{T_B}{T} \tag{6}$$

公式（6）中，$\frac{T_U}{T}$、$\frac{T_R}{T}$和$\frac{T_B}{T}$三者之和为1，且三者分别表示城市内、农村内和城乡间的卫生消费差异对居民整体卫生消费差异的贡献率。

该模型所使用的数据来源于各年度的《中国卫生统计年鉴》和《中国人口统计年鉴》。其中城乡健康消费金额以居民医疗卫生保健支出来表示，且该支出数量在实际运算过程中，以 1993 年为 100 做了居民消费价格指数的平价处理；城乡人口数量以各地区城市和农村的人口数量来表示，二者的数据都从 1993 年作为研究的原点开始计算，这主要是因为统计数据的限制，在此之前的数据统计口径不一致，不能直接做城乡之间的对比，用此数据得出的结论的可信度也会降低。因此笔者选用了 1993 ~ 2009 年的数据。

通过运用公式（2）~公式（6）测算，可以得出具体的泰尔指数数据，由于得出的数据很小，出于统计分析的考虑，将区域内和区域间差距的泰尔指数同时与 100 做积，另外各组成部分对整体差距的贡献率与 100% 做积，调整之后的结果见表 1 和图 1。

表 1　城乡居民健康消费差距的泰尔指数及差异部分的贡献率

年份	泰尔指数（＊100）				对总体差距的贡献率（%）		
	城市内	农村内	城乡间	总体	城市内	农村内	城乡间
1993	0. 6526	0. 6818	13. 5591	14. 8935	4. 38	4. 58	91. 04
1994	0. 5269	0. 4072	16. 6017	17. 5358	3. 00	2. 32	94. 67
1995	0. 8120	0. 1155	15. 5620	16. 4895	4. 92	0. 70	94. 38

续表

年份	泰尔指数（*100）				对总体差距的贡献率（%）		
	城市内	农村内	城乡间	总体	城市内	农村内	城乡间
1996	0.6186	0.4734	13.9702	15.0622	4.11	3.14	92.75
1997	0.5331	0.4165	15.5718	16.5214	3.23	2.52	94.25
1998	0.7883	0.0886	19.1696	20.0465	3.93	0.44	95.63
1999	0.9114	1.9055	16.9988	19.8157	4.60	9.62	85.78
2000	0.8061	1.3452	15.4800	17.6313	4.57	7.63	87.80
2001	0.7889	1.2083	14.8751	16.8723	4.68	7.16	88.16
2002	1.0501	0.5751	15.8677	17.4929	6.00	3.29	90.71
2003	1.6629	3.5644	26.7234	31.9507	5.20	11.16	83.64
2004	1.5019	2.8945	26.7192	31.1156	4.83	9.30	85.87
2005	1.5858	3.0107	26.0594	30.6560	5.17	9.82	85.01
2006	1.4976	2.6493	21.6005	25.7474	5.82	10.29	83.89
2007	1.5137	2.5831	18.7822	22.8790	6.62	11.29	82.09
2008	1.2778	2.3255	18.9417	22.5449	5.67	10.31	84.02
2009	1.1046	2.3983	17.8602	21.3631	5.17	11.23	83.60

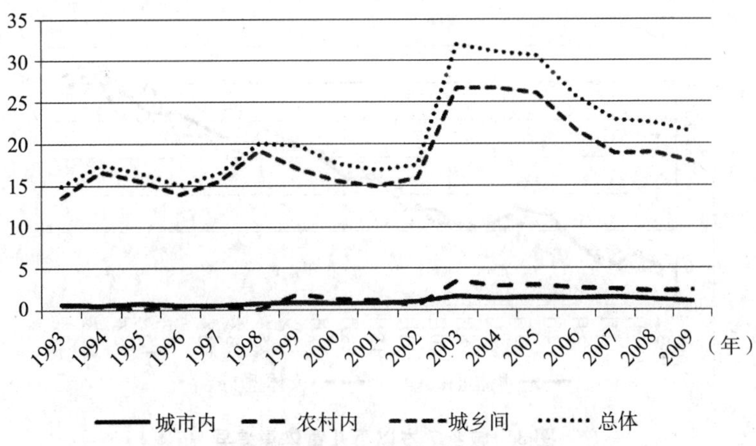

图1 城乡居民健康消费差距的泰尔指数

从表1和图1的数据可以看出，改革开放之初的1993年，城镇内和农村内的居民健康消费差异之和占居民总体健康消费差距的百分比为9.96%，而城乡之间居民健康消费差异占居民总体健康消费差距的百分比为91.04%。此后这一趋势不仅未有改变，反而逐年上升，直至达到1998年的峰值95.63%。其后的十余年间，城乡之间居民健康消费差异占居民总体健康消费差距的百分比虽有所回落，但基本在85%左右。这些数据表明，城乡之间的居民健康消费差距是决定居民健康消费总体差距的最主要因素。

居民健康消费水平直接影响着居民的身体健康和成长，笔者在这里采用反映城乡7岁以下儿童身体发育状况的数据进行分析，因为身高和体重是一个人身体健康发育的重要量度，也是最直接的观测和分析的项目。在计算中样本跨度从出生的0~3天到6~7岁，区分了城市和农村、男孩和女孩两个维度，采用了城市的数据和农村的数据做差的方法，得出图2和图3。

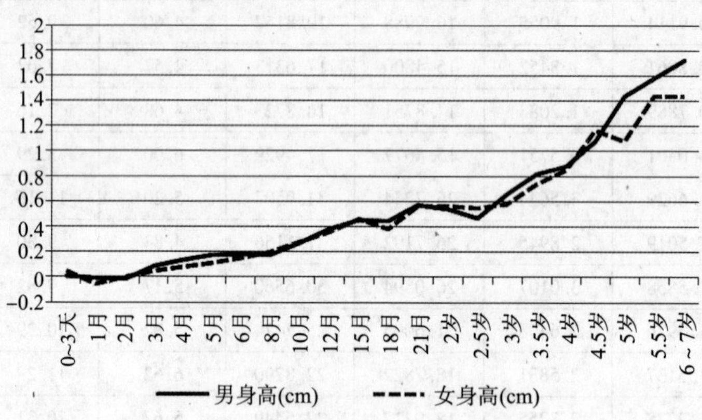

图2　城乡7岁以下儿童身高差异

资料来源：《2011年中国卫生统计提要》。

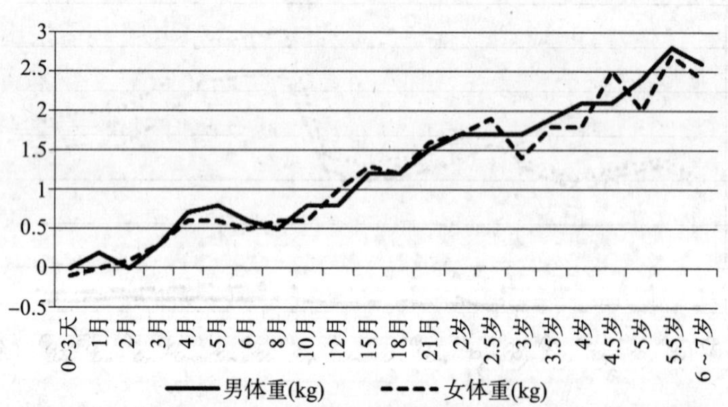

图3　城乡7岁以下儿童体重差异

资料来源：《2011年中国卫生统计提要》。

从图2和图3中不难看出，无论是身高还是体重，无论是男孩还是女孩，随着年龄的增长，城乡之间的差距都在逐步扩大，这种趋势近似一条斜率是正的直线向右上方扩展。城乡之间7岁以下儿童身体发育的不均等情况显而易见，说明城乡健康消费水平的巨大差异直接导致了健康发育水平的差异。

2. 基本公共卫生筹资非均等化

现阶段我国基本公共卫生服务体系的建设以及运行经费结构如图4所示，主要包括财政补助、专项经费、上级补贴、业务收入及社会捐赠等其他收入。

其中，业务收入所占比重最大，然后是政府承担的专项经费以及财政补助，在公共卫生服务领域尤其是基本公共卫生服务方面，由中央财政划拨的专项经费所占比例要高于各级政府承担的财政补助。

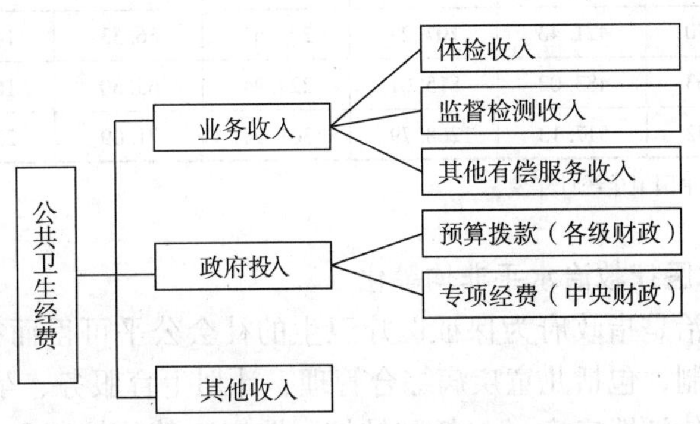

图4　我国公共卫生服务系统筹资结构

对于城乡基本公共卫生服务机构来讲，事业收入占总收入的比重大体相当，但是在城市，基本公共卫生服务机构的财政补助以及上级拨款收入均远远高于位处农村的同类机构。就这一点来说，农村基本卫生服务机构想要与城市同类机构达到相同筹资水平则必须增加业务收入或专项经费。如果政府的重视不够或者专项经费的落实不能够完全保证，那么对公共卫生服务需求者收费，增加事业收入就成为农村卫生服务机构唯一的出路。而实际上，在筹资方面，城乡政府卫生支出差距明显，在表2中可以看出，城乡政府卫生支出差额逐年扩大，城市与农村人均政府卫生支出的差距呈上升态势，截至2007年城市人均卫生支出与农村人均卫生支出的倍数比已高达4.25。

表2　城乡政府卫生支出情况

年份	政府卫生支出（亿元）			人均政府卫生支出（元）			城市人均/农村人均
	城市	农村	城乡差额	城市	农村	城乡差额	
1995	223.11	164.81	58.30	72.23	20.32	51.91	3.55
1996	254.13	206.47	47.66	79.46	25.62	53.84	3.10
1997	290.51	233.75	56.76	88.20	29.18	59.02	3.02
1998	305.11	283.49	21.62	100.14	31.14	69.00	3.22
1999	346.51	292.99	53.52	110.92	32.11	78.81	3.45
2000	406.76	304.17	102.59	126.12	33.28	92.84	3.79
2001	444.08	355.04	89.04	133.75	38.92	94.83	3.44
2002	541.37	367.66	173.71	154.97	40.71	114.26	3.81
2003	705.55	413.74	291.81	188.51	46.70	141.81	4.04

续表

年份	政府卫生支出（亿元）			人均政府卫生支出（元）			城市人均/农村人均
	城市	农村	城乡差额	城市	农村	城乡差额	
2004	839.67	450.68	388.99	214.52	51.27	163.25	4.18
2005	1128.70	421.43	707.27	201.63	56.53	145.10	3.57
2006	1298.63	483.02	815.61	225.94	65.50	160.44	3.45
2007	1785.92	517.13	1268.79	301.94	71.09	230.85	4.25

资料来源：《2009 中国卫生统计年鉴》。

3. 城乡基本医疗救治水平非均等化

基本医疗救治是指政府为保证医疗卫生的社会公平可得而提供的具有较强外部性的疾病控制，包括儿童疾病综合管理、计划生育服务、孕妇怀孕期保健、妇婴分娩保健、传染性疾病（包括肺结核、性病）等的控制和治疗以及临床服务等。

妇幼医疗救治是基本公共卫生服务的重要组成部分，目的在于降低孕产妇和婴儿的死亡率、提高母婴生存和生活的质量，是一项充满社会性和公益性的事业。笔者在这里选取新生儿死亡率、婴儿死亡率、5 岁以下儿童死亡率和孕产妇死亡率四项指标，截取 1991～2009 年的数据，分别以城市和农村两个维度进行统计并做差，具体方法是用农村的统计数据减去城市的统计数据，将得到的数据按时间排序得出图 5。为了便于统计和比较，新生儿死亡率、婴儿死亡率、5 岁以下儿童死亡率采用千分之比，孕产妇死亡率采用的是十万分之比。

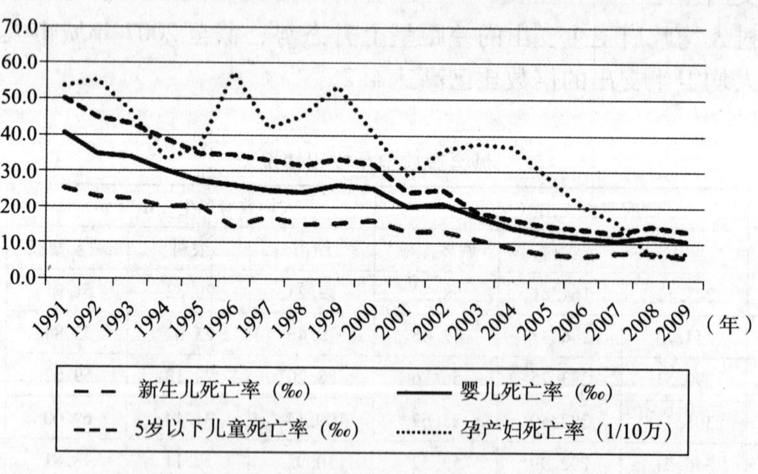

图 5　城乡 5 岁以下儿童和孕产妇死亡率差异

资料来源：《2010 年中国卫生统计年鉴》。

总体来看，统计出的数据都为正值，即农村的数据大于城市的数据，一方面，表明上述四项指标的死亡率均为农村高于城市，差距最小值分别 6.3、

10.8、12.8个千分点和6.9个十万分点；另一方面，整体的差异值是向右下方倾斜的，具有数值下降的趋势，也就是说这种差异在逐步缩小。局部来看，前三项的统计口径是一致的，采用的是千分之比，在图5中可以清晰地看出城乡5岁以下儿童死亡率差异值大于城乡婴儿死亡率差异值、后者又大于城乡新生儿死亡率差异值，另外，笔者对原始数据（没有做差减前）的观测发现，原始数据也呈现这样的趋势。城乡孕产妇差异值呈现出波动的状态，出现了4次较大的起伏。从上述的分析来看，城乡之间的差距在观测的19年中一直存在，说明城乡之间基本医疗救治水平存在着严重的非均等化现象。

4. 城乡公共卫生资源配置非均等化

在我国，城乡公共卫生服务机构及设施分布仍不尽合理，农村卫生资源配置远远不及城市。由表3可知，城市每千人口医疗机构床位数自1980年以来一直呈上升态势，而农业人口乡镇卫生院床位数则出现了较大波动，1980～2005年，农业人口每千人医疗机构床位数呈现下降趋势，2005年这一趋势才得以改变，2008年基本恢复到1980年的比例，但是让人无法忽视的是，2009年城市每千人口医疗机构床位数是农业人口每千人医疗机构床位数的3倍，而在30年前这一比例还仅仅是2:1。

表3　　每千人口医疗机构床位数

年份	每千人口医疗机构床位（张）	每千人口医院和卫生院床位（张）			每千农业人口乡镇卫生院床位数（张）
		合计	市	县	
1980	2.19	2.02	4.70	1.48	0.95
1985	2.33	2.14	4.54	1.53	0.86
1990	2.53	2.32	4.18	1.55	0.81
1995	2.55	2.39	3.50	1.59	0.81
2000	2.47	2.38	3.49	1.50	0.80
2005	2.62	2.45	3.59	1.43	0.78
2006	2.70	2.53	3.69	1.49	0.80
2007	2.83	2.63	3.80	1.58	0.85
2008	3.05	2.84	4.05	1.75	0.96
2009	3.31	3.06	4.31	1.93	1.05

资料来源：《2010年中国卫生统计年鉴》。

另外，在总量上，政府投资的农村卫生服务机构在农村现有医疗卫生服务机构中所占比例极低，据统计，2008年我国村卫生室约有61.35万个，而其中财政支持的卫生院仅占6.56%。而这一数字若分摊到几乎为城市人口2倍的农村人口上，那么农村居民人均享有的财政补贴则更加微乎其微。

三、实现城乡公共卫生服务均等化的政策建议

1. 统筹城乡发展，打破城乡二元公共卫生服务体制

城乡二元经济结构对我国社会生活各方面的影响深刻而广泛。在割裂的二元体制下，不仅农村居民需要的公共卫生服务难以得到满足，农民工群体的基本公共卫生保障更令人担忧。户籍制度改革是打破城乡壁垒的根本性措施，但现阶段难以得到彻底贯彻落实。因此当务之急是要充分重视农村公共卫生服务供给严重不足的现状，加大农村公共卫生服务的投入力度，首先满足农村居民基本的公共卫生需求，然后逐渐向覆盖城乡一体化的公共卫生服务体系过渡。也就是说，经历了一个相对均等化的过程，才有可能实现更高层次的均等化水平。

2. 建立有效的公共财政体系

基本公共卫生服务均等化是公共财政"公共性"的一个重要表现方面，要实现基本公共卫生服务均等化，必须要深化财政体制改革，健全公共财政体制。

首先要明确划分各级政府职责，尽可能提升卫生支出效率。中央政府负责全国性公共卫生服务的提供，并干预其资源配置，地方政府承担地方性的公共卫生服务，而具有准公共品性质的一些基本公共卫生服务应根据其性质进行比例划分，从而由各级政府共同承担。中央政府要兼顾城乡公平，加大对农村的财政支出保障，同时县乡一级财政也需要在保证基本运行经费的前提下，加大对基本公共卫生服务的投入，从而减小城乡差距。

其次，需要进一步完善我国财政转移支付体系，以保证转移支付的合理性，真正做到调节收入，维护公平稳定。这要求我国政府要进一步明确转移支付的具体定位，改进财政补助方式，增加均等化补助的比例。我国目前这种分级的财政体制，使得越是富裕的地区公共卫生服务系统越完善，而贫困的地区居民享有基本公共卫生服务就相对少很多。增加均等化补助势在必行。

3. 确保公益性同时促进筹资主体多元化

由于公共财政能力和规模所限，我们应该将关注点放在公益性的基本公共卫生服务领域，要确保基本公共卫生服务领域的健康发展。而对于医疗领域可以在加强监管的同时，适当拓宽引资渠道，鼓励私有资本进入，实现良性竞争，从而保证有限的资源发挥最大的效用。

牢牢把握水资源支撑粮食安全的着力点

陈亮*

随着中国工业化、城镇化进程的推进，人口增加和居民生活水平的提高使得粮食消费需求呈刚性增长，而粮食生产所赖以保障的水资源一方面在持续向非农产业和城市转移，工业及城市水污染则有向农村转移的态势；另一方面面临着短缺、利用效率低、生态恶化、污染等突出问题，制约着粮食生产，粮食安全面临严峻挑战。此外，全球气候变化与旱涝灾害频发等因素对粮食生产的影响逐步加重，水作为保障国家粮食生产和粮食安全的基础性生产要素和重要战略资源，在支撑人口增长与国民经济快速发展的同时，能否为粮食生产提供有力支撑和安全保障则成为社会各界关注的焦点。

首先，水资源短缺已成为中国粮食安全保障的主要“瓶颈”。我国是农业大国，70%的粮食生产来自灌溉农业，耕地亩均水资源占有量仅相当于世界平均值的一半左右，农业生产每年都存有用水缺口。此外，耕地资源与水资源时空分布不相匹配加大了粮食安全保障的难度。南方水资源占比多、耕地占比少，北方水资源占比少、耕地占比多，淮河以北地区耕地面积约占全国的2/3，已经成为我国主要粮食主产区所在，水资源量却不足全国的1/5，水资源分布与耕地、粮食生产能力布局极不对称。粮食生产重心北移，无疑加剧了北方粮食生产水资源短缺的矛盾。历史图景中的“南粮北运”演变成今天的“北粮南运”的产销格局，很大程度上是以牺牲北方本已稀缺的水资源，尤其是以北方的地下水资源和工程性调水补给为代价的，其实质是缺水的北方以粮食为载体调水给水资源相对丰富的南方，更加深了水资源空间分布不均的矛盾。与此同时，全球气候变暖带来的不利气象因素增多，降水南多北少的趋势加大，北方干旱化趋势严重。北方黄河、海河等流域缺水危机不断加剧，春旱夏洪、秋缺冬枯

* 陈亮，中国人民大学中国经济改革与发展研究院副教授，主要从事中国经济改革发展研究。

的总体格局，给主要粮食主产区的北方农业生产带来诸多不利影响，北方粮食主产区对保障我国粮食安全的压力与风险在逐步加大，中国粮食安全对水资源的支撑保障提出了更高的要求。

其次，水资源利用水平低已构成中国粮食安全保障的重要制约。我国水资源利用方式粗放，用水效率和效益较低，缺水与用水浪费并存的现象更加剧了水资源的供需矛盾。我国农田水利设施基本建设的滞后和用水方式、管理方式的落后，使得我国农业用水耗费强度和发达国家相比还有不少的差距。除近年来农业综合开发项目区农业基础设施较为完备外，很多地方的农业灌溉仍然沿用传统的土渠输水、大水漫灌方式。渠灌区是我国农业节水的重点难点，大部分水库、渠、沟等农田水利设施老化失修严重，农村道路、高速公路等建设打乱了原来的排灌体系，末级渠系配套建设滞后，旱浇涝排功能明显弱化。此外，农村税费改革后，农田水利基本建设投入不足，农田水利设施建设更加面临缺资金、缺劳力、缺维护、难组织的窘境。

再次，过度开发引致的水生态恶化成为中国粮食安全保障的严重威胁。由于缺乏对水资源的科学、统一、有效的管理，各地水资源开发程度不一，北方地区的大多数河流水资源开发程度已超过国际警戒线，并呈过度开发态势；南方水资源开发率尚有较大空间，但进一步开发利用和配置的难度和成本也相当大。北方粮食主产区的黄河、海河及辽河等流域由于过度开发，降水径流明显减少，生态用水被大量挤占，超采导致地下水位下降严重，地下水漏斗扩大加深，部分地区出现地面沉降，粮食主产区的华北平原已形成世界最大的地下水开采漏斗区。北方部分流域平原区河道湖泊干涸萎缩，地表水和地下水污染、水生态退化等一些列问题，已经严重影响到我国粮食安全和区域性水资源安全。

最后，水质污染已成为中国粮食安全保障的重大隐患。随着工农业生产的快速发展，工业与城市废水污水的大量排放和化肥农药的大量施用，地力衰竭、水土污染等生态问题成为保障粮食安全的重大隐患。农业点源污染不断增加，面源污染日渐突出，部分水体丧失使用功能，水质污染已呈现出由支流向干流延伸、由地表水向地下水渗透、由城市向农村扩展的趋势，更加剧了水资源供需矛盾，威胁到中国的粮食安全。从某种意义上说，水质污染所导致的水资源危机可能比水资源短缺问题更为严峻。面对水污染、水生态失衡等问题的挑战，中国的粮食安全问题需要寻求坚实的水资源安全保障。

鉴于保障中国粮食安全的水资源问题突出，从根本上寻求解决之道需要突破目前的两种思路，一是通过贸易的形式来进口粮食，从而达到缓解粮食与水资源压力的目的。但从全球粮食偏紧且日趋严峻的贸易形势来看，进口粮食只能限定在一定范围内缓解水资源短缺和调剂我国粮食产品品种问题，由此，确保我国粮食自给率在95%以上的粮食安全红线就具有更为深远的意义。二是依靠加强水资源调配供给来满足日渐增长的用水需求，但是这种单纯的供给管理已经无法满足水资源可持续利用状态下的水资源需求，水资源供给工程难度和成本在不断增加，并可能带来一系列生态环境问题，完全依赖供水工程解决水资源问题已不太可能。

事实上，对中国这样一个人口大国来说，中国粮食安全保障的水资源支撑问题将会刚性地长期存在，多措并举解决中国粮食安全保障的关键还在于充分挖掘节水潜力，强化需求管理，水资源管理方式要由单纯的供给管理向供需协调管理转变。2011 年，中央一号文件《中共中央关于加快水利改革发展的决定》明确提出，实行最严格的水资源管理制度，以水资源的持续高效利用来保障中国的粮食安全，实现经济社会的可持续发展。因此，强化水资源安全对我国粮食安全的有力支撑，需要切实转变水资源管理观念和管理方式，实施最严格水资源管理制度下的供需协调管理，将是加快转变经济发展方式、保障我国粮食安全的基本原则和战略举措。

一、加强以“优化配置、合理开发、集约利用”水资源为基础的供给管理，支撑粮食安全

一是优化配置水资源保障粮食安全。基于南方水资源丰富、复种潜力高于北方的现实，通过南方农田水利基础设施的改善，提高南方的复种指数，扩大粮食作物种植面积，提高南方粮食生产量，一方面极大地增强南方地区粮食自给率和国家粮食安全的可靠性；另一方面极大地缓解北方地区粮食生产旱灾风险的压力和水资源短缺的困局。此外，考虑到我国粮食生产的总体布局，大中型灌区将是保障国家粮食安全的主力军，因此，抓住了灌区就抓住了全国粮食安全的大局。针对松花江地区、长江中下游、四川盆地等水土资源条件较好的部分地区，大力加强农田水利工程设施建设，适度增加灌溉面积和供水量，加强商品粮基地建设，提高全国粮食生产能力。与此同时，通过工程调水推动水资源配置优化。重大水资源工程建设是提高我国水资源整体承载能力的重要保障措施，针对黄河、海河、辽河等水资源开发程度较高和超标地区，通过南水北调工程的调水及水资源合理配置来置换部分挤占的生态用水和超采的地下水，从而减少对农业用水的挤占，对粮食安全提供重要保障。

二是技术性节水保障粮食安全。保障我国粮食安全，提高粮食生产能力，其提高途径不外乎扩大、改善有效灌溉面积，提高复种指数以及提高单产水平，但无论哪种途径，均需要通过节水挖潜来解决其增加的灌溉需水量，节水灌溉是根本性的、全局性的战略措施。（1）要着力推广节水灌溉技术，加强灌溉节水。对于一些耕作方式粗放而用水紧张的地区，推广节水技术、节水设施、集约高效地利用水资源比工程调水更重要。以产粮大县为重点，建设高标准的基本农田，加快实施大中型灌区续建配套和节水改造、排灌泵站更新改造和抗旱

应急水源工程建设，推广高效节水灌溉，扩大高产稳产、旱涝保收面积，确保抗灾减灾能力的提高，推动商品粮生产基地的规模化发展。（2）要着力建设节水农艺综合技术体系。提高水的利用率不是靠一项或几项工程措施能实现的，而是要构建节水灌溉与节水农艺措施相结合的技术支撑体系。北方地区优化井渠结合的灌溉模式，西北地区发展旱作节水农业，提高农田水分利用效率和效益。渠灌区要在农田灌溉的渠系输水、田间配水、田间灌溉三个环节实现节水技术有所突破，井灌区需要发展低压管道输水、喷灌滴灌等环节，建立灌区信息水量监控调控及决策支持系统，形成农业水资源高效利用技术体系，显著提高灌区水利用率及利用效率。

三是集约利用雨水、再生水保障粮食安全。高效利用雨水资源自然就成为旱区农业生产力提高的关键。根据耕地与非耕地的比例和流域特点，统筹考虑流域上下游的整体效益，合理规划雨水的截流增蓄，因地制宜修建小型集雨补灌降水蓄积工程，增加农田对降水的渗透吸纳，也是北方粮食主产区雨水利用的基本方向。再生水利用是减轻水体污染、实现水资源集约利用、循环利用的重要环节。污水再生的循环利用，一方面可以减少清洁水资源的使用量，降低污水的产生和排放量；另一方面有效地利用这些尾水进行农业灌溉，在促进作物的生长的同时，还可以通过植物对水体中的营养物质、氮、磷等元素的吸收而得到有效去除。再生水的农业灌溉与生态环境修复在我国还处于起步阶段，需要尽快建设再生水回灌农田的示范性工程，以确定再生水适宜回用农作物的范围，解决再生水灌溉对土壤、地下水、作物等生态影响评价和流程设计及调蓄等技术问题，以不断提高和保证农业再生水循环利用的安全。

二、强化以“发挥水价杠杆调节、调整农业种植结构、建设节水型农业”为核心的需求管理，保障粮食安全

第一，发挥水价杠杆调节作用，推进农业水价综合改革。水资源作为粮食生产的重要要素，具有特殊的使用价值，当前水价仅在一定程度上反映了水的价值。建立科学合理的水价体系，亟须完善促进节水的经济激励机制、生态补偿机制、奖励惩罚机制和水权交易机制，按供求关系、丰枯时节和定额外累进加价的原则实行动态水价，确保地表水、地下水使用的联动机制实施，实现水资源地区间、行业间的有效分配。建立科学合理的水价体系，推行农业水价综合改革，成为推行节水农业的关键，关系到提高农民节水意识，关系到农业灌溉设施的改造更新和维护发展，政府必须统筹调控，通过财政补贴政策，降低农民水费负担，支持和激励农民加快采用节水技术，提高用水效率，减少水资源浪费。通过水价由行政控制向市场调节的转变，促进农户参与灌溉管理，在宏观和微观两个层面实现农业水资源生产配置效率的提高。

第二，调整农业种植结构，加快节水型农业建设。北方的粮食主产区作为节水重点，要以提高灌溉水利用系数为核心，加强灌区配套与节水改造，根据水资源承载能力逐步调整优化农业种植结构，扩大抗旱节水型粮食作物的播种面积，采用地膜覆盖、保护性耕作等技术发展旱作农业，切实加快节水型农业建设。在节水农业的综合技术开发方面，重点开展以坡耕地治理为重点的农田整治和以化学保水剂为重点的高新技术，提高土壤保墒蓄水能力；采用农作物根域集水技术，将有限的土壤水分聚集在作物根系区域，采取地膜和秸秆覆盖的方式减少田间蒸发，从根本上改善粮食生产的条件。从长远看，节水型农业建设与农业节水设施、技术的建设开发和水质治理，形成持续高效的农业生产能力将是实现我国粮食安全目标的决策基点。

三、把控水资源开发利用、用水效率、水功能区限制纳污“三条红线”，严格制度治水，确保粮食安全

一是严格把控水资源开发利用红线，建立统一高效的水资源管理体制。实施最严格的水资源管理制度，严格实行用水总量控制，实行地下水取水总量与水位双控制度，逐步实现采补平衡。严格控制水资源短缺地区，尤其是北方粮食主产区和生态脆弱地区盲目发展高耗水项目、盲目扩大灌溉面积，必须做到以供定需、量水而行，协调好生活、生产、生态环境用水。针对水资源短缺和不少地区水资源开发利用程度已经超过当地水资源的承载能力，亟须以流域为单元建立统一高效的水资源管理体系，统筹上下游地区之间、农业工业等行业之间、城乡之间的用水矛盾，加强水质性、水生态的综合治理，促进区域之间的协调发展。

二是严格把控用水效率红线，应对逐步严重的水量与水质危机。水资源的高效利用，必须着眼于加强水资源开发利用的科技支撑能力，着眼于现状农业用水资源的优化利用，而非着眼于透支供水能力和调水满足未来水需求。为此，必须加大农田水利建设资金整合力度，增加中央和省级财政小型农田水利设施建设补助专项资金规模，创新投资机制，采取以奖代补等形式，鼓励和支持广泛开展小型农田水利设施建设和管护，普及推广节水技术。

三是严格把控水功能区的限制纳污红线，实现水质水生态的综合治理。认真落实2011年《中共中央国务院关于加快水利改革发展的决定》的文件要求，从严核定水域纳污容量，依法提出限制排污总量意见。严格入河排污口监督管理，对排污量超出限制的地区，限制审批新增取水和入河湖的排污口。建立完善监测预警标评价体系，加强省界和重要控制断面的水质监测。农田排水技术要由水量水位控制调节功能扩展到水质控制、污染防治和水生态环境保护等功能，减少点源污染，减轻面源污染，促进灌区环境、生态、粮食生产的可持续

发展。

总之，面对水资源短缺和水质水生态的严峻形势，需要强化实施最严格水资源管理制度下的供需协调管理，从而有利于建立健全水资源保护、水污染防治和水生态改善的协调机制，有利于促进节水型现代农业、农村生产方式和农民生活消费方式的转变，有利于为中国粮食安全提供持续高效的水资源支撑保障。

中国经济生产能力利用率周期性研究*

蔡晓成　蔡晓良**

后危机时代，中国经济增长面临着产能过剩、增速回落等困境。如何解释中国经济增长趋势及其政策选项，成为2012年中国十大学术热点之一。目前我们可见的从结构性和周期性双重视角解释中国全要素生产率周期性波动的唯一文献为蔡晓陈（2012），该文主要解释了我国经济发展中二元经济结构与全要素生产率的关系，但是该文也忽视了生产能力利用率问题。

一、生产能力利用率及其间接度量方法

生产能力利用率也被称作资本设备利用率，它衡量了生产能力或者资本设备是否得到了充分的利用。由于它可以反映经济的运行是否处于资源充分利用的状态，所以生产能力利用率又是衡量经济景气程度以及分析经济运行效率时的一个非常重要的指标。目前该指标在国外文献以及实践领域得到了广泛的运用。但是，在大多数情况下，生产能力利用率数据是不可直接获得的，只能通过一定方法间接估算。生产能力利用率的间接估算方法大致上可以分为三类：第一类方法是利用潜在产出或产出缺口来估计生产能力利用率，即生产能力利用率为实际产出与潜在产出之比，而产出缺口为实际产出与潜在产出之差。这种方法取决于如何度量潜在产出或产出缺口。第二类方法是非参数估计，例如利用面板数据的数据包络法（DEA）。第三类方法是代理变量法，即用某些可观察的变量的变化表示投入要素利用率。

* 基金项目：本文得到西南财经大学“211”工程四期建设项目与西南财经大学“211”工程三期建设青年教师成长项目（批准号211QN10025）资助。

** 蔡晓成，副教授，西南财经大学经济学院，主要研究领域为发展经济学、社会资本理论、经济增长；蔡晓良，副教授，院长助理，福州大学马克思主义学院，主要研究方向为马克思主义理论教育。

在第一种方法中，以“峰—峰”法确定潜在产出是最为显而易见的思路（Klein，1985）。这一思路假设：产量在波峰上时，生产能力利用率也同样位于波峰上，即生产设备得到了充分利用。“波峰到波峰”的某种趋势（常见的是线性时间趋势）为潜在产出，实际产量与潜在产出之间的比值为估算出来的生产能力利用率。沈利生（1999）用这种方法估计了1978年至1998年中国生产能力利用率，其估计值范围为①92.4%～101.6%。但是在这种思路中，关于产量在波峰上时生产能力利用率为峰值100%的假设并没有多少直接依据。随着时间序列统计与计量方法的发展，估计潜在产出或产出缺口的方法逐渐增多，如HP等去趋势方法、Kalman滤波器法、Van Norden方法、Beveridge－Nelson方法等（郭庆旺和贾俊雪，2004；刘斌和张怀清，2001；钱宥妮，2005；赵留彦，2006；许召元，2005；赵昕东，2008；张成思，2009）。这些方法估计的潜在产出或产出缺口均可用于计算生产能力利用率（见何彬，2008）。

第二类方法属于非参数估计，具体方法以DEA最为常见，适用于面板数据，多用于行业分析（孙巍，2000；何彬，2008；孙巍、尚阳、刘林；2008）。其核心思想是在全要素生产率核算时分解出要素可自由处置对全要素生产率的影响部分，将后者作为相对生产能力过剩率的一种度量指标，而生产能力利用率等于1减生产能力过剩率。

第三类方法属于代理变量法，这种方法在真实经济周期研究中常常被采用（Burnside，Eichenbaum和Rebelo，1995，1996）。该估算方法的核心思想是使用电力等能源消耗作为生产能力的代理变量，假定资本使用服务量与能源消耗存在某种稳定的比例关系：$S_t = \lambda E_t$，其中λ是一个正比例系数，S_t、E_t分别为生产能力率与能源消耗。这类方法不是单纯的依赖产出序列进行估计，而是体现了一定的经济结构信息，也避免了许多单变量计量或统计方法的争论。国内早期代表代表性文献有杨琳和龚刚（2002）。他们在里昂惕夫生产函数下估计出1980～1999年以1980年为基年（基年的生产能力利用率等于1）的生产能力利用率范围为0.85～1.03，以1993年为基年的生产能力利用率范围为0.82～1，在这个样本期内生产能力利用率总体下降，1993年生产能力利用率达到最大值。吴利学（2009）利用该方法核算TFP并在真实周期性框架下模拟产生了生产能力利用率数据。但是，由于该文没有提供现实的生产能力利用率数据，所以我们无法考证其模型的解释能力②。

① 沈利生（1999）实际上是用这种思路的一种变形形式。该文对“设备利用率”与“生产能力利用率”进行了区分，前者为实际产出与趋势产值之比（在峰值上为1），设备利用率与资本存量之积为资本投入。将资本投入、劳动投入对产出回归得到总量生产函数形式，再令设备利用率等于1求出资本投入，由这个资本投入根据估计的生产函数计算出来产出为潜在产出，实际产出与潜在产出之比为生产能力利用率。沈利生（1999）生产能力利用率超过100%是由于回归残差所致。

② 同时，该文没有提供未考虑可变生产能力的RBC模型模拟结果，我们同样无法知道该文引入可变生产能力对模型解释能力的改进。

总体来看，这些间接测量生产能力利用率的方法虽然可以在一定程度上说明一些问题，例如，这些方法度量出来的大部分都是相对生产能力利用率，对于生产能力利用率的排序是可行的。但是，它们均没有度量出生产能力利用率的水平值，在度量相对生产能力利用率时经过了诸多线性或非线性的转换，所以其定量研究的准确性是值得怀疑的。其次，这些方法用于分析全要素生产率的周期性并不适合。以 HP 滤波而言，如果我们既用 HP 滤波来表示经济波动，同时又以它来代表生产能力利用率变化求出全要素生产率来解释经济波动，这实质上是同义语反复。数据包络法更是如此，因为它分解出来的生产能力利用率本身就是全要素生产率的一部分。最后，代理变量方法的缺陷是显而易见的。如果代理指标与经济活动之间没有稳定关系，则它不能代表生产能力利用率的变化。具体而言，因为我国的行业结构变动剧烈，实际上我国每单位的 GDP 耗能也在减少，这种方法估算出来的生产能力利用率难免产生偏差。最近 10 多年来关于中国能耗的各种争论使得代理变量方法缺乏事实基础。

二、中国生产能力利用率的直接度量及其周期性

鉴于此，使用现实数据直接度量生产能力利用率在理论上是非常具有吸引力的。在实践领域，美联储进行了这样的调查统计，其“工业生产与生产能力利用”报告了美国工业领域的生产能力利用率数据。美联储于每月 14～17 日发布该报告，其生产能力是指在正常的工作日程的情况下，现存设备的最大工业产出量。在中文文献中，目前仅有周劲（2009）直接度量了钢铁、汽车等少数几种产品生产能力利用率，但是该文所得生产能力利用率数据是非连续的。本文将利用公开资料中存在的一些零散的生产能力或新增生产能力的数据整理出 18 个行业连续的生产能力利用率序列，并以此为基础探讨生产能力利用率的周期性问题。

具体来说，本文对生产能力利用率的直接测量利用了《第三次工业普查》、《中国统计年鉴》、《中国工业统计年鉴》、《中国固定资产投资数典》以及一些行业统计年鉴[①]等公开发表的统计资料中关于生产能力以及新增生产能力的非常规统计数据，从这些较为零散的资料中整理出 18 个工业行业的生产能力序列，再结合产品产量数量构建出生产能力利用率，其计算公式为：生产能力利用率 = 产量/生产能力。由于这一数据是首次在文献中出现，我们将简述数据整理过程中的一些要点[②]。

首先，我们根据生产能力或新增生产能力以及产品产量（以表 1 中标注的

① 其他数据来源为钢铁、化工等行业统计年鉴，本文从“资讯行”获得这些数据。

② 更详细的数据处理过程参见陈彦波（2012）。

物理量为单位）匹配数据选择出具有连续序列的产品，并根据行业分类确定所属行业，最终我们得到18个工业行业产品的生产能力或新增生产能力数据序列（行业名称参见表1，产品名称备索）。

其次，转化生产能力数据的口径。除了起始年份1995年我们可以直接获得各产品的生产能力数据外，其余年份我们获得的数据为基本建设新增生产能力与更新改造新增生产能力（1996~2000年）、新增生产能力（2001~2003年为城镇口径，2004~2009年为全社会口径）。我们将数据（1995年除外）调整为口径一致的新增生产能力，并由此计算出各产品的生产能力序列①。第一，用分行业基本建设与更新改造投资占总投资比例作为缩放系数将基本建设新增生产能力与更新改造新增生产能力调整为年新增生产能力。

最后，计算生产能力与生产能力利用率。资本设备的生产能力会因为老化、退出使用等原因而下降，计算生产能力时应考虑这一因素。设备生产能力的下降与资本②折旧联系密切。我们将它与资本折旧同样的方式进行处理，即以永续盘存法（PIM）估计生产能力：

$$c_t = (1 - \delta) c_{t-1} + \Delta c_t \tag{1}$$

式（1）中c为生产能力，Δc_t为当年新增生产能力，δ为生产能力折旧率。由式（1）可知，只要知道期初生产能力、各年新增生产能力以及“折旧率”，我们就可以推算出各期的生产能力。产品的生产能力利用率的计算公式为：

$$cu_i = \frac{y_i}{c_i} \tag{2}$$

其中cu_i为某产品i的生产能力利用率，y_i、c_i为其实际产出、生产能力，实际产出和生产能力都是以物理量单位（见表1）来度量的，而非按照价值量来度量。

由于后文计算全要素生产率是定义在各行业层面上，所以我们将生产能力利用率按简单平均法进行加总③，其公式为：

$$CU = \frac{\sum_{i=1}^{n} cu_i}{n} \tag{3}$$

我们以式（3）得到的若干产品生产能力利用率的平均值“代表”它们所在行业的生产能力利用率。显而易见，由表1可知，由于一些行业中我们只找到了一种具体商品，所以这些行业并不要用到式（3）的加总过程，式（2）计算出的该产品的生产能力利用率代表了该行业的生产能力利用率。

① 其他口径调整问题进一步参见陈彦波（2012）。

② 关于资本投入和资本折旧的概念的进一步阐释参见蔡晓陈（2009）。

③ 按照加权平均法加总可能更为合理一些，但是我们对少数行业以价值量为权重的加权平均所得结果与这里简单加权方法没有太大差异，而且产品层面上的价值量数据可得性比较差。

表 1　　生产能力利用率描述性统计

行业	均值	中位数	最大值	最小值	标准差	变异系数
煤炭开采	1.06	1.00	1.38	0.68	0.27	0.26
石油和天然气开采	0.66	0.63	0.72	0.61	0.04	0.06
黑色金属矿采选	1.06	1.02	1.38	0.85	0.12	0.11
非金属矿采选	0.78	0.84	0.95	0.47	0.16	0.20
食品加工	0.65	0.66	0.83	0.47	0.11	0.17
饮料制造	0.34	0.31	0.69	0.18	0.16	0.48
烟草制品	0.63	0.58	0.85	0.47	0.14	0.22
木材加工	0.66	0.72	0.97	0.38	0.19	0.29
化学原料化学制品	0.70	0.65	0.99	0.53	0.15	0.21
橡胶制品	0.85	0.77	1.38	0.42	0.37	0.43
非金属矿制品	0.79	0.81	0.94	0.59	0.11	0.14
黑色金属冶炼及压延	0.92	0.93	1.16	0.81	0.10	0.11
通用专用设备制造	0.57	0.53	0.91	0.19	0.27	0.48
交通运输设备制造业	0.45	0.46	0.66	0.31	0.10	0.23
电气机械器材	0.55	0.47	0.98	0.32	0.23	0.42
通信设备计算机	0.57	0.56	0.98	0.22	0.26	0.45
电力热力的生产和供应	0.71	0.67	1.04	0.54	0.13	0.19
水生产供应	0.58	0.56	0.69	0.51	0.05	0.09
工业部门	0.64	0.63	0.78	0.50	0.11	0.17

注：本表最后一行以及以下各表中“工业部门”均为 18 个行业加权平均，权重为各行业增加值与 18 个行业增加值之和的比。

和张军和章元（2003）一样，我们将式（1）中“折旧率”设定为5%，按照式（2）和式（3）计算出 18 个行业的 1995～2009 年生产能力利用率，并以增加值为权重加总得到整个工业部门的生产能力利用率。表 2 为生产能力利用率描述性统计，其中最后一行为 18 个行业的生产能力利用率的加权平均，图 1 刻画了这种平均生产能力利用率的时间路径。总的来看，生产能力利用率在 20 世纪 90 年代存在一定幅度的下降，然后在 2000 年代初较大幅度上升，之后有一些小幅度的变化。20 世纪最后几年生产能力利用率较低并开始下滑可能是前期积累了较大产能、生产效率较低、短缺经济结束等因素交织的结果，而此后生产能力利用率提高可能是由于这一阶段中国入世、生产效率提高、整个国民经济高速增长等原因造成的。

表1描述性分析告诉我们：第一，平均来看，生产能力利用率较低。最后一行显示，1995～2009年整个工业部门（18个行业加权平均）的生产能力利用率平均仅为64%，低于美国82%的平均水平甚多（Barro，2008），也远低于何彬（2008）文献对国内生产能力利用率的度量结果，但是本文的结果与周劲（2009）直接度量的少部分产品生产能力利用率大致相当。偏低的生产能力利用率的测量结果与中国存在较为普遍的重复投资的直观认识是一致的。第二，各行业平均生产能力利用率差异明显。1995～2009年各行业平均生产能力利用率最低的仅为34%，最高的高度106%①。第三，各行业生产能力利用率均波动性差异同样十分明显。无论是各行业生产能力利用率的最大值、最小值、标准差还是其变异系数均可证实这一点。

我们感兴趣的一点是生产能力利用率的周期性问题，这可以从。从两个方面探讨，其一为生产能力利用率是顺周期还是逆周期变动的，其二为生产能力利用率是先行还是滞后变量。我们以这18个行业增加值增长率作为总体经济活动波动的度量指标②。图2比较了增加值增长率与工业部门生产能力利用率（其纵坐标在右）。从图中可以看出两者是正相关的，即生产能力利用率是顺周期的。表2报告了各行业及其加权平均的生产能力利用率与增加值增长率的相关性检验结果。其中最后一行告诉我们，18个行业平均生产能力利用率与增加值增长率相关性为0.5458，两者显著正相关（相关系数t统计量的p值为0.0435）③。18个行业中，大部分的行业（13个）生产能力利用率与产出增长率正相关，其中7个行业相关系数在10%的水平上是显著的。但是也应注意到，相关系数的行业差异同样是十分明显的④。

我们以生产能力利用率与增加值增长率的先行/滞后1～3期的相关性来检验生产能力利用率是先行还是滞后变量。如果生产能力利用率与增加值增长率的先行（滞后）值相关性最大，则它就是先行（滞后）变量；如果与增加值增长率的同期相关性最大，则它是同期变量。表3列出了相应检验结果。总体情况来看，生产能力利用率是滞后变量。我们的18个行业平均的生产能力利用率是

① 由于生产能力是按照及其设备的“设计能力”计算的，即一般情况下能够达到的生产能力，由于需求旺盛，企业可能会采取轮班制等措施充分发挥设备的产能，有可能使得实际产出超过设计产能。表2中平均生产能力利用率超过100%的两个行业为煤炭开采与黑色金属矿采选业，他们都属于资源萃取部门。众所周知的事实是，中国最近10多年来对于煤炭以及铁矿石等资源需求一直十分强劲。所以，我们认为生产能力利用率超过100%是比较合理的。

② 更为常见的经济周期度量是实际GDP经过滤波所得的周期成分。以这种经济周期指标来分析与我们这里所得结论基本相同。

③ 一个与此相关的话题是：生产能力利用率能是好的度量经济周期的代理指标吗？尽管我们这里所得相关系数显著为正，但是相关系数值不是很大。美国1948年1月至2006年3月生产能力利用率周期性部分与产出周期性部分的相关性为0.90（Barro，2008）。在本文所获得数据不是十分充分的基础上，我们对此持保留态度。

④ 造成这种差异可能与我国经济结构变化迅速有关，也可能与本文在各行业中“选择”的产品数量较少有一定的关系（参见表1）。

滞后2期的。分行业来看，18个行业中，有2个行业生产能力利用率是先行的，3个行业是同期的，其余15个行业是滞后的，其中10个行业滞后2期。

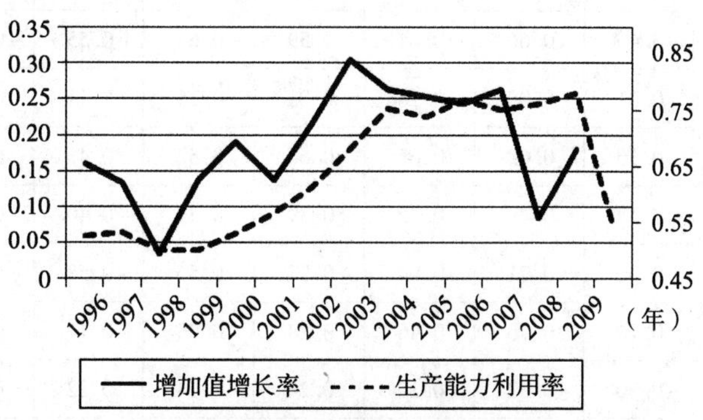

图1　生产能力利用率与增加值增长率

表2　生产能力利用率的周期性

行业	与增长率相关性	
	相关性	p值
煤炭开采	0.5225	0.0553
石油和天然气开采	-0.6125	0.0199
黑色金属矿采选	0.0275	0.9257
非金属矿采选	0.6556	0.0109
食品加工	0.3974	0.1594
饮料制造	-0.452	0.1047
烟草制品	0.2612	0.3671
木材加工	0.2406	0.4072
化学原料化学制品	0.6578	0.0106
橡胶制品	0.5499	0.0416
非金属矿制品	0.7158	0.004
黑色金属冶炼及压延	-0.3603	0.2058
通用专用设备制造	0.5179	0.0578
交通运输设备	0.4042	0.1518
电气机械器材	0.3672	0.1965
通信设备计算机	0.6025	0.0226
电力热力的生产和供应	-0.2593	0.3706
水生产供应	-0.4379	0.1174
工业部门	0.5458	0.0435

表3　　生产能力利用率先行/滞后检验

CU先行/滞后检验	y（-3）	y（-2）	y（-1）	y	y（+1）	y（+2）	y（+3）	结果
煤炭开采	0.68	0.85	0.70	0.51	0.38	0.16	0.19	滞后2期
石油和天然气开采	-0.46	-0.66	-0.44	-0.59	-0.64	-0.55	-0.59	滞后2期
黑色金属矿采选	-0.11	-0.08	0.18	0.03	-0.25	0.11	0.11	同期
非金属矿采选	0.36	0.62	0.62	0.64	0.52	0.45	0.49	同期
食品加工制造	0.57	0.49	0.35	0.39	0.49	0.40	0.44	滞后3期
饮料制造	0.36	0.21	0.04	-0.37	-0.56	-0.58	-0.59	先行2期
烟草制品	0.75	0.76	0.46	0.24	0.05	-0.17	-0.18	滞后2期
木材加工	-0.30	-0.52	0.27	0.24	-0.14	0.22	0.23	滞后1期
化学原料化学制品	-0.19	0.32	0.55	0.65	0.66	0.66	0.66	先行1期
橡胶制品	0.65	0.79	0.55	0.54	0.40	0.24	0.29	滞后2期
非金属矿制品	0.24	0.40	0.55	0.71	0.70	0.57	0.59	同期
黑色金属冶炼及压延	-0.48	-0.68	-0.56	-0.35	-0.36	-0.04	-0.06	滞后2期
通用专用设备制造	0.58	0.81	0.68	0.52	0.41	0.25	0.28	滞后2期
交通运输设备	0.65	0.70	0.33	0.39	0.25	0.02	0.03	滞后2期
电气机械器材	0.75	0.77	0.44	0.37	0.19	0.03	0.06	滞后2期
通信设备计算机	0.62	0.66	0.59	0.56	0.57	0.34	0.36	滞后2期
电力热力的生产供应	-0.72	-0.38	-0.04	-0.20	-0.37	-0.43	-0.46	滞后3期
水生产供应	-0.37	-0.50	-0.41	-0.36	-0.52	-0.58	-0.61	先行3期
工业部门	0.66	0.78	0.62	0.55	0.40	0.19	0.22	滞后2期

在就业人数短期内不变的情况下，企业资本设备使用强度的变化必然会伴随着工人劳动强度的变化。如果我们的生产能力利用率度量是合理的，则生产能力利用率与工人的平均劳动时间正相关。为检验这种关系，用《劳动统计年鉴》中“城镇就业人员调查周平均工作时间”表示就业人员劳动强度，将这一数据与我们的生产能力利用率数据相匹配，得到了2001~2009年采矿业、制造业以及电力、燃气及水的生产和供应业三个工业部门的生产能力利用率（相关行业的加权平均）与平均劳动时间。表4报告了生产能力利用率与平均劳动时间相关性检验结果。这一检验结果告诉我们，除了电力、燃气及水的生产和供应业外，本文度量采矿业、制造业以及整个工业部门的生产能力利用率与平均劳动时间均在10%水平上显著正相关，从而间接说明本文度量的生产能力利用率数据的可靠性。

表 4　　生产能力利用率与平均劳动时间相关性

	相关系数	t 统计量	p 值
采矿业	0.596	1.963	0.085
制造业	0.756	3.053	0.016
电力、燃气及水	-0.557	-1.772	—
工业部门	0.764	3.134	0.014

注："-"为相关系数与预期方向相反，未计算相应 p 值。

三、中国生产能力利用率周期性对全要素生产率周期性的影响

表 5 为我们核算的各行业以及加总的全要素增长率（记为 TFP）描述性统计。总体来看，未考虑生产能力利用率的 TFP 高于按照（7）式核算的考虑了生产能力利用率的 TFP，其中整个工业部门（最后一行的各行业平均）为考虑生产能力利用率变化的 TFP 增长率均值为 0.140，而考虑了生产能力利用率变化的 TFP 均值为 0.131。此外，18 个行业中有 12 个行业的未考虑生产能力利用率 TFP 均值高于考虑了生产能力利用率 TFP 均值。前者的波动性也比后者略大。

表 5　　两种核算 TFP 描述性统计

行业	未加入生产能力利用率		加入生产能力利用率	
	均值	标准差	均值	标准差
煤炭开采	0.053	0.204	0.036	0.177
石油和天然气开采	0.036	0.191	0.043	0.194
黑色金属矿采选	0.161	0.229	0.152	0.242
非金属矿采选	0.157	0.241	0.147	0.250
食品加工	0.148	0.107	0.134	0.158
饮料制造	0.094	0.086	0.103	0.149
烟草制品	0.110	0.130	0.107	0.075
木材加工	0.192	0.115	0.161	0.230
化学原料化学制品	0.130	0.109	0.130	0.121
橡胶制品	0.113	0.089	0.066	0.120
非金属矿制品	0.139	0.091	0.139	0.086
黑色金属冶炼及压延	0.130	0.134	0.123	0.166
通用专用设备制造	0.149	0.112	0.116	0.114
交通运输设备	0.148	0.138	0.138	0.117
电气机械器材	0.169	0.091	0.132	0.124
通信设备计算机	0.132	0.126	0.069	0.127

续表

行业	未加入生产能力利用率		加入生产能力利用率	
	均值	标准差	均值	标准差
电力热力的生产和供应	0.022	0.130	0.053	0.146
水生产供应	-0.005	0.118	0.005	0.115
工业部门	0.140	0.066	0.131	0.059

注：工业部门 TFP 是以 18 个行业加总的产出、投入与平均生产能力利用率计算的结果。下表同。

图 2 刻画了总量增长率与加总后的 TFP 之间的关系。总体来看，两种核算 TFP 均与经济周期波动方向一致，即为顺周期指标。表 6 中进一步定量描述了两种核算的各行业以及总量 TFP 顺周期检验。从最后一行的工业部门总量结果来看，有生产能力利用率的 TFP 比没有生产能力利用率的 TFP 顺周期性更弱（正相关系数依次为 0.727 与 0.544），显著性更低（p 值依次为 0.003 和 0.044）。从分行业数据来看，18 个行业的没有考虑生产能力利用率的 TFP 均是顺周期变动的，其中 8 个行业的顺周期性在 10% 的水平上是显著的；但是，加入生产能力利用率时，18 个行业中，有 3 个行业的 TFP 是逆周期变动的，其余 15 个 TFP 顺周期变动的行业中，仅有 5 个行业的顺周期性在 10% 的水平上是显著的。

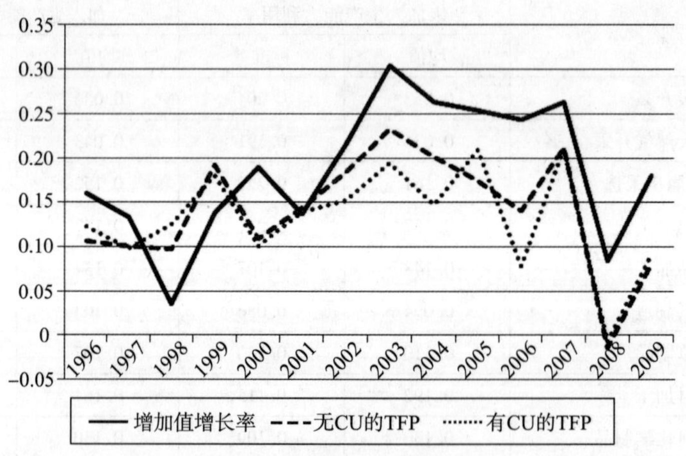

图 2　TFP 与产出增长率

表 6 刻画了两种核算 TFP 增长率的周期性的关系。从总量 TFP 关系来看，加入生产能力利用率后导致的 TFP 顺周期性差异是显著的，其 p 值为 0.031。分行业来看，除了通信设备与计算机行业外，其余 17 个行业在加入生产能力利用率后都导致了顺周期性减弱，其中有 9 个行业的这种减弱的效果在 10% 水平上是显著的。

表 6　　两种核算 TFP 增长率的周期性检验

	无生产能力利用率的 TFP		有生产能力利用率的 TFP		两者差异
	相关性	P 值	相关性	P 值	
煤炭开采	0.515	0.059	0.503	0.067	0.389
石油和天然气开采	0.151	0.606	0.148	0.615	0.444
黑色金属矿采选	0.368	0.196	0.313	0.276	0.275
非金属矿采选	0.522	0.055	0.457	0.100	0.102
食品加工	0.744	0.002	0.571	0.033	0.079
饮料制造	0.665	0.009	0.021	0.944	0.019
烟草制品	0.450	0.106	0.380	0.180	0.289
木材加工	0.598	0.024	0.013	0.966	0.035
化学原料化学制品	0.665	0.009	0.589	0.027	0.338
橡胶制品	0.437	0.118	-0.011	—	0.049
非金属矿制品	0.778	0.001	0.832	0.000	0.216
黑色金属冶炼及压延	0.456	0.101	0.389	0.169	0.218
通用专用设备制造	0.757	0.002	0.417	0.138	0.078
交通运输设备	0.428	0.127	0.305	0.289	0.174
电气机械器材	0.071	0.810	-0.393	—	0.010
通信设备计算机	0.159	0.588	0.227	0.436	—
电力热力生产和供应	0.179	0.540	0.052	0.859	0.084
水生产供应	0.025	0.932	-0.036	—	0.036
工业部门	0.727	0.003	0.544	0.044	0.031

注：1. “两者差异”列中报告的是按照（8）式计算的统计量的 p 值。2. “—”表示要检验的关系与预测方向相反，如橡胶制品业在考虑了生产能力利用率时 TFP 与工业增长率相关系数为负（-0.011），并非预期的顺周期变化，故未计算相应 p 值。

综上所述，生产能力利用率影响全要素生产率的周期性。由于生产能力利用率是顺周期的，所以未考虑生产能力利用率的全要素生产率的顺周期性被高估。本文的实证结论证实了这种观点。我们利用生产能力与新增生产能力数据直接度量了中国 18 个行业 1995～2009 年生产能力利用率。生产能力利用率变动是顺周期的，18 个行业平均生产能力利用率与增加值增长率显著正相关，两者相关性为 0.5458。加入生产能力利用率对中国工业部门全要素生产率周期性的影响是显著的，未考虑生产能力利用率的全要素生产率周期性为 0.727，考虑了生产能力利用率后周期性下降为 0.544，两者差异显著性检验 p 值为 0.031。

总体来看，本文直接度量的中国生产能力利用率数值较低。尽管大多数文献（如 Greenwood，Hercowitz and Huffman，1988；吴利学，2009）从最优性框架出发解释了生产能力利用率可变的原因（其主要机制为折旧率随着利用率变化），但是，直觉来看，用企业最优化选择可能无法解释如此低的生产能力利用率。尽管对中国产能过剩（生产能力利用率偏低的另一说法）有一些描述性分析，但是其具体原因尚待进一步探讨。这将是我们后续研究方向之一。此外，本文分析表明考虑了生产能力利用率的可变性使得全要素生产率顺周期性显著下降，但是这一作用在多大程度上影响了中国经济周期波动，以及其政策含义如何等等问题，也将是进一步的研究方向。中国经济增速自2009年下半年以来一直处于下降轨道，如何看待中国经济减速趋势及政策走向，具有重要的现实意义。

信贷员与农户“还款确期”博弈分析及帕累托改进[*]

李恩　孙贺[**]

农村金融支持对我国“三农”的发展起着要素禀赋作用，但“还款确期”问题影响了农村金融资本的效用最优化配置。中国是典型的农业生产大国，传统农区农户从农村金融机构获得的生产性贷款具有很强的季节性，信贷关系一般在春耕前农民购买生产资料时确立。对于能够获得信贷支持的农民来说，这无疑是一件好事，但同时也面临着农产品收割后信贷员催收贷款的烦恼。由于农产品附加值低以及农民手中流动资金的十分有限（对于传统农民来说，一年中的主要收入主要集中在秋季），于是对农民还贷能力持怀疑态度的信贷员开始催债了，不按约定时间还贷的直接后果是下一年贷款的低概率可得性。所以一般农户会在秋收后放弃因价格上涨带来的福利改进而提前出售农产品来取得信贷员的满意，在调研中一些农户对此表现出了极大的反感和无奈。这严重地压缩了农民的福利空间，无形中降低了农民收入，滋生了农民对信贷机构的不满情绪。可能这一现象或处于信贷流程的末端或基于实践性强的考虑，理论界并未引起重视，也没有从理论上解释农户贷款申请时约定贷款期限而还贷之时期望时滞以及信贷员为什么坚持“春贷秋收”反市场行为的原因。事实上，解决这一问题的意义十分重大。一方面，农村调研证明在传统、落后的农村地区，这种现象并不是个案，具有普遍性、地域性的特点；另一方面从农民生产性收入角度看，这直接影响着个体农民的全年收益，也联系着受这一现象影响的整体农民的社会福利问题。2012 年农民人均家庭经营性收入占农民人均收入构成中的 49%，按这个比及计算，按期还贷对农户来说是一笔数额不小的收益“漏

* 本文系国家社会科学基金重大项目“中国特色社会主义民生制度建设研究”（项目编号：12&ZD057）阶段性成果。

** 李恩，吉林大学军需科技学院、吉林大学农村发展研究中心副教授，研究方向为生态经济、合作经济；孙贺，吉林大学马克思主义学院硕士研究生，研究方向为中国经济发展与改革史。

出”；同时也影响着农村社会和谐与稳定。本文从经济学的角度解释了这一悖论的逻辑机理，并提出了具体的制度性建议和对策。

“还款确期”问题衍生于自20世纪80年代提出的还款以来，一直存在并成为影响农民收益以及农民与信贷员矛盾关系的重要因素。陈刚等（2002）认为小额农贷管理期限中存在着同质性、随意性等失真问题；刘锋（2004）从金融机构和农户两个维度分析了还贷逾期的原因；张正刚（2005）认为小额农贷管理存在着期限结构缺陷问题；李建英（2006）认为农村金融在使用用途、信贷额度、期限结构上存在着供求结构错位。王艳（2009）认为农户贷款约期与农户粮食变现时间的矛盾非常突出；孙昌库（2009）认为现有农业贷款约期管理模式不利农、不便农和不适用五级分类考核标准的局限性；李喜锋（2013）等认为农贷存在着期限错位的问题。目前关于“还款确期”问题的研究主要是农村信贷金融机构的工作者从“现象学”的角度提出问题，鲜有从理论上解释这一现象的研究。

一、信贷员与农户基于“还款确期”的博弈

从信贷程序上看，信贷员与农户发生“还款确期”包含两个阶段，即信贷审批时约定的还贷期限阶段和贷后回收本息时按期或展期还款阶段。信贷的可得性是建立博弈关系的前提假设，贷后还款是前一阶段的继续，也是下一年能否获得信贷支持的信用基础。

（一）信贷员与农户博弈策略选择

假设1：农户贷款周期（T）为短期贷款（T≤1年期）。

假设2：农户预期农产品收购价格随时间延长而呈上升态势。农户这一预期是基于经验而做出的理性决策。近几年随着大宗农产品深加工的发展和区域内、国际间农产品市场的明朗化，正常年份或者是大部分年份这一段时间农产品的价格呈现递增但略有浮动走势。尽管农产品的产量随着蒸发等其他方式在消耗，但经验表明蒸发掉的损失低于因价格上涨带来的收益，因此农户延后卖粮的预期很强烈。统计数据也证明了农户这一预期的正确性。为了更接近农产品收购时期的价格水平，这里选取了农产品集贸市场价格指数作为测算数据。以中国“十一五”时期（这一时期中国粮食市场的成熟度比较高）为例，除2008年金融危机特殊年份外，中国主要粮食产品在收购时期的价格低于后期的价格，而且收获时期的价格波动最大（见图1）。尽管春节前后略有波动，但整体上维持较高的价格水平。

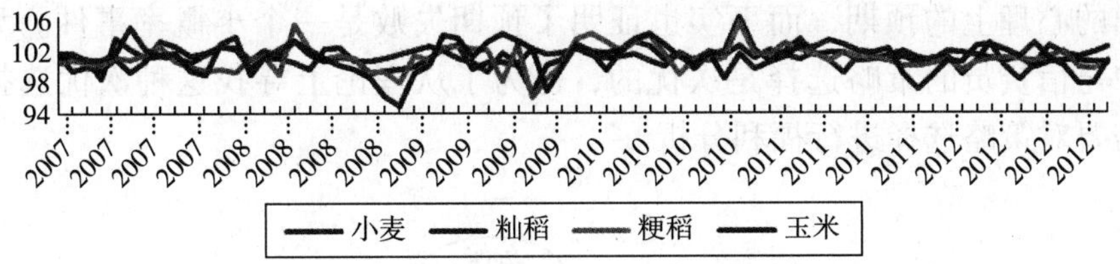

图1　玉米、小麦、粳稻、籼稻农产品集贸市场价格指数（上月 =100，品质中等）

资料来源：中经网统计数据库。

假设农户于 n 时刻从信用社贷款 C 元，贷款利率为 r，约定还款日期为 t（t 是一个区间值。现实约定还贷时期一般为农产品开始收获季节，这一时期农产品收购价格相对较低，处于尚未改进或改进幅度较小阶段，且相邻乡镇区域间价格差距较大），还款展期日期为 t_β；农户主营农产品产量为 Q；水分蒸发等原因导致的农产品产量损耗的损耗系数为 λ，$\lambda=\lambda(t)$；农产品价格为 P，其中 $P=P(t)$。假若如期还款，则农户收益为 $Y=QP-(t-n-1)rC$（信贷约定初始时期多为农产品收购季节，也就是所谓的“湿粮”阶段，水分蒸发等导致农产品产量损耗较少，这里忽略不计），信贷机构的利息收益为 $X_1=(t-n-1)rC$。假若农户还款展期，则农户收益为 $Y_2=(1—\lambda)QP-(t_\beta-n-1)rC$，其中农户新增利息支出为 $(t_\beta-t)rC$。信贷机构的利息收益为 $X_2=(t_\beta-n-1)rC$。显然农户和信贷员的博弈分为两个阶段来进行：

第一阶段。农户与信贷员基于约定还贷期限的博弈。在这一阶段，信贷员处于卖方市场地位，是博弈规则的制定者。一般而言会依据农户提供的信贷审批信息资料来约定农户的还贷期限。对于农户来说，或接受信贷员提出的条件来获得信贷支持，或拒绝信贷员的条件而失去信贷可得的机会。理性的农户会选择接受条件这一占优策略。

第二阶段。在农户获得信贷支持后面临着按期或展期还贷的两难问题。衡量是否按期或展期的标准是农户选择的是一次博弈还是多次博弈；是静态博弈还是动态博弈，也就是农户下一年是否有贷款需求（见图2）。如果农户选择按期还贷，信贷员依旧处于卖方市场地位，对农户来说无法实现最大化，但可以确保下一年高概率的获得信贷支持，此时（$QP-(t-n-1)rC$，$(t-n-1)rC$）是一个次优均衡解，信贷员综合收益最大化；如果农户选择展期还贷，那么处于买方市场地位的农户可以获得收益最大化，但面临着下一年低概率信贷获得的风险，此时（$(1—\lambda)QP-(t_\beta-n-1)rC$，$(t_\beta-n-1)rC$）是一个次优均衡解，信贷员利息收益最大化（见图3）。

信贷员和农户在“还款确期”问题上都无法选择占优策略，一方的收益是以另一方的损失为前提的。在现实的信贷活动中，农村金融机构希望农户按约定的时间还贷，这样可以降低监督成本和信贷风险，而农户希望可以展期还贷，这样可以达到经济收益最大化，当然这种最大化收益是农户基于一段时间观察后得出的心理上的预期，而事实也证明了预期失败是一个小概率事件。为了说明农户与信贷员的策略选择是次优的，也为了从理论上寻找这种次优选择的机理，需要对策略选择进行福利分析。

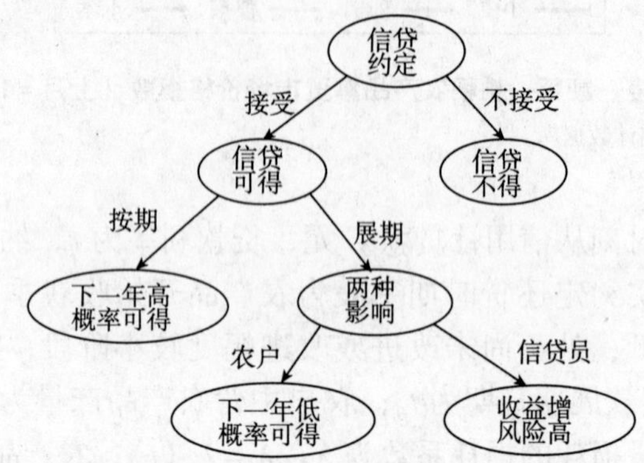

图 2　信贷员与农户基于"还款确期"的博弈树

策略 / 收益		按期	展期
农户	按期	$(QP-(t-n-1)rC$, $(t-n-1)rC)$	(0, 0)
	展期	(0, 0)	$((1-\lambda)QP-(t_\beta-n-1)rC$, $(t_\beta-n-1)rC)$

图 3　信贷员与农户博弈策略矩阵

（二）信贷员与农户策略选择的福利效应分析

由于信贷员的利息收益必将长期低于农户的农产品收益，因此信贷员的收益曲线永远不会和农户的收益曲线发生交集，这就意味着不存在收益最大化的唯一均衡解。

由前文假设可以得出基于按期和展期还贷的两个方程式：

（ⅰ）$\begin{pmatrix} Y_1 = P(t).\,Q-(t-n-1)rC \\ X_1 = (t-n-1)rC \end{pmatrix}$；

（ⅱ）$\begin{pmatrix} Y_2 = (1-\lambda(t_\beta)).\,P(t_\beta).\,Q-(t_\beta-n-1)rC \\ X_2 = (t_\beta-n-1)rC \end{pmatrix}$；

方程式（ⅰ）中 Y_1 对 t 求导得：$y'_2 = P'(t)Q - rC$.

令 $y'_1 = 0$ 得 $P'(t) = \frac{rC}{Q}$；

方程式（ⅱ）中 Y_2 对 t_β 求导得：

$$y'_2 = P'(t_\beta)Q - \lambda'(t_\beta)P(t_\beta)Q - \lambda(t_\beta)p'(t_\beta)Q - rC$$

令 $y'_2 = 0$ 得 $P'(t_\beta) = \dfrac{\lambda'(t_\beta)p(t_\beta)Q + rC}{(1 - \lambda(t_\beta))Q}$；

假如农户按约定的还贷时间前出售农产品，理论上存在当满足 $P'(t) = \dfrac{rC}{Q}$ 条件时，信贷员的综合收益最大化，但农户的收益因存在改进的空间而产生不满的情绪。如果由农户决定还款日期，那么从收益上看，信贷机构的利息收益是递增的，由此，形成了这样的路径：农户在期望的收购价格选择出售农产品的时间，出售农产品的时间既是偿还农贷的时间，此时农户的收益和信贷员的利息收益同时最大化。此时农产品收购价格处于改进时段，理论上存在当满足 $P'(t_\beta) = \dfrac{\lambda'(t_\beta)p(t_\beta)Q + rC}{(1 - \lambda(t_\beta))Q}$ 条件时，农户受益最大化。

假设农户收益函数是分段线性的，在农户从信用社借贷到农产品收获前，农户的预期收益基本是固定的，但银行利息却在增加；当农产品收获完毕后，随着农产品收购市场的繁荣，大宗农产品的价格呈现波动上升走势，此时农户收益函数预期线性递增。当农产品收购市场供求关系趋于饱和后，农产品价格趋于稳定，农户的收益函数趋于稳定（y_1）。在农户还贷截止前，信用社的利息收入一直在增加，其收益曲线（y_2）线性递增（见图4）。

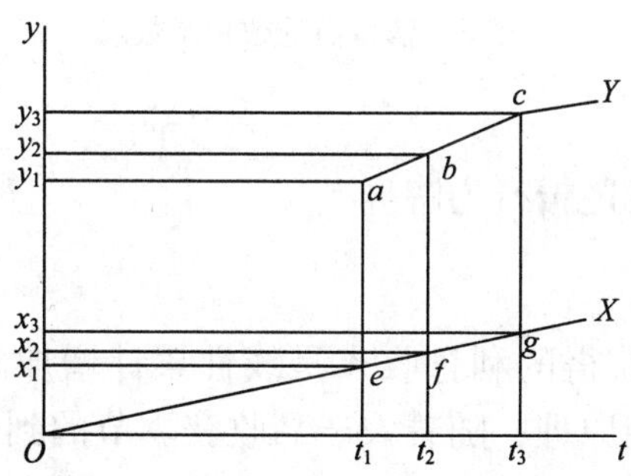

图4　农户收益和信用社收益福利改进

在 t_1 时点，农户的收益为 y_1，农村金融机构利息收益为 x_1，在 $0 - t_1$ 时段，农户净福利为 $0t_1ay_1$，金融机构净福利为 $0ex_1$，农户与金融机构总福利为 $0t_1ay_1 + oex_1$；在 t_2 时段，农户的收益为 y_2，农村金融机构利息收益为 x_2，在 $0 - t_2$ 时段，农户总福利为 $0t_2by_2$，金融机构总福利为 ofx_2，农户与金融机构总福利为 $0t_2by_2 + ofx_2$，其中 $t_1 - t_2$ 时段，农户新增预期收益为 $y_1aby_2 + t_1abt_2$，农村金融机构新增预期福利为 x_1efx_2；在 t_3 时点，农户预期收益为 y_3，农村金融机构利息收益为 x_3，在 $0 - t_3$ 时段，农户总福利为 $0t_3cy_3$，金融机构总福利为 ogx_3，农户与金融机构总福利为 $0t_3cy_3 + ogx_3$，其中 $t_2 - t_3$ 时段，农户新增预期收益为 $y_2bcy_3 +$

t_2bct_3，农村金融机构新增预期福利为 x_2fgx_3。显然从社会总福利的角度上看 $0t_1ay_1+oex_1<0t_2by_2+ofx_2<0t_3cy_3+ogx_3$；从农户角度看 $0t_1ay_1<0t_2y_2<0t_3cy_3$；从金融机构角度看 $0ex_1<ofx_2<ogx_3$。显然展期还贷同时增进信贷员和农户的福利效果。

综合以上分析，理性的农户依据经验预期在价格改进阶段出售农产品，农户的总收益较按期还贷时期增加。同时信贷员也知道贷款利息会随着借贷时间的延长而增加，但信贷员依旧会在约定时刻催缴贷款。两个行为主体都有利可图，但都无法实现经济福利的最大化。而阻碍实现福利最大化的行为主体是信贷员（见图5）。

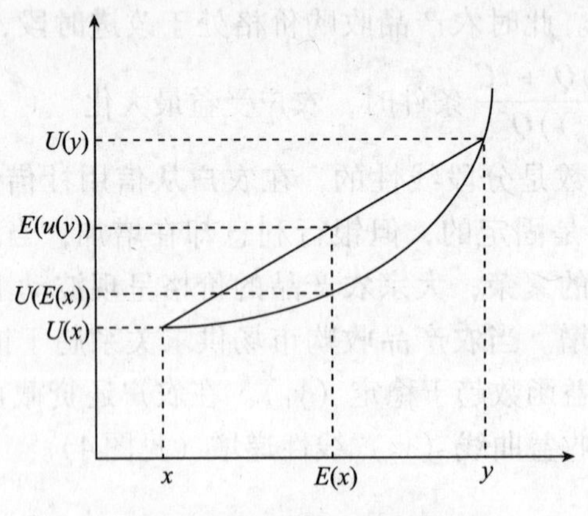

图5　信贷员的效用函数

（三）信贷员反市场逻辑行为解释

1. 规避风险的逻辑

信贷员从贷款农户获得的利息收入是线性累计增加的，信贷员的效用函数（U（X））满足期望效用原理，随着农产品收获季节的到来，农业收成及农产品价格波动带来的系统性风险和农户收入的季节性变化带来的流动性风险增加，信贷员基于对农产品低产值及农户收入来源单一性的惯常思维判断，并把农户收入他用的概率大于还本付息作为假设前提，增加了信贷员对农户逾期后偿债能力的怀疑和违约风险增加可能性的预期，导致信贷员的效用函数被凹向拉伸，降低了信贷员对预期收益的效用期望，使得信贷员对贷款农户的利息期望价值的效应小于利息收入效应的期望值（如图2 $U(E(x))<E(U(x))$）。对信贷风险的规避成为信贷员催缴贷款的逻辑之一。

2. 中和风险的逻辑

促使信贷员急于催贷的另一原因可能是基于比较收益和中和风险的考虑，这一现象主要发生在将信贷资金贷给中小企业的信贷员身上。因为中小企业的借贷周期越长，信贷员获得的寻租收益就越高，相比较于农户付息归属于合作社收益而言，寻租收益属于信贷员个人所有，但在信贷员获得中小企业的高额收益的同时，伴随着借贷周期的延长，企业的信贷风险增大。信贷员基于对中小企业发生信贷风险的预期，减少年度内呆账、坏账的发生率，通过杜绝农户信贷风险的方法来中和中小企业带来的年度内系统性业务的风险。这种比较受益促使了信贷员采取牺牲农户的办法来尽快回笼贷款资金，迫使农户让渡对未来农产品销售的预期收益来满足一己之私，于是出现了信贷员急于催缴贷款的现象。其实农户很懂得信誉意味着什么，所以一般来说严格经过信贷评估的贷款很少有坏账的事件发生，除非发生天灾人祸等不可抗拒的自然风险。真正的坏账常常发生于那些信贷资金的非正常转移放贷[①]，因此关于信贷员中和风险的说法还是站得住脚的。中和风险、弥补信贷缺口成为信贷员催缴贷款的逻辑之二

综合分析，信贷员没有成全贷款农户对未来农产品价格的预期，同时也否定延长还款时限以提高放贷收益，这一反市场经济逐利行为的逻辑基础可能基于对农户还款能力的怀疑及对农业低产值、高风险的客观认知形成的出于个人经济利益考虑的年度考核业绩的规避风险理性追求和比较受益驱使下中和风险的考虑。

二、信贷员与贷款农户“还款确期”帕累托改进

“还款确期”问题对信贷机构和农户来说都不是最优的选择，甚至是低效率的行为，存在帕累托改进的空间。而帕累托改进离不开对问题存在的逻辑基础和作用机理的分析，只有在肯定问题背后的深层次原因基础上的帕累托改进才是有效的，才能更好地对症下药，避免开偏方。从信息不对称、信贷资金的逐利性、信贷员徇私性、农村金融市场发育程度低、政府部门的政策干预等视角对信贷员与农户“痛并合作”现象的解读不胜枚举。不可回避的是这些因素都有其合理的成分，事实上形成“还款确期”现象是微观与宏观综合因素共同作用的结果。因此，进行帕累托改进的微观对象是信贷机构及其约束下的信贷员以及宏观上的农村金融市场体系。即从农村金融市场的行业体系建设和农村金融信贷机构内部对信贷员的制度约束与制度激励两个层面去改进。

（一）构建弹性的“信贷约定”条款

造成“还款确期”问题的主要原因是“信贷约定”条款，因而解决问题的

① 在伊通县某村有一座两层高的楼房，据村民反映这家的主人欠贷款20多万元，但依旧每年都打着养殖户的名义获取国家支农资金贷款，通过向农户租赁畜禽的方式迎接上级检查，事实上养殖场仅是个套贷的工具。这些少数人打着国家扶农项目，利用手中的权力和关系敛财，然后把坏账转移到农户手中，最后产生了一些列的呆账坏账项目。

关键是重新定义“信贷约定”，剔除一刀切式的同质性还款时间，建立弹性的信贷约定条款。本着具体问题具体分析的原则，综合考虑贷款用途、种类、额度、周期、利率、还款方式等因素，综合确定信贷约定的期限。在尊重农村经济发展客观规律的前提下，统筹信贷系统性风险和农民经济收益的有机统一，兼顾信贷资金运行和农村经济发展的关系，科学地确定每笔贷款的期限，严格贷款期限管理，最大化农村社会效益。这需要农村金融机构加大信贷改革力度，一方面结合农民销售农产品的时间规律来约定还款时间；另一方面通过制度化的方式对信贷员形成约束，避免信贷员的寻租行为干扰供需失衡的农村金融市场。在短时期内不能改变农村金融二元结构的前提下，从信贷机构的角度进行制度性的调整能取得立竿见影的效果。因此，从增加农民收益的角度看，应该依据历年来农产品收购市场价格走势以及农民出售农产品时间选择上的意愿构建弹性的还款时间。根据“十一五”时期粮食作物收购价格走势看，北方地区弹性还款区间应该止于第二年春播开始之前。

（二）完善信贷员内部激励约束机制与绩效考核指标

信贷员作为一线金融工作者，在增强农村金融服务能力、提高农村金融服务质量和水平方面发挥着重要的作用。尤其是在农村金融市场供需失衡背景下，更应该提升信贷员的综合素质，规范信贷员的行为边界，不断增强农村金融支持三农建设的资本要素作用。首先，培养和更新信贷员队伍，建立信贷员区域内流动换岗制度。农村金融机构中的信贷员工作变动不是很大，很多信贷员基本上几十年工作在一个地区，工作职位提升等方面的激励短缺，长时间建立起来的利益链条增加了违规放贷的机会，这为信贷员寻找不正当的收益提供了客观土壤。其次，完善信贷员“责任制”加强信贷员队伍的动态、监督管理力度。很多地区金融机构把审贷、放贷和收贷权利都交给信贷员，实行责任到人制度，这虽然有利于减少金融机构呆账和坏账的发生，提高经济效益，但同时也增加了信贷员寻租和渎职的风险。一些信贷员责任心不强，制度、法制观念淡薄，个人私欲膨胀。有些信贷员在利益的诱惑下铤而走险，置农民的利益不顾，使得农村资金用途上的非农化、脱农化。“收旧贷新、收息换据”等虚假行为就是个典型案例。因此，应建立对资金发放情况的长效监督机制，设立农户上访和投诉部门。对于违规放贷资金的信贷员严惩不贷。再次，加强信贷员政治理论学习和业务素质的培训。信贷员的个人政治素质和业务素质对资金的放贷对象的选择和放贷资金的流向至关重要。最后，建立信贷员与自然村挂钩帮扶机制，畅通信贷员与农民的沟通渠道，对那些为农村经济发展做出重大贡献的信贷员，农村金融机构和相关政府部门应给予相应的奖励。

（三）信息矫正：对接农户和信贷员沟通渠道

在农村金融市场，信息的不对称性主要表现在信贷员对农户的风险特征、还款意愿和贷款的使用情况等。因此开始了资产评估、抵押贷款、联保贷款、信用证等多种形式的甄别方式，产生了信贷资金的选择性配给局面。农业系统性风险又增加了信贷员对农户还贷能力的怀疑，即信贷员没有确切地把握收回每一笔贷款，因此选择农户回笼资金的旺季作为信贷约定的期限。解决信息不对称的关键是建立农户资产负债表信息库、信贷资金动态跟踪数据库和农户信誉数据库。数据库的建设面向农村金融机构服务区域内的农户，其操作流程是：有借款意愿的农户每年年末主动上报年收益表和负债表，建立农户个人信息资料库；当农户请求贷款时，信贷员对农户重新进行一次资产评估，决定是否贷款给农户及贷款数额的多少；每月农户付息时记录下农户的庄稼生长情况及近来有无“天灾人祸”发生，便于信贷员及早评估农户的还款能力；年终农户还本付息时，登记农户的还贷能力、还贷意愿、还贷是否延迟等农户信誉情况，并作为下次农户借贷的评估依据；建立优质农户、诚信客户正向激励制度，对按期还款、信用良好的农户优先给予信贷支持及利率等政策优惠。三个数据库的建设是现代金融工具在农村应用的典范，也是贷款五级分类管理办法的具体体现。能够极大的促进农村信用环境的改善，营造良好的农村金融环境，很好的解决了信贷员因对农户信息掌握的不对称而产生的催贷现象，利于农户自主决定什么时间销售农产品，解放了农户自主售粮权利，减少农户与信贷员的摩擦和矛盾，利于农村金融市场和谐共生良好局面的形成。

（四）大数定律：规避风险与良性互动

大数定律的核心思想是当可观察值较多时被观察现象具有相对的稳定性。在金融学上的思想是当放贷对象数量足够多时，坏账的发生率是一个相对稳定的数值。对于信贷员来说，年度内的放贷指标是固定的，将信贷资金以小额贷款的方式，选择数量众多的农户作为信贷对象，既有有利于减少坏账的发生率，有利于缓解更多农户融资难题，使更多的农户受益，促进农村的发展和农民增收，有利于农村的和谐发展。

（五）培育和完善农村金融市场

农村信贷存在的一系列问题根源于农村金融机构的短缺、信用社一家独大造成的垄断。培育和完善农村金融市场、丰富农村金融机构将有效打破信用社垄断地位。鼓励和扶持农商银行以及农民资金互助社等民间金融机构建立和完善，将极大丰富农村的融资渠道，尤其是农民资金互助社的发展将有效解决“农民信用”“不足”而造成的信贷困难和“还款确期”被强制在相对固定的时间的问题。尤其是资金互助社作为农民自我建立的金融机构，对于农民发展融资将非常有价值。另外，“粮食信托”作为一种农村金融的发展方法，是一个值得深入研究和推广的有效措施。

三、结论

（1）信贷员与农户之间的问题是两个数量悬殊利益体之间的博弈，客观上反映了信用社与农户利益一致性、兼容性面临挑战。信用社作为政策性农村金融主体，农民是其赖以生存的消费者和主要的服务主体，二者的根本利益是一致的。而信用社及信贷员的嫌贫爱富反映的不仅是政策性金融的失灵，更是中国金融体系的结构性问题和畸形发展：大型国有商业银行追逐国企、央企及高校等事业单位贷款，各省、地方新兴银行面向中小民营企业，信用社作为政策性金融结构，面向农民的金融需求，可以说我国金融布局遵循的是经济体制的布局，并随着经济体制而变化①。由于民营企业的资本需求得不到满足，自然动摇了信用社的面向乡镇，服务农民的宗旨。因此政策性金融一方面应加强其政策导向，另一方面应遵循货币的逐利本性和市场规律，避免金融抑制。

（2）这有赖于监管部门和信贷机构的共同合作。中国银监会颁布的《农户贷款管理办法》规定“农村金融机构应当根据贷款项目生产周期、销售周期和综合还款能力等因素合理确定贷款期限。”从顶层设计角度看，这一条款是合乎农村金融市场运行的实际情况，但农村金融信贷机构及信贷员在实际执行时不见得会按照这一规定执行，尤其是在偏远、落后的传统农业区。这要求中国农村金融机构必须站在农民的立场和角度开展信贷工作。多年来，农村金融改革失败很重要的一个原因是改革的立脚点是农民的利益还是金融机构的利益没有明晰。如果农村金融机构弃农民的利益而逐个人或机构的利益，那么，必然造成农民与金融机构关系的紧张，从长远看，这也不利于金融机构的可持续发展。

（3）信贷员与农户问题的本质是两类型“人”的问题，是一个关于本来是什么“人”与应该是什么“人”的问题。信贷员由于受主客观因素的影响，其本来面貌是“经济人”，经济理性是其根本属性，农民由于历史及其自身原因，本来面貌就不是简单、纯粹的“经济人”所能解释的，他是一个复杂的混合体，两个不是同一类型的“人”的合作必然出现“疼痛”现象。农户的特殊性决定了改变农户向“经济人”转变是困难的，而改变信贷员是相对容易做到的。信贷员作为政策性金融机构的工作人员，必然按照信用社的要求和规章制度办事，履行好信用社的职责，使其从本来的“经济人”向农户转变，即改变其寻租的思想和行为，认真为农户服务，做好本职工作已足矣。

---

① 我国市场经济体制确立时，主要金融主体是各大国有商业银行，随着“国进民退”和多种所有制经济的快速发展，各省市商业银行快速兴起。

附　文

体制改革、创新驱动与结构调整

——中国经济规律研究会第23届年会暨第2届全国马克思主义经济学论坛综述

杨静　付小红*

由中国经济规律研究会、中国社会科学院马克思主义研究学部与福建师范大学联合主办的“中国经济规律研究会第23届年会暨第2届全国马克思主义经济学论坛——体制改革、创新驱动与结构调整”，于2013年4月20～21日在福州师范大学召开。中国社会科学院学部委员刘国光研究员，中国人民大学荣誉一级教授卫兴华，中国经济规律研究会会长、中国社会科学院马克思主义研究学部主任程恩富教授，厦门大学原党委书记吴宣恭教授，首都经济贸易大学原校长文魁教授，福建师范大学原校长李建平教授等著名经济学家，以及来自全国150多位专家学者出席了本次会议。现予以综述。

一、全面深化经济体制改革：方向、核心与方法

1. 经济体制改革的方向

刘国光指出，中国已经建立并初步完善了社会主义市场经济体制，今后是进一步完善的问题。搞市场经济需要培育多元化的市场竞争主体，需要建立一个公平竞争的市场环境。但是，必须坚决反对过度市场化，反对以市场化为名进行的私有化，反对通过弱化分化肢解国有经济实现竞争主体的多元化，反对

---

* 杨静，中国社会科学院马克思主义研究院副研究员，研究方向是马克思主义经济学；付小红，中国社会科学院研究生院马克思主义研究系，研究方向是马克思主义经济学。

建立一个不讲计划、没有国家强有力调节的资本主义式的自由竞争的市场经济。那些认为中国目前实行的社会主义市场经济是“半统制、半市场”的混合经济的错误观点是新自由主义思潮的遗毒，如果听任其发展，并在实践中破除国有经济对重要产业的控制和减少政府对市场的干预，那么改革大业一定会走向“西化”、“分化”和“资本主义化”的不归路。

程恩富指出，依据十八大精神，在初步建立和大体完善社会主义市场经济体制的基础上，我国今后应该将坚持社会主义取向与坚持现代市场经济取向相结合起来，从产权、分配、调节和开放这“四个关键词”上加快社会主义市场经济体制的调整和完善，尽快构建起社会主义的“四主型经济制度”，即公有主体型的多种类产权制度、劳动主体型的多要素分配制度、国家主导型的多结构市场制度以及自立主导型的多方位开放制度。绝不能像个别经济学家所提出的，中国现在是“半统制、半市场”的双重体制，“国家资本主义或权贵资本主义”造成了改革处于停滞或倒退状态，因而必须以“国有企业私有化、土地私有化和金融自由化”为方向和目标进行改革，以建立所谓的“社会公正+市场经济=社会主义”的市场经济体制作为改革的方向。社会主义或公有制主体与市场经济的有机结合，可以比资本主义或私有制主体与市场经济体制结合，产生更高的效率和公平。资本主义和垄断私有制在相当程度上是背离市场经济原则的，两者具有内在的深刻矛盾和冲突。

李建平教授指出，经济体制改革的方向要特别注重关于社会主义生产目的的讨论和研究。社会主义生产的目的是马克思主义的重要原理，是确立社会主义道路自信的一个重要体现，研究和应用社会主义生产的目的不仅是理论上的内在需要，也是当代世界和人民群众的迫切需求。当前研究社会主义生产目的要注意历史条件发生的巨大变化。社会主义生产目的在当代中国的表述，必须考虑现实的人的需要、人的生命安全和身心健康、资源节约和环境保护这三个因素。

徐州市委党校程言君教授认为，我国应当建立的是人力产权型市场经济体制。现代市场经济体制有人力产权型和资本产权型两种历史形态。前者是基于人力产权自主实现的社会主义市场经济体制，后者是基于资本产权当家作主的资本主义市场经济体制，二者都是马克思有关人和经济社会发展“否定的否定”规律的具体历史形式。中国现阶段的市场经济体制虽然还很难称为人力产权型市场经济体制，但由于中国特色社会主义根本政治制度、基本政治制度和基本经济制度的保障，已经从产权、分配、市场和开放四个层面呈现出“四主型”特征，具有了人民当家做主—人力产权自主实现的历史本质。

浙江理工大学王新建教授认为，中国经济发展方式的包容性转变，是奠立于人民主体思想之上的、依靠最广大人民群众的“转变”。必须尊重人民群众的权利和义务主体地位，发挥其权利和义务主体作用，这是人民主体思想所昭示的包容性转变的实施路向。

2. 经济体制改革的核心问题

当前经济体制改革的核心问题是如何处理政府与市场的关系问题。中国人民大学荣誉一级教授胡钧指出，计划与市场的关系就本质来说，是所有制关系派生出来的问题。在资本主义私有制条件下，在资本主义私有制资源配置上，“看不见的手”是基础性的，资产阶级国家这只“看得见的手”则是护卫者。因此，典型的资本主义市场经济只能把政府的经济管理职能归结为弥补市场缺陷。而我们在建设社会主义市场经济过程中，应当看到社会主义公有制是社会主义市场经济的主要矛盾方面，应当把政府与市场之间颠倒的关系重新颠倒过来。

复旦大学顾钰民教授认为，经济体制改革和社会主义市场经济发展的核心问题不再局限于计划和市场的关系，而是要处理好政府与市场的关系。正确处理政府和市场的关系，关键在于政府应明确自身的功能定位，尊重市场规律，并为市场机制充分发挥作用创作良好的外部环境，包括竞争环境、法制环境和道德环境。发挥政府作用的重点是解决市场不能解决的问题，政府的作用主要在宏观领域，而市场作用主要在微观领域。

《求是》杂志社郑宗汉研究员认为，与原有计划经济体制及资本主义市场经济体制相比，社会主义市场经济体制具有必然性和优越性。社会主义市场经济体制与资本主义市场经济体制主要有三个根本区别：一是所有制基础不同；二是正确认识市场经济在社会主义条件下发展的必然性，建立起市场作为资源配置基础的体制制度，资源配置的内涵发生了根本性变化；三是建立起宏观调控体系，解决了从全局出发配置资源的资本主义不可能解决的根本问题。

3. 经济体制改革的方法论

南京财经大学何干强教授认为，宏观经济体制改革目前应当深入研究唯物史观的宏观经济分析方法，重视全面科学地把握宏观经济分析的对象，用辩证方法分析宏观经济关系，科学地进行宏观经济数理分析，科学地分析国际关系，遵循人与土地之间的物质循环规律。应当推进马克思宏观经济理论与方法的具体化，努力创建唯物史观宏观经济分析方法的话语体系，注重维护公有制的主体地位对宏观经济协调运行的决定性作用，自觉应用唯物史观宏观经济分析方法解决实际问题。

天津财经大学王晓林教授认为，作为指导经济体制改革的中国经济学研究的路径选择，应以一种“横向整合的宏观世界历史”的整体视野，再次直面如何植根于中国的历史与现实，对如何区分市场经济与资本主义，以及货币主权有无必要等问题进行深入反思。任何先进的思想如不与中国实际实现有机结合，均不能取得成功，植根于中国实际是不二选择。

云南财经大学周文等认为，目前中国经济学的建设仍然存在诸多不足与缺陷，包括研究方法与思维方式的缺陷，研究对象与路径的缺陷，研究目标的缺陷。要解决这三个缺陷，不能期望“毕其一役”，可以从我国当前发展理论研究中出现的典型性新动态寻找个案分析和专题研究为突破口。第一，以人的发展为中心的科学发展观取代以物为中心的增长观；第二，发展从对进步的关注，扩大到对发展引起的问题和代价的重视；第三，从单一的地域性发展模式到作为世界性现象的发展观的转变。

4. 经济体制改革的热点问题

就贫富分化与扩大内需问题，卫兴华指出，国内市场消费需求的饱和，不是共同富裕的表现，相反是贫富分化的结果，这也是多年来强调扩大国内消费需求拉动经济增长但效果不显著的原因。买方市场的出现，意味着国内市场需求饱和，但这并不意味着国内实际消费需求的满足，而是有购买力的需求低于市场供给。究其原因，随着经济的快速发展，出现了收入分配差距过分扩大的趋势，形成贫富分化。广大弱势群体，实际消费需求大而有支付能力的需求小。因此，国内市场消费需求的饱和，不是共同富裕的表现，而相反是贫富分化的结果。

就我国当前阶段所有制和经济规律变化的问题，吴宣恭指出，经过改革开放，我国生产资料所有制结构发生了巨大的变化，也引起了社会生产关系的巨变，打破了社会主义经济规律支配社会经济运行的状态，出现了社会主义和资本主义两类经济规律同时并存的局面，两者相互影响，共同决定我国的经济发展。其中，总有一类经济规律起主导作用，至于哪类规律居于主导地位取决于它们赖以生存的经济类型的实力。哪一类经济能较快发展，力量较强，在它基础上产生的经济规律就能在社会经济中占主导地位。我们应该了解这些关系，针对其发挥作用的根源考虑对应措施，尽量发挥社会主义经济规律的正效应影响，减少资本主义经济规律的负效应影响，促进国民经济的持续发展。

就城镇化问题，西南财经大学丁任重教授等认为，我国城镇化进程中存在不容忽视的“缺口”，即城镇化滞后于工业化、人口城镇化滞后于土地城镇化、城镇公共事业水平滞后于城镇化、基本公共服务水平滞后于城镇化。未来一段时间将是城镇化“S”形生长曲线（诺瑟姆曲线）中期向后期过渡、城镇化缺口弥补的重要阶段。为此，应以“四化”（即新型工业化、新型城镇化、信息化和农业现代化）联动为契机，坚持多元化、集约化城镇化道路，进一步强化体制创新，推进包容性城镇化建设，全面提升城镇化质量。

就城乡居民收入问题，对外经济贸易大学郭飞教授等认为，要在2020年实现我国城乡居民人均收入翻一番，必须做好四项工作：一是以科学发展观为指导，促进国民经济持续健康发展。二是优化国民收入分配格局，显著提高居民收入在国民收入分配中的比重。三是完善按劳分配为主体多种分配方式并存的分配制度，显著提高劳动报酬在初次分配中的比重。包括持续提高最低工资标准，切实做到企业内部不同身份员工同工同酬；减轻企业工资指导线和工资集体协商制度；以及继续深化国家机关、国有事业单位工资制度改革等。四是加强税收征管，有效防治腐败，规范灰色收入，取缔非法收入。

就劳资关系问题，南开大学刘凤义教授等以外资经济在中国投资生产中最具代表性的“苹果—富士康模式”为案例分析了劳资关系，认为该模式中劳资关系总体特征表现为：从资本之间的关系来看，苹果公司对富士康公司进行控制；从资本与工人间的关系来看，富士康的工人受到双重资本的压榨；从工人之间的关系来看，富士康与苹果的工人分属两个不同的劳动力市场，一定程度上分化了国际工人之间的团结。为此，应从增强自主研发能力、提高工人技能、加强政府和社会监督、与国际劳工组织合作、发挥国有经济中劳动关系主导作用等方面改善这种劳资问题。

就经济危机问题，四川大学蒋永穆教授等认为，欧债危机实质上是资本主义一体化异化的噩梦，如果资本主义一体化不满足生产发展、制度协调和意识认同三个条件，那么这种一体化就是异化的一体化，一体化本来是可以缓解资本主义危机的手段，但是这种异化的一体化反而会加剧资本主义危机，给人们带来不利和损失。

二、实施创新驱动战略：理论、机制与举措

1. 创新驱动的理论选择

吉林大学韩喜平教授、三明学院钟卫华副教授分别就程恩富教授首倡的知识产权优势理论进行了阐发，并提出要以此构建知识产权优势，以克服当前中国经济中存在的结构性问题。这应从企业、产业和国家层面实施知识产权战略，以品牌构筑、技术创新以及行业技术标准制定等为重点领域构筑企业乃至国家的竞争优势。钟卫华则提出了我国自主知识产权培育的路径包括以企业为主体，产学研相结合，实行核心技术赶超战略；注重品牌培育和强化知识产权战略意识；加大知识产权制度建设和知识产权人才队伍建设；实行跨国并购，获取相关知识产权和品牌等。

中国人民大学张旭教授认为，许多国家不同程度地接受新自由主义发展方案，从各国在全球分工格局中的地位变化来看，阿根廷、俄罗斯、墨西哥、巴西等国明显表现出本国工业化进程趋缓，出口结构趋向初级产品化；而亚洲金融危机后的韩国、新加坡、中国等在适应开放市场过程中竭力抵制新自由主义负面影响，不断扩张和强化自身生产能力，由此在产业演进方面取得显著成绩。工业化是将本国低技能、非熟练劳动力转化为人力资本，实现知识累积和传播，为后续知识创新、分工繁衍奠定基础的必要过程，任何将劳动力与生产相分离的逆工业化、初级产品化等，付出的代价都将是一国未来自主发展能力的匮乏，这对于竞争能力薄弱的后进国家来说，尤需警惕。

南京财经大学钱书法教授等认为，在跨国垄断巨头的阻碍下，仅从全球价值链理论出发，单纯依靠技术创新推动或国内需求拉动难以帮助本土企业突出重围。应根据马克思分工理论，通过分工将二者联系起来形成合力，以塑造本土企业在全球价值链中实现升级的“第三条路径”：即以社会分工的深化和广化为中介环节，实现需求拉动和技术推动这两大攀升动力的内生融合，即技术上的创新活动通过促进分工的深化和广化提升市场需求，而市场容量扩张又反过来为分工深化和广化提供条件，进而为企业开展创新活动提供更大激励。

曲阜师范大学杜曙光教授等认为，金融外部经济可以为“阶段论”和“均衡陷阱论”提供一个能够操作“结构约束”和“关联机制”的方法论源头，以金融外部经济为方法论基础的高级发展经济学“多重均衡”模型，可以系统分析经济系统的“自我强化”和“锁定效应”，为“中等收入陷阱”提供准确的模型化解析。这一模型也可以基于经济系统的内在规律，阐明“比较优势”与“中等收入陷阱”之间的关系。由此，可以为“中等收入陷阱”探明一个较为合意的经济学基础，为后续研究提供理论支撑。

2. 实施创新驱动战略的机制

浙江财经学院田家官教授认为，实施创新驱动战略的关键在于形成促进创新性人才成长的机制，这主要由两个基本要素构成：一是人才之间的竞争，二是创新者的利益。由此，必须深化科研管理体制改革，一是学校、科研单位、企业要引入竞争，真正形成能进能出、优胜劣汰的淘汰机制；二是继续深化分配制度的改革，根据按劳分配原则和按生产要素分配的原则，使人才之间的收入差距能够反映其劳动贡献的差距。

福建师范大学吴宏洛教授认为，要运用马克思主义有关劳动工资正常增长理论分析框架来科学制定民营企业工资增长创新机制。因此，应将职工工资纳入国民经济和社会发展计划，并将企业工资增长作为各级政府及主要负责人的考核指标，确保职工工资与国民经济同步发展；应实行分类调控，完善最低工资制度，并建立和完善工资分配的法律法规；应强化劳资共决薪酬机制，完善劳动定额管理体制，加大对企业薪酬调查工程的投入等等。

中国地质大学（武汉）黄娟教授等认为，必须依靠生态科技创新驱动机制实现生态城镇化。而生态城镇科技创新离不开国际合作，欧盟成员国之间、美日之间都非常重视并加强彼此间生态科技合作。中国在整体科技水平、生态城镇建设、生态科技创新等方面，远远落后于许多发达国家，因此，更有必要跟踪和了解国外生态城镇及其科技发展的最新动态，加强与先进发达国家在生态城市建设及其科技发展方面的合作。

吉林财经大学刘静暖教授等认为应建立城市消费低碳化转向的驱动机制。城市消费内容受到个人可支配收入、物价水平等因素的激励和制约，因而，应从激励机制与约束机制正反两方面来增强城市消费低碳化转型的驱动力。激励驱动机制包括收入增进、价格补贴刺激、信贷支持和低碳偏好培育；约束机制包括简约性消费、耐久性消费、无害性消费、体恤性消费及共享性消费约束机制，简称“5S”约束驱动。

3. 实施创新驱动战略的举措

四川省社会科学院盛毅研究员认为，在提升科技创新能力途径中要强化主导和参与，尤其是我国西部地区要在转变经济发展方式中实现科技创新能力的超常提升，政府不能简单地套用发达国家和地区走过的道路，而应根据西部地区的发展实际和科技要素全球流动的大趋势，加强对科技创新体系的研究，加快引进科技创新主体，支持大中型企业建立研发中心，支持优势产业和成熟技术开发，加强对各种科技资源的整合以及科学合理布局科技资源，更大程度地发挥政府的主导和参与作用。

陆军军官学院汪冰副教授等认为，创新驱动战略包括理论创新、制度创新、科技创新和文化创新。其中，制度创新是保障，所有创新活动都有赖于制度创新的积淀和持续激励，这些创新活动通过制度创新得以固化，并以制度化的方式持续发挥着作用，这是制度创新的积极意义所在。制度创新的核心内容是社会政治、经济和管理等制度的革新，其直接结果是激发人们的创造性和积极性，促使新知识不断被创造、社会资源合理配置以及社会财富不断涌现，最终推动社会进步。

南京政治学院曹雷副教授认为，国防科技创新作为我国自主创新的重要组成部分，对我国整个自主创新能力的提升引领作用明显，是我国自主创新能力提升的主导因素。应充分发挥国防科技创新的主导作用加快提高我国自主创新能力，确定以国防科技创新为主导驱动力来加快我国经济发展方式的转变。此外，国防科技创新的绩效相对较高以及对我国全要素生产率的贡献作用也都明显强于非国防科技创新，从而对我国经济发展也具有主导驱动作用。

三、加快产业结构转型升级：障碍、导向与对策

1. 产业结构转型升级的障碍

吉林大学纪玉山教授等认为，高低端产品价格“剪刀差”是一把“双刃剑”，它能推动技术进步和产业结构升级，但它的日益扩大对经济发展也会产生不利影响。首先，国民经济各产业部门按比例协调发展是经济发展的一条客观规律，很多传统产业部门都是基础行业，其过分落后势必会在诸如粮食、原料、资金、市场等许多方面限制高科技产业乃至国民经济的进一步发展；其次，在市场经济条件下，如果传统产业部门同高科技产业在技术和效率上的差距过分悬殊，势必会造成传统产业用越来越多的低附加值产品去换取少量高科技产业的高附加值产品的趋势，这不但不利于提高传统产业从业人员的生活水平，还

会削弱传统产业的积累能力，陷入“马太效应”，阻碍经济的长期协调发展目标。从国际间经济竞争的视角看，如果中国不能尽快推进本国的产业高度化，长时间处于产业落后状态，就会沦落为发达国家的经济附庸和“信息殖民地”。

兰州商学院张存刚教授等认为，现代服务业作为加快经济发展方式转变、推进经济结构调整、提高经济整体素质的重要举措，当前主要存在的问题是，地区差异显著；生产性服务业发展不足；产业集聚水平较低等。导致现代服务业发展滞后的原因之一源于体制性障碍和政策性限制等软环境约束是现代服务业发展的一大弊病，很多发达地区的服务业都存在这样的问题。体制不健全使得很多现代服务业必须接受严格的管制，行业竞争不够充分。

吉林财经大学梁洪学教授认为，我国产业结构不合理不仅表现为三次产业比重不合理还表现为产业内部结构不合理。从农业部门看，现代化水平不高，水利等农业基础设施建设滞后，抵御自然灾害的能力薄弱。从工业部门看，产业“大”而不“强”，存在着明显的结构虚高化，即重化工业虽然占比重较大，制造业规模比较大，但工业发展多在低端，高科技行业对外过度依赖。从服务业部门看，我国的服务产业发展既有总量不足问题，又有内部结构矛盾。如服务业比重只占43%，对农业和制造业支撑不够；与高端服务业特别是现代服务业、生产性服务业相脱离。

2. 产业结构转型升级的导向

江苏省委党校李炳炎教授认为，马克思关于人的全面发展理论是科学发展观的重要理论基础，要以科学发展观来指导产业结构的转型升级，加快转变经济发展方式。贯彻落实科学发展观的指导意义在于通过城乡结构、区域结构和内外结构的调整来实现。其中内外结构调整系要求调整内需与外需结构，逐步使我国内需与外需形成良性互动，同时统筹协调国内产业结构升级与国际产业转移的关系，统筹协调“引进来”和“走出去”的关系，统筹协调国内统一大市场建设与参与全球多边、区域合作的关系。

河北经贸大学武建奇教授认为，在资源生态气候环境日益紧张，且又需要扩大内需以消除金融危机影响的背景下，促进产业结构转型升级的宏观政策是把“双刃剑”，需要协调好节俭与扩需的关系，把握好二者结合的度。这个“度”就是根据经济发展的实际“适度”调整分配政策，“适度”缩小收入差距，“适度”增加人民收入，“适度”刺激消费欲望。所谓“适度刺激消费欲望”就是刺激有度，是仅限于对消费者“基本需要”的刺激，是对“该消费而不消费”项目的刺激，是在不搞虚假宣传、不忽悠消费者前提下的消费刺激，是不追求超前消费、过度消费、畸形消费的消费刺激，是不靠超低首付、过度信贷对消费者的刺激。

广东省委党校郑志国教授认为社会生产必须和社会需要相适应。判断社会生产结构究竟是否同社会需要相适应，最终要看社会产品结构状况。他在马克思关于社会生产两大部类划分的基础上，将现代社会生产划分为三大部类：生产资料及其生产部门、消费资料及其生产部门，以及非物质资料及其生产部门。三大部类的划分是根据社会总产品结构来划分社会生产结构，这有利于根据社会总产品同社会需要相适应的程度来判断国民经济结构是否合理。并且三大部类的划分为应用劳动价值论从国民经济结构层次上进行宏观分析奠定了基础。

广西大学李欣广教授认为，经济结构调整的科学导向包括三个方面。一是以实施转变经济发展方式为目的。本着这一原则，产业发展就要缩减科技含量低、生产资源投入大、产出效率低的行业与产品生产，应通过产品创新开发、技术进步，配合以劳动者技能提高、管理增效来扩大经济规模。二是以生态约束和生态目标、社会约束和社会目标为依据。中国的国情决定经济结构调整只能以共同富裕为目标来进行，如果离开这个目标，容忍两极分化，所产生的畸形经济结构必然危及社会稳定与资源环境承受力。三是遵循所有制结构与产业结构的相关性原则，必须坚持公有制的主体地位和国有经济的主导作用。

江苏省委党校周善乔教授认为，党的十八大确定的拉动国内消费的整体经济结构调整战略选择，为中国经济的复苏提供了政策保障。面对国际金融危机及其经济后果，就当前来看，我们应采取积极主动的措施反制国际贸易保护主义，提高出口产品的科技含量，积极地扩大内需；而从中长期来看，则必须建立由国内消费需求拉动的经济发展模式，加快向消费大国的转型。

3. 产业结构转型升级的对策

福建师范大学黄茂兴教授认为，在企业竞争力培育中，要支持小微企业特别是科技型小微企业的发展，要大力推进科技创新，强化创新驱动，推进企业加快产业转型升级，增强企业自主创新能力。现阶段推进自主创新需要着重关注以下三点：一是不断提高企业的研发投入，充分发挥一些大型研发中心的作用，集聚和建设一批国内外一流的科研机构和科技服务机构；二是注重原始自主创新能力，加强专利申报，注重知识产权的保护，不断增强企业的核心竞争力。三是要完善成果转化机制，提高科技成果转化率，加强技术资源向技术能力和创新成果转化的能力。

浙江理工大学谭劲松教授认为，应当发挥国有经济在农业中的主导作用，这是我国基本经济制度的要求，也是发展现代大农业的需要。建设现代农业，实现从传统农业向现代农业的提升和转型，必须适度发展国有农业经济。包括应适度发展国有农场和国有农业社会化服务体系；适度投资机械化大农业，提高农业机械化水平；适度投资建立大型农副产品生产基地，增加农副产品供应，提高农业市场化、商品化程度。

马鞍山市委党校周鹏副教授等认为，生产性服务业具有深化制造业价值链内的分工、降低制造业价值链内部的相关成本以及促进制造业价值链内的创新三大支撑作用，应以生产性服务业支撑制造业价值链升级，具体要：首先，深化生产者服务业人力资本和知识资本实现制造业转型升级；其次，建立公平、规范、透明的市场准入标准，推进和深化垄断性行业改革，加强信用体系建设，降低生产性服务交易价格；再次，完善政策，推进制造企业服务外包，发挥比较优势，培育竞争优势。另外，研发、设计与创新是生产性服务业的重点行业，应完善科技创新体制机制，发挥其对制造业转型升级的作用。